中国林业统计年鉴 2009

CHINA FORESTRY STATISTICAL YEARBOOK

国家林业局 ◎ 编

中国林业出版社
CHINA FORESTRY PUBLISHING HOUSE

国家林业局图书出版基金资助出版

图书在版编目(CIP)数据

中国林业统计年鉴.2009/国家林业局编. -北京:中国林业出版社,2010.10
ISBN 978-7-5038-5896-3

Ⅰ.①中… Ⅱ.①国… Ⅲ.①林业经济-统计资料-中国-2009-年鉴 Ⅳ.①F326.2-66

中国版本图书馆CIP数据核字(2010)第161174号

中国林业统计年鉴(2009)

作者:国家林业局
地址:北京东城区和平里东街18号
电话:010-84238422 83221210
E-mail:tongjichu@forestry.gov.cn
出版:中国林业出版社(100009 北京西城区刘海胡同7号)
发行:新华书店北京发行所
印刷:三河市祥达印装厂
版次:2010年9月第1版
印次:2010年9月第1次
开本:880mm×1230mm 1/16
印张:32
字数:1100千字
印数:1~1000册
定价:198.00元

中国林业统计年鉴2009

主　　编　祝列克

副 主 编　封加平　汤晓文

编　　委　封加平　汤晓文　王祝雄
　　　　　丁立新　杜永胜　王庆杰
　　　　　陈凤学　杨　超　苏春雨

编写人员　刘建杰　于百川　吴友苗
　　　　　靳爱仙　姜喜麟　王　洋
　　　　　邱　林　张志刚　许　晶
　　　　　周秀清

说明

一、为了适应改革开放的需要，便于国内外各界了解中国林业建设与发展情况，我们编辑的《中国林业统计年鉴》已从1987年开始公开出版，每年出版一册，供广大读者作为资料性的工具书使用。

二、本书系根据各省、自治区、直辖市林业管理部门和国家林业局直属单位上报的2009年林业统计年报和其他有关资料编辑而成的。全书分为：森林和湿地资源、生态建设、产业发展、从业人员和劳动报酬、固定资产投资、林业教育6个部分及国有林区135个木材采运企业和20个重点营林局主要统计指标、林业工作站和乡村林场基本情况、森林主要灾害情况、全国分县造林情况、全国历年主要统计指标完成情况、2000～2009年主要林产品进出口情况、野生动植物进出口情况和世界主要国家林业情况8个附录。

三、本书数据除特别标注外不包括香港特别行政区、澳门特别行政区以及台湾省。

四、“—”表示数据不足本表最小单位数、不详或无该项数据。

五、为了不断提高图书质量，竭诚欢迎广大读者提出改进意见。

编者

2010年6月

Preface

China Forestry Statistical Yearbook has been annually published since 1987. The yearbooks are suitable for domestic and overseas to understand the status of China's forestry construction and development.

China Forestry Statistical Yearbook 2009 is composed of six parts including forest and wetland resources, ecological improvement, development of industry, employment, investment of fixed assets and forestry education. This yearbook also contains appendices of major statistical data of 135 forest industry enterprises and 20 major silviculture bureaus of state owned forest zones, forestry working stations and rural forest farms, major forest disaster, afforestation in counties, major forestry statistical data of the whole country over years, import & export of major forest products (2000 – 2009), import & export of wild animals and plants, forest status in some foreign countries.

China Forestry Statistical Yearbook 2009 is edited on the basis of the statistics submitted by competent forestry departments of various provinces or autonomous regions as well as some institutions affiliated to the State Forestry Administration and other relevant information.

This yearbook (in case there are no specific notes) does not include the data of Hong Kong Special Administrative Region, Macao Special Administrative Region and Taiwan Province.

"—" indicates that the figure is not large enough to be measured with the Smallest unit in the table or the data are not available.

In order to improve the quality of this yearbook, the suggestions and comments are warmly welcomed.

Authors

June, 2010

目录

一、森林和湿地资源

二、生态建设

三、产业发展

四、从业人员和劳动报酬

五、固定资产投资

六、林业教育

附录一：国有林区 135 个木材采运企业和 20 个重点营林局主要统计指标

附录二：林业工作站和乡村林场基本情况

附录三：森林主要灾害情况

附录四：全国分县造林情况

附录五：全国历年主要统计指标完成情况

附录六：2000～2009年主要林产品进出口情况

附录七：野生动植物进出口情况

附录八：世界主要国家林业情况

1

森林和湿地资源

SENLIN HE SHIDI ZIYUAN

中国

林业统计年鉴2009

全国森林资源情况

单位:万公顷、万立方米

地区	森林覆盖率		林地面积	森林面积①	人工林面积	活立木总蓄积量	森林蓄积量	人工林蓄积量	乔木林单位面积蓄积量(立方米/公顷)
	森林覆盖率(%)	排序							
全国合计	**20.36**		**30590.41**	**19545.22**	**6168.84**	**1491268.19**	**1372080.36**	**196052.28**	**85.88**
北京	31.72	15	101.46	52.05	35.65	1291.29	1038.58	571.62	29.20
天津	8.24	29	14.22	9.32	8.88	277.01	198.89	186.83	36.43
河北	22.29	19	705.37	418.33	212.27	10183.91	8374.08	4238.60	29.06
山西	14.12	23	754.58	221.11	102.74	8846.96	7643.67	1838.95	44.33
内蒙古	20.00	21	4394.93	2366.40	303.91	136073.62	117720.51	7573.95	70.02
辽宁	35.13	12	666.28	511.98	283.03	21174.91	20226.85	7299.34	55.98
吉林	38.93	10	848.73	736.57	148.94	88244.21	84412.29	9594.90	116.15
黑龙江	42.39	9	2184.16	1926.97	235.68	165191.60	152104.96	13519.66	79.53
上海	9.41	28	7.46	5.97	5.97	275.20	100.95	100.95	29.69
江苏	10.48	25	128.64	107.51	104.15	5022.59	3501.75	3407.83	47.04
浙江	57.41	3	667.97	584.42	267.44	19382.93	17223.14	6008.28	43.76
安徽	26.06	18	439.40	360.07	209.87	16258.35	13755.41	7023.22	50.79
福建	63.10	1	914.81	766.65	359.18	53226.01	48436.28	19601.55	85.57
江西	58.32	2	1054.92	973.63	291.87	45045.51	39529.64	10734.82	51.46
山东	16.72	22	342.12	254.46	244.38	8627.99	6338.53	6202.10	40.60
河南	20.16	20	502.02	336.59	217.39	18051.16	12936.12	7480.12	45.65
湖北	31.14	17	822.01	578.82	167.01	23121.55	20942.49	4207.79	41.24
湖南	44.76	8	1234.21	948.17	464.04	38177.20	34906.67	16018.33	48.05
广东	49.44	6	1073.07	873.98	503.18	32160.74	30183.37	11520.43	44.47
广西	52.71	4	1496.45	1252.50	515.52	51056.78	46875.18	17127.98	58.11
海南	51.98	5	208.73	176.26	125.29	7940.93	7274.23	1230.39	86.42
重庆	34.85	13	400.18	286.92	76.20	13803.63	11331.85	2508.21	62.25
四川	34.31	14	2311.66	1659.52	415.65	168753.49	159572.37	13361.09	136.94
贵州	31.61	16	841.23	556.92	199.86	27911.53	24007.96	8718.38	60.31
云南	47.50	7	2476.11	1817.73	326.77	171216.68	155380.09	7259.87	105.51
西藏	11.91	24	1746.63	1462.65	3.36	227271.36	224550.91	110.74	266.96
陕西	37.26	11	1205.80	767.56	183.27	36144.16	33820.54	2031.13	59.65
甘肃	10.42	26	955.44	468.78	80.77	21708.26	19363.83	2022.38	90.73
青海	4.57	30	634.00	329.56	4.44	4413.80	3915.64	294.18	110.30
宁夏	9.84	27	179.03	51.10	10.38	625.93	492.14	186.12	44.38
新疆	4.02	31	1066.57	661.65	61.75	33914.50	30100.54	4072.54	177.86
台湾②	58.79	—	210.24	210.24	—	35874.40	35820.90	—	—
香港③	17.10	—	1.92	1.92	—	—	—	—	—
澳门④	21.70	—	0.06	0.06	—	—	—	—	—

注:①全国森林面积含国家特别规定的灌木林新增面积。各省森林面积含国家特别规定的灌木林全部面积。

②台湾省数据来源于《第三次台湾森林资源及土地利用调查(1993 年)》。

③香港特别行政区的森林面积来源于香港环境资源顾问有限公司 2003 年在香港特区政府持续发展组的委托下编写的《陆上栖息地保护价值评级及地图制》,土地面积来源于《香港 2003 年统计年鉴》。

④澳门数据来源于《澳门 2006 年统计年鉴》的数据,森林面积为总绿化面积,该森林覆盖率指绿化面积占土地面积的比例。全国人工林面积蓄积、乔木林单位面积蓄积量不含港、澳、台数据。

全国湿地资源情况

单位:公顷

指 标	总 计
湿地面积总计	**38485525**
一、近海及海岸湿地	**5941696**
浅海水域	3280091
潮下水生层	1936
珊瑚礁	64608
岩石性海岸	97187
潮间沙石海岸	146265
潮间淤泥海岸	958961
潮间盐水沼泽	90340
红树林	22025
海岸性咸水湖	87456
海岸性淡水湖	6516
河口水域	660452
三角洲湿地	525861
二、河流湿地	**8206982**
永久性河流	6823208
季节性河流	312044
泛洪平原湿地	1071730
三、湖泊湿地	**8351586**
永久性淡水湖	4115456
季节性淡水湖	466710
永久性咸水湖	3693160
季节性咸水湖	76260
四、沼泽和沼泽化草甸湿地	**13700289**
藓类沼泽	139787
草本沼泽	6478209
沼泽化草甸	5754374
灌丛沼泽	188126
森林沼泽	137593
内陆盐沼	987582
地热湿地	14617
淡水泉和绿洲	—
五、库塘	**2284972**

注：本表不包括台湾省、香港和澳门特别行政区。

各地区湿地

地　区	总　计	近海及						
		小计	浅海水域	潮下水生层	珊瑚礁	岩石性海岸	潮间沙石海岸	潮间淤泥海岸
全国合计	**38485525**	**5941696**	**3280091**	**1936**	**64608**	**97187**	**146265**	**958961**
北　京	34359	—	—	—	—	—	—	—
天　津	171780	58090	21070	—	—	—	—	37020
河　北	1081939	278792	115930	—	—	224	12202	104364
山　西	499900	—	—	—	—	—	—	—
内蒙古	4245048	—	—	—	—	—	—	—
辽　宁	1219615	738097	464200	—	—	5820	15780	222404
吉　林	1203356	5825	—	—	—	—	—	—
黑龙江	4314835	—	—	—	—	—	—	—
上　海	319714	305421	—	—	—	2502	—	13495
江　苏	1674670	843527	823526	—	—	—	—	20001
浙　江	802172	574275	286453	—	—	6009	628	145009
安　徽	653870	—	—	—	—	—	—	—
福　建	442997	370599	260219	—	3570	10917	15580	65432
江　西	998797	—	—	—	—	—	—	—
山　东	1784099	1210932	632716	—	—	66942	17483	210959
河　南	624129	—	—	—	—	—	—	—
湖　北	927329	—	—	—	—	—	—	—
湖　南	1226909	—	—	—	—	—	—	—
广　东	1398074	1017813	422191	1706	41222	270	45849	70027
广　西	656107	348362	172000	—	300	—	24370	69200
海　南	311469	189963	81786	230	19516	4503	14373	1050
重　庆	43206	—	—	—	—	—	—	—
四　川	961680	—	—	—	—	—	—	—
贵　州	79410	—	—	—	—	—	—	—
云　南	235304	—	—	—	—	—	—	—
西　藏	5232000	—	—	—	—	—	—	—
陕　西	292895	—	—	—	—	—	—	—
甘　肃	1258096	—	—	—	—	—	—	—
青　海	4125967	—	—	—	—	—	—	—
宁　夏	255643	—	—	—	—	—	—	—
新　疆	1410156	—	—	—	—	—	—	—

资源情况(一)

单位：公顷

海岸湿地						河流湿地			
潮间盐水沼泽	红树林	海岸性咸水湖	海岸性淡水湖	河口水域	三角洲湿地	小计	永久性河流	季节性河流	泛洪平原湿地
90340	**22025**	**87456**	**6516**	**660452**	**525861**	**8206982**	**6823208**	**312044**	**1071730**
—	—	—	—	—	—	4984	4984	—	—
—	—	—	—	—	—	55120	55120	—	—
20328	—	—	1202	6552	17990	319313	69614	49517	200182
—	—	—	—	—	—	454142	444152	6690	3300
—	—	—	—	—	—	607459	220463	1876	385120
680	—	—	—	15703	13510	252171	252171	—	—
—	—	—	—	—	5825	581393	514801	13842	52750
—	—	—	—	—	—	460684	337362	—	123322
—	—	—	—	289425	—	7191	7191	—	—
—	—	—	—	—	—	203337	188147	15190	—
21024	21	—	5159	78631	31341	118496	89594	—	28902
—	—	—	—	—	—	239508	233849	5659	—
—	615	—	—	14266	—	31064	31064	—	—
—	—	—	—	—	—	314883	314883	—	—
—	—	48515	—	5317	229000	301088	92320	208768	—
—	—	—	—	—	—	472721	462726	—	9995
—	—	—	—	—	—	377446	355674	—	21772
—	—	—	—	—	—	683130	683130	—	—
19500	9084	12501	—	245392	150071	231653	204283	—	27370
—	8375	118	—	—	74000	219134	219134	—	—
28808	3930	26322	155	5166	4124	38270	34067	—	4203
—	—	—	—	—	—	31624	31624	—	—
—	—	—	—	—	—	563868	563868	—	—
—	—	—	—	—	—	57960	57960	—	—
—	—	—	—	—	—	119781	119781	—	—
—	—	—	—	—	—	231115	231115	—	—
—	—	—	—	—	—	252056	113577	110	138369
—	—	—	—	—	—	565600	565600	—	—
—	—	—	—	—	—	107528	107372	156	—
—	—	—	—	—	—	104076	39700	10236	54140
—	—	—	—	—	—	200188	177883	—	22305

各地区湿地

地 区	湖泊湿地					
	小计	永久性淡水湖	季节性淡水湖	永久性咸水湖	季节性咸水湖	小计
全国合计	**8351586**	**4115456**	**466710**	**3693160**	**76260**	**13700289**
北 京	—	—	—	—	—	—
天 津	12330	12330	—	—	—	8180
河 北	307248	12897	282043	12308	—	136944
山 西	8063	2943	320	4800	—	—
内蒙古	495190	323346	29720	100524	41600	3098149
辽 宁	6250	6250	—	—	—	110237
吉 林	74486	19361	—	55125	—	354672
黑龙江	401860	289983	—	111877	—	3320274
上 海	6803	6803	—	—	—	—
江 苏	604193	604193	—	—	—	—
浙 江	3020	3020	—	—	—	114
安 徽	350465	341201	9264	—	—	—
福 建	19542	19542	—	—	—	—
江 西	443208	443208	—	—	—	114823
山 东	165476	164376	1100	—	—	3941
河 南	2587	2587	—	—	—	6914
湖 北	294676	294676	—	—	—	58350
湖 南	359266	359266	—	—	—	5061
广 东	1547	1547	—	—	—	1024
广 西	—	—	—	—	—	—
海 南	17312	17312	—	—	—	11025
重 庆	278	278	—	—	—	—
四 川	13376	12946	430	—	—	342298
贵 州	2297	2297	—	—	—	5690
云 南	96538	91245	5293	—	—	3950
西 藏	2538637	596200	—	1913667	28770	2461700
陕 西	7300	5895	—	1405	—	17829
甘 肃	44346	34406	300	9640	—	521500
青 海	1232039	254520	—	977519	—	2748100
宁 夏	148327	4247	138240	680	5160	—
新 疆	694927	188582	—	505615	730	369513

资源情况(二)

单位：公顷

沼泽和沼泽化草甸湿地								库塘
藓类沼泽	草本沼泽	沼泽化草甸	灌丛沼泽	森林沼泽	内陆盐沼	地热湿地	淡水泉和绿洲	
139787	**6478209**	**5754374**	**188126**	**137593**	**987582**	**14617**	—	**2284972**
—	—	—	—	—	—	—	—	29375
—	8180	—	—	—	—	—	—	38060
—	62072	15702	—	—	59171	—	—	39641
—	—	—	—	—	—	—	—	37695
2160	2309073	—	53410	92430	641076	—	—	44250
—	110237	—	—	—	—	—	—	112860
100	336905	—	600	2387	14680	—	—	186980
131500	1801943	1219500	132000	35331	—	—	—	132017
—	—	—	—	—	—	—	—	299
—	—	—	—	—	—	—	—	23613
—	114	—	—	—	—	—	—	106267
—	—	—	—	—	—	—	—	63897
—	—	—	—	—	—	—	—	21793
337	114486	—	—	—	—	—	—	125883
—	3941	—	—	—	—	—	—	102662
—	6914	—	—	—	—	—	—	141907
—	52350	—	—	6000	—	—	—	196857
—	5061	—	—	—	—	—	—	179452
—	1024	—	—	—	—	—	—	146037
—	—	—	—	—	—	—	—	88611
—	10561	347	—	—	—	117	—	54899
—	—	—	—	—	—	—	—	11304
—	342298	—	—	—	—	—	—	42138
5690	—	—	—	—	—	—	—	13463
—	3125	825	—	—	—	—	—	15036
—	540400	1681400	—	—	225400	14500	—	548
—	13959	—	—	—	3870	—	—	15710
—	409500	88500	—	—	23500	—	—	126650
—	—	2748100	—	—	—	—	—	38300
—	—	—	—	—	—	—	—	3240
—	346067	—	2116	1445	19885	—	—	145529

2

生态建设

SHENGTAI JIANSHE

中国
林业统计年鉴2009

全国营林生产主要指标2009年与2008年比较

指标名称	单位	2009年	2008年	2009年比2008年增减(%)
一、荒山荒(沙)地造林面积	**公顷**	**6262330**	**5353735**	**16.97**
(一)按造林方式分				
1. 人工造林	公顷	4156293	3684261	12.81
其中:竹林面积	公顷	87468	80711	8.37
2. 飞播造林	公顷	226337	154065	46.91
3. 无林地和疏林地新封	公顷	1879700	1515409	24.04
(二)按经济成份分				
(1)公有经济造林	公顷	3583134	2904143	23.38
①国有经济造林	公顷	1820928	1392443	30.77
②集体经济造林	公顷	1762206	1511700	16.57
(2)非公有经济造林	公顷	2679196	2449592	9.37
(三)按林种用途分				
(1)用材林	公顷	801317	782109	2.46
其中:速生丰产林	公顷	211895	248428	-14.71
(2)经济林	公顷	1002555	850771	17.84
(3)防护林	公顷	4407654	3697163	19.22
(4)薪炭林	公顷	23705	4020	489.68
(5)特种用途林	公顷	27099	19672	37.75
二、有林地造林面积	**公顷**	**463485**	**326754**	**41.85**
1. 林冠下造林	公顷	137386	97472	40.95
2. 飞播营林	公顷	—	—	—
3. 有林地和灌木林地新封	公顷	326099	229282	42.23
三、更新造林	**公顷**	**344254**	**424003**	**-18.81**
四、低产低效林改造面积	**公顷**	**543412**	**395861**	**37.27**
五、四旁(零星)植树	**万株**	**245555**	**235499**	**4.27**
六、年末实有封山(沙)育林面积	**公顷**	**21537816**	**21526252**	**0.05**
七、幼林抚育作业面积	**公顷次**	**14878720**	**15042955**	**-1.09**
八、幼林抚育实际面积	**公顷**	**9555999**	**9281807**	**2.95**
九、成林抚育面积	**公顷**	**10607972**	**10442018**	**1.59**
其中:中、幼龄林抚育面积	公顷	6362619	6235347	2.04
十、抚育改造出材量	**立方米**	**7521559**	**8458682**	**-11.08**
其中:中、幼龄林抚育出材量	立方米	5352398	5738161	-6.72
十一、林木种子采集量	**吨**	**61265**	**66571**	**-7.97**
十二、当年苗木产量	**万株**	**3343846**	**3163081**	**5.71**
十三、育苗面积	**公顷**	**661796**	**591072**	**11.97**
其中:本年新增育苗面积	公顷	188748	185910	1.53
十四、年末实有母树林面积	**公顷**	**295668**	**316650**	**-6.63**
十五、年末实有种子园面积	**公顷**	**66537**	**72660**	**-8.43**

各地区造林面积按造林方式分 2009 年与 2008 年比较

单位:公顷

地区	造林面积			人工造林			飞播造林			无林地和疏林地新封		
	2009 年	2008 年	增减(%)	2009 年	2008 年	增减(%)	2009 年	2008 年	增减(%)	2009 年	2008 年	增减(%)
全国合计	**6262330**	**5353735**	**16.97**	**4156293**	**3684261**	**12.81**	**226337**	**154065**	**46.91**	**1879700**	**1515409**	**24.04**
北　京	17566	15548	12.98	10153	8962	13.29	—	—	—	7413	6586	12.56
天　津	15654	11216	39.57	14987	10549	42.07	667	667	0.00	—	—	—
河　北	306373	345782	-11.40	197724	192866	2.52	35002	40663	-13.92	73647	112253	-34.39
山　西	326602	280378	16.49	196900	191426	2.86	8000	15333	-47.82	121702	73619	65.31
内蒙古	861933	718562	19.95	353096	377307	-6.42	96000	57399	67.25	412837	283856	45.44
内蒙古集团	328	655	-49.92	328	655	-49.92	—	—	—	—	—	—
辽　宁	129974	81532	59.41	91309	54868	66.42	—	—	—	38665	26664	45.01
吉　林	30228	26114	15.75	27421	25495	7.55	—	—	—	2807	619	353.47
吉林集团	—	—	—	—	—	—	—	—	—	—	—	—
黑龙江	213124	120609	76.71	187126	79835	134.39	—	—	—	25998	40774	-36.24
龙江集团	—	—	—	—	—	—	—	—	—	—	—	—
上　海	2051	1915	7.10	2051	1915	7.10	—	—	—	—	—	—
江　苏	83713	88655	-5.57	82851	88655	-6.55	—	—	—	862	—	—
浙　江	27422	8524	221.70	19378	6892	181.17	—	—	—	8044	1632	392.89
安　徽	68952	33463	106.05	53336	27514	93.85	—	—	—	15616	5949	162.50
福　建	33261	33059	0.61	33261	32809	1.38	—	—	—	—	250	—
江　西	228630	267032	-14.38	209019	234601	-10.90	—	—	—	19611	32431	-39.53
山　东	182171	185575	-1.83	180529	184928	-2.38	—	—	—	1642	647	153.79
河　南	416131	338139	23.07	382129	320804	19.12	—	—	—	34002	17335	96.15
湖　北	149174	154470	-3.43	129969	111464	16.60	—	—	—	19205	43006	-55.34
湖　南	125031	80004	56.28	99039	64014	54.71	—	—	—	25992	15990	62.55
广　东	19952	9387	112.55	16045	8374	91.60	—	—	—	3907	1013	285.69
广　西	139409	129054	8.02	118973	120834	-1.54	—	—	—	20436	8220	148.61
海　南	19377	17292	12.06	19377	17292	12.06	—	—	—	—	—	—
重　庆	95726	106576	-10.18	32350	5334	506.49	—	—	—	63376	101242	-37.40
四　川	487782	574605	-15.11	204753	247604	-17.31	—	—	—	283029	327001	-13.45
贵　州	236120	177878	32.74	90494	60623	49.27	—	—	—	145626	117255	24.20
云　南	713478	566135	26.03	605993	507733	19.35	—	—	—	107485	58402	84.04
西　藏	70299	31334	124.35	51795	30287	71.01	—	—	—	18504	1047	1667.34
陕　西	449453	275245	63.29	206014	146290	40.83	86668	40003	116.65	156771	88952	76.24
甘　肃	212373	167972	26.43	111851	83806	33.46	—	—	—	100522	84166	19.43
青　海	140659	53597	162.44	32450	31959	1.54	—	—	—	108209	21638	400.09
宁　夏	89480	103423	-13.48	65958	89749	-26.51	—	—	—	23522	13674	72.02
新　疆	343565	270660	26.94	303295	239472	26.65	—	—	—	40270	31188	29.12
新疆兵团	42127	30709	37.18	36994	22043	67.83	—	—	—	5133	8666	-40.77
大兴安岭	—	—	—	—	—	—	—	—	—	—	—	—

注:全国合计造林面积中包括军事管理区 26667 公顷人工造林。

各地区全部营

地区	荒山荒(沙)地								
	合计	按造林方式分				按经济成分分			
		人工造林		飞播造林	无林地和疏林地新封	公有经济造林			非公有经济造林
		小计	其中：竹林面积			小计	国有经济造林	集体经济造林	
全国合计	**6262330**	**4156293**	**87468**	**226337**	**1879700**	**3583134**	**1820928**	**1762206**	**2679196**
北京	17566	10153	—	—	7413	16942	457	16485	624
天津	15654	14987	—	667	—	3112	—	3112	12542
河北	306373	197724	—	35002	73647	118584	26760	91824	187789
山西	326602	196900	—	8000	121702	286384	73419	212965	40218
内蒙古	861933	353096	—	96000	412837	557693	243504	314189	304240
内蒙古集团	328	328	—	—	—	328	328	—	—
辽宁	129974	91309	—	—	38665	32399	8289	24110	97575
吉林	30228	27421	—	—	2807	18462	9109	9353	11766
吉林集团	—	—	—	—	—	—	—	—	—
黑龙江	213124	187126	—	—	25998	144393	110822	33571	68731
龙江集团	—	—	—	—	—	—	—	—	—
上海	2051	2051	—	—	—	1858	953	905	193
江苏	83713	82851	4	—	862	51036	8373	42663	32677
浙江	27422	19378	788	—	8044	20984	3355	17629	6438
安徽	68952	53336	5230	—	15616	24225	5080	19145	44727
福建	33261	33261	408	—	—	10917	3333	7584	22344
江西	228630	209019	1157	—	19611	63470	31803	31667	165160
山东	182171	180529	—	—	1642	80769	11010	69759	101402
河南	416131	382129	—	—	34002	111321	45887	65434	304810
湖北	149174	129969	1144	—	19205	32791	14586	18205	116383
湖南	125031	99039	1568	—	25992	42359	14234	28125	82672
广东	19952	16045	13	—	3907	19153	18228	925	799
广西	139409	118973	4361	—	20436	17169	7806	9363	122240
海南	19377	19377	—	—	—	3628	1982	1646	15749
重庆	95726	32350	812	—	63376	69218	49942	19276	26508
四川	487782	204753	28740	—	283029	365465	323751	41714	122317
贵州	236120	90494	1209	—	145626	202866	97562	105304	33254
云南	713478	605993	41939	—	107485	274528	70060	204468	438950
西藏	70299	51795	—	—	18504	32190	30457	1733	38109
陕西	449453	206014	95	86668	156771	379931	210406	169525	69522
甘肃	212373	111851	—	—	100522	202443	126840	75603	9930
青海	140659	32450	—	—	108209	134142	73454	60688	6517
宁夏	89480	65958	—	—	23522	75309	61298	14011	14171
新疆	343565	303295	—	—	40270	162726	111501	51225	180839
新疆兵团	42127	36994	—	—	5133	38723	38716	7	3404
大兴安岭	—	—	—	—	—	—	—	—	—

注：全国合计造林面积中包括军事管理区 26667 公顷人工营造的防护林。

林生产情况(一)

单位:公顷

造林面积						有林地造林面积			
按林种用途分									
用材林		经济林	防护林	薪炭林	特种用途林	合计	林冠下造林	飞播营林	有林地和灌木林地新封
小　计	其中:速生丰产林								
801317	**211895**	**1002555**	**4407654**	**23705**	**27099**	**463485**	**137386**	**—**	**326099**
32	7	990	14731	—	1813	26295	375	—	25920
5392	5392	601	9661	—	—	—	—	—	—
29449	2817	13825	260911	21	2167	—	—	—	—
600	—	28148	287812	10009	33	25927	—	—	25927
21178	—	8202	831205	1348	—	1970	1970	—	—
101	—	227	—	—	—	—	—	—	—
2854	—	4257	122623	240	—	—	—	—	—
154	—	—	30074	—	—	96221	96221	—	—
—	—	—	—	—	—	18189	18189	—	—
20300	1256	1844	186771	13	4196	14008	7445	—	6563
—	—	—	—	—	—	5044	4949	—	95
—	—	867	1184	—	—	—	—	—	—
11963	2849	15658	55853	31	208	—	—	—	—
1503	14	1790	24126	—	3	4336	345	—	3991
7121	—	439	61184	—	208	—	—	—	—
18646	—	2053	12494	—	68	19477	—	—	19477
120388	27530	23276	82528	1715	723	24811	19774	—	5037
42463	24162	26172	113067	—	469	6502	5992	—	510
156296	9173	47676	212159	—	—	—	—	—	—
48598	19736	23056	75770	1226	524	60686	2667	—	58019
18880	1134	7133	97218	1088	712	—	—	—	—
307	122	327	19318	—	—	21454	1119	—	20335
99878	80359	3845	34959	667	60	22393	257	—	22136
1219	—	1721	16437	—	—	—	—	—	—
16142	730	8221	69563	1800	—	—	—	—	—
62693	11890	28919	395677	333	160	10173	—	—	10173
9617	4215	19394	205223	738	1148	28006	—	—	28006
87995	19337	481500	142097	623	1263	83381	698	—	82683
—	—	4819	65480	—	—	4290	—	—	4290
7130	40	43979	395445	2899	—	67	—	—	67
—	—	1658	197383	—	13332	2882	—	—	2882
—	—	—	140659	—	—	—	—	—	—
1132	1132	25496	62852	—	—	—	—	—	—
9387	—	176689	156523	954	12	10606	523	—	10083
—	—	21186	20939	—	2	723	56	—	667
—	—	—	—	—	—	—	—	—	—

地　区	更新造林	低产低效林改造面积	四旁(零星)植树(万株)	年末实有封山(沙)育林面积	幼林抚育作业面积(公顷次)	幼林抚育实际面积	成林抚
							合　计
全国合计	**344254**	**543412**	**245555**	**21537816**	**14878720**	**9555999**	**10607972**
北　京	413	276	629	90774	46762	14629	99130
天　津	—	—	296	26014	85985	45532	64664
河　北	4781	6281	10657	920873	650295	440021	382141
山　西	—	207	11212	752981	231102	187441	48913
内蒙古	28512	3374	4802	3014054	874457	563645	1032015
内蒙古集团	15128	—	1	—	25558	23405	122385
辽　宁	—	—	10905	989553	366117	297955	95457
吉　林	7585	10715	920	240908	655853	405420	191724
吉林集团	1264	—	1	43543	136684	108766	18934
黑龙江	6380	5843	2495	604860	710738	451695	316326
龙江集团	6380	5472	360	424249	153989	102785	144451
上　海	—	—	309	—	51224	8104	38070
江　苏	1119	374	14644	19524	322618	203157	433049
浙　江	15742	62931	2381	886800	53806	46246	168313
安　徽	421	7053	16259	528622	863417	421324	654852
福　建	91109	11756	2233	178430	346987	285998	77383
江　西	24349	44531	15379	459598	629700	443478	297205
山　东	7307	8218	18080	213802	1175835	481923	1256462
河　南	900	7208	29905	299830	1066681	736793	1160757
湖　北	2707	54513	12163	1172663	282784	266232	371718
湖　南	1604	70899	10666	519355	654698	525248	240373
广　东	55930	38691	7038	47865	215095	203506	208009
广　西	73996	10183	3559	2278039	678717	449178	512769
海　南	6281	—	127	316113	2215	2215	8162
重　庆	—	38127	10607	299471	106028	120073	65161
四　川	1978	85020	25539	1535814	531437	427017	199301
贵　州	68	11459	2736	743396	189468	174505	132936
云　南	5020	15960	9139	1573327	22874	22774	38400
西　藏	3890	—	40	138257	97	—	—
陕　西	1333	21309	12686	841843	528652	787365	468110
甘　肃	—	2053	5215	683956	372412	283789	329245
青　海	—	2433	1210	687429	58504	58504	6033
宁　夏	—	285	741	227147	952294	413754	462760
新　疆	2829	23407	2974	1246518	2148121	784731	1220535
新疆兵团	575	415	376	268691	203463	64268	127256
大兴安岭	—	306	9	—	3747	3747	27999

林生产情况(二)

单位:公顷

育面积	抚育改造出材量(万立方米)		林木种子采集量(吨)	当年苗木产量(万株)	育苗面积		年末实有母树林面积	年末实有种子园面积
其中:中、幼龄林抚育面积	合计	其中:中、幼龄林抚育出材量			合计	其中:本年新增育苗面积		
6362619	**752.16**	**535.24**	**61265**	**3343846**	**661796**	**188748**	**295668**	**66537**
69466	0.40	0.09	148	8605	12441	797	7	323
34785	—	—	—	3713	4860	1858	—	—
249204	19.23	12.28	3030	219902	43088	16630	10388	929
45616	0.41	0.34	2161	138739	35127	14644	10059	1121
543822	103.12	85.13	2312	171292	8179	5119	27565	5310
122175	64.41	64.41	105	5464	56	18	12305	100
77926	34.93	20.47	1171	261230	16920	6314	14358	2241
159107	164.30	130.16	1584	60430	3770	1701	37922	3712
16929	19.71	18.18	197	1706	109	34	13441	620
233284	132.38	102.84	1151	119404	11957	4260	113050	6643
119138	47.53	41.07	152	40768	666	100	72892	4202
22779	—	—	—	11966	18940	272	—	—
321381	21.99	14.49	410	289645	64195	12729	125	70
80012	21.05	17.36	34	202473	90191	13430	3055	1808
328715	47.36	27.49	1539	82791	35107	7025	2438	1314
37619	20.29	18.42	22	39292	793	641	1079	931
176083	16.66	10.57	949	124429	24445	6097	3210	622
969840	13.26	9.83	5869	243119	84250	23524	1356	215
549405	15.98	11.76	1859	185463	59514	25295	570	249
278962	9.21	7.87	4371	109757	32437	6639	3454	2995
112586	34.73	13.06	598	95862	23633	1887	4316	1532
112818	0.91	0.84	585	57442	4275	1041	580	429
219267	38.86	8.03	90	74043	1913	1277	6959	885
8162	0.08	0.02	19	7533	502	502	—	60
62559	2.52	1.05	478	87868	11008	4326	11591	2122
157271	10.97	10.93	3165	112469	6422	2488	6013	2843
53906	15.96	6.24	222	98001	2298	1605	7253	4990
33831	5.96	5.49	7058	98954	4332	3090	6134	3366
—	—	—	—	840	699	355	—	500
282601	0.78	0.52	7618	150898	18314	8503	13805	12502
167632	2.90	2.81	2026	146066	15284	7015	5475	585
6033	—	—	168	38979	2436	1067	244	430
197692	—	—	11888	48737	14614	3713	1400	3530
742256	1.47	0.70	740	52268	9805	4866	979	3157
66703	0.97	0.21	73	7324	1325	452	366	218
27999	16.40	16.40	—	1636	47	38	2283	1123

林业重点工程

指　　标	总　计	天然林资源保护工程	退耕还林工　程	京津风沙源治理工程	合　计
一、本年完成造林面积	**4596244**	**1360913**	**886666**	**434817**	**1893077**
（一）按造林方式分					
1. 人工造林	2617285	282019	565473	130442	1618580
2. 飞播造林	226337	153334	—	73003	—
3. 无林地和疏林地新封	1752622	925560	321193	231372	274497
（二）按林种用途分					
1. 用材林	326470	61123	147795	17315	79466
2. 经济林	392814	63452	140663	3675	185024
3. 防护林	3845904	1222429	586882	411268	1625325
4. 薪炭林	9862	3099	4612	1358	793
5. 特种用途林	21194	10810	6714	1201	2469
二、低产低效防护林改造面积	**72267**	**—**	**—**	**—**	**72267**
三、年末实有封山育林面积	**11495142**	**5930054**	**1585372**	**1979178**	**2000538**

林业重点工程

指　　标	总　计	天然林资源保护工程	退耕还林工　程	京津风沙源治理工程	合　计
一、全部林业投资完成额	**5087347**	**817253**	**3217569**	**403175**	**557076**
其中：国债资金	499291	85846	183728	58235	153235
中央财政专项资金	3680265	602353	2702582	297142	56367
二、本年资金来源总计	**5309188**	**838760**	**3553223**	**271895**	**536883**
其中：地方配套资金	285087	64745	67808	20317	127010
（1）国家预算内资金	5000396	810208	3498142	271415	370369
其中：国家预算内基建资金	472325	122386	156622	47521	133616
国债资金	490062	68393	230222	52784	124124
中央财政专项资金	3844034	585040	3038848	170052	33590
（2）国内贷款	18158	—	25	—	20
（3）利用外资	12384	—	185	—	—
（4）自筹资金	152271	3104	30964	366	101066
（5）其他资金	125979	25448	23907	114	65428
三、群众投工投劳（折资）	**162164**	**—**	**—**	**—**	**162164**

建设情况(一)

单位:公顷

三北及长江流域等重点防护林体系建设工程						速生丰产用材林基地建设工程
三北防护林四期工程	长江流域防护林二期工程	沿海防护林二期工程	珠江流域防护林二期工程	太行山绿化二期工程	平原绿化二期工程	
1255873	**222127**	**212184**	**82059**	**119160**	**1674**	**20771**
—						
1043296	214545	198658	72941	87466	1674	20771
—	—	—	—	—	—	—
212577	7582	13526	9118	31694	—	—
—						
26862	17467	20399	13569	1103	66	20771
166290	6248	5081	2567	4771	67	—
1060084	198381	186443	65923	112953	1541	—
762	31	—	—	—	—	—
1875	—	261	—	333	—	—
5048	**12143**	**49322**	**5603**	**133**	**18**	—
1444379	**110832**	**161303**	**90491**	**193533**	—	—

建设情况(二)

单位:万元

三北及长江流域等重点防护林体系建设工程						野生动物植物保护及自然保护区建设工程	速生丰产用材林基地建设工程
三北防护林四期工程	长江流域防护林二期工程	沿海防护林二期工程	珠江流域防护林二期工程	太行山绿化二期工程	平原绿化二期工程		
270310	**101057**	**140019**	**23828**	**21663**	**199**	**80097**	**12177**
104485	16817	25197	4776	1910	50	18127	120
28713	10183	10756	4203	2512	—	21821	—
254072	**93911**	**141666**	**24200**	**22534**	**500**	**60755**	**47672**
47905	34172	35327	2969	6632	5	3876	1331
163249	73781	92827	20002	20400	110	49442	820
48300	29616	34270	6500	14840	90	12073	107
84677	13777	20707	4963	—	—	14509	30
17824	5307	5497	2952	2000	10	16264	240
20	—	—	—	—	—	—	18113
—	—	—	—	—	—	224	11975
60099	13067	24425	3237	228	10	1487	15284
30704	7063	24414	961	1906	380	9602	1480
96423	**17293**	**31825**	**6174**	**7438**	**3011**	—	—

各地区林业重点工程造林面积

单位:公顷

地区	全部造林面积	重点工程造林面积						其他造林面积
		合计	天然林资源保护工程	退耕还林工程	京津风沙源治理工程	三北及长江流域等重点防护林体系建设工程	速生丰产用材林建设工程	
全国合计	**6262330**	**4596244**	**1360913**	**886666**	**434817**	**1893077**	**20771**	**1666086**
北京	17566	14634	—	—	12454	2180	—	2932
天津	15654	15654	—	—	1127	14527	—	—
河北	306373	284821	—	23358	108398	152320	745	21552
山西	326602	265031	51799	35667	21292	156273	—	61571
内蒙古	861933	812223	238022	48555	291546	234100	—	49710
内蒙古集团	328	328	328	—	—	—	—	—
辽宁	129974	129974	—	23485	—	106489	—	—
吉林	30228	30074	—	3913	—	26161	—	154
吉林集团	—	—	—	—	—	—	—	—
黑龙江	213124	213124	—	58475	—	153193	1456	—
龙江集团	—	—	—	—	—	—	—	—
上海	2051	1383	—	—	—	1383	—	668
江苏	83713	50769	—	—	—	50769	—	32944
浙江	27422	24301	—	—	—	24301	—	3121
安徽	68952	59232	—	32540	—	26692	—	9720
福建	33261	10576	—	—	—	10576	—	22685
江西	228630	96504	—	34517	—	45385	16602	132126
山东	182171	63843	—	—	—	63843	—	118328
河南	416131	116139	10667	53333	—	52139	—	299992
湖北	149174	79651	18937	26212	—	34502	—	69523
湖南	125031	104029	—	53333	—	50696	—	21002
广东	19952	16575	—	—	—	16575	—	3377
广西	139409	73502	—	33892	—	37642	1968	65907
海南	19377	18474	—	3427	—	15047	—	903
重庆	95726	79338	42667	36671	—	—	—	16388
四川	487782	417561	381072	36489	—	—	—	70221
贵州	236120	140379	72765	33274	—	34340	—	95741
云南	713478	283420	150841	118648	—	13931	—	430058
西藏	70299	58442	47621	10821	—	—	—	11857
陕西	449453	406027	244533	39328	—	122166	—	43426
甘肃	212373	210772	73856	42797	—	94119	—	1601
青海	140659	104870	20801	28102	—	55967	—	35789
宁夏	89480	89480	7332	33042	—	49106	—	—
新疆	343565	298775	—	50120	—	248655	—	44790
新疆兵团	42127	27778	—	2000	—	25778	—	14349
大兴安岭	—	—	—	—	—	—	—	—

注:退耕还林工程中包括军事管理区 26667 公顷荒山荒地造林。

天然林资源保护工程建设情况

指　　标	单位	合计	东北、内蒙古等国有重点林区	长江上游、黄河上中游地区
一、工程区木材产量	**立方米**	**14840180**	**10732395**	**4107785**
其中:人工林木材产量	立方米	4167523	466165	3701358
二、荒山荒(沙)地造林面积	**公顷**	**1360913**	**44328**	**1316585**
1. 人工造林	公顷	282019	328	281691
2. 飞播造林	公顷	153334	—	153334
3. 无林地和疏林地新封	公顷	925560	44000	881560
按林种用途分				
1. 用材林	公顷	61123	101	61022
2. 经济林	公顷	63452	227	63225
3. 防护林	公顷	1222429	44000	1178429
4. 薪炭林	公顷	3099	—	3099
5. 特种用途林	公顷	10810	—	10810
三、年末实有封山(沙)育林面积	**公顷**	**5930054**	**870210**	**5059844**
四、年末实有森林管护面积	**公顷**	**101225649**	**33584546**	**67641103**
其中:国有林管护面积	公顷	49723925	24354204	25369721
林业职工代管的集体林面积	公顷	12394848	39517	12355331
五、工程区项目实施单位人员情况				
1. 年末全部在册职工人数	人	797851	627527	170324
其中:混岗职工人数	人	130465	128038	2427
(1)年末在岗职工人数	人	586945	426922	160023
(2)年末下岗待安置职工人数	人	70611	63645	6966
(3)年末离开本单位保留劳动关系人数	人	140295	136960	3335
2. 年末其他从业人员	人	26328	1073	25255
3. 林业单位全年平均在岗职工人数	人	548288	406549	141739
4. 自工程实施以来累计一次性安置职工人数	人	621527	553147	68380
(1)全民职工人数	人	390032	323918	66114
(2)混岗职工人数	人	231495	229229	2266
其中:本年一次性安置职工人数	人	12138	11744	394
(1)全民职工人数	人	7008	6856	152
(2)混岗职工人数	人	5130	4888	242
5. 本年一次性安置费	万元	17019	16382	637
6. 年末实有离退休人数	人	595743	448790	146953
7. 当年离退休人员生活费	万元	796089	596735	199354
8. 年末参加基本养老保险人数	人	878540	661254	217286
其中:在岗职工	人	494315	376264	118051
9. 年末参加基本医疗保险人数	人	1007902	765344	242558
其中:在岗职工	人	496612	375855	120757
六、全部林业投资完成额	**万元**	**817253**	**416103**	**401150**
其中:国债资金	万元	85846	3713	82133
中央财政专项资金	万元	602353	385844	216509
1. 造林	万元	151397	3575	147822
2. 森林管护	万元	234843	85951	148892
3. 社会保险(养老、医疗、失业、工伤、生育)	万元	178535	128717	49818
4. 政社性支出	万元	124008	103735	20273
5. 其他	万元	128470	94125	34345

地区	工程区木材产量(立方米)		荒山荒(沙)地造林面积(公顷)						
				按造林方式分			按林种		
	合计	其中:人工林木材产量	合计	人工造林	飞播造林	无林地和疏林地新封	用材林	经济林	防护林
全国合计	**14840180**	**4167523**	**1360913**	**282019**	**153334**	**925560**	**61123**	**63452**	**1222429**
北京	—	—	—	—	—	—	—	—	—
天津	—	—	—	—	—	—	—	—	—
河北	—	—	—	—	—	—	—	—	—
山西	3136	1936	51799	—	—	51799	—	—	51799
内蒙古	2535205	102753	238022	328	66666	171028	101	227	237694
内蒙古集团	2303856	46549	328	328	—	—	101	227	—
辽宁	—	—	—	—	—	—	—	—	—
吉林	2128539	76684	—	—	—	—	—	—	—
吉林集团	904960	58794	—	—	—	—	—	—	—
黑龙江	3966299	337492	—	—	—	—	—	—	—
龙江集团	3966299	337492	—	—	—	—	—	—	—
上海	—	—	—	—	—	—	—	—	—
江苏	—	—	—	—	—	—	—	—	—
浙江	—	—	—	—	—	—	—	—	—
安徽	—	—	—	—	—	—	—	—	—
福建	—	—	—	—	—	—	—	—	—
江西	—	—	—	—	—	—	—	—	—
山东	—	—	—	—	—	—	—	—	—
河南	120493	111141	10667	—	—	10667	2667	300	7700
湖北	206851	120394	18937	1799	—	17138	474	579	17884
湖南	—	—	—	—	—	—	—	—	—
广东	—	—	—	—	—	—	—	—	—
广西	—	—	—	—	—	—	—	—	—
海南	—	—	—	—	—	—	—	—	—
重庆	159272	147952	42667	—	—	42667	4974	5467	32226
四川	1922281	1850459	381072	122555	—	258517	26338	6439	348085
贵州	987818	957274	72765	—	—	72765	—	—	72098
云南	523178	408381	150841	56008	—	94833	22499	36494	91848
西藏	—	—	47621	33454	—	14167	—	1333	46288
陕西	92406	44151	244533	39738	86668	118127	4070	12613	224951
甘肃	31062	7706	73856	26671	—	47185	—	—	63723
青海	—	—	20801	1466	—	19335	—	—	20801
宁夏	1200	1200	7332	—	—	7332	—	—	7332
新疆	16431	—	—	—	—	—	—	—	—
新疆兵团	—	—	—	—	—	—	—	—	—
大兴安岭	2146009	—	—	—	—	—	—	—	—

保护工程建设情况(一)

用途分		年末实有封山(沙)育林面积(公顷)	年末实有森林管护面积(公顷)			工程区项目实施单位人员情况				
				其中		年末全部在册职工人数(人)				
薪炭林	特种用途林		合计	国有林管护面积	林业职工代管的集体林面积	合计	其中:混岗职工人数	年末在岗职工人数	年末下岗待安置职工人数	年末离开本单位保留劳动关系人数
3099	10810	5930054	101225649	49723925	12394848	797851	130465	586945	70611	140295
—	—	—	—	—	—	—	—	—	—	—
—	—	—	—	—	—	—	—	—	—	—
—	—	—	—	—	—	—	—	—	—	—
—	—	291164	2875833	1486204	—	11355	—	11150	70	135
—	—	704820	13783467	2541998	409471	121236	47472	76748	30076	14412
—	—	—	8825992	—	—	105158	46759	61887	29361	13910
—	—	—	—	—	—	—	—	—	—	—
—	—	130431	3772795	3772795	—	78951	3569	53793	6182	18976
—	—	43543	1286883	1286883	—	25510	1365	19270	809	5431
—	—	424249	8741495	8741495	—	354263	65722	234522	23920	95821
—	—	424249	8741495	8741495	—	354263	65722	234522	23920	95821
—	—	—	—	—	—	—	—	—	—	—
—	—	—	—	—	—	—	—	—	—	—
—	—	—	—	—	—	—	—	—	—	—
—	—	—	—	—	—	—	—	—	—	—
—	—	—	—	—	—	—	—	—	—	—
—	—	—	—	—	—	—	—	—	—	—
—	—	—	—	—	—	—	—	—	—	—
—	—	99707	942379	99886	—	2803	—	2803	—	—
—	—	281120	3355676	755378	1235389	8766	134	7261	1427	78
—	—	—	—	—	—	—	—	—	—	—
—	—	—	—	—	—	—	—	—	—	—
—	—	—	—	—	—	—	—	—	—	—
—	—	28014	459000	459000	—	2649	—	2185	464	—
—	—	223663	2824301	472730	85957	3776	—	3703	—	73
200	10	1218161	21071486	10726682	4403121	44206	1860	41379	1947	880
—	667	109962	5553172	383227	796548	20098	—	19118	643	337
—	—	945782	12643093	3144029	4265231	13415	—	13228	—	187
—	—	16301	121067	1067	—	71	—	71	—	—
2899	—	636461	8757653	2952754	626732	19867	399	18300	996	571
—	10133	321216	4240154	2872123	532399	27129	—	24181	1883	1065
—	—	252291	1983333	1768640	40000	5888	—	5888	—	—
—	—	152128	629481	174385	—	7518	—	7516	—	2
—	—	94584	1933121	1833389	—	3863	—	3676	136	51
—	—	—	99732	—	—	291	—	155	136	—
—	—	—	7538143	7538143	—	71997	11309	61423	2867	7707

各地区天然林资源

工程区项目实施

地区	年末其他从业人员（人）	林业单位全年平均在岗职工人数（人）	自工程实施以来累计一次性安置职工人数（人）						本年一次性安置费（万元）	年末实有离退休人数（人）
			合计	全民职工人数	混岗职工人数	其中：本年一次性安置职工人数				
						小计	全民职工人数	混岗职工人数		
全国合计	**26328**	**548288**	**621527**	**390032**	**231495**	**12138**	**7008**	**5130**	**17019**	**595743**
北　京	—	—	—	—	—	—	—	—	—	—
天　津	—	—	—	—	—	—	—	—	—	—
河　北	—	—	—	—	—	—	—	—	—	—
山　西	82	10831	858	858	—	—	—	—	—	4407
内蒙古	111	75579	88456	49343	39113	2694	33	2661	2628	75728
内蒙古集团	80	62652	78643	40172	38471	2693	33	2660	2626	66969
辽　宁	—	—	—	—	—	—	—	—	—	—
吉　林	—	55671	110894	83363	27531	7	7	—	18	73148
吉林集团	—	19725	48430	38466	9964	7	7	—	18	34314
黑龙江	771	215440	252461	141549	110912	4574	4417	157	6969	248902
龙江集团	771	215440	252461	141549	110912	4574	4417	157	6969	248902
上　海	—	—	—	—	—	—	—	—	—	—
江　苏	—	—	—	—	—	—	—	—	—	—
浙　江	—	—	—	—	—	—	—	—	—	—
安　徽	—	—	—	—	—	—	—	—	—	—
福　建	—	—	—	—	—	—	—	—	—	—
江　西	—	—	—	—	—	—	—	—	—	—
山　东	—	—	—	—	—	—	—	—	—	—
河　南	118	2373	2176	2176	—	—	—	—	—	1226
湖　北	60	5753	13540	12213	1327	247	6	241	214	4569
湖　南	—	—	—	—	—	—	—	—	—	—
广　东	—	—	—	—	—	—	—	—	—	—
广　西	—	—	—	—	—	—	—	—	—	—
海　南	70	2185	2733	2733	—	—	—	—	—	3106
重　庆	—	3497	4998	4998	—	23	23	—	—	4212
四　川	3080	37556	16791	16157	634	40	40	—	63	78961
贵　州	11057	17083	5344	5344	—	—	—	—	—	9478
云　南	6026	10790	7605	7478	127	—	—	—	—	16422
西　藏	2715	—	129	129	—	—	—	—	—	—
陕　西	1955	15095	5225	5206	19	—	—	—	—	8709
甘　肃	160	20204	10067	10067	—	83	83	—	332	11974
青　海	—	5888	153	45	108	—	—	—	26	713
宁　夏	2	7516	—	—	—	—	—	—	—	3454
新　疆	117	3096	6564	6564	—	—	—	—	—	2843
新疆兵团	—	—	44	44	—	—	—	—	—	110
大兴安岭	4	59731	93533	41809	51724	4470	2399	2071	6769	47891

保护工程建设情况(二)

单位人员情况					全部林业投资完成额(万元)							
当年离退休人员生活费(万元)	年末参加基本养老保险人数(人)		年末参加基本医疗保险人数(人)		合 计	其 中		造林	森林管护	社会保险	政社性支出	其他
	合 计	其中:在岗职工	合 计	其中:在岗职工		国债资金	中央财政专项资金					
796089	**878540**	**494315**	**1007902**	**496612**	**817253**	**85846**	**602353**	**151397**	**234843**	**178535**	**124008**	**128470**
—	—	—	—	—	—	—	—	—	—	—	—	—
—	—	—	—	—	—	—	—	—	—	—	—	—
—	—	—	—	—	—	—	—	—	—	—	—	—
8915	13407	9522	13774	9845	17166	—	7501	7952	5851	2126	990	247
123649	91460	74810	95538	76348	107036	17619	82009	17600	26726	20869	9152	32689
107226	75718	61887	75718	61887	67198	—	67198	—	18291	16814	7283	24810
—	—	—	—	—	—	—	—	—	—	—	—	—
86867	85074	53082	100133	53391	65154	—	60461	—	11497	29589	18931	5137
46090	27318	19150	36187	17046	29150	—	27155	—	4866	13718	8205	2361
325569	420461	200121	483794	197017	174751	430	166226	—	21514	53261	48096	51880
325569	420461	200121	483794	197017	174751	430	166226	—	21514	53261	48096	51880
—	—	—	—	—	—	—	—	—	—	—	—	—
—	—	—	—	—	—	—	—	—	—	—	—	—
—	—	—	—	—	—	—	—	—	—	—	—	—
—	—	—	—	—	—	—	—	—	—	—	—	—
—	—	—	—	—	—	—	—	—	—	—	—	—
—	—	—	—	—	—	—	—	—	—	—	—	—
—	—	—	—	—	—	—	—	—	—	—	—	—
1646	3185	2540	3663	2706	4707	857	2815	959	2260	557	931	—
4846	8072	7854	8710	7854	23402	6937	16465	3834	6706	3022	1676	8164
—	—	—	—	—	—	—	—	—	—	—	—	—
—	—	—	—	—	—	—	—	—	—	—	—	—
—	—	—	—	—	—	—	—	—	—	—	—	—
1753	5783	2185	—	—	6534	—	2442	—	4070	1759	705	—
5239	6283	3049	6153	2867	15601	3583	8386	4329	7044	2920	1064	244
88206	105641	37203	111676	32440	120355	—	66380	50405	40493	16683	1229	11545
19501	9498	5272	13027	8359	20774	—	13789	5760	10901	2171	1587	355
25475	14837	10142	19693	10943	67228	22801	36946	23769	29159	6533	1497	6270
—	6	—	—	—	2723	—	2723	488	2173	42	20	—
11352	15706	13231	19734	12917	54160	23282	22286	25426	20158	3762	2051	2763
21804	26180	17891	29007	19574	33452	7569	24632	7569	9820	7919	5717	2427
1959	586	586	804	804	16967	2152	6330	2690	10308	1606	2224	139
4261	8210	5813	9685	7021	3526	616	2809	616	1052	1352	136	370
4710	5322	3110	6002	3225	15130	—	11566	—	6317	2032	2016	4765
113	237	161	—	—	216	—	216	—	191	25	—	—
60337	58829	47904	86509	51301	68587	—	68587	—	18794	22332	25986	1475

地区	工程区木材产量（立方米）		荒山荒（沙）地造林面积（公顷）						
				按造林方式分			按林种		
	合计	其中：人工林木材产量	合计	人工造林	飞播造林	无林地和疏林地新封	用材林	经济林	防护林
全国合计	**10732395**	**466165**	**44328**	**328**	**—**	**44000**	**101**	**227**	**44000**
北京	—	—	—	—	—	—	—	—	—
天津	—	—	—	—	—	—	—	—	—
河北	—	—	—	—	—	—	—	—	—
山西	—	—	—	—	—	—	—	—	—
内蒙古	2475117	51989	44328	328	—	44000	101	227	44000
内蒙古集团	2303856	46549	328	328	—	—	101	227	—
辽宁	—	—	—	—	—	—	—	—	—
吉林	2128539	76684	—	—	—	—	—	—	—
吉林集团	904960	58794	—	—	—	—	—	—	—
黑龙江	3966299	337492	—	—	—	—	—	—	—
龙江集团	3966299	337492	—	—	—	—	—	—	—
上海	—	—	—	—	—	—	—	—	—
江苏	—	—	—	—	—	—	—	—	—
浙江	—	—	—	—	—	—	—	—	—
安徽	—	—	—	—	—	—	—	—	—
福建	—	—	—	—	—	—	—	—	—
江西	—	—	—	—	—	—	—	—	—
山东	—	—	—	—	—	—	—	—	—
河南	—	—	—	—	—	—	—	—	—
湖北	—	—	—	—	—	—	—	—	—
湖南	—	—	—	—	—	—	—	—	—
广东	—	—	—	—	—	—	—	—	—
广西	—	—	—	—	—	—	—	—	—
海南	—	—	—	—	—	—	—	—	—
重庆	—	—	—	—	—	—	—	—	—
四川	—	—	—	—	—	—	—	—	—
贵州	—	—	—	—	—	—	—	—	—
云南	—	—	—	—	—	—	—	—	—
西藏	—	—	—	—	—	—	—	—	—
陕西	—	—	—	—	—	—	—	—	—
甘肃	—	—	—	—	—	—	—	—	—
青海	—	—	—	—	—	—	—	—	—
宁夏	—	—	—	—	—	—	—	—	—
新疆	16431	—	—	—	—	—	—	—	—
新疆兵团	—	—	—	—	—	—	—	—	—
大兴安岭	2146009	—	—	—	—	—	—	—	—

天然林资源保护工程建设情况(一)

用途分		年末实有封山(沙)育林面积(公顷)	年末实有森林管护面积(公顷)			工程区项目实施单位人员情况				
				其中		年末全部在册职工人数(人)				
薪炭林	特种用途林		合　计	国有林管护面积	林业职工代管的集体林面积	合　计	其中:混岗职工人数	年末在岗职工人数	年末下岗待安置职工人数	年末离开本单位保留劳动关系人数
—	**—**	**870210**	**33584546**	**24354204**	**39517**	**627527**	**128038**	**426922**	**63645**	**136960**
—	—	—	—	—	—	—	—	—	—	—
—	—	—	—	—	—	—	—	—	—	—
—	—	—	—	—	—	—	—	—	—	—
—	—	—	—	—	—	—	—	—	—	—
—	—	192932	11139992	2009382	39517	115804	47438	71323	30076	14405
—	—	—	8825992	—	—	105158	46759	61887	29361	13910
—	—	—	—	—	—	—	—	—	—	—
—	—	130431	3772795	3772795	—	78951	3569	53793	6182	18976
—	—	43543	1286883	1286883	—	25510	1365	19270	809	5431
—	—	424249	8741495	8741495	—	354263	65722	234522	23920	95821
—	—	424249	8741495	8741495	—	354263	65722	234522	23920	95821
—	—	—	—	—	—	—	—	—	—	—
—	—	—	—	—	—	—	—	—	—	—
—	—	—	—	—	—	—	—	—	—	—
—	—	—	—	—	—	—	—	—	—	—
—	—	—	—	—	—	—	—	—	—	—
—	—	—	—	—	—	—	—	—	—	—
—	—	—	—	—	—	—	—	—	—	—
—	—	—	—	—	—	—	—	—	—	—
—	—	—	—	—	—	—	—	—	—	—
—	—	—	—	—	—	—	—	—	—	—
—	—	—	—	—	—	—	—	—	—	—
—	—	—	—	—	—	—	—	—	—	—
—	—	28014	459000	459000	—	2649	—	2185	464	—
—	—	—	—	—	—	—	—	—	—	—
—	—	—	—	—	—	—	—	—	—	—
—	—	—	—	—	—	—	—	—	—	—
—	—	—	—	—	—	—	—	—	—	—
—	—	—	—	—	—	—	—	—	—	—
—	—	—	—	—	—	—	—	—	—	—
—	—	—	—	—	—	—	—	—	—	—
—	—	—	—	—	—	—	—	—	—	—
—	—	—	—	—	—	—	—	—	—	—
—	—	94584	1933121	1833389	—	3863	—	3676	136	51
—	—	—	99732	—	—	291	—	155	136	—
—	—	—	7538143	7538143	—	71997	11309	61423	2867	7707

东北、内蒙古等国有重点林区

工程区项目实施

地　区	年末其他从业人员（人）	林业单位全年平均在岗职工人数（人）	自工程实施以来累计一次性安置职工人数（人）						本年一次性安置费（万元）	年末实有离退休人数（人）
			合 计	全民职工人数	混岗职工人数	其中：本年一次性安置职工人数				
						小计	全民职工人数	混岗职工人数		
全国合计	**1073**	**406549**	**553147**	**323918**	**229229**	**11744**	**6856**	**4888**	**16382**	**448790**
北　京	—	—	—	—	—	—	—	—	—	—
天　津	—	—	—	—	—	—	—	—	—	—
河　北	—	—	—	—	—	—	—	—	—	—
山　西	—	—	—	—	—	—	—	—	—	—
内蒙古	111	70426	86962	47900	39062	2693	33	2660	2626	72900
内蒙古集团	80	62652	78643	40172	38471	2693	33	2660	2626	66969
辽　宁	—	—	—	—	—	—	—	—	—	—
吉　林	—	55671	110894	83363	27531	7	7	—	18	73148
吉林集团	—	19725	48430	38466	9964	7	7	—	18	34314
黑龙江	771	215440	252461	141549	110912	4574	4417	157	6969	248902
龙江集团	771	215440	252461	141549	110912	4574	4417	157	6969	248902
上　海	—	—	—	—	—	—	—	—	—	—
江　苏	—	—	—	—	—	—	—	—	—	—
浙　江	—	—	—	—	—	—	—	—	—	—
安　徽	—	—	—	—	—	—	—	—	—	—
福　建	—	—	—	—	—	—	—	—	—	—
江　西	—	—	—	—	—	—	—	—	—	—
山　东	—	—	—	—	—	—	—	—	—	—
河　南	—	—	—	—	—	—	—	—	—	—
湖　北	—	—	—	—	—	—	—	—	—	—
湖　南	—	—	—	—	—	—	—	—	—	—
广　东	—	—	—	—	—	—	—	—	—	—
广　西	—	—	—	—	—	—	—	—	—	—
海　南	70	2185	2733	2733	—	—	—	—	—	3106
重　庆	—	—	—	—	—	—	—	—	—	—
四　川	—	—	—	—	—	—	—	—	—	—
贵　州	—	—	—	—	—	—	—	—	—	—
云　南	—	—	—	—	—	—	—	—	—	—
西　藏	—	—	—	—	—	—	—	—	—	—
陕　西	—	—	—	—	—	—	—	—	—	—
甘　肃	—	—	—	—	—	—	—	—	—	—
青　海	—	—	—	—	—	—	—	—	—	—
宁　夏	—	—	—	—	—	—	—	—	—	—
新　疆	117	3096	6564	6564	—	—	—	—	—	2843
新疆兵团	—	—	44	44	—	—	—	—	—	110
大兴安岭	4	59731	93533	41809	51724	4470	2399	2071	6769	47891

天然林资源保护工程建设情况(二)

单位人员情况					全部林业投资完成额(万元)							
当年离退休人员生活费(万元)	年末参加基本养老保险人数(人)		年末参加基本医疗保险人数(人)		合　计	其　中		造林	森林管护	社会保险	政社性支出	其他
	合　计	其中:在岗职工	合　计	其中:在岗职工		国债资金	中央财政专项资金					
596735	**661254**	**376264**	**765344**	**375855**	**416103**	**3713**	**385844**	**3575**	**85951**	**128717**	**103735**	**94125**
—	—	—	—	—	—	—	—	—	—	—	—	—
—	—	—	—	—	—	—	—	—	—	—	—	—
—	—	—	—	—	—	—	—	—	—	—	—	—
—	—	—	—	—	—	—	—	—	—	—	—	—
117499	85785	69862	88906	70921	85947	3283	76562	3575	23759	19744	8001	30868
107226	75718	61887	75718	61887	67198	—	67198	—	18291	16814	7283	24810
—	—	—	—	—	—	—	—	—	—	—	—	—
86867	85074	53082	100133	53391	65154	—	60461	—	11497	29589	18931	5137
46090	27318	19150	36187	17046	29150	—	27155	—	4866	13718	8205	2361
325569	420461	200121	483794	197017	174751	430	166226	—	21514	53261	48096	51880
325569	420461	200121	483794	197017	174751	430	166226	—	21514	53261	48096	51880
—	—	—	—	—	—	—	—	—	—	—	—	—
—	—	—	—	—	—	—	—	—	—	—	—	—
—	—	—	—	—	—	—	—	—	—	—	—	—
—	—	—	—	—	—	—	—	—	—	—	—	—
—	—	—	—	—	—	—	—	—	—	—	—	—
—	—	—	—	—	—	—	—	—	—	—	—	—
—	—	—	—	—	—	—	—	—	—	—	—	—
—	—	—	—	—	—	—	—	—	—	—	—	—
—	—	—	—	—	—	—	—	—	—	—	—	—
—	—	—	—	—	—	—	—	—	—	—	—	—
—	—	—	—	—	—	—	—	—	—	—	—	—
—	—	—	—	—	—	—	—	—	—	—	—	—
1753	5783	2185	—	—	6534	—	2442	—	4070	1759	705	—
—	—	—	—	—	—	—	—	—	—	—	—	—
—	—	—	—	—	—	—	—	—	—	—	—	—
—	—	—	—	—	—	—	—	—	—	—	—	—
—	—	—	—	—	—	—	—	—	—	—	—	—
—	—	—	—	—	—	—	—	—	—	—	—	—
—	—	—	—	—	—	—	—	—	—	—	—	—
—	—	—	—	—	—	—	—	—	—	—	—	—
—	—	—	—	—	—	—	—	—	—	—	—	—
—	—	—	—	—	—	—	—	—	—	—	—	—
4710	5322	3110	6002	3225	15130	—	11566	—	6317	2032	2016	4765
113	237	161	—	—	216	—	216	—	191	25	—	—
60337	58829	47904	86509	51301	68587	—	68587	—	18794	22332	25986	1475

长江上游、黄河上中游各地区

地　　区	工程区木材产量(立方米)		荒山荒(沙)地造林面积(公顷)						
				按造林方式分			按林种		
	合　计	其中:人工林木材产量	合　计	人工造林	飞播造林	无林地和疏林地新封	用材林	经济林	防护林
全国合计	**4107785**	**3701358**	**1316585**	**281691**	**153334**	**881560**	**61022**	**63225**	**1178429**
北　京	—	—	—	—	—	—	—	—	—
天　津	—	—	—	—	—	—	—	—	—
河　北	—	—	—	—	—	—	—	—	—
山　西	3136	1936	51799	—	—	51799	—	—	51799
内蒙古	60088	50764	193694	—	66666	127028	—	—	193694
内蒙古集团	—	—	—	—	—	—	—	—	—
辽　宁	—	—	—	—	—	—	—	—	—
吉　林	—	—	—	—	—	—	—	—	—
吉林集团	—	—	—	—	—	—	—	—	—
黑龙江	—	—	—	—	—	—	—	—	—
龙江集团	—	—	—	—	—	—	—	—	—
上　海	—	—	—	—	—	—	—	—	—
江　苏	—	—	—	—	—	—	—	—	—
浙　江	—	—	—	—	—	—	—	—	—
安　徽	—	—	—	—	—	—	—	—	—
福　建	—	—	—	—	—	—	—	—	—
江　西	—	—	—	—	—	—	—	—	—
山　东	—	—	—	—	—	—	—	—	—
河　南	120493	111141	10667	—	—	10667	2667	300	7700
湖　北	206851	120394	18937	1799	—	17138	474	579	17884
湖　南	—	—	—	—	—	—	—	—	—
广　东	—	—	—	—	—	—	—	—	—
广　西	—	—	—	—	—	—	—	—	—
海　南	—	—	—	—	—	—	—	—	—
重　庆	159272	147952	42667	—	—	42667	4974	5467	32226
四　川	1922281	1850459	381072	122555	—	258517	26338	6439	348085
贵　州	987818	957274	72765	—	—	72765	—	—	72098
云　南	523178	408381	150841	56008	—	94833	22499	36494	91848
西　藏	—	—	47621	33454	—	14167	—	1333	46288
陕　西	92406	44151	244533	39738	86668	118127	4070	12613	224951
甘　肃	31062	7706	73856	26671	—	47185	—	—	63723
青　海	—	—	20801	1466	—	19335	—	—	20801
宁　夏	1200	1200	7332	—	—	7332	—	—	7332
新　疆	—	—	—	—	—	—	—	—	—
新疆兵团	—	—	—	—	—	—	—	—	—
大兴安岭	—	—	—	—	—	—	—	—	—

天然林资源保护工程建设情况(一)

用途分		年末实有封山(沙)育林面积(公顷)	年末实有森林管护面积(公顷)			工程区项目实施单位人员情况				
				其中		年末全部在册职工人数(人)				
薪炭林	特种用途林		合　计	国有林管护面积	林业职工代管的集体林面积	合　计	其中:混岗职工人数	年末在岗职工人数	年末下岗待安置职工人数	年末离开本单位保留劳动关系人数
3099	**10810**	**5059844**	**67641103**	**25369721**	**12355331**	**170324**	**2427**	**160023**	**6966**	**3335**
—	—	—	—	—	—	—	—	—	—	—
—	—	—	—	—	—	—	—	—	—	—
—	—	—	—	—	—	—	—	—	—	—
—	—	291164	2875833	1486204	—	11355	—	11150	70	135
—	—	511888	2643475	532616	369954	5432	34	5425	—	7
—	—	—	—	—	—	—	—	—	—	—
—	—	—	—	—	—	—	—	—	—	—
—	—	—	—	—	—	—	—	—	—	—
—	—	—	—	—	—	—	—	—	—	—
—	—	—	—	—	—	—	—	—	—	—
—	—	—	—	—	—	—	—	—	—	—
—	—	—	—	—	—	—	—	—	—	—
—	—	—	—	—	—	—	—	—	—	—
—	—	—	—	—	—	—	—	—	—	—
—	—	—	—	—	—	—	—	—	—	—
—	—	—	—	—	—	—	—	—	—	—
—	—	—	—	—	—	—	—	—	—	—
—	—	—	—	—	—	—	—	—	—	—
—	—	99707	942379	99886	—	2803	—	2803	—	—
—	—	281120	3355676	755378	1235389	8766	134	7261	1427	78
—	—	—	—	—	—	—	—	—	—	—
—	—	—	—	—	—	—	—	—	—	—
—	—	—	—	—	—	—	—	—	—	—
—	—	—	—	—	—	—	—	—	—	—
—	—	223663	2824301	472730	85957	3776	—	3703	—	73
200	10	1218161	21071486	10726682	4403121	44206	1860	41379	1947	880
—	667	109962	5553172	383227	796548	20098	—	19118	643	337
—	—	945782	12643093	3144029	4265231	13415	—	13228	—	187
—	—	16301	121067	1067	—	71	—	71	—	—
2899	—	636461	8757653	2952754	626732	19867	399	18300	996	571
—	10133	321216	4240154	2872123	532399	27129	—	24181	1883	1065
—	—	252291	1983333	1768640	40000	5888	—	5888	—	—
—	—	152128	629481	174385	—	7518	—	7516	—	2
—	—	—	—	—	—	—	—	—	—	—
—	—	—	—	—	—	—	—	—	—	—
—	—	—	—	—	—	—	—	—	—	—

长江上游、黄河上中游各地区

地　区	工程区项目实施									
	年末其他从业人员（人）	林业单位全年平均在岗职工人数（人）	自工程实施以来累计一次性安置职工人数（人）						本年一次性安置费（万元）	年末实有离退休人数（人）
			合计	全民职工人数	混岗职工人数	其中：本年一次性安置职工人数				
						小计	全民职工人数	混岗职工人数		
全国合计	**25255**	**141739**	**68380**	**66114**	**2266**	**394**	**152**	**242**	**637**	**146953**
北　京	—	—	—	—	—	—	—	—	—	—
天　津	—	—	—	—	—	—	—	—	—	—
河　北	—	—	—	—	—	—	—	—	—	—
山　西	82	10831	858	858	—	—	—	—	—	4407
内蒙古	—	5153	1494	1443	51	1	—	1	2	2828
内蒙古集团	—	—	—	—	—	—	—	—	—	—
辽　宁	—	—	—	—	—	—	—	—	—	—
吉　林	—	—	—	—	—	—	—	—	—	—
吉林集团	—	—	—	—	—	—	—	—	—	—
黑龙江	—	—	—	—	—	—	—	—	—	—
龙江集团	—	—	—	—	—	—	—	—	—	—
上　海	—	—	—	—	—	—	—	—	—	—
江　苏	—	—	—	—	—	—	—	—	—	—
浙　江	—	—	—	—	—	—	—	—	—	—
安　徽	—	—	—	—	—	—	—	—	—	—
福　建	—	—	—	—	—	—	—	—	—	—
江　西	—	—	—	—	—	—	—	—	—	—
山　东	—	—	—	—	—	—	—	—	—	—
河　南	118	2373	2176	2176	—	—	—	—	—	1226
湖　北	60	5753	13540	12213	1327	247	6	241	214	4569
湖　南	—	—	—	—	—	—	—	—	—	—
广　东	—	—	—	—	—	—	—	—	—	—
广　西	—	—	—	—	—	—	—	—	—	—
海　南	—	—	—	—	—	—	—	—	—	—
重　庆	—	3497	4998	4998	—	23	23	—	—	4212
四　川	3080	37556	16791	16157	634	40	40	—	63	78961
贵　州	11057	17083	5344	5344	—	—	—	—	—	9478
云　南	6026	10790	7605	7478	127	—	—	—	—	16422
西　藏	2715	—	129	129	—	—	—	—	—	—
陕　西	1955	15095	5225	5206	19	—	—	—	—	8709
甘　肃	160	20204	10067	10067	—	83	83	—	332	11974
青　海	—	5888	153	45	108	—	—	—	26	713
宁　夏	2	7516	—	—	—	—	—	—	—	3454
新　疆	—	—	—	—	—	—	—	—	—	—
新疆兵团	—	—	—	—	—	—	—	—	—	—
大兴安岭	—	—	—	—	—	—	—	—	—	—

天然林资源保护工程建设情况(二)

单位人员情况					全部林业投资完成额(万元)							
当年离退休人员生活费(万元)	年末参加基本养老保险人数(人)		年末参加基本医疗保险人数(人)		合　计	其　中		造林	森林管护	社会保险	政社性支出	其他
	合　计	其中:在岗职工	合　计	其中:在岗职工		国债资金	中央财政专项资金					
199354	**217286**	**118051**	**242558**	**120757**	**401150**	**82133**	**216509**	**147822**	**148892**	**49818**	**20273**	**34345**
—	—	—	—	—	—	—	—	—	—	—	—	—
—	—	—	—	—	—	—	—	—	—	—	—	—
—	—	—	—	—	—	—	—	—	—	—	—	—
8915	13407	9522	13774	9845	17166	—	7501	7952	5851	2126	990	247
6150	5675	4948	6632	5427	21089	14336	5447	14025	2967	1125	1151	1821
—	—	—	—	—	—	—	—	—	—	—	—	—
—	—	—	—	—	—	—	—	—	—	—	—	—
—	—	—	—	—	—	—	—	—	—	—	—	—
—	—	—	—	—	—	—	—	—	—	—	—	—
—	—	—	—	—	—	—	—	—	—	—	—	—
—	—	—	—	—	—	—	—	—	—	—	—	—
—	—	—	—	—	—	—	—	—	—	—	—	—
—	—	—	—	—	—	—	—	—	—	—	—	—
—	—	—	—	—	—	—	—	—	—	—	—	—
—	—	—	—	—	—	—	—	—	—	—	—	—
—	—	—	—	—	—	—	—	—	—	—	—	—
—	—	—	—	—	—	—	—	—	—	—	—	—
—	—	—	—	—	—	—	—	—	—	—	—	—
1646	3185	2540	3663	2706	4707	857	2815	959	2260	557	931	—
4846	8072	7854	8710	7854	23402	6937	16465	3834	6706	3022	1676	8164
—	—	—	—	—	—	—	—	—	—	—	—	—
—	—	—	—	—	—	—	—	—	—	—	—	—
—	—	—	—	—	—	—	—	—	—	—	—	—
—	—	—	—	—	—	—	—	—	—	—	—	—
5239	6283	3049	6153	2867	15601	3583	8386	4329	7044	2920	1064	244
88206	105641	37203	111676	32440	120355	—	66380	50405	40493	16683	1229	11545
19501	9498	5272	13027	8359	20774	—	13789	5760	10901	2171	1587	355
25475	14837	10142	19693	10943	67228	22801	36946	23769	29159	6533	1497	6270
—	6	—	—	—	2723	—	2723	488	2173	42	20	—
11352	15706	13231	19734	12917	54160	23282	22286	25426	20158	3762	2051	2763
21804	26180	17891	29007	19574	33452	7569	24632	7569	9820	7919	5717	2427
1959	586	586	804	804	16967	2152	6330	2690	10308	1606	2224	139
4261	8210	5813	9685	7021	3526	616	2809	616	1052	1352	136	370
—	—	—	—	—	—	—	—	—	—	—	—	—
—	—	—	—	—	—	—	—	—	—	—	—	—
—	—	—	—	—	—	—	—	—	—	—	—	—

退耕还林工程建设情况

指　　标	单位	合　计	退耕还林工程	京津风沙源治理工程中的退耕还林
一、造林面积	**公顷**	**898640**	**886666**	**11974**
1. 退耕地造林	公顷	739	739	—
其中:生态林面积	公顷	665	665	—
25°以上坡耕地退耕面积	公顷	77	77	—
严重沙化耕地退耕面积	公顷	—	—	—
2. 配套荒山荒(沙)地造林	公顷	576708	564734	11974
3. 无林地和疏林地新封	公顷	321193	321193	—
按林种用途分				
1. 用材林	公顷	148941	147795	1146
2. 经济林	公顷	141400	140663	737
3. 防护林	公顷	596973	586882	10091
4. 薪炭林	公顷	4612	4612	—
5. 特种用途林	公顷	6714	6714	—
二、当年种草面积	**公顷**	**29277**	**26944**	**2333**
其中:退耕地种(育)草面积	公顷	12133	9800	2333
三、年末实有封山(沙)育林面积	**公顷**	**1873117**	**1585372**	**287745**
四、补助粮、款兑现				
1. 当年粮款兑现退耕地总面积	公顷	8732089	7641380	1090709
2. 自工程实施以来累计粮食补助资金总计	万元	16104553	14627518	1477035
其中:当年粮食补助资金合计	万元	2065096	1848484	216612
其中:当年新退耕地粮食补助资金	万元	1143	1143	—
3. 自工程实施以来累计生活费兑现金额总计	万元	1953212	1736364	216848
其中:当年生活费兑现金额合计	万元	310235	275917	34318
其中:当年新退耕地生活费兑现金额	万元	—	—	—
4. 当年粮款兑现涉及户数	户	28379532	26028810	2350722
五、全部林业投资完成额	**万元**	**3526462**	**3217569**	**308893**
其中:国债资金	万元	185390	183728	1662
中央财政专项资金	万元	3005058	2702582	302476
1. 粮食补助资金	万元	2049017	1829661	219356
2. 种苗费	万元	125348	120810	4538
3. 生活费补助	万元	328213	293895	34318
4. 巩固退耕还林成果专项资金	万元	906141	856759	49382
5. 其他费用	万元	117743	116444	1299

各地区全部退耕还林工程建设情况(一)

地　区	造林面积(公顷)						
	总　计	退耕地造林				配套荒山荒(沙)地造林	无林地和疏林地新封
		合 计	其　中				
			生态林面积	25°以上坡耕地退耕面积	严重沙化耕地退耕面积		
全国合计	**898640**	**739**	**665**	**77**	**—**	**576708**	**321193**
北　京	—	—	—	—	—	—	—
天　津	—	—	—	—	—	—	—
河　北	31409	—	—	—	—	18076	13333
山　西	35667	—	—	—	—	18996	16671
内蒙古	52478	—	—	—	—	21143	31335
内蒙古集团	—	—	—	—	—	—	—
辽　宁	23485	—	—	—	—	10153	13332
吉　林	3913	662	662	—	—	2777	474
吉林集团	—	—	—	—	—	—	—
黑龙江	58475	—	—	—	—	37611	20864
龙江集团	—	—	—	—	—	—	—
上　海	—	—	—	—	—	—	—
江　苏	—	—	—	—	—	—	—
浙　江	—	—	—	—	—	—	—
安　徽	32540	—	—	—	—	19211	13329
福　建	—	—	—	—	—	—	—
江　西	34517	—	—	—	—	18242	16275
山　东	—	—	—	—	—	—	—
河　南	53333	—	—	—	—	29998	23335
湖　北	26212	—	—	—	—	26212	—
湖　南	53333	—	—	—	—	29998	23335
广　东	—	—	—	—	—	—	—
广　西	33892	77	3	77	—	23747	10068
海　南	3427	—	—	—	—	3427	—
重　庆	36671	—	—	—	—	23337	13334
四　川	36489	—	—	—	—	16494	19995
贵　州	33274	—	—	—	—	13336	19938
云　南	118648	—	—	—	—	115991	2657
西　藏	10821	—	—	—	—	6484	4337
陕　西	39328	—	—	—	—	26330	12998
甘　肃	42797	—	—	—	—	23206	19591
青　海	28102	—	—	—	—	8105	19997
宁　夏	33042	—	—	—	—	26375	6667
新　疆	50120	—	—	—	—	30792	19328
新疆兵团	2000	—	—	—	—	—	2000
大兴安岭	—	—	—	—	—	—	—

注:全国合计中包括军事管理区 26667 公顷荒山荒地造林。

各地区全部退耕还林

地区	造林面积(公顷)					当年种草面积(公顷)		年末实有封山(沙)育林面积(公顷)
	按林种用途分					合计	其中:退耕地种(育)草面积	
	用材林	经济林	防护林	薪炭林	特种用途林			
全国合计	**148941**	**141400**	**596973**	**4612**	**6714**	**29277**	**12133**	**1873117**
北　京	—	—	—	—	—	—	—	—
天　津	—	—	—	—	—	—	—	24667
河　北	6091	599	24052	—	667	—	—	196726
山　西	—	1354	34313	—	—	—	—	86928
内蒙古	200	1786	50492	—	—	2333	2333	206094
内蒙古集团	—	—	—	—	—	—	—	—
辽　宁	2544	2002	18699	240	—	—	—	91403
吉　林	—	—	3913	—	—	17144	—	25882
吉林集团	—	—	—	—	—	—	—	—
黑龙江	15115	616	39354	—	3390	—	—	155836
龙江集团	—	—	—	—	—	—	—	—
上　海	—	—	—	—	—	—	—	—
江　苏	—	—	—	—	—	—	—	—
浙　江	—	—	—	—	—	—	—	—
安　徽	1802	386	30144	—	208	—	—	31465
福　建	—	—	—	—	—	—	—	—
江　西	19941	3376	11200	—	—	—	—	60280
山　东	—	—	—	—	—	—	—	—
河　南	19012	4997	29324	—	—	—	—	89995
湖　北	11839	4672	9701	—	—	—	—	26033
湖　南	7908	3489	40895	1041	—	—	—	73115
广　东	—	—	—	—	—	—	—	—
广　西	21046	243	11886	667	50	—	—	70546
海　南	1219	1721	487	—	—	—	—	28014
重　庆	7848	1687	25803	1333	—	—	—	66280
四　川	9305	2165	24886	133	—	—	—	110610
贵　州	3385	1946	27424	519	—	—	—	84351
云　南	20066	82221	15887	474	—	—	—	60641
西　藏	—	—	10821	—	—	—	—	5404
陕　西	990	8500	29838	—	—	—	—	90780
甘　肃	—	213	40185	—	2399	—	—	104720
青　海	—	—	28102	—	—	—	—	63366
宁　夏	—	11852	21190	—	—	8000	8000	13334
新　疆	630	7575	41710	205	—	1800	1800	106647
新疆兵团	—	—	2000	—	—	1800	1800	20253
大兴安岭	—	—	—	—	—	—	—	—

工程建设情况(二)

补助粮、款兑现							
当年粮款兑现退耕地总面积(公顷)	自工程实施以来累计粮食补助资金总计(万元)			自工程实施以来累计生活费兑现金额总计(万元)			当年粮款兑现涉及户数(户)
	合计	其中:当年粮食补助资金		合计	其中:当年生活费兑现金额合计		
		小 计	其中:当年新退耕地粮食补助资金		小 计	其中:当年新退耕地生活费兑现金额	
8732089	**16104553**	**2065096**	**1143**	**1953212**	**310235**	—	**28379532**
20936	39276	2694	—	6533	810	—	105089
3840	6322	808	—	963	135	—	22300
626946	850103	127815	—	121521	17613	—	2097274
441317	701558	82909	—	104166	16727	—	946636
888446	1294847	175440	—	190104	27325	—	1563842
—	—	—	—	—	—	—	—
213076	304383	43313	—	45657	6794	—	452598
262634	271227	44796	—	38527	6501	—	242030
—	—	—	—	—	—	—	—
251427	404694	55966	—	60772	8454	—	181996
—	—	—	—	—	—	—	—
—	—	—	—	—	—	—	—
—	—	—	—	—	—	—	—
—	—	—	—	—	—	—	—
212659	497063	63184	—	49332	6247	—	1294098
—	—	—	—	—	—	—	—
159397	413054	52142	—	45304	5664	—	1005681
—	—	—	—	—	—	—	—
251133	469690	61994	—	54569	7534	—	1290825
367231	671308	82721	—	64211	9503	—	1463197
593438	1133022	143744	—	91803	16634	—	2225922
—	—	—	—	—	—	—	—
193435	422552	62074	1143	41332	5714	—	571479
35104	90338	11004	—	9323	1820	—	15242
439608	905848	129646	—	90885	14422	—	2125548
787734	2061448	196446	—	249603	57213	—	5258205
397094	950919	125084	—	90564	11913	—	1792892
385994	789671	106632	—	73871	14188	—	1074271
8621	19595	943	—	511	178	—	12652
788426	1616643	213476	—	215671	27454	—	1972552
668883	1040804	131978	—	142598	19347	—	1771206
193309	290305	31372	—	42222	7246	—	299602
280767	428726	58962	—	61696	11685	—	303224
260634	431157	59953	—	61474	9114	—	291171
99703	164956	18761	—	24291	3393	—	15771
—	—	—	—	—	—	—	—

各地区全部退耕还林工程建设情况(三)

地　区	全部林业投资完成额(万元)							
	合　计	其　中		粮食补助资金	种苗费	生活费补助	巩固退耕还林成果专项资金	其他费用
		国债资金	中央财政专项资金					
全国合计	**3526462**	**185390**	**3005058**	**2049017**	**125348**	**328213**	**906141**	**117743**
北　京	3504	—	2494	2694	—	810	—	—
天　津	1308	—	1303	808	—	135	365	—
河　北	219822	1309	204818	124993	6012	17262	69391	2164
山　西	130854	—	123283	82909	7252	16727	22251	1715
内蒙古	236162	9058	225885	178332	7160	28425	14602	7643
内蒙古集团	—	—	—	—	—	—	—	—
辽　宁	77063	7040	68162	41063	7750	6961	19641	1648
吉　林	65816	1571	61761	44796	3456	6501	10160	903
吉林集团	—	—	—	—	—	—	—	—
黑龙江	196661	11179	169072	121707	7082	18026	44981	4865
龙江集团	—	—	—	—	—	—	—	—
上　海	—	—	—	—	—	—	—	—
江　苏	—	—	—	—	—	—	—	—
浙　江	—	—	—	—	—	—	—	—
安　徽	76303	3499	58087	51424	1148	5645	13827	4259
福　建	—	—	—	—	—	—	—	—
江　西	102934	7638	75794	59230	6071	6030	27916	3687
山　东	—	—	—	—	—	—	—	—
河　南	90599	—	90599	61994	7250	7534	13821	—
湖　北	150720	7769	120292	88259	6242	8700	43166	4353
湖　南	177927	16358	79813	116417	3764	14017	32078	11651
广　东	—	—	—	—	—	—	—	—
广　西	100590	9178	65952	64992	6468	6045	15423	7662
海　南	18280	500	17780	11005	500	1048	4809	918
重　庆	221144	8400	202537	129185	7420	13135	60054	11350
四　川	531320	—	494873	179470	7099	78947	256885	8919
贵　州	237048	—	223522	125084	7716	11913	78349	13986
云　南	171652	18179	118415	99979	3017	10594	40194	17868
西　藏	7898	—	750	5550	400	372	1576	—
陕　西	236127	49811	178558	183323	8820	23080	19347	1557
甘　肃	230440	7100	223340	131934	7100	19347	72059	—
青　海	61591	3400	58191	31372	3400	7246	18767	806
宁　夏	77924	3701	74120	58962	3701	11685	2544	1032
新　疆	102775	19700	65657	53535	6520	8028	23935	10757
新疆兵团	33447	12592	17151	17134	458	2703	11359	1793
大兴安岭	—	—	—	—	—	—	—	—

各地区退耕还林工程建设情况(一)

地　　区	造林面积(公顷)						
	总　计	退耕地造林				配套荒山荒(沙)地造林	无林地和疏林地新封
		合 计	其　　中				
			生态林面积	25°以上坡耕地退耕面积	严重沙化耕地退耕面积		
全国合计	**886666**	**739**	**665**	**77**	**—**	**564734**	**321193**
北　京	—	—	—	—	—	—	—
天　津	—	—	—	—	—	—	—
河　北	23358	—	—	—	—	10025	13333
山　西	35667	—	—	—	—	18996	16671
内蒙古	48555	—	—	—	—	17220	31335
内蒙古集团	—	—	—	—	—	—	—
辽　宁	23485	—	—	—	—	10153	13332
吉　林	3913	662	662	—	—	2777	474
吉林集团	—	—	—	—	—	—	—
黑龙江	58475	—	—	—	—	37611	20864
龙江集团	—	—	—	—	—	—	—
上　海	—	—	—	—	—	—	—
江　苏	—	—	—	—	—	—	—
浙　江	—	—	—	—	—	—	—
安　徽	32540	—	—	—	—	19211	13329
福　建	—	—	—	—	—	—	—
江　西	34517	—	—	—	—	18242	16275
山　东	—	—	—	—	—	—	—
河　南	53333	—	—	—	—	29998	23335
湖　北	26212	—	—	—	—	26212	—
湖　南	53333	—	—	—	—	29998	23335
广　东	—	—	—	—	—	—	—
广　西	33892	77	3	77	—	23747	10068
海　南	3427	—	—	—	—	3427	—
重　庆	36671	—	—	—	—	23337	13334
四　川	36489	—	—	—	—	16494	19995
贵　州	33274	—	—	—	—	13336	19938
云　南	118648	—	—	—	—	115991	2657
西　藏	10821	—	—	—	—	6484	4337
陕　西	39328	—	—	—	—	26330	12998
甘　肃	42797	—	—	—	—	23206	19591
青　海	28102	—	—	—	—	8105	19997
宁　夏	33042	—	—	—	—	26375	6667
新　疆	50120	—	—	—	—	30792	19328
新疆兵团	2000	—	—	—	—	—	2000
大兴安岭	—	—	—	—	—	—	—

注:全国合计中包括军事管理区 26667 公顷荒山荒地造林。

各地区退耕还林

地　区	造林面积(公顷)					当年种草面积(公顷)		年末实有封山(沙)育林面积(公顷)
	按林种用途分							
	用材林	经济林	防护林	薪炭林	特种用途林	合 计	其中:退耕地种(育)草面积	
全国合计	**147795**	**140663**	**586882**	**4612**	**6714**	**26944**	**9800**	**1585372**
北　京	—	—	—	—	—	—	—	—
天　津	—	—	—	—	—	—	—	—
河　北	4945	585	17161	—	667	—	—	57186
山　西	—	1354	34313	—	—	—	—	76467
内蒙古	200	1063	47292	—	—	—	—	93017
内蒙古集团	—	—	—	—	—	—	—	—
辽　宁	2544	2002	18699	240	—	—	—	91403
吉　林	—	—	3913	—	—	17144	—	25882
吉林集团	—	—	—	—	—	—	—	—
黑龙江	15115	616	39354	—	3390	—	—	155836
龙江集团	—	—	—	—	—	—	—	—
上　海	—	—	—	—	—	—	—	—
江　苏	—	—	—	—	—	—	—	—
浙　江	—	—	—	—	—	—	—	—
安　徽	1802	386	30144	—	208	—	—	31465
福　建	—	—	—	—	—	—	—	—
江　西	19941	3376	11200	—	—	—	—	60280
山　东	—	—	—	—	—	—	—	—
河　南	19012	4997	29324	—	—	—	—	89995
湖　北	11839	4672	9701	—	—	—	—	26033
湖　南	7908	3489	40895	1041	—	—	—	73115
广　东	—	—	—	—	—	—	—	—
广　西	21046	243	11886	667	50	—	—	70546
海　南	1219	1721	487	—	—	—	—	28014
重　庆	7848	1687	25803	1333	—	—	—	66280
四　川	9305	2165	24886	133	—	—	—	110610
贵　州	3385	1946	27424	519	—	—	—	84351
云　南	20066	82221	15887	474	—	—	—	60641
西　藏	—	—	10821	—	—	—	—	5404
陕　西	990	8500	29838	—	—	—	—	90780
甘　肃	—	213	40185	—	2399	—	—	104720
青　海	—	—	28102	—	—	—	—	63366
宁　夏	—	11852	21190	—	—	8000	8000	13334
新　疆	630	7575	41710	205	—	1800	1800	106647
新疆兵团	—	—	2000	—	—	1800	1800	20253
大兴安岭	—	—	—	—	—	—	—	—

工程建设情况(二)

当年粮款兑现退耕地总面积(公顷)	补助粮、款兑现 自工程实施以来累计粮食补助资金总计(万元) 合计	其中:当年粮食补助资金 小计	其中:当年新退耕地粮食补助资金	自工程实施以来累计生活费兑现金额总计(万元) 合计	其中:当年生活费兑现金额合计 小计	其中:当年新退耕地生活费兑现金额	当年粮款兑现涉及户数(户)
7641380	**14627518**	**1848484**	**1143**	**1736364**	**275917**	—	**26028810**
—	—	—	—	—	—	—	—
—	—	—	—	—	—	—	—
191741	264403	39002	—	36883	4596	—	1078555
328729	547164	61034	—	81188	12717	—	765252
370306	603504	73018	—	88368	10979	—	540612
—	—	—	—	—	—	—	—
213076	304383	43313	—	45657	6794	—	452598
262634	271227	44796	—	38527	6501	—	242030
—	—	—	—	—	—	—	—
251427	404694	55966	—	60772	8454	—	181996
—	—	—	—	—	—	—	—
—	—	—	—	—	—	—	—
—	—	—	—	—	—	—	—
—	—	—	—	—	—	—	—
212659	497063	63184	—	49332	6247	—	1294098
—	—	—	—	—	—	—	—
159397	413054	52142	—	45304	5664	—	1005681
—	—	—	—	—	—	—	—
251133	469690	61994	—	54569	7534	—	1290825
367231	671308	82721	—	64211	9503	—	1463197
593438	1133022	143744	—	91803	16634	—	2225922
—	—	—	—	—	—	—	—
193435	422552	62074	1143	41332	5714	—	571479
35104	90338	11004	—	9323	1820	—	15242
439608	905848	129646	—	90885	14422	—	2125548
787734	2061448	196446	—	249603	57213	—	5258205
397094	950919	125084	—	90564	11913	—	1792892
385994	789671	106632	—	73871	14188	—	1074271
8621	19595	943	—	511	178	—	12652
788426	1616643	213476	—	215671	27454	—	1972552
668883	1040804	131978	—	142598	19347	—	1771206
193309	290305	31372	—	42222	7246	—	299602
280767	428726	58962	—	61696	11685	—	303224
260634	431157	59953	—	61474	9114	—	291171
99703	164956	18761	—	24291	3393	—	15771
—	—	—	—	—	—	—	—

各地区退耕还林工程建设情况(三)

地　区	全部林业投资完成额(万元)							
	合　计	其　中		粮食补助资金	种苗费	生活费补助	巩固退耕还林成果专项资金	其他费用
		国债资金	中央财政专项资金					
全国合计	**3217569**	**183728**	**2702582**	**1829661**	**120810**	**293895**	**856759**	**116444**
北　京	—	—	—	—	—	—	—	—
天　津	—	—	—	—	—	—	—	—
河　北	75762	1245	63652	36180	3118	4245	30055	2164
山　西	100545	—	92974	61034	7252	12717	18081	1461
内蒙古	106450	7460	98681	73166	5516	12079	9091	6598
内蒙古集团	—	—	—	—	—	—	—	—
辽　宁	77063	7040	68162	41063	7750	6961	19641	1648
吉　林	65816	1571	61761	44796	3456	6501	10160	903
吉林集团	—	—	—	—	—	—	—	—
黑龙江	196661	11179	169072	121707	7082	18026	44981	4865
龙江集团	—	—	—	—	—	—	—	—
上　海	—	—	—	—	—	—	—	—
江　苏	—	—	—	—	—	—	—	—
浙　江	—	—	—	—	—	—	—	—
安　徽	76303	3499	58087	51424	1148	5645	13827	4259
福　建	—	—	—	—	—	—	—	—
江　西	102934	7638	75794	59230	6071	6030	27916	3687
山　东	—	—	—	—	—	—	—	—
河　南	90599	—	90599	61994	7250	7534	13821	—
湖　北	150720	7769	120292	88259	6242	8700	43166	4353
湖　南	177927	16358	79813	116417	3764	14017	32078	11651
广　东	—	—	—	—	—	—	—	—
广　西	100590	9178	65952	64992	6468	6045	15423	7662
海　南	18280	500	17780	11005	500	1048	4809	918
重　庆	221144	8400	202537	129185	7420	13135	60054	11350
四　川	531320	—	494873	179470	7099	78947	256885	8919
贵　州	237048	—	223522	125084	7716	11913	78349	13986
云　南	171652	18179	118415	99979	3017	10594	40194	17868
西　藏	7898	—	750	5550	400	372	1576	—
陕　西	236127	49811	178558	183323	8820	23080	19347	1557
甘　肃	230440	7100	223340	131934	7100	19347	72059	—
青　海	61591	3400	58191	31372	3400	7246	18767	806
宁　夏	77924	3701	74120	58962	3701	11685	2544	1032
新　疆	102775	19700	65657	53535	6520	8028	23935	10757
新疆兵团	33447	12592	17151	17134	458	2703	11359	1793
大兴安岭	—	—	—	—	—	—	—	—

各地区京津风沙源治理工程中退耕还林工程建设情况(一)

指　　标	单位	合　计	北　京	天　津	河　北	山　西	内蒙古
一、造林面积	**公顷**	**11974**	**—**	**—**	**8051**	**—**	**3923**
1. 退耕地造林	公顷	—	—	—	—	—	—
其中:生态林面积	公顷	—	—	—	—	—	—
25°以上坡耕地退耕面积	公顷	—	—	—	—	—	—
严重沙化耕地退耕面积	公顷	—	—	—	—	—	—
2. 配套荒山荒(沙)地造林	公顷	11974	—	—	8051	—	3923
3. 无林地和疏林地新封	公顷	—	—	—	—	—	—
按林种用途分							
1. 用材林	公顷	1146	—	—	1146	—	—
2. 经济林	公顷	737	—	—	14	—	723
3. 防护林	公顷	10091	—	—	6891	—	3200
4. 薪炭林	公顷	—	—	—	—	—	—
5. 特种用途林	公顷	—	—	—	—	—	—
二、当年种草面积	**公顷**	**2333**	**—**	**—**	**—**	**—**	**2333**
其中:退耕地种(育)草面积	公顷	2333	—	—	—	—	2333
三、年末实有封山(沙)育林面积	**公顷**	**287745**	**—**	**24667**	**139540**	**10461**	**113077**

各地区京津风沙源治理工程中退耕还林工程建设情况(二)

指　　标	单位	合　计	北　京	天　津	河　北	山　西	内蒙古
四、补助粮款兑现							
1. 当年粮款兑现退耕地总面积	公顷	1090709	20936	3840	435205	112588	518140
2. 自工程实施以来累计粮食补助资金总计	万元	1477035	39276	6322	585700	154394	691343
其中:当年粮食补助资金	万元	216612	2694	808	88813	21875	102422
其中:当年新退耕地粮食补助资金	万元	—	—	—	—	—	—
3. 自工程实施以来累计生活费兑现金额总计	万元	216848	6533	963	84638	22978	101736
其中:当年生活费兑现金额	万元	34318	810	135	13017	4010	16346
其中:当年新退耕地生活费兑现金额	万元	—	—	—	—	—	—
4. 当年粮款兑现涉及户数	户	2350722	105089	22300	1018719	181384	1023230
五、全部林业投资完成额	**万元**	**308893**	**3504**	**1308**	**144060**	**30309**	**129712**
其中:国债资金	万元	1662	—	—	64	—	1598
中央财政专项资金	万元	302476	2494	1303	141166	30309	127204
1. 粮食补助资金	万元	219356	2694	808	88813	21875	105166
2. 种苗费	万元	4538	—	—	2894	—	1644
3. 生活费补助	万元	34318	810	135	13017	4010	16346
4. 巩固退耕还林成果专项资金	万元	49382	—	365	39336	4170	5511
5. 其他费用	万元	1299	—	—	—	254	1045

京津风沙源治理工程建设情况

指　　标	单　位	本年实际
一、治理情况		
（一）荒山荒（沙）地造林面积	公顷	434817
按造林方式分		
1. 人工造林	公顷	130442
2. 飞播造林	公顷	73003
3. 无林地和疏林地新封	公顷	231372
按林种用途分		
1. 用材林	公顷	17315
2. 经济林	公顷	3675
3. 防护林	公顷	411268
4. 薪炭林	公顷	1358
5. 特种用途林	公顷	1201
（二）年末实有封山（沙）育林面积	公顷	1979178
（三）草地治理面积	公顷	185326
（四）小流域治理	公顷	126697
（五）水利设施	处	11272
（六）生态移民人数	人	4264
（七）生态移民户数	户	1578
二、全部投资完成额	**万元**	**456685**
其中：林业投资完成额	万元	403175
其中：国债资金	万元	58235
中央财政专项资金	万元	297142
1. 造林	万元	311590
2. 科技费用	万元	—
3. 其他	万元	91585

各地区京津风沙源治理工程建设情况

指　　标	单位	合 计	北 京	天 津	河 北	山 西	内蒙古
一、治理情况							
(一)荒山荒(沙)地造林面积	公顷	434817	12454	1127	108398	21292	291546
按造林方式分							
1. 人工造林	公顷	130442	5041	460	41931	799	82211
2. 飞播造林	公顷	73003	—	667	35002	8000	29334
3. 无林地和疏林地新封	公顷	231372	7413	—	31465	12493	180001
按林种用途分							
1. 用材林	公顷	17315	—	—	8086	—	9229
2. 经济林	公顷	3675	—	18	611	433	2613
3. 防护林	公顷	411268	11920	1109	99013	20789	278437
4. 薪炭林	公顷	1358	—	—	21	70	1267
5. 特种用途林	公顷	1201	534	—	667	—	—
(二)年末实有封山(沙)育林面积	公顷	1979178	74333	24667	731787	160322	988069
(三)草地治理面积	公顷	185326	667	—	40366	5722	138571
(四)小流域治理	公顷	126697	8540	—	53700	19483	44974
(五)水利设施	处	11272	—	—	2892	4630	3750
(六)生态移民人数	人	4264	576	297	1310	—	2081
(七)生态移民户数	户	1578	174	—	424	—	980
二、全部投资完成额	**万元**	**456685**	**38650**	**714**	**183081**	**54717**	**179523**
其中:林业投资完成额	万元	403175	38650	411	162572	40715	160827
其中:国债资金	万元	58235	4244	—	7657	8764	37570
中央财政专项资金	万元	297142	2494	—	141166	30309	123173
1. 造林	万元	311590	35146	411	162260	29280	84493
2. 科技费用	万元	—	—	—	—	—	—
3. 其他	万元	91585	3504	—	312	11435	76334

三北及长江流域等重点防护林体系工程建设情况

单位：公顷、万元

指　　标	三北及长江流域等重点防护林体系建设工程						
	合　计	三北防护林四期工程	长江流域防护林二期工程	沿海防护林二期工程	珠江流域防护林二期工程	太行山绿化二期工程	平原绿化二期工程
一、荒山荒(沙)地造林面积	**1893077**	**1255873**	**222127**	**212184**	**82059**	**119160**	**1674**
按造林方式分							
1. 人工造林	1618580	1043296	214545	198658	72941	87466	1674
2. 飞播造林	—	—	—	—	—	—	—
3. 无林地和疏林地新封	274497	212577	7582	13526	9118	31694	—
按林种用途分							
1. 用材林	79466	26862	17467	20399	13569	1103	66
2. 经济林	185024	166290	6248	5081	2567	4771	67
3. 防护林	1625325	1060084	198381	186443	65923	112953	1541
其中：水源涵养林	163819	48314	41400	28468	18149	27488	—
水土保持林	521789	321958	70479	44477	29346	55495	34
防风固沙林	467479	424605	9216	19458	31	14169	—
农田、牧场防护林	96561	74514	7979	12804	—	1264	—
护岸护堤林	29844	6075	8721	15048	—	—	—
护路林	21357	12521	4261	4542	—	—	33
4. 薪炭林	793	762	31	—	—	—	—
5. 特种用途林	2469	1875	—	261	—	333	—
二、低产低效林改造面积	**72267**	**5048**	**12143**	**49322**	**5603**	**133**	**18**
三、年末实有封山(沙)育林面积	**2000538**	**1444379**	**110832**	**161303**	**90491**	**193533**	**—**
四、全部林业投资完成额	**557076**	**270310**	**101057**	**140019**	**23828**	**21663**	**199**
其中：国债资金	153235	104485	16817	25197	4776	1910	50
中央财政专项资金	56367	28713	10183	10756	4203	2512	—
1. 造林	468799	239554	81102	111641	16506	19836	160
2. 低产低效防护林改造	9546	411	1682	6110	1281	23	39
3. 种苗	35064	19013	6386	8729	869	67	—
4. 森林防火	3054	289	209	1096	286	1174	—
5. 病虫害防治	2624	1088	543	870	49	74	—
6. 科技费用	499	139	213	123	13	11	—
7. 其他	37490	9816	10922	11450	4824	478	—
五、群众投工投劳(折合资金)	**162164**	**96423**	**17293**	**31825**	**6174**	**7438**	**3011**

各地区三北及长江流域等重点

地 区	荒山荒(沙)地					
	合 计	按造林方式分				
		人工造林	飞播造林	无林地和疏林地新封	用材林	经济林
全国合计	**1893077**	**1618580**	**—**	**274497**	**79466**	**185024**
北 京	2180	2180	—	—	32	158
天 津	14527	14527	—	—	5392	583
河 北	152320	125368	—	26952	9963	11265
山 西	156273	119438	—	36835	—	5294
内蒙古	234100	206294	—	27806	3702	3926
内蒙古集团	—	—	—	—	—	—
辽 宁	106489	81156	—	25333	310	2255
吉 林	26161	23828	—	2333	—	—
吉林集团	—	—	—	—	—	—
黑龙江	153193	148059	—	5134	3729	1228
龙江集团	—	—	—	—	—	—
上 海	1383	1383	—	—	—	295
江 苏	50769	49908	—	861	634	1119
浙 江	24301	17417	—	6884	674	634
安 徽	26692	24405	—	2287	2865	50
福 建	10576	10576	—	—	36	—
江 西	45385	43346	—	2039	7235	455
山 东	63843	63310	—	533	1349	1561
河 南	52139	52139	—	—	1545	1307
湖 北	34502	34502	—	—	3038	105
湖 南	50696	50696	—	—	3571	2525
广 东	16575	12668	—	3907	—	—
广 西	37642	36642	—	1000	22300	479
海 南	15047	15047	—	—	—	—
重 庆	—	—	—	—	—	—
四 川	—	—	—	—	—	—
贵 州	34340	27671	—	6669	3239	233
云 南	13931	13598	—	333	—	1765
西 藏	—	—	—	—	—	—
陕 西	122166	99786	—	22380	400	6396
甘 肃	94119	61040	—	33079	—	1445
青 海	55967	15967	—	40000	—	—
宁 夏	49106	39583	—	9523	1132	13644
新 疆	248655	228046	—	20609	8320	128302
新疆兵团	25778	22645	—	3133	—	7940
大兴安岭	—	—	—	—	—	—

防护林体系工程建设情况(一)

单位:公顷

造林面积								
按林种用途分								
防护林							薪炭林	特种用途林
小计	其中							
	水源涵养林	水土保持林	防风固沙林	农田、牧场防护林	护岸护堤林	护路林		
1625325	**163819**	**521789**	**467479**	**96561**	**29844**	**21357**	**793**	**2469**
1990	133	1574	—	—	—	—	—	—
8552	—	—	8552	—	—	—	—	—
130259	16104	47174	3256	6889	2165	2000	—	833
150979	14385	90359	45248	754	167	—	—	—
226472	—	27278	156376	9042	104	5	—	—
—	—	—	—	—	—	—	—	—
103924	15184	32504	35803	2597	4472	98	—	—
26161	1828	6230	17192	283	—	253	—	—
—	—	—	—	—	—	—	—	—
147417	21048	39980	19105	21977	3674	9249	13	806
—	—	—	—	—	—	—	—	—
1088	—	—	—	—	33	115	—	—
48988	3018	3825	2455	2619	7634	3932	—	28
22993	4882	9768	131	715	516	426	—	—
23777	7405	8454	1122	2046	899	267	—	—
10540	3170	5019	295	68	338	10	—	—
37695	13074	11326	1000	11	1208	1029	—	—
60933	2584	26937	7126	4722	1120	447	—	—
49287	7117	20246	1600	4643	302	297	—	—
31328	5235	9119	1050	350	2648	727	31	—
44600	11671	18486	667	—	105	—	—	—
16575	7402	4625	1314	—	67	—	—	—
14863	3594	5325	671	—	314	—	—	—
15047	2808	4100	3900	1800	1951	488	—	—
—	—	—	—	—	—	—	—	—
—	—	—	—	—	—	—	—	—
30868	7769	14294	—	—	—	—	—	—
12166	667	7936	—	—	—	—	—	—
—	—	—	—	—	—	—	—	—
115370	4980	54565	27900	3552	610	884	—	—
91874	6153	38233	28028	6694	357	40	—	800
55967	—	30153	24014	—	—	—	—	—
34330	3608	754	24116	2749	860	297	—	—
111282	—	3525	56558	25050	300	793	749	2
17836	—	112	8737	8550	—	3	—	2
—	—	—	—	—	—	—	—	—

各地区三北及长江流域等重点

地区	低产低效林改造面积	年末实有封山(沙)育林面积	全部林业			
			合计	其中		造林
				国债资金	中央财政专项资金	
全国合计	**72267**	**2000538**	**557076**	**153235**	**56367**	**468799**
北　京	—	2667	1684	—	80	1684
天　津	—	—	24844	4400	—	24844
河　北	—	87319	46934	—	880	40403
山　西	133	150910	33019	—	1440	32978
内蒙古	—	361639	32243	26989	878	29627
内蒙古集团	—	—	—	—	—	—
辽　宁	—	56844	20509	13369	1840	15480
吉　林	2411	28964	10007	983	1095	8650
吉林集团	—	—	—	—	—	—
黑龙江	—	24775	37562	14965	6367	31703
龙江集团	—	—	—	—	—	—
上　海	—	—	50227	360	—	43421
江　苏	12	1194	26754	7200	—	15007
浙　江	42828	116400	23124	—	370	20862
安　徽	320	12944	8941	3426	1030	6829
福　建	979	17776	7184	—	4260	6031
江　西	3699	21917	7198	1300	2092	6354
山　东	667	12616	32833	8149	3266	22618
河　南	—	15590	6319	4640	914	5563
湖　北	1900	13301	7688	2258	2494	4200
湖　南	133	17879	7129	2360	2905	5837
广　东	16115	28813	16991	5066	3441	7733
广　西	433	34061	19740	3423	2810	17477
海　南	—	—	2510	2000	—	2510
重　庆	—	—	—	—	—	—
四　川	—	—	—	—	—	—
贵　州	—	51483	3750	—	—	3750
云　南	—	8393	3482	1745	987	2843
西　藏	—	—	—	—	—	—
陕　西	—	37314	23163	18924	900	22710
甘　肃	363	150672	7744	7744	—	7744
青　海	—	217120	4800	4800	—	4800
宁　夏	285	41217	9440	4000	—	7837
新　疆	1989	488730	81257	15134	18318	69304
新疆兵团	—	27338	33212	1382	2740	29698
大兴安岭	—	—	—	—	—	—

防护林体系工程建设情况(二)

单位:公顷、万元

投资完成额						群众投工投劳（折合资金）
低产低效防护林改造	种苗	森林防火	病虫害防治	科技费用	其他	
9546	**35064**	**3054**	**2624**	**499**	**37490**	**162164**
—	—	—	—	—	—	—
—	—	—	—	—	—	—
—	—	1184	90	6	5251	29722
23	—	—	—	—	18	2256
—	481	10	179	65	1881	737
—	—	—	—	—	—	—
—	4630	10	49	—	340	10898
203	988	—	—	—	166	642
—	—	—	—	—	—	—
—	4528	73	57	21	1180	14734
—	—	—	—	—	—	—
250	—	2	51	—	6503	451
—	8250	127	477	142	2751	7553
1556	15	58	30	—	603	172
134	396	11	9	5	1557	2634
863	76	—	20	—	194	194
176	274	3	12	69	310	1706
120	1621	1029	559	11	6875	8691
80	391	—	—	5	280	830
572	2031	26	142	45	672	2119
266	818	44	42	48	74	4844
5078	507	261	51	7	3354	75
—	689	20	20	3	1531	12109
—	—	—	—	—	—	—
—	—	—	—	—	—	—
—	—	—	—	—	—	—
—	—	—	—	—	—	36
17	64	—	—	—	558	739
—	—	—	—	—	—	—
—	189	—	—	19	245	1898
—	—	—	—	—	—	1556
—	—	—	—	—	—	894
—	—	—	—	—	1603	5627
208	9116	196	836	53	1544	51047
190	2300	31	303	21	669	627
—	—	—	—	—	—	—

各地区三北防护林四期

地　区	荒山荒(沙)地					
	合　计	按造林方式分				
		人工造林	飞播造林	无林地和疏林地新封	用材林	经济林
全国合计	**1255873**	**1043296**	**—**	**212577**	**26862**	**166290**
北　京	314	314	—	—	32	—
天　津	2491	2491	—	—	264	18
河　北	75996	66378	—	9618	8973	6720
山　西	114645	92170	—	22475	—	4845
内蒙古	234100	206294	—	27806	3702	3926
内蒙古集团	—	—	—	—	—	—
辽　宁	83840	61840	—	22000	310	833
吉　林	26161	23828	—	2333	—	—
吉林集团	—	—	—	—	—	—
黑龙江	153193	148059	—	5134	3729	1228
龙江集团	—	—	—	—	—	—
上　海	—	—	—	—	—	—
江　苏	—	—	—	—	—	—
浙　江	—	—	—	—	—	—
安　徽	—	—	—	—	—	—
福　建	—	—	—	—	—	—
江　西	—	—	—	—	—	—
山　东	—	—	—	—	—	—
河　南	—	—	—	—	—	—
湖　北	—	—	—	—	—	—
湖　南	—	—	—	—	—	—
广　东	—	—	—	—	—	—
广　西	—	—	—	—	—	—
海　南	—	—	—	—	—	—
重　庆	—	—	—	—	—	—
四　川	—	—	—	—	—	—
贵　州	—	—	—	—	—	—
云　南	—	—	—	—	—	—
西　藏	—	—	—	—	—	—
陕　西	117286	97286	—	20000	400	5329
甘　肃	94119	61040	—	33079	—	1445
青　海	55967	15967	—	40000	—	—
宁　夏	49106	39583	—	9523	1132	13644
新　疆	248655	228046	—	20609	8320	128302
新疆兵团	25778	22645	—	3133	—	7940
大兴安岭	—	—	—	—	—	—

工程建设情况(一)

单位:公顷

造林面积								
按林种用途分								
防护林							薪炭林	特种用途林
小计	其中							
	水源涵养林	水土保持林	防风固沙林	农田、牧场防护林	护岸护堤林	护路林		
1060084	**48314**	**321958**	**424605**	**74514**	**6075**	**12521**	**762**	**1875**
282	—	—	—	—	—	—	—	—
2209	—	—	2209	—	—	—	—	—
60036	667	24445	224	2083	—	1000	—	267
109800	3401	72332	33080	754	167	—	—	—
226472	—	27278	156376	9042	104	5	—	—
—	—	—	—	—	—	—	—	—
82697	8329	25709	35803	2330	3	—	—	—
26161	1828	6230	17192	283	—	253	—	—
—	—	—	—	—	—	—	—	—
147417	21048	39980	19105	21977	3674	9249	13	806
—	—	—	—	—	—	—	—	—
—	—	—	—	—	—	—	—	—
—	—	—	—	—	—	—	—	—
—	—	—	—	—	—	—	—	—
—	—	—	—	—	—	—	—	—
—	—	—	—	—	—	—	—	—
—	—	—	—	—	—	—	—	—
—	—	—	—	—	—	—	—	—
—	—	—	—	—	—	—	—	—
—	—	—	—	—	—	—	—	—
—	—	—	—	—	—	—	—	—
—	—	—	—	—	—	—	—	—
—	—	—	—	—	—	—	—	—
—	—	—	—	—	—	—	—	—
—	—	—	—	—	—	—	—	—
—	—	—	—	—	—	—	—	—
—	—	—	—	—	—	—	—	—
—	—	—	—	—	—	—	—	—
—	—	—	—	—	—	—	—	—
111557	3280	53319	27900	3552	610	884	—	—
91874	6153	38233	28028	6694	357	40	—	800
55967	—	30153	24014	—	—	—	—	—
34330	3608	754	24116	2749	860	297	—	—
111282	—	3525	56558	25050	300	793	749	2
17836	—	112	8737	8550	—	3	—	2
—	—	—	—	—	—	—	—	—

各地区三北防护林四期

地　区	低产低效林改造面积	年末实有封山(沙)育林面积	全部林业			
			合　计	其　中		造林
				国债资金	中央财政专项资金	
全国合计	**5048**	**1444379**	**270310**	**104485**	**28713**	**239554**
北　京	—	2667	824	—	—	824
天　津	—	—	9883	2500	—	9883
河　北	—	21086	16334	—	—	13175
山　西	—	36067	24664	—	—	24664
内蒙古	—	361639	32243	26989	878	29627
内蒙古集团	—	—	—	—	—	—
辽　宁	—	38731	13573	9455	1155	9568
吉　林	2411	28964	10007	983	1095	8650
吉林集团	—	—	—	—	—	—
黑龙江	—	24775	37562	14965	6367	31703
龙江集团	—	—	—	—	—	—
上　海	—	—	—	—	—	—
江　苏	—	—	—	—	—	—
浙　江	—	—	—	—	—	—
安　徽	—	—	—	—	—	—
福　建	—	—	—	—	—	—
江　西	—	—	—	—	—	—
山　东	—	—	—	—	—	—
河　南	—	—	—	—	—	—
湖　北	—	—	—	—	—	—
湖　南	—	—	—	—	—	—
广　东	—	—	—	—	—	—
广　西	—	—	—	—	—	—
海　南	—	—	—	—	—	—
重　庆	—	—	—	—	—	—
四　川	—	—	—	—	—	—
贵　州	—	—	—	—	—	—
云　南	—	—	—	—	—	—
西　藏	—	—	—	—	—	—
陕　西	—	32711	21979	17915	900	21775
甘　肃	363	150672	7744	7744	—	7744
青　海	—	217120	4800	4800	—	4800
宁　夏	285	41217	9440	4000	—	7837
新　疆	1989	488730	81257	15134	18318	69304
新疆兵团	—	27338	33212	1382	2740	29698
大兴安岭	—	—	—	—	—	—

工程建设情况(二)

单位:公顷、万元

投资完成额						群众投工投劳（折合资金）
低产低效防护林改造	种苗	森林防火	病虫害防治	科技费用	其他	
411	**19013**	**289**	**1088**	**139**	**9816**	**96423**
—	—	—	—	—	—	—
—	—	—	—	—	—	—
—	—	10	16	—	3133	11044
—	—	—	—	—	—	1598
—	481	10	179	65	1881	737
—	—	—	—	—	—	—
—	3900	—	—	—	105	7123
203	988	—	—	—	166	642
—	—	—	—	—	—	—
—	4528	73	57	21	1180	14734
—	—	—	—	—	—	—
—	—	—	—	—	—	—
—	—	—	—	—	—	—
—	—	—	—	—	—	—
—	—	—	—	—	—	—
—	—	—	—	—	—	—
—	—	—	—	—	—	—
—	—	—	—	—	—	—
—	—	—	—	—	—	—
—	—	—	—	—	—	—
—	—	—	—	—	—	—
—	—	—	—	—	—	—
—	—	—	—	—	—	—
—	—	—	—	—	—	—
—	—	—	—	—	—	—
—	—	—	—	—	—	—
—	—	—	—	—	—	—
—	—	—	—	—	—	—
—	—	—	—	—	—	—
—	—	—	—	—	204	1421
—	—	—	—	—	—	1556
—	—	—	—	—	—	894
—	—	—	—	—	1603	5627
208	9116	196	836	53	1544	51047
190	2300	31	303	21	669	627
—	—	—	—	—	—	—

各地区长江流域防护林体系

地 区	荒山荒(沙)地					
	合 计	按造林方式分				
		人工造林	飞播造林	无林地和疏林地新封	用材林	经济林
全国合计	**222127**	**214545**	**—**	**7582**	**17467**	**6248**
北 京	—	—	—	—	—	—
天 津	—	—	—	—	—	—
河 北	—	—	—	—	—	—
山 西	—	—	—	—	—	—
内蒙古	—	—	—	—	—	—
内蒙古集团	—	—	—	—	—	—
辽 宁	—	—	—	—	—	—
吉 林	—	—	—	—	—	—
吉林集团	—	—	—	—	—	—
黑龙江	—	—	—	—	—	—
龙江集团	—	—	—	—	—	—
上 海	1383	1383	—	—	—	295
江 苏	12974	12974	—	—	195	69
浙 江	2833	1957	—	876	191	66
安 徽	26692	24405	—	2287	2865	50
福 建	—	—	—	—	—	—
江 西	40165	38126	—	2039	6568	455
山 东	29666	29666	—	—	—	427
河 南	27005	27005	—	—	1345	1307
湖 北	34502	34502	—	—	3038	105
湖 南	42027	42027	—	—	3265	2407
广 东	—	—	—	—	—	—
广 西	—	—	—	—	—	—
海 南	—	—	—	—	—	—
重 庆	—	—	—	—	—	—
四 川	—	—	—	—	—	—
贵 州	—	—	—	—	—	—
云 南	—	—	—	—	—	—
西 藏	—	—	—	—	—	—
陕 西	4880	2500	—	2380	—	1067
甘 肃	—	—	—	—	—	—
青 海	—	—	—	—	—	—
宁 夏	—	—	—	—	—	—
新 疆	—	—	—	—	—	—
新疆兵团	—	—	—	—	—	—
大兴安岭	—	—	—	—	—	—

二期工程建设情况(一)

单位:公顷

造林面积								
按林种用途分								
防护林							薪炭林	特种用途林
小计	其中							
	水源涵养林	水土保持林	防风固沙林	农田、牧场防护林	护岸护堤林	护路林		
198381	**41400**	**70479**	**9216**	**7979**	**8721**	**4261**	**31**	—
—	—	—	—	—	—	—	—	—
—	—	—	—	—	—	—	—	—
—	—	—	—	—	—	—	—	—
—	—	—	—	—	—	—	—	—
—	—	—	—	—	—	—	—	—
—	—	—	—	—	—	—	—	—
—	—	—	—	—	—	—	—	—
—	—	—	—	—	—	—	—	—
—	—	—	—	—	—	—	—	—
—	—	—	—	—	—	—	—	—
—	—	—	—	—	—	—	—	—
1088	—	—	—	—	33	115	—	—
12710	1228	2074	643	733	2759	1659	—	—
2576	927	656	—	—	—	167	—	—
23777	7405	8454	1122	2046	899	267	—	—
—	—	—	—	—	—	—	—	—
33142	8674	11173	1000	11	1208	1029	—	—
29239	1377	14314	3134	1460	767	—	—	—
24353	5850	6652	1600	3379	302	297	—	—
31328	5235	9119	1050	350	2648	727	31	—
36355	9004	16791	667	—	105	—	—	—
—	—	—	—	—	—	—	—	—
—	—	—	—	—	—	—	—	—
—	—	—	—	—	—	—	—	—
—	—	—	—	—	—	—	—	—
—	—	—	—	—	—	—	—	—
—	—	—	—	—	—	—	—	—
—	—	—	—	—	—	—	—	—
—	—	—	—	—	—	—	—	—
3813	1700	1246	—	—	—	—	—	—
—	—	—	—	—	—	—	—	—
—	—	—	—	—	—	—	—	—
—	—	—	—	—	—	—	—	—
—	—	—	—	—	—	—	—	—
—	—	—	—	—	—	—	—	—
—	—	—	—	—	—	—	—	—

各地区长江流域防护林体系

全部林业

地　区	低产低效林改造面积	年末实有封山(沙)育林面积	合　计	其中：国债资金	其中：中央财政专项资金	造林
全国合计	**12143**	**110832**	**101057**	**16817**	**10183**	**81102**
北　京	—	—	—	—	—	—
天　津	—	—	—	—	—	—
河　北	—	—	—	—	—	—
山　西	—	—	—	—	—	—
内蒙古	—	—	—	—	—	—
内蒙古集团	—	—	—	—	—	—
辽　宁	—	—	—	—	—	—
吉　林	—	—	—	—	—	—
吉林集团	—	—	—	—	—	—
黑龙江	—	—	—	—	—	—
龙江集团	—	—	—	—	—	—
上　海	—	—	50227	360	—	43421
江　苏	—	—	6777	2200	—	4041
浙　江	6091	43236	1944	—	80	1637
安　徽	320	12944	8926	3416	1030	6814
福　建	—	—	—	—	—	—
江　西	3699	16556	5913	1300	1732	5069
山　东	—	5159	8370	1824	1540	6651
河　南	—	2867	4029	2690	802	3572
湖　北	1900	13301	7688	2258	2494	4200
湖　南	133	12166	5999	1760	2505	4762
广　东	—	—	—	—	—	—
广　西	—	—	—	—	—	—
海　南	—	—	—	—	—	—
重　庆	—	—	—	—	—	—
四　川	—	—	—	—	—	—
贵　州	—	—	—	—	—	—
云　南	—	—	—	—	—	—
西　藏	—	—	—	—	—	—
陕　西	—	4603	1184	1009	—	935
甘　肃	—	—	—	—	—	—
青　海	—	—	—	—	—	—
宁　夏	—	—	—	—	—	—
新　疆	—	—	—	—	—	—
新疆兵团	—	—	—	—	—	—
大兴安岭	—	—	—	—	—	—

二期工程建设情况(二)

单位:公顷、万元

投资完成额						群众投工投劳(折合资金)
低产低效防护林改造	种苗	森林防火	病虫害防治	科技费用	其他	
1682	**6386**	**209**	**543**	**213**	**10922**	**17293**
—	—	—	—	—	—	—
—	—	—	—	—	—	—
—	—	—	—	—	—	—
—	—	—	—	—	—	—
—	—	—	—	—	—	—
—	—	—	—	—	—	—
—	—	—	—	—	—	—
—	—	—	—	—	—	—
—	—	—	—	—	—	—
—	—	—	—	—	—	—
—	—	—	—	—	—	—
250	—	2	51	—	6503	451
—	1426	62	126	26	1096	876
204	15	58	30	—	—	107
134	396	11	9	5	1557	2629
—	—	—	—	—	—	—
176	274	3	12	69	310	1616
—	948	11	135	4	621	3696
80	324	—	—	—	53	830
572	2031	26	142	45	672	2119
266	783	36	38	45	69	4492
—	—	—	—	—	—	—
—	—	—	—	—	—	—
—	—	—	—	—	—	—
—	—	—	—	—	—	—
—	—	—	—	—	—	—
—	—	—	—	—	—	—
—	—	—	—	—	—	—
—	—	—	—	—	—	—
—	189	—	—	19	41	477
—	—	—	—	—	—	—
—	—	—	—	—	—	—
—	—	—	—	—	—	—
—	—	—	—	—	—	—
—	—	—	—	—	—	—
—	—	—	—	—	—	—

各地区沿海防护林体系

地　区	荒山荒(沙)地					
	合　计	按造林方式分				
		人工造林	飞播造林	无林地和疏林地新封	用材林	经济林
全国合计	**212184**	**198658**	**—**	**13526**	**20399**	**5081**
北　京	—	—	—	—	—	—
天　津	12036	12036	—	—	5128	565
河　北	25424	25424	—	—	21	348
山　西	—	—	—	—	—	—
内蒙古	—	—	—	—	—	—
内蒙古集团	—	—	—	—	—	—
辽　宁	22582	19249	—	3333	—	1388
吉　林	—	—	—	—	—	—
吉林集团	—	—	—	—	—	—
黑龙江	—	—	—	—	—	—
龙江集团	—	—	—	—	—	—
上　海	—	—	—	—	—	—
江　苏	36556	35695	—	861	439	1050
浙　江	21468	15460	—	6008	483	568
安　徽	—	—	—	—	—	—
福　建	10576	10576	—	—	36	—
江　西	—	—	—	—	—	—
山　东	34177	33644	—	533	1349	1134
河　南	—	—	—	—	—	—
湖　北	—	—	—	—	—	—
湖　南	—	—	—	—	—	—
广　东	12280	9489	—	2791	—	—
广　西	22038	22038	—	—	12943	28
海　南	15047	15047	—	—	—	—
重　庆	—	—	—	—	—	—
四　川	—	—	—	—	—	—
贵　州	—	—	—	—	—	—
云　南	—	—	—	—	—	—
西　藏	—	—	—	—	—	—
陕　西	—	—	—	—	—	—
甘　肃	—	—	—	—	—	—
青　海	—	—	—	—	—	—
宁　夏	—	—	—	—	—	—
新　疆	—	—	—	—	—	—
新疆兵团	—	—	—	—	—	—
大兴安岭	—	—	—	—	—	—

二期工程建设情况(一)

单位:公顷

造林面积								
按林种用途分								
防护林							薪炭林	特种用途林
小计	其中							
	水源涵养林	水土保持林	防风固沙林	农田、牧场防护林	护岸护堤林	护路林		
186443	**28468**	**44477**	**19458**	**12804**	**15048**	**4542**	—	**261**
—	—	—	—	—	—	—	—	—
6343	—	—	6343	—	—	—	—	—
24822	333	395	1031	4806	2165	1000	—	233
—	—	—	—	—	—	—	—	—
—	—	—	—	—	—	—	—	—
—	—	—	—	—	—	—	—	—
21194	6855	6795	—	267	4469	65	—	—
—	—	—	—	—	—	—	—	—
—	—	—	—	—	—	—	—	—
—	—	—	—	—	—	—	—	—
—	—	—	—	—	—	—	—	—
—	—	—	—	—	—	—	—	—
35039	1790	1751	1812	1886	4875	2273	—	28
20417	3955	9112	131	715	516	259	—	—
—	—	—	—	—	—	—	—	—
10540	3170	5019	295	68	338	10	—	—
—	—	—	—	—	—	—	—	—
31694	1207	12623	3992	3262	353	447	—	—
—	—	—	—	—	—	—	—	—
—	—	—	—	—	—	—	—	—
—	—	—	—	—	—	—	—	—
12280	5083	3389	1314	—	67	—	—	—
9067	3267	1293	640	—	314	—	—	—
15047	2808	4100	3900	1800	1951	488	—	—
—	—	—	—	—	—	—	—	—
—	—	—	—	—	—	—	—	—
—	—	—	—	—	—	—	—	—
—	—	—	—	—	—	—	—	—
—	—	—	—	—	—	—	—	—
—	—	—	—	—	—	—	—	—
—	—	—	—	—	—	—	—	—
—	—	—	—	—	—	—	—	—
—	—	—	—	—	—	—	—	—
—	—	—	—	—	—	—	—	—
—	—	—	—	—	—	—	—	—
—	—	—	—	—	—	—	—	—

各地区沿海防护林体系

地　区	低产低效林改造面积	年末实有封山(沙)育林面积	全部林业			
			合　计	其　中		造林
				国债资金	中央财政专项资金	
全国合计	**49322**	**161303**	**140019**	**25197**	**10756**	**111641**
北　京	—	—	—	—	—	—
天　津	—	—	14961	1900	—	14961
河　北	—	266	20317	—	—	18432
山　西	—	—	—	—	—	—
内蒙古	—	—	—	—	—	—
内蒙古集团	—	—	—	—	—	—
辽　宁	—	18113	6916	3914	685	5892
吉　林	—	—	—	—	—	—
吉林集团	—	—	—	—	—	—
黑龙江	—	—	—	—	—	—
龙江集团	—	—	—	—	—	—
上　海	—	—	—	—	—	—
江　苏	12	1194	19977	5000	—	10966
浙　江	36737	73164	21180	—	290	19225
安　徽	—	—	—	—	—	—
福　建	979	17776	7184	—	4260	6031
江　西	—	—	—	—	—	—
山　东	667	7457	24463	6325	1726	15967
河　南	—	—	—	—	—	—
湖　北	—	—	—	—	—	—
湖　南	—	—	—	—	—	—
广　东	10831	24603	10631	4146	2490	5890
广　西	96	18730	11880	1912	1305	11767
海　南	—	—	2510	2000	—	2510
重　庆	—	—	—	—	—	—
四　川	—	—	—	—	—	—
贵　州	—	—	—	—	—	—
云　南	—	—	—	—	—	—
西　藏	—	—	—	—	—	—
陕　西	—	—	—	—	—	—
甘　肃	—	—	—	—	—	—
青　海	—	—	—	—	—	—
宁　夏	—	—	—	—	—	—
新　疆	—	—	—	—	—	—
新疆兵团	—	—	—	—	—	—
大兴安岭	—	—	—	—	—	—

二期工程建设情况(二)

单位:公顷、万元

投资完成额						群众投工投劳（折合资金）
低产低效防护林改造	种苗	森林防火	病虫害防治	科技费用	其他	
6110	**8729**	**1096**	**870**	**123**	**11450**	**31825**
—	—	—	—	—	—	—
—	—	—	—	—	—	—
—	—	—	—	—	1885	11873
—	—	—	—	—	—	—
—	—	—	—	—	—	—
—	—	—	—	—	—	—
—	730	10	49	—	235	3775
—	—	—	—	—	—	—
—	—	—	—	—	—	—
—	—	—	—	—	—	—
—	—	—	—	—	—	—
—	—	—	—	—	—	—
—	6824	65	351	116	1655	3696
1352	—	—	—	—	603	65
—	—	—	—	—	—	—
863	76	—	20	—	194	194
—	—	—	—	—	—	—
120	673	1018	424	7	6254	4995
—	—	—	—	—	—	—
—	—	—	—	—	—	—
—	—	—	—	—	—	—
3775	333	3	26	—	604	75
—	93	—	—	—	20	7152
—	—	—	—	—	—	—
—	—	—	—	—	—	—
—	—	—	—	—	—	—
—	—	—	—	—	—	—
—	—	—	—	—	—	—
—	—	—	—	—	—	—
—	—	—	—	—	—	—
—	—	—	—	—	—	—
—	—	—	—	—	—	—
—	—	—	—	—	—	—
—	—	—	—	—	—	—
—	—	—	—	—	—	—
—	—	—	—	—	—	—

各地区珠江流域防护林体系

地　区	荒山荒(沙)地					
	合　计	按造林方式分				
		人工造林	飞播造林	无林地和疏林地新封	用材林	经济林
全国合计	**82059**	**72941**	**—**	**9118**	**13569**	**2567**
北　京	—	—	—	—	—	—
天　津	—	—	—	—	—	—
河　北	—	—	—	—	—	—
山　西	—	—	—	—	—	—
内蒙古	—	—	—	—	—	—
内蒙古集团	—	—	—	—	—	—
辽　宁	—	—	—	—	—	—
吉　林	—	—	—	—	—	—
吉林集团	—	—	—	—	—	—
黑龙江	—	—	—	—	—	—
龙江集团	—	—	—	—	—	—
上　海	—	—	—	—	—	—
江　苏	—	—	—	—	—	—
浙　江	—	—	—	—	—	—
安　徽	—	—	—	—	—	—
福　建	—	—	—	—	—	—
江　西	5220	5220	—	—	667	—
山　东	—	—	—	—	—	—
河　南	—	—	—	—	—	—
湖　北	—	—	—	—	—	—
湖　南	8669	8669	—	—	306	118
广　东	4295	3179	—	1116	—	—
广　西	15604	14604	—	1000	9357	451
海　南	—	—	—	—	—	—
重　庆	—	—	—	—	—	—
四　川	—	—	—	—	—	—
贵　州	34340	27671	—	6669	3239	233
云　南	13931	13598	—	333	—	1765
西　藏	—	—	—	—	—	—
陕　西	—	—	—	—	—	—
甘　肃	—	—	—	—	—	—
青　海	—	—	—	—	—	—
宁　夏	—	—	—	—	—	—
新　疆	—	—	—	—	—	—
新疆兵团	—	—	—	—	—	—
大兴安岭	—	—	—	—	—	—

二期工程建设情况(一)

单位:公顷

造林面积								
按林种用途分								
防护林							薪炭林	特种用途林
小计	其中							
	水源涵养林	水土保持林	防风固沙林	农田、牧场防护林	护岸护堤林	护路林		
65923	**18149**	**29346**	**31**	**—**	**—**	**—**	**—**	**—**
—	—	—	—	—	—	—	—	—
—	—	—	—	—	—	—	—	—
—	—	—	—	—	—	—	—	—
—	—	—	—	—	—	—	—	—
—	—	—	—	—	—	—	—	—
—	—	—	—	—	—	—	—	—
—	—	—	—	—	—	—	—	—
—	—	—	—	—	—	—	—	—
—	—	—	—	—	—	—	—	—
—	—	—	—	—	—	—	—	—
—	—	—	—	—	—	—	—	—
—	—	—	—	—	—	—	—	—
—	—	—	—	—	—	—	—	—
—	—	—	—	—	—	—	—	—
—	—	—	—	—	—	—	—	—
—	—	—	—	—	—	—	—	—
4553	4400	153	—	—	—	—	—	—
—	—	—	—	—	—	—	—	—
—	—	—	—	—	—	—	—	—
—	—	—	—	—	—	—	—	—
8245	2667	1695	—	—	—	—	—	—
4295	2319	1236	—	—	—	—	—	—
5796	327	4032	31	—	—	—	—	—
—	—	—	—	—	—	—	—	—
—	—	—	—	—	—	—	—	—
—	—	—	—	—	—	—	—	—
30868	7769	14294	—	—	—	—	—	—
12166	667	7936	—	—	—	—	—	—
—	—	—	—	—	—	—	—	—
—	—	—	—	—	—	—	—	—
—	—	—	—	—	—	—	—	—
—	—	—	—	—	—	—	—	—
—	—	—	—	—	—	—	—	—
—	—	—	—	—	—	—	—	—
—	—	—	—	—	—	—	—	—
—	—	—	—	—	—	—	—	—

各地区珠江流域防护林体系

全部林业

地区	低产低效林改造面积	年末实有封山(沙)育林面积	合计	其中 国债资金	其中 中央财政专项资金	造林
全国合计	**5603**	**90491**	**23828**	**4776**	**4203**	**16506**
北京	—	—	—	—	—	—
天津	—	—	—	—	—	—
河北	—	—	—	—	—	—
山西	—	—	—	—	—	—
内蒙古	—	—	—	—	—	—
内蒙古集团	—	—	—	—	—	—
辽宁	—	—	—	—	—	—
吉林	—	—	—	—	—	—
吉林集团	—	—	—	—	—	—
黑龙江	—	—	—	—	—	—
龙江集团	—	—	—	—	—	—
上海	—	—	—	—	—	—
江苏	—	—	—	—	—	—
浙江	—	—	—	—	—	—
安徽	—	—	—	—	—	—
福建	—	—	—	—	—	—
江西	—	5361	1285	—	360	1285
山东	—	—	—	—	—	—
河南	—	—	—	—	—	—
湖北	—	—	—	—	—	—
湖南	—	5713	1130	600	400	1075
广东	5266	4210	6321	920	951	1843
广西	337	15331	7860	1511	1505	5710
海南	—	—	—	—	—	—
重庆	—	—	—	—	—	—
四川	—	—	—	—	—	—
贵州	—	51483	3750	—	—	3750
云南	—	8393	3482	1745	987	2843
西藏	—	—	—	—	—	—
陕西	—	—	—	—	—	—
甘肃	—	—	—	—	—	—
青海	—	—	—	—	—	—
宁夏	—	—	—	—	—	—
新疆	—	—	—	—	—	—
新疆兵团	—	—	—	—	—	—
大兴安岭	—	—	—	—	—	—

二期工程建设情况(二)

单位:公顷、万元

投资完成额						
低产低效防护林改造	种苗	森林防火	病虫害防治	科技费用	其他	群众投工投劳（折合资金）
1281	**869**	**286**	**49**	**13**	**4824**	**6174**
—	—	—	—	—	—	—
—	—	—	—	—	—	—
—	—	—	—	—	—	—
—	—	—	—	—	—	—
—	—	—	—	—	—	—
—	—	—	—	—	—	—
—	—	—	—	—	—	—
—	—	—	—	—	—	—
—	—	—	—	—	—	—
—	—	—	—	—	—	—
—	—	—	—	—	—	—
—	—	—	—	—	—	—
—	—	—	—	—	—	—
—	—	—	—	—	—	—
—	—	—	—	—	—	—
—	—	—	—	—	—	—
—	—	—	—	—	—	90
—	—	—	—	—	—	—
—	—	—	—	—	—	—
—	—	—	—	—	—	—
—	35	8	4	3	5	352
1264	174	258	25	7	2750	—
—	596	20	20	3	1511	4957
—	—	—	—	—	—	—
—	—	—	—	—	—	—
—	—	—	—	—	—	—
—	—	—	—	—	—	36
17	64	—	—	—	558	739
—	—	—	—	—	—	—
—	—	—	—	—	—	—
—	—	—	—	—	—	—
—	—	—	—	—	—	—
—	—	—	—	—	—	—
—	—	—	—	—	—	—
—	—	—	—	—	—	—
—	—	—	—	—	—	—

各地区太行山绿化二期

地　区	荒山荒(沙)地					
	合　计	按造林方式分				
		人工造林	飞播造林	无林地和疏林地新封	用材林	经济林
全国合计	**119160**	**87466**	**—**	**31694**	**1103**	**4771**
北　京	1866	1866	—	—	—	158
天　津	—	—	—	—	—	—
河　北	50666	33332	—	17334	903	4164
山　西	41628	27268	—	14360	—	449
内蒙古	—	—	—	—	—	—
内蒙古集团	—	—	—	—	—	—
辽　宁	—	—	—	—	—	—
吉　林	—	—	—	—	—	—
吉林集团	—	—	—	—	—	—
黑龙江	—	—	—	—	—	—
龙江集团	—	—	—	—	—	—
上　海	—	—	—	—	—	—
江　苏	—	—	—	—	—	—
浙　江	—	—	—	—	—	—
安　徽	—	—	—	—	—	—
福　建	—	—	—	—	—	—
江　西	—	—	—	—	—	—
山　东	—	—	—	—	—	—
河　南	25000	25000	—	—	200	—
湖　北	—	—	—	—	—	—
湖　南	—	—	—	—	—	—
广　东	—	—	—	—	—	—
广　西	—	—	—	—	—	—
海　南	—	—	—	—	—	—
重　庆	—	—	—	—	—	—
四　川	—	—	—	—	—	—
贵　州	—	—	—	—	—	—
云　南	—	—	—	—	—	—
西　藏	—	—	—	—	—	—
陕　西	—	—	—	—	—	—
甘　肃	—	—	—	—	—	—
青　海	—	—	—	—	—	—
宁　夏	—	—	—	—	—	—
新　疆	—	—	—	—	—	—
新疆兵团	—	—	—	—	—	—
大兴安岭	—	—	—	—	—	—

工程建设情况(一)

单位:公顷

造林面积								
按林种用途分								
防护林							薪炭林	特种用途林
小计	其中							
	水源涵养林	水土保持林	防风固沙林	农田、牧场防护林	护岸护堤林	护路林		
112953	**27488**	**55495**	**14169**	**1264**	**—**	**—**	**—**	**333**
1708	133	1574	—	—	—	—	—	—
—	—	—	—	—	—	—	—	—
45266	15104	22300	2001	—	—	—	—	333
41179	10984	18027	12168	—	—	—	—	—
—	—	—	—	—	—	—	—	—
—	—	—	—	—	—	—	—	—
—	—	—	—	—	—	—	—	—
—	—	—	—	—	—	—	—	—
—	—	—	—	—	—	—	—	—
—	—	—	—	—	—	—	—	—
—	—	—	—	—	—	—	—	—
—	—	—	—	—	—	—	—	—
—	—	—	—	—	—	—	—	—
—	—	—	—	—	—	—	—	—
—	—	—	—	—	—	—	—	—
—	—	—	—	—	—	—	—	—
—	—	—	—	—	—	—	—	—
—	—	—	—	—	—	—	—	—
24800	1267	13594	—	1264	—	—	—	—
—	—	—	—	—	—	—	—	—
—	—	—	—	—	—	—	—	—
—	—	—	—	—	—	—	—	—
—	—	—	—	—	—	—	—	—
—	—	—	—	—	—	—	—	—
—	—	—	—	—	—	—	—	—
—	—	—	—	—	—	—	—	—
—	—	—	—	—	—	—	—	—
—	—	—	—	—	—	—	—	—
—	—	—	—	—	—	—	—	—
—	—	—	—	—	—	—	—	—
—	—	—	—	—	—	—	—	—
—	—	—	—	—	—	—	—	—
—	—	—	—	—	—	—	—	—
—	—	—	—	—	—	—	—	—
—	—	—	—	—	—	—	—	—

各地区太行山绿化二期

全部林业

地　区	低产低效林改造面积	年末实有封山(沙)育林面积	合　计	其中：国债资金	其中：中央财政专项资金	造林
全国合计	**133**	**193533**	**21663**	**1910**	**2512**	**19836**
北　京	—	—	860	—	80	860
天　津	—	—	—	—	—	—
河　北	—	65967	10213	—	880	8726
山　西	133	114843	8355	—	1440	8314
内蒙古	—	—	—	—	—	—
内蒙古集团	—	—	—	—	—	—
辽　宁	—	—	—	—	—	—
吉　林	—	—	—	—	—	—
吉林集团	—	—	—	—	—	—
黑龙江	—	—	—	—	—	—
龙江集团	—	—	—	—	—	—
上　海	—	—	—	—	—	—
江　苏	—	—	—	—	—	—
浙　江	—	—	—	—	—	—
安　徽	—	—	—	—	—	—
福　建	—	—	—	—	—	—
江　西	—	—	—	—	—	—
山　东	—	—	—	—	—	—
河　南	—	12723	2235	1910	112	1936
湖　北	—	—	—	—	—	—
湖　南	—	—	—	—	—	—
广　东	—	—	—	—	—	—
广　西	—	—	—	—	—	—
海　南	—	—	—	—	—	—
重　庆	—	—	—	—	—	—
四　川	—	—	—	—	—	—
贵　州	—	—	—	—	—	—
云　南	—	—	—	—	—	—
西　藏	—	—	—	—	—	—
陕　西	—	—	—	—	—	—
甘　肃	—	—	—	—	—	—
青　海	—	—	—	—	—	—
宁　夏	—	—	—	—	—	—
新　疆	—	—	—	—	—	—
新疆兵团	—	—	—	—	—	—
大兴安岭	—	—	—	—	—	—

工程建设情况(二)

单位:公顷、万元

投资完成额						群众投工投劳（折合资金）
低产低效防护林改造	种苗	森林防火	病虫害防治	科技费用	其他	
23	**67**	**1174**	**74**	**11**	**478**	**7438**
—	—	—	—	—	—	—
—	—	—	—	—	—	—
—	—	1174	74	6	233	6780
23	—	—	—	—	18	658
—	—	—	—	—	—	—
—	—	—	—	—	—	—
—	—	—	—	—	—	—
—	—	—	—	—	—	—
—	—	—	—	—	—	—
—	—	—	—	—	—	—
—	—	—	—	—	—	—
—	—	—	—	—	—	—
—	—	—	—	—	—	—
—	—	—	—	—	—	—
—	—	—	—	—	—	—
—	—	—	—	—	—	—
—	—	—	—	—	—	—
—	—	—	—	—	—	—
—	67	—	—	5	227	—
—	—	—	—	—	—	—
—	—	—	—	—	—	—
—	—	—	—	—	—	—
—	—	—	—	—	—	—
—	—	—	—	—	—	—
—	—	—	—	—	—	—
—	—	—	—	—	—	—
—	—	—	—	—	—	—
—	—	—	—	—	—	—
—	—	—	—	—	—	—
—	—	—	—	—	—	—
—	—	—	—	—	—	—
—	—	—	—	—	—	—
—	—	—	—	—	—	—
—	—	—	—	—	—	—
—	—	—	—	—	—	—
—	—	—	—	—	—	—

各地区平原绿化二期

地区	荒山荒(沙)地					
	合计	按造林方式分				
		人工造林	飞播造林	无林地和疏林地新封	用材林	经济林
全国合计	**1674**	**1674**	**—**	**—**	**66**	**67**
北京	—	—	—	—	—	—
天津	—	—	—	—	—	—
河北	234	234	—	—	66	33
山西	—	—	—	—	—	—
内蒙古	—	—	—	—	—	—
内蒙古集团	—	—	—	—	—	—
辽宁	67	67	—	—	—	34
吉林	—	—	—	—	—	—
吉林集团	—	—	—	—	—	—
黑龙江	—	—	—	—	—	—
龙江集团	—	—	—	—	—	—
上海	—	—	—	—	—	—
江苏	1239	1239	—	—	—	—
浙江	—	—	—	—	—	—
安徽	—	—	—	—	—	—
福建	—	—	—	—	—	—
江西	—	—	—	—	—	—
山东	—	—	—	—	—	—
河南	134	134	—	—	—	—
湖北	—	—	—	—	—	—
湖南	—	—	—	—	—	—
广东	—	—	—	—	—	—
广西	—	—	—	—	—	—
海南	—	—	—	—	—	—
重庆	—	—	—	—	—	—
四川	—	—	—	—	—	—
贵州	—	—	—	—	—	—
云南	—	—	—	—	—	—
西藏	—	—	—	—	—	—
陕西	—	—	—	—	—	—
甘肃	—	—	—	—	—	—
青海	—	—	—	—	—	—
宁夏	—	—	—	—	—	—
新疆	—	—	—	—	—	—
新疆兵团	—	—	—	—	—	—
大兴安岭	—	—	—	—	—	—

工程建设情况(一)

单位:公顷

造林面积								
按林种用途分								
防护林							薪炭林	特种用途林
小计	其中							
	水源涵养林	水土保持林	防风固沙林	农田、牧场防护林	护岸护堤林	护路林		
1541	**—**	**34**	**—**	**—**	**—**	**33**	**—**	**—**
—	—	—	—	—	—	—	—	—
—	—	—	—	—	—	—	—	—
135	—	34	—	—	—	—	—	—
—	—	—	—	—	—	—	—	—
—	—	—	—	—	—	—	—	—
—	—	—	—	—	—	—	—	—
33	—	—	—	—	—	33	—	—
—	—	—	—	—	—	—	—	—
—	—	—	—	—	—	—	—	—
—	—	—	—	—	—	—	—	—
—	—	—	—	—	—	—	—	—
—	—	—	—	—	—	—	—	—
1239	—	—	—	—	—	—	—	—
—	—	—	—	—	—	—	—	—
—	—	—	—	—	—	—	—	—
—	—	—	—	—	—	—	—	—
—	—	—	—	—	—	—	—	—
—	—	—	—	—	—	—	—	—
134	—	—	—	—	—	—	—	—
—	—	—	—	—	—	—	—	—
—	—	—	—	—	—	—	—	—
—	—	—	—	—	—	—	—	—
—	—	—	—	—	—	—	—	—
—	—	—	—	—	—	—	—	—
—	—	—	—	—	—	—	—	—
—	—	—	—	—	—	—	—	—
—	—	—	—	—	—	—	—	—
—	—	—	—	—	—	—	—	—
—	—	—	—	—	—	—	—	—
—	—	—	—	—	—	—	—	—
—	—	—	—	—	—	—	—	—
—	—	—	—	—	—	—	—	—
—	—	—	—	—	—	—	—	—
—	—	—	—	—	—	—	—	—
—	—	—	—	—	—	—	—	—
—	—	—	—	—	—	—	—	—

各地区平原绿化二期

地　区	低产低效林改造面积	年末实有封山(沙)育林面积	全部林业			
			合　计	其　中		造林
				国债资金	中央财政专项资金	
全国合计	**18**	**—**	**199**	**50**	**—**	**160**
北　京	—	—	—	—	—	—
天　津	—	—	—	—	—	—
河　北	—	—	70	—	—	70
山　西	—	—	—	—	—	—
内蒙古	—	—	—	—	—	—
内蒙古集团	—	—	—	—	—	—
辽　宁	—	—	20	—	—	20
吉　林	—	—	—	—	—	—
吉林集团	—	—	—	—	—	—
黑龙江	—	—	—	—	—	—
龙江集团	—	—	—	—	—	—
上　海	—	—	—	—	—	—
江　苏	—	—	—	—	—	—
浙　江	—	—	—	—	—	—
安　徽	—	—	15	10	—	15
福　建	—	—	—	—	—	—
江　西	—	—	—	—	—	—
山　东	—	—	—	—	—	—
河　南	—	—	55	40	—	55
湖　北	—	—	—	—	—	—
湖　南	—	—	—	—	—	—
广　东	18	—	39	—	—	—
广　西	—	—	—	—	—	—
海　南	—	—	—	—	—	—
重　庆	—	—	—	—	—	—
四　川	—	—	—	—	—	—
贵　州	—	—	—	—	—	—
云　南	—	—	—	—	—	—
西　藏	—	—	—	—	—	—
陕　西	—	—	—	—	—	—
甘　肃	—	—	—	—	—	—
青　海	—	—	—	—	—	—
宁　夏	—	—	—	—	—	—
新　疆	—	—	—	—	—	—
新疆兵团	—	—	—	—	—	—
大兴安岭	—	—	—	—	—	—

工程建设情况(二)

单位:公顷、万元

投资完成额						群众投工投劳（折合资金）
低产低效防护林改造	种苗	森林防火	病虫害防治	科技费用	其他	
39	**—**	**—**	**—**	**—**	**—**	**3011**
—	—	—	—	—	—	—
—	—	—	—	—	—	—
—	—	—	—	—	—	25
—	—	—	—	—	—	—
—	—	—	—	—	—	—
—	—	—	—	—	—	—
—	—	—	—	—	—	—
—	—	—	—	—	—	—
—	—	—	—	—	—	—
—	—	—	—	—	—	—
—	—	—	—	—	—	—
—	—	—	—	—	—	—
—	—	—	—	—	—	2981
—	—	—	—	—	—	—
—	—	—	—	—	—	5
—	—	—	—	—	—	—
—	—	—	—	—	—	—
—	—	—	—	—	—	—
—	—	—	—	—	—	—
—	—	—	—	—	—	—
—	—	—	—	—	—	—
39	—	—	—	—	—	—
—	—	—	—	—	—	—
—	—	—	—	—	—	—
—	—	—	—	—	—	—
—	—	—	—	—	—	—
—	—	—	—	—	—	—
—	—	—	—	—	—	—
—	—	—	—	—	—	—
—	—	—	—	—	—	—
—	—	—	—	—	—	—
—	—	—	—	—	—	—
—	—	—	—	—	—	—
—	—	—	—	—	—	—
—	—	—	—	—	—	—
—	—	—	—	—	—	—

林业系统野生动植物保护及自然保护区工程建设情况

指　　标	单位	本年实际
一、年末实有自然保护区个数	**个**	**2012**
其中：国家级	个	247
二、年末实有自然保护区面积	**百公顷**	**1228820**
其中：国家级	百公顷	770189
三、年末实有自然保护小区个数	**个**	**48428**
年末实有自然保护小区面积	百公顷	138397
四、禁猎（采）区个数	**个**	**2667**
禁猎（采）区面积	百公顷	846239
五、国际重要湿地个数	**个**	**37**
国际重要湿地面积	百公顷	39148
六、湿地示范区面积	**百公顷**	**24798**
七、野生动物种源繁育基地	**个**	**431**
八、野生植物种源培育基地	**个**	**244**
九、野生动植物保护管理站	**个**	**4526**
十、鸟类环志中心（站）个数	**个**	**122**
鸟类环志中心（站）人员	人	323
十一、野生动植物科研及监测机构个数	**个**	**638**
其中：各类专业技术人员	人	3078
十二、野生动物园	**个**	**69**
十三、植物园	**个**	**64**
十四、狩猎场	**个**	**142**
其中：对外国人开放的狩猎场	个	9
十五、从事野生动植物及自然保护区建设的职工人数	**人**	**49699**
其中：各类专业技术人员	人	12541
十六、野生动植物及自然保护区建设投资完成额	**万元**	**80097**
其中：国债资金	万元	18127
中央财政专项资金	万元	21821

各地区林业系统野生动植物保护及自然保护区工程建设情况(一)

单位:个、百公顷

地　区	年末实有自然保护区个数		年末实有自然保护区面积		年末实有自然保护小区		禁猎(采)区	
	合 计	其中:国家级	合 计	其中:国家级	个数	面积	个数	面积
全国合计	**2012**	**247**	**1228820**	**770189**	**48428**	**138397**	**2667**	**846239**
北　京	16	2	1273	264	—	—	16	1308
天　津	4	1	230	54	—	—	—	—
河　北	25	7	5263	1768	3	66	3	434
山　西	45	5	11573	823	—	—	—	—
内蒙古	138	17	104604	26832	55	12687	59	311899
内蒙古集团	8	2	12365	2319	—	—	8	12365
辽　宁	64	7	11296	1906	60	1152	49	4878
吉　林	30	9	23747	18679	5	94	—	—
吉林集团	—	—	—	—	—	—	—	—
黑龙江	105	17	33252	14525	165	4296	6	2526
龙江集团	21	6	10341	4171	—	—	—	—
上　海	1	1	242	242	—	—	—	—
江　苏	24	1	3947	780	9	250	1	1527
浙　江	17	6	948	741	385	779	39	622
安　徽	95	4	5531	1124	22	708	19	1735
福　建	88	10	5019	1697	3185	3129	—	—
江　西	165	8	10715	1444	1280	2145	715	2113
山　东	58	5	9513	1759	37	604	—	—
河　南	25	9	5047	3255	—	—	32	1697
湖　北	49	6	9521	2533	176	1277	286	6739
湖　南	116	16	13115	5050	175	5707	129	6191
广　东	255	5	10659	978	38800	42000	668	28888
广　西	63	12	13333	2536	147	2568	52	1010
海　南	30	6	2398	866	190	170	—	—
重　庆	44	3	7588	1855	—	—	—	—
四　川	123	17	76308	24620	317	18828	191	50036
贵　州	99	7	8172	2309	3267	23173	292	34
云　南	124	14	26974	13270	55	8227	48	8296
西　藏	62	8	412531	370131	15	3	7	320000
陕　西	46	11	10571	3440	23	1198	22	195
甘　肃	49	13	67463	41114	52	7786	28	9639
青　海	10	5	216874	202525	—	—	—	—
宁　夏	6	5	4907	4667	—	—	2	2895
新　疆	28	7	105611	13549	3	1336	2	65
新疆兵团	2	—	181	—	—	—	1	61
大兴安岭	8	3	10595	4853	2	212	1	83512

注:国际重要湿地个数中,全国合计包括香港特别行政区1处。

各地区林业系统野生动植物保护

地　区	国际重要湿地		湿地示范区面积	野生动物种源繁育基地	野生植物种源培育基地	野生动植物保护管理站	鸟类环志中心(站)		野生动植物科研及监测机构	
	个数	面积					个数	人员	个数	其中：各类专业技术人员
全国合计	**37**	**39148**	**24798**	**431**	**244**	**4526**	**122**	**323**	**638**	**3078**
北　京	—	—	86	25	—	1	—	—	5	5
天　津	—	—	410	—	—	5	—	—	—	—
河　北	—	—	188	2	5	6	2	13	5	47
山　西	—	—	—	—	—	27	—	—	5	39
内蒙古	2	7477	894	5	1	49	2	15	18	157
内蒙古集团	—	—	—	2	1	—	1	8	6	86
辽　宁	2	1397	4	24	4	63	8	9	38	70
吉　林	1	1055	127	2	—	66	2	3	33	151
吉林集团	—	—	—	—	—	—	—	—	—	—
黑龙江	4	6249	95	2	1	397	6	32	19	93
龙江集团	—	—	—	—	—	370	1	12	7	46
上　海	2	364	—	—	1	7	1	7	4	39
江　苏	2	5310	20	2	—	11	8	15	5	28
浙　江	1	3	150	56	11	33	7	11	11	91
安　徽	—	—	134	4	8	69	—	—	5	43
福　建	1	24	99	52	45	45	—	—	3	35
江　西	1	224	996	24	32	224	19	9	41	167
山　东	—	—	552	7	5	81	1	6	17	101
河　南	—	—	—	4	4	39	1	6	12	114
湖　北	1	435	234	29	4	119	5	10	69	195
湖　南	3	6930	1389	78	48	441	43	78	122	433
广　东	3	323	237	1	2	15	—	—	4	90
广　西	2	70	782	13	—	24	2	8	7	41
海　南	1	54	—	45	45	5	—	—	2	10
重　庆	—	—	3	9	5	320	—	—	8	152
四　川	1	1666	449	5	2	524	—	—	33	80
贵　州	—	—	—	6	5	1434	—	—	4	54
云　南	4	121	14	11	9	144	6	60	30	497
西　藏	2	1173	41	1	—	5	—	—	3	6
陕　西	—	—	—	13	4	40	—	—	3	10
甘　肃	—	—	340	1	—	63	2	15	5	50
青　海	3	6260	6089	—	—	—	—	—	—	—
宁　夏	—	—	336	—	—	10	1	2	3	49
新　疆	—	—	575	10	3	247	2	5	104	166
新疆兵团	—	—	61	—	—	1	—	—	2	2
大兴安岭	—	—	10555	—	—	12	4	19	20	65

及自然保护区工程建设情况(二)

单位:个、百公顷、人、万元

野生动物园	植物园	狩猎场		从事野生动植物及自然保护区建设的职工人数		野生动植物及自然保护区投资情况		
						投资完成额		
							其 中	
		个数	其中:对外国人开放的狩猎场	合 计	其中:各类专业技术人员	合计	国债资金	中央财政专项资金
69	**64**	**142**	**9**	**49699**	**12541**	**80097**	**18127**	**21821**
2	—	1	—	907	183	399	—	—
—	—	—	—	129	52	222	—	90
1	—	—	—	1009	272	1618	549	104
—	—	19	1	761	197	3203	—	445
2	1	1	—	2266	534	3806	3348	260
—	—	—	—	661	135	129	—	129
6	3	1	—	1418	501	1921	775	246
2	1	—	—	1365	303	4954	—	3997
—	—	—	—	—	—	—	—	—
1	—	6	1	1671	344	3794	107	2964
—	—	5	1	986	178	—	—	—
—	1	—	—	65	36	877	—	40
2	—	—	—	245	104	553	—	330
4	2	2	—	755	399	703	—	—
—	—	4	—	602	315	1152	556	125
1	3	—	—	1713	424	4074	—	3334
3	7	6	—	4030	950	2073	—	485
2	2	—	—	3352	217	1620	—	—
1	—	—	—	1998	469	900	660	240
2	2	12	1	1392	589	4725	1565	3160
11	4	2	—	8517	1593	6152	550	246
13	13	7	—	1295	406	3282	230	458
—	2	—	—	2582	587	5616	888	931
1	—	—	—	810	73	670	—	670
4	12	33	—	750	224	213	—	—
4	1	9	—	2368	633	4121	—	733
1	4	9	—	929	531	2146	—	—
1	2	—	—	2522	740	4783	1842	813
—	—	—	—	133	43	6102	—	261
1	1	2	1	1215	486	1737	—	530
—	1	3	3	2646	569	2709	2311	257
—	—	—	—	265	56	1980	1980	—
—	—	1	—	844	371	2332	1952	380
4	2	24	2	917	266	1524	678	722
—	—	—	—	14	4	306	—	306
—	—	—	—	228	74	136	136	—

各地区林业系统自然保护区分类情况

地区	数量(个)							面积(万公顷)						
	合计	森林生态	湿地生态	荒漠生态	野生植物	野生动物	地质遗迹	合计	森林生态	湿地生态	荒漠生态	野生植物	野生动物	地质遗迹
全国合计	**2012**	**1262**	**327**	**30**	**101**	**291**	**1**	**12288.20**	**3074.47**	**3089.98**	**3709.35**	**153.69**	**2261.55**	**0.08**
北京	16	11	3	—	—	2	—	12.73	9.03	1.16	—	—	2.54	—
天津	4	2	2	—	—	—	—	2.30	0.58	1.72	—	—	—	—
河北	25	15	7	—	—	3	—	52.63	33.19	11.18	—	—	8.26	—
山西	45	17	2	—	3	23	—	115.73	29.51	9.81	—	5.66	70.75	—
内蒙古	138	71	36	16	10	5	—	1046.04	338.58	260.50	384.79	33.65	28.53	—
辽宁	64	47	11	—	—	6	—	112.96	63.09	46.61	—	—	3.26	—
吉林	30	16	8	—	1	5	—	237.47	169.02	51.02	—	0.94	16.48	—
黑龙江	113	31	42	—	3	37	—	439.39	104.83	261.92	—	6.14	66.50	—
上海	1	—	—	—	—	1	—	2.42	—	—	—	—	2.42	—
江苏	24	7	15	—	—	2	—	39.47	0.57	30.37	—	—	8.53	—
浙江	17	11	2	—	1	3	—	9.48	8.47	0.47	—	0.51	0.03	—
安徽	95	80	13	—	—	2	—	55.31	25.52	25.16	—	—	4.63	—
福建	88	55	7	—	8	18	—	50.19	29.11	6.51	—	3.40	11.17	—
江西	165	111	21	—	18	15	—	107.15	61.17	23.11	—	6.22	16.65	—
山东	58	35	18	—	1	3	1	95.13	25.48	62.73	—	1.02	5.82	0.08
河南	25	12	11	—	—	2	—	50.47	17.04	23.09	—	—	10.34	—
湖北	49	18	14	—	12	5	—	95.21	53.17	28.19	—	9.46	4.39	—
湖南	116	102	6	—	5	3	—	131.15	85.32	25.64	—	0.08	20.12	—
广东	255	222	19	—	5	9	—	106.59	87.24	11.42	—	1.81	6.13	—
广西	63	49	1	—	2	11	—	133.33	107.48	0.28	—	2.42	23.14	—
海南	30	17	6	—	2	5	—	23.98	19.16	1.22	—	0.26	3.34	—
重庆	44	18	1	—	12	13	—	75.88	33.72	2.07	—	26.66	13.43	—
四川	123	45	27	—	6	45	—	763.08	259.24	266.76	—	7.48	229.60	—
贵州	99	86	2	—	6	5	—	81.72	73.96	1.49	—	1.74	4.53	—
云南	124	108	12	—	—	4	—	269.74	223.13	8.97	—	—	37.64	—
西藏	62	18	15	2	2	25	—	4125.31	705.14	73.44	2984.10	0.07	362.56	—
陕西	46	19	7	—	—	20	—	105.71	42.09	14.59	—	—	49.03	—
甘肃	49	25	9	7	—	8	—	674.63	146.08	138.01	283.75	—	106.79	—
青海	10	3	2	2	—	3	—	2168.74	95.96	1534.50	37.76	—	500.52	—
宁夏	6	4	1	1	—	—	—	49.07	33.18	8.40	7.48	—	—	—
新疆	28	7	7	2	4	8	—	1056.11	194.39	159.64	11.47	46.16	644.45	—

各地区林业系统自然保护区分级情况

地区	数量(个)					面积(万公顷)					占土地面积(%)	占土地面积排名
	合计	国家级	省级	市级	县级	合计	国家级	省级	市级	县级		
全国合计	**2012**	**247**	**646**	**317**	**802**	**12288.20**	**7701.89**	**3244.56**	**561.26**	**781.40**	**12.79**	**—**
北京	16	2	8	6	—	12.73	2.64	6.48	3.62	—	7.57	11
天津	4	1	3	—	—	2.30	0.54	1.76	—	—	2.03	21
河北	25	7	16	1	1	52.63	17.68	34.06	0.84	0.05	2.82	30
山西	45	5	40	—	—	115.73	8.23	107.50	—	—	7.42	12
内蒙古	138	17	48	20	53	1046.04	268.32	642.64	41.88	93.20	8.84	9
辽宁	64	7	21	23	13	112.96	19.06	29.32	54.98	9.60	7.63	10
吉林	30	9	11	1	9	237.47	186.79	47.35	0.01	3.32	12.67	5
黑龙江	113	20	53	5	35	439.39	193.81	213.77	3.82	27.99	9.66	6
上海	1	1	—	—	—	2.42	2.42	—	—	—	3.81	28
江苏	24	1	6	16	1	39.47	7.80	5.48	25.90	0.30	3.88	27
浙江	17	6	4	—	7	9.48	7.41	0.76	—	1.31	0.93	31
安徽	95	4	28	2	61	55.31	11.24	38.46	1.21	4.41	3.96	26
福建	88	10	22	9	47	50.19	16.97	9.52	15.75	7.95	4.13	25
江西	165	8	18	3	136	107.15	14.44	23.55	3.04	66.12	6.42	15
山东	58	5	20	22	11	95.13	17.59	33.97	38.69	4.89	6.06	18
河南	25	9	16	—	—	50.47	32.55	17.93	—	—	3.02	29
湖北	49	6	10	29	4	95.21	25.33	26.44	39.33	4.12	5.12	22
湖南	116	16	24	2	74	131.15	50.50	38.99	1.87	39.80	6.19	17
广东	255	5	48	89	113	106.59	9.78	38.65	31.86	26.30	5.94	19
广西	63	12	40	2	9	133.33	25.36	83.56	11.86	12.54	5.65	20
海南	30	6	18	1	5	23.98	8.66	14.24	0.09	0.99	6.85	13
重庆	44	3	16	—	25	75.88	18.55	33.25	—	24.09	9.21	8
四川	123	17	47	22	37	763.08	246.20	200.13	119.39	197.36	15.76	3
贵州	99	7	3	17	72	81.72	23.09	5.22	26.18	27.24	4.64	24
云南	124	14	37	32	41	269.74	132.70	74.14	33.20	29.71	6.85	14
西藏	62	8	2	8	44	4125.31	3701.31	215.58	45.47	162.94	33.81	1
陕西	46	11	30	3	2	105.71	34.40	66.02	3.27	2.01	5.14	23
甘肃	49	13	35	—	1	674.63	411.14	262.81	—	0.67	14.85	4
青海	10	5	5	—	—	2168.74	2025.25	143.49	—	—	30.03	2
宁夏	6	5	1	—	—	49.07	46.67	2.4	—	—	9.47	7
新疆	28	7	16	4	1	1056.11	135.49	827.11	59.01	34.50	6.36	16

重点地区速生丰产用材林基地工程建设情况

指　　标	单位	本年实际
一、各种地类造林面积	**公顷**	**26898**
1. 荒山荒（沙）地造林	公顷	20771
2. 更新造林	公顷	5222
3. 非林业用地造林	公顷	905
各种地类造林面积按投资主体分		
1. 林场（国有、集体）造林	公顷	10308
2. 内资企业造林	公顷	392
3. 外资企业造林	公顷	2779
4. 合资企业造林	公顷	133
5. 农户造林	公顷	8295
6. 其他主体造林	公顷	4991
二、改培	**公顷**	**24414**
三、当年造林和改培面积按培育目的分		
1. 浆纸原料林	公顷	1189
2. 人造板原料林	公顷	4694
3. 大径级用材林	公顷	22083
4. 其他工业原料林	公顷	23346
四、当年造林和改培面积按树种分		
1. 桉树、相思树	公顷	2279
2. 湿地松、火炬松、马尾松	公顷	5929
3. 杉木、柳杉	公顷	12471
4. 杨树、泡桐	公顷	4100
5. 落叶松、红松、云杉、冷杉、樟子松	公顷	22425
6. 柚木、楠木、西南桦、桃花心木	公顷	178
7. 水曲柳、核桃楸、黄波罗、椴树	公顷	3267
8. 竹类	公顷	89
9. 其他	公顷	574
五、全部林业投资完成额	**万元**	**12177**
其中：国家投资	万元	120

各地区速生丰产用材林基地工程建设情况（一）

单位:公顷

地　区	各种地类造林面积									
	合　计	荒山荒(沙)地造林	更新造林	非林业用地造林	各种地类造林面积按投资主体分					
					林场(国有、集体)造林	内资企业造林	外资企业造林	合资企业造林	农户造林	其他主体造林
全国合计	**26898**	**20771**	**5222**	**905**	**10308**	**392**	**2779**	**133**	**8295**	**4991**
北　京	—	—	—	—	—	—	—	—	—	—
天　津	—	—	—	—	—	—	—	—	—	—
河　北	745	745	—	—	—	—	—	—	745	—
山　西	—	—	—	—	—	—	—	—	—	—
内蒙古	—	—	—	—	—	—	—	—	—	—
内蒙古集团	—	—	—	—	—	—	—	—	—	—
辽　宁	—	—	—	—	—	—	—	—	—	—
吉　林	—	—	—	—	—	—	—	—	—	—
吉林集团	—	—	—	—	—	—	—	—	—	—
黑龙江	1456	1456	—	—	1356	—	100	—	—	—
龙江集团	—	—	—	—	—	—	—	—	—	—
上　海	—	—	—	—	—	—	—	—	—	—
江　苏	18	—	—	18	12	—	—	—	—	6
浙　江	—	—	—	—	—	—	—	—	—	—
安　徽	—	—	—	—	—	—	—	—	—	—
福　建	—	—	—	—	—	—	—	—	—	—
江　西	20796	16602	3307	887	7161	392	2679	133	7550	2881
山　东	—	—	—	—	—	—	—	—	—	—
河　南	—	—	—	—	—	—	—	—	—	—
湖　北	—	—	—	—	—	—	—	—	—	—
湖　南	1604	—	1604	—	—	—	—	—	—	1604
广　东	—	—	—	—	—	—	—	—	—	—
广　西	2279	1968	311	—	1779	—	—	—	—	500
海　南	—	—	—	—	—	—	—	—	—	—
重　庆	—	—	—	—	—	—	—	—	—	—
四　川	—	—	—	—	—	—	—	—	—	—
贵　州	—	—	—	—	—	—	—	—	—	—
云　南	—	—	—	—	—	—	—	—	—	—
西　藏	—	—	—	—	—	—	—	—	—	—
陕　西	—	—	—	—	—	—	—	—	—	—
甘　肃	—	—	—	—	—	—	—	—	—	—
青　海	—	—	—	—	—	—	—	—	—	—
宁　夏	—	—	—	—	—	—	—	—	—	—
新　疆	—	—	—	—	—	—	—	—	—	—
新疆兵团	—	—	—	—	—	—	—	—	—	—
大兴安岭	—	—	—	—	—	—	—	—	—	—

各地区速生丰产用材林

地　区	改培面积	当年造林和改培面积按培育目的分					
		浆纸原料林	人造板原料林	大径级用材林	其他工业原料林	桉树、相思树	湿地松、火炬松、马尾松
全国合计	**24414**	**1189**	**4694**	**22083**	**23346**	**2279**	**5929**
北　京	—	—	—	—	—	—	—
天　津	—	—	—	—	—	—	—
河　北	—	—	745	—	—	—	—
山　西	356	—	—	356	—	—	—
内蒙古	—	—	—	—	—	—	—
内蒙古集团	—	—	—	—	—	—	—
辽　宁	—	—	—	—	—	—	—
吉　林	19029	—	1001	9882	8146	—	—
吉林集团	4597	—	—	4597	—	—	—
黑龙江	4851	384	—	3984	1939	—	—
龙江集团	—	—	—	—	—	—	—
上　海	—	—	—	—	—	—	—
江　苏	—	—	—	—	18	—	—
浙　江	—	—	—	—	—	—	—
安　徽	—	—	—	—	—	—	—
福　建	—	—	—	—	—	—	—
江　西	—	305	1660	7683	11148	—	5929
山　东	—	—	—	—	—	—	—
河　南	—	—	—	—	—	—	—
湖　北	—	—	—	—	—	—	—
湖　南	—	—	—	—	1604	—	—
广　东	—	—	—	—	—	—	—
广　西	178	500	1288	178	491	2279	—
海　南	—	—	—	—	—	—	—
重　庆	—	—	—	—	—	—	—
四　川	—	—	—	—	—	—	—
贵　州	—	—	—	—	—	—	—
云　南	—	—	—	—	—	—	—
西　藏	—	—	—	—	—	—	—
陕　西	—	—	—	—	—	—	—
甘　肃	—	—	—	—	—	—	—
青　海	—	—	—	—	—	—	—
宁　夏	—	—	—	—	—	—	—
新　疆	—	—	—	—	—	—	—
新疆兵团	—	—	—	—	—	—	—
大兴安岭	—	—	—	—	—	—	—

基地工程建设情况(二)

单位:公顷、万元

当年造林和改培面积按树种分							全部林业投资完成额	
杉木、柳杉	杨树、泡桐	落叶松、红松、云杉、冷杉、樟子松	柚木、楠木、西南桦、桃花心木	水曲柳、核桃楸、黄波罗、椴树	竹类	其他	合　计	其中:国家投资
12471	**4100**	**22425**	**178**	**3267**	**89**	**574**	**12177**	**120**
—	—	—	—	—	—	—	—	—
—	—	—	—	—	—	—	—	—
—	745	—	—	—	—	—	246	—
—	—	356	—	—	—	—	80	80
—	—	—	—	—	—	—	—	—
—	—	—	—	—	—	—	—	—
—	—	—	—	—	—	—	—	—
—	—	15762	—	3267	—	—	2575	—
—	—	1330	—	3267	—	—	357	—
—	—	6307	—	—	—	—	534	—
—	—	—	—	—	—	—	—	—
—	—	—	—	—	—	—	—	—
—	18	—	—	—	—	—	10	—
—	—	—	—	—	—	—	—	—
—	—	—	—	—	—	—	—	—
—	—	—	—	—	—	—	—	—
12471	1733	—	—	—	89	574	6069	—
—	—	—	—	—	—	—	—	—
—	—	—	—	—	—	—	—	—
—	—	—	—	—	—	—	—	—
—	1604	—	—	—	—	—	1000	—
—	—	—	—	—	—	—	—	—
—	—	—	178	—	—	—	1663	40
—	—	—	—	—	—	—	—	—
—	—	—	—	—	—	—	—	—
—	—	—	—	—	—	—	—	—
—	—	—	—	—	—	—	—	—
—	—	—	—	—	—	—	—	—
—	—	—	—	—	—	—	—	—
—	—	—	—	—	—	—	—	—
—	—	—	—	—	—	—	—	—
—	—	—	—	—	—	—	—	—
—	—	—	—	—	—	—	—	—
—	—	—	—	—	—	—	—	—
—	—	—	—	—	—	—	—	—
—	—	—	—	—	—	—	—	—

3

产业发展

CHANYE FAZHAN

林业产业总产值(一)

(按现行价格计算)　　单位:万元

指　标	总产值
总　　计	**174937336**
一、第一产业	**72252565**
(一)涉林产业合计	68999810
其中:湿地产业	329574
1. 林木的培育和种植	13024981
(1)育种和育苗	3616377
(2)造林	5900901
(3)林木的抚育和管理	3507703
①幼林的抚育和管理	1748537
②成林的抚育和管理	1759166
2. 木材和竹材的采运	7637031
(1)木材采运	6129955
①商品材	4631814
②农民自用材	639515
③农民烧柴	858626
(2)竹材采运	1507076
其中:除毛竹、蒿竹外的其他竹材	375442
3. 经济林产品的种植与采集	39032048
其中:水果及干果的种植与采集	25487275
茶及其他饮料作物的种植与采集	3689609
林产中药材的种植与采集	2369785
森林食品的种植与采集	4514058
4. 花卉的种植	6437915
5. 陆生野生动物繁育与利用	1735961
(1)陆生野生动物狩猎和捕捉	110428
(2)陆生野生动物饲养	1625533
6. 林业生产辅助服务	1131874
(二)林业系统非林产业	3252755

林业产业总产值(二)

(按现行价格计算)

单位:万元

指　　标	总产值
二、第二产业	**87179183**
(一)涉林产业合计	84675292
其中:湿地产业	147155
1. 木材加工及木、竹、藤、棕、苇制品制造	39292789
(1)锯材、木片加工	7135579
(2)人造板制造	20496082
(3)木制品制造	8887931
(4)竹、藤、棕、苇制品制造	2773197
2. 木、竹、藤家具制造	14814538
3. 木、竹、苇浆造纸	16636054
4. 林产化学产品制造	2197610
5. 木制工艺品和木制文教体育用品制造	2026270
6. 非木制林产品加工制造业	6781363
7. 其他	2926668
(二)林业系统非林产业	2503891
三、第三产业	**15505588**
(一)涉林产业合计	13014669
其中:湿地产业	240783
1. 林业旅游与休闲服务	9652306
2. 林业生态服务	1288150
3. 林业专业技术服务	466240
4. 林业公共管理及其他组织服务	1607973
(二)林业系统非林产业	2490919
补充资料:竹产业产值	7094789
油茶产业产值	812510
全部山区县茶、桑、果产值	10525735
全部丘陵县茶、桑、果产值	5874921

各地区林业

（按现行

地区	总计	第一						
		合计	涉林					
			小计	其中：湿地产业	林木的培育和			
					小计	育种和育苗	造林	林木
								计
全国合计	**174937336**	**72252565**	**68999810**	**329574**	**13024981**	**3616377**	**5900901**	**3507703**
北京	1160520	721782	717162	—	189525	36454	103410	49661
天津	191138	159250	159250	278	34018	2879	20457	10682
河北	6150643	3333543	3313828	260	408578	138521	188470	81587
山西	1172872	1013189	1010039	5355	444881	72617	338183	34081
内蒙古	1795755	1030362	945498	1471	510423	76290	303364	130769
内蒙古集团	342050	209693	204194	—	41222	163	2014	39045
辽宁	6987416	4492239	4427749	29049	758300	287563	367454	103283
吉林	6431830	1671566	1560604	—	157618	33477	76496	47645
吉林集团	706692	220028	206243	—	14297	2655	2611	9031
黑龙江	5803188	2176103	1217249	1740	201970	54550	106992	40428
龙江集团	2968920	1142250	494662	—	25127	2658	9383	13086
上海	610464	249502	249502	—	42787	22634	13488	6665
江苏	11364664	3507260	3480593	5092	1212581	428133	494258	290190
浙江	13678175	4532848	4532608	150	953100	820367	101246	31487
安徽	5135559	2131643	2120675	13925	439297	126178	116822	196297
福建	14727221	3995335	3994430	92352	115308	9365	47009	58934
江西	9184321	4097649	3813602	35102	994963	143549	473843	377571
山东	9906004	5173333	5139347	3098	959466	277894	390956	290616
河南	6464626	3752919	3732039	5280	809194	161693	408599	238902
湖北	5963486	2830093	2674372	3860	373444	92221	188503	92720
湖南	9211497	3283653	3107434	34537	761853	159512	303316	299025
广东	22001160	3448906	3443412	14793	183526	31746	81070	70710
广西	8817723	3904590	3265148	1527	449360	20483	176182	252695
海南	2359956	1327695	1326032	—	114579	23740	79883	10956
重庆	2117564	1304557	1301835	24310	451800	110197	300508	41095
四川	9533984	3701272	3631176	425	654325	96090	350389	207846
贵州	2475936	1235314	1110657	2050	366324	165211	125241	75872
云南	4598691	3524784	3215724	4082	406713	100783	282635	23295
西藏	128798	115464	115464	—	37417	3223	18650	15544
陕西	1977672	1711147	1696790	39315	299588	51161	165374	83053
甘肃	1178477	1006415	997363	—	223750	25871	87608	110271
青海	59043	56493	56493	—	32950	3490	19201	10259
宁夏	610314	314629	313866	—	68902	13868	25255	29779
新疆	2526910	2172133	2144398	11523	359608	25703	143413	190492
新疆兵团	436115	428932	409587	100	50562	4835	35398	10329
大兴安岭	611729	276897	185471	—	8833	914	2626	5293

产业总产值(一)

价格计算)

单位:万元

产业								
产业								
种植		木材和竹材的采运						
的抚育和管理			木材采运				竹材采运	
幼林的抚育和管理	成林的抚育和管理	小计	计	商品材	农民自用材	农民烧柴	计	其中:除毛竹、篙竹外的其他竹材
1748537	**1759166**	**7637031**	**6129955**	**4631814**	**639515**	**858626**	**1507076**	**375442**
18795	30866	5192	5192	3733	1458	1	—	—
5767	4915	7220	7220	2264	4956	—	—	—
46773	34814	64572	64572	48971	11562	4039	—	—
21397	12684	2845	2845	2575	267	3	—	—
45539	85230	207596	207596	197315	4222	6059	—	—
—	39045	159098	159098	159093	5	—	—	—
55685	47598	193386	193386	128204	16125	49057	—	—
27628	20017	349777	349777	338331	6344	5102	—	—
6283	2748	99586	99586	99586	—	—	—	—
25471	14957	421734	421734	417173	4190	371	—	—
6002	7084	338693	338693	338693	—	—	—	—
3385	3280	1809	848	457	390	1	961	491
107325	182865	196282	192542	147190	41509	3843	3740	1721
8070	23417	387529	160014	139387	8201	12426	227515	27021
96652	99645	466635	347421	245230	54471	47720	119214	20079
43984	14950	998443	659557	442045	48394	169118	338886	69325
138204	239367	469794	381731	258529	31421	91781	88063	4100
132135	158481	232253	232253	191528	34910	5815	—	—
118830	120072	259066	250167	183142	33638	33387	8899	1111
54749	37971	296722	246762	165365	53283	28114	49960	15014
163522	135503	577277	485024	355397	58251	71376	92253	15383
49309	21401	400000	271123	247662	14147	9314	128877	31650
128298	124397	695083	549114	516801	7326	24987	145969	33236
6067	4889	63768	50220	37082	3601	9537	13548	6328
30243	10852	57019	35432	13947	12021	9464	21587	9719
123322	84524	464124	284641	114297	77158	93186	179483	113946
51683	24189	208117	190969	81364	31013	78592	17148	10377
13043	10252	401045	337409	193718	56097	87594	63636	12729
15544	—	23400	23400	11386	2865	9149	—	—
53463	29590	35390	28139	6453	13961	7725	7251	3126
37883	72388	4911	4825	2691	1986	148	86	86
6355	3904	1290	1290	—	1290	—	—	—
19452	10327	251	251	245	—	6	—	—
99114	91378	20869	20869	15700	4458	711	—	—
6252	4077	1901	1901	1839	62	—	—	—
850	4443	123632	123632	123632	—	—	—	—

各地区林业

（按现行

地区	第一产业 涉林 经济林产品的种植与采集 小计	其中 水果及干果的种植与采集	其中 茶及其他饮料作物的种植与采集	其中 林产中药材的种植与采集	其中 森林食品的种植与采集	花卉的种植	陆生野生动物繁育与利用 小计	陆生野生动物狩猎和捕捉	陆生野生动物饲养
全国合计	**39032048**	**25487275**	**3689609**	**2369785**	**4514058**	**6437915**	**1735961**	**110428**	**1625533**
北京	391405	346575	—	792	43765	122505	3148	200	2948
天津	64209	64209	—	—	—	53463	340	—	340
河北	2610615	2534322	—	46322	20932	217529	5805	131	5674
山西	533851	528877	—	3243	971	19725	252	—	252
内蒙古	185774	82131	5600	54904	16570	9075	13221	125	13096
内蒙古集团	50	—	—	12	38	—	716	—	716
辽宁	2340132	1389782	2289	391301	482430	446758	639139	16758	622381
吉林	618019	138280	227	260446	218526	72718	332637	16522	316115
吉林集团	61301	7093	—	26509	27699	318	26772	719	26053
黑龙江	474713	68913	1321	44613	334761	20805	65536	2960	62576
龙江集团	120399	6081	190	12760	92964	50	7301	—	7301
上海	160727	158598	—	—	2129	43761	418	8	410
江苏	770898	592079	91192	9040	33097	1243295	23725	1300	22425
浙江	2860462	1322822	742478	70635	654164	214608	79248	5987	73261
安徽	1032353	467504	272919	87323	135350	145025	25885	2045	23840
福建	2535609	1079639	645209	52818	553184	313202	21744	12386	9358
江西	1768436	868591	128495	105931	188817	468897	20033	7242	12791
山东	3611783	3414029	82997	10740	15253	279249	30841	5	30836
河南	1829465	1176958	126552	120583	345450	650517	102337	3830	98507
湖北	1582529	676605	314984	266414	315495	267500	50722	5166	45556
湖南	1131184	504373	160798	209676	209951	281225	65847	15572	50275
广东	2182338	1786329	182578	25521	72635	607433	62875	10176	52699
广西	1892728	1220428	65418	39577	125551	141141	35556	—	35556
海南	1041414	454118	3122	5938	18512	62399	34107	—	34107
重庆	630876	418216	87838	59099	52843	139977	7644	2383	5261
四川	2019066	1342910	289887	105069	194496	339195	61718	1938	59780
贵州	474767	248260	130747	35397	46910	44373	1582	70	1512
云南	2161477	1069864	293984	83617	276389	165190	31548	240	31308
西藏	54647	4213	290	1147	48997	—	—	—	—
陕西	1325377	1099604	59025	70144	55825	28744	2823	629	2194
甘肃	715110	623055	1365	24154	14182	16282	5584	4535	1049
青海	20521	1667	—	18628	200	1530	—	—	—
宁夏	227895	101329	294	125754	320	16529	231	—	231
新疆	1743082	1702137	—	40935	10	5120	1727	23	1704
新疆兵团	356891	355930	—	961	—	—	119	—	119
大兴安岭	40586	858	—	24	36343	145	9688	197	9491

产业总产值(二)

价格计算)

单位:万元

产业		第二产业							
			涉林产业						
					木材加工及木、竹、藤、棕、苇制品制造				
林业生产辅助服务	林业系统非林产业	合计	小计	其中:湿地产业	计	锯材、木片加工	人造板制造	木制品制造	竹、藤、棕、苇制品制造
1131874	**3252755**	**87179183**	**84675292**	**147155**	**39292789**	**7135579**	**20496082**	**8887931**	**2773197**
5387	4620	78304	56446	—	56446	—	17033	39413	—
—	—	24138	24138	—	24138	—	24138	—	—
6729	19715	2590228	2535123	42	1569199	133937	1366702	57893	10667
8485	3150	104365	104365	—	5767	4999	400	210	158
19409	84864	542705	480730	10	325526	238674	85452	1333	67
3108	5499	59281	1463	—	—	—	—	—	—
50034	64490	2102165	2067214	—	1139592	334477	403520	394816	6779
29835	110962	3986773	3557092	2680	1567084	366748	520420	660048	19868
3969	13785	356073	202534	—	177882	4133	104108	69641	—
32491	958854	2715939	2063741	5	1369423	678846	318202	369672	2703
3092	647588	1232747	626517	—	479361	113547	140724	225090	—
—	—	296992	296992	—	291660	4727	35465	251468	—
33812	26667	7046839	6867471	57876	5718482	353543	4390334	944892	29713
37661	240	7741296	7735565	—	4110049	426428	1114553	1845719	723349
11480	10968	2617299	2593115	410	2083363	267242	1154080	373893	288148
10124	905	10402938	10402658	3595	3330069	363444	1473059	859216	634350
91479	284047	3213495	3122684	6160	1776111	390700	758427	486984	140000
25755	33986	4504069	4491604	1991	3109740	857227	1819665	345451	87397
81460	20880	2254667	2248872	1572	1240990	230065	884230	102167	24528
103455	155721	2546975	2451080	1046	1167310	290796	606227	242727	27560
290048	176219	4184928	4007797	27331	1975298	628491	720794	298453	327560
7240	5494	18168121	18155001	42749	3543841	252941	2001300	1054519	235081
51280	639442	4599581	4572947	300	2330096	594074	1394052	246878	95092
9765	1663	963687	956028	—	246612	193235	52818	—	559
14519	2722	526916	523838	—	203172	38833	89163	59624	15552
92748	70096	3600236	3517981	—	1139851	173246	798705	88582	79318
15494	124657	690065	393605	—	279573	64426	174641	24212	16294
49751	309060	905360	803808	—	378179	156212	158657	61346	1964
—	—	13334	13334	—	12616	12501	112	—	3
4868	14357	152064	146031	1388	122016	20442	80536	15437	5601
31726	9052	54388	34219	—	7645	2358	2984	1417	886
202	—	—	—	—	—	—	—	—	—
58	763	210243	210243	—	—	—	—	—	—
13992	27735	80215	78382	—	28546	12341	12342	3863	—
114	19345	1801	381	—	381	—	381	—	—
2587	91426	260858	163188	—	140395	44626	38071	57698	—

各地区林业

（按现行

地区	第二产业								
	涉林产业						林业系统非林产业	合计	小计
	木、竹、藤家具制造	木、竹、苇浆造纸	林产化学产品制造	木制工艺品和木制文教体育用品制造	非木质林产品加工制造业	其他			
全国合计	**14814538**	**16636054**	**2197610**	**2026270**	**6781363**	**2926668**	**2503891**	**15505588**	**13014669**
北　京	—	—	—	—	—	—	21858	360434	345751
天　津	—	—	—	—	—	—	—	7750	7750
河　北	193168	20133	12211	1630	661283	77499	55105	226872	190897
山　西	2264	—	778	—	94658	898	—	55318	45509
内蒙古	974	—	894	1700	20661	130975	61975	222688	151149
内蒙古集团	—	—	—	—	—	1463	57818	73076	18511
辽　宁	614160	36663	3054	26386	119040	128319	34951	393012	361572
吉　林	149705	426963	16437	20696	1274887	101320	429681	773491	510019
吉林集团	—	5167	13936	—	5272	277	153539	130591	10276
黑龙江	189238	238332	33305	17184	28726	187533	652198	911146	351924
龙江集团	75495	10291	20000	8661	9271	23438	606230	593923	130229
上　海	5332	—	—	—	—	—	—	63970	46787
江　苏	397761	381000	178	41980	127838	200232	179368	810565	499336
浙　江	1534465	269343	125201	813695	882812	—	5731	1404031	1402702
安　徽	129532	29328	21173	38045	239956	51718	24184	386617	371788
福　建	1153318	3393670	321719	601737	1173378	428767	280	328948	324154
江　西	424317	204111	203416	65737	326350	122642	90811	1873177	1731850
山　东	349876	419970	11289	151811	358871	90047	12465	228602	214692
河　南	290782	249636	3967	11273	375703	76521	5795	457040	456126
湖　北	359497	575066	55542	23501	129733	140431	95895	586418	461001
湖　南	304917	1094812	120470	81784	218101	212415	177131	1742916	1549262
广　东	6917316	7025472	487142	65699	98205	17326	13120	384133	370595
广　西	277344	852595	577859	23572	162201	349280	26634	313552	225478
海　南	8120	599439	4714	—	96888	255	7659	68574	42597
重　庆	111321	33282	9515	17488	50058	99002	3078	286091	273461
四　川	1332611	619177	16319	16494	32478	361051	82255	2232476	1998665
贵　州	34266	25447	4677	2982	18817	27843	296460	550557	362228
云　南	13319	95493	128082	1408	94156	93171	101552	168547	138060
西　藏	—	—	—	—	—	718	—	—	—
陕　西	10438	—	594	1340	5050	6593	6033	114461	101771
甘　肃	5081	—	—	120	5956	15417	20169	117674	99255
青　海	—	—	—	—	—	—	—	2550	2550
宁　夏	5207	46122	21616	—	136836	462	—	85442	85442
新　疆	101	—	—	8	43494	6233	1833	274562	265745
新疆兵团	—	—	—	—	—	—	1420	5382	1521
大兴安岭	108	—	17458	—	5227	—	97670	73974	26553

产业总产值(三)

价格计算)

单位:万元

第三产业						补充资料			
涉林产业									
其中:湿地产业	林业旅游与休闲服务	林业生态服务	林业专业技术服务	林业公共管理及其他组织服务	林业系统非林产业	竹产业产值	油茶产业产值	全部山区县茶、桑、果产值	全部丘陵县茶、桑、果产值
240783	**9652306**	**1288150**	**466240**	**1607973**	**2490919**	**7094789**	**812510**	**10525735**	**5874921**
—	225094	113721	1605	5331	14683	—	—	252908	64491
7180	7750	—	—	—	—	—	—	37149	—
467	111207	29930	21406	28354	35975	—	—	673205	276283
—	8717	3831	2227	30734	9809	—	—	72383	188033
320	95295	3606	3778	48470	71539	—	—	6413	55250
—	18200	—	311	—	54565	—	—	—	—
2795	281686	39594	10944	29348	31440	—	—	533130	366207
45549	399007	37150	15468	58394	263472	—	—	80561	5427
—	4737	—	1153	4386	120315	—	—	—	—
12628	263842	25784	5586	56712	559222	—	—	5554	18838
—	116539	118	1798	11774	463694	—	—	—	—
—	5394	20253	—	21140	17183	15	—	—	—
10038	312491	95125	33722	57998	311229	2784	—	18584	134594
17590	1196701	49145	25209	131647	1329	2160553	83442	1487669	320825
1380	253471	72876	14046	31395	14829	449434	52591	377004	86375
8	224927	11060	9823	78344	4794	2048812	81652	1355379	448870
4939	1195621	362598	34146	139485	141327	184402	260103	614716	111049
3492	171018	18609	11790	13275	13910	—	—	795811	629864
720	265014	117820	14649	58643	914	7332	5730	203234	152679
1513	334596	29371	37078	59956	125417	98198	47586	383838	295550
109726	1156373	113329	127651	151909	193654	470699	158461	293356	170492
—	365050	1126	288	4131	13538	56062	22611	1049766	434253
3968	149698	7097	18725	49958	88074	146797	65328	203041	1032935
—	42214	—	—	383	25977	13548	—	32893	—
10	211381	22568	9790	29722	12630	104162	7176	166114	160113
14716	1813967	27357	12974	144367	233811	1292631	4087	583984	774423
364	310326	10051	15309	26542	188329	13293	13658	177354	1340
—	92584	5111	18499	21866	30487	45589	5415	706661	2986
—	—	—	—	—	—	—	—	—	—
3033	24576	58042	2062	17091	12690	419	4670	254867	10073
247	14364	6915	10873	67103	18419	59	—	158535	133971
—	2070	—	—	480	—	—	—	1626	—
—	85442	—	—	—	—	—	—	—	—
100	12998	5569	6587	240591	8817	—	—	—	—
100	1521	—	—	—	3861	—	—	—	—
—	19432	512	2005	4604	47421	—	—	—	—

全国主要工业产品产量2009年与2008年比较

主要指标	单　位	2009年	2008年	2009年比2008年增减（%）
木材产量	万立方米	7068.29	8108.34	-12.83
原木	万立方米	6476.27	7357.32	-11.98
薪材	万立方米	592.02	751.02	-21.17
竹材产量	万根	135649.87	126219.82	7.47
锯材产量	万立方米	3229.77	2840.95	13.69
人造板产量	万立方米	11546.65	9409.95	22.71
其中:胶合板	万立方米	4451.24	3540.86	25.71
纤维板	万立方米	3488.56	2906.56	20.02
刨花板	万立方米	1431.00	1142.23	25.28
其他人造板	万立方米	2175.85	1820.29	19.53
木地板产量	万平方米	37753.20	37689.43	0.17
松香类产品产量	吨	1117030	1067293	4.66
栲胶类产品产量	吨	11000	9337	17.81
紫胶类产品产量	吨	2755	2899	-4.97

注:松香、栲胶和紫胶类产品包括松香、栲胶和紫胶以及其深加工产品。

全国主要木材、竹材产品产量

产品名称	单　　位	全部产量
木材及竹材采伐产品		
一、木材	**万立方米**	**7068.29**
其中：热带木材	万立方米	698.02
（一）原木	万立方米	6476.27
其中：针叶原木	万立方米	1614.27
1. 直接用原木	万立方米	2246.43
2. 特级原木	万立方米	101.53
3. 等内加工原木	万立方米	1423.30
其中：针叶原木	万立方米	757.50
4. 造纸用原木	万立方米	376.09
5. 胶合板材	万立方米	652.82
6. 杉原条	万立方米	556.52
7. 其他原木	万立方米	1119.58
（二）薪材	万立方米	592.02
二、竹材产品		
（一）竹材	万根	135649.87
1. 毛竹	万根	87645.56
2. 篙竹	万根	48004.30
（二）小杂竹	万吨	982.29
补充资料：		
1. 按生产单位分的全部木材产量和竹材产量		
（1）系统内国有企业单位生产的木材	万立方米	1310.18
（2）系统内国有林场、事业单位生产的木材	万立方米	1294.60
（3）系统外企、事业单位采伐自营林地的木材	万立方米	222.98
（4）乡（镇）集体企业及单位生产的木材	万立方米	368.32
（5）村及村以下各级组织和农民个人生产的木材	万立方米	3872.22
（6）村及村以下各级组织和农民个人生产的竹材产量	万根	112722.45
2. 农民自用材采伐量	万立方米	930.05
3. 农民烧材采伐量	万立方米	2103.09

各地区主要木材、

地 区	木材及竹材采伐产品							
	木 材							
	总计	其中：热带木材	原 木					
			合 计	其中:针叶原木	直接用原木	特级原木	等内加工原木	
							小计	其中：针叶原木
全国合计	**7068.29**	**698.02**	**6476.27**	**1614.27**	**2246.43**	**101.53**	**1423.30**	**757.50**
北 京	7.51	—	7.51	—	6.13	—	—	—
天 津	5.01	—	5.01	—	—	—	—	—
河 北	58.06	—	53.83	18.14	35.95	—	2.78	—
山 西	5.74	—	5.72	0.19	3.19	—	0.69	—
内蒙古	311.81	—	301.70	187.03	81.66	20.17	66.46	45.11
内蒙古集团	230.39	—	221.35	177.08	26.76	19.31	61.93	44.55
辽 宁	187.08	—	174.01	31.48	150.42	1.61	8.00	3.50
吉 林	395.06	—	392.37	71.66	142.39	45.37	160.59	51.84
吉林集团	90.50	—	89.11	11.49	5.78	23.05	47.88	10.44
黑龙江	530.57	—	516.63	105.70	137.17	9.11	232.99	85.74
龙江集团	396.63	—	388.61	91.02	70.89	8.38	217.35	84.59
上 海	—	—	—	—	—	—	—	—
江 苏	99.44	—	94.14	1.92	22.13	0.20	9.99	1.27
浙 江	196.56	—	190.68	109.92	38.68	0.15	61.30	54.22
安 徽	373.76	—	310.94	58.16	100.63	0.11	41.20	24.63
福 建	635.27	—	559.21	83.99	220.23	—	109.21	83.99
江 西	339.79	—	314.81	111.13	104.35	0.03	83.80	70.14
山 东	221.18	—	200.96	4.72	71.26	0.58	20.38	—
河 南	110.34	—	103.35	—	59.05	0.81	3.97	0.42
湖 北	219.07	—	177.57	21.98	77.68	2.22	13.00	6.36
湖 南	546.12	—	525.04	57.35	83.63	0.67	40.92	27.83
广 东	524.78	142.55	463.34	94.78	203.74	1.03	85.23	32.41
广 西	963.62	338.76	908.96	258.48	306.05	—	185.22	59.04
海 南	153.30	153.30	117.00	—	—	—	—	—
重 庆	24.46	—	22.75	9.31	11.22	0.33	2.20	1.40
四 川	192.23	—	173.71	47.94	89.40	—	12.78	4.51
贵 州	130.48	—	128.07	46.49	75.37	0.44	18.92	15.64
云 南	476.37	63.41	421.23	148.99	158.49	8.55	148.51	95.78
西 藏	67.35	—	37.35	—	1.00	—	—	—
陕 西	36.54	—	17.72	1.50	6.52	—	1.07	0.67
甘 肃	4.30	—	3.61	—	0.47	—	—	—
青 海	0.18	—	0.18	—	0.18	—	—	—
宁 夏	0.38	—	0.38	—	0.02	—	0.11	—
新 疆	37.33	—	33.89	2.05	22.60	—	3.90	1.13
新疆兵团	5.75	—	5.75	—	3.28	—	2.04	—
大兴安岭	214.60	—	214.60	141.37	36.82	10.15	110.11	91.88

竹材产品产量(一)

单位:万立方米

木材及竹材采伐产品								
木材					竹材			
原木				薪材	竹材(万根)			小杂竹(万吨)
造纸用原木	胶合板材	杉原条	其他原木		合计	毛竹	篙竹	
376.09	**652.82**	**556.52**	**1119.58**	**592.02**	**135649.87**	**87645.56**	**48004.30**	**982.29**
—	—	—	1.38	—	—	—	—	—
—	—	—	5.01	—	—	—	—	—
—	1.20	—	13.90	4.23	—	—	—	—
—	—	—	1.84	0.02	—	—	—	—
9.98	2.03	—	121.39	10.11	—	—	—	—
9.98	1.03	—	102.33	9.04	—	—	—	—
—	1.96	—	12.01	13.07	—	—	—	—
0.18	19.59	—	24.25	2.70	—	—	—	—
—	6.15	—	6.25	1.38	—	—	—	—
5.22	24.92	—	107.23	13.93	—	—	—	—
4.33	24.62	—	63.05	8.02	—	—	—	—
—	—	—	—	—	25.71	25.71	—	0.16
0.76	36.64	0.91	23.51	5.31	420.65	373.96	46.69	1.13
—	3.95	71.99	14.61	5.88	15660.68	14158.36	1502.32	28.40
3.42	54.32	51.70	59.55	62.83	8363.72	7887.46	476.27	24.65
13.07	56.97	6.18	153.55	76.06	38520.00	24602.00	13918.00	44.90
2.61	10.26	83.87	29.89	24.98	7423.01	6732.78	690.22	18.35
11.02	82.55	1.93	13.23	20.22	—	—	—	—
2.27	16.74	1.55	18.97	6.99	181.17	151.17	30.00	3.62
7.63	36.46	11.88	28.71	41.50	2480.17	1400.22	1079.95	21.25
45.67	51.31	224.64	78.20	21.08	7343.33	6943.04	400.29	32.34
59.09	46.06	23.45	44.75	61.45	12645.90	3118.29	9527.61	84.19
82.34	138.31	55.95	141.09	54.65	24202.26	7806.93	16395.33	39.49
60.00	32.00	—	25.00	36.30	348.20	217.98	130.22	1.21
—	2.54	1.39	5.07	1.72	105.11	84.04	21.07	33.65
0.38	1.97	13.45	55.73	18.52	3998.11	3792.11	206.00	517.89
0.30	11.11	3.29	18.64	2.40	1233.13	1233.13	—	22.67
34.90	21.26	4.34	45.18	55.14	12007.79	8651.51	3356.28	106.37
—	—	—	36.35	30.00	35.00	35.00	—	—
—	—	—	10.14	18.81	655.92	431.86	224.07	2.03
—	—	—	3.14	0.68	—	—	—	—
—	—	—	—	—	—	—	—	—
0.02	—	—	0.24	—	—	—	—	—
—	0.65	—	6.74	3.44	—	—	—	—
—	—	—	0.42	—	—	—	—	—
37.26	—	—	20.26	—	—	—	—	—

各地区主要木材、竹材产品产量(二)

单位:万立方米

地　区	补充资料							
	按生产单位分的全部木材产量和竹材产量						农民自用材采伐量	农民烧材采伐量
	系统内国有企业单位生产的木材	系统内国有林场、事业单位生产的木材	系统外企、事业单位采伐自营林地的木材	乡(镇)集体企业及单位生产的木材	村及村以下各级组织和农民个人生产的木材	村及村以下各级组织和农民个人生产的竹材(万根)		
全国合计	**1310.18**	**1294.60**	**222.98**	**368.32**	**3872.22**	**112722.45**	**930.05**	**2103.09**
北　京	—	0.12	0.40	0.76	6.24	—	4.11	0.01
天　津	—	—	—	—	5.01	—	8.43	—
河　北	0.02	24.86	0.19	0.63	32.36	—	5.77	1.16
山　西	—	0.69	0.24	—	4.81	—	0.59	0.03
内蒙古	231.04	41.04	1.93	2.24	35.55	—	7.73	0.39
内蒙古集团	230.39	—	—	—	—	—	—	—
辽　宁	10.08	45.01	20.27	21.10	90.62	—	8.04	40.51
吉　林	204.21	112.38	1.75	21.02	55.70	—	—	28.23
吉林集团	90.50	—	—	—	—	—	—	—
黑龙江	402.96	100.45	0.56	3.54	23.06	—	2.75	0.08
龙江集团	396.63	—	—	—	—	—	—	—
上　海	—	—	—	—	—	—	—	—
江　苏	2.03	4.93	6.20	9.92	76.37	366.71	13.18	3.58
浙　江	2.08	18.22	1.31	1.95	173.00	15041.82	24.89	49.55
安　徽	1.70	33.55	0.96	26.58	310.97	6570.86	50.96	72.20
福　建	100.29	101.25	18.30	32.46	382.97	37420.00	220.35	646.08
江　西	33.64	87.15	13.33	24.23	181.45	5166.86	26.17	78.43
山　东	1.21	1.19	0.78	7.97	210.03	—	21.90	3.66
河　南	2.33	3.38	1.30	2.16	101.17	155.23	39.48	88.55
湖　北	3.23	36.52	10.21	15.11	154.00	2140.43	38.12	29.62
湖　南	17.47	101.29	7.37	64.97	355.02	4976.22	39.96	75.03
广　东	14.49	143.80	31.34	7.97	327.18	11850.21	4.40	12.70
广　西	13.99	244.85	22.91	18.37	663.49	16569.85	15.00	50.24
海　南	1.51	10.27	54.40	4.83	82.30	348.20	1.75	4.20
重　庆	0.30	5.66	1.35	2.03	15.13	48.31	19.60	16.45
四　川	8.88	26.42	2.82	12.73	141.38	1855.01	131.79	207.34
贵　州	4.92	21.42	0.26	22.15	81.74	397.82	42.14	107.71
云　南	33.27	69.40	24.39	63.95	285.37	9590.85	135.98	521.00
西　藏	—	53.35	—	—	14.00	—	31.19	31.35
陕　西	0.69	3.47	0.25	0.89	31.25	224.07	22.25	33.39
甘　肃	—	3.16	0.13	—	1.01	—	2.61	0.04
青　海	—	0.10	—	—	0.08	—	1.58	—
宁　夏	—	0.25	—	0.06	0.08	—	—	—
新　疆	5.25	0.42	0.06	0.71	30.88	—	9.33	1.54
新疆兵团	2.82	0.31	0.06	0.05	2.51	—	—	—
大兴安岭	214.60	—	—	—	—	—	—	—

全国主要经济林产品生产情况(一)

单位:吨

指　标	产　量
一、水果产量	**111824181**
1. 苹果	32678720
2. 柑橘	23644462
3. 梨	14726781
4. 葡萄	7994102
5. 桃	9652477
6. 杏	2922246
7. 荔枝	1521748
8. 龙眼	1179397
9. 猕猴桃	366416
10. 其他水果	17137832
二、干果产量	**6731481**
1. 核桃	979366
2. 板栗	1627656
3. 枣(干重)	2388861
4. 柿子(干重)	944677
5. 仁用杏	67007
6. 山杏仁	97728
7. 银杏(白果)	85977
8. 榛子	53306
9. 腰果	842
10. 其他干果	486061
三、林产饮料产品(干重)	**1430490**
1. 毛茶	1226596
2. 可可豆	—
3. 咖啡	68205
4. 其他林产饮料产品	135689
四、林产调料产品(干重)	**468827**
1. 花椒	263794
2. 八角	107245
3. 桂皮	63502
4. 其他林产调料产品	34286
五、森林食品(干重)	**2626631**
1. 竹笋干	465340
2. 食用菌	1523165
3. 山野菜	395975
4. 其他森林食品	242151
六、木本药材	**1530202**
1. 杜仲	216884
2. 黄柏	12311
3. 厚朴	101115
4. 枸杞	128227
5. 山茱萸	45794
6. 其他木本药材	1025871
七、木本油料	**1217429**
1. 油茶籽	1169289
2. 油橄榄	5125
3. 文冠果	126
4. 其他木本油料	42889
八、林产工业原料	**1562974**
1. 生漆	20498
2. 油桐籽	367287
3. 乌桕籽	33171
4. 五倍子	14431
5. 棕片	77314
6. 松脂	1046579
7. 紫胶(原胶)	3694

各地区主要经济林

地区	水果产量									
	合计	苹果	柑橘	梨	葡萄	桃	杏	荔枝	龙眼	猕猴桃
全国合计	**111824181**	**32678720**	**23644462**	**14726781**	**7994102**	**9652477**	**2922246**	**1521748**	**1179397**	**366416**
北京	833596	129762	—	163474	48810	411588	26351	—	—	123
天津	520811	110873	—	56372	192876	104336	3530	—	—	—
河北	9461167	2767973	—	3640682	1050802	1444854	196518	—	—	89
山西	3968257	2885235	—	571664	166660	243571	66775	—	—	—
内蒙古	248859	49376	—	43583	34433	568	20448	—	—	—
内蒙古集团	—	—	—	—	—	—	—	—	—	—
辽宁	7092063	4481566	—	1025848	680206	367978	32737	—	—	20
吉林	392071	110968	—	117194	98313	100	1097	—	—	—
吉林集团	—	—	—	—	—	—	—	—	—	—
黑龙江	337731	170319	625	86466	9031	57	2232	—	—	—
龙江集团	1538	282	—	200	155	—	—	—	—	—
上海	451591	139	235776	32733	77123	95098	—	—	—	352
江苏	2196710	564960	51099	661549	256909	399104	11306	—	—	2296
浙江	3672905	71	2077063	493064	400903	406728	213	—	—	12375
安徽	1951975	361943	29917	842767	171352	334172	8251	—	—	8415
福建	3911780	1322	1784936	182251	89481	227027	1833	129011	244217	4127
江西	3351290	10570	2842671	161283	26413	47300	—	—	—	8758
山东	15060387	7846755	—	1492015	1163603	2787540	226555	—	—	8453
河南	5571692	3058451	36041	855368	291879	708220	150218	—	—	90271
湖北	4425825	69253	3098049	576125	50712	532806	1823	—	—	9284
湖南	3759571	—	3029126	229081	88014	84899	1827	—	—	39109
广东	6663403	133405	3210182	37703	2	62118	—	812065	490385	13070
广西	6206641	—	2581491	186081	179482	151502	—	487650	387531	2027
海南	2436257	—	39408	—	—	153	—	68469	14620	1629
重庆	2022852	7580	1168752	352392	169306	68356	8473	260	3535	7078
四川	5048282	417098	2579831	740833	182783	433988	8801	8599	27845	45143
贵州	653536	24525	186443	185147	39160	92350	2157	447	14	11332
云南	4580933	256204	334493	208953	164010	134199	112	15247	11250	671
西藏	2957	1552	105	820	—	480	—	—	—	—
陕西	7943340	5906145	354533	566020	378043	238645	102859	—	—	101706
甘肃	3188569	2303242	3921	320427	152095	183812	140559	—	—	88
青海	4266	2230	—	1305	61	72	524	—	—	—
宁夏	689906	460978	—	23706	137422	5490	51839	—	—	—
新疆	5174958	546225	—	871875	1694218	85366	1855208	—	—	—
新疆兵团	800924	191154	—	293514	276813	19448	19223	—	—	—
大兴安岭	—	—	—	—	—	—	—	—	—	—

产品生产情况(一)

单位:吨

	干果产量										
其他水果	合　计	核桃	板栗	枣(干重)	柿子(干重)	仁用杏	山杏仁	银杏(白果)	榛子	腰果	其他干果
17137832	**6731481**	**979366**	**1627656**	**2388861**	**944677**	**67007**	**97728**	**85977**	**53306**	**842**	**486061**
53488	128960	15808	31494	9840	63180	8466	—	—	—	—	172
52824	37463	654	615	36194	—	—	—	—	—	—	—
360249	900067	70518	211619	431171	139367	17848	14715	—	—	—	14829
34352	669800	70399	259	471845	64960	6141	3608	—	—	—	52588
100451	14164	—	—	24	—	719	7651	—	4859	—	911
—	—	—	—	—	—	—	—	—	—	—	—
503708	403354	67845	86045	102197	—	20385	51574	130	47027	—	28151
64399	40522	11861	826	—	—	—	106	—	660	—	27069
—	5476	4796	—	—	—	—	—	—	20	—	660
69001	4159	350	—	—	—	—	—	—	608	—	3201
901	2673	—	—	—	—	—	—	—	178	—	2495
10370	—	—	—	—	—	—	—	—	—	—	—
249487	91881	—	29356	6762	21167	7	—	33890	—	7	692
282488	114716	20731	77526	2356	11877	—	—	1899	—	—	327
195158	173143	15317	108715	10243	34854	—	—	1968	—	—	2046
1247575	138222	11	72085	937	64429	—	—	264	—	—	496
254295	40219	501	25616	3878	3789	—	—	103	—	—	6332
1535466	838283	48242	247937	236647	124973	558	80	3503	—	—	176343
381244	639190	44816	237725	189632	158380	1691	2164	2951	17	—	1814
87773	253819	4951	190677	4788	14710	5	—	24744	—	—	13944
287515	123526	5158	71033	22245	6217	133	6	437	—	—	18297
1904473	77221	—	11429	1753	40110	—	—	1487	—	—	22442
2230877	110108	631	62530	3165	32764	—	—	7714	—	—	3304
2311978	32210	—	—	—	—	—	—	—	—	835	31375
237120	27311	8990	7214	3495	4369	—	80	1613	130	—	1420
603361	197452	123683	21987	27119	11055	—	8	2506	—	—	11094
111961	57106	13546	18225	1058	5601	—	—	1602	4	—	17070
3455794	279772	191213	58710	713	15953	—	—	300	—	—	12883
—	1758	1750	—	—	—	—	8	—	—	—	—
295389	732793	89648	52434	457458	108879	3013	6636	225	—	—	14500
84425	170910	48184	3599	86519	18043	7891	3008	641	—	—	3025
74	272	272	—	—	—	—	—	—	—	—	—
10471	34724	47	—	25217	—	150	7414	—	—	—	1896
122066	398356	124240	—	253605	—	—	670	—	1	—	19840
772	89925	1524	—	87971	—	—	—	—	—	—	430
—	—	—	—	—	—	—	—	—	—	—	—

各地区主要经济林

地区	林产饮料产品(干重)					林产调料产品(干重)				
	合计	毛茶	可可豆	咖啡	其他林产饮料产品	合计	花椒	八角	桂皮	其他林产调料产品
全国合计	**1430490**	**1226596**	**—**	**68205**	**135689**	**468827**	**263794**	**107245**	**63502**	**34286**
北京	—	—	—	—	—	143	143	—	—	—
天津	—	—	—	—	—	—	—	—	—	—
河北	—	—	—	—	—	13352	13352	—	—	—
山西	—	—	—	—	—	8094	8094	—	—	—
内蒙古	20000	—	—	—	20000	—	—	—	—	—
内蒙古集团	—	—	—	—	—	—	—	—	—	—
辽宁	—	—	—	—	—	1100	—	—	—	1100
吉林	—	—	—	—	—	6	—	—	—	6
吉林集团	—	—	—	—	—	—	—	—	—	—
黑龙江	1353	—	—	—	1353	24	24	—	—	—
龙江集团	200	—	—	—	200	—	—	—	—	—
上海	—	—	—	—	—	—	—	—	—	—
江苏	10342	10222	—	—	120	27	4	—	—	23
浙江	167079	166004	—	—	1075	3595	—	—	2520	1075
安徽	79539	73038	—	—	6501	128	128	—	—	—
福建	284592	284456	—	—	136	6606	—	136	—	6470
江西	18946	17768	—	—	1178	578	77	48	299	154
山东	49599	11279	—	—	38320	29634	29614	—	—	20
河南	41186	39426	—	—	1760	28884	28584	—	—	300
湖北	140968	118960	—	—	22008	737	687	8	40	2
湖南	64266	62350	—	—	1916	4030	3423	68	305	234
广东	27982	26938	—	—	1044	41530	2005	4940	34585	—
广西	39988	35159	—	—	4829	119450	—	94152	25298	—
海南	767	688	—	52	27	2312	651	—	—	1661
重庆	32971	14799	—	—	18172	32693	32478	129	83	3
四川	126331	125189	—	—	1142	32120	31684	40	23	373
贵州	49260	44938	—	—	4322	3821	3706	15	7	93
云南	249680	173798	—	68153	7729	46159	15788	7709	342	22320
西藏	—	—	—	—	—	58	58	—	—	—
陕西	18108	18108	—	—	—	53155	52703	—	—	452
甘肃	4433	3476	—	—	957	40454	40454	—	—	—
青海	—	—	—	—	—	84	84	—	—	—
宁夏	3100	—	—	—	3100	53	53	—	—	—
新疆	—	—	—	—	—	—	—	—	—	—
新疆兵团	—	—	—	—	—	—	—	—	—	—
大兴安岭	—	—	—	—	—	—	—	—	—	—

产品生产情况(二)

单位:吨

森林食品(干重)					木本药材				
合　计	竹笋干	食用菌	山野菜	其他森林食品	合　计	杜仲	黄柏	厚朴	枸杞
2626631	**465340**	**1523165**	**395975**	**242151**	**1530202**	**216884**	**12311**	**101115**	**128227**
78464	—	78434	—	30	1115	—	—	—	—
—	—	—	—	—	—	—	—	—	—
8733	—	3916	4807	10	23533	10	—	—	12613
782	—	486	205	91	4277	1	—	—	86
9697	—	4197	5318	182	16252	—	—	—	14759
3248	—	1692	1556	—	550	—	—	—	—
236464	—	58715	79898	97851	453750	—	1123	—	260
95492	—	49645	43043	2804	41654	—	—	—	161
8576	—	5089	2589	898	19	—	—	—	—
147773	—	118952	19069	9752	4924	—	—	—	9
65391	—	52699	10261	2431	2434	—	—	—	—
214	214	—	—	—	—	—	—	—	—
27766	3887	23499	300	80	23725	1	—	—	3
193608	126061	64294	1008	2245	17052	2623	—	3591	—
85959	14281	43425	2428	25825	6981	703	36	42	2
428696	78418	299024	47147	4107	31390	—	—	4385	—
56117	9979	40778	2279	3081	33228	2466	3	1926	597
15809	—	6090	4545	5174	131	—	—	—	81
121550	40	88828	16280	16402	65630	12011	50	10	32
432468	20278	284905	125097	2188	58857	6727	2184	3609	108
146531	37634	86204	8208	14485	132991	32849	1976	66785	438
43571	28849	8718	—	6004	22754	—	—	775	—
52014	22008	30006	—	—	128803	1712	—	1663	—
15	—	—	—	15	12652	—	—	—	—
66713	52668	10780	1704	1561	9777	3190	795	1692	—
232718	51349	156568	6757	18044	72643	8246	5482	7481	1786
20036	10283	3661	1250	4842	13631	3101	519	46	212
68770	7198	33838	12179	15555	29630	326	16	1	1
402	—	387	—	15	49	49	—	—	—
26467	2185	18951	4225	1106	215323	142154	83	9029	76
10588	8	1892	7705	983	22015	715	44	80	12935
—	—	—	—	—	4476	—	—	—	4476
—	—	—	—	—	59495	—	—	—	59495
—	—	—	—	—	23273	—	—	—	20097
—	—	—	—	—	1280	—	—	—	680
19214	—	6972	2523	9719	191	—	—	—	—

各地区主要经济林

地　区	木本药材		木本油料				
	山茱萸	其他木本药材	合　计	油茶籽	油橄榄	文冠果	其他木本油料
全国合计	**45794**	**1025871**	**1217429**	**1169289**	**5125**	**126**	**42889**
北　京	—	1115	—	—	—	—	—
天　津	—	—	—	—	—	—	—
河　北	—	10910	1717	—	—	2	1715
山　西	1538	2652	—	—	—	—	—
内蒙古	—	1493	21	—	—	21	—
内蒙古集团	—	550	—	—	—	—	—
辽　宁	—	452367	—	—	—	—	—
吉　林	—	41493	1744	—	—	—	1744
吉林集团	—	19	—	—	—	—	—
黑龙江	—	4915	100	—	—	—	100
龙江集团	—	2434	100	—	—	—	100
上　海	—	—	—	—	—	—	—
江　苏	1	23720	174	174	—	—	—
浙　江	2544	8294	47048	47048	—	—	—
安　徽	193	6005	30015	29973	—	—	42
福　建	—	27005	91785	89294	—	—	2491
江　西	868	27368	269646	268966	560	—	120
山　东	—	50	—	—	—	—	—
河　南	28902	24625	23848	19347	—	—	4501
湖　北	546	45683	66831	65991	—	—	840
湖　南	88	30855	436677	418982	88	—	17607
广　东	—	21979	61140	55144	—	—	5996
广　西	—	125428	136649	133363	—	—	3286
海　南	—	12652	10	—	10	—	—
重　庆	273	3827	5074	1967	7	—	3100
四　川	110	49538	6497	3426	1833	—	1238
贵　州	181	9572	28291	28264	—	—	27
云　南	5	29281	6640	6616	19	—	5
西　藏	—	—	—	—	—	—	—
陕　西	4647	59334	811	734	—	—	77
甘　肃	5898	2343	2608	—	2608	—	—
青　海	—	—	—	—	—	—	—
宁　夏	—	—	—	—	—	—	—
新　疆	—	3176	103	—	—	103	—
新疆兵团	—	600	—	—	—	—	—
大兴安岭	—	191	—	—	—	—	—

产品生产情况（三）

单位：吨

林产工业原料							
合　计	生漆	油桐籽	乌桕籽	五倍子	棕片	松脂	紫胶（原胶）
1562974	**20498**	**367287**	**33171**	**14431**	**77314**	**1046579**	**3694**
—	—	—	—	—	—	—	—
—	—	—	—	—	—	—	—
—	—	—	—	—	—	—	—
—	—	—	—	—	—	—	—
—	—	—	—	—	—	—	—
—	—	—	—	—	—	—	—
3	—	—	—	—	—	3	—
—	—	—	—	—	—	—	—
—	—	—	—	—	—	—	—
—	—	—	—	—	—	—	—
—	—	—	—	—	—	—	—
—	—	—	—	—	—	—	—
—	—	—	—	—	—	—	—
1541	—	68	—	—	481	992	—
17630	257	2656	146	49	953	13569	—
108420	217	20897	521	132	11868	74762	23
74397	758	12433	285	161	3450	57306	4
—	—	—	—	—	—	—	—
91428	1563	72416	11426	3350	—	2673	—
73382	7752	13617	9399	1867	2365	38382	—
112850	2801	37178	1117	1145	32738	36994	877
177828	—	6254	517	—	2217	168542	298
542975	31	69872	116	101	2977	469878	—
2211	—	—	—	—	—	2211	—
30344	617	19761	6170	2303	744	749	—
41939	819	24236	1344	644	3987	10848	61
70077	1983	54669	1816	1354	3129	7067	59
190824	519	16611	97	122	9358	161745	2372
—	—	—	—	—	—	—	—
26886	3151	16567	217	3067	3026	858	—
239	30	52	—	136	21	—	—
—	—	—	—	—	—	—	—
—	—	—	—	—	—	—	—
—	—	—	—	—	—	—	—
—	—	—	—	—	—	—	—
—	—	—	—	—	—	—	—

全国油茶与花卉生产情况

指　　标	单位	产量
油茶生产情况		
当年新造面积	公顷	99276
当年低改面积	公顷	170202
苗木产量	万株	49076
油茶籽产量	万吨	116.93
花卉生产情况		
1. 年末实有花卉种植面积	公顷	632552
2. 切花切叶产量	万支	1239439
3. 盆栽植物产量	万盆	198380
4. 观赏苗木产量	万株	501816
5. 草坪产量	万平方米	23155
6. 花卉市场	个	4307
7. 花卉企业	个	34482
其中：大中型企业	个	6703
8. 花农	万户	110.33
9. 花卉从业人员	万人	387.21
其中：专业技术人员	万人	16.76
10. 控温温室面积	万平方米	2709
11. 日光温室面积	万平方米	11463

各地区油茶与花卉生产情况(一)

地　区	油茶生产情况				花卉生产情况			
	当年新造面积（公顷）	当年低改面积（公顷）	苗木产量（万株）	油茶籽产量（万吨）	年末实有花卉种植面积（公顷）	切花切叶产量（万支）	盆栽植物产量（万盆）	观赏苗木产量（万株）
全国合计	**99276**	**170202**	**49076**	**116.93**	**632552**	**1239439**	**198380**	**501816**
北　京	—	—	—	—	4470	5088	15112	1818
天　津	—	—	—	—	459	2398	378	265
河　北	—	—	—	—	26633	12107	7417	22026
山　西	—	—	—	—	557	128	712	1360
内蒙古	—	—	—	—	2036	261	2466	1871
内蒙古集团	—	—	—	—	—	—	—	—
辽　宁	—	—	—	—	15977	168611	10155	16137
吉　林	—	—	—	—	2530	6963	855	2130
吉林集团	—	—	—	—	—	—	—	2
黑龙江	—	—	—	—	886	24	637	10609
龙江集团	—	—	—	—	272	1	3	9
上　海	—	—	—	—	1558	46356	6589	2111
江　苏	—	—	520	0.02	147690	79386	18619	69403
浙　江	2798	5348	1690	4.70	54915	127293	11366	154106
安　徽	3205	2928	2473	3.00	18855	5960	2654	12241
福　建	4363	29719	3447	8.93	16210	40258	8530	21095
江　西	37699	61169	15260	26.90	20290	9917	8417	5096
山　东	—	—	—	—	35546	130060	26914	34918
河　南	2239	3108	750	1.93	86999	15760	6406	60233
湖　北	7101	5377	4170	6.60	34880	7600	12622	23899
湖　南	14796	44983	14760	41.90	25854	2022	1814	7781
广　东	3032	2499	741	5.51	46993	137940	29028	12579
广　西	1741	6536	818	13.34	8774	5489	1868	2297
海　南	—	—	—	—	5046	13698	2349	1031
重　庆	—	601	420	0.20	14644	9402	3689	3002
四　川	24	154	30	0.34	33797	32846	10469	11780
贵　州	3282	291	25	2.83	3010	19128	719	2519
云　南	18213	6836	3752	0.66	18480	353034	3374	3445
西　藏	—	—	—	—	—	—	—	—
陕　西	783	653	220	0.07	2841	360	540	2300
甘　肃	—	—	—	—	1145	4967	1898	3643
青　海	—	—	—	—	102	779	131	15
宁　夏	—	—	—	—	635	1004	2027	10890
新　疆	—	—	—	—	738	601	624	1152
新疆兵团	—	—	—	—	5	6	15	4
大兴安岭	—	—	—	—	2	—	—	66

各地区油茶与花卉生产情况(二)

地　区	花卉生产情况								
	草坪产量(万平方米)	花卉市场(个)	花卉企业(个)		花农(万户)	花卉从业人员(万人)		控温温室面积(万平方米)	日光温室面积(万平方米)
			合计	其中:大中型企业		合计	其中:专业技术人员		
全国合计	**23155**	**4307**	**34482**	**6703**	**110.33**	**387.21**	**16.76**	**2709**	**11463**
北　京	903	38	306	84	0.11	1.36	0.18	114	496
天　津	315	19	90	11	0.07	0.14	0.02	12	37
河　北	660	243	705	65	3.75	9.17	0.84	172	433
山　西	52	229	239	18	0.17	0.70	0.18	6	197
内蒙古	17	44	39	1	0.17	0.33	0.03	—	100
内蒙古集团	—	—	—	—	—	—	—	—	—
辽　宁	2523	62	431	107	2.08	7.34	0.45	275	3843
吉　林	206	70	118	5	0.60	1.08	0.07	8	29
吉林集团	—	—	—	—	—	—	—	—	—
黑龙江	126	14	80	5	0.38	7.43	0.18	3	13
龙江集团	1	—	1	—	—	—	—	—	—
上　海	1114	35	263	55	0.23	0.87	0.11	47	1130
江　苏	4401	399	2933	1211	24.99	78.54	1.06	431	988
浙　江	1851	111	6005	2005	14.92	41.53	2.12	248	692
安　徽	1089	240	888	66	5.45	22.89	1.26	25	95
福　建	937	173	1337	274	3.49	12.47	0.70	304	943
江　西	671	481	905	65	1.85	4.87	0.50	14	23
山　东	530	343	1434	143	5.69	19.45	1.05	299	929
河　南	234	239	1841	275	8.43	58.12	1.73	55	111
湖　北	295	239	1272	113	3.05	10.59	0.92	22	67
湖　南	453	252	1098	189	7.04	27.87	1.46	22	35
广　东	3417	101	8580	1256	3.20	11.05	1.31	407	202
广　西	1617	39	349	25	9.55	26.86	0.12	43	19
海　南	154	15	540	188	0.16	1.22	0.12	6	8
重　庆	546	102	766	58	2.79	7.71	0.43	18	30
四　川	873	402	3305	343	8.03	21.30	1.25	26	609
贵　州	32	48	259	33	0.23	0.92	0.09	10	69
云　南	69	52	388	44	2.80	10.21	0.28	25	131
西　藏	—	—	—	—	—	—	—	—	—
陕　西	28	175	155	34	0.19	0.88	0.09	10	31
甘　肃	33	87	107	21	0.78	1.87	0.15	96	61
青　海	—	2	2	—	0.02	0.04	0.01	1	9
宁　夏	2	16	21	6	0.07	0.21	0.01	1	75
新　疆	4	37	25	3	0.04	0.14	0.04	6	59
新疆兵团	—	2	—	—	0.01	0.01	—	1	52
大兴安岭	3	—	1	—	—	0.01	—	1	—

全国主要森林工业产品产量(一)

产　品　名　称	单位	全部产量
木材加工及竹、藤、棕、草制品		
一、锯材	**万立方米**	**3229.77**
其中:热带锯材产量	万立方米	147.44
二、木片	**万实积立方米**	**1285.81**
其中:热带材木片	万实积立方米	175.63
三、人造板	**万立方米**	**11546.65**
其中:热带材人造板	万立方米	595.46
(一)胶合板	万立方米	4451.24
1. 普通胶合板	万立方米	3570.98
其中:阔叶胶合板	万立方米	1115.88
2. 特种胶合板	万立方米	213.40
3. 竹胶合板	万立方米	445.11
4. 单板层积材	万立方米	221.74
(二)纤维板	万立方米	3488.56
1. 木质纤维板	万立方米	3430.43
(1)硬质纤维板	万立方米	288.47
(2)中密度纤维板	万立方米	3131.64
(3)软质纤维板	万立方米	10.32
2. 非木质纤维板	万立方米	58.14
(三)刨花板	万立方米	1431.00
1. 普通刨花板	万立方米	1422.23
2. 水泥刨花板	万立方米	0.69
3. 定向刨花板	万立方米	4.07
4. 竹刨花板	万立方米	4.00
(四)其他人造板	万立方米	2175.85
其中:细木工板	万立方米	1478.71
四、胶合木	**万立方米**	**325.95**
其中:集成材	万立方米	102.24
重组木	万立方米	19.69
指接材	万立方米	160.43
五、木地板	**万平方米**	**37753.20**
其中:热带材木地板	万平方米	2210.96
实木地板	万平方米	8138.97

全国主要森林工业产品产量(二)

产　品　名　称	单位	全部产量
实木复合地板	万平方米	11770.74
强化木地板	万平方米	12715.67
竹木复合地板	万平方米	2011.29
六、卫生筷子	**标准箱**	**10409774**
其中:木卫生筷子	标准箱	4614439
七、人造板表面装饰板	**万平方米**	**25327.06**
八、热固性树脂装饰层压板	**万平方米**	**1640.00**
九、单板	**万立方米**	**2714.37**
其中:1. 刨切单板	万立方米	96.88
2. 微薄木	万立方米	13.52
3. 旋切单板	万立方米	2350.64
十、软木制品		
其中:软木砖	立方米	8200
软木纸	立方米	45747
林产化学产品		
一、松香类产品	**吨**	**1117030**
1. 松香	吨	1001574
2. 松香深加工产品	吨	115456
二、松节油类产品	**吨**	**157506**
1. 松节油	吨	112300
2. 松节油深加工产品	吨	45206
三、樟脑	**吨**	**9700**
其中:合成樟脑	吨	8831
四、冰片	**吨**	**986**
其中:合成冰片	吨	—
五、栲胶类产品	**吨**	**11000**
1. 栲胶	吨	11000
2. 栲胶深加工产品	吨	—
六、紫胶类产品	**吨**	**2755**
1. 紫胶	吨	1992
2. 紫胶深加工产品	吨	763
七、木材热解产品		
其中:木炭	吨	316612
活性炭	吨	226529

各地区主要森林工业产品产量(一)

单位:万立方米

地区	木材加工及竹、藤、棕、草制品									
	锯材		木片(万实积立方米)		人造板					
							胶合板			
								普通胶合板		
	合计	其中:热带锯材产量	合计	其中:热带材木片	总计	其中:热带材人造板	合计	小计	其中:阔叶胶合板	特种胶合板
全国合计	**3229.77**	**147.44**	**1285.81**	**175.63**	**11546.65**	**595.46**	**4451.24**	**3570.98**	**1115.88**	**213.40**
北京	—	—	—	—	12.17	—	—	—	—	—
天津	—	—	—	—	5.63	—	2.83	2.83	—	—
河北	168.98	—	39.30	—	1097.84	—	347.01	346.92	263.31	—
山西	0.10	—	0.01	—	55.45	—	0.30	0.30	0.30	—
内蒙古	391.73	—	13.61	—	69.32	—	32.41	32.41	0.45	—
内蒙古集团	—	—	—	—	—	—	—	—	—	—
辽宁	161.64	—	56.29	—	194.76	—	67.14	62.68	1.14	1.00
吉林	96.54	—	24.19	—	192.89	—	73.64	65.47	9.57	0.05
吉林集团	1.14	—	—	—	57.85	—	0.83	0.83	—	—
黑龙江	126.45	—	47.42	—	98.34	0.34	13.47	13.02	2.88	0.36
龙江集团	48.14	—	31.80	—	80.10	—	7.28	6.99	2.79	0.30
上海	—	—	—	—	15.83	—	3.98	3.98	—	—
江苏	56.90	2.20	67.93	—	2195.90	237.58	903.14	714.52	575.59	179.89
浙江	271.98	3.32	58.91	2.40	487.12	2.70	143.85	77.15	24.67	0.36
安徽	124.23	—	32.69	—	670.62	—	344.02	222.10	118.37	1.34
福建	133.85	—	66.17	—	702.12	—	268.98	218.75	3.33	—
江西	126.43	—	32.05	—	320.72	—	116.08	82.90	—	0.30
山东	364.68	0.02	326.42	0.27	1163.00	45.00	516.24	506.56	60.54	5.21
河南	115.56	—	85.11	—	1422.59	—	598.46	422.02	3.61	1.60
湖北	27.65	0.65	24.10	—	248.69	—	37.51	27.62	26.75	8.80
湖南	229.67	—	22.98	—	430.80	—	241.58	106.61	4.52	2.88
广东	76.35	23.80	97.61	43.97	577.54	116.11	132.64	131.64	4.11	—
广西	389.25	70.10	144.78	68.59	864.88	140.35	380.45	367.61	6.32	4.37
海南	31.00	31.00	60.00	60.00	42.50	42.50	22.00	18.80	—	—
重庆	5.28	—	3.44	—	38.99	—	30.06	29.70	—	—
四川	117.56	—	14.04	—	419.43	—	120.13	65.38	9.88	4.43
贵州	41.20	—	2.97	0.40	47.04	—	28.56	26.18	—	2.22
云南	125.96	16.35	33.04	—	112.87	10.14	22.60	21.78	0.29	0.58
西藏	19.38	—	18.58	—	0.01	—	—	—	—	—
陕西	1.55	—	0.13	—	33.97	—	1.54	1.44	0.10	—
甘肃	—	—	—	—	2.44	0.75	1.41	1.41	0.16	—
青海	—	—	—	—	—	—	—	—	—	—
宁夏	—	—	—	—	—	—	—	—	—	—
新疆	1.12	—	0.13	—	0.20	—	0.20	0.20	—	—
新疆兵团	—	—	—	—	—	—	—	—	—	—
大兴安岭	24.73	—	13.93	—	22.99	—	1.00	1.00	—	—

各地区主要森林

地区	木材加工及竹、人造									
	胶合板		纤维板							
				木质纤维板						
	竹胶合板	单板层积材	合计	小计	硬质纤维板	中密度纤维板	软质纤维板	非木质纤维板	合计	普通刨花板
全国合计	**445.11**	**221.74**	**3488.56**	**3430.43**	**288.47**	**3131.64**	**10.32**	**58.14**	**1431.00**	**1422.23**
北京	—	—	12.17	12.17	—	12.17	—	—	—	—
天津	—	—	—	—	—	—	—	—	2.80	2.80
河北	—	0.10	278.76	278.76	18.50	260.26	—	—	198.28	198.28
山西	—	—	31.57	31.57	31.57	—	—	—	23.59	23.59
内蒙古	—	—	13.99	13.96	—	13.96	—	0.03	20.06	20.06
内蒙古集团	—	—	—	—	—	—	—	—	—	—
辽宁	—	3.46	36.81	35.31	2.93	32.37	—	1.50	28.87	25.37
吉林	—	8.12	35.79	35.79	0.10	35.69	—	—	54.89	54.72
吉林集团	—	—	11.65	11.65	—	11.65	—	—	45.28	45.11
黑龙江	—	0.10	30.77	30.77	3.58	27.19	—	—	29.62	29.62
龙江集团	—	—	27.17	27.17	3.58	23.59	—	—	29.61	29.61
上海	—	—	11.85	11.85	—	11.85	—	—	—	—
江苏	—	8.73	506.72	506.72	5.88	500.64	0.20	—	345.80	345.80
浙江	64.17	2.18	119.46	119.46	—	119.46	—	—	13.68	13.35
安徽	119.01	1.57	197.16	197.16	20.00	177.16	—	—	39.25	39.25
福建	50.23	—	170.26	170.26	32.68	137.57	—	—	129.97	129.97
江西	31.15	1.72	85.25	84.62	—	84.62	—	0.64	34.80	33.97
山东	0.68	3.79	400.14	344.16	24.11	313.55	6.50	55.97	82.71	82.06
河南	—	174.84	345.58	345.58	90.54	254.99	0.05	—	263.95	263.95
湖北	0.59	0.50	149.05	149.05	1.75	147.30	—	—	8.37	8.37
湖南	129.44	2.65	55.50	55.50	0.58	54.92	—	—	17.96	17.64
广东	—	1.00	322.21	322.21	47.80	270.84	3.57	—	75.23	75.23
广西	0.38	8.09	317.50	317.50	2.47	315.03	—	—	19.93	19.93
海南	—	3.20	15.50	15.50	—	15.50	—	—	3.00	3.00
重庆	0.36	—	5.71	5.71	0.29	5.42	—	—	1.73	0.88
四川	48.71	1.61	222.79	222.79	2.22	220.57	—	—	25.76	23.70
贵州	0.15	—	7.75	7.75	—	7.75	—	—	0.86	0.86
云南	0.24	—	71.19	71.19	—	71.19	—	—	8.26	8.26
西藏	—	—	—	—	—	—	—	—	—	—
陕西	—	0.10	31.80	31.80	—	31.80	—	—	0.44	0.44
甘肃	—	—	0.81	0.81	—	0.81	—	—	0.22	0.22
青海	—	—	—	—	—	—	—	—	—	—
宁夏	—	—	—	—	—	—	—	—	—	—
新疆	—	—	—	—	—	—	—	—	—	—
新疆兵团	—	—	—	—	—	—	—	—	—	—
大兴安岭	—	—	12.49	12.49	3.46	9.03	—	—	0.98	0.94

工业产品产量(二)

单位:万立方米

藤、棕、草制品 板 刨花板 水泥刨花板	定向刨花板	竹刨花板	其他人造板 合 计	其他人造板 其中:细木工板	胶合木 合 计	胶合木 其中 集成材	胶合木 其中 重组木	胶合木 其中 指接材
0.69	**4.07**	**4.00**	**2175.85**	**1478.71**	**325.95**	**102.24**	**19.69**	**160.43**
—	—	—	—	—	—	—	—	—
—	—	—	—	—	—	—	—	—
—	—	—	273.79	219.40	0.54	0.54	—	—
—	—	—	—	—	—	—	—	—
—	—	—	2.86	1.60	1.37	1.37	—	—
—	—	—	—	—	—	—	—	—
—	3.50	—	61.95	32.26	20.72	17.12	3.60	—
0.17	—	—	28.57	22.65	11.82	8.53	—	2.98
0.17	—	—	0.09	0.09	0.07	0.07	—	—
—	—	—	24.48	16.44	3.65	3.07	0.15	0.34
—	—	—	16.03	15.00	3.00	2.67	—	0.33
—	—	—	—	—	—	—	—	—
—	—	—	440.24	317.63	3.74	1.21	—	—
—	—	0.33	210.13	207.02	49.50	15.59	—	33.86
—	—	—	90.20	47.56	5.16	1.14	—	3.97
—	—	—	132.91	103.35	102.40	23.12	—	76.18
—	0.31	0.52	84.58	73.49	22.20	6.69	3.04	10.64
0.50	0.15	—	163.91	122.34	50.93	6.34	12.74	0.14
—	—	—	214.60	46.82	5.42	0.17	—	5.25
—	—	—	53.77	53.15	1.73	0.70	0.03	0.20
0.02	0.07	0.24	115.76	104.43	20.92	10.71	0.01	10.07
—	—	—	47.46	0.12	—	—	—	—
—	—	—	147.00	50.77	6.90	—	0.13	4.23
—	—	—	2.00	—	1.50	—	—	1.50
—	—	0.86	1.49	0.31	0.19	—	—	0.19
—	—	2.06	50.75	36.71	11.29	1.45	—	9.60
—	—	—	9.87	7.72	0.86	—	—	0.86
—	—	—	10.81	9.78	3.72	3.08	—	0.41
—	—	—	0.01	0.01	0.05	0.05	—	—
—	—	—	0.20	0.20	—	—	—	—
—	—	—	—	—	—	—	—	—
—	—	—	—	—	—	—	—	—
—	—	—	—	—	—	—	—	—
—	—	—	—	—	—	—	—	—
—	—	—	—	—	—	—	—	—
—	0.05	—	8.52	4.97	1.36	1.36	—	—

各地区主要森林

木材加工及竹、

地区	木地板(万平方米) 合计	其中:热带材木地板	其中:实木地板	其中:实木复合地板	其中:强化木地板	其中:竹木复合地板	卫生筷子(标准箱) 合计	其中:木卫生筷子	人造板表面装饰板(万平方米)	热固性树脂装饰层压板(万平方米)
全国合计	**37753.20**	**2210.96**	**8138.97**	**11770.74**	**12715.67**	**2011.29**	**10409774**	**4614439**	**25327.06**	**1640.00**
北　京	328.44	—	—	328.44	—	—	—	—	—	—
天　津	—	—	—	—	—	—	—	—	—	—
河　北	51.54	—	9.60	40.14	1.80	—	570	570	1099.07	—
山　西	—	—	—	—	—	—	—	—	38.01	—
内蒙古	0.70	—	0.70	—	—	—	149949	87449	—	—
内蒙古集团	—	—	—	—	—	—	—	—	—	—
辽　宁	3082.91	—	1422.24	1240.01	167.00	—	—	—	—	—
吉　林	2515.76	—	682.42	1826.62	3.12	—	553600	553600	1356.93	—
吉林集团	247.84	—	—	247.84	—	—	—	—	1356.93	—
黑龙江	217.59	—	53.92	8.85	—	—	2147652	2051652	94.37	—
龙江集团	58.58	—	42.56	—	—	—	1979365	1979365	94.37	—
上　海	2890.08	—	520.31	2369.77	—	—	—	—	—	—
江　苏	6106.94	18.00	209.77	482.52	5065.50	—	—	—	234.50	—
浙　江	7223.62	2105.83	3517.03	2549.14	272.69	249.53	1327961	2270	20235.86	—
安　徽	2726.65	—	70.05	3.50	2508.29	129.46	218855	24500	—	40.00
福　建	1247.66	—	30.59	313.90	30.00	871.97	831801	34250	0.10	—
江　西	1172.91	—	116.16	40.15	188.91	113.64	1667863	168190	—	—
山　东	1681.88	—	204.69	511.90	436.30	1.00	11380	11380	154.48	—
河　南	278.04	—	8.71	4.00	264.82	—	17930	17930	—	—
湖　北	2604.84	—	1.30	105.00	2496.14	2.40	24750	150	2.70	1600.00
湖　南	1183.00	—	323.00	26.50	211.00	594.10	865545	291280	30.11	—
广　东	2220.40	12.07	649.68	1193.75	—	—	200200	—	2070.74	—
广　西	89.20	21.58	11.53	56.00	—	—	665657	11165	—	—
海　南	—	—	—	—	—	—	—	—	2.50	—
重　庆	1.00	—	1.00	—	—	—	200	—	—	—
四　川	1699.00	0.26	94.39	556.94	1031.62	7.39	319460	260	7.45	—
贵　州	59.91	—	3.92	—	14.08	41.80	27290	22	—	—
云　南	356.17	53.22	195.18	111.44	24.40	—	35840	16500	0.25	—
西　藏	—	—	—	—	—	—	—	—	—	—
陕　西	—	—	—	—	—	—	—	—	—	—
甘　肃	—	—	—	—	—	—	—	—	—	—
青　海	—	—	—	—	—	—	—	—	—	—
宁　夏	—	—	—	—	—	—	—	—	—	—
新　疆	—	—	—	—	—	—	—	—	—	—
新疆兵团	—	—	—	—	—	—	—	—	—	—
大兴安岭	14.97	—	12.80	2.17	—	—	1343271	1343271	—	—

工业产品产量(三)

单位:万立方米

藤、棕、草制品						林产化学产品(吨)					
单板				软木制品(立方米)		松香类产品			松节油类产品		
合计	其中			其中		合计	松香	松香深加工产品	合计	松节油	松节油深加工产品
	刨切单板	微薄木	旋切单板	软木砖	软木纸						
2714.37	**96.88**	**13.52**	**2350.64**	**8200**	**45747**	**1117030**	**1001574**	**115456**	**157506**	**112300**	**45206**
—	—	—	—	—	—	—	—	—	—	—	—
—	—	—	—	—	—	—	—	—	—	—	—
408.52	—	—	408.52	—	—	—	—	—	—	—	—
—	—	—	—	—	—	—	—	—	—	—	—
0.10	—	—	0.10	—	—	—	—	—	—	—	—
—	—	—	—	—	—	—	—	—	—	—	—
2.98	2.50	—	0.48	—	—	300	300	—	—	—	—
27.05	12.40	—	13.37	—	—	—	—	—	—	—	—
—	—	—	—	—	—	—	—	—	—	—	—
12.80	0.54	—	11.96	—	28250	—	—	—	—	—	—
3.27	0.21	—	2.80	—	—	—	—	—	—	—	—
—	—	—	—	—	—	—	—	—	—	—	—
956.37	10.12	—	941.24	—	—	—	—	—	—	—	—
3.40	0.82	—	2.58	—	—	13550	—	13550	6570	—	6570
55.66	10.00	10.00	30.06	—	—	5008	4648	360	1061	1061	—
0.01	—	—	0.01	—	—	76925	62467	14458	15660	9139	6521
5.13	0.90	1.10	2.06	—	—	84556	50098	34458	32209	10676	21533
653.48	43.78	1.01	493.55	—	—	—	—	—	—	—	—
226.95	0.16	—	126.54	—	—	2500	2500	—	—	—	—
19.94	1.03	0.20	18.71	—	—	13516	13274	242	3020	3020	—
20.98	1.27	—	18.49	—	8888	26689	13107	13582	3140	3030	110
16.27	0.57	—	15.68	8200	8200	108918	105987	2931	10739	9468	1271
283.16	12.15	—	249.53	—	—	649010	618999	30011	43507	34506	9001
8.30	—	—	8.30	—	—	2993	2883	110	—	—	—
—	—	—	—	—	—	1160	1160	—	—	—	—
3.48	0.40	1.20	1.88	—	—	2571	2506	65	15231	15231	—
0.85	—	0.01	0.50	—	4	3825	3825	—	298	298	—
7.53	0.25	—	7.09	—	—	125509	119820	5689	26071	25871	200
—	—	—	—	—	—	—	—	—	—	—	—
—	—	—	—	—	405	—	—	—	—	—	—
—	—	—	—	—	—	—	—	—	—	—	—
—	—	—	—	—	—	—	—	—	—	—	—
—	—	—	—	—	—	—	—	—	—	—	—
—	—	—	—	—	—	—	—	—	—	—	—
—	—	—	—	—	—	—	—	—	—	—	—
1.42	—	—	—	—	—	—	—	—	—	—	—

各地区主要森林工业产品产量(四)

地　区	林产化学产品(吨)											
	樟　脑		冰　片		栲胶类产品			紫胶类产品			木材热解产品	
											其　中	
	合 计	其中：合成樟脑	合 计	其中：合成冰片	合 计	栲胶	栲胶深加工产品	合 计	紫胶	紫胶深加工产品	木炭	活性炭
全国合计	**9700**	**8831**	**986**	**—**	**11000**	**11000**	**—**	**2755**	**1992**	**763**	**316612**	**226529**
北　京	—	—	—	—	—	—	—	—	—	—	—	—
天　津	—	—	—	—	—	—	—	—	—	—	—	—
河　北	—	—	—	—	1500	1500	—	—	—	—	—	—
山　西	—	—	—	—	—	—	—	—	—	—	—	324
内蒙古	—	—	—	—	1334	1334	—	—	—	—	—	—
内蒙古集团	—	—	—	—	—	—	—	—	—	—	—	—
辽　宁	—	—	—	—	—	—	—	—	—	—	13018	1530
吉　林	—	—	—	—	—	—	—	—	—	—	2030	—
吉林集团	—	—	—	—	—	—	—	—	—	—	—	—
黑龙江	—	—	—	—	—	—	—	—	—	—	9120	—
龙江集团	—	—	—	—	—	—	—	—	—	—	—	—
上　海	—	—	—	—	—	—	—	—	—	—	—	—
江　苏	—	—	—	—	—	—	—	—	—	—	60	—
浙　江	—	—	—	—	—	—	—	—	—	—	20011	57852
安　徽	—	—	—	—	—	—	—	—	—	—	28443	6545
福　建	6690	6690	—	—	—	—	—	6	6	—	14686	95066
江　西	586	520	2	—	—	—	—	4	4	—	29298	42610
山　东	—	—	—	—	—	—	—	—	—	—	52503	520
河　南	—	—	—	—	—	—	—	—	—	—	3321	—
湖　北	—	—	—	—	—	—	—	—	—	—	20	—
湖　南	24	2	320	—	10	10	—	862	862	—	26377	17145
广　东	2309	1564	464	—	—	—	—	337	177	160	6060	—
广　西	15	—	—	—	7161	7161	—	—	—	—	2340	876
海　南	—	—	—	—	—	—	—	—	—	—	22000	—
重　庆	—	—	—	—	—	—	—	—	—	—	20	1200
四　川	55	55	200	—	—	—	—	61	59	2	6080	—
贵　州	—	—	—	—	—	—	—	—	—	—	39211	160
云　南	21	—	—	—	845	845	—	1485	884	601	22039	284
西　藏	—	—	—	—	—	—	—	—	—	—	—	—
陕　西	—	—	—	—	150	150	—	—	—	—	—	—
甘　肃	—	—	—	—	—	—	—	—	—	—	—	—
青　海	—	—	—	—	—	—	—	—	—	—	—	—
宁　夏	—	—	—	—	—	—	—	—	—	—	—	—
新　疆	—	—	—	—	—	—	—	—	—	—	—	—
新疆兵团	—	—	—	—	—	—	—	—	—	—	—	—
大兴安岭	—	—	—	—	—	—	—	—	—	—	19975	2417

木材、木材加工及林产化学主要工业产品销售实际平均价格

指标名称	单位	本年实际		
		产品销售实际平均价格	产品销售收入	产品销售量
一、木材	元/立方米	564	31390140118	55663630
二、竹材	元/根	7	7348086485	1083592162
三、锯材	元/立方米	1017	23638127191	23232874
四、木片	元/实积立方米	661	7990760236	12081296
五、木地板	元/平方米	121	26897468456	221856026
六、胶合板	元/立方米	1774	45615612192	25715334
七、硬质纤维板	元/立方米	1503	2277017026	1514783
八、中密度纤维板	元/立方米	1439	32296388884	22451041
九、刨花板	元/立方米	1151	10817730870	9394570
十、松香	元/吨	6724	41704631148	6202612
十一、栲胶	元/吨	7408	101929458	13760
十二、紫胶	元/吨	18203	20114308	1105

各地区木材、木材加工及林产化学

地　区	木　材			竹　材			锯　材		
	产品销售实际平均价格	产品销售收入	产品销售量	产品销售实际平均价格	产品销售收入	产品销售量	产品销售实际平均价格	产品销售收入	产品销售量
全国合计	**564**	**31390140118**	**55663630**	**7**	**7348086485**	**1083592162**	**1017**	**23638127191**	**23232874**
北　京	458	35127224	76727	—	—	—	—	—	—
天　津	—	—	—	—	—	—	—	—	—
河　北	622	271786004	436861	—	—	—	431	666705500	1547059
山　西	468	20619254	44066	—	—	—	650	666250	1025
内蒙古	631	1863010133	2953990	—	—	—	979	1238036022	1264846
内蒙古集团	654	1647565533	2517759	—	—	—	—	—	—
辽　宁	716	1166801523	1629562	—	—	—	1057	1396488330	1321037
吉　林	1008	2149530666	2132971	—	—	—	1747	235773777	134966
吉林集团	1063	964550454	907232	—	—	—	1832	20855167	11386
黑龙江	753	3970975328	5271673	—	—	—	1400	744798041	532188
龙江集团	804	3312746128	4118126	—	—	—	1569	467755003	298062
上　海	—	—	—	—	—	—	1277	25490000	19961
江　苏	659	622385579	944058	8	2577003	306987	1088	383816732	352879
浙　江	654	1226697407	1877080	13	1879893328	146096867	1222	3686097658	3015749
安　徽	680	1706563852	2508885	10	846630302	83684758	1355	1299846705	959463
福　建	694	1634236367	2356136	10	1423040743	136532000	956	689379801	721480
江　西	635	1740976262	2740276	9	828633514	95362816	1154	896638044	777085
山　东	643	833581492	1295833	4	5200000	1380000	1015	2652752744	2612700
河　南	629	499299112	794307	4	11214040	3120700	1005	636356365	633001
湖　北	483	459380769	951797	6	146439517	25624285	800	205329100	256753
湖　南	644	2145345817	3328955	8	243241669	31541370	1117	1446504660	1295000
广　东	233	1815861915	7809667	4	407341370	107191284	897	667032293	743334
广　西	499	4042035002	8095264	10	576913405	57702948	972	3601411550	3706003
海　南	484	742000000	1533000	3	13520000	5200000	800	224000000	280000
重　庆	628	92748151	147702	3	13178027	3814749	1291	90386050	70039
四　川	543	934311091	1720564	2	447771086	234398426	958	940357010	981426
贵　州	622	592670875	953113	7	33129697	4783753	959	339296164	353793
云　南	416	1506639835	3617600	3	465599284	146309119	910	1094513833	1202615
西　藏	—	—	—	1	127500	150000	1072	207653642	193787
陕　西	729	18695795	25658	9	3636000	392100	1071	23048500	21529
甘　肃	462	13260995	28714	—	—	—	250	180000	720
青　海	—	—	—	—	—	—	—	—	—
宁　夏	—	—	—	—	—	—	—	—	—
新　疆	494	124739670	252544	—	—	—	750	7248420	9665
新疆兵团	—	—	—	—	—	—	—	—	—
大兴安岭	543	1160860000	2136627	—	—	—	1060	238320000	224771

主要工业产品销售实际平均价格(一)

单位:元/(立方米、平方米、实积立方米、根),元,立方米,平方米,实积立方米、根

木片			木地板			胶合板		
产品销售实际平均价格	产品销售收入	产品销售量	产品销售实际平均价格	产品销售收入	产品销售量	产品销售实际平均价格	产品销售收入	产品销售量
661	**7990760236**	**12081296**	**121**	**26897468456**	**221856026**	**1774**	**45615612192**	**25715334**
—	—	—	120	394130040	3284417	—	—	—
—	—	—	—	—	—	—	—	—
260	75954050	292158	224	82580000	369425	1422	4810438425	3381755
578	84400	146	—	—	—	1333	4000000	3000
840	25858600	30795	2945	21500000	7300	1045	310622072	297199
—	—	—	—	—	—	—	—	—
475	278607200	585949	86	2551239850	29746401	1782	1502185000	842873
322	11540000	35841	139	584440272	4207583	4177	134571953	32217
—	—	—	149	370252575	2478445	1996	16617111	8325
197	82658633	419225	120	225000323	1877180	1825	112351711	61579
149	52668833	352334	242	117888323	486287	2001	91749972	45854
1315	21780000	16563	168	67150000	399116	3100	42070000	13571
769	491725500	639452	106	6519804115	61264686	1720	3969926697	2307454
459	1118076388	2437509	176	11414981921	64957177	2537	3640196638	1434666
709	257852660	363628	65	1411390100	21858169	1744	3051780471	1749947
389	133583950	343531	50	182579780	3674228	2016	1613432157	800423
455	129963060	285398	128	388319258	3022962	2107	1462891230	694325
985	2939106820	2984669	263	464897512	1769189	2003	12961517583	6471104
747	325812875	436404	55	152513500	2780355	1809	1603669750	886703
689	73034250	105998	92	274755236	2976792	1213	493288800	406656
419	70487970	168036	95	233593630	2468000	1688	1226820300	726976
788	216535932	274769	90	318688680	3541008	1792	872009078	486688
626	930764343	1487599	1638	109899100	67102	1544	5240807290	3394694
860	516000000	600000	—	—	—	1900	304000000	160000
1039	40274000	38752	80	800000	10000	1734	286282309	165145
621	76272000	122795	113	1154787200	10221417	1413	1422665960	1006883
782	22307769	28521	161	76315622	473242	1229	164373874	133702
332	90929516	273535	90	254952317	2819127	1353	306623214	226635
—	—	—	—	—	—	—	—	—
984	4270000	4338	—	—	—	3875	32460000	8377
—	—	—	—	—	—	1338	18832000	14080
—	—	—	—	—	—	—	—	—
—	—	—	—	—	—	—	—	—
960	1000320	1042	—	—	—	2292	4675680	2040
—	—	—	—	—	—	—	—	—
538	56280000	104643	215	13150000	61150	3481	23120000	6642

各地区木材、木材加工及林产化学

地区	硬质纤维板			中密度纤维板			刨花板		
	产品销售实际平均价格	产品销售收入	产品销售量	产品销售实际平均价格	产品销售收入	产品销售量	产品销售实际平均价格	产品销售收入	产品销售量
全国合计	**1503**	**2277017026**	**1514783**	**1439**	**32296388884**	**22451041**	**1151**	**10817730870**	**9394570**
北　京	—	—	—	1400	170325400	121661	—	—	—
天　津	—	—	—	—	—	—	—	—	—
河　北	1017	81320568	80000	1122	2392281576	2131758	1004	1853097500	1845830
山　西	—	—	—	—	—	—	—	—	—
内蒙古	—	—	30	1132	44789000	39580	1185	219931247	185568
内蒙古集团	—	—	—	—	—	—	—	—	—
辽　宁	1156	31440000	27200	2059	554835955	269490	910	281604000	309524
吉　林	—	—	—	1260	382096863	303228	1115	605630380	542933
吉林集团	—	—	—	1323	171850208	129879	1109	527950380	476146
黑龙江	1643	5332376	3246	1388	248001000	178702	1051	179945522	171183
龙江集团	1643	5332376	3246	1388	248001000	178702	1051	179945522	171183
上　海	—	—	—	1970	11570000	5873	—	—	—
江　苏	—	—	—	1486	5948652731	4004308	1177	1311856720	1114134
浙　江	1120	53617760	47873	1422	1604176047	1128443	1511	349737631	231445
安　徽	1834	467600000	255000	1521	1938270240	1274172	639	156201202	244328
福　建	1177	22798000	19367	1093	946036106	865909	1172	1721165993	1468578
江　西	1002	22960000	22920	1439	773104346	537388	1803	898417000	498260
山　东	1047	92326800	88190	1707	3991864300	2338405	1280	1603810873	1252908
河　南	2081	377780000	181580	1139	671487200	589688	984	337225100	342777
湖　北	980	12740000	13000	1527	1068371464	699500	1097	88665000	80800
湖　南	—	—	—	1095	877240800	801080	886	67411360	76051
广　东	1647	786388750	477560	2053	3616304525	1761779	1187	693235028	584108
广　西	959	48520237	50611	1264	3670709666	2904633	886	99763435	112555
海　南	—	—	—	1200	180000000	150000	1000	30000000	30000
重　庆	1900	5415000	2850	1454	13830000	9512	1188	20592579	17327
四　川	1319	208132500	157855	1485	2000290135	1346925	1218	192005000	157670
贵　州	—	—	—	610	22972125	37690	832	7022400	8442
云　南	640	50347600	78677	1095	647962305	591901	829	94300500	113755
西　藏	—	—	—	—	—	—	—	—	—
陕　西	1700	3400000	2000	1493	416407100	278887	—	—	—
甘　肃	967	5997435	6201	400	320000	800	1200	1652400	1377
青　海	—	—	—	—	—	—	—	—	—
宁　夏	—	—	—	—	—	—	—	—	—
新　疆	—	—	—	—	—	—	—	—	—
新疆兵团	—	—	—	—	—	—	—	—	—
大兴安岭	1445	900000	623	1311	104490000	79729	889	4460000	5017

主要工业产品销售实际平均价格(二)

单位:元/(立方米、吨),元,立方米,吨

松香			栲胶			紫胶		
产品销售实际平均价格	产品销售收入	产品销售量	产品销售实际平均价格	产品销售收入	产品销售量	产品销售实际平均价格	产品销售收入	产品销售量
6724	**41704631148**	**6202612**	**7408**	**101929458**	**13760**	**18203**	**20114308**	**1105**
—	—	—	—	—	—	—	—	—
—	—	—	—	—	—	—	—	—
—	—	—	12000	18000000	1500	—	—	—
—	—	—	—	—	—	—	—	—
—	—	—	6701	8939000	1334	—	—	—
—	—	—	—	—	—	—	—	—
6000	3000000	500	—	—	—	—	—	—
—	—	—	—	—	—	—	—	—
—	—	—	—	—	—	—	—	—
—	—	—	—	—	—	—	—	—
—	—	—	—	—	—	—	—	—
—	—	—	—	—	—	—	—	—
—	—	—	—	—	—	—	—	—
—	—	—	—	—	—	—	—	—
6967	20454000	2936	—	—	—	—	—	—
7281	268404220	36864	—	—	—	—	—	—
6603	33934017700	5139217	—	—	—	—	—	—
—	—	—	—	—	—	—	—	—
5963	6440000	1080	—	—	—	—	—	—
5535	7411400	1339	—	—	—	—	—	—
5685	39304800	6914	—	—	—	—	—	—
3773	377792856	100128	—	—	—	18320	3828900	209
8105	6258281543	772183	6936	69920458	10081	—	—	—
—	—	—	—	—	—	—	—	—
5538	720000	130	—	—	—	—	—	—
4000	8224000	2056	—	—	—	13000	104000	8
5011	15192243	3032	—	—	—	—	—	—
5618	765388386	136233	6000	5070000	845	18222	16181408	888
—	—	—	—	—	—	—	—	—
—	—	—	—	—	—	—	—	—
—	—	—	—	—	—	—	—	—
—	—	—	—	—	—	—	—	—
—	—	—	—	—	—	—	—	—
—	—	—	—	—	—	—	—	—
—	—	—	—	—	—	—	—	—
—	—	—	—	—	—	—	—	—

分树种的原木销售

指　　标	全部规格			材长 6m 径级 22～28cm		
	产品销售实际平均单价	产品销售收入	产品销售量	产品销售实际平均单价	产品销售收入	产品销售量
红松原木	987	65879750	66733	1018	5310116	5217
白松原木	926	120211163	129756	889	11158485	12557
落叶松原木	821	802460833	977487	816	273198401	334979
马尾松原木	603	405488574	672974	571	73559823	128914
樟子松原木	502	17282105	34420	507	10445629	20601
云南松原木	535	55103856	103003	503	8857387	17621
杉木原木	775	944278052	1217874	661	385341770	582785
冷杉原木	837	12557332	14995	1072	1247316	1164
云杉原木	867	25664398	29605	912	400330	439
水曲柳原木	1298	126388081	97377	906	10619762	11722
黄波萝原木	603	449500	745	—	—	—
胡桃楸原木	1318	86709565	65792	892	6722771	7535
柞木原木	1331	180930218	135894	1068	11577768	10843
杨木原木	536	894995662	1668702	522	285266815	546230
桦木原木	845	191713246	226868	614	22074387	35937
榆木原木	885	57852812	65343	683	3298072	4832
柳木原木	496	9688866	19530	633	190000	300
椴木原木	1135	97562458	85923	960	3749769	3907
栎类原木	921	38446876	41726	790	2967205	3756
桉树原木	390	150258258	385757	497	26143210	52614

实际平均价格

单位:元/立方米、元、立方米

材长 6m 径级 30cm 以上			材长 4m 径级 22～28cm			材长 4m 径级 30cm 以上		
产品销售实际平均单价	产品销售收入	产品销售量	产品销售实际平均单价	产品销售收入	产品销售量	产品销售实际平均单价	产品销售收入	产品销售量
1273	11435743	8980	876	28951194	33037	1035	20182697	19499
1197	19363231	16179	836	63703699	76187	1046	25985748	24833
996	78912362	79220	786	377546870	480538	880	72803200	82750
651	35292407	54223	579	204552388	353494	675	92083956	136343
800	80000	100	465	2932995	6308	516	3823481	7411
—	—	—	505	38098151	75508	825	8148318	9874
955	94802310	99222	776	358919334	462379	1432	105214638	73488
910	1476930	1623	804	8931325	11106	818	901761	1102
994	3140224	3159	854	10402882	12184	848	11720962	13823
1612	17795389	11040	928	32390965	34891	1651	65581965	39724
—	—	—	600	426505	711	676	22995	34
1626	11331234	6967	1040	23087805	22208	1567	45567755	29082
1219	15150736	12427	934	58058484	62154	1905	96143230	50470
608	99832773	164271	509	357594803	702852	596	152301271	255349
952	7534054	7912	804	110445922	137323	1130	51658883	45696
945	6760053	7157	704	16345151	23230	1044	31449536	30124
457	3050000	6670	506	6208866	12260	800	240000	300
1486	5557171	3739	904	33534356	37113	1329	54721162	41164
1095	2382252	2175	818	21604358	26417	1226	11493061	9378
580	9444140	16283	356	102393329	287829	423	12277579	29031

林业系统各地区

地　区	森林公园总　数（处）	森林公园总面积（公顷）	国家森林公园数量（处）	国家森林公园面积（公顷）	省级森林公园数量（处）	省级森林公园面积（公顷）	县级森林公园数量（处）
合计	**2458**	**16525010**	**731**	**11519312**	**1073**	**4020787**	**654**
北　京	24	78321	15	68441	8	8920	1
天　津	1	2126	1	2126	—	—	—
河　北	83	503289	28	291751	55	211538	—
山　西	111	536645	18	380529	37	111143	56
内蒙古	51	1115784	28	879943	21	227471	2
内蒙古集团	8	400927	8	400927	—	—	—
辽　宁	67	223386	29	141458	38	81927	—
吉　林	47	2454265	32	2011237	15	443028	—
吉林集团	8	89773	8	89773	—	—	—
黑龙江	100	1909465	55	1638718	43	269206	2
龙江集团	40	1324060	24	1209457	16	114603	—
上　海	4	1952	4	1952	—	—	—
江　苏	54	89205	14	32033	40	57172	—
浙　江	150	380249	35	215592	68	136231	47
安　徽	53	140538	29	103611	24	36927	—
福　建	106	199592	26	116575	59	59761	21
江　西	110	476368	43	346261	61	102263	6
山　东	194	378158	36	167741	62	101671	96
河　南	114	272686	28	115142	68	132013	18
湖　北	81	386618	28	255084	53	131534	—
湖　南	99	371272	39	187034	51	174473	9
广　东	418	983261	26	207116	61	105055	331
广　西	48	257920	20	211547	22	44229	6
海　南	10	134353	8	116287	2	18067	—
重　庆	73	177708	24	130327	48	46545	1
四　川	107	733965	31	642144	50	85238	26
贵　州	66	252039	21	145061	26	89835	19
云　南	40	147107	27	112612	13	34495	—
西　藏	8	1307014	8	1307014	—	—	—
陕　西	80	307403	30	149772	45	151783	5
甘　肃	82	899856	21	434401	61	465455	—
青　海	17	462278	7	293297	10	168982	—
宁　夏	4	28587	4	28587	—	—	—
新　疆	54	1183628	14	655947	32	525825	8
大兴安岭	2	129972	2	129972	—	—	—

森林公园主要指标(一)

县级森林公园面积（公顷）	森林公园收入情况						旅游接待人数	
	收入总额（万元）	其中:旅游收入					旅游总人数（万人次）	海外旅游者（万人次）
		合计（万元）	门票收入（万元）	食宿收入（万元）	娱乐收入（万元）	其他收入（万元）		
984911	**2548100**	**2261445**	**458007**	**947726**	**349605**	**506107**	**33287**	**912**
960	14054	14054	3438	7887	687	2042	331	4
—	750	750	492	20	—	238	18	2
—	31539	31459	18044	7247	2611	3557	732	17
44973	34386	25457	5180	11472	5636	3169	549	6
8370	23053	22916	4168	9899	3761	5088	251	2
—	18200	18200	2968	7747	2849	4637	29	—
—	72298	72298	18325	30403	17049	6521	1422	88
—	270761	119221	7693	72977	19620	18931	721	29
—	2741	2741	56	2452	135	98	18	1
1541	49183	49132	4983	23497	5845	14807	525	10
—	37759	37709	3216	18575	5223	10695	181	2
—	8314	4469	3471	92	731	174	336	3
—	130930	130930	43300	19027	3672	64931	2879	114
28426	734635	701741	81212	337964	132311	150254	2759	87
—	34078	26233	7135	14542	953	3604	517	7
23256	20963	19774	3016	7692	2570	6497	1097	36
27844	301359	271014	26963	105252	64784	74015	2000	21
108746	103343	100282	65545	20781	2481	11474	2065	51
25531	44991	43272	13738	8512	3005	18017	2237	39
—	35347	24908	3917	9001	2569	9422	711	7
9765	100446	75409	30646	22029	8362	14371	1405	51
671090	108191	107298	24192	50840	13997	18269	5997	180
2144	45088	40584	5774	15541	1875	17395	341	13
—	8723	8723	189	7578	82	874	41	—
835	100516	100516	19503	47710	14279	19025	2434	112
6583	185439	185234	29602	97292	35919	22421	1217	6
17143	25253	25009	6847	9900	4696	3567	802	10
—	10560	10445	5362	1234	168	3682	469	10
—	2354	2354	2354	—	—	—	26	—
5848	32608	29027	15997	3633	921	8476	844	5
—	4465	4465	1826	1837	212	590	259	1
—	5759	5759	412	1043	—	4304	118	—
—	1836	1836	791	365	589	90	36	—
1856	6066	6066	3890	1842	136	197	144	4
—	810	810	—	620	85	105	2	—

林业系统各地区

地　区	本年度投入资金 合计（万元）	国投（万元）	自筹（万元）	引资（万元）	环境保护投入（万元）	人员建设 职工总数（人）	导游人数（人）
合计	**1911598**	**387722**	**630786**	**893090**	**180001**	**127415**	**11770**
北　京	12445	11660	785	—	1970	889	21
天　津	235	180	55	—	30	83	8
河　北	21772	6756	12946	2070	4208	4169	502
山　西	75471	32669	7947	34855	8108	2681	482
内蒙古	23179	5919	14510	2750	981	2647	183
内蒙古集团	10005	—	10005	—	34	453	52
辽　宁	227931	5908	44300	177722	19237	3836	338
吉　林	27440	7389	15620	4431	2782	5965	633
吉林集团	4061	—	4061	—	189	430	27
黑龙江	80568	10241	55884	14442	2461	4190	553
龙江集团	33721	5026	19997	8698	1548	2660	337
上　海	16216	2038	9378	4800	2514	346	80
江　苏	102540	26866	60156	15518	25283	8159	480
浙　江	98294	10590	82164	5540	10308	9566	1058
安　徽	39504	5018	23756	10730	1884	3395	198
福　建	24291	7772	9357	7162	2165	1768	331
江　西	326033	19891	25807	280334	16477	5461	529
山　东	119604	14370	59319	45915	15272	11170	1189
河　南	96040	7478	25361	63202	8180	5952	987
湖　北	53163	20240	15110	17813	2175	10091	584
湖　南	66900	11978	10601	44321	4879	14409	494
广　东	95240	28414	31249	35577	16423	8621	543
广　西	24824	3781	15998	5045	4396	2472	209
海　南	15480	4365	1978	9137	433	722	44
重　庆	123508	45243	27143	51122	8444	4014	513
四　川	85557	62645	18889	4023	11561	4344	454
贵　州	33024	9046	8279	15700	919	2644	213
云　南	8780	754	7730	296	1365	1649	180
西　藏	2050	684	566	800	—	84	20
陕　西	74301	19993	25038	29271	2257	3402	410
甘　肃	12968	110	11347	1511	322	3036	359
青　海	4473	595	1759	2120	2728	449	44
宁　夏	3634	2104	530	1000	904	237	28
新　疆	15954	2906	7226	5822	1268	847	101
大兴安岭	180	120	—	60	68	117	2

森林公园主要指标(二)

本年度环境建设		基础设施现状				社会旅游从业人员（人）
植树造林（公顷）	改造林相（公顷）	车船总数（台/艘）	游道总数（千米）	床位总数（张）	餐位总数（个）	
88928	**88659**	**23290**	**51406**	**579378**	**998062**	**618931**
116	1200	84	406	1106	4605	2726
—	487	24	29	520	3000	80
5041	7423	655	1704	68370	71830	19104
3026	2742	709	1170	52520	59110	12261
2401	1028	413	1600	5939	11810	11853
—	—	220	222	1670	1820	8838
1759	972	1123	1773	29952	48284	26807
11641	1218	1936	3055	32822	80138	54661
102	139	97	504	2346	5260	1032
5438	9972	3012	3954	27192	47151	13152
2959	5175	2018	2197	16709	30496	10509
70	62	430	112	—	1047	417
2391	2163	896	1704	10782	33210	20667
2513	3436	1685	1547	35729	76363	44100
1000	550	234	990	6853	12027	20786
2288	886	760	1628	5559	14242	13232
8164	15271	1710	4424	36173	58347	34369
7568	6228	1551	4091	34120	71739	131041
7301	10283	948	2290	26193	53102	27345
3244	2724	579	2630	31206	24662	18430
1880	1139	1386	2231	23613	51895	35128
4826	9261	1314	2470	19826	60772	28793
1424	189	733	583	4550	11028	3827
353	—	19	140	2258	4230	1163
3281	4493	613	2077	38898	55853	16989
3459	1338	749	1873	34199	46370	19345
3818	992	482	1333	7577	22446	11485
825	296	383	631	3937	8186	3228
—	—	74	63	776	970	655
1301	1178	352	1904	12845	18370	31065
2403	647	112	1442	9902	8548	5629
772	—	113	502	4224	23111	3955
327	115	39	278	470	1206	2004
205	10	163	1727	10755	13510	4334
95	2356	9	1046	512	900	300

各地区林业旅游与休闲产业发展情况

地　区	旅游人次(万人)	旅游收入(万元)	人均花费(元)	直接带动的其他产业产值(万元)
全国合计	**76637**	**9652306**	**126**	**25070422**
北　京	12341	225094	18	8145
天　津	16	7750	484	—
河　北	1250	111207	89	138902
山　西	150	8717	58	9298
内蒙古	539	95295	177	69990
内蒙古集团	29	18200	639	4636
辽　宁	2255	281686	125	104281
吉　林	1105	399007	361	245688
吉林集团	19	4737	254	1921
黑龙江	654	263842	403	409607
龙江集团	344	116539	338	162193
上　海	221	5394	24	1044
江　苏	3442	312491	91	520649
浙　江	7251	1196701	165	642617
安　徽	1823	253471	139	591722
福　建	1393	224927	162	207908
江　西	4535	1195621	264	11311003
山　东	2547	171018	67	631811
河　南	4770	265014	56	533329
湖　北	1905	334596	176	272301
湖　南	3342	1156373	346	6691281
广　东	4300	365050	85	76485
广　西	1274	149698	117	271636
海　南	189	42214	224	353
重　庆	3089	211381	68	95896
四　川	13121	1813967	138	1531965
贵　州	1930	310326	161	449189
云　南	1338	92584	69	101766
西　藏	—	—	—	—
陕　西	385	24576	64	30530
甘　肃	653	14364	22	11384
青　海	53	2070	39	3606
宁　夏	476	85442	179	71609
新　疆	235	12998	55	21005
新疆兵团	26	1521	59	2557
大兴安岭	55	19432	350	15422

4

从业人员和劳动报酬

CONGYE RENYUAN HE LAODONG BAO CHOU

中国

林业统计年鉴2009

林业系统国有单位从业人员和劳动报酬主要指标2009年与2008年比较

主要指标	单位	2009年	2008年	2009年比2008年增减%
一、企事业机关单位个数	**个**	**45483**	**45427**	**0.12**
其中：1. 林业	个	39721	39829	-0.27
2. 工业	个	390	421	-7.36
二、从业人员年末人数	**人**	**1316405**	**1325304**	**-0.67**
其中：1. 林业	人	1109712	1124066	-1.28
其中：木材及竹材采运业	人	422307	432569	-2.37
国有林场	人	355516	358038	-0.70
2. 工业	人	27883	31658	-11.92
其中：木材加工及竹藤棕草制品业	人	9234	13753	-32.86
林产化学产品制造业	人	1116	917	21.70
三、在岗职工年末人数	**人**	**1274909**	**1283492**	**-0.67**
其中：1. 林业	人	1076805	1090574	-1.26
其中：木材及竹材采运业	人	418851	428639	-2.28
国有林场	人	346323	348353	-0.58
2. 工业	人	24251	27083	-10.46
其中：木材加工及竹藤棕草制品业	人	9040	12512	-27.75
林产化学产品制造业	人	1073	908	18.17
四、在岗职工年工资总额	**千元**	**22246666**	**19863113**	**12.00**
其中：1. 林业	千元	16252260	14577876	11.49
其中：木材及竹材采运业	千元	4785862	4279217	11.84
国有林场	千元	5103117	4618134	10.50
2. 工业	千元	351778	386887	-9.07
其中：木材加工及竹藤棕草制品业	千元	118130	161510	-26.86
林产化学产品制造业	千元	17155	11017	55.71
五、在岗职工年平均工资	**元**	**17985**	**15870**	**13.32**
其中：1. 林业	元	15601	13730	13.63
其中：木材及竹材采运业	元	12025	10457	14.99
国有林场	元	15065	13465	11.88
2. 工业	元	14909	14662	1.68
其中：木材加工及竹藤棕草制品业	元	13558	13506	0.38
林产化学产品制造业	元	16338	15071	8.41

林业系统按行业分全部单位个数、从业人员和劳动报酬情况(一)

指　　标	单位个数（个）	从业人员年末人数（人）	在册职工人数(人)			
			总计	在岗职工		
				合计	长期职工	临时职工
总　　计	**45986**	**1358347**	**1645378**	**1315642**	**1238451**	**77191**
一、国有经济单位	**45483**	**1316405**	**1534003**	**1274909**	**1202889**	**72020**
1. 企　　业	2296	520686	690307	510338	478579	31759
2. 事　　业	39579	705404	753032	675903	637681	38222
3. 机　　关	3608	90315	90664	88668	86629	2039
(一)农林牧渔业	39186	1093209	1298475	1060907	1001466	59441
1. 木材及竹材采运企业	840	422307	561139	418851	392660	26191
2. 国有林场	4522	355516	426679	346323	328479	17844
3. 国有苗圃	1746	32917	36717	32535	30589	1946
4. 林业工作站	20494	128373	122762	120477	114961	5516
5. 木材检查站	2337	21493	21524	21159	20604	555
6. 种苗站	841	7174	7049	6888	6803	85
7. 病虫害防治站	1562	11491	11558	11454	11267	187
8. 治沙站	102	1358	1358	1338	1299	39
9. 其他	6742	112580	109689	101882	94804	7078
(二)采矿业	8	2253	2768	2111	2095	16
(三)制造业	365	21239	27265	17749	15825	1924
1. 木材加工及木、竹、藤、棕、苇制品业	230	9234	14520	9040	7739	1301
2. 木、竹、藤家具制造业	29	749	1396	670	649	21
3. 木、竹、苇浆造纸业	2	9	123	9	9	—
4. 林产化学产品制造	22	1116	1596	1073	1037	36
5. 木质工艺品和木质文教体育用品制造业	2	—	49	—	—	—
6. 非木质林产品加工业	14	550	946	550	550	—
7. 其他	66	9581	8635	6407	5841	566
(四)电力、燃气及水的生产和供应业	17	4391	4536	4391	4342	49
(五)建筑业	26	2765	3892	2685	2657	28
(八)批发和零售业	256	5015	8700	4935	4824	111
(十三)科学研究、技术服务和地质勘查业	696	26750	27212	26354	24687	1667
其中:科技交流和推广服务	275	6216	6400	6159	5940	219
规划设计管理	145	7552	7548	7344	7042	302
(十四)水利、环境和公共设施管理业	701	38459	37327	36493	31817	4676
其中:自然保护区管理	390	14836	14571	14239	13033	1206
野生动植物保护	145	1667	1674	1659	1416	243
(十六)教育	72	9488	9386	9358	8846	512
(十七)卫生、社会保障和社会福利业	34	6089	6363	6032	5551	481
(十九)公共管理和社会组织	3876	96634	97123	94912	92624	2288
(二十)其他	246	10113	10956	8982	8155	827
二、集体经济单位	**213**	**7249**	**75371**	**6777**	**6513**	**264**
三、其他各种经济单位	**290**	**34693**	**36004**	**33956**	**29049**	**4907**

林业系统按行业分全部单位个数、

指标	在册职工人数(人)				
	在岗职工			下岗待安置职工人数	离开本单位仍保留劳动关系人员
	其中:女性	其中:专业技术人员	其中:使用的农村劳动力		
总　　计	**360013**	**357059**	**38545**	**105134**	**224602**
一、国有经济单位	**347004**	**351474**	**34597**	**93349**	**165745**
1. 企　　业	138795	131897	9901	68068	111901
2. 事　　业	191097	204587	24162	25082	52047
3. 机　　关	17112	14990	534	199	1797
(一)农林牧渔业	287179	291376	26105	85724	151844
1. 木材及竹材采运企业	112294	116750	4055	55757	86531
2. 国有林场	98433	54062	11634	24840	55516
3. 国有苗圃	10917	6275	1612	1131	3051
4. 林业工作站	28682	62951	4281	559	1726
5. 木材检查站	2521	5182	126	78	287
6. 种苗站	2679	3838	13	47	114
7. 病虫害防治站	4308	6627	88	62	42
8. 治沙站	374	649	15	—	20
9. 其他	26971	35042	4281	3250	4557
(二)采矿业	574	412	33	444	213
(三)制造业	5079	3242	4022	4027	5489
1. 木材加工及木、竹、藤、棕、苇制品业	2879	2172	1810	2291	3189
2. 木、竹、藤家具制造业	196	88	—	76	650
3. 木、竹、苇浆造纸业	2	5	—	114	—
4. 林产化学产品制造	345	191	115	165	358
5. 木质工艺品和木质文教体育用品制造业	—	—	—	—	49
6. 非木质林产品加工业	186	82	—	267	129
7. 其他	1471	704	2097	1114	1114
(四)电力、燃气及水的生产和供应业	1276	1001	—	52	93
(五)建筑业	488	962	68	332	875
(八)批发和零售业	1596	1216	101	1618	2147
(十三)科学研究、技术服务和地质勘查业	8628	15561	891	144	714
其中:科技交流和推广服务	2077	3452	93	45	196
规划设计管理	2144	5202	10	7	197
(十四)水利、环境和公共设施管理业	12260	7559	2344	393	441
其中:自然保护区管理	3787	3752	572	271	61
野生动植物保护	420	528	251	—	15
(十六)教育	4246	6266	98	1	27
(十七)卫生、社会保障和社会福利业	3392	4135	9	25	306
(十九)公共管理和社会组织	18806	17486	650	213	1998
(二十)其他	3480	2258	276	376	1598
二、集体经济单位	**2180**	**502**	**49**	**11462**	**57132**
三、其他各种经济单位	**10829**	**5083**	**3899**	**323**	**1725**

从业人员和劳动报酬情况(二)

其他从业人员人数（人）	年末实有离退休人员人数（人）	在岗职工年平均人数（人）	在岗职工年工资总额（千元）	离退休人员年生活费（千元）	在岗职工年平均工资（元）
42705	**946297**	**1274938**	**22741251**	**13822715**	**17837**
41496	**894577**	**1236990**	**22246666**	**13385390**	**17985**
10348	531191	486612	6050258	6639601	12433
29501	314981	662746	13335828	5246020	20122
1647	48405	87632	2860581	1499769	32643
32302	756761	1025990	15880786	10318790	15478
3456	453508	398009	4785862	5830902	12025
9193	212189	338735	5103117	2927168	15065
382	17148	31496	488353	236546	15505
7896	21076	118809	2452605	490072	20643
334	1971	20773	420935	38734	20264
286	1754	6713	169593	41954	25263
37	2060	11392	287630	49231	25248
20	392	1384	41741	13240	30160
10698	46663	98679	2130949	690941	21595
142	1841	2042	35827	11960	17545
3490	20904	17209	256368	204318	14897
194	14545	8713	118130	151998	13558
79	557	616	6794	2434	11029
—	2	10	182	17	18160
43	661	1050	17155	3518	16338
—	—	—	—	—	—
—	90	522	5408	796	10360
3174	5049	6298	108700	45555	17259
—	491	4344	59583	4303	13716
80	2584	2178	35272	33441	16195
80	6454	4969	67382	65532	13561
396	15590	26391	856149	395396	32441
57	3300	6024	169517	79607	28140
208	3816	7336	289658	114236	39485
1966	14399	35875	1297970	324191	36180
597	3243	14100	330955	68709	23472
8	236	1633	40519	5758	24813
130	3863	9161	317900	108725	34701
57	9861	5849	174290	186697	29798
1722	51814	93838	3061113	1608953	32621
1131	10015	9144	204027	123086	22313
472	**49327**	**7353**	**63481**	**412704**	**8633**
737	**2393**	**30595**	**431103**	**24620**	**14091**

林业系统各地区按行业分

地区	总计	合计	企业	事业	机关	国有经济	
						小计	木材及竹材采运企业
全国合计	**45986**	**45483**	**2296**	**39579**	**3608**	**39186**	**840**
北京	279	278	12	243	23	140	—
天津	88	88	3	75	10	77	—
河北	1540	1540	39	1336	165	1283	—
山西	2169	2169	15	2027	127	1972	—
内蒙古	1577	1567	35	1379	153	1358	19
内蒙古集团	57	49	24	25	—	27	19
辽宁	1675	1673	26	1546	101	1523	—
吉林	1564	1513	278	1163	72	1390	21
吉林集团	37	22	22	—	—	8	8
黑龙江	1898	1819	116	1575	128	1537	39
龙江集团	203	156	84	59	13	46	39
上海	47	47	3	43	1	14	—
江苏	863	807	61	719	27	774	14
浙江	1070	1058	32	928	98	887	—
安徽	1434	1431	45	1209	177	1199	9
福建	1989	1947	251	1505	191	1574	184
江西	2284	2277	320	1761	196	1947	199
山东	2385	2382	22	2256	104	2246	3
河南	1191	1189	15	1022	152	976	1
湖北	2080	1916	103	1693	120	1679	14
湖南	2777	2765	140	2468	157	2420	58
广东	1847	1828	70	1553	205	1435	13
广西	2011	2004	131	1675	198	1606	—
海南	311	311	25	269	17	268	8
重庆	1263	1261	14	1181	66	1155	1
四川	3568	3549	200	3114	235	3092	91
贵州	2405	2405	103	2171	131	2206	60
云南	2327	2319	93	2000	226	1975	48
西藏	53	53	3	18	32	12	—
陕西	1665	1663	47	1480	136	1450	8
甘肃	1515	1515	16	1393	106	1321	4
青海	351	351	—	283	68	272	—
宁夏	310	309	3	281	25	274	—
新疆	1310	1310	61	1103	146	1087	37
新疆兵团	—	—	—	—	—	—	—
局直属单位	140	139	14	110	15	37	9
大兴安岭	57	56	14	28	14	18	9

企、事业及机关单位个数(一)

单位:个

国有林场	国有苗圃	林业工作站	木材检查站	种苗站	病虫害防治站	治沙站	其他
单位							
农林牧渔业							
4522	**1746**	**20494**	**2337**	**841**	**1562**	**102**	**6742**
26	16	29	4	5	8	1	51
1	9	52	1	2	1	—	11
140	154	586	24	42	63	4	270
241	135	1078	63	49	89	5	312
312	82	490	32	54	79	14	276
—	—	—	—	—	—	—	8
179	42	797	51	50	64	5	335
301	43	710	53	8	40	—	214
—	—	—	—	—	—	—	—
395	69	617	61	47	79	—	230
—	2	—	—	2	2	—	1
2	—	10	—	—	—	—	2
68	32	475	25	3	12	2	143
111	11	493	66	26	60	—	120
138	67	562	123	13	76	1	210
106	56	824	49	16	36	—	303
241	70	813	256	25	63	—	280
150	157	1467	50	55	96	—	268
88	80	280	85	39	87	2	314
241	41	809	146	41	69	—	318
186	72	1437	239	38	42	22	326
188	53	809	124	15	53	—	180
152	61	626	152	42	68	—	505
26	11	124	57	—	10	—	32
73	8	881	78	14	33	—	67
178	123	2154	148	32	83	—	283
92	35	1467	134	56	87	1	274
146	22	1200	91	47	56	9	356
5	3	—	4	—	—	—	—
234	105	438	139	40	40	4	442
248	101	467	50	54	70	13	314
100	26	61	4	4	13	1	63
80	12	123	3	6	18	1	31
74	50	613	25	18	67	17	186
—	—	—	—	—	—	—	—
—	—	2	—	—	—	—	26
—	—	2	—	—	—	—	7

林业系统各地区按行业分

地区	采矿业	国有经济 制造业 小计	木材加工及木、竹、藤、棕、苇制品业	木、竹、藤家具制造业	木、竹、苇浆造纸业	林产化学产品制造
全国合计	**8**	**365**	**230**	**29**	**2**	**22**
北京	—	—	—	—	—	—
天津	—	—	—	—	—	—
河北	—	12	4	—	—	3
山西	—	3	2	—	—	—
内蒙古	—	3	1	—	1	—
内蒙古集团	—	1	—	—	1	—
辽宁	—	13	10	1	—	—
吉林	2	5	3	1	—	—
吉林集团	2	2	—	1	—	—
黑龙江	1	21	12	—	—	1
龙江集团	—	15	10	—	—	—
上海	—	—	—	—	—	—
江苏	1	—	—	—	—	—
浙江	—	—	—	—	—	—
安徽	1	6	3	1	—	—
福建	—	22	8	—	—	4
江西	—	22	8	3	—	2
山东	—	5	2	1	—	—
河南	1	1	—	—	—	—
湖北	—	15	7	2	—	1
湖南	1	71	50	15	—	1
广东	—	16	12	—	—	—
广西	—	10	5	—	—	3
海南	—	3	2	—	—	—
重庆	—	2	1	—	—	—
四川	—	78	66	3	—	3
贵州	—	23	20	—	1	1
云南	—	10	4	—	—	3
西藏	—	—	—	—	—	—
陕西	—	19	8	1	—	—
甘肃	—	3	1	1	—	—
青海	—	—	—	—	—	—
宁夏	—	—	—	—	—	—
新疆	—	2	1	—	—	—
新疆兵团	—	—	—	—	—	—
局直属单位	1	—	—	—	—	—
大兴安岭	1	—	—	—	—	—

企、事业及机关单位个数(二)

单位:个

单 位					
			电力、燃气及水的生产和供应业	建筑业	批发和零售业
木质工艺品和木质文教体育用品制造业	非木质林产品加工业	其他			
2	**14**	**66**	**17**	**26**	**256**
—	—	—	—	—	—
—	—	—	—	—	—
—	3	2	—	—	7
—	1	—	—	—	16
—	—	1	—	1	1
—	—	—	—	1	1
—	—	2	—	—	—
—	—	1	1	2	1
—	—	1	—	1	1
—	1	7	2	8	22
—	1	4	2	8	9
—	—	—	—	—	1
—	—	—	1	1	1
—	—	—	—	1	12
—	—	2	—	2	14
—	—	10	—	3	14
1	—	8	—	1	2
—	—	2	—	1	—
—	—	1	—	—	5
1	—	4	1	—	12
—	1	4	—	1	3
—	1	3	4	—	20
—	—	2	7	2	85
—	—	1	—	—	1
—	—	1	—	—	2
—	—	6	—	1	11
—	1	—	—	1	2
—	—	3	—	—	13
—	—	—	—	—	—
—	5	5	—	1	8
—	1	—	—	—	—
—	—	—	—	—	—
—	—	—	—	—	—
—	—	1	—	—	2
—	—	—	—	—	—
—	—	—	1	—	1
—	—	—	1	—	1

林业系统各地区按行业分

地区	国有经济					
	科学研究、技术服务和地质勘查业			水利、环境和公共设施管理业		
	小计	其中		小计	其中	
		科技交流和推广服务	规划设计管理		自然保护区管理	野生动植物保护
全国合计	**696**	**275**	**145**	**701**	**390**	**145**
北　京	7	1	6	105	2	2
天　津	—	—	—	—	—	—
河　北	18	11	2	10	6	1
山　西	27	11	11	13	9	2
内蒙古	16	3	2	14	11	2
内蒙古集团	1	—	—	—	—	—
辽　宁	19	8	5	12	8	4
吉　林	8	3	3	5	4	1
吉林集团	—	—	—	—	—	—
黑龙江	19	4	5	13	6	2
龙江集团	9	1	2	2	—	—
上　海	1	—	—	22	—	—
江　苏	—	—	—	—	—	—
浙　江	43	31	3	13	12	1
安　徽	14	7	3	14	9	2
福　建	52	16	21	29	24	4
江　西	55	23	16	22	8	11
山　东	5	—	—	4	4	—
河　南	30	4	3	8	6	2
湖　北	68	33	19	15	4	9
湖　南	53	24	8	32	22	8
广　东	59	21	2	70	49	10
广　西	38	16	4	17	15	2
海　南	7	3	—	13	11	2
重　庆	18	12	5	8	6	1
四　川	19	11	4	99	45	47
贵　州	15	4	3	14	13	1
云　南	22	9	1	63	60	2
西　藏	—	—	—	—	—	—
陕　西	13	4	4	16	7	8
甘　肃	22	10	2	37	26	11
青　海	4	1	3	2	2	—
宁　夏	1	—	1	5	5	—
新　疆	11	5	1	21	11	10
新疆兵团	—	—	—	—	—	—
局直属单位	32	—	8	5	5	—
大兴安岭	2	—	2	2	2	—

企、事业及机关单位个数(三)

单位:个

单　　位				集体经济单位	其他各种经济单位
教育	卫生、社会保障和社会福利业	公共管理和社会组织	其他		
72	**34**	**3876**	**246**	**213**	**290**
1	—	23	2	—	1
—	—	10	1	—	—
—	—	206	4	—	—
4	3	127	4	—	—
2	5	155	12	8	2
1	5	1	11	6	2
1	—	102	3	2	—
1	—	87	11	23	28
—	—	—	8	—	15
21	9	138	28	73	6
16	9	21	19	44	3
2	1	1	5	—	—
—	—	29	—	19	37
—	—	99	3	—	12
—	—	177	4	2	1
1	—	228	24	32	10
1	1	205	21	3	4
—	—	117	4	3	—
1	—	157	10	2	—
2	1	121	2	15	149
3	2	178	1	4	8
3	1	212	8	8	11
5	1	200	33	5	2
—	—	18	1	—	—
—	—	74	2	1	1
1	2	236	10	9	10
1	—	138	5	—	—
2	1	228	5	3	5
—	—	32	9	—	—
3	2	140	11	1	1
3	4	123	2	—	—
—	—	73	—	—	—
2	—	25	2	—	1
2	—	181	4	—	—
—	—	—	—	—	—
10	1	36	15	—	1
7	1	15	8	—	1

林业系统各地区按行业分

地区	总计	合计	企业	事业	机关	国有经济	
						小计	木材及竹材采运企业
全国合计	**1358347**	**1316405**	**520686**	**705404**	**90315**	**1093209**	**422307**
北京	26922	26767	1275	24304	1188	5245	—
天津	1186	1186	60	968	158	1006	—
河北	29127	29127	7809	17988	3330	17543	—
山西	24855	24855	150	22675	2030	21152	—
内蒙古	113689	112729	59576	47595	5558	103231	58108
内蒙古集团	61967	61013	58783	2230	—	58841	58108
辽宁	28278	28239	1801	24981	1457	25064	—
吉林	118049	106721	72430	31624	2667	97838	53128
吉林集团	30667	21588	21588	—	—	19105	19105
黑龙江	296117	288408	220669	62719	5020	265575	210989
龙江集团	235293	228578	217681	9104	1793	211699	210989
上海	2078	2078	47	1869	162	462	—
江苏	24465	16105	5030	10866	209	15610	435
浙江	12522	12395	562	9726	2107	8971	—
安徽	24979	24503	1594	20836	2073	21381	441
福建	28591	26301	6700	15264	4337	18600	4828
江西	62278	61539	13553	41222	6764	51916	7977
山东	26844	26832	1786	23163	1883	23063	—
河南	29489	29451	76	24825	4550	23323	—
湖北	32513	27671	2281	22480	2910	21859	301
湖南	47052	45533	2292	36277	6964	33842	1297
广东	34002	33752	3445	24207	6100	23497	289
广西	47442	47319	3829	40051	3439	38230	—
海南	7857	7857	3501	3779	577	6650	1267
重庆	8817	8666	235	7172	1259	6848	8
四川	56895	54919	18706	30039	6174	44452	13537
贵州	33848	33848	5674	25962	2212	29166	2302
云南	48870	48501	11381	29095	8025	33859	7288
西藏	3892	3892	487	2861	544	3348	—
陕西	34792	34494	3341	28821	2332	29408	2407
甘肃	39384	39384	10412	26708	2264	29529	4370
青海	9735	9735	—	9140	595	9023	—
宁夏	9644	9503	457	8608	438	7397	—
新疆	24580	24580	4495	18273	1812	20888	1994
新疆兵团	—	—	—	—	—	—	—
局直属单位	69555	69515	57032	11306	1177	55233	51341
大兴安岭	61427	61387	57032	3423	932	54522	51341

从业人员年末人数(一)

单位:人

单　　位							
农　林　牧　渔　业							
国有林场	国有苗圃	林业工作站	木材检查站	种苗站	病虫害防治站	治沙站	其他
355516	**32917**	**128373**	**21493**	**7174**	**11491**	**1358**	**112580**
1017	1764	458	42	72	137	25	1730
58	199	207	54	43	8	—	437
7077	1723	2672	215	377	543	53	4883
8823	2139	4284	419	300	628	39	4520
32548	2235	3659	226	534	780	257	4884
—	—	—	—	—	—	—	733
14813	773	4881	383	371	527	9	3307
33297	1842	4711	388	66	362	—	4044
—	—	—	—	—	—	—	—
45451	1680	2255	354	263	394	66	4123
—	612	—	—	46	20	—	32
155	—	228	—	—	—	—	79
9300	2033	2112	291	30	76	5	1328
3915	182	2383	836	194	387	15	1059
11034	2982	3300	1353	53	447	3	1768
5691	405	4110	996	55	130	—	2385
29934	1526	5372	2693	138	391	—	3885
7447	2073	8162	530	308	654	—	3889
9972	2008	3117	1875	545	981	9	4816
9409	516	5449	1386	334	510	—	3954
14126	1233	10820	2420	309	288	214	3135
13243	524	5559	1297	91	312	—	2182
24880	511	3197	1346	444	364	—	7488
2568	144	926	302	—	42	—	1401
2973	37	2749	171	123	260	—	527
8506	987	8932	839	188	477	2	10984
5337	331	11616	807	311	339	—	8123
6669	224	10930	537	518	388	15	7290
2586	712	—	44	—	—	6	—
12339	1395	5387	1072	792	664	249	5103
12940	1698	3047	414	503	748	249	5560
6163	250	944	16	19	121	15	1495
4676	217	1415	31	63	186	7	802
8569	574	5406	156	130	347	120	3592
—	—	—	—	—	—	—	—
—	—	85	—	—	—	—	3807
—	—	85	—	—	—	—	3096

林业系统各地区按行业分

地　区	国　有　经　济					
	采矿业	制　造　业				
		小　计	木材加工及木、竹、藤、棕、苇制品业	木、竹、藤家具制造业	木、竹、苇浆造纸业	林产化学产品制造
全国合计	**2253**	**21239**	**9234**	**749**	**9**	**1116**
北　京	—	—	—	—	—	—
天　津	—	—	—	—	—	—
河　北	29	6664	209	—	—	10
山　西	—	12	5	—	—	—
内蒙古	—	61	47	—	6	—
内蒙古集团	—	6	—	—	6	—
辽　宁	—	573	193	—	—	—
吉　林	1003	2137	1512	58	—	—
吉林集团	1003	625	—	58	—	—
黑龙江	—	3210	2419	—	—	103
龙江集团	—	2709	2059	—	—	—
上　海	—	—	—	—	—	—
江　苏	—	—	—	—	—	—
浙　江	—	—	—	—	—	—
安　徽	93	182	156	2	—	—
福　建	—	1021	815	—	—	196
江　西	—	577	118	342	—	1
山　东	—	1363	320	212	—	—
河　南	5	5	—	—	—	—
湖　北	—	400	165	5	—	3
湖　南	4	206	100	—	—	15
广　东	—	170	140	—	—	—
广　西	—	983	430	—	—	454
海　南	—	226	151	75	—	—
重　庆	—	28	27	—	—	—
四　川	—	1065	623	30	—	147
贵　州	142	492	470	—	3	7
云　南	—	673	463	—	—	180
西　藏	—	—	—	—	—	—
陕　西	—	382	203	20	—	—
甘　肃	—	788	651	5	—	—
青　海	—	—	—	—	—	—
宁　夏	—	—	—	—	—	—
新　疆	—	21	17	—	—	—
新疆兵团	—	—	—	—	—	—
局直属单位	977	—	—	—	—	—
大兴安岭	977	—	—	—	—	—

从业人员年末人数(二)

单位:人

单　位					
木质工艺品和木质文教体育用品制造业	非木质林产品加工业	其他	电力、燃气及水的生产和供应业	建筑业	批发和零售业
—	**550**	**9581**	**4391**	**2765**	**5015**
—	—	—	—	—	—
—	—	—	—	—	—
—	37	6408	—	—	107
—	7	—	—	—	173
—	—	8	—	179	121
—	—	—	—	179	121
—	—	380	—	—	—
—	—	567	31	181	43
—	—	567	—	174	43
—	226	462	1702	1491	505
—	226	424	1702	1491	232
—	—	—	—	—	17
—	—	—	—	93	23
—	—	—	—	3	122
—	—	24	—	40	298
—	—	10	—	10	248
—	—	116	—	30	16
—	—	831	—	2	—
—	—	5	—	—	24
—	—	227	22	—	85
—	3	88	—	3	9
—	—	30	194	—	497
—	—	99	56	111	1403
—	—	—	—	—	18
—	—	1	—	—	13
—	—	265	—	608	351
—	12	—	—	5	35
—	—	30	—	—	760
—	—	—	—	—	—
—	133	26	—	9	94
—	132	—	—	—	—
—	—	—	—	—	—
—	—	—	—	—	—
—	—	4	—	—	11
—	—	—	—	—	—
—	—	—	2386	—	42
—	—	—	2386	—	42

林业系统各地区按行业分

地区	国有经济					
	科学研究、技术服务和地质勘查业			水利、环境和公共设施管理业		
	小计	其中		小计	其中	
		科技交流和推广服务	规划设计管理		自然保护区管理	野生动植物保护
全国合计	**26750**	**6216**	**7552**	**38459**	**14836**	**1667**
北京	276	146	130	19768	51	41
天津	—	—	—	—	—	—
河北	451	299	78	450	389	2
山西	562	233	241	380	246	31
内蒙古	1287	129	88	374	338	34
内蒙古集团	69	—	—	—	—	—
辽宁	369	198	98	600	572	28
吉林	989	135	749	699	693	6
吉林集团	—	—	—	—	—	—
黑龙江	2695	905	1045	369	108	179
龙江集团	2220	899	709	63	—	—
上海	121	—	—	1044	—	—
江苏	—	—	—	—	—	—
浙江	586	305	89	308	294	14
安徽	147	81	16	210	87	13
福建	826	152	390	636	618	11
江西	1011	454	327	254	148	73
山东	82	—	—	9	9	—
河南	655	60	24	187	179	8
湖北	1450	587	404	526	119	336
湖南	1620	492	509	1935	1793	47
广东	1631	582	172	990	693	153
广西	1231	306	295	586	566	7
海南	188	90	—	133	111	22
重庆	201	168	33	164	152	7
四川	403	174	154	1019	775	92
贵州	569	39	238	694	692	2
云南	1500	141	11	1939	1689	219
西藏	—	—	—	—	—	—
陕西	600	75	346	620	519	94
甘肃	998	398	108	2230	1730	178
青海	52	12	40	18	18	—
宁夏	43	—	43	1411	1411	—
新疆	709	55	302	339	269	70
新疆兵团	—	—	—	—	—	—
局直属单位	5498	—	1622	567	567	—
大兴安岭	365	—	365	105	105	—

从业人员年末人数(三)

单位:人

单位 教育	卫生、社会保障和社会福利业	公共管理和社会组织	其他	集体经济单位	其他各种经济单位
9488	**6089**	**96634**	**10113**	**7249**	**34693**
128	—	1188	162	—	155
—	—	158	22	—	—
—	—	3850	33	—	—
360	42	2030	144	—	—
95	613	5613	1155	881	79
56	613	34	1094	875	79
9	—	1468	156	39	—
100	—	3026	674	463	10865
—	—	—	638	—	9079
2764	2663	6055	1379	3902	3807
2485	2663	2803	511	2999	3716
218	4	162	50	—	—
—	—	379	—	378	7982
—	—	2162	243	—	127
—	—	2073	79	227	249
4	—	4621	335	341	1949
6	39	6902	788	67	672
—	—	2273	40	12	—
280	—	4707	265	38	—
297	48	2957	27	116	4726
671	18	7206	19	13	1506
328	4	6199	242	135	115
587	6	3450	676	82	41
—	—	633	9	—	—
—	—	1336	76	22	129
50	494	6205	272	474	1502
163	—	2246	336	—	—
332	232	8126	1080	47	322
—	—	544	—	—	—
262	495	2360	264	12	286
902	921	3744	272	—	—
—	—	642	—	—	—
88	—	438	126	—	141
281	—	2267	64	—	—
—	—	—	—	—	—
1563	510	1614	1125	—	40
874	510	996	610	—	40

林业系统各地区按行业分

地区	总计	国有经济					
		合计	企业	事业	机关		
						小计	木材及竹材采运企业
全国合计	**1645378**	**1534003**	**690307**	**753032**	**90664**	**1298475**	**561139**
北京	26195	26040	1274	23582	1184	5331	—
天津	1141	1141	60	923	158	961	—
河北	28201	28201	5883	18837	3481	19244	—
山西	25181	25181	294	22850	2037	21359	—
内蒙古	159514	151986	96131	50273	5582	142176	94525
内蒙古集团	105158	97636	95310	2326	—	95353	94525
辽宁	29959	29920	1919	26607	1394	26703	—
吉林	158043	143118	104266	35864	2988	133443	75694
吉林集团	37888	27605	27605	—	—	24795	24795
黑龙江	421189	354326	280986	68208	5132	328429	268028
龙江集团	354263	289247	278203	9216	1828	269168	268028
上海	1899	1899	29	1708	162	453	—
江苏	26511	18151	6630	11312	209	17733	435
浙江	13399	13278	657	10521	2100	9795	—
安徽	27790	27326	3306	21962	2058	23156	912
福建	29345	27402	7222	16024	4156	19619	4922
江西	96320	95376	28142	60199	7035	82507	15514
山东	26197	26182	1905	22301	1976	22251	—
河南	30806	30766	271	26064	4431	24596	22
湖北	38720	33682	5165	25477	3040	26026	525
湖南	65228	63632	8423	47894	7315	50312	6939
广东	38119	37869	4861	26793	6215	26479	317
广西	53886	53747	6022	44409	3316	42776	—
海南	7656	7656	3393	3949	314	6929	1346
重庆	8862	8722	218	7245	1259	6904	8
四川	55762	53825	18922	28860	6043	43317	13309
贵州	24751	24751	4864	17706	2181	20630	2707
云南	45131	44762	11229	25818	7715	30127	6843
西藏	4006	4006	601	2861	544	3462	—
陕西	36705	36401	4747	29291	2363	30307	2888
甘肃	41987	41987	10663	29060	2264	31857	4371
青海	9701	9701	—	9113	588	8995	—
宁夏	9601	9460	457	8565	438	7354	—
新疆	23556	23556	4401	17346	1809	19890	2005
新疆兵团	—	—	—	—	—	—	—
局直属单位	80017	79953	67366	11410	1177	65354	59829
大兴安岭	71997	71933	67366	3635	932	64645	59829

在册职工人数(一)

单位:人

单位							
农林牧渔业							
国有林场	国有苗圃	林业工作站	木材检查站	种苗站	病虫害防治站	治沙站	其他
426679	**36717**	**122762**	**21524**	**7049**	**11558**	**1358**	**109689**
1017	1856	450	42	72	137	25	1732
58	199	207	9	43	8	—	437
7752	1915	2600	215	378	534	53	5797
8842	2165	4294	420	312	628	38	4660
35003	2235	3688	233	539	787	269	4897
—	—	—	—	—	—	—	828
17234	958	3972	361	368	516	9	3285
45470	2304	4752	392	66	366	—	4399
—	—	—	—	—	—	—	—
50551	2186	2283	358	263	395	66	4299
—	1042	—	—	46	20	—	32
155	—	220	—	—	—	—	78
11411	2013	2123	300	30	98	5	1318
4703	200	2390	838	194	387	15	1068
12162	3127	3230	1343	53	444	3	1882
6767	412	3924	878	56	131	—	2529
50704	2592	5578	2758	138	392	—	4831
7558	2120	8425	530	309	655	—	2654
10697	2089	3098	1940	571	1001	9	5169
12257	710	5556	1410	405	523	—	4640
23223	1792	11378	2514	310	307	220	3629
15760	610	5781	1308	96	312	—	2295
30144	606	3105	1287	272	358	—	7004
2836	150	926	302	—	42	—	1327
3046	37	2732	171	123	260	—	527
8739	999	8829	823	185	476	2	9955
5293	331	7742	818	212	340	—	3187
5874	216	9449	537	526	388	16	6278
2563	797	52	44	—	—	6	—
12866	1391	5432	1076	813	671	250	4920
15311	1696	3046	414	503	748	230	5538
6135	250	944	16	19	121	15	1495
4721	217	1327	31	63	186	7	802
7827	544	5144	156	130	347	120	3617
—	—	—	—	—	—	—	—
—	—	85	—	—	—	—	5440
—	—	85	—	—	—	—	4731

林业系统各地区按行业分

地区		国有经济				
		制造业				
	采矿业	小计	木材加工及木、竹、藤、棕、苇制品业	木、竹、藤家具制造业	木、竹、苇浆造纸业	林产化学产品制造
全国合计	**2768**	**27265**	**14520**	**1396**	**123**	**1596**
北京	—	—	—	—	—	—
天津	—	—	—	—	—	—
河北	29	3817	434	—	—	40
山西	—	12	5	—	—	—
内蒙古	—	61	47	—	6	—
内蒙古集团	—	6	—	—	6	—
辽宁	—	724	193	58	—	—
吉林	1202	2263	1638	58	—	—
吉林集团	1202	625	—	58	—	—
黑龙江	23	4994	4044	—	—	102
龙江集团	—	4438	3684	—	—	—
上海	—	—	—	—	—	—
江苏	—	—	—	—	—	—
浙江	—	—	—	—	—	—
安徽	93	351	156	78	—	—
福建	—	1363	1200	—	—	162
江西	—	2905	610	755	—	162
山东	—	1404	320	250	—	—
河南	23	5	—	—	—	—
湖北	—	1613	890	144	—	199
湖南	81	876	519	—	—	15
广东	—	638	398	—	—	—
广西	—	1357	605	—	—	579
海南	—	6	3	—	—	—
重庆	—	29	27	—	—	—
四川	—	1063	623	28	—	147
贵州	—	613	474	—	117	10
云南	—	989	779	—	—	180
西藏	—	—	—	—	—	—
陕西	—	1156	670	20	—	—
甘肃	—	1001	864	5	—	—
青海	—	—	—	—	—	—
宁夏	—	—	—	—	—	—
新疆	—	25	21	—	—	—
新疆兵团	—	—	—	—	—	—
局直属单位	1317	—	—	—	—	—
大兴安岭	1317	—	—	—	—	—

在册职工人数(二)

单位:人

单　位	木质工艺品和木质文教体育用品制造业	非木质林产品加工业	其他	电力、燃气及水的生产和供应业	建筑业	批发和零售业
	49	**946**	**8635**	**4536**	**3892**	**8700**
	—	—	—	—	—	—
	—	—	—	—	—	—
	—	37	3306	—	—	149
	—	7	—	—	—	274
	—	—	8	—	179	126
	—	—	—	—	179	126
	—	—	473	—	—	—
	—	—	567	31	181	100
	—	—	567	—	174	100
	—	234	614	1702	2267	634
	—	234	520	1702	2267	308
	—	—	—	—	—	8
	—	—	—	—	15	23
	—	—	—	—	7	179
	—	—	117	—	83	1049
	—	—	1	—	33	282
	29	—	1349	—	194	119
	—	—	834	—	15	—
	—	—	5	—	—	148
	20	—	360	22	—	383
	—	184	158	—	108	123
	—	16	224	252	—	841
	—	—	173	70	178	2826
	—	—	3	—	—	18
	—	—	2	—	—	13
	—	—	265	—	608	373
	—	12	—	—	15	49
	—	—	30	—	—	768
	—	—	—	—	—	—
	—	324	142	—	9	152
	—	132	—	—	—	—
	—	—	—	—	—	—
	—	—	—	—	—	—
	—	—	4	—	—	10
	—	—	—	—	—	—
	—	—	—	2459	—	53
	—	—	—	2459	—	53

林业系统各地区按行业分

地区	国有经济					
	科学研究、技术服务和地质勘查业			水利、环境和公共设施管理业		
	小计	其中：科技交流和推广服务	其中：规划设计管理	小计	其中：自然保护区管理	其中：野生动植物保护
全国合计	**27212**	**6400**	**7548**	**37327**	**14571**	**1674**
北京	290	158	132	18962	51	41
天津	—	—	—	—	—	—
河北	451	299	78	450	389	2
山西	563	236	239	380	246	31
内蒙古	1287	129	88	578	542	34
内蒙古集团	68	—	—	—	—	—
辽宁	323	177	73	600	572	28
吉林	996	133	758	699	693	6
吉林集团	—	—	—	—	—	—
黑龙江	2736	915	1070	369	108	179
龙江集团	2261	909	734	63	—	—
上海	96	—	—	953	—	—
江苏	—	—	—	—	—	—
浙江	588	307	89	336	322	14
安徽	147	81	16	210	87	13
福建	745	153	320	597	579	11
江西	1157	540	349	234	128	73
山东	82	—	—	9	9	—
河南	674	60	24	187	179	8
湖北	1615	642	402	564	152	341
湖南	1767	529	509	2033	1813	47
广东	1701	601	172	1009	710	153
广西	1281	288	369	508	488	7
海南	188	90	—	136	111	25
重庆	201	168	33	164	152	7
四川	403	174	153	967	780	92
贵州	561	39	230	339	337	2
云南	1500	141	11	1853	1603	219
西藏	—	—	—	—	—	—
陕西	656	75	346	618	519	92
甘肃	998	398	108	2231	1730	179
青海	52	12	40	18	18	—
宁夏	43	—	43	1411	1411	—
新疆	681	55	274	344	274	70
新疆兵团	—	—	—	—	—	—
局直属单位	5430	—	1622	568	568	—
大兴安岭	365	—	365	105	105	—

在册职工人数(三)

单位:人

单位 教育	卫生、社会保障和社会福利业	公共管理和社会组织	其他	集体经济单位	其他各种经济单位
9386	**6363**	**97123**	**10956**	**75371**	**36004**
111	—	1184	162	—	155
—	—	158	22	—	—
—	—	4007	54	—	—
360	42	2037	154	—	—
95	695	5637	1152	7449	79
56	695	34	1119	7443	79
9	—	1405	156	39	—
100	—	3358	745	2856	12069
—	—	—	709	—	10283
2699	2786	6357	1330	62920	3943
2420	2786	3027	807	61204	3812
191	4	162	32	—	—
—	—	380	—	378	7982
—	—	2126	247	—	121
—	—	2058	179	227	237
4	—	4440	319	354	1589
4	39	7171	1046	136	808
—	—	2368	53	15	—
280	—	4588	265	40	—
297	48	3087	27	140	4898
677	70	7557	28	90	1506
335	4	6315	295	135	115
576	6	3325	844	98	41
—	—	370	9	—	—
—	—	1335	76	22	118
51	494	6074	475	407	1530
164	—	2215	165	—	—
332	232	7816	1145	47	322
—	—	544	—	—	—
262	493	2391	357	18	286
902	941	3745	312	—	—
—	—	636	—	—	—
88	—	438	126	—	141
281	—	2260	65	—	—
—	—	—	—	—	—
1568	509	1579	1116	—	64
874	509	996	610	—	64

林业系统各地区按行业分

地区	总计	合计	企业	事业	机关	国有经济	
						小计	木材及竹材采运企业
全国合计	**1315642**	**1274909**	**510338**	**675903**	**88668**	**1060907**	**418851**
北京	25660	25505	1274	23047	1184	5220	—
天津	1141	1141	60	923	158	961	—
河北	25842	25842	4662	17865	3315	17420	—
山西	24672	24672	148	22494	2030	20973	—
内蒙古	112894	111934	59515	46861	5558	102474	58048
内蒙古集团	61887	60933	58722	2211	—	58770	58048
辽宁	26191	26152	1762	22997	1393	23087	—
吉林	118000	106675	72423	31592	2660	97816	53128
吉林集团	30658	21582	21582	—	—	19105	19105
黑龙江	294325	286618	219670	61943	5005	264452	210366
龙江集团	234522	227809	217039	8988	1782	211076	210366
上海	1899	1899	29	1708	162	453	—
江苏	24272	15912	4883	10820	209	15495	435
浙江	12408	12287	551	9637	2099	8912	—
安徽	24623	24159	1586	20516	2057	21061	441
福建	25884	24305	5658	14503	4144	17087	3876
江西	58461	57722	12597	38461	6664	48540	7717
山东	25434	25422	1774	21765	1883	21665	—
河南	29327	29289	76	24800	4413	23298	—
湖北	31774	26980	2169	21925	2886	21217	265
湖南	46348	44829	2221	35647	6961	33144	1226
广东	33637	33387	3439	23912	6036	23201	289
广西	45699	45576	3784	38481	3311	36800	—
海南	7184	7184	3096	3779	309	6468	1267
重庆	8788	8648	217	7172	1259	6831	8
四川	54043	52483	18227	28254	6002	42265	13051
贵州	23467	23467	4000	17300	2167	19512	2130
云南	44113	43744	10444	25647	7653	29569	6492
西藏	3869	3869	464	2861	544	3325	—
陕西	34565	34267	3340	28596	2331	29197	2407
甘肃	39220	39220	10412	26544	2264	29365	4370
青海	9700	9700	—	9112	588	8995	—
宁夏	9549	9408	457	8513	438	7302	—
新疆	23226	23226	4368	17050	1808	19574	1994
新疆兵团	—	—	—	—	—	—	—
局直属单位	69427	69387	57032	11178	1177	55228	51341
大兴安岭	61423	61383	57032	3419	932	54519	51341

在岗职工人数(一)

单位:人

单位	农林牧渔业							
	国有林场	国有苗圃	林业工作站	木材检查站	种苗站	病虫害防治站	治沙站	其他
	346323	**32535**	**120477**	**21159**	**6888**	**11454**	**1338**	**101882**
	1017	1750	450	42	72	137	25	1727
	58	199	207	9	43	8	—	437
	7077	1719	2591	215	372	533	53	4860
	8714	2093	4284	419	300	628	38	4497
	31958	2235	3659	226	534	780	257	4777
	—	—	—	—	—	—	—	722
	13828	773	3955	361	368	516	9	3277
	33285	1842	4707	388	66	362	—	4038
	—	—	—	—	—	—	—	—
	44960	1678	2250	354	263	394	66	4121
	—	612	—	—	46	20	—	32
	155	—	220	—	—	—	—	78
	9226	2013	2106	291	30	76	5	1313
	3866	182	2380	831	194	387	15	1057
	10910	2924	3204	1343	53	444	3	1739
	5625	383	3876	872	55	130	—	2270
	27259	1442	5309	2674	138	391	—	3610
	7447	2071	8162	530	308	654	—	2493
	9972	2008	3092	1875	545	981	9	4816
	9030	516	5309	1385	334	508	—	3870
	13598	1180	10820	2400	309	287	214	3110
	13114	524	5403	1297	91	312	—	2171
	24631	511	3093	1284	272	358	—	6651
	2554	144	926	302	—	42	—	1233
	2973	37	2732	171	123	260	—	527
	8297	956	8787	823	182	475	2	9692
	4952	330	7621	797	211	337	—	3134
	5718	216	9410	537	518	388	15	6275
	2563	712	—	44	—	—	6	—
	12339	1390	5385	1072	792	664	249	4899
	12838	1696	3045	414	503	748	230	5521
	6135	250	944	16	19	121	15	1495
	4671	217	1325	31	63	186	7	802
	7553	544	5140	156	130	347	120	3590
	—	—	—	—	—	—	—	—
	—	—	85	—	—	—	—	3802
	—	—	85	—	—	—	—	3093

林业系统各地区按行业分

地　区	国有经济					
		制造业				
	采矿业	小　计	木材加工及木、竹、藤、棕、苇制品业	木、竹、藤家具制造业	木、竹、苇浆造纸业	林产化学产品制造
全国合计	**2111**	**17749**	**9040**	**670**	**9**	**1073**
北　京	—	—	—	—	—	—
天　津	—	—	—	—	—	—
河　北	29	3517	209	—	—	10
山　西	—	12	5	—	—	—
内蒙古	—	61	47	—	6	—
内蒙古集团	—	6	—	—	6	—
辽　宁	—	573	193	—	—	—
吉　林	1003	2137	1512	58	—	—
吉林集团	1003	625	—	58	—	—
黑龙江	—	3192	2403	—	—	102
龙江集团	—	2693	2043	—	—	—
上　海	—	—	—	—	—	—
江　苏	—	—	—	—	—	—
浙　江	—	—	—	—	—	—
安　徽	93	182	156	2	—	—
福　建	—	941	787	—	—	154
江　西	—	559	118	340	—	1
山　东	—	1363	320	212	—	—
河　南	5	5	—	—	—	—
湖　北	—	400	165	5	—	3
湖　南	4	206	100	—	—	15
广　东	—	170	140	—	—	—
广　西	—	982	429	—	—	454
海　南	—	3	3	—	—	—
重　庆	—	28	27	—	—	—
四　川	—	1063	623	28	—	147
贵　州	—	492	470	—	3	7
云　南	—	673	463	—	—	180
西　藏	—	—	—	—	—	—
陕　西	—	382	203	20	—	—
甘　肃	—	788	651	5	—	—
青　海	—	—	—	—	—	—
宁　夏	—	—	—	—	—	—
新　疆	—	20	16	—	—	—
新疆兵团	—	—	—	—	—	—
局直属单位	977	—	—	—	—	—
大兴安岭	977	—	—	—	—	—

在岗职工人数(二)

单位:人

单　位					
木质工艺品和木质文教体育用品制造业	非木质林产品加工业	其他	电力、燃气及水的生产和供应业	建筑业	批发和零售业
—	**550**	**6407**	**4391**	**2685**	**4935**
—	—	—	—	—	—
—	—	—	—	—	—
—	37	3261	—	—	107
—	7	—	—	—	171
—	—	8	—	179	121
—	—	—	—	179	121
—	—	380	—	—	—
—	—	567	31	181	43
—	—	567	—	174	43
—	226	461	1702	1491	502
—	226	424	1702	1491	229
—	—	—	—	—	8
—	—	—	—	15	23
—	—	—	—	3	114
—	—	24	—	40	290
—	—	—	—	10	239
—	—	100	—	28	16
—	—	831	—	2	—
—	—	5	—	—	24
—	—	227	22	—	85
—	3	88	—	3	9
—	—	30	194	—	496
—	—	99	56	111	1364
—	—	—	—	—	18
—	—	1	—	—	13
—	—	265	—	608	351
—	12	—	—	5	35
—	—	30	—	—	760
—	—	—	—	—	—
—	133	26	—	9	94
—	132	—	—	—	—
—	—	—	—	—	—
—	—	—	—	—	—
—	—	4	—	—	10
—	—	—	—	—	—
—	—	—	2386	—	42
—	—	—	2386	—	42

林业系统各地区按行业分

地区	国有经济					
	科学研究、技术服务和地质勘查业			水利、环境和公共设施管理业		
	小计	其中		小计	其中	
		科技交流和推广服务	规划设计管理		自然保护区管理	野生动植物保护
全国合计	**26354**	**6159**	**7344**	**36493**	**14239**	**1659**
北京	274	144	130	18555	51	41
天津	—	—	—	—	—	—
河北	451	299	78	450	389	2
山西	560	233	239	380	246	31
内蒙古	1286	129	88	373	337	34
内蒙古集团	68	—	—	—	—	—
辽宁	323	177	73	600	572	28
吉林	978	124	749	699	693	6
吉林集团	—	—	—	—	—	—
黑龙江	2695	905	1045	369	108	179
龙江集团	2220	899	709	63	—	—
上海	96	—	—	953	—	—
江苏	—	—	—	—	—	—
浙江	585	304	89	308	294	14
安徽	147	81	16	210	87	13
福建	711	150	295	587	569	11
江西	1011	454	327	229	123	73
山东	82	—	—	9	9	—
河南	655	60	24	187	179	8
湖北	1425	587	379	526	119	336
湖南	1620	492	509	1932	1793	44
广东	1627	582	172	990	693	153
广西	1196	286	295	508	488	7
海南	188	90	—	133	111	22
重庆	201	168	33	164	152	7
四川	388	174	139	962	775	92
贵州	561	39	230	339	337	2
云南	1500	141	11	1850	1600	219
西藏	—	—	—	—	—	—
陕西	600	75	346	615	519	89
甘肃	998	398	108	2230	1730	178
青海	52	12	40	18	18	—
宁夏	43	—	43	1411	1411	—
新疆	681	55	274	339	269	70
新疆兵团	—	—	—	—	—	—
局直属单位	5420	—	1612	567	567	—
大兴安岭	365	—	365	105	105	—

在岗职工人数(三)

单位:人

单　　位				集体经济单位	其他各种经济单位
教育	卫生、社会保障和社会福利业	公共管理和社会组织	其他		
9358	**6032**	**94912**	**8982**	**6777**	**33956**
110	—	1184	162	—	155
—	—	158	22	—	—
—	—	3835	33	—	—
360	42	2030	144	—	—
95	607	5613	1125	881	79
56	607	34	1092	875	79
9	—	1404	156	39	—
100	—	3019	668	463	10862
—	—	—	632	—	9076
2692	2622	6040	861	3900	3807
2413	2622	2792	508	2997	3716
191	4	162	32	—	—
—	—	379	—	378	7982
—	—	2125	240	—	121
—	—	2057	79	227	237
4	—	4428	298	229	1350
4	39	6800	496	67	672
—	—	2273	28	12	—
280	—	4570	265	38	—
297	48	2933	27	116	4678
671	18	7203	19	13	1506
328	4	6135	242	135	115
576	6	3320	657	82	41
—	—	365	9	—	—
—	—	1335	76	22	118
50	494	6033	269	116	1444
163	—	2201	159	—	—
332	232	7754	1074	47	322
—	—	544	—	—	—
262	486	2359	263	12	286
902	921	3744	272	—	—
—	—	635	—	—	—
88	—	438	126	—	141
281	—	2257	64	—	—
—	—	—	—	—	—
1563	509	1579	1116	—	40
874	509	996	610	—	40

林业系统各地区按行业分

地区	总计					国有经济	
		合计	企业	事业	机关	小计	木材及竹材采运企业
全国合计	**105134**	**93349**	**68068**	**25082**	**199**	**85724**	**55757**
北京	118	118	—	118	—	72	—
天津	—	—	—	—	—	—	—
河北	431	431	287	144	—	308	—
山西	181	181	51	130	—	130	—
内蒙古	31056	31056	29361	1695	—	30851	29255
内蒙古集团	29361	29361	29361	—	—	29361	29255
辽宁	1333	1333	—	1333	—	1333	—
吉林	7842	6280	6265	15	—	6137	4980
吉林集团	941	918	918	—	—	775	775
黑龙江	25309	15687	14649	1036	2	15162	14096
龙江集团	23920	14580	14578	—	2	14096	14096
上海	—	—	—	—	—	—	—
江苏	1458	1458	1059	399	—	1458	—
浙江	101	101	12	89	—	82	—
安徽	823	823	646	177	—	251	194
福建	264	221	94	127	—	214	85
江西	13749	13749	5183	8469	97	11913	2258
山东	115	115	31	84	—	110	—
河南	984	984	87	897	—	950	22
湖北	2402	2176	1160	985	31	1368	96
湖南	7875	7875	2716	5131	28	7157	2897
广东	1267	1267	604	629	34	938	8
广西	1721	1721	835	886	—	941	—
海南	205	205	147	58	—	205	53
重庆	1	1	1	—	—	—	—
四川	738	406	212	194	—	385	15
贵州	887	887	549	331	7	748	306
云南	57	57	57	—	—	57	57
西藏	—	—	—	—	—	—	—
陕西	1233	1233	1015	218	—	525	363
甘肃	2081	2081	213	1868	—	1868	—
青海	—	—	—	—	—	—	—
宁夏	10	10	—	10	—	10	—
新疆	24	24	—	24	—	24	—
新疆兵团	—	—	—	—	—	—	—
局直属单位	2869	2869	2834	35	—	2527	1072
大兴安岭	2867	2867	2834	33	—	2527	1072

下岗待安置职工人数(一)

单位:人

单位							
农林牧渔业							
国有林场	国有苗圃	林业工作站	木材检查站	种苗站	病虫害防治站	治沙站	其他
24840	**1131**	**559**	**78**	**47**	**62**	—	**3250**
—	72	—	—	—	—	—	—
—	—	—	—	—	—	—	—
106	27	—	—	—	—	—	175
63	3	2	—	10	—	—	52
1482	—	8	—	—	—	—	106
—	—	—	—	—	—	—	106
1325	—	—	—	—	—	—	8
1135	—	—	—	—	—	—	22
—	—	—	—	—	—	—	—
1038	28	—	—	—	—	—	—
—	—	—	—	—	—	—	—
—	—	—	—	—	—	—	—
1434	—	2	—	—	22	—	—
75	—	4	—	—	—	—	3
54	—	—	—	—	—	—	3
80	—	—	—	—	—	—	49
8600	681	—	33	—	—	—	341
34	6	9	—	—	—	—	61
572	31	2	13	17	15	—	278
1041	12	73	1	20	8	—	117
3778	213	60	1	—	14	—	194
622	—	276	10	—	—	—	22
834	36	—	—	—	—	—	71
94	6	—	—	—	—	—	52
—	—	—	—	—	—	—	—
167	16	10	—	—	—	—	177
267	—	113	20	—	3	—	39
—	—	—	—	—	—	—	—
—	—	—	—	—	—	—	—
161	—	—	—	—	—	—	1
1868	—	—	—	—	—	—	—
—	—	—	—	—	—	—	—
10	—	—	—	—	—	—	—
—	—	—	—	—	—	—	24
—	—	—	—	—	—	—	—
—	—	—	—	—	—	—	1455
—	—	—	—	—	—	—	1455

林业系统各地区按行业分

地区	采矿业	国有经济 制造业 小计	木材加工及木、竹、藤、棕、苇制品业	木、竹、藤家具制造业	木、竹、苇浆造纸业	林产化学产品制造
全国合计	**444**	**4027**	**2291**	**76**	**114**	**165**
北京	—	—	—	—	—	—
天津	—	—	—	—	—	—
河北	—	123	123	—	—	—
山西	—	—	—	—	—	—
内蒙古	—	—	—	—	—	—
内蒙古集团	—	—	—	—	—	—
辽宁	—	—	—	—	—	—
吉林	104	—	—	—	—	—
吉林集团	104	—	—	—	—	—
黑龙江	—	349	349	—	—	—
龙江集团	—	349	349	—	—	—
上海	—	—	—	—	—	—
江苏	—	—	—	—	—	—
浙江	—	—	—	—	—	—
安徽	—	130	—	76	—	—
福建	—	1	—	—	—	1
江西	—	1238	204	—	—	161
山东	—	—	—	—	—	—
河南	—	—	—	—	—	—
湖北	—	665	665	—	—	—
湖南	—	443	285	—	—	—
广东	—	132	132	—	—	—
广西	—	13	13	—	—	—
海南	—	—	—	—	—	—
重庆	—	1	—	—	—	—
四川	—	—	—	—	—	—
贵州	—	121	4	—	114	3
云南	—	—	—	—	—	—
西藏	—	—	—	—	—	—
陕西	—	598	303	—	—	—
甘肃	—	213	213	—	—	—
青海	—	—	—	—	—	—
宁夏	—	—	—	—	—	—
新疆	—	—	—	—	—	—
新疆兵团	—	—	—	—	—	—
局直属单位	340	—	—	—	—	—
大兴安岭	340	—	—	—	—	—

下岗待安置职工人数(二)

单位:人

单　　位					
木质工艺品和木质文教体育用品制造业	非木质林产品加工业	其他	电力、燃气及水的生产和供应业	建筑业	批发和零售业
—	**267**	**1114**	**52**	**332**	**1618**
—	—	—	—	—	—
—	—	—	—	—	—
—	—	—	—	—	—
—	—	—	—	—	51
—	—	—	—	—	—
—	—	—	—	—	—
—	—	—	—	—	—
—	—	—	—	—	28
—	—	—	—	—	28
—	—	—	—	118	20
—	—	—	—	118	1
—	—	—	—	—	—
—	—	—	—	—	—
—	—	—	—	—	12
—	—	54	—	—	442
—	—	—	—	—	5
—	—	873	—	158	103
—	—	—	—	—	—
—	—	—	—	—	34
—	—	—	—	—	39
—	88	70	—	46	55
—	—	—	52	—	90
—	—	—	—	—	714
—	—	—	—	—	—
—	—	1	—	—	—
—	—	—	—	—	—
—	—	—	—	10	—
—	—	—	—	—	—
—	—	—	—	—	—
—	179	116	—	—	25
—	—	—	—	—	—
—	—	—	—	—	—
—	—	—	—	—	—
—	—	—	—	—	—
—	—	—	—	—	—
—	—	—	—	—	—
—	—	—	—	—	—

地区	国有经济					
	科学研究、技术服务和地质勘查业			水利、环境和公共设施管理业		
	小计	其中		小计	其中	
		科技交流和推广服务	规划设计管理		自然保护区管理	野生动植物保护
全国合计	**144**	**45**	**7**	**393**	**271**	**—**
北　京	—	—	—	46	—	—
天　津	—	—	—	—	—	—
河　北	—	—	—	—	—	—
山　西	—	—	—	—	—	—
内蒙古	—	—	—	205	205	—
内蒙古集团	—	—	—	—	—	—
辽　宁	—	—	—	—	—	—
吉　林	—	—	—	—	—	—
吉林集团	—	—	—	—	—	—
黑龙江	—	—	—	—	—	—
龙江集团	—	—	—	—	—	—
上　海	—	—	—	—	—	—
江　苏	—	—	—	—	—	—
浙　江	1	1	—	6	6	—
安　徽	—	—	—	—	—	—
福　建	—	—	—	—	—	—
江　西	13	—	—	—	—	—
山　东	—	—	—	—	—	—
河　南	—	—	—	—	—	—
湖　北	43	38	5	30	30	—
湖　南	23	—	—	89	13	—
广　东	4	4	—	17	17	—
广　西	2	2	—	—	—	—
海　南	—	—	—	—	—	—
重　庆	—	—	—	—	—	—
四　川	—	—	—	—	—	—
贵　州	—	—	—	—	—	—
云　南	—	—	—	—	—	—
西　藏	—	—	—	—	—	—
陕　西	56	—	—	—	—	—
甘　肃	—	—	—	—	—	—
青　海	—	—	—	—	—	—
宁　夏	—	—	—	—	—	—
新　疆	—	—	—	—	—	—
新疆兵团	—	—	—	—	—	—
局直属单位	2	—	2	—	—	—
大兴安岭	—	—	—	—	—	—

下岗待安置职工人数(三)

单位:人

单　位				集体经济单位	其他各种经济单位
教育	卫生、社会保障和社会福利业	公共管理和社会组织	其他		
1	**25**	**213**	**376**	**11462**	**323**
—	—	—	—	—	—
—	—	—	—	—	—
—	—	—	—	—	—
—	—	—	—	—	—
—	—	—	—	—	—
—	—	—	—	—	—
—	—	—	—	—	—
—	—	—	11	1539	23
—	—	—	11	—	23
—	—	16	22	9622	—
—	—	16	—	9340	—
—	—	—	—	—	—
—	—	—	—	—	—
—	—	—	—	—	—
—	—	—	—	—	—
—	—	—	1	43	—
—	—	97	227	—	—
—	—	—	5	—	—
—	—	—	—	—	—
—	—	31	—	6	220
—	25	28	9	—	—
—	—	34	—	—	—
—	—	—	51	—	—
—	—	—	—	—	—
—	—	—	—	—	—
1	—	—	20	252	80
—	—	7	1	—	—
—	—	—	—	—	—
—	—	—	—	—	—
—	—	—	29	—	—
—	—	—	—	—	—
—	—	—	—	—	—
—	—	—	—	—	—
—	—	—	—	—	—
—	—	—	—	—	—
—	—	—	—	—	—
—	—	—	—	—	—

林业系统各地区按行业分

地　区	总　计	合　计	企　业	事　业	机　关	国有经济	
						小　计	木材及竹材采运企业
全国合计	**946297**	**894577**	**531191**	**314981**	**48405**	**756761**	**453508**
北　京	10936	10889	183	9899	807	2155	—
天　津	217	217	9	144	64	151	—
河　北	8917	8917	1061	6163	1693	6630	—
山　西	8650	8650	104	7457	1089	6909	—
内蒙古	85473	85473	58625	25217	1631	74819	58410
内蒙古集团	66967	66967	58517	8450	—	58636	58410
辽　宁	11122	11122	911	9255	956	9603	7
吉　林	93481	91406	81418	7988	2000	86739	71691
吉林集团	36783	36035	36035	—	—	34264	34264
黑龙江	274185	226971	195752	26341	4878	199323	178114
龙江集团	248902	201806	194852	5111	1843	178422	178114
上　海	3877	3877	—	3562	315	299	—
江　苏	11270	11269	5916	5210	143	10891	8
浙　江	7212	7211	369	5788	1054	5510	—
安　徽	11448	11391	1508	8782	1101	9266	570
福　建	26598	25940	15191	8317	2432	18960	11020
江　西	50399	50235	23302	23660	3273	43217	14753
山　东	8507	8484	262	7238	984	7209	38
河　南	8103	8097	96	6263	1738	5793	12
湖　北	14248	13424	2414	9202	1808	10014	326
湖　南	25044	25000	4366	17143	3491	19251	4241
广　东	28794	28719	4927	20179	3613	22708	182
广　西	31073	31008	3918	25479	1611	24820	—
海　南	3025	3025	1930	789	306	2628	301
重　庆	5335	5265	116	4021	1128	3875	13
四　川	82159	81842	52921	24943	3978	76327	52087
贵　州	11390	11390	2987	6916	1487	8829	1983
云　南	24363	24307	11632	9793	2882	16262	7003
西　藏	1302	1302	1196	69	37	1265	—
陕　西	14106	14105	5634	7456	1015	11453	4629
甘　肃	16462	16462	6016	9357	1089	13812	5824
青　海	1207	1207	—	1073	134	1052	—
宁　夏	4157	4157	434	3294	429	3084	—
新　疆	10012	10012	3177	6079	756	8369	1195
新疆兵团	—	—	—	—	—	—	—
局直属单位	53225	53203	44816	7904	483	45538	41101
大兴安岭	47891	47869	44816	2570	483	45271	41101

年末实有离退休人员人数(一)

单位:人

单位							
农林牧渔业							
国有林场	国有苗圃	林业工作站	木材检查站	种苗站	病虫害防治站	治沙站	其他
212189	**17148**	**21076**	**1971**	**1754**	**2060**	**392**	**46663**
582	1212	68	—	24	26	—	243
10	28	47	66	—	—	—	—
3402	502	317	6	60	60	—	2283
4348	858	522	41	60	85	1	994
12732	922	964	50	132	390	189	1030
—	—	—	—	—	—	—	226
7643	464	400	30	153	125	2	779
12477	699	495	46	20	80	—	1231
—	—	—	—	—	—	—	—
17714	691	455	9	108	65	18	2149
—	268	—	—	25	5	—	10
150	—	75	—	—	—	—	74
8425	1506	403	24	19	18	—	488
4413	150	246	86	49	91	—	475
5865	1487	664	102	23	131	—	424
5059	390	683	147	44	14	11	1592
24254	1673	671	317	11	62	—	1476
3695	1105	1497	4	64	94	—	712
3905	549	428	90	95	114	3	597
7007	268	1209	141	69	56	—	938
11736	935	1217	177	34	20	7	884
18485	598	2124	76	25	27	—	1191
21541	420	465	93	124	63	—	2114
1368	44	47	4	—	1	—	863
3405	48	162	41	25	58	—	123
7817	679	1300	125	43	29	—	14247
4333	381	1106	78	36	15	—	897
3362	136	2305	34	278	90	—	3054
1204	55	—	2	—	4	—	—
3884	376	1346	121	129	88	64	816
5746	231	588	44	87	141	76	1075
719	67	171	—	—	44	4	47
2618	158	142	12	10	18	—	126
4290	516	928	5	32	51	17	1335
—	—	—	—	—	—	—	—
—	—	31	—	—	—	—	4406
—	—	31	—	—	—	—	4139

林业系统各地区按行业分

地区	国有经济					
	采矿业	制造业				
		小计	木材加工及木、竹、藤、棕、苇制品业	木、竹、藤家具制造业	木、竹、苇浆造纸业	林产化学产品制造
全国合计	**1841**	**20904**	**14545**	**557**	**2**	**661**
北京	—	—	—	—	—	—
天津	—	—	—	—	—	—
河北	—	79	31	—	—	—
山西	—	37	36	—	—	—
内蒙古	—	19	19	—	—	—
内蒙古集团	—	—	—	—	—	—
辽宁	—	199	8	4	—	—
吉林	1325	305	158	—	—	—
吉林集团	1325	147	—	—	—	—
黑龙江	—	11418	9718	—	—	—
龙江集团	—	11081	9561	—	—	—
上海	—	—	—	—	—	—
江苏	—	—	—	—	—	—
浙江	—	—	—	—	—	—
安徽	83	161	—	27	—	—
福建	—	2190	1549	—	—	48
江西	—	2344	258	437	—	61
山东	—	43	3	5	—	—
河南	4	—	—	—	—	—
湖北	—	678	354	38	—	160
湖南	65	539	375	—	—	5
广东	—	312	225	—	—	—
广西	—	968	368	—	—	336
海南	—	32	11	—	—	—
重庆	—	24	24	—	—	—
四川	—	202	112	36	—	51
贵州	3	124	121	—	2	—
云南	—	93	77	—	—	—
西藏	—	—	—	—	—	—
陕西	—	857	818	10	—	—
甘肃	—	150	150	—	—	—
青海	—	—	—	—	—	—
宁夏	—	—	—	—	—	—
新疆	—	130	130	—	—	—
新疆兵团	—	—	—	—	—	—
局直属单位	361	—	—	—	—	—
大兴安岭	361	—	—	—	—	—

年末实有离退休人员人数(二)

单位:人

单　位					
木质工艺品和木质文教体育用品制造业	非木质林产品加工业	其他	电力、燃气及水的生产和供应业	建筑业	批发和零售业
—	**90**	**5049**	**491**	**2584**	**6454**
—	—	—	—	—	—
—	—	—	—	—	—
—	—	48	—	—	19
—	1	—	—	—	233
—	—	—	—	—	—
—	—	—	—	—	—
—	—	187	—	—	6
—	—	147	—	16	90
—	—	147	—	—	90
—	48	1652	472	1208	311
—	48	1472	472	1208	180
—	—	—	—	—	12
—	—	—	—	21	14
—	—	—	—	3	170
—	—	134	—	17	575
—	—	593	—	194	279
—	—	1588	—	345	50
—	—	35	—	—	—
—	—	—	—	—	35
—	—	126	—	—	212
—	16	143	—	62	81
—	7	80	11	—	787
—	—	264	8	180	1783
—	—	21	—	—	8
—	—	—	—	—	24
—	—	3	—	535	127
—	1	—	—	1	18
—	—	16	—	—	993
—	—	—	—	—	—
—	17	12	—	2	33
—	—	—	—	—	—
—	—	—	—	—	—
—	—	—	—	—	—
—	—	—	—	—	17
—	—	—	—	—	—
—	—	—	—	—	577
—	—	—	—	—	577

林业系统各地区按行业分

地区	国有经济					
	科学研究、技术服务和地质勘查业			水利、环境和公共设施管理业		
	小计	其中		小计	其中	
		科技交流和推广服务	规划设计管理		自然保护区管理	野生动植物保护
全国合计	**15590**	**3300**	**3816**	**14399**	**3243**	**236**
北京	102	88	14	7778	14	2
天津	—	—	—	—	—	—
河北	195	147	17	118	111	—
山西	169	88	53	59	49	—
内蒙古	504	83	17	132	132	—
内蒙古集团	—	—	—	—	—	—
辽宁	161	105	22	181	178	3
吉林	543	96	369	59	59	—
吉林集团	—	—	—	—	—	—
黑龙江	2043	690	838	67	—	59
龙江集团	1795	690	694	7	—	—
上海	39	—	—	3028	—	—
江苏	—	—	—	—	—	—
浙江	344	160	41	101	101	—
安徽	97	65	3	32	13	1
福建	103	56	25	252	248	—
江西	519	270	59	19	19	—
山东	39	—	—	—	—	—
河南	305	13	7	82	82	—
湖北	553	243	112	64	8	56
湖南	804	190	268	325	305	1
广东	1032	343	131	83	38	3
广西	842	194	190	181	168	2
海南	43	14	—	8	3	5
重庆	122	112	10	50	45	5
四川	196	78	69	24	24	—
贵州	472	12	167	123	122	1
云南	1274	58	—	294	262	21
西藏	—	—	—	—	—	—
陕西	340	27	163	155	139	16
甘肃	402	148	39	264	219	45
青海	17	7	10	—	—	—
宁夏	17	—	17	603	603	—
新疆	362	13	149	53	37	16
新疆兵团	—	—	—	—	—	—
局直属单位	3951	—	1026	264	264	—
大兴安岭	150	—	150	7	7	—

年末实有离退休人员人数(三)

单位:人

单位					
教育	卫生、社会保障和社会福利业	公共管理和社会组织	其他	集体经济单位	其他各种经济单位
3863	**9861**	**51814**	**10015**	**49327**	**2393**
47	—	807	—	—	47
—	—	64	2	—	—
—	—	1872	4	—	—
82	53	1089	19	—	—
75	7394	1645	885	—	—
52	7394	—	885	—	—
4	—	959	9	—	—
52	—	2067	210	1327	748
—	—	—	209	—	748
1281	1566	5865	3417	47190	24
1132	1566	2749	3194	47096	—
162	6	315	16	—	—
—	—	343	—	—	1
—	—	1071	12	—	1
—	—	1101	59	50	7
15	—	2529	1418	448	210
—	—	3291	450	26	138
—	—	1169	24	23	—
85	—	1756	37	6	—
95	—	1808	—	34	790
271	9	3570	23	44	—
108	5	3649	24	75	—
274	—	1623	329	34	31
—	—	306	—	—	—
—	—	1157	13	2	68
14	194	3979	244	52	265
69	—	1559	192	—	—
140	171	2921	2159	15	41
—	—	37	—	—	—
56	92	1018	99	1	—
96	108	1584	46	—	—
—	—	138	—	—	—
24	—	429	—	—	—
159	—	914	8	—	—
—	—	—	—	—	—
754	263	1179	316	—	22
501	263	534	205	—	22

林业系统各地区按行业分

地区	总计	国有经济					
		合计	企业	事业	机关	小计	木材及竹材采运企业
全国合计	**17837**	**17985**	**12433**	**20122**	**32643**	**15478**	**12025**
北京	45218	45376	29850	45017	69055	39630	—
天津	25217	25217	26426	24558	28608	24665	—
河北	22193	22193	20051	21565	28521	21038	—
山西	21053	21053	8291	20424	28884	19970	—
内蒙古	16986	17113	13817	18974	37001	15797	13790
内蒙古集团	13923	14088	13808	21497	—	13864	13790
辽宁	18294	18315	12110	18021	30336	17385	12056
吉林	15357	15347	14842	15247	30385	14303	15006
吉林集团	18407	18962	18962	—	—	18177	18177
黑龙江	11517	11583	9614	16164	35208	10249	9560
龙江集团	10874	10920	9586	34553	45694	9584	9560
上海	74025	74025	81710	70320	110268	60547	—
江苏	13859	12330	12414	11908	31461	12006	17217
浙江	42909	43012	21589	40143	62016	38630	—
安徽	15750	15723	9333	14701	30652	14369	9675
福建	23992	24498	19948	23511	34035	22775	18937
江西	13399	13416	11922	11905	24458	11629	11652
山东	22978	22982	14937	22870	32412	22289	6124
河南	14168	14177	5273	13506	18281	13077	—
湖北	14110	15222	12346	14261	25122	13669	9433
湖南	17874	17981	14703	17133	23321	15769	13809
广东	26158	26236	15207	24331	40015	21145	15941
广西	19219	19228	12660	18678	33399	17559	—
海南	14191	14191	14689	12970	23769	13741	12749
重庆	20532	20676	6247	19199	33947	18331	17313
四川	19368	19653	15275	19336	34713	17301	17018
贵州	19552	19552	9455	20189	33530	17681	9334
云南	20968	21073	15243	20504	31140	19249	14409
西藏	16232	16232	22519	7163	58681	10031	—
陕西	22219	22272	12091	22881	29684	21521	12539
甘肃	21101	21101	11337	22880	32287	21031	11579
青海	21258	21258	—	19858	43020	19541	—
宁夏	23125	23426	28129	22233	43206	21353	—
新疆	21581	21581	21380	20508	32417	19646	23550
新疆兵团	—	—	—	—	—	—	—
局直属单位	19132	19135	13926	42285	43291	14288	13827
大兴安岭	15089	15089	13926	28385	36099	13809	13827

在岗职工年平均工资(一)

单位:元

单　位							
农　林　牧　渔　业							
国有林场	国有苗圃	林业工作站	木材检查站	种苗站	病虫害防治站	治沙站	其他
15065	**15505**	**20643**	**20264**	**25263**	**25248**	**30160**	**21595**
49771	37441	45240	32507	51674	50379	68658	33466
27228	18398	23921	24433	27189	24081	—	27299
19844	15160	30523	18927	21125	21429	25502	19721
20564	14263	19365	13627	22001	18898	19714	22597
16045	18479	24004	29763	29407	28334	30272	26209
—	—	—	—	—	—	—	19727
15868	12514	16711	24857	22549	25588	35200	22942
11864	10746	18301	24485	28459	23107	—	20167
—	—	—	—	—	—	—	—
11769	12347	21037	17859	27587	24722	12906	17212
—	13399	—	—	32304	37650	—	29721
42180	—	66718	—	—	—	—	80115
8872	8707	24144	33297	18761	22242	—	13540
28457	37417	45537	42005	57924	52993	—	48576
12231	9860	20427	19341	23168	21372	—	19939
24733	19034	21846	21580	25143	25262	28471	26094
8918	12010	17071	18401	18543	21455	—	16049
21025	15354	24121	17935	25610	25301	—	26054
12743	10932	13532	11428	12776	12318	11473	15214
10968	12437	16178	15443	15221	16427	15000	15652
11871	13749	18253	18989	20511	21593	15876	22005
20342	15226	18003	18382	40178	39673	—	33812
15722	16105	21238	20327	23873	24876	—	21734
15036	10224	11971	12017	—	16485	—	14005
18835	15391	16653	21161	22132	23755	—	20078
15840	16651	18189	21226	24020	23881	—	17381
20049	20825	17314	23609	22939	24096	—	18233
19637	21737	19482	22306	21818	27938	22230	22774
7987	15972	—	35359	—	—	11343	—
18833	17229	24478	25370	31006	30275	38084	26337
19763	18776	25140	25704	26010	27841	32198	25182
16578	29299	31248	35873	46329	40628	36994	19461
20957	14350	19782	29292	34456	29234	23736	25140
15977	21452	22403	14376	29796	27058	25840	19836
—	—	—	—	—	—	—	—
—	—	26106	—	—	—	—	20082
—	—	26106	—	—	—	—	13183

林业系统各地区按行业分

地 区	采矿业	国有经济 制造业 小 计	木材加工及木、竹、藤、棕、苇制品业	木、竹、藤家具制造业	木、竹、苇浆造纸业	林产化学产品制造
全国合计	**17545**	**14897**	**13558**	**11029**	**18160**	**16338**
北 京	—	—	—	—	—	—
天 津	—	—	—	—	—	—
河 北	18300	21303	17605	—	—	27061
山 西	—	19228	22724	—	—	—
内蒙古	—	14059	9149	—	22857	—
内蒙古集团	—	22857	—	—	22857	—
辽 宁	—	16075	19643	—	—	—
吉 林	16418	15805	16356	10000	—	—
吉林集团	16418	14382	—	10000	—	—
黑龙江	—	9180	8009	—	—	18969
龙江集团	—	8800	8019	—	—	—
上 海	—	—	—	—	—	—
江 苏	—	—	—	—	—	—
浙 江	—	—	—	—	—	—
安 徽	2240	9051	10408	4800	—	—
福 建	—	24128	25487	—	—	16873
江 西	—	10939	14679	8623	—	17000
山 东	—	13688	11050	15633	—	—
河 南	6000	3600	—	—	—	—
湖 北	13169	9059	13240	15400	—	5333
湖 南	5000	10005	12288	—	—	19094
广 东	—	12464	13657	—	—	—
广 西	—	17425	22033	—	—	15028
海 南	—	4467	4467	—	—	—
重 庆	—	7916	8017	—	—	—
四 川	—	13412	14847	15180	—	12192
贵 州	15464	12604	12865	—	7200	7200
云 南	—	13925	11175	—	—	21526
西 藏	—	—	—	—	—	—
陕 西	—	10532	12034	10000	—	—
甘 肃	—	6523	5824	—	—	—
青 海	—	—	—	—	—	—
宁 夏	—	—	—	—	—	—
新 疆	—	17888	20721	—	—	—
新疆兵团	—	—	—	—	—	—
局直属单位	20612	—	—	—	—	—
大兴安岭	20612	—	—	—	—	—

在岗职工年平均工资(二)

单位:元

单　位					
木质工艺品和木质文教体育用品制造业	非木质林产品加工业	其他	电力、燃气及水的生产和供应业	建筑业	批发和零售业
—	**10360**	**17259**	**13716**	**16195**	**13561**
—	—	—	—	—	—
—	—	—	—	—	—
—	9395	21659	—	—	6854
—	16730	—	—	—	14692
—	—	35205	—	11089	22678
—	—	—	—	11089	22678
—	—	14263	—	—	31568
—	—	14865	12916	17260	28407
—	—	14865	—	17076	28407
—	11511	11843	10278	11242	18814
—	11511	11978	10278	11242	27276
—	—	—	—	—	73250
—	—	—	—	11700	11200
—	—	—	—	5800	27220
—	—	3407	—	21500	11229
—	—	—	—	9000	11392
—	—	14270	—	14158	11619
—	—	14308	—	9486	—
—	—	3600	—	—	5787
—	—	5929	22273	10222	8468
—	8190	5923	—	7153	13923
—	—	6900	13852	—	15026
—	—	10741	11986	14576	11901
—	—	—	—	—	4739
—	—	5184	—	—	12102
—	—	10706	—	26094	13416
—	7200	—	—	7200	22014
—	—	14552	—	—	10926
—	—	—	—	—	—
—	8304	10146	—	2244	5799
—	10800	—	—	—	—
—	—	—	—	—	—
—	—	—	—	—	—
—	—	6557	—	—	16272
—	—	—	—	—	—
—	—	—	16089	—	15190
—	—	—	16089	—	15190

林业系统各地区按行业分

地区	国有经济					
	科学研究、技术服务和地质勘查业			水利、环境和公共设施管理业		
	小计	其中		小计	其中	
		科技交流和推广服务	规划设计管理		自然保护区管理	野生动植物保护
全国合计	**32441**	**28140**	**39485**	**36180**	**23472**	**24813**
北京	56036	52890	59417	45436	61345	42695
天津	—	—	—	—	—	—
河北	26592	27218	35421	20721	22239	41000
山西	29617	28430	30574	24309	26457	21988
内蒙古	26956	28443	17730	28136	27659	27938
内蒙古集团	13706	—	—	—	—	—
辽宁	30208	32166	25692	22124	21657	31668
吉林	40920	40077	41821	20203	20190	21600
吉林集团	—	—	—	—	—	—
黑龙江	30007	27330	32169	27092	10313	34561
龙江集团	28565	27367	28260	38049	—	—
上海	79495	—	—	77969	—	—
江苏	—	—	—	—	—	—
浙江	54511	50366	67840	42995	41970	71533
安徽	22258	22479	18562	16597	17656	21148
福建	22071	24493	21669	20735	20603	25636
江西	18676	17637	21099	21652	20068	24082
山东	30219	—	—	30097	30097	—
河南	16322	18637	23517	14624	14839	10002
湖北	17419	11180	22814	17441	17286	17274
湖南	21251	22147	22670	24049	24794	20455
广东	40459	47339	55316	33716	29516	30874
广西	36625	21768	64036	23387	23496	19364
海南	15216	16234	—	12411	12103	13965
重庆	21023	20223	25073	19976	19641	31992
四川	36812	42238	37645	20752	20147	25173
贵州	25605	18268	27291	28053	28092	21384
云南	21280	22316	20388	19587	20497	12991
西藏	—	—	—	—	—	—
陕西	34301	26932	42360	29881	30471	26478
甘肃	25005	27055	20952	17755	16917	31670
青海	38701	40938	38030	43921	43921	—
宁夏	34665	—	34665	27395	27395	—
新疆	32671	31017	43230	21976	20580	27243
新疆兵团	—	—	—	—	—	—
局直属单位	45013	—	56478	31006	31006	—
大兴安岭	26199	—	26199	24297	24297	—

在岗职工年平均工资(三)

单位:元

单 位					
教育	卫生、社会保障和社会福利业	公共管理和社会组织	其他	集体经济单位	其他各种经济单位
34701	**29798**	**32621**	**22313**	**8633**	**14091**
58090	—	69055	21967	—	19355
—	—	28608	24978	—	—
—	—	28308	21224	—	—
29570	13469	28884	15427	—	—
30463	16870	36917	23425	5837	19483
19830	16870	27353	23489	5837	19483
33053	—	30431	13218	4667	—
36404	—	30769	47627	8970	15729
—	—	—	49886	—	17073
36721	37911	34748	12547	7280	11389
37373	37911	40957	15357	7438	11369
50000	97750	110268	82353	—	—
—	—	24690	—	12217	17187
—	—	62078	17597	—	31682
—	—	30828	7772	21241	13261
24000	31200	33570	15193	15450	16788
26060	31508	24417	18237	17537	11483
—	—	35063	13329	14083	—
40424	—	18345	12270	7817	—
22077	16320	25131	29739	13763	6187
41017	14080	23836	15668	17638	14524
50545	15000	40362	36326	22037	9004
34628	44465	33447	12310	12672	21159
—	—	22980	13600	—	—
—	—	33941	4108	7200	14713
19112	32139	34655	18506	7433	9957
30412	—	33499	12153	—	—
15148	18096	31064	15841	13497	7894
—	—	58681	—	—	—
33084	18717	29748	12852	5040	17105
16045	15291	28323	11037	—	—
—	—	42827	—	—	—
28803	—	43206	24806	—	3191
22984	—	34976	18423	—	—
—	—	—	—	—	—
43307	43315	45722	41230	—	15171
35485	43315	35936	20789	—	15171

林业系统按行业分职工伤亡事故情况

国民经济行业	轻伤（人次）	重伤（人次）	死亡（人）
总　　　计	**722**	**102**	**107**
一、农、林、牧、渔业	**670**	**92**	**99**
其中：国有林场	69	19	40
木材及竹材采运业	575	62	7
二、采矿业	**—**	**—**	**—**
三、制造业	**24**	**2**	**—**
1. 木材加工及木、竹、藤、棕、苇制品业	24	2	—
2. 木、竹、藤家具制造业	—	—	—
3. 木、竹、苇浆造纸业	—	—	—
4. 林产化学产品制造	—	—	—
5. 其他	—	—	—
四、建筑业	**1**	**—**	**—**
五、其他	**27**	**8**	**8**

林业系统各地区按行业分职工轻伤事故情况

单位：人

地区	总计	农、林、牧、渔业			采矿业	制造业						建筑业	其他
		合计	其中			合计	木材加工及木、竹、藤、棕、苇制品业	木、竹、籐家具制造业	木、竹、苇浆造纸业	林产化学产品制造	其他		
			国有林场	木材及竹材采运业									
全国合计	**722**	**670**	**69**	**575**	**—**	**24**	**24**	**—**	**—**	**—**	**—**	**1**	**27**
北京	11	5	3	—	—	—	—	—	—	—	—	—	6
天津	—	—	—	—	—	—	—	—	—	—	—	—	—
河北	—	—	—	—	—	—	—	—	—	—	—	—	—
山西	—	—	—	—	—	—	—	—	—	—	—	—	—
内蒙古	222	222	10	212	—	—	—	—	—	—	—	—	—
内蒙古集团	212	212	—	212	—	—	—	—	—	—	—	—	—
辽宁	—	—	—	—	—	—	—	—	—	—	—	—	—
吉林	71	67	8	56	—	4	4	—	—	—	—	—	—
吉林集团	21	21	—	21	—	—	—	—	—	—	—	—	—
黑龙江	235	230	—	230	—	5	5	—	—	—	—	—	—
龙江集团	235	230	—	230	—	5	5	—	—	—	—	—	—
上海	—	—	—	—	—	—	—	—	—	—	—	—	—
江苏	1	1	—	—	—	—	—	—	—	—	—	—	—
浙江	—	—	—	—	—	—	—	—	—	—	—	—	—
安徽	—	—	—	—	—	—	—	—	—	—	—	—	—
福建	1	1	—	—	—	—	—	—	—	—	—	—	—
江西	12	12	12	—	—	—	—	—	—	—	—	—	—
山东	—	—	—	—	—	—	—	—	—	—	—	—	—
河南	—	—	—	—	—	—	—	—	—	—	—	—	—
湖北	7	7	1	—	—	—	—	—	—	—	—	—	—
湖南	38	28	17	11	—	6	6	—	—	—	—	—	4
广东	—	—	—	—	—	—	—	—	—	—	—	—	—
广西	1	—	—	—	—	—	—	—	—	—	—	—	1
海南	—	—	—	—	—	—	—	—	—	—	—	—	—
重庆	—	—	—	—	—	—	—	—	—	—	—	—	—
四川	31	29	4	25	—	—	—	—	—	—	—	1	1
贵州	3	3	—	—	—	—	—	—	—	—	—	—	—
云南	27	21	8	9	—	6	6	—	—	—	—	—	—
西藏	—	—	—	—	—	—	—	—	—	—	—	—	—
陕西	4	2	—	—	—	2	2	—	—	—	—	—	—
甘肃	—	—	—	—	—	—	—	—	—	—	—	—	—
青海	—	—	—	—	—	—	—	—	—	—	—	—	—
宁夏	4	4	4	—	—	—	—	—	—	—	—	—	—
新疆	6	6	2	—	—	—	—	—	—	—	—	—	—
新疆兵团	—	—	—	—	—	—	—	—	—	—	—	—	—
大兴安岭	48	32	—	32	—	1	1	—	—	—	—	—	15

林业系统各地区按行业分职工重伤事故情况

单位:人

地区	总计	农、林、牧、渔业			采矿业	制造业						建筑业	其他
		合计	其中			合计	木材加工及木、竹、藤、棕、苇制品业	木、竹、籐家具制造业	木、竹、苇浆造纸业	林产化学产品制造	其他		
			国有林场	木材及竹材采运业									
全国合计	**102**	**92**	**19**	**62**	**—**	**2**	**2**	**—**	**—**	**—**	**—**	**—**	**8**
北京	—	—	—	—	—	—	—	—	—	—	—	—	—
天津	—	—	—	—	—	—	—	—	—	—	—	—	—
河北	6	6	6	—	—	—	—	—	—	—	—	—	—
山西	—	—	—	—	—	—	—	—	—	—	—	—	—
内蒙古	—	—	—	—	—	—	—	—	—	—	—	—	—
内蒙古集团	—	—	—	—	—	—	—	—	—	—	—	—	—
辽宁	—	—	—	—	—	—	—	—	—	—	—	—	—
吉林	2	2	1	—	—	—	—	—	—	—	—	—	—
吉林集团	—	—	—	—	—	—	—	—	—	—	—	—	—
黑龙江	22	22	—	22	—	—	—	—	—	—	—	—	—
龙江集团	22	22	—	22	—	—	—	—	—	—	—	—	—
上海	—	—	—	—	—	—	—	—	—	—	—	—	—
江苏	—	—	—	—	—	—	—	—	—	—	—	—	—
浙江	—	—	—	—	—	—	—	—	—	—	—	—	—
安徽	—	—	—	—	—	—	—	—	—	—	—	—	—
福建	—	—	—	—	—	—	—	—	—	—	—	—	—
江西	1	1	1	—	—	—	—	—	—	—	—	—	—
山东	—	—	—	—	—	—	—	—	—	—	—	—	—
河南	—	—	—	—	—	—	—	—	—	—	—	—	—
湖北	—	—	—	—	—	—	—	—	—	—	—	—	—
湖南	7	6	1	1	—	—	—	—	—	—	—	—	1
广东	1	1	—	—	—	—	—	—	—	—	—	—	—
广西	—	—	—	—	—	—	—	—	—	—	—	—	—
海南	—	—	—	—	—	—	—	—	—	—	—	—	—
重庆	—	—	—	—	—	—	—	—	—	—	—	—	—
四川	10	10	5	5	—	—	—	—	—	—	—	—	—
贵州	1	—	—	—	—	1	1	—	—	—	—	—	—
云南	1	1	—	—	—	—	—	—	—	—	—	—	—
西藏	—	—	—	—	—	—	—	—	—	—	—	—	—
陕西	2	2	1	—	—	—	—	—	—	—	—	—	—
甘肃	1	1	—	1	—	—	—	—	—	—	—	—	—
青海	1	1	—	—	—	—	—	—	—	—	—	—	—
宁夏	2	2	2	—	—	—	—	—	—	—	—	—	—
新疆	4	4	2	—	—	—	—	—	—	—	—	—	—
新疆兵团	—	—	—	—	—	—	—	—	—	—	—	—	—
大兴安岭	41	33	—	33	—	1	1	—	—	—	—	—	7

林业系统各地区按行业分职工死亡事故情况

单位：人

地区	总计	农、林、牧、渔业			采矿业	制造业						建筑业	其他
		合计	其中			合计	木材加工及木、竹、藤、棕、苇制品业	木、竹、籐家具制造业	木、竹、苇浆造纸业	林产化学产品制造	其他		
			国有林场	木材及竹材采运业									
全国合计	**107**	**99**	**40**	**7**	**—**	**—**	**—**	**—**	**—**	**—**	**—**	**—**	**8**
北京	1	1	—	—	—	—	—	—	—	—	—	—	—
天津	—	—	—	—	—	—	—	—	—	—	—	—	—
河北	2	2	2	—	—	—	—	—	—	—	—	—	—
山西	—	—	—	—	—	—	—	—	—	—	—	—	—
内蒙古	2	2	2	—	—	—	—	—	—	—	—	—	—
内蒙古集团	—	—	—	—	—	—	—	—	—	—	—	—	—
辽宁	—	—	—	—	—	—	—	—	—	—	—	—	—
吉林	11	11	8	—	—	—	—	—	—	—	—	—	—
吉林集团	—	—	—	—	—	—	—	—	—	—	—	—	—
黑龙江	2	1	—	—	—	—	—	—	—	—	—	—	1
龙江集团	1	—	—	—	—	—	—	—	—	—	—	—	1
上海	—	—	—	—	—	—	—	—	—	—	—	—	—
江苏	—	—	—	—	—	—	—	—	—	—	—	—	—
浙江	2	1	—	—	—	—	—	—	—	—	—	—	1
安徽	—	—	—	—	—	—	—	—	—	—	—	—	—
福建	—	—	—	—	—	—	—	—	—	—	—	—	—
江西	3	2	1	—	—	—	—	—	—	—	—	—	1
山东	—	—	—	—	—	—	—	—	—	—	—	—	—
河南	3	3	—	—	—	—	—	—	—	—	—	—	—
湖北	5	5	3	—	—	—	—	—	—	—	—	—	—
湖南	6	3	2	1	—	—	—	—	—	—	—	—	3
广东	4	4	1	—	—	—	—	—	—	—	—	—	—
广西	7	5	1	—	—	—	—	—	—	—	—	—	2
海南	—	—	—	—	—	—	—	—	—	—	—	—	—
重庆	—	—	—	—	—	—	—	—	—	—	—	—	—
四川	16	16	3	3	—	—	—	—	—	—	—	—	—
贵州	1	1	—	—	—	—	—	—	—	—	—	—	—
云南	18	18	6	—	—	—	—	—	—	—	—	—	—
西藏	—	—	—	—	—	—	—	—	—	—	—	—	—
陕西	4	4	2	—	—	—	—	—	—	—	—	—	—
甘肃	9	9	6	1	—	—	—	—	—	—	—	—	—
青海	3	3	1	—	—	—	—	—	—	—	—	—	—
宁夏	—	—	—	—	—	—	—	—	—	—	—	—	—
新疆	6	6	2	—	—	—	—	—	—	—	—	—	—
新疆兵团	—	—	—	—	—	—	—	—	—	—	—	—	—
大兴安岭	2	2	—	2	—	—	—	—	—	—	—	—	—

国家林业局机关及直属单位

单位名称	单位个数（个）	从业人员年末人数（人）	在册职			
			总计	在岗		
				合计	长期职工	临时职工
总计	**140**	**69555**	**80017**	**69427**	**68173**	**1254**
（一）农、林、牧、渔业	**19**	**711**	**709**	**709**	**680**	**29**
国家林业局天然林保护工程管理中心	1	31	31	31	27	4
国家林业局退耕还林（草）工程管理中心	1	26	26	26	26	—
国家林业局西北华北东北防护林建设局	1	90	90	90	81	9
国家林业局防治荒漠化管理中心	1	21	20	20	19	1
国家林业局世界银行贷款项目管理中心	1	29	29	29	29	—
国家林业局濒危物种进出口管理中心	1	32	32	32	32	—
国家林业局林业工作站管理总站	1	22	22	22	22	—
国家林业局国有林场和林木种苗管理总站	1	39	38	38	38	—
国家林业局林业基金管理总站	1	38	38	38	38	—
国家林业局湿地保护管理中心	1	17	17	17	13	4
国家林业局森林病虫害防治总站	1	121	121	121	121	—
国家林业局西南航空护林总站	7	131	131	131	120	11
国家林业局东北航空护林中心	1	114	114	114	114	—
（九）住宿餐饮业	**2**	**92**	**92**	**92**	**55**	**37**
国家林业局北戴河职工培训中心	1	53	53	53	16	37
国家林业局招待所	1	39	39	39	39	—
（十二）租赁和商务服务业	**1**	**20**	**20**	**20**	**20**	**—**
国家林业局人才开发交流中心	1	20	20	20	20	—
（十三）科学研究、技术服务、地质勘查业	**30**	**5133**	**5065**	**5055**	**4122**	**933**
中国林业科学研究院	20	3700	3634	3634	2729	905
国家林业局经济发展研究中心	1	68	68	68	68	—
国家林业局科技发展中心	1	22	20	20	20	—
国家林业局对外合作项目中心	1	23	23	23	23	—
国际竹藤网络中心	1	63	63	63	55	8
国家林业局昆明勘察设计院	1	190	190	190	183	7
国家林业局林产工业规划设计院	1	286	286	286	286	—
国家林业局调查规划设计院	1	305	305	295	292	3
国家林业局华东林业调查规划设计院	1	148	148	148	147	1
国家林业局中南林业调查规划设计院	1	169	169	169	160	9
国家林业局西北林业调查规划设计院	1	159	159	159	159	—
（十四）水利、环境和公共设施管理业	**3**	**462**	**463**	**462**	**416**	**46**
陕西佛坪自然保护区管理局	1	105	106	105	83	22
甘肃白水江国家级自然保护区管理局	1	132	132	132	132	—
国家林业局卧龙自然保护区管理局	1	225	225	225	201	24
（十五）居民服务和其他服务业	**1**	**152**	**152**	**152**	**133**	**19**
国家林业局机关服务中心	1	152	152	152	133	19
（十六）教育	**3**	**689**	**694**	**689**	**558**	**131**
国家林业局管理干部学院	1	184	189	184	149	35
南京森林公安高等专科学校	1	461	461	461	365	96
国家林业局幼儿园	1	44	44	44	44	—
（十八）文化、体育和娱乐业	**3**	**251**	**242**	**242**	**230**	**12**
国家林业局宣传中心	1	32	32	32	25	7
中国林业出版社	1	109	109	109	104	5
中国绿色时报社	1	110	101	101	101	—
（十九）公共管理和社会组织	**21**	**618**	**583**	**583**	**536**	**47**
国家林业局机关	1	245	245	245	235	10
国家林业局离退休干部局	1	73	53	53	52	1
国家林业局森林资源监督管理办公室	1	24	24	24	24	—
驻黑龙江省森林资源监督专员办事处	1	23	23	23	23	—
驻内蒙古自治区森林资源监督专员办事处	1	30	30	30	22	8
驻长春森林资源监督专员办事处	1	20	20	20	19	1
驻大兴安岭森林资源监督专员办事处	1	20	20	20	17	3
驻福州森林资源监督专员办事处	1	10	10	10	8	2
驻云南省森林资源监督专员办事处	1	6	6	6	6	—
驻成都森林资源监督专员办事处	1	12	12	12	11	1
驻西安森林资源监督专员办事处	1	8	8	8	6	2
驻合肥森林资源监督专员办事处	1	8	8	8	6	2
驻武汉森林资源监督专员办事处	1	8	8	8	6	2
驻贵阳森林资源监督专员办事处	1	5	5	5	5	—
驻乌鲁木齐森林资源监督专员办事处	1	8	8	8	6	2
驻兰州森林资源监督专员办事处	1	10	10	10	6	4
驻海口森林资源监督专员办事处	1	8	8	8	8	—
中国花卉协会	1	11	11	11	11	—
中国野生动物保护协会	1	39	32	32	25	7
中国林学会	1	35	35	35	33	2
中国绿化基金会	1	15	7	7	7	—
（二十）其他	**57**	**61427**	**71997**	**61423**	**61423**	**—**
大兴安岭林业集团公司	57	61427	71997	61423	61423	—

从业人员和劳动报酬情况

工 人 数(人)					其他从业人员(人)	年末实有离退休人员(人)	在岗职工年平均人数(人)	在岗职工年工资总额(千元)	离退休人员年生活费(千元)	在岗职工年平均工资(元)
职 工			下岗待安置职工人数	离开本单位仍保留劳动关系人员						
其中:女性	其中:专业技术人员	其中:使用的农村劳动力								
22091	**24608**	**790**	**2869**	**7721**	**128**	**53225**	**67842**	**1297974**	**784470**	**19132**
191	**395**	**2**	**—**	**—**	**2**	**267**	**705**	**35432**	**10319**	**50259**
8	18	—	—	—	—	—	31	1632	—	52653
9	9	—	—	—	—	—	27	1423	—	52718
20	64	—	—	—	—	57	90	4022	2101	44689
6	—	—	—	—	1	1	21	1217	42	57933
11	19	—	—	—	—	3	29	1640	133	56556
14	—	—	—	—	—	3	32	2794	126	87302
7	21	—	—	—	—	9	22	1196	468	54375
9	18	—	—	—	1	18	38	1678	896	44163
14	36	—	—	—	—	—	38	2646	—	69633
8	—	—	—	—	—	—	11	727	—	66052
22	75	—	—	—	—	53	121	7553	2871	62421
35	75	2	—	—	—	53	131	4910	1529	37479
28	60	—	—	—	—	70	114	3995	2153	35040
26	**—**	**10**	**—**	**—**	**—**	**19**	**92**	**3976**	**353**	**43220**
8	—	10	—	—	—	13	53	1531	180	28895
18	—	—	—	—	—	6	39	2445	172	62687
5	**—**	**—**	**—**	**—**	**—**	**1**	**20**	**1183**	**64**	**59154**
5	—	—	—	—	—	1	20	1183	64	59154
1571	**2853**	**670**	**2**	**8**	**78**	**3801**	**5279**	**244435**	**109514**	**46303**
1123	1676	663	—	—	66	2893	3875	155570	84010	40147
17	63	—	—	—	—	31	67	3390	1561	50597
6	20	—	—	—	2	—	20	1191	—	59543
12	15	—	—	—	—	—	23	1302	—	56605
18	47	—	—	—	—	1	60	2327	22	38783
42	160	7	—	—	—	200	185	4343	7018	23476
147	230	—	—	—	—	288	286	11614	1986	40608
110	266	—	2	8	10	137	289	35455	5685	122681
21	118	—	—	—	—	70	146	9928	3599	68000
42	113	—	—	—	—	81	168	9115	2701	54257
33	145	—	—	—	—	100	160	10200	2932	63750
129	**226**	**22**	**—**	**1**	**—**	**257**	**433**	**14103**	**6921**	**32571**
25	60	22	—	1	—	25	100	3067	706	30672
24	86	—	—	—	—	63	132	4125	1998	31247
80	80	—	—	—	—	169	201	6912	4217	34386
56	**53**	**—**	**—**	**—**	**—**	**9**	**150**	**9529**	**97**	**63529**
56	53	—	—	—	—	9	150	9529	97	63529
329	**392**	**82**	**—**	**5**	**—**	**253**	**642**	**34546**	**9589**	**53809**
99	109	31	—	5	—	80	184	9539	2677	51844
189	259	46	—	—	—	171	458	22873	6854	49941
41	24	5	—	—	—	2	44	2133	58	48485
123	**88**	**3**	**—**	**—**	**9**	**82**	**235**	**18272**	**3213**	**77754**
10	14	—	—	—	—	5	25	1545	190	61800
61	74	—	—	—	—	54	109	7787	1828	71437
52	—	3	—	—	9	23	101	8941	1195	88521
168	**47**	**1**	**—**	**—**	**35**	**645**	**555**	**35200**	**41025**	**63423**
56	—	—	—	—	—	—	232	16804	—	72431
32	—	1	—	—	20	575	53	3465	37826	65379
4	—	—	—	—	—	—	24	1118	—	46566
4	—	—	—	—	—	15	23	1075	542	46755
4	—	—	—	—	—	9	22	1307	419	59430
3	—	—	—	—	—	5	20	903	265	45158
2	15	—	—	—	—	4	20	1434	247	71694
3	—	—	—	—	—	2	10	437	113	43716
2	—	—	—	—	—	2	6	401	136	66786
2	—	—	—	—	—	—	12	741	—	61716
3	—	—	—	—	—	—	8	383	—	47854
3	—	—	—	—	—	—	8	460	—	57540
1	—	—	—	—	—	—	8	475	—	59409
1	—	—	—	—	—	—	5	215	—	42965
3	—	—	—	—	—	—	8	344	—	43001
3	6	—	—	—	—	—	10	366	—	36646
1	—	—	—	—	—	—	8	446	—	55752
5	4	—	—	—	—	—	11	374	—	34000
15	3	—	—	—	7	8	25	2036	369	81455
18	18	—	—	—	—	23	35	1867	987	53333
3	1	—	—	—	8	2	7	548	121	78273
19493	**20554**	**—**	**2867**	**7707**	**4**	**47891**	**59731**	**901297**	**603377**	**15089**
19493	20554	—	2867	7707	4	47891	59731	901297	603377	15089

5

固定资产投资

GUDING ZICHAN TOUZI

林业固定资产投资 2009 年主要指标与 2008 年比较

单位:万元

指标名称	2009 年	2008 年	2009 年比 2008 年增减(%)
林业固定资产投资完成额	**13513349**	**9872422**	**36.88**
其中:国家投资	7104764	5083432	39.76
一、基本建设投资完成额	12881763	9522903	35.27
其中:国家投资	7070314	5058608	39.77
二、更新改造投资完成额	520547	286186	81.89
其中:国家投资	17171	13050	31.58
三、森工其他投资完成额	111039	63333	75.33
其中:国家投资	17279	11774	46.76
四、本年新增固定资产	4622205	3376084	36.91
营林固定资产投资完成额	**11161861**	**8366173**	**33.42**
一、营林基本建设投资完成额	11095168	8277170	34.05
其中:国家投资	6822495	5008011	36.23
(一) 按构成分:建筑安装	631212	439314	43.68
设备工器具购置	147133	105447	39.53
其他费用	10316823	7732409	33.42
(二) 按用途分:营造林业	7247012	5485554	32.11
木材及竹材采运业	216338	183484	17.91
木材加工及竹藤棕苇制品业	387698	301455	28.61
其他	3244120	2306677	40.64
(三) 本年新增固定资产	3376013	2346144	43.90
二、营林更新改造投资完成额	66693	89003	-25.07
其中:国家投资	13831	6106	126.51
(一) 按构成分:建筑安装	37701	4650	710.77
设备工器具购置	1653	2365	-30.11
其他费用	27339	81988	-66.65
(二) 按用途分:营造林业	44433	79447	-44.07
木材及竹材采运业	327	38	760.53
木材加工及竹藤棕苇制品业	1610	127	1167.72
其他	20323	9391	116.41
(三) 本年新增固定资产	37013	11990	208.70
森工固定资产投资完成额	**2351488**	**1506249**	**56.12**
一、森工基本建设投资完成额	1786595	1245733	43.42
其中:国家投资	247819	50597	389.79
(一) 按构成分:建筑安装	1075003	669207	60.64
设备工器具购置	119984	134792	-10.99
其他费用	591608	441734	33.93
(二) 按用途分:营造林业	30297	105984	-71.41
木材及竹材采运业	213435	66938	218.85
木材加工及竹藤棕苇制品业	539204	754304	-28.52
其他	1003659	318507	215.11
(三) 本年新增固定资产	830735	838111	-0.88
二、森工更新改造投资完成额	453854	197183	130.17
其中:国家投资	3340	6944	-51.90
(一) 按构成分:建筑安装	115448	83818	37.74
设备工器具购置	162247	40864	297.04
其他费用	176159	72501	142.97
(二) 按用途分:营造林业	635	1778	-64.29
木材及竹材采运业	12325	40585	-69.63
木材加工及竹藤棕苇制品业	261193	76019	243.59
其他	179701	78801	128.04
(三) 本年新增固定资产	290888	131428	121.33
三、森工其他投资完成额	111039	63333	75.33
其中:国家投资	17279	11774	46.76
(一) 按构成分:建筑安装	19401	26753	-27.48
设备工器具购置	8109	6774	19.71
其他费用	83529	29806	180.24
(二) 本年新增固定资产	87556	48411	80.86

林业固定资产投资完成情况

单位:万元

指标名称	总 计	营林固定资产投资			森工固定资产投资			
		合 计	基本建设	更新改造	合 计	基本建设	更新改造	其他投资
一、本年计划投资	**12918853**	**10380685**	**10317334**	**63351**	**2538168**	**1971112**	**449900**	**117156**
二、自年初累计完成投资	**13513349**	**11161861**	**11095168**	**66693**	**2351488**	**1786595**	**453854**	**111039**
其中:国家投资	7104764	6836326	6822495	13831	268438	247819	3340	17279
其中:国债资金	566829	554252	552984	1268	12577	12577	—	—
按构成分								
1. 建筑工程	1776566	641775	604682	37093	1134791	1042356	73219	19216
2. 安装工程	102199	27138	26530	608	75061	32647	42229	185
3. 设备、工具、器具购置	439126	148786	147133	1653	290340	119984	162247	8109
4. 其他	11195458	10344162	10316823	27339	851296	591608	176159	83529
按行业分								
1. 营造林业	7325675	7291445	7247012	44433	34230	30297	635	3298
2. 木材及竹材采运业	460377	216665	216338	327	243712	213435	12325	17952
3. 木材加工及竹、藤、棕、苇制品业	1218489	389308	387698	1610	829181	539204	261193	28784
其中:人造板制造业	527354	138049	136949	1100	389305	260238	115428	13639
4. 其他	4508808	3264443	3244120	20323	1244365	1003659	179701	61005
按性质分								
其中:1. 新建	8400176	7356265	7353384	2881	1043911	977974	38479	27458
2. 扩建	2564010	2133204	2132166	1038	430806	279914	118746	32146
3. 改建和技术改造	749885	302589	248983	53606	447296	148222	257010	42064
4. 单纯建造生活设施	173802	27059	26697	362	146743	146743	—	—
5. 迁建	33409	9882	9882	—	23527	8727	14800	—
6. 恢复	128669	126418	124526	1892	2251	2251	—	—
7. 单纯购置	77101	41708	40201	1507	35393	20599	10608	4186
三、本年新增固定资产	**4622205**	**3413026**	**3376013**	**37013**	**1209179**	**830735**	**290888**	**87556**
四、本年各项应付款合计	**1209558**	**1089355**	**1068329**	**21026**	**120203**	**101390**	**17982**	**831**
其中:工程款	626000	555182	546921	8261	70818	52684	17889	245
五、房屋建筑面积及竣工价值								
本年房屋施工面积(万平方米)	770.03	192.58	192.55	0.03	577.46	574.24	2.89	0.32
其中:住宅	622.31	121.01	121.00	0.01	501.30	500.81	0.16	0.32
本年房屋竣工面积(万平方米)	464.60	75.96	75.93	0.03	388.64	387.29	0.84	0.51
其中:住宅	383.86	55.73	55.72	0.01	328.13	327.65	0.16	0.32
本年房屋竣工价值(万元)	548301	105001	104764	237	443300	440466	2351	483
其中:住宅	415307	69123	69043	80	346184	343816	1885	483

各地区林业固定资产

地区	本年计划投资	自年初累				
		合计	其中:国家投资		按构	
			小计	其中:国债资金	建筑工程	安装工程
全国合计	**12918853**	**13513349**	**7104764**	**566829**	**1776566**	**102199**
北京	388483	339462	286613	4549	143699	2856
天津	30572	30572	8259	5000	—	—
河北	283430	330527	281817	9633	4753	—
山西	620845	620845	350619	8764	—	—
内蒙古	761271	679629	672270	102114	77796	75
内蒙古集团	234817	154040	154040	—	77092	75
辽宁	319588	331567	280366	27637	9338	—
吉林	525071	445644	264834	8479	193846	2018
吉林集团	159507	139647	64770	—	77952	1992
黑龙江	851135	834066	532587	33567	342460	255
龙江集团	598413	521830	275496	4756	331691	201
上海	50072	64986	35507	460	—	—
江苏	443389	738587	33954	2910	5671	10
浙江	24409	47302	33278	951	6630	—
安徽	81582	130358	90191	6483	1643	—
福建	35825	40710	19000	2079	3132	—
江西	172467	232054	146682	14206	12238	50
山东	126710	212444	32577	6300	20858	6585
河南	570593	570593	202708	—	5590	—
湖北	183708	279846	198023	20519	20657	3782
湖南	208731	312354	240604	27172	24558	37
广东	78135	78135	18733	5418	8706	870
广西	2655203	2680619	333407	32405	669378	76657
海南	27994	27994	17095	—	10899	—
重庆	557495	573208	415213	11983	844	—
四川	1606418	1605475	771024	790	51556	7333
贵州	341001	331912	301047	—	6094	—
云南	260921	372359	263759	38814	21060	1098
西藏	16309	25250	25250	—	2300	—
陕西	393543	401925	337258	91216	10484	37
甘肃	505365	466615	383201	29355	13907	—
青海	136822	119745	111105	12957	—	—
宁夏	107122	108396	95635	10608	—	—
新疆	279554	282271	199774	36222	11767	259
新疆兵团	85736	88453	46236	14910	1613	100
局直属单位	275090	197899	122374	16238	96702	277
大兴安岭	223770	158467	86371	13986	75984	—

投资完成情况(一)

单位:万元

计完成投资						
成 分		按 行 业 分				
设备、工具、器具购置	其 他	营造林业	木材及竹材采运业	木材加工及竹、藤、棕、苇制品业 小 计	其中:人造板制造业	其 他
439126	**11195458**	**7325675**	**460377**	**1218489**	**527354**	**4508808**
4270	188637	273580	—	—	—	65882
—	30572	30572	—	—	—	—
1214	324560	304287	—	—	—	26240
4344	616501	499751	—	—	—	121094
5749	596009	402740	134065	15	—	142809
4134	72739	2853	134065	—	—	17122
182	322047	294751	—	—	—	36816
15856	233924	210656	83868	5005	2595	146115
7126	52577	64415	20481	2303	2104	52448
14828	476523	298544	124956	—	—	410566
3330	186608	130087	124956	—	—	266787
—	64986	54244	—	—	—	10742
2710	730196	584166	680	—	—	153741
1022	39650	20822	—	—	—	26480
543	128172	88893	65	—	—	41400
1261	36317	24219	92	300	300	16099
638	219128	155368	—	500	—	76186
16263	168738	122956	2917	9340	3932	77231
3800	561203	325411	—	318	168	244864
7170	248237	195135	550	3790	1610	80371
979	286780	235493	208	2253	369	74400
1428	67131	41770	702	—	—	35663
292357	1642227	625057	89683	822840	384570	1143039
—	17095	6245	—	—	—	21749
57	572307	505121	50	—	—	68037
35796	1510790	436221	6246	372936	133580	790072
4102	321716	301938	90	66	—	29818
3627	346574	251068	6609	—	—	114682
—	22950	4857	—	—	—	20393
151	391253	319403	8029	770	230	73723
768	451940	344902	—	—	—	121713
—	119745	95913	—	—	—	23832
70	108326	20217	—	—	—	88179
1465	268780	240100	1567	24	—	40580
190	86550	73457	143	—	—	14853
18476	82444	11275	—	332	—	186292
8222	74261	1427	—	332	—	156708

各地区林业固定资产

地区	自年初累计完成投资							本年新增固定资产
	按性质分							
	其中							
	新建	扩建	改建和技术改造	单纯建造生活设施	迁建	恢复	单纯购置	
全国合计	**8400176**	**2564010**	**749885**	**173802**	**33409**	**128669**	**77101**	**4622205**
北京	200722	33169	62538	—	—	3981	3227	74109
天津	30572	—	—	—	—	—	—	30572
河北	216436	105648	50	62	5	5774	185	171405
山西	85853	530648	—	—	—	—	4344	4344
内蒙古	394592	174964	1823	—	—	5781	1080	123672
内蒙古集团	—	154040	—	—	—	—	—	57822
辽宁	291176	4062	—	—	—	—	135	201754
吉林	295990	62445	45994	943	—	3178	10036	179037
吉林集团	105494	651	4338	685	—	—	6508	45272
黑龙江	453056	208186	16798	146014	807	178	1491	377407
龙江集团	166353	190001	15413	146005	807	—	1070	210740
上海	56074	—	180	—	—	—	—	17627
江苏	536113	1780	734	20	—	60	306	48361
浙江	29141	459	717	—	163	—	1048	29460
安徽	77147	30425	3634	140	—	1611	234	57996
福建	17833	10287	9044	68	—	45	640	19300
江西	170209	14506	7898	—	—	78	1851	122694
山东	149047	16317	10781	301	—	1124	4589	69158
河南	568239	1704	17	—	—	—	633	89042
湖北	182745	55156	8908	394	4967	9123	564	92451
湖南	135581	119309	17010	288	—	275	411	132128
广东	41336	1784	10319	66	20	727	1278	23732
广西	1311740	603095	433033	24844	23652	7591	29575	1207468
海南	—	—	—	—	—	—	—	—
重庆	437352	73911	3809	—	—	—	303	147216
四川	1257693	109397	63979	—	2710	58787	1984	196698
贵州	86209	202407	3415	5	—	7968	400	244391
云南	229121	66695	2277	191	—	3310	2773	92250
西藏	—	—	—	—	—	—	—	2300
陕西	283617	39143	7369	49	—	15027	76	267011
甘肃	406679	24067	31078	—	—	63	341	232882
青海	119745	—	—	—	—	—	—	119745
宁夏	107990	—	—	—	—	—	64	32654
新疆	210330	44313	4394	70	—	3988	1311	114677
新疆兵团	80266	579	2074	—	—	1684	18	61912
局直属单位	17838	30133	4086	347	1085	—	8222	100664
大兴安岭	4943	13650	971	—	—	—	3144	71624

投资完成情况(二)

单位:万元

本年各项应付款合计		房屋建筑面积及竣工价值					
		本年房屋施工面积(万平方米)		本年房屋竣工面积(万平方米)		本年房屋竣工价值	
合计	其中:工程款	合 计	其中:住宅	合 计	其中:住宅	合 计	其中:住宅
1209558	**626000**	**770.03**	**622.31**	**464.60**	**383.86**	**548301**	**415307**
85254	75884	—	—	—	—	—	—
—	—	—	—	—	—	—	—
40087	24059	0.31	—	0.22	—	500	—
—	—	—	—	—	—	—	—
33427	—	71.16	45.17	37.02	36.66	45018	44531
—	—	70.87	45.17	36.66	36.66	44531	44531
107844	91589	0.06	—	0.06	—	51	—
54522	31907	178.85	171.02	114.41	104.64	124905	102974
45199	31428	78.19	75.34	52.54	47.81	56420	39084
16268	9775	293.48	284.55	202.88	194.19	240087	203668
12138	7990	292.79	284.33	202.43	193.97	238676	203455
6463	6463	—	—	—	—	—	—
32362	98	—	—	0.04	—	130	—
10171	4160	2.28	—	2.25	—	2836	—
38382	8223	1.39	0.39	1.25	0.30	2427	385
10989	5311	1.00	0.15	0.94	0.40	1710	607
14981	5404	0.80	0.32	0.57	0.28	957	362
81613	31485	3.03	0.11	2.85	0.11	8682	630
13907	8361	0.04	—	—	—	—	—
51388	24872	0.21	—	0.47	—	458	—
15747	4553	2.04	1.22	0.39	0.03	822	20
16113	11455	3.30	1.43	2.40	1.28	4512	3103
107425	39296	110.22	39.88	58.81	14.98	60903	20187
—	—	—	—	—	—	—	—
24222	18067	—	—	0.12	—	140	—
19330	2856	15.11	8.67	0.68	—	3359	—
68453	39206	0.22	0.01	0.28	0.12	650	100
20020	6728	7.34	5.76	3.97	2.30	6600	4316
2300	2300	—	—	—	—	—	—
76475	43137	1.28	—	1.05	—	1242	—
184212	95817	18.73	11.67	0.27	—	125	—
—	—	—	—	—	—	—	—
28880	25466	0.02	0.01	0.02	0.01	54	21
44992	8821	0.88	0.21	1.64	0.14	2146	50
26739	1027	0.27	—	0.27	—	534	—
3731	707	58.29	51.74	32.02	28.43	39987	34353
—	—	51.97	49.86	30.54	28.43	36234	34353

各地区按投资方式分的林业

地　　区	总　计	营林固定资产投资		
		合 计	基本建设	更新改造
全国合计	**13513349**	**11161861**	**11095168**	**66693**
北　京	339462	339462	290991	48471
天　津	30572	30572	30572	—
河　北	330527	330527	330527	—
山　西	620845	620845	620845	—
内蒙古	679629	661355	661355	—
内蒙古集团	154040	135766	135766	—
辽　宁	331567	331567	331567	—
吉　林	445644	255120	254894	226
吉林集团	139647	60652	60652	—
黑龙江	834066	496292	495889	403
龙江集团	521830	184056	184056	—
上　海	64986	64986	64986	—
江　苏	738587	738587	738387	200
浙　江	47302	47152	47152	—
安　徽	130358	130358	128975	1383
福　建	40710	38337	38337	—
江　西	232054	231554	229554	2000
山　东	212444	212444	205929	6515
河　南	570593	570593	570593	—
湖　北	279846	274006	268364	5642
湖　南	312354	312351	312351	—
广　东	78135	78135	78135	—
广　西	2680619	981409	981409	—
海　南	27994	27994	27994	—
重　庆	573208	573208	573208	—
四　川	1605475	1600043	1600043	—
贵　州	331912	331912	331912	—
云　南	372359	365233	364920	313
西　藏	25250	25250	25250	—
陕　西	401925	401695	400155	1540
甘　肃	466615	466615	466615	—
青　海	119745	119745	119745	—
宁　夏	108396	108396	108396	—
新　疆	282271	281406	281406	—
新疆兵团	88453	88453	88453	—
局直属单位	197899	114712	114712	—
大兴安岭	158467	75280	75280	—

固定资产投资完成情况

单位:万元

森工固定资产投资			
合 计	基本建设	更新改造	其他投资
2351488	**1786595**	**453854**	**111039**
—	—	—	—
—	—	—	—
—	—	—	—
—	—	—	—
18274	1152	—	17122
18274	1152	—	17122
—	—	—	—
190524	176432	8980	5112
78995	72159	1724	5112
337774	331077	6697	—
337774	331077	6697	—
—	—	—	—
—	—	—	—
150	150	—	—
—	—	—	—
2373	1524	564	285
500	—	500	—
—	—	—	—
—	—	—	—
5840	4530	300	1010
3	3	—	—
—	—	—	—
1699210	1193511	423960	81739
—	—	—	—
—	—	—	—
5432	4032	1300	100
—	—	—	—
7126	4811	—	2315
—	—	—	—
230	—	230	—
—	—	—	—
—	—	—	—
—	—	—	—
865	718	—	147
—	—	—	—
83187	68655	11323	3209
83187	68655	11323	3209

各地区营林固定资产

地　区	本年计划投资	自年初累				
		合 计	其中:国家投资		按　构	
			小计	其中:国债资金	建筑工程	安装工程
全国合计	**10380685**	**11161861**	**6836326**	**554252**	**641775**	**27138**
北　京	388483	339462	286613	4549	143699	2856
天　津	30572	30572	8259	5000	—	—
河　北	283430	330527	281817	9633	4753	—
山　西	620845	620845	350619	8764	—	—
内蒙古	734122	661355	653996	102114	63578	—
内蒙古集团	207738	135766	135766	—	62874	—
辽　宁	319588	331567	280366	27637	9338	—
吉　林	269227	255120	201300	7819	25426	14
吉林集团	57744	60652	39230	—	11949	—
黑龙江	437093	496292	431123	33223	11640	54
龙江集团	184371	184056	174032	4412	871	—
上　海	50072	64986	35507	460	—	—
江　苏	443389	738587	33954	2910	5671	10
浙　江	24259	47152	33278	951	6480	—
安　徽	81582	130358	90191	6483	1643	—
福　建	34181	38337	18760	1849	1838	—
江　西	171967	231554	146682	14206	12238	50
山　东	126710	212444	32577	6300	20858	6585
河　南	570593	570593	202708	—	5590	—
湖　北	178468	274006	198023	20519	19657	2782
湖　南	208728	312351	240604	27172	24558	37
广　东	78135	78135	18733	5418	8706	870
广　西	986644	981409	270227	32405	130037	5200
海　南	27994	27994	17095	—	10899	—
重　庆	557495	573208	415213	11983	844	—
四　川	1598143	1600043	767042	790	47688	7033
贵　州	341001	331912	301047	—	6094	—
云　南	253734	365233	260120	37972	18527	1098
西　藏	16309	25250	25250	—	2300	—
陕　西	393313	401695	337258	91216	10484	37
甘　肃	505365	466615	383201	29355	13907	—
青　海	136822	119745	111105	12957	—	—
宁　夏	107122	108396	95635	10608	—	—
新　疆	278689	281406	199548	36222	11393	235
新疆兵团	85736	88453	46236	14910	1613	100
局直属单位	126610	114712	108475	5737	23929	277
大兴安岭	75290	75280	72472	3485	3211	—

投资完成情况(一)

单位:万元

计完成投资						
成 分		按 行 业 分				
设备、工具、器具购置	其 他	营造林业	木材及竹材采运业	木材加工及竹、藤、棕、苇制品业		其 他
				小 计	其中:人造板制造业	
148786	**10344162**	**7291445**	**216665**	**389308**	**138049**	**3264443**
4270	188637	273580	—	—	—	65882
—	30572	30572	—	—	—	—
1214	324560	304287	—	—	—	26240
4344	616501	499751	—	—	—	121094
2476	595301	402740	132913	15	—	125687
861	72031	2853	132913	—	—	—
182	322047	294751	—	—	—	36816
4752	224928	186526	7759	1660	—	59175
1382	47321	40729	7759	—	—	12164
14519	470079	298437	36416	—	—	161439
3021	180164	129980	36416	—	—	17660
—	64986	54244	—	—	—	10742
2710	730196	584166	680	—	—	153741
1022	39650	20822	—	—	—	26330
543	128172	88893	65	—	—	41400
687	35812	24219	—	—	—	14118
638	218628	155368	—	—	—	76186
16263	168738	122956	2917	9340	3932	77231
3800	561203	325411	—	318	168	244864
6870	244697	190905	550	2180	—	80371
979	286777	235493	208	2253	369	74397
1428	67131	41770	702	—	—	35663
23339	822833	625057	13046	—	—	343306
—	17095	6245	—	—	—	21749
57	572307	505121	50	—	—	68037
35796	1509526	435305	5945	372936	133580	785857
4102	321716	301938	90	66	—	29818
3553	342055	247420	5897	—	—	111916
—	22950	4857	—	—	—	20393
151	391023	319403	8029	540	—	73723
768	451940	344902	—	—	—	121713
—	119745	95913	—	—	—	23832
70	108326	20217	—	—	—	88179
1275	268503	239534	1398	—	—	40474
190	86550	73457	143	—	—	14853
12978	77528	10642	—	—	—	104070
2724	69345	794	—	—	—	74486

各地区营林固定资产

地区	自年初累计完成投资							本年新增固定资产
	按性质分							
	其中							
	新建	扩建	改建和技术改造	单纯建造生活设施	迁建	恢复	单纯购置	
全国合计	**7356265**	**2133204**	**302589**	**27059**	**9882**	**126418**	**41708**	**3413026**
北　京	200722	33169	62538	—	—	3981	3227	74109
天　津	30572	—	—	—	—	—	—	30572
河　北	216436	105648	50	62	5	5774	185	171405
山　西	85853	530648	—	—	—	—	4344	4344
内蒙古	394592	156690	1823	—	—	5781	1080	109535
内蒙古集团	—	135766	—	—	—	—	—	43685
辽　宁	291176	4062	—	—	—	—	135	201754
吉　林	127290	61472	34022	258	—	3178	2668	130408
吉林集团	37577	—	—	—	—	—	1930	14168
黑龙江	293728	194048	1488	9	—	178	1476	175132
龙江集团	7025	175863	103	—	—	—	1055	8465
上　海	56074	—	180	—	—	—	—	17627
江　苏	536113	1780	734	20	—	60	306	48361
浙　江	29141	459	567	—	163	—	1048	29460
安　徽	77147	30425	3634	140	—	1611	234	57996
福　建	16996	10153	8598	68	—	45	516	18165
江　西	170209	14506	7398	—	—	78	1851	122694
山　东	149047	16317	10781	301	—	1124	4589	69158
河　南	568239	1704	17	—	—	—	633	89042
湖　北	182445	50926	8608	394	4967	9123	564	90831
湖　南	135581	119309	17010	288	—	272	411	132125
广　东	41336	1784	10319	66	20	727	1278	23732
广　西	608556	223311	15800	24844	932	5343	4725	340321
海　南	—	—	—	—	—	—	—	—
重　庆	437352	73911	3809	—	—	—	303	147216
四　川	1253656	109127	62854	—	2710	58787	1984	196573
贵　州	86209	202407	3415	5	—	7968	400	244391
云　南	224881	66695	2277	191	—	3310	2770	88160
西　藏	—	—	—	—	—	—	—	2300
陕　西	283617	39143	7139	49	—	15027	76	266781
甘　肃	406679	24067	31078	—	—	63	341	232882
青　海	119745	—	—	—	—	—	—	119745
宁　夏	107990	—	—	—	—	—	64	32654
新　疆	210204	44182	4364	17	—	3988	1222	114070
新疆兵团	80266	579	2074	—	—	1684	18	61912
局直属单位	14679	17261	4086	347	1085	—	5278	31483
大兴安岭	1784	778	971	—	—	—	200	2443

投资完成情况(二)

单位:万元

本年各项应付款合计		房屋建筑面积及竣工价值					
		本年房屋施工面积(万平方米)		本年房屋竣工面积(万平方米)		本年房屋竣工价值	
合计	其中:工程款	合 计	其中:住宅	合 计	其中:住宅	合 计	其中:住宅
1089355	**555182**	**192.58**	**121.01**	**75.96**	**55.73**	**105001**	**69123**
85254	75884	—	—	—	—	—	—
—	—	—	—	—	—	—	—
40087	24059	0.31	—	0.22	—	500	—
—	—	—	—	—	—	—	—
33427	—	70.84	44.85	36.70	36.34	44535	44048
—	—	70.55	44.85	36.34	36.34	44048	44048
107844	91589	0.06	—	0.06	—	51	—
23762	1576	9.36	8.28	2.92	1.84	1933	168
14439	1097	0.18	—	0.18	0.18	290	—
4130	1785	0.73	0.21	0.49	0.21	1458	213
—	—	0.04	—	0.04	—	47	—
6463	6463	—	—	—	—	—	—
32362	98	—	—	0.04	—	130	—
10171	4160	2.28	—	2.25	—	2836	—
38382	8223	1.39	0.39	1.25	0.30	2427	385
9570	5311	0.49	0.15	0.73	0.39	1003	587
14981	5404	0.80	0.32	0.57	0.28	957	362
81613	31485	3.03	0.11	2.85	0.11	8682	630
13907	8361	0.04	—	—	—	—	—
51388	24872	0.21	—	0.28	—	458	—
15709	4553	2.04	1.22	0.39	0.03	822	20
16113	11455	3.30	1.43	2.40	1.28	4512	3103
31823	7045	51.02	38.63	17.43	14.40	19085	17492
—	—	—	—	—	—	—	—
24222	18067	—	—	0.12	—	140	—
19084	2610	14.79	8.67	0.68	—	3359	—
68453	39206	0.22	0.01	0.28	0.12	650	100
20020	6728	4.54	2.96	1.94	0.27	4228	1944
2300	2300	—	—	—	—	—	—
76475	43137	1.28	—	1.05	—	1242	—
184212	95817	18.73	11.67	0.27	—	125	—
—	—	—	—	—	—	—	—
28880	25466	0.02	0.01	0.02	0.01	54	21
44992	8821	0.79	0.21	1.55	0.14	2061	50
26739	1027	0.27	—	0.27	—	534	—
3731	707	6.32	1.88	1.48	—	3753	—
—	—	—	—	—	—	—	—

各地区营林基本建设

地　区	本年计划投资	自年初累				
		合计	其中:国家投资		按　构	
			小计	其中:国债资金	建筑工程	安装工程
全国合计	**10317334**	**11095168**	**6822495**	**552984**	**604682**	**26530**
北　京	338206	290991	276513	4549	107829	2448
天　津	30572	30572	8259	5000	—	—
河　北	283430	330527	281817	9633	4753	—
山　西	620845	620845	350619	8764	—	—
内蒙古	734122	661355	653996	102114	63578	—
内蒙古集团	207738	135766	135766	—	62874	—
辽　宁	319588	331567	280366	27637	9338	—
吉　林	269227	254894	201214	7819	25426	14
吉林集团	57744	60652	39230	—	11949	—
黑龙江	436668	495889	430720	32875	11292	54
龙江集团	184371	184056	174032	4412	871	—
上　海	50072	64986	35507	460	—	—
江　苏	443369	738387	33954	2910	5671	10
浙　江	23989	47152	33278	951	6480	—
安　徽	81565	128975	90191	6483	1643	—
福　建	34181	38337	18760	1849	1838	—
江　西	169967	229554	146682	14206	12238	50
山　东	120997	205929	32473	6300	20808	6385
河　南	570593	570593	202708	—	5590	—
湖　北	175081	268364	195656	20219	18832	2782
湖　南	208721	312351	240604	27172	24558	37
广　东	78135	78135	18733	5418	8706	870
广　西	986644	981409	270227	32405	130037	5200
海　南	27994	27994	17095	—	10899	—
重　庆	557495	573208	415213	11983	844	—
四　川	1598143	1600043	767042	790	47688	7033
贵　州	341001	331912	301047	—	6094	—
云　南	253583	364920	259969	37972	18527	1098
西　藏	16309	25250	25250	—	2300	—
陕　西	392231	400155	336638	90596	10484	37
甘　肃	505365	466615	383201	29355	13907	—
青　海	136822	119745	111105	12957	—	—
宁　夏	107122	108396	95635	10608	—	—
新　疆	278687	281406	199548	36222	11393	235
新疆兵团	85734	88453	46236	14910	1613	100
局直属单位	126610	114712	108475	5737	23929	277
大兴安岭	75290	75280	72472	3485	3211	—

投资完成情况(一)

单位:万元

计完成投资		按行业分				
成分				木材加工及竹、藤、棕、苇制品业		
设备、工具、器具购置	其他	营造林业	木材及竹材采运业	小计	其中:人造板制造业	其他
147133	**10316823**	**7247012**	**216338**	**387698**	**136949**	**3244120**
4171	176543	237697	—	—	—	53294
—	30572	30572	—	—	—	—
1214	324560	304287	—	—	—	26240
4344	616501	499751	—	—	—	121094
2476	595301	402740	132913	15	—	125687
861	72031	2853	132913	—	—	—
182	322047	294751	—	—	—	36816
4720	224734	186466	7759	1660	—	59009
1382	47321	40729	7759	—	—	12164
14519	470024	298437	36416	—	—	161036
3021	180164	129980	36416	—	—	17660
—	64986	54244	—	—	—	10742
2710	729996	583966	680	—	—	153741
1022	39650	20822	—	—	—	26330
543	126789	87545	53	—	—	41377
687	35812	24219	—	—	—	14118
638	216628	153368	—	—	—	76186
14741	163995	120729	2602	7730	2832	74868
3800	561203	325411	—	318	168	244864
6870	239880	189730	550	2180	—	75904
979	286777	235493	208	2253	369	74397
1428	67131	41770	702	—	—	35663
23339	822833	625057	13046	—	—	343306
—	17095	6245	—	—	—	21749
57	572307	505121	50	—	—	68037
35796	1509526	435305	5945	372936	133580	785857
4102	321716	301938	90	66	—	29818
3553	341742	247420	5897	—	—	111603
—	22950	4857	—	—	—	20393
151	389483	317863	8029	540	—	73723
768	451940	344902	—	—	—	121713
—	119745	95913	—	—	—	23832
70	108326	20217	—	—	—	88179
1275	268503	239534	1398	—	—	40474
190	86550	73457	143	—	—	14853
12978	77528	10642	—	—	—	104070
2724	69345	794	—	—	—	74486

各地区营林基本建设

地区	自年初累计完成投资							本年新增固定资产
	按性质分							
	其中							
	新建	扩建	改建和技术改造	单纯建造生活设施	迁建	恢复	单纯购置	
全国合计	**7353384**	**2132166**	**248983**	**26697**	**9882**	**124526**	**40201**	**3376013**
北京	200598	33131	16737	—	—	3814	3128	43998
天津	30572	—	—	—	—	—	—	30572
河北	216436	105648	50	62	5	5774	185	171405
山西	85853	530648	—	—	—	—	4344	4344
内蒙古	394592	156690	1823	—	—	5781	1080	109535
内蒙古集团	—	135766	—	—	—	—	—	43685
辽宁	291176	4062	—	—	—	—	135	201754
吉林	127290	61472	34022	258	—	2984	2636	130408
吉林集团	37577	—	—	—	—	—	1930	14168
黑龙江	293728	194048	1433	9	—	178	1128	175132
龙江集团	7025	175863	103	—	—	—	1055	8465
上海	56074	—	180	—	—	—	—	17627
江苏	536113	1780	734	20	—	60	306	48161
浙江	29141	459	567	—	163	—	1048	29460
安徽	77130	30425	3612	140	—	267	234	57992
福建	16996	10153	8598	68	—	45	516	18165
江西	168209	14506	7398	—	—	78	1851	122694
山东	148927	15317	7548	101	—	1088	3561	64502
河南	568239	1704	17	—	—	—	633	89042
湖北	182445	50926	5033	394	4967	9123	564	89777
湖南	135581	119309	17010	288	—	272	411	132125
广东	41336	1784	10319	66	20	727	1278	23732
广西	608556	223311	15800	24844	932	5343	4725	340321
海南	—	—	—	—	—	—	—	—
重庆	437352	73911	3809	—	—	—	303	147216
四川	1253656	109127	62854	—	2710	58787	1984	196573
贵州	86209	202407	3415	5	—	7968	400	244391
云南	224881	66695	2277	29	—	3159	2770	88160
西藏	—	—	—	—	—	—	—	2300
陕西	282997	39143	6219	49	—	15027	76	265861
甘肃	406679	24067	31078	—	—	63	341	232882
青海	119745	—	—	—	—	—	—	119745
宁夏	107990	—	—	—	—	—	64	32654
新疆	210204	44182	4364	17	—	3988	1222	114002
新疆兵团	80266	579	2074	—	—	1684	18	61912
局直属单位	14679	17261	4086	347	1085	—	5278	31483
大兴安岭	1784	778	971	—	—	—	200	2443

投资完成情况(二)

单位:万元

本年各项应付款合计		房屋建筑面积及竣工价值					
		本年房屋施工面积(万平方米)		本年房屋竣工面积(万平方米)		本年房屋竣工价值	
合计	其中:工程款	合 计	其中:住宅	合 计	其中:住宅	合 计	其中:住宅
1068329	**546921**	**192.55**	**121.00**	**75.93**	**55.72**	**104764**	**69043**
70142	69543	—	—	—	—	—	—
—	—	—	—	—	—	—	—
40087	24059	0.31	—	0.22	—	500	—
—	—	—	—	—	—	—	—
33427	—	70.84	44.85	36.70	36.34	44535	44048
—	—	70.55	44.85	36.34	36.34	44048	44048
107844	91589	0.06	—	0.06	—	51	—
23536	1576	9.36	8.28	2.92	1.84	1933	168
14439	1097	0.18	—	0.18	0.18	290	—
4130	1785	0.73	0.21	0.49	0.21	1458	213
—	—	0.04	—	0.04	—	47	—
6463	6463	—	—	—	—	—	—
32162	98	—	—	0.04	—	130	—
10171	4160	2.28	—	2.25	—	2836	—
38350	8223	1.39	0.39	1.25	0.30	2427	385
9570	5311	0.49	0.15	0.73	0.39	1003	587
14981	5404	0.80	0.32	0.57	0.28	957	362
77494	30485	3.00	0.10	2.82	0.10	8602	570
13907	8361	0.04	—	—	—	—	—
50971	24872	0.21	—	0.28	—	458	—
15709	4553	2.04	1.22	0.39	0.03	822	20
16113	11455	3.30	1.43	2.40	1.28	4512	3103
31823	7045	51.02	38.63	17.43	14.40	19085	17492
—	—	—	—	—	—	—	—
24222	18067	—	—	0.12	—	140	—
19084	2610	14.79	8.67	0.68	—	3359	—
68453	39206	0.22	0.01	0.28	0.12	650	100
20020	6728	4.54	2.96	1.94	0.27	4208	1924
2300	2300	—	—	—	—	—	—
75555	42217	1.28	—	1.05	—	1242	—
184212	95817	18.73	11.67	0.27	—	125	—
—	—	—	—	—	—	—	—
28880	25466	0.02	0.01	0.02	0.01	54	21
44992	8821	0.79	0.21	1.55	0.14	1924	50
26739	1027	0.27	—	0.27	—	534	—
3731	707	6.32	1.88	1.48	—	3753	—
—	—	—	—	—	—	—	—

各地区营林更新改造

地　区	本年计划投资	自年初累				
		合 计	其中:国家投资		按　构	
			小计	其中:国债资金	建筑工程	安装工程
全国合计	**63351**	**66693**	**13831**	**1268**	**37093**	**608**
北　京	50277	48471	10100	—	35870	408
天　津	—	—	—	—	—	—
河　北	—	—	—	—	—	—
山　西	—	—	—	—	—	—
内蒙古	—	—	—	—	—	—
内蒙古集团	—	—	—	—	—	—
辽　宁	—	—	—	—	—	—
吉　林	—	226	86	—	—	—
吉林集团	—	—	—	—	—	—
黑龙江	425	403	403	348	348	—
龙江集团	—	—	—	—	—	—
上　海	—	—	—	—	—	—
江　苏	20	200	—	—	—	—
浙　江	270	—	—	—	—	—
安　徽	17	1383	—	—	—	—
福　建	—	—	—	—	—	—
江　西	2000	2000	—	—	—	—
山　东	5713	6515	104	—	50	200
河　南	—	—	—	—	—	—
湖　北	3387	5642	2367	300	825	—
湖　南	7	—	—	—	—	—
广　东	—	—	—	—	—	—
广　西	—	—	—	—	—	—
海　南	—	—	—	—	—	—
重　庆	—	—	—	—	—	—
四　川	—	—	—	—	—	—
贵　州	—	—	—	—	—	—
云　南	151	313	151	—	—	—
西　藏	—	—	—	—	—	—
陕　西	1082	1540	620	620	—	—
甘　肃	—	—	—	—	—	—
青　海	—	—	—	—	—	—
宁　夏	—	—	—	—	—	—
新　疆	2	—	—	—	—	—
新疆兵团	2	—	—	—	—	—
局直属单位	—	—	—	—	—	—
大兴安岭	—	—	—	—	—	—

投资完成情况(一)

单位:万元

计完成投资						
成　分		按　行　业　分				
				木材加工及竹、藤、棕、苇制品业		
设备、工具、器具购置	其　他	营造林业	木材及竹材采运业	小　计	其中:人造板制造业	其　他
1653	**27339**	**44433**	**327**	**1610**	**1100**	**20323**
99	12094	35883	—	—	—	12588
—	—	—	—	—	—	—
—	—	—	—	—	—	—
—	—	—	—	—	—	—
—	—	—	—	—	—	—
—	—	—	—	—	—	—
—	—	—	—	—	—	—
32	194	60	—	—	—	166
—	—	—	—	—	—	—
—	55	—	—	—	—	403
—	—	—	—	—	—	—
—	—	—	—	—	—	—
—	200	200	—	—	—	—
—	—	—	—	—	—	—
—	1383	1348	12	—	—	23
—	—	—	—	—	—	—
—	2000	2000	—	—	—	—
1522	4743	2227	315	1610	1100	2363
—	—	—	—	—	—	—
—	4817	1175	—	—	—	4467
—	—	—	—	—	—	—
—	—	—	—	—	—	—
—	—	—	—	—	—	—
—	—	—	—	—	—	—
—	—	—	—	—	—	—
—	—	—	—	—	—	—
—	—	—	—	—	—	—
—	313	—	—	—	—	313
—	—	—	—	—	—	—
—	1540	1540	—	—	—	—
—	—	—	—	—	—	—
—	—	—	—	—	—	—
—	—	—	—	—	—	—
—	—	—	—	—	—	—
—	—	—	—	—	—	—
—	—	—	—	—	—	—
—	—	—	—	—	—	—

各地区营林更新改造

地区	自年初累计完成投资							本年新增固定资产
	按性质分							
	其中							
	新建	扩建	改建和技术改造	单纯建造生活设施	迁建	恢复	单纯购置	
全国合计	**2881**	**1038**	**53606**	**362**	**—**	**1892**	**1507**	**37013**
北京	124	38	45801	—	—	167	99	30111
天津	—	—	—	—	—	—	—	—
河北	—	—	—	—	—	—	—	—
山西	—	—	—	—	—	—	—	—
内蒙古	—	—	—	—	—	—	—	—
内蒙古集团	—	—	—	—	—	—	—	—
辽宁	—	—	—	—	—	—	—	—
吉林	—	—	—	—	—	194	32	—
吉林集团	—	—	—	—	—	—	—	—
黑龙江	—	—	55	—	—	—	348	—
龙江集团	—	—	—	—	—	—	—	—
上海	—	—	—	—	—	—	—	—
江苏	—	—	—	—	—	—	—	200
浙江	—	—	—	—	—	—	—	—
安徽	17	—	22	—	—	1344	—	4
福建	—	—	—	—	—	—	—	—
江西	2000	—	—	—	—	—	—	—
山东	120	1000	3233	200	—	36	1028	4656
河南	—	—	—	—	—	—	—	—
湖北	—	—	3575	—	—	—	—	1054
湖南	—	—	—	—	—	—	—	—
广东	—	—	—	—	—	—	—	—
广西	—	—	—	—	—	—	—	—
海南	—	—	—	—	—	—	—	—
重庆	—	—	—	—	—	—	—	—
四川	—	—	—	—	—	—	—	—
贵州	—	—	—	—	—	—	—	—
云南	—	—	—	162	—	151	—	—
西藏	—	—	—	—	—	—	—	—
陕西	620	—	920	—	—	—	—	920
甘肃	—	—	—	—	—	—	—	—
青海	—	—	—	—	—	—	—	—
宁夏	—	—	—	—	—	—	—	—
新疆	—	—	—	—	—	—	—	68
新疆兵团	—	—	—	—	—	—	—	—
局直属单位	—	—	—	—	—	—	—	—
大兴安岭	—	—	—	—	—	—	—	—

投资完成情况(二)

单位:万元

本年各项应付款合计		房屋建筑面积及竣工价值					
		本年房屋施工面积(万平方米)		本年房屋竣工面积(万平方米)		本年房屋竣工价值	
合计	其中:工程款	合 计	其中:住宅	合 计	其中:住宅	合 计	其中:住宅
21026	**8261**	**0.03**	**0.01**	**0.03**	**0.01**	**237**	**80**
15112	6341	—	—	—	—	—	—
—	—	—	—	—	—	—	—
—	—	—	—	—	—	—	—
—	—	—	—	—	—	—	—
—	—	—	—	—	—	—	—
—	—	—	—	—	—	—	—
—	—	—	—	—	—	—	—
226	—	—	—	—	—	—	—
—	—	—	—	—	—	—	—
—	—	—	—	—	—	—	—
—	—	—	—	—	—	—	—
—	—	—	—	—	—	—	—
200	—	—	—	—	—	—	—
—	—	—	—	—	—	—	—
32	—	—	—	—	—	—	—
—	—	—	—	—	—	—	—
—	—	—	—	—	—	—	—
4119	1000	0.03	0.01	0.03	0.01	80	60
—	—	—	—	—	—	—	—
417	—	—	—	—	—	—	—
—	—	—	—	—	—	—	—
—	—	—	—	—	—	—	—
—	—	—	—	—	—	—	—
—	—	—	—	—	—	—	—
—	—	—	—	—	—	—	—
—	—	—	—	—	—	—	—
—	—	—	—	—	—	—	—
—	—	—	—	—	—	20	20
—	—	—	—	—	—	—	—
920	920	—	—	—	—	—	—
—	—	—	—	—	—	—	—
—	—	—	—	—	—	—	—
—	—	—	—	—	—	—	—
—	—	—	—	—	—	137	—
—	—	—	—	—	—	—	—
—	—	—	—	—	—	—	—
—	—	—	—	—	—	—	—

各地区森工固定资产

地　　区	本年计划投资	自年初累				
		合 计	其中:国家投资		按　构	
			小计	其中:国债资金	建筑工程	安装工程
全国合计	**2538168**	**2351488**	**268438**	**12577**	**1134791**	**75061**
北　京	—	—	—	—	—	—
天　津	—	—	—	—	—	—
河　北	—	—	—	—	—	—
山　西	—	—	—	—	—	—
内蒙古	27149	18274	18274	—	14218	75
内蒙古集团	27079	18274	18274	—	14218	75
辽　宁	—	—	—	—	—	—
吉　林	255844	190524	63534	660	168420	2004
吉林集团	101763	78995	25540	—	66003	1992
黑龙江	414042	337774	101464	344	330820	201
龙江集团	414042	337774	101464	344	330820	201
上　海	—	—	—	—	—	—
江　苏	—	—	—	—	—	—
浙　江	150	150	—	—	150	—
安　徽	—	—	—	—	—	—
福　建	1644	2373	240	230	1294	—
江　西	500	500	—	—	—	—
山　东	—	—	—	—	—	—
河　南	—	—	—	—	—	—
湖　北	5240	5840	—	—	1000	1000
湖　南	3	3	—	—	—	—
广　东	—	—	—	—	—	—
广　西	1668559	1699210	63180	—	539341	71457
海　南	—	—	—	—	—	—
重　庆	—	—	—	—	—	—
四　川	8275	5432	3982	—	3868	300
贵　州	—	—	—	—	—	—
云　南	7187	7126	3639	842	2533	—
西　藏	—	—	—	—	—	—
陕　西	230	230	—	—	—	—
甘　肃	—	—	—	—	—	—
青　海	—	—	—	—	—	—
宁　夏	—	—	—	—	—	—
新　疆	865	865	226	—	374	24
新疆兵团	—	—	—	—	—	—
局直属单位	148480	83187	13899	10501	72773	—
大兴安岭	148480	83187	13899	10501	72773	—

投资完成情况(一)

单位:万元

计完成投资						
成　分		按　行　业　分				
设备、工具、器具购置	其　他	营造林业	木材及竹材采运业	木材加工及竹、藤、棕、苇制品业		其　他
				小　计	其中:人造板制造业	
290340	**851296**	**34230**	**243712**	**829181**	**389305**	**1244365**
—	—	—	—	—	—	—
—	—	—	—	—	—	—
—	—	—	—	—	—	—
—	—	—	—	—	—	—
3273	708	—	1152	—	—	17122
3273	708	—	1152	—	—	17122
—	—	—	—	—	—	—
11104	8996	24130	76109	3345	2595	86940
5744	5256	23686	12722	2303	2104	40284
309	6444	107	88540	—	—	249127
309	6444	107	88540	—	—	249127
—	—	—	—	—	—	—
—	—	—	—	—	—	—
—	—	—	—	—	—	150
—	—	—	—	—	—	—
574	505	—	92	300	300	1981
—	500	—	—	500	—	—
—	—	—	—	—	—	—
—	—	—	—	—	—	—
300	3540	4230	—	1610	1610	—
—	3	—	—	—	—	3
—	—	—	—	—	—	—
269018	819394	—	76637	822840	384570	799733
—	—	—	—	—	—	—
—	—	—	—	—	—	—
—	1264	916	301	—	—	4215
—	—	—	—	—	—	—
74	4519	3648	712	—	—	2766
—	—	—	—	—	—	—
—	230	—	—	230	230	—
—	—	—	—	—	—	—
—	—	—	—	—	—	—
—	—	—	—	—	—	—
190	277	566	169	24	—	106
—	—	—	—	—	—	—
5498	4916	633	—	332	—	82222
5498	4916	633	—	332	—	82222

各地区森工固定资产

地区	自年初累计完成投资							本年新增固定资产
	按性质分							
	其中							
	新建	扩建	改建和技术改造	单纯建造生活设施	迁建	恢复	单纯购置	
全国合计	**1043911**	**430806**	**447296**	**146743**	**23527**	**2251**	**35393**	**1209179**
北京	—	—	—	—	—	—	—	—
天津	—	—	—	—	—	—	—	—
河北	—	—	—	—	—	—	—	—
山西	—	—	—	—	—	—	—	—
内蒙古	—	18274	—	—	—	—	—	14137
内蒙古集团	—	18274	—	—	—	—	—	14137
辽宁	—	—	—	—	—	—	—	—
吉林	168700	973	11972	685	—	—	7368	48629
吉林集团	67917	651	4338	685	—	—	4578	31104
黑龙江	159328	14138	15310	146005	807	—	15	202275
龙江集团	159328	14138	15310	146005	807	—	15	202275
上海	—	—	—	—	—	—	—	—
江苏	—	—	—	—	—	—	—	—
浙江	—	—	150	—	—	—	—	—
安徽	—	—	—	—	—	—	—	—
福建	837	134	446	—	—	—	124	1135
江西	—	—	500	—	—	—	—	—
山东	—	—	—	—	—	—	—	—
河南	—	—	—	—	—	—	—	—
湖北	300	4230	300	—	—	—	—	1620
湖南	—	—	—	—	—	3	—	3
广东	—	—	—	—	—	—	—	—
广西	703184	379784	417233	—	22720	2248	24850	867147
海南	—	—	—	—	—	—	—	—
重庆	—	—	—	—	—	—	—	—
四川	4037	270	1125	—	—	—	—	125
贵州	—	—	—	—	—	—	—	—
云南	4240	—	—	—	—	—	3	4090
西藏	—	—	—	—	—	—	—	—
陕西	—	—	230	—	—	—	—	230
甘肃	—	—	—	—	—	—	—	—
青海	—	—	—	—	—	—	—	—
宁夏	—	—	—	—	—	—	—	—
新疆	126	131	30	53	—	—	89	607
新疆兵团	—	—	—	—	—	—	—	—
局直属单位	3159	12872	—	—	—	—	2944	69181
大兴安岭	3159	12872	—	—	—	—	2944	69181

投资完成情况(二)

单位:万元

本年各项应付款合计		房屋建筑面积及竣工价值					
		本年房屋施工面积(万平方米)		本年房屋竣工面积(万平方米)		本年房屋竣工价值	
合计	其中:工程款	合 计	其中:住宅	合 计	其中:住宅	合 计	其中:住宅
120203	**70818**	**577.46**	**501.30**	**388.64**	**328.13**	**443300**	**346184**
—	—	—	—	—	—	—	—
—	—	—	—	—	—	—	—
—	—	—	—	—	—	—	—
—	—	—	—	—	—	—	—
—	—	0.32	0.32	0.32	0.32	483	483
—	—	0.32	0.32	0.32	0.32	483	483
—	—	—	—	—	—	—	—
30760	30331	169.49	162.74	111.50	102.80	122972	102806
30760	30331	78.02	75.34	52.37	47.63	56130	39084
12138	7990	292.75	284.33	202.39	193.97	238629	203455
12138	7990	292.75	284.33	202.39	193.97	238629	203455
—	—	—	—	—	—	—	—
—	—	—	—	—	—	—	—
—	—	—	—	—	—	—	—
—	—	—	—	—	—	—	—
1419	—	0.52	—	0.20	0.01	707	20
—	—	—	—	—	—	—	—
—	—	—	—	—	—	—	—
—	—	—	—	—	—	—	—
—	—	—	—	0.19	—	—	—
38	—	—	—	—	—	—	—
—	—	—	—	—	—	—	—
75602	32251	59.20	1.25	41.38	0.58	41818	2695
—	—	—	—	—	—	—	—
—	—	—	—	—	—	—	—
246	246	0.32	—	—	—	—	—
—	—	—	—	—	—	—	—
—	—	2.79	2.79	2.03	2.03	2372	2372
—	—	—	—	—	—	—	—
—	—	—	—	—	—	—	—
—	—	—	—	—	—	—	—
—	—	—	—	—	—	—	—
—	—	—	—	—	—	—	—
—	—	0.09	—	0.09	—	85	—
—	—	—	—	—	—	—	—
—	—	51.97	49.86	30.54	28.43	36234	34353
—	—	51.97	49.86	30.54	28.43	36234	34353

各地区森工基本建设

地　　区	本年计划投资	自年初累				
		合 计	其中:国家投资		按　构	
			小计	其中:国债资金	建筑工程	安装工程
全国合计	**1971112**	**1786595**	**247819**	**12577**	**1042356**	**32647**
北　京	—	—	—	—	—	—
天　津	—	—	—	—	—	—
河　北	—	—	—	—	—	—
山　西	—	—	—	—	—	—
内蒙古	3342	1152	1152	—	416	—
内蒙古集团	3272	1152	1152	—	416	—
辽　宁	—	—	—	—	—	—
吉　林	238922	176432	63534	660	165790	1992
吉林集团	92823	72159	25540	—	65957	1992
黑龙江	406884	331077	99074	344	324123	201
龙江集团	406884	331077	99074	344	324123	201
上　海	—	—	—	—	—	—
江　苏	—	—	—	—	—	—
浙　江	150	150	—	—	150	—
安　徽	—	—	—	—	—	—
福　建	917	1524	230	230	1294	—
江　西	—	—	—	—	—	—
山　东	—	—	—	—	—	—
河　南	—	—	—	—	—	—
湖　北	4230	4530	—	—	1000	1000
湖　南	3	3	—	—	—	—
广　东	—	—	—	—	—	—
广　西	1170791	1193511	62830	—	482771	29430
海　南	—	—	—	—	—	—
重　庆	—	—	—	—	—	—
四　川	6425	4032	3382	—	2868	—
贵　州	—	—	—	—	—	—
云　南	4872	4811	3639	842	1451	—
西　藏	—	—	—	—	—	—
陕　西	—	—	—	—	—	—
甘　肃	—	—	—	—	—	—
青　海	—	—	—	—	—	—
宁　夏	—	—	—	—	—	—
新　疆	718	718	79	—	374	24
新疆兵团	—	—	—	—	—	—
局直属单位	133858	68655	13899	10501	62119	—
大兴安岭	133858	68655	13899	10501	62119	—

投资完成情况(一)

单位:万元

计完成投资						
成 分		按 行 业 分				
				木材加工及竹、藤、棕、苇制品业		
设备、工具、器具购置	其 他	营造林业	木材及竹材采运业	小 计	其中:人造板制造业	其 他
119984	**591608**	**30297**	**213435**	**539204**	**260238**	**1003659**
—	—	—	—	—	—	—
—	—	—	—	—	—	—
—	—	—	—	—	—	—
—	—	—	—	—	—	—
602	134	—	1152	—	—	—
602	134	—	1152	—	—	—
—	—	—	—	—	—	—
3873	4777	22134	68699	288	276	85311
3173	1037	21692	11317	288	276	38862
309	6444	107	82688	—	—	248282
309	6444	107	82688	—	—	248282
—	—	—	—	—	—	—
—	—	—	—	—	—	—
—	—	—	—	—	—	150
—	—	—	—	—	—	—
—	230	—	20	—	—	1504
—	—	—	—	—	—	—
—	—	—	—	—	—	—
—	—	—	—	—	—	—
—	2530	4230	—	300	300	—
—	3	—	—	—	—	3
—	—	—	—	—	—	—
113299	568011	—	59694	538592	259662	595225
—	—	—	—	—	—	—
—	—	—	—	—	—	—
—	1164	916	301	—	—	2815
—	—	—	—	—	—	—
74	3286	2415	712	—	—	1684
—	—	—	—	—	—	—
—	—	—	—	—	—	—
—	—	—	—	—	—	—
—	—	—	—	—	—	—
—	—	—	—	—	—	—
190	130	495	169	24	—	30
—	—	—	—	—	—	—
1637	4899	—	—	—	—	68655
1637	4899	—	—	—	—	68655

各地区森工基本建设

地　区	自年初累计完成投资							本年新增固定资产
	按性质分							
	其　中							
	新建	扩建	改建和技术改造	单纯建造生活设施	迁建	恢复	单纯购置	
全国合计	**977974**	**279914**	**148222**	**146743**	**8727**	**2251**	**20599**	**830735**
北　京	—	—	—	—	—	—	—	—
天　津	—	—	—	—	—	—	—	—
河　北	—	—	—	—	—	—	—	—
山　西	—	—	—	—	—	—	—	—
内蒙古	—	1152	—	—	—	—	—	1128
内蒙古集团	—	1152	—	—	—	—	—	1128
辽　宁	—	—	—	—	—	—	—	—
吉　林	162906	322	8875	685	—	—	2818	35027
吉林集团	66011	—	2614	685	—	—	2023	24758
黑龙江	159328	10424	12327	146005	807	—	15	195578
龙江集团	159328	10424	12327	146005	807	—	15	195578
上　海	—	—	—	—	—	—	—	—
江　苏	—	—	—	—	—	—	—	—
浙　江	—	—	150	—	—	—	—	—
安　徽	—	—	—	—	—	—	—	—
福　建	687	20	—	—	—	—	—	710
江　西	—	—	—	—	—	—	—	—
山　东	—	—	—	—	—	—	—	—
河　南	—	—	—	—	—	—	—	—
湖　北	300	4230	—	—	—	—	—	300
湖　南	—	—	—	—	—	3	—	3
广　东	—	—	—	—	—	—	—	—
广　西	645991	256129	126115	—	7920	2248	17598	535916
海　南	—	—	—	—	—	—	—	—
重　庆	—	—	—	—	—	—	—	—
四　川	3037	270	725	—	—	—	—	—
贵　州	—	—	—	—	—	—	—	—
云　南	3158	—	—	—	—	—	3	4066
西　藏	—	—	—	—	—	—	—	—
陕　西	—	—	—	—	—	—	—	—
甘　肃	—	—	—	—	—	—	—	—
青　海	—	—	—	—	—	—	—	—
宁　夏	—	—	—	—	—	—	—	—
新　疆	55	131	30	53	—	—	89	607
新疆兵团	—	—	—	—	—	—	—	—
局直属单位	2512	7236	—	—	—	—	76	57400
大兴安岭	2512	7236	—	—	—	—	76	57400

投资完成情况(二)

单位:万元

本年各项应付款合计		房屋建筑面积及竣工价值					
		本年房屋施工面积(万平方米)		本年房屋竣工面积(万平方米)		本年房屋竣工价值	
合计	其中:工程款	合 计	其中:住宅	合 计	其中:住宅	合 计	其中:住宅
101390	**52684**	**574.24**	**500.81**	**387.29**	**327.65**	**440466**	**343816**
—	—	—	—	—	—	—	—
—	—	—	—	—	—	—	—
—	—	—	—	—	—	—	—
—	—	—	—	—	—	—	—
—	—	—	—	—	—	—	—
—	—	—	—	—	—	—	—
—	—	—	—	—	—	—	—
30086	30086	169.00	162.73	111.01	102.79	122660	102796
30086	30086	78.02	75.34	52.37	47.63	56130	39084
12138	7990	292.75	284.33	202.39	193.97	238629	203455
12138	7990	292.75	284.33	202.39	193.97	238629	203455
—	—	—	—	—	—	—	—
—	—	—	—	—	—	—	—
—	—	—	—	—	—	—	—
—	—	—	—	—	—	—	—
1169	—	0.52	—	0.20	0.01	707	20
—	—	—	—	—	—	—	—
—	—	—	—	—	—	—	—
—	—	—	—	—	—	—	—
—	—	—	—	—	—	—	—
38	—	—	—	—	—	—	—
—	—	—	—	—	—	—	—
57713	14362	56.80	1.10	41.03	0.43	39779	820
—	—	—	—	—	—	—	—
—	—	—	—	—	—	—	—
246	246	0.32	—	—	—	—	—
—	—	—	—	—	—	—	—
—	—	2.79	2.79	2.03	2.03	2372	2372
—	—	—	—	—	—	—	—
—	—	—	—	—	—	—	—
—	—	—	—	—	—	—	—
—	—	—	—	—	—	—	—
—	—	—	—	—	—	—	—
—	—	0.09	—	0.09	—	85	—
—	—	—	—	—	—	—	—
—	—	51.97	49.86	30.54	28.43	36234	34353
—	—	51.97	49.86	30.54	28.43	36234	34353

各地区森工更新改造

地区	本年计划投资	自年初累				
		合计	其中:国家投资		按构	
			小计	其中:国债资金	建筑工程	安装工程
全国合计	**449900**	**453854**	**3340**	**—**	**73219**	**42229**
北京	—	—	—	—	—	—
天津	—	—	—	—	—	—
河北	—	—	—	—	—	—
山西	—	—	—	—	—	—
内蒙古	—	—	—	—	—	—
内蒙古集团	—	—	—	—	—	—
辽宁	—	—	—	—	—	—
吉林	10384	8980	—	—	2584	12
吉林集团	2402	1724	—	—	—	—
黑龙江	7158	6697	2390	—	6697	—
龙江集团	7158	6697	2390	—	6697	—
上海	—	—	—	—	—	—
江苏	—	—	—	—	—	—
浙江	—	—	—	—	—	—
安徽	—	—	—	—	—	—
福建	471	564	—	—	—	—
江西	500	500	—	—	—	—
山东	—	—	—	—	—	—
河南	—	—	—	—	—	—
湖北	—	300	—	—	—	—
湖南	—	—	—	—	—	—
广东	—	—	—	—	—	—
广西	418084	423960	350	—	54136	41917
海南	—	—	—	—	—	—
重庆	—	—	—	—	—	—
四川	1750	1300	600	—	1000	300
贵州	—	—	—	—	—	—
云南	—	—	—	—	—	—
西藏	—	—	—	—	—	—
陕西	230	230	—	—	—	—
甘肃	—	—	—	—	—	—
青海	—	—	—	—	—	—
宁夏	—	—	—	—	—	—
新疆	—	—	—	—	—	—
新疆兵团	—	—	—	—	—	—
局直属单位	11323	11323	—	—	8802	—
大兴安岭	11323	11323	—	—	8802	—

投资完成情况(一)

单位:万元

计完成投资						
成　分		按　行　业　分				
				木材加工及竹、藤、棕、苇制品业		
设备、工具、器具购置	其　他	营造林业	木材及竹材采运业	小　计	其中:人造板制造业	其　他
162247	**176159**	**635**	**12325**	**261193**	**115428**	**179701**
—	—	—	—	—	—	—
—	—	—	—	—	—	—
—	—	—	—	—	—	—
—	—	—	—	—	—	—
—	—	—	—	—	—	—
—	—	—	—	—	—	—
—	—	—	—	—	—	—
4660	1724	2	6313	2068	1501	597
—	1724	—	308	1026	1010	390
—	—	—	5852	—	—	845
—	—	—	5852	—	—	845
—	—	—	—	—	—	—
—	—	—	—	—	—	—
—	—	—	—	—	—	—
—	—	—	—	—	—	—
450	114	—	—	300	300	264
—	500	—	—	500	—	—
—	—	—	—	—	—	—
—	—	—	—	—	—	—
300	—	—	—	300	300	—
—	—	—	—	—	—	—
—	—	—	—	—	—	—
154333	173574	—	160	257600	113097	166200
—	—	—	—	—	—	—
—	—	—	—	—	—	—
—	—	—	—	—	—	1300
—	—	—	—	—	—	—
—	—	—	—	—	—	—
—	—	—	—	—	—	—
—	230	—	—	230	230	—
—	—	—	—	—	—	—
—	—	—	—	—	—	—
—	—	—	—	—	—	—
—	—	—	—	—	—	—
—	—	—	—	—	—	—
2504	17	633	—	195	—	10495
2504	17	633	—	195	—	10495

各地区森工更新改造

地　区	自年初累计完成投资							本年新增固定资产
	按性质分							
	其　中							
	新建	扩建	改建和技术改造	单纯建造生活设施	迁建	恢复	单纯购置	
全国合计	**38479**	**118746**	**257010**	**—**	**14800**	**—**	**10608**	**290888**
北　京	—	—	—	—	—	—	—	—
天　津	—	—	—	—	—	—	—	—
河　北	—	—	—	—	—	—	—	—
山　西	—	—	—	—	—	—	—	—
内蒙古	—	—	—	—	—	—	—	—
内蒙古集团	—	—	—	—	—	—	—	—
辽　宁	—	—	—	—	—	—	—	—
吉　林	3888	—	3097	—	—	—	1995	9658
吉林集团	—	—	1724	—	—	—	—	2402
黑龙江	—	3714	2983	—	—	—	—	6697
龙江集团	—	3714	2983	—	—	—	—	6697
上　海	—	—	—	—	—	—	—	—
江　苏	—	—	—	—	—	—	—	—
浙　江	—	—	—	—	—	—	—	—
安　徽	—	—	—	—	—	—	—	—
福　建	150	114	300	—	—	—	—	150
江　西	—	—	500	—	—	—	—	—
山　东	—	—	—	—	—	—	—	—
河　南	—	—	—	—	—	—	—	—
湖　北	—	—	300	—	—	—	—	300
湖　南	—	—	—	—	—	—	—	—
广　东	—	—	—	—	—	—	—	—
广　西	32794	110182	249300	—	14800	—	7102	265281
海　南	—	—	—	—	—	—	—	—
重　庆	—	—	—	—	—	—	—	—
四　川	1000	—	300	—	—	—	—	—
贵　州	—	—	—	—	—	—	—	—
云　南	—	—	—	—	—	—	—	—
西　藏	—	—	—	—	—	—	—	—
陕　西	—	—	230	—	—	—	—	230
甘　肃	—	—	—	—	—	—	—	—
青　海	—	—	—	—	—	—	—	—
宁　夏	—	—	—	—	—	—	—	—
新　疆	—	—	—	—	—	—	—	—
新疆兵团	—	—	—	—	—	—	—	—
局直属单位	647	4736	—	—	—	—	1511	8572
大兴安岭	647	4736	—	—	—	—	1511	8572

投资完成情况(二)

单位:万元

本年各项应付款合计		房屋建筑面积及竣工价值					
		本年房屋施工面积(万平方米)		本年房屋竣工面积(万平方米)		本年房屋竣工价值	
合计	其中:工程款	合 计	其中:住宅	合 计	其中:住宅	合 计	其中:住宅
17982	**17889**	**2.89**	**0.16**	**0.84**	**0.16**	**2351**	**1885**
—	—	—	—	—	—	—	—
—	—	—	—	—	—	—	—
—	—	—	—	—	—	—	—
—	—	—	—	—	—	—	—
—	—	—	—	—	—	—	—
—	—	—	—	—	—	—	—
—	—	—	—	—	—	—	—
—	—	0.49	0.01	0.49	0.01	312	10
—	—	—	—	—	—	—	—
—	—	—	—	—	—	—	—
—	—	—	—	—	—	—	—
—	—	—	—	—	—	—	—
—	—	—	—	—	—	—	—
—	—	—	—	—	—	—	—
—	—	—	—	—	—	—	—
93	—	—	—	—	—	—	—
—	—	—	—	—	—	—	—
—	—	—	—	—	—	—	—
—	—	—	—	—	—	—	—
—	—	—	—	—	—	—	—
—	—	—	—	—	—	—	—
—	—	—	—	—	—	—	—
17889	17889	2.40	0.15	0.35	0.15	2039	1875
—	—	—	—	—	—	—	—
—	—	—	—	—	—	—	—
—	—	—	—	—	—	—	—
—	—	—	—	—	—	—	—
—	—	—	—	—	—	—	—
—	—	—	—	—	—	—	—
—	—	—	—	—	—	—	—
—	—	—	—	—	—	—	—
—	—	—	—	—	—	—	—
—	—	—	—	—	—	—	—
—	—	—	—	—	—	—	—
—	—	—	—	—	—	—	—
—	—	—	—	—	—	—	—
—	—	—	—	—	—	—	—

各地区森工其他

地　区	本年计划投资	自年初累			按　构	
		合计	其中:国家投资			
			小计	其中:国债资金	建筑工程	安装工程
全国合计	**117156**	**111039**	**17279**	**—**	**19216**	**185**
北　京	—	—	—	—	—	—
天　津	—	—	—	—	—	—
河　北	—	—	—	—	—	—
山　西	—	—	—	—	—	—
内蒙古	23807	17122	17122	—	13802	75
内蒙古集团	23807	17122	17122	—	13802	75
辽　宁	—	—	—	—	—	—
吉　林	6538	5112	—	—	46	—
吉林集团	6538	5112	—	—	46	—
黑龙江	—	—	—	—	—	—
龙江集团	—	—	—	—	—	—
上　海	—	—	—	—	—	—
江　苏	—	—	—	—	—	—
浙　江	—	—	—	—	—	—
安　徽	—	—	—	—	—	—
福　建	256	285	10	—	—	—
江　西	—	—	—	—	—	—
山　东	—	—	—	—	—	—
河　南	—	—	—	—	—	—
湖　北	1010	1010	—	—	—	—
湖　南	—	—	—	—	—	—
广　东	—	—	—	—	—	—
广　西	79684	81739	—	—	2434	110
海　南	—	—	—	—	—	—
重　庆	—	—	—	—	—	—
四　川	100	100	—	—	—	—
贵　州	—	—	—	—	—	—
云　南	2315	2315	—	—	1082	—
西　藏	—	—	—	—	—	—
陕　西	—	—	—	—	—	—
甘　肃	—	—	—	—	—	—
青　海	—	—	—	—	—	—
宁　夏	—	—	—	—	—	—
新　疆	147	147	147	—	—	—
新疆兵团	—	—	—	—	—	—
局直属单位	3299	3209	—	—	1852	—
大兴安岭	3299	3209	—	—	1852	—

投资完成情况(一)

单位:万元

计完成投资						
成　分		按　行　业　分				
设备、工具、器具购置	其　他	营造林业	木材及竹材采运业	木材加工及竹、藤、棕、苇制品业		其　他
				小　计	其中:人造板制造业	
8109	**83529**	**3298**	**17952**	**28784**	**13639**	**61005**
—	—	—	—	—	—	—
—	—	—	—	—	—	—
—	—	—	—	—	—	—
—	—	—	—	—	—	—
2671	574	—	—	—	—	17122
2671	574	—	—	—	—	17122
—	—	—	—	—	—	—
2571	2495	1994	1097	989	818	1032
2571	2495	1994	1097	989	818	1032
—	—	—	—	—	—	—
—	—	—	—	—	—	—
—	—	—	—	—	—	—
—	—	—	—	—	—	—
—	—	—	—	—	—	—
—	—	—	—	—	—	—
124	161	—	72	—	—	213
—	—	—	—	—	—	—
—	—	—	—	—	—	—
—	—	—	—	—	—	—
—	1010	—	—	1010	1010	—
—	—	—	—	—	—	—
—	—	—	—	—	—	—
1386	77809	—	16783	26648	11811	38308
—	—	—	—	—	—	—
—	—	—	—	—	—	—
—	100	—	—	—	—	100
—	—	—	—	—	—	—
—	1233	1233	—	—	—	1082
—	—	—	—	—	—	—
—	—	—	—	—	—	—
—	—	—	—	—	—	—
—	—	—	—	—	—	—
—	—	—	—	—	—	—
—	147	71	—	—	—	76
—	—	—	—	—	—	—
1357	—	—	—	137	—	3072
1357	—	—	—	137	—	3072

各地区森工其他

地　　区	自年初累计完成投资							本年新增固定资产
	按性质分							
	其　中							
	新建	扩建	改建和技术改造	单纯建造生活设施	迁建	恢复	单纯购置	
全国合计	**27458**	**32146**	**42064**	**—**	**—**	**—**	**4186**	**87556**
北　京	—	—	—	—	—	—	—	—
天　津	—	—	—	—	—	—	—	—
河　北	—	—	—	—	—	—	—	—
山　西	—	—	—	—	—	—	—	—
内蒙古	—	17122	—	—	—	—	—	13009
内蒙古集团	—	17122	—	—	—	—	—	13009
辽　宁	—	—	—	—	—	—	—	—
吉　林	1906	651	—	—	—	—	2555	3944
吉林集团	1906	651	—	—	—	—	2555	3944
黑龙江	—	—	—	—	—	—	—	—
龙江集团	—	—	—	—	—	—	—	—
上　海	—	—	—	—	—	—	—	—
江　苏	—	—	—	—	—	—	—	—
浙　江	—	—	—	—	—	—	—	—
安　徽	—	—	—	—	—	—	—	—
福　建	—	—	146	—	—	—	124	275
江　西	—	—	—	—	—	—	—	—
山　东	—	—	—	—	—	—	—	—
河　南	—	—	—	—	—	—	—	—
湖　北	—	—	—	—	—	—	—	1020
湖　南	—	—	—	—	—	—	—	—
广　东	—	—	—	—	—	—	—	—
广　西	24399	13473	41818	—	—	—	150	65950
海　南	—	—	—	—	—	—	—	—
重　庆	—	—	—	—	—	—	—	—
四　川	—	—	100	—	—	—	—	125
贵　州	—	—	—	—	—	—	—	—
云　南	1082	—	—	—	—	—	—	24
西　藏	—	—	—	—	—	—	—	—
陕　西	—	—	—	—	—	—	—	—
甘　肃	—	—	—	—	—	—	—	—
青　海	—	—	—	—	—	—	—	—
宁　夏	—	—	—	—	—	—	—	—
新　疆	71	—	—	—	—	—	—	—
新疆兵团	—	—	—	—	—	—	—	—
局直属单位	—	900	—	—	—	—	1357	3209
大兴安岭	—	900	—	—	—	—	1357	3209

投资完成情况(二)

单位:万元

本年各项应付款合计		房屋建筑面积及竣工价值					
		本年房屋施工面积(万平方米)		本年房屋竣工面积(万平方米)		本年房屋竣工价值	
合计	其中:工程款	合 计	其中:住宅	合 计	其中:住宅	合 计	其中:住宅
831	**245**	**0.32**	**0.32**	**0.51**	**0.32**	**483**	**483**
—	—	—	—	—	—	—	—
—	—	—	—	—	—	—	—
—	—	—	—	—	—	—	—
—	—	—	—	—	—	—	—
—	—	0.32	0.32	0.32	0.32	483	483
—	—	0.32	0.32	0.32	0.32	483	483
—	—	—	—	—	—	—	—
674	245	—	—	—	—	—	—
674	245	—	—	—	—	—	—
—	—	—	—	—	—	—	—
—	—	—	—	—	—	—	—
—	—	—	—	—	—	—	—
—	—	—	—	—	—	—	—
—	—	—	—	—	—	—	—
—	—	—	—	—	—	—	—
157	—	—	—	—	—	—	—
—	—	—	—	—	—	—	—
—	—	—	—	—	—	—	—
—	—	—	—	—	—	—	—
—	—	—	—	0.19	—	—	—
—	—	—	—	—	—	—	—
—	—	—	—	—	—	—	—
—	—	—	—	—	—	—	—
—	—	—	—	—	—	—	—
—	—	—	—	—	—	—	—
—	—	—	—	—	—	—	—
—	—	—	—	—	—	—	—
—	—	—	—	—	—	—	—
—	—	—	—	—	—	—	—
—	—	—	—	—	—	—	—
—	—	—	—	—	—	—	—
—	—	—	—	—	—	—	—
—	—	—	—	—	—	—	—
—	—	—	—	—	—	—	—
—	—	—	—	—	—	—	—
—	—	—	—	—	—	—	—
—	—	—	—	—	—	—	—

国家林业局机关及直属单位基本

单位名称	本年计划投资	自年初累计						
		合计	其中:国家投资		按构成分			
			小计	其中:国债资金	建筑工程	安装工程	设备、工具、器具购置	其他
总计	**275090**	**197899**	**122374**	**16238**	**96702**	**277**	**18476**	**82444**
一、中国林业科学研究院	**7578**	**11445**	**11322**	**3**	**6447**	**165**	**4004**	**828**
院部	1420	1893	1893	—	1139	—	446	308
林业研究所	470	1463	1463	—	130	—	1186	147
木材工业研究所	246	831	831	—	371	—	444	16
森林生态环境与保护研究所	100	330	330	—	330	—	—	—
林业科技信息研究所	—	24	24	—	—	—	—	24
资源信息研究所	130	130	130	—	30	—	100	—
华北林业实验中心	169	377	377	—	343	—	21	13
热带林业研究所	260	452	452	—	365	—	4	83
亚热带林业研究所	432	440	440	3	304	—	68	68
林产化学工业研究所	515	1992	1992	—	659	—	1333	—
热带林业实验中心	408	412	412	—	359	—	53	—
亚热带林业实验中心	1294	1223	1223	—	1213	—	10	—
沙漠林业实验中心	415	540	417	—	517	—	15	8
资源昆虫研究所	87	194	194	—	127	—	35	32
国家林业局泡桐研究开发中心	229	180	180	—	—	165	—	15
国家林业局桉树研究开发中心	371	533	533	—	230	—	289	14
国家林业局竹子研究开发中心	100	100	100	—	—	—	—	100
北京林业机械研究所	700	28	28	—	28	—	—	—
哈尔滨林业机械研究所	232	302	302	—	302	—	—	—
二、林业教育	**4294**	**5955**	**3355**	**—**	**5409**	**—**	**402**	**144**
国家林业局管理干部学院	569	2230	2230	—	1721	—	365	144
南京森林公安高等专科学校	3725	3725	1125	—	3688	—	37	—
三、森林保护	**19152**	**1745**	**1745**	**1036**	**1200**	**52**	**230**	**263**
国家林业局森林病虫害防治总站	290	232	232	—	91	—	139	2
陕西佛坪国家级自然保护区管理局	—	297	297	297	190	52	55	—
甘肃白水江国家级自然保护区管理局	972	739	739	739	442	—	36	261
国家林业局卧龙自然保护区管理局	17890	477	477	—	477	—	—	—
四、森林防火	**4546**	**4308**	**4308**	**—**	**1526**	**—**	**549**	**2233**
国家林业局西南航空护林总站	1730	1628	1628	—	1006	—	549	73
国家林业局东北航空护林指挥中心	2816	2680	2680	—	520	—	—	2160
五、勘察设计	**385**	**436**	**436**	**—**	**100**	**—**	**296**	**40**
国家林业局昆明勘察设计院	195	195	195	—	100	—	95	—
国家林业局林产工业规划设计院	190	241	241	—	—	—	201	40
六、调查规划	**10144**	**9625**	**9625**	**1199**	**3150**	**—**	**3199**	**3276**
国家林业局调查规划设计院	9647	7154	7154	—	1033	—	2921	3200
国家林业局华东林业调查规划设计院	120	1252	1252	—	1007	—	173	72
国家林业局中南林业调查规划设计院	376	1135	1135	1135	1110	—	25	—
国家林业局西北林业调查规划设计院	1	84	84	64	—	—	80	4
七、资源监督	**1073**	**1391**	**695**	**14**	**585**	**—**	**110**	**696**
国家林业局森林资源监督管理办公室	10	10	10	—	—	—	10	—

建设投资完成情况（一）

单位：万元

完成投资												
按行业分					按性质分							本年新增固定资产
					其中							
营造林业	木材及竹材采运业	木材加工及竹、藤、棕、苇制品业		其他	新建	扩建	改建和技术改造	单纯建造生活设施	迁建	恢复	单纯购置	
		小计	其中：人造板制造业									
11275	**—**	**332**	**—**	**186292**	**17838**	**30133**	**4086**	**347**	**1085**	**—**	**8222**	**100664**
952	**—**	**—**	**—**	**10493**	**7738**	**1057**	**562**	**300**	**—**	**—**	**1788**	**7901**
—	—	—	—	1893	1720	96	—	—	—	—	77	2791
—	—	—	—	1463	1463	—	—	—	—	—	—	1316
—	—	—	—	831	831	—	—	—	—	—	—	—
—	—	—	—	330	330	—	—	—	—	—	—	—
—	—	—	—	24	24	—	—	—	—	—	—	3
—	—	—	—	130	130	—	—	—	—	—	—	30
—	—	—	—	377	377	—	—	—	—	—	—	922
—	—	—	—	452	448	—	—	—	—	—	4	—
—	—	—	—	440	191	—	189	—	—	—	60	621
—	—	—	—	1992	—	232	127	300	—	—	1333	1584
412	—	—	—	—	390	22	—	—	—	—	—	—
—	—	—	—	1223	1213	—	—	—	—	—	10	248
540	—	—	—	—	123	400	2	—	—	—	15	15
—	—	—	—	194	67	127	—	—	—	—	—	156
—	—	—	—	180	—	180	—	—	—	—	—	—
—	—	—	—	533	—	—	244	—	—	—	289	—
—	—	—	—	100	100	—	—	—	—	—	—	—
—	—	—	—	28	28	—	—	—	—	—	—	—
—	—	—	—	302	302	—	—	—	—	—	—	215
—	**—**	**—**	**—**	**5955**	**1888**	**4030**	**—**	**—**	**—**	**—**	**37**	**100**
—	—	—	—	2230	—	2230	—	—	—	—	—	75
—	—	—	—	3725	1888	1800	—	—	—	—	37	25
739	**—**	**—**	**—**	**1006**	**1568**	**—**	**—**	**—**	**—**	**—**	**175**	**13798**
—	—	—	—	232	91	—	—	—	—	—	139	288
—	—	—	—	297	297	—	—	—	—	—	—	—
739	—	—	—	—	703	—	—	—	—	—	36	36
—	—	—	—	477	477	—	—	—	—	—	—	13474
—	**—**	**—**	**—**	**4308**	**170**	**2247**	**1294**	**—**	**—**	**—**	**597**	**732**
—	—	—	—	1628	—	—	1294	—	—	—	334	388
—	—	—	—	2680	170	2247	—	—	—	—	263	344
—	**—**	**—**	**—**	**436**	**—**	**—**	**—**	**—**	**—**	**—**	**396**	**581**
—	—	—	—	195	—	—	—	—	—	—	195	380
—	—	—	—	241	—	—	—	—	—	—	201	201
7154	**—**	**—**	**—**	**2471**	**—**	**7154**	**1114**	**47**	**1085**	**—**	**225**	**4641**
7154	—	—	—	—	—	7154	—	—	—	—	—	2921
—	—	—	—	1252	—	—	—	47	1085	—	120	167
—	—	—	—	1135	—	—	1110	—	—	—	25	1112
—	—	—	—	84	—	—	4	—	—	—	80	441
10	**—**	**—**	**—**	**1381**	**117**	**—**	**—**	**—**	**—**	**—**	**1274**	**229**
10	—	—	—	—	—	—	—	—	—	—	10	10

国家林业局机关及直属单位基本

单位名称	本年计划投资	自年初累计						
		合 计	其中:国家投资		按构成分			
			小计	其中:国债资金	建筑工程	安装工程	设备、工具、器具购置	其他
驻黑龙江省森林资源监督专员办事处	—	—	—	—	—	—	—	—
驻内蒙古自治区森林资源监督专员办事处	—	696	—	—	—	—	—	696
驻长春森林资源监督专员办事处	—	—	—	—	—	—	—	—
驻大兴安岭森林资源监督专员办事处	35	35	35	—	—	—	35	—
驻福州森林资源监督专员办事处	10	10	10	—	—	—	10	—
驻云南省森林资源监督专员办事处	10	10	10	—	—	—	10	—
驻成都森林资源监督专员办事处	155	113	113	—	108	—	5	—
驻兰州森林资源监督专员办事处	7	7	7	—	—	—	7	—
驻乌鲁木齐森林资源监督专员办事处	7	7	7	—	—	—	7	—
驻海口森林资源监督专员办事处	17	14	14	14	—	—	14	—
驻武汉森林资源监督专员办事处	—	—	—	—	—	—	—	—
驻合肥森林资源监督专员办事处	453	121	121	—	117	—	4	—
驻贵阳森林资源监督专员办事处	368	368	368	—	360	—	8	—
驻西安森林资源监督专员办事处	—	—	—	—	—	—	—	—
八、其他	**227918**	**162994**	**90887**	**13986**	**78285**	**60**	**9685**	**74964**
国家林业局天然林资源保护工程管理中心	—	—	—	—	—	—	—	—
国家林业局退耕还林(草)工程管理办公室	—	—	—	—	—	—	—	—
国家林业局西北华北东北防护林建设局	650	1234	1234	—	736	—	51	447
国家林业局防治荒漠化管理中心	10	35	35	—	—	—	10	25
国家林业局世界银行贷款项目管理中心	—	—	—	—	—	—	—	—
国家林业局湿地保护管理中心	28	28	28	—	—	—	28	—
国家林业局林业工作站管理总站	10	10	10	—	—	—	10	—
国家林业局国有林场和林木种苗工作总站	80	80	80	—	—	—	80	—
国家林业局林业基金管理总站	—	8	—	—	—	—	8	—
国家林业局宣传中心	22	22	22	—	—	—	22	—
国家林业局经济发展研究中心	—	—	—	—	—	—	—	—
国家林业局科技发展中心	378	294	294	—	134	—	114	46
国家林业局对外合作项目中心	30	7	7	—	—	—	7	—
国际竹藤网络中心	2105	2105	2105	—	1286	45	761	13
国家林业局濒危物种进出口管理中心	—	—	—	—	—	—	—	—
国家林业局人才开发交流中心	—	—	—	—	—	—	—	—
国家林业局离退休干部局	—	—	—	—	—	—	—	—
中国花卉协会	—	—	—	—	—	—	—	—
中国野生动物保护协会	49	49	49	—	—	—	49	—
中国林学会	12	15	15	—	—	—	15	—
中国绿化基金会	27	30	27	—	—	—	30	—
中国林业出版社	247	207	207	—	—	—	35	172
中国绿色时报社	209	209	209	—	—	15	194	—
国家林业局基建办	291	195	195	—	145	—	50	—
国家林业局幼儿园	—	—	—	—	—	—	—	—
国家林业局北戴河培训中心	—	—	—	—	—	—	—	—
国家林业局招待所	—	—	—	—	—	—	—	—
大兴安岭林业集团公司	223770	158467	86371	13986	75984	—	8222	74261

建设投资完成情况(二)

单位:万元

完成投资												
按行业分					按性质分							本年新增固定资产
营造林业	木材及竹材采运业	木材加工及竹、藤、棕、苇制品业		其他	其中							
		小计	其中:人造板制造业		新建	扩建	改建和技术改造	单纯建造生活设施	迁建	恢复	单纯购置	
—	—	—	—	—	—	—	—	—	—	—	—	—
—	—	—	—	696	—	—	—	—	—	—	696	57
—	—	—	—	—	—	—	—	—	—	—	—	59
—	—	—	—	35	—	—	—	—	—	—	35	35
—	—	—	—	10	—	—	—	—	—	—	10	10
—	—	—	—	10	—	—	—	—	—	—	10	10
—	—	—	—	113	—	—	—	—	—	—	113	5
—	—	—	—	7	—	—	—	—	—	—	7	7
—	—	—	—	7	—	—	—	—	—	—	7	7
—	—	—	—	14	—	—	—	—	—	—	14	14
—	—	—	—	—	—	—	—	—	—	—	—	—
—	—	—	—	121	117	—	—	—	—	—	4	2
—	—	—	—	368	—	—	—	—	—	—	368	8
—	—	—	—	—	—	—	—	—	—	—	—	5
2420	**—**	**332**	**—**	**160242**	**6358**	**15645**	**1116**	**—**	**—**	**—**	**3731**	**72681**
—	—	—	—	—	—	—	—	—	—	—	—	—
—	—	—	—	—	—	—	—	—	—	—	—	20
447	—	—	—	787	1183	—	—	—	—	—	51	50
—	—	—	—	35	—	—	—	—	—	—	35	35
—	—	—	—	—	—	—	—	—	—	—	—	—
—	—	—	—	28	—	—	—	—	—	—	28	28
—	—	—	—	10	—	—	—	—	—	—	10	10
—	—	—	—	80	—	—	—	—	—	—	80	80
8	—	—	—	—	—	—	—	—	—	—	8	8
—	—	—	—	22	22	—	—	—	—	—	—	22
—	—	—	—	—	—	—	—	—	—	—	—	—
294	—	—	—	—	—	—	—	—	—	—	114	114
—	—	—	—	7	—	—	—	—	—	—	7	7
7	—	—	—	2098	—	1995	—	—	—	—	110	124
—	—	—	—	—	—	—	—	—	—	—	—	—
—	—	—	—	—	—	—	—	—	—	—	—	—
—	—	—	—	—	—	—	—	—	—	—	—	42
—	—	—	—	—	—	—	—	—	—	—	—	—
—	—	—	—	49	—	—	—	—	—	—	49	49
—	—	—	—	15	—	—	—	—	—	—	15	15
30	—	—	—	—	—	—	—	—	—	—	30	30
207	—	—	—	—	1	—	—	—	—	—	—	35
—	—	—	—	209	209	—	—	—	—	—	—	194
—	—	—	—	195	—	—	145	—	—	—	50	195
—	—	—	—	—	—	—	—	—	—	—	—	—
—	—	—	—	—	—	—	—	—	—	—	—	—
—	—	—	—	—	—	—	—	—	—	—	—	—
1427	—	332	—	156708	4943	13650	971	—	—	—	3144	71624

国家林业局机关及直属单位基本建设投资完成情况(三)

单位:万元

单位名称	本年各项应付款合计		房屋建筑面积及竣工价值					
			本年房屋施工面积(万平方米)		本年房屋竣工面积(万平方米)		本年房屋竣工价值	
	合计	其中:工程款	合 计	其中:住宅	合 计	其中:住宅	合 计	其中:住宅
总计	**3731**	**707**	**58.29**	**51.74**	**32.02**	**28.43**	**39987**	**34353**
一、中国林业科学研究院	**287**	**280**	**3.58**	**—**	**1.48**	**—**	**3753**	**—**
院部	91	91	1.48	—	1.03	—	2791	—
林业研究所	—	—	—	—	—	—	—	—
木材工业研究所	—	—	—	—	—	—	—	—
森林生态环境与保护研究所	—	—	0.25	—	—	—	—	—
林业科技信息研究所	—	—	—	—	—	—	—	—
资源信息研究所	—	—	—	—	—	—	—	—
华北林业实验中心	—	—	0.20	—	0.20	—	507	—
热带林业研究所	7	—	—	—	—	—	—	—
亚热带林业研究所	—	—	—	—	—	—	—	—
林产化学工业研究所	—	—	0.31	—	—	—	—	—
热带林业实验中心	145	145	0.13	—	—	—	—	—
亚热带林业实验中心	—	—	0.46	—	0.03	—	28	—
沙漠林业实验中心	—	—	0.15	—	0.23	—	427	—
资源昆虫研究所	14	14	—	—	—	—	—	—
国家林业局泡桐研究开发中心	17	17	0.60	—	—	—	—	—
国家林业局桉树研究开发中心	13	13	—	—	—	—	—	—
国家林业局竹子研究开发中心	—	—	—	—	—	—	—	—
北京林业机械研究所	—	—	—	—	—	—	—	—
哈尔滨林业机械研究所	—	—	—	—	—	—	—	—
二、林业教育	**2370**	**9**	**1.88**	**1.88**	**—**	**—**	**—**	**—**
国家林业局管理干部学院	1	—	—	—	—	—	—	—
南京森林公安高等专科学校	2369	9	1.88	1.88	—	—	—	—
三、森林保护	**387**	**339**	**—**	**—**	**—**	**—**	**—**	**—**
国家林业局森林病虫害防治总站	26	15	—	—	—	—	—	—
陕西佛坪国家级自然保护区管理局	—	—	—	—	—	—	—	—
甘肃白水江国家级自然保护区管理局	—	—	—	—	—	—	—	—
国家林业局卧龙自然保护区管理局	361	324	—	—	—	—	—	—
四、森林防火	**241**	**—**	**—**	**—**	**—**	**—**	**—**	**—**
国家林业局西南航空护林总站	217	—	—	—	—	—	—	—
国家林业局东北航空护林指挥中心	24	—	—	—	—	—	—	—
五、勘察设计	**—**	**—**	**—**	**—**	**—**	**—**	**—**	**—**
国家林业局昆明勘察设计院	—	—	—	—	—	—	—	—
国家林业局林产工业规划设计院	—	—	—	—	—	—	—	—
六、调查规划	**125**	**57**	**—**	**—**	**—**	**—**	**—**	**—**
国家林业局调查规划设计院	—	—	—	—	—	—	—	—
国家林业局华东林业调查规划设计院	1	—	—	—	—	—	—	—
国家林业局中南林业调查规划设计院	—	—	—	—	—	—	—	—
国家林业局西北林业调查规划设计院	124	57	—	—	—	—	—	—
七、资源监督	**—**	**—**	**—**	**—**	**—**	**—**	**—**	**—**
国家林业局森林资源监督管理办公室	—	—	—	—	—	—	—	—

国家林业局机关及直属单位基本建设投资完成情况(四)

单位:万元

单位名称	本年各项应付款合计		房屋建筑面积及竣工价值					
			本年房屋施工面积(万平方米)		本年房屋竣工面积(万平方米)		本年房屋竣工价值	
	合计	其中:工程款	合 计	其中:住宅	合 计	其中:住宅	合 计	其中:住宅
驻黑龙江省森林资源监督专员办事处	—	—	—	—	—	—	—	—
驻内蒙古自治区森林资源监督专员办事处	—	—	—	—	—	—	—	—
驻长春森林资源监督专员办事处	—	—	—	—	—	—	—	—
驻大兴安岭森林资源监督专员办事处	—	—	—	—	—	—	—	—
驻福州森林资源监督专员办事处	—	—	—	—	—	—	—	—
驻云南省森林资源监督专员办事处	—	—	—	—	—	—	—	—
驻成都森林资源监督专员办事处	—	—	—	—	—	—	—	—
驻兰州森林资源监督专员办事处	—	—	—	—	—	—	—	—
驻乌鲁木齐森林资源监督专员办事处	—	—	—	—	—	—	—	—
驻海口森林资源监督专员办事处	—	—	—	—	—	—	—	—
驻武汉森林资源监督专员办事处	—	—	—	—	—	—	—	—
驻合肥森林资源监督专员办事处	—	—	—	—	—	—	—	—
驻贵阳森林资源监督专员办事处	—	—	—	—	—	—	—	—
驻西安森林资源监督专员办事处	—	—	—	—	—	—	—	—
八、其他	**321**	**22**	**52.84**	**49.86**	**30.54**	**28.43**	**36234**	**34353**
国家林业局天然林资源保护工程管理中心	—	—	—	—	—	—	—	—
国家林业局退耕还林(草)工程管理办公室	57	—	—	—	—	—	—	—
国家林业局西北华北东北防护林建设局	—	—	0.86	—	—	—	—	—
国家林业局防治荒漠化管理中心	—	—	—	—	—	—	—	—
国家林业局世界银行贷款项目管理中心	—	—	—	—	—	—	—	—
国家林业局湿地保护管理中心	—	—	—	—	—	—	—	—
国家林业局林业工作站管理总站	—	—	—	—	—	—	—	—
国家林业局国有林场和林木种苗工作总站	—	—	—	—	—	—	—	—
国家林业局林业基金管理总站	—	—	—	—	—	—	—	—
国家林业局宣传中心	—	—	—	—	—	—	—	—
国家林业局经济发展研究中心	—	—	—	—	—	—	—	—
国家林业局科技发展中心	—	—	—	—	—	—	—	—
国家林业局对外合作项目中心	—	—	—	—	—	—	—	—
国际竹藤网络中心	5	3	—	—	—	—	—	—
国家林业局濒危物种进出口管理中心	—	—	—	—	—	—	—	—
国家林业局人才开发交流中心	—	—	—	—	—	—	—	—
国家林业局离退休干部局	240	—	—	—	—	—	—	—
中国花卉协会	—	—	—	—	—	—	—	—
中国野生动物保护协会	—	—	—	—	—	—	—	—
中国林学会	—	—	—	—	—	—	—	—
中国绿化基金会	—	—	—	—	—	—	—	—
中国林业出版社	—	—	—	—	—	—	—	—
中国绿色时报社	—	—	—	—	—	—	—	—
国家林业局基建办	19	19	—	—	—	—	—	—
国家林业局幼儿园	—	—	—	—	—	—	—	—
国家林业局北戴河培训中心	—	—	—	—	—	—	—	—
国家林业局招待所	—	—	—	—	—	—	—	—
大兴安岭林业集团公司	—	—	51.97	49.86	30.54	28.43	36234	34353

按事业分的营林基本建设投资完成情况

单位:万元

指标	本年完成投资			在总计中:国有林场、苗圃
	总计	其中		
		中央投资	地方投资	
总计	**11095168**	**5291240**	**3338766**	**466299**
一、造林	5121251	2371448	1817042	121211
二、更新造林	94241	20470	24903	20721
三、低产林改造	45657	12076	22239	3719
四、森林管护	534633	420118	76055	75226
五、中、幼龄林抚育	174591	37080	27497	19477
六、种苗工程	98041	29405	31048	10642
七、森林防火	104843	40061	46630	9825
八、森林病虫鼠害防治	68258	23773	25558	3437
九、林业工作站	10261	3581	4749	94
十、森林公安	42532	31214	7906	1651
十一、森林公园	68477	2074	46796	10489
十二、野生动植物保护及自然保护区	59644	41347	14450	3824
十三、湿地恢复与保护	158177	13080	140762	165
十四、花卉	124013	686	45779	2988
十五、林政及木材检查站	10972	5070	2032	208
十六、林业调查规划设计	20959	11259	5708	66
十七、林业教育	60899	51701	3463	238
十八、林业科技及重点实验室	25976	15977	8547	248
十九、其他	4271743	2160820	987602	182070

各地区按事业分的营林基本建设投资完成额(一)

单位:万元

地区	总计	造林	更新造林	低产林改造	森林管护	中、幼龄林抚育	种苗工程	森林防火	森林病虫鼠害防治
全国合计	**11095168**	**5121251**	**94241**	**45657**	**534633**	**174591**	**98041**	**104843**	**68258**
北京	290991	206967	240	200	6395	197	1070	8692	3132
天津	30572	27065	—	—	—	—	244	124	753
河北	330527	217457	10	—	2385	689	1463	4534	2272
山西	620845	460431	—	60	15594	1793	3513	5404	2453
内蒙古	661355	271120	50	—	71449	350	1139	5139	1819
内蒙古集团	135766	—	—	—	18291	—	—	1090	192
辽宁	331567	234721	30	—	16696	414	2708	1063	1894
吉林	254894	52603	2899	362	23744	3612	925	2645	1776
吉林集团	60652	675	2432	—	6247	3282	416	1329	275
黑龙江	495889	140962	35	—	39537	1469	2534	7264	1851
龙江集团	184056	—	—	—	21595	675	725	3967	973
上海	64986	48664	355	490	4318	757	278	101	1014
江苏	738387	524636	325	135	3084	5449	20404	7510	4404
浙江	47152	21690	75	2106	464	305	886	716	1031
安徽	128975	72409	352	410	7819	6995	2936	1110	1129
福建	38337	12396	4125	3931	743	815	2336	1746	1371
江西	229554	105035	1151	391	32406	8030	5074	4347	1226
山东	205929	103784	1396	861	6303	7537	4788	8376	18611
河南	570593	325411	10	44	4124	3865	394	953	840
湖北	268364	132486	2314	10835	17732	5907	3725	1946	885
湖南	312351	184520	16883	1511	8099	2290	3156	2881	2337
广东	78135	15890	10849	12267	1265	2455	1727	5094	1618
广西	981409	346491	46847	6797	46072	89929	7993	7325	1142
海南	27994	27494	—	—	—	—	500	—	—
重庆	573208	448448	—	28	8048	5261	1342	1779	2593
四川	1600043	372645	2044	979	44405	14490	14929	7401	1885
贵州	331912	129780	56	60	16567	3432	1640	2559	1505
云南	364920	172895	892	2397	30295	846	6211	4335	1921
西藏	25250	9960	393	440	8290	126	—	5	105
陕西	400155	175273	141	534	21540	350	982	1043	1349
甘肃	466615	80609	—	—	22913	430	1820	1775	2449
青海	119745	10439	—	—	14128	200	625	396	200
宁夏	108396	19341	—	—	2206	67	461	317	949
新疆	281406	169629	2539	819	39218	6531	2238	652	3349
新疆兵团	88453	54782	189	485	12497	5167	1450	49	381
局直属单位	114712	—	230	—	18794	—	—	7611	395
大兴安岭	75280	—	230	—	18794	—	—	3303	163

各地区按事业分的营林基本建设投资完成额(二)

单位:万元

地　　区	林业工作站	森林公安	森林公园	野生动植物保护及自然保护区	湿地恢复与保护	花卉	林政及木材检查站	林业调查规划设计	林业教育	林业科技及重点实验室	其他
全国合计	**10261**	**42532**	**68477**	**59644**	**158177**	**124013**	**10972**	**20959**	**60899**	**25976**	**4271743**
北　京	200	15	—	—	—	400	—	228	—	23	63232
天　津	80	—	—	90	—	—	—	—	—	110	2106
河　北	151	124	—	1615	41	211	40	—	21	291	99223
山　西	20	306	670	3203	1800	460	86	506	490	—	124056
内蒙古	315	677	20	2510	3363	30	2464	3050	636	651	296573
内蒙古集团	—	—	—	—	—	—	—	—	—	—	116193
辽　宁	276	154	500	1900	407	—	—	—	—	207	70597
吉　林	530	6601	2200	5250	1224	—	106	2588	10499	945	136385
吉林集团	10	3470	—	—	—	—	16	—	4050	—	38450
黑龙江	—	13777	180	1889	509	50	10	84	28100	96	257542
龙江集团	—	13406	—	—	—	—	—	—	27791	—	114924
上　海	1318	—	—	1130	16	—	6	72	173	—	6294
江　苏	541	817	6142	528	132700	8232	125	625	141	263	22326
浙　江	144	50	15917	310	—	—	253	—	43	564	2598
安　徽	253	13	150	980	230	648	84	17	20	199	33221
福　建	398	312	655	2954	162	34	341	122	—	362	5534
江　西	469	2082	6	833	—	150	275	191	—	252	67636
山　东	170	111	1665	1620	800	30330	55	75	116	187	19144
河　南	200	652	—	900	16	7160	20	—	—	244	225760
湖　北	1249	1251	5650	1654	1563	9635	756	450	262	163	69901
湖　南	560	381	1107	2123	5074	358	677	358	55	293	79688
广　东	58	315	6998	2191	—	—	27	11	54	293	17023
广　西	1030	377	1962	3397	118	25209	1921	530	2044	10	392215
海　南	—	—	—	—	—	—	—	—	—	—	—
重　庆	160	1105	17869	150	810	238	73	46	15	1055	84188
四　川	206	1475	87	5388	2346	40404	245	934	232	1021	1088927
贵　州	57	139	125	1185	700	362	98	80	266	758	172543
云　南	858	2779	174	2917	1157	—	469	683	50	5347	130694
西　藏	—	72	—	5585	—	—	—	—	—	—	274
陕　西	—	561	6375	1006	629	—	70	153	199	132	189818
甘　肃	95	3186	25	2181	1735	—	170	—	901	701	347625
青　海	—	143	—	1980	—	—	—	—	—	200	91434
宁　夏	—	34	—	720	1952	30	—	28	41	76	82174
新　疆	913	1270	—	220	797	72	1135	67	752	88	51117
新疆兵团	170	32	—	—	306	—	—	8	25	2	12910
局直属单位	10	3753	—	3235	28	—	1466	10061	15789	11445	41895
大兴安岭	—	3753	—	1490	—	—	75	—	9834	—	37638

各地区按事业分的营林中央投资完成额(一)

单位:万元

地　　区	总　计	造林	更新造林	低产林改造	森林管护	中、幼龄林抚育	种苗工程	森林防火	森林病虫鼠害防治
全国合计	**5291240**	**2371448**	**20470**	**12076**	**420118**	**37080**	**29405**	**40061**	**23773**
北　京	7982	4404	—	—	—	—	80	635	104
天　津	8259	6507	—	—	—	—	140	124	432
河　北	268329	172915	—	—	2271	480	215	1658	987
山　西	196200	126930	—	60	9611	311	620	1182	915
内蒙古	566062	198717	—	—	69420	350	638	4358	1223
内蒙古集团	135766	—	—	—	18291	—	—	1090	192
辽　宁	121672	75592	—	—	10172	350	2025	151	1021
吉　林	199726	44837	510	362	20786	455	793	1435	1331
吉林集团	39030	656	98	—	3702	125	294	182	54
黑龙江	320710	94466	35	—	37799	895	1580	5518	1184
龙江集团	174032	—	—	—	21044	450	486	3370	775
上　海	554	360	—	—	—	140	—	—	—
江　苏	20494	8002	40	—	2	400	458	260	500
浙　江	14543	10237	70	337	71	300	583	511	601
安　徽	86026	48554	21	89	6344	3781	698	647	557
福　建	15477	7283	228	1953	222	490	1381	422	645
江　西	124030	65165	151	—	14792	3595	1449	764	597
山　东	17480	12812	200	100	1323	250	265	433	547
河　南	126814	116271	—	44	3191	495	394	953	840
湖　北	160205	83151	844	2599	11394	1861	2103	759	403
湖　南	230263	149435	10255	272	6343	251	1502	677	1544
广　东	13430	7479	396	1909	140	95	327	144	92
广　西	177243	66444	2658	377	25263	2511	646	6285	293
海　南	17095	16595	—	—	—	—	500	—	—
重　庆	235224	205767	—	28	5709	500	977	372	1313
四　川	707542	286362	1607	500	44093	13959	5884	2412	1100
贵　州	286658	114791	—	—	15023	2759	1268	924	720
云　南	215816	112927	787	1950	24997	50	994	740	1173
西　藏	24884	9835	300	440	8290	—	—	5	105
陕　西	285296	126887	141	534	18028	120	566	561	527
甘　肃	341299	79203	—	—	22758	430	1780	1538	2105
青　海	111105	9901	—	—	6181	200	625	396	200
宁　夏	95572	11720	—	—	1947	—	395	3	755
新　疆	186776	97899	1997	522	35154	2052	519	279	1564
新疆兵团	43412	18795	—	463	10721	1238	51	—	91
局直属单位	108474	—	230	—	18794	—	—	5915	395
大兴安岭	72472	—	230	—	18794	—	—	1607	163

各地区按事业分的营林中央投资完成额(二)

单位:万元

地区	林业工作站	森林公安	森林公园	野生动植物保护及自然保护区	湿地恢复与保护	花卉	林政及木材检查站	林业调查规划设计	林业教育	林业科技及重点实验室	其他
全国合计	**3581**	**31214**	**2074**	**41347**	**13080**	**686**	**5070**	**11259**	**51701**	**15977**	**2160820**
北京	—	15	—	—	—	100	—	—	—	—	2644
天津	80	—	—	90	—	—	—	—	—	110	776
河北	118	82	—	1459	5	160	30	—	20	150	87779
山西	20	280	—	1923	—	—	—	—	117	—	54231
内蒙古	271	506	20	1980	3144	—	2464	110	258	210	282393
内蒙古集团	—	—	—	—	—	—	—	—	—	—	116193
辽宁	160	105	—	1020	27	—	—	—	—	200	30849
吉林	167	5433	—	4962	816	—	30	306	10499	402	106602
吉林集团	—	2302	—	—	—	—	10	—	4050	—	27557
黑龙江	—	13196	120	1259	99	—	10	24	26002	10	138513
龙江集团	—	12925	—	—	—	—	—	—	25998	—	108984
上海	—	—	—	40	—	—	—	—	—	—	14
江苏	10	20	—	330	—	—	40	—	—	100	10332
浙江	136	50	—	310	—	—	70	—	43	133	1091
安徽	130	—	100	637	—	—	59	2	10	129	24268
福建	191	22	—	1609	—	—	95	—	—	130	806
江西	5	381	—	799	—	—	15	—	—	220	36097
山东	50	—	120	400	—	—	10	—	—	—	970
河南	117	652	—	900	—	—	10	—	—	187	2760
湖北	882	689	—	1426	80	—	175	50	34	48	53707
湖南	100	101	80	1363	26	6	72	153	5	32	58046
广东	11	71	—	744	—	—	20	8	—	20	1974
广西	348	53	200	1915	118	400	54	10	—	—	69668
海南	—	—	—	—	—	—	—	—	—	—	—
重庆	110	889	—	150	760	—	30	—	15	625	17979
四川	89	1001	60	1072	2251	—	106	412	184	766	345684
贵州	30	127	49	1000	700	—	71	—	236	556	148404
云南	10	366	—	1813	—	—	2	6	—	20	69981
西藏	—	50	—	5585	—	—	—	—	—	—	274
陕西	—	401	1300	395	629	—	—	109	154	15	134929
甘肃	95	1770	25	2111	1677	—	160	—	884	310	226453
青海	—	143	—	1980	—	—	—	—	—	200	91279
宁夏	—	34	—	680	1952	20	—	—	33	76	77957
新疆	441	1024	—	160	768	—	802	8	18	6	43563
新疆兵团	46	32	—	—	306	—	—	8	—	—	11661
局直属单位	10	3753	—	3235	28	—	745	10061	13189	11322	40797
大兴安岭	—	3753	—	1490	—	—	50	—	9834	—	36551

各地区按事业分的营林地方投资完成额(一)

单位:万元

地　区	总　计	造林	更新造林	低产林改造	森林管护	中、幼龄林抚育	种苗工程	森林防火	森林病虫鼠害防治
全国合计	**3338766**	**1817042**	**24903**	**22239**	**76055**	**27497**	**31048**	**46630**	**25558**
北　京	283009	202563	240	200	6395	197	990	8057	3028
天　津	22313	20558	—	—	—	—	104	—	321
河　北	34185	20471	—	—	113	189	1233	2870	1227
山　西	424645	333501	—	—	5983	1482	2893	4222	1538
内蒙古	84590	66329	50	—	1864	—	501	643	286
内蒙古集团	—	—	—	—	—	—	—	—	—
辽　宁	174692	133400	30	—	5740	10	625	852	755
吉　林	14406	2819	715	—	789	1197	66	493	333
吉林集团	3498	—	660	—	427	1197	66	464	161
黑龙江	48315	28895	—	—	1380	92	648	1354	439
龙江集团	8939	—	—	—	551	75	239	597	198
上　海	46964	30905	350	462	4318	617	278	79	1014
江　苏	421142	252203	234	120	1828	4444	8022	3911	1440
浙　江	30991	10502	5	1652	393	5	100	136	430
安　徽	17103	5667	304	80	1100	1612	502	360	398
福　建	14605	4253	1568	1629	392	112	780	1127	631
江　西	87451	33788	72	248	15909	3875	3280	2873	578
山　东	101701	51808	375	170	2163	1678	292	2041	4829
河　南	443707	209140	10	—	904	3370	—	—	—
湖　北	52792	26214	629	6596	2529	638	842	871	186
湖　南	47110	17317	3178	794	465	1396	1174	1968	713
广　东	53311	8109	4789	8979	1077	1577	1387	4859	1481
广　西	92984	19133	11492	358	2433	742	388	374	463
海　南	10899	10899	—	—	—	—	—	—	—
重　庆	176345	134111	—	—	2131	266	340	1407	1131
四　川	258369	57357	126	476	258	528	283	1269	544
贵　州	43168	14989	56	60	1211	585	372	1413	785
云　南	94832	34024	105	327	2358	796	3956	2732	593
西　藏	240	125	93	—	—	—	—	—	—
陕　西	68358	45245	—	—	3479	230	403	407	372
甘　肃	122513	1376	—	—	155	—	40	237	343
青　海	8640	538	—	—	7947	—	—	—	—
宁　夏	8602	3971	—	—	53	21	55	305	123
新　疆	47976	36832	482	88	2688	1838	1494	74	1577
新疆兵团	28585	23496	177	2	1140	1735	1382	35	255
局直属单位	2808	—	—	—	—	—	—	1696	—
大兴安岭	2808	—	—	—	—	—	—	1696	—

各地区按事业分的营林地方投资完成额(二)

单位:万元

地　区	林业工作站	森林公安	森林公园	野生动植物保护及自然保护区	湿地恢复与保护	花卉	林政及木材检查站	林业调查规划设计	林业教育	林业科技及重点实验室	其他
全国合计	**4749**	**7906**	**46796**	**14450**	**140762**	**45779**	**2032**	**5708**	**3463**	**8547**	**987602**
北　京	200	—	—	—	—	300	—	228	—	23	60588
天　津	—	—	—	—	—	—	—	—	—	—	1330
河　北	33	42	—	156	36	49	10	—	—	141	7615
山　西	—	26	670	1280	1800	460	86	506	373	—	69825
内蒙古	34	146	—	30	219	30	—	376	378	290	13414
内蒙古集团	—	—	—	—	—	—	—	—	—	—	—
辽　宁	116	49	500	587	264	—	—	—	—	7	31757
吉　林	177	408	—	8	408	—	65	2282	—	528	4118
吉林集团	—	408	—	—	—	—	—	—	—	—	115
黑龙江	—	579	60	630	—	50	—	48	1793	85	12262
龙江集团	—	481	—	—	—	—	—	—	1793	—	5005
上　海	1318	—	—	1090	16	—	6	72	165	—	6274
江　苏	223	576	4192	188	130302	1000	68	355	100	163	11773
浙　江	—	—	15917	—	—	—	183	—	—	431	1237
安　徽	63	13	50	313	230	513	10	13	10	65	5800
福　建	156	234	655	971	162	34	70	122	—	56	1653
江　西	388	1425	6	33	—	150	260	191	—	28	24347
山　东	54	66	1545	1200	—	27435	35	34	33	7	7936
河　南	78	—	—	—	—	7160	10	—	—	35	223000
湖　北	197	263	5440	44	903	20	258	269	38	108	6747
湖　南	238	122	695	404	5033	312	153	130	32	56	12930
广　东	47	244	6888	1362	—	—	7	3	54	273	12175
广　西	380	15	160	250	—	1256	33	59	210	—	55238
海　南	—	—	—	—	—	—	—	—	—	—	—
重　庆	45	216	4799	—	50	238	43	46	—	323	31199
四　川	107	347	24	4151	95	6400	38	502	40	215	185609
贵　州	27	12	76	185	—	362	27	80	30	202	22696
云　南	436	1434	44	927	1157	—	467	330	50	5039	40057
西　藏	—	22	—	—	—	—	—	—	—	—	—
陕　西	—	160	5075	571	—	—	70	11	45	—	12290
甘　肃	—	1416	—	70	58	—	10	—	17	391	118400
青　海	—	—	—	—	—	—	—	—	—	—	155
宁　夏	—	—	—	—	—	10	—	28	8	—	4028
新　疆	432	91	—	—	29	—	98	23	87	81	2062
新疆兵团	84	—	—	—	—	—	—	—	19	1	259
局直属单位	—	—	—	—	—	—	25	—	—	—	1087
大兴安岭	—	—	—	—	—	—	25	—	—	—	1087

各地区按事业分的国有林场、苗圃营林基本建设投资完成额(一)

单位:万元

地区	总计	造林	更新造林	低产林改造	森林管护	中、幼龄林抚育	种苗工程	森林防火	森林病虫鼠害防治
全国合计	**466299**	**121211**	**20721**	**3719**	**75226**	**19477**	**10642**	**9825**	**3437**
北京	9814	1999	—	—	—	197	1070	3266	96
天津	46	—	—	—	—	—	—	—	—
河北	5199	1365	—	—	380	393	—	29	16
山西	47677	15160	—	—	8696	1028	807	315	350
内蒙古	54926	26421	50	—	17327	250	—	892	36
内蒙古集团	2164	—	—	—	823	—	—	—	—
辽宁	1624	823	—	—	156	—	—	—	—
吉林	31557	3659	251	—	4268	327	147	744	380
吉林集团	12733	—	227	—	1110	327	84	453	147
黑龙江	47947	18515	35	—	12487	710	1326	1014	116
龙江集团	—	—	—	—	—	—	—	—	—
上海	—	—	—	—	—	—	—	—	—
江苏	3989	937	1	6	151	160	114	516	599
浙江	538	218	—	—	—	55	203	—	—
安徽	4797	1642	116	71	482	388	809	81	95
福建	3148	234	925	133	103	56	355	32	39
江西	11319	3536	339	60	931	372	298	135	40
山东	2749	314	—	100	300	320	—	746	395
河南	280	145	—	—	—	50	—	20	—
湖北	9013	2493	—	43	870	304	1029	200	81
湖南	1814	100	500	—	20	4	282	111	—
广东	20050	1622	6207	1024	351	1157	551	503	340
广西	96758	15422	12297	413	4429	13129	415	441	137
海南	—	—	—	—	—	—	—	—	—
重庆	9065	2884	—	—	1418	150	98	228	297
四川	13543	4970	—	15	5006	83	330	133	50
贵州	4629	372	—	—	592	158	1640	43	18
云南	6871	830	—	1752	946	14	464	197	13
西藏	126	—	—	—	—	126	—	—	—
陕西	13074	8329	—	102	2448	—	—	128	—
甘肃	48788	5400	—	—	7318	—	100	39	149
青海	12333	2092	—	—	5881	—	358	—	35
宁夏	1731	192	—	—	334	46	151	12	96
新疆	2894	1537	—	—	332	—	95	—	59
新疆兵团	—	—	—	—	—	—	—	—	—
局直属单位	—	—	—	—	—	—	—	—	—
大兴安岭	—	—	—	—	—	—	—	—	—

各地区按事业分的国有林场、苗圃营林基本建设投资完成额(二)

单位:万元

地　　区	林业工作站	森林公安	森林公园	野生动植物保护及自然保护区	湿地恢复与保护	花卉	林政及木材检查站	林业调查规划设计	林业教育	林业科技及重点实验室	其他
全国合计	**94**	**1651**	**10489**	**3824**	**165**	**2988**	**208**	**66**	**238**	**248**	**182070**
北　京	—	—	—	—	—	—	—	—	—	—	3186
天　津	—	—	—	—	—	—	—	—	—	—	46
河　北	—	—	—	1478	—	—	—	—	—	11	1527
山　西	—	13	55	64	—	—	—	—	—	—	21189
内蒙古	4	155	—	80	—	—	10	5	208	—	9488
内蒙古集团	—	—	—	—	—	—	—	—	—	—	1341
辽　宁	—	—	—	83	47	—	—	—	—	—	515
吉　林	34	1046	2200	12	—	—	—	—	—	—	18489
吉林集团	—	1046	—	—	—	—	—	—	—	—	9339
黑龙江	—	4	120	17	—	—	—	—	4	—	13599
龙江集团	—	—	—	—	—	—	—	—	—	—	—
上　海	—	—	—	—	—	—	—	—	—	—	—
江　苏	—	—	1150	10	—	1	—	24	5	7	308
浙　江	—	—	—	50	—	—	—	—	—	—	12
安　徽	—	—	—	6	—	—	—	2	—	—	1105
福　建	—	—	450	—	—	—	—	—	—	45	776
江　西	—	46	—	—	—	—	—	3	—	10	5549
山　东	—	—	120	400	—	3	—	—	—	—	51
河　南	—	—	—	—	—	—	—	—	—	—	65
湖　北	—	77	190	1	—	2752	—	11	—	60	902
湖　南	30	—	650	—	—	2	—	—	—	—	115
广　东	—	20	4987	162	—	—	—	—	16	15	3095
广　西	—	245	—	1385	118	60	44	21	5	—	48197
海　南	—	—	—	—	—	—	—	—	—	—	—
重　庆	—	4	—	—	—	—	—	—	—	100	3886
四　川	—	—	27	46	—	—	—	—	—	—	2883
贵　州	—	5	125	—	—	170	—	—	—	—	1506
云　南	—	24	—	30	—	—	2	—	—	—	2599
西　藏	—	—	—	—	—	—	—	—	—	—	—
陕　西	—	—	390	—	—	—	—	—	—	—	1677
甘　肃	26	—	25	—	—	—	50	—	—	—	35681
青　海	—	—	—	—	—	—	—	—	—	—	3967
宁　夏	—	—	—	—	—	—	—	—	—	—	900
新　疆	—	12	—	—	—	—	102	—	—	—	757
新疆兵团	—	—	—	—	—	—	—	—	—	—	—
局直属单位	—	—	—	—	—	—	—	—	—	—	—
大兴安岭	—	—	—	—	—	—	—	—	—	—	—

林业利用外资基本情况

单位：万美元

指标	项目个数（个）	实际利用外资金额				协议利用外资金额			
		合计	国外借款	外商投资	无偿援助	合计	国外借款	外商投资	无偿援助
总　　计	**580**	**55425**	**11742**	**41759**	**1924**	**56952**	**13157**	**42584**	**1211**
一、造林	436	15173	10854	2982	1337	16515	11866	3950	699
1. 公益林	121	4698	3479	71	1148	4388	3687	107	594
2. 商品林	315	10475	7375	2911	189	12127	8179	3843	105
二、木竹材加工	49	13524	2	13522	—	17541	—	17541	—
其中：人造板制造	10	1355	—	1355	—	5625	—	5625	—
木制品制造	30	10953	—	10953	—	9588	—	9588	—
三、林纸一体化	8	10417	—	10417	—	6709	—	6709	—
四、林产化工	1	1000	—	1000	—	—	—	—	—
五、非木质林产品加工	6	246	—	246	—	855	—	855	—
六、花卉、种苗	12	4840	—	4840	—	200	—	200	—
七、科学研究	2	103	—	100	3	3	—	—	3
八、其他	66	10122	886	8652	584	15129	1291	13329	509

各地区林业利用

地区	总计	造林			木竹材加工		
		合计	公益林	商品林	合计	其中	
						人造板制造	木制品制造
全国合计	**580**	**436**	**121**	**315**	**49**	**10**	**30**
北京	3	—	—	—	—	—	—
天津	—	—	—	—	—	—	—
河北	10	9	6	3	—	—	—
山西	—	—	—	—	—	—	—
内蒙古	6	6	6	—	—	—	—
内蒙古集团	—	—	—	—	—	—	—
辽宁	3	3	3	—	—	—	—
吉林	31	31	27	4	—	—	—
吉林集团	—	—	—	—	—	—	—
黑龙江	23	14	1	13	—	—	—
龙江集团	—	—	—	—	—	—	—
上海	—	—	—	—	—	—	—
江苏	13	2	—	2	5	3	2
浙江	14	—	—	—	14	4	10
安徽	187	185	1	184	—	—	—
福建	70	6	—	6	25	2	17
江西	39	30	2	28	3	1	—
山东	1	1	—	1	—	—	—
河南	73	71	37	34	1	—	—
湖北	15	14	7	7	—	—	—
湖南	3	2	2	—	—	—	—
广东	5	2	1	1	1	—	1
广西	42	35	3	32	—	—	—
海南	—	—	—	—	—	—	—
重庆	2	2	2	—	—	—	—
四川	8	2	2	—	—	—	—
贵州	2	1	1	—	—	—	—
云南	2	—	—	—	—	—	—
西藏	—	—	—	—	—	—	—
陕西	2	2	2	—	—	—	—
甘肃	13	10	10	—	—	—	—
青海	5	—	—	—	—	—	—
宁夏	7	7	7	—	—	—	—
新疆	1	1	1	—	—	—	—
新疆兵团	—	—	—	—	—	—	—
大兴安岭	—	—	—	—	—	—	—

外资项目个数

单位:个

林纸一体化	林产化工	非木质林产品加工	花卉、种苗	科学研究	其他
8	**1**	**6**	**12**	**2**	**66**
—	—	—	—	—	3
—	—	—	—	—	—
—	—	—	—	—	1
—	—	—	—	—	—
—	—	—	—	—	—
—	—	—	—	—	—
—	—	—	—	—	—
—	—	—	—	—	—
—	—	—	—	—	—
—	—	—	—	—	9
—	—	—	—	—	—
—	—	—	—	—	—
—	—	1	2	—	3
—	—	—	—	—	—
—	—	—	—	—	2
3	—	4	9	1	22
—	1	—	1	—	4
—	—	—	—	—	—
—	—	—	—	—	1
—	—	—	—	—	1
—	—	1	—	—	—
1	—	—	—	—	1
4	—	—	—	1	2
—	—	—	—	—	—
—	—	—	—	—	—
—	—	—	—	—	6
—	—	—	—	—	1
—	—	—	—	—	2
—	—	—	—	—	—
—	—	—	—	—	—
—	—	—	—	—	3
—	—	—	—	—	5
—	—	—	—	—	—
—	—	—	—	—	—
—	—	—	—	—	—
—	—	—	—	—	—

各地区林业实际

地　区	总　计	造林			木竹材加工		
						其　中	
		合　计	公益林	商品林	合　计	人造板制造	木制品制造
全国合计	**55425**	**15173**	**4698**	**10475**	**13524**	**1355**	**10953**
北　京	185	—	—	—	—	—	—
天　津	—	—	—	—	—	—	—
河　北	150	145	99	46	—	—	—
山　西	—	—	—	—	—	—	—
内蒙古	113	113	113	—	—	—	—
内蒙古集团	—	—	—	—	—	—	—
辽　宁	89	89	89	—	—	—	—
吉　林	1095	1095	917	178	—	—	—
吉林集团	—	—	—	—	—	—	—
黑龙江	126	81	7	74	—	—	—
龙江集团	—	—	—	—	—	—	—
上　海	—	—	—	—	—	—	—
江　苏	3363	208	—	208	479	—	479
浙　江	5605	—	—	—	5605	255	5350
安　徽	284	235	15	220	—	—	—
福　建	19670	1199	—	1199	4965	100	3701
江　西	4137	944	89	855	1050	1000	—
山　东	25	25	—	25	—	—	—
河　南	2668	2640	1599	1041	2	—	—
湖　北	1197	1045	853	192	—	—	—
湖　南	105	105	105	—	—	—	—
广　东	1822	129	3	126	1423	—	1423
广　西	13500	6569	258	6311	—	—	—
海　南	—	—	—	—	—	—	—
重　庆	5	5	5	—	—	—	—
四　川	54	—	—	—	—	—	—
贵　州	25	5	5	—	—	—	—
云　南	13	—	—	—	—	—	—
西　藏	—	—	—	—	—	—	—
陕　西	34	34	34	—	—	—	—
甘　肃	392	378	378	—	—	—	—
青　海	639	—	—	—	—	—	—
宁　夏	69	69	69	—	—	—	—
新　疆	60	60	60	—	—	—	—
新疆兵团	—	—	—	—	—	—	—
大兴安岭	—	—	—	—	—	—	—

利用外资情况

单位:万美元

林纸一体化	林产化工	非木质林产品加工	花卉、种苗	科学研究	其他
10417	**1000**	**246**	**4840**	**103**	**10122**
—	—	—	—	—	185
—	—	—	—	—	—
—	—	—	—	—	5
—	—	—	—	—	—
—	—	—	—	—	—
—	—	—	—	—	—
—	—	—	—	—	—
—	—	—	—	—	—
—	—	—	—	—	—
—	—	—	—	—	45
—	—	—	—	—	—
—	—	—	—	—	—
—	—	—	2244	—	432
—	—	—	—	—	—
—	—	—	—	—	49
3532	—	246	1796	100	7832
—	1000	—	800	—	343
—	—	—	—	—	—
—	—	—	—	—	26
—	—	—	—	—	152
—	—	—	—	—	—
176	—	—	—	—	94
6709	—	—	—	3	219
—	—	—	—	—	—
—	—	—	—	—	—
—	—	—	—	—	54
—	—	—	—	—	20
—	—	—	—	—	13
—	—	—	—	—	—
—	—	—	—	—	—
—	—	—	—	—	14
—	—	—	—	—	639
—	—	—	—	—	—
—	—	—	—	—	—
—	—	—	—	—	—
—	—	—	—	—	—

各地区林业协议

地　　区	总　计	造林			木竹材加工		
		合　计	公益林	商品林	合　计	其　中	
						人造板制造	木制品制造
全国合计	**56952**	**16515**	**4388**	**12127**	**17541**	**5625**	**9588**
北　京	185	—	—	—	—	—	—
天　津	—	—	—	—	—	—	—
河　北	301	296	252	44	—	—	—
山　西	—	—	—	—	—	—	—
内蒙古	—	—	—	—	—	—	—
内蒙古集团	—	—	—	—	—	—	—
辽　宁	—	—	—	—	—	—	—
吉　林	1502	1502	1336	166	—	—	—
吉林集团	—	—	—	—	—	—	—
黑龙江	11	11	—	11	—	—	—
龙江集团	—	—	—	—	—	—	—
上　海	—	—	—	—	—	—	—
江　苏	6026	280	—	280	4021	3825	196
浙　江	5650	—	—	—	5650	300	5350
安　徽	27	20	—	20	—	—	—
福　建	22652	2423	—	2423	7870	1500	4042
江　西	108	80	—	80	—	—	—
山　东	1111	1111	—	1111	—	—	—
河　南	2948	2948	1486	1462	—	—	—
湖　北	770	581	439	142	—	—	—
湖　南	300	—	—	—	—	—	—
广　东	—	—	—	—	—	—	—
广　西	13647	6716	328	6388	—	—	—
海　南	—	—	—	—	—	—	—
重　庆	4	4	4	—	—	—	—
四　川	556	294	294	—	—	—	—
贵　州	—	—	—	—	—	—	—
云　南	—	—	—	—	—	—	—
西　藏	—	—	—	—	—	—	—
陕　西	—	—	—	—	—	—	—
甘　肃	212	189	189	—	—	—	—
青　海	882	—	—	—	—	—	—
宁　夏	—	—	—	—	—	—	—
新　疆	60	60	60	—	—	—	—
新疆兵团	—	—	—	—	—	—	—
大兴安岭	—	—	—	—	—	—	—

利用外资情况

单位:万美元

林纸一体化	林产化工	非木质林产品加工	花卉、种苗	科学研究	其他
6709	—	**855**	**200**	**3**	**15129**
—	—	—	—	—	185
—	—	—	—	—	—
—	—	—	—	—	5
—	—	—	—	—	—
—	—	—	—	—	—
—	—	—	—	—	—
—	—	—	—	—	—
—	—	—	—	—	—
—	—	—	—	—	—
—	—	—	—	—	—
—	—	—	—	—	—
—	—	—	—	—	—
—	—	175	—	—	1550
—	—	—	—	—	—
—	—	—	—	—	7
—	—	380	200	—	11779
—	—	—	—	—	28
—	—	—	—	—	—
—	—	—	—	—	—
—	—	—	—	—	189
—	—	300	—	—	—
—	—	—	—	—	—
6709	—	—	—	3	219
—	—	—	—	—	—
—	—	—	—	—	—
—	—	—	—	—	262
—	—	—	—	—	—
—	—	—	—	—	—
—	—	—	—	—	—
—	—	—	—	—	—
—	—	—	—	—	23
—	—	—	—	—	882
—	—	—	—	—	—
—	—	—	—	—	—
—	—	—	—	—	—
—	—	—	—	—	—

指　　标	总　计	其中：地方配套资金
本年应拨、贷资金额	**12770162**	**1174318**
自年初累计实际到位资金额	**13778576**	**1151638**
一、林业生态体系工程	**7361556**	**580235**
1. 天然林资源保护工程	838760	64745
2. 退耕还林工程	3553223	67808
3. 京津风沙源工程	271895	20317
4. 三北及长江流域等重点防护林工程	536883	127010
(1)三北防护林四期工程	254072	47905
(2)长江流域防护林体系二期工程	93911	34172
(3)沿海防护林体系二期工程	141666	35327
(4)珠江流域防护林体系二期工程	24200	2969
(5)太行山绿化二期工程	22534	6632
(6)平原绿化二期工程	500	5
5. 野生动植物保护及自然保护区工程	60755	3876
6. 速生丰产用材林基地建设工程	47672	1331
7. 林业血防工程抑螺防病林项目	109823	2477
8. 岩溶地区石漠化综合治理林业项目	34796	281
9. 湿地保护工程	231403	112530
10. 其他林业生态体系建设工程	1676346	179860
二、林业基础设施	**1366991**	**258647**
1. 种苗	83919	14706
2. 森林防火	103625	14437
3. 林业有害生物防治	92054	8164
4. 森林公安	19287	2322
5. 科技教育	19451	2705
6. 其他林业基础设施	1048655	216313
三、林业专项补助	**1810502**	**132791**
1. 生态效益补偿基金	717276	53629
2. 贫困林场扶贫资金	26660	840
3. 林业救灾补助资金	102518	1962
4. 集体林改工作经费	105126	19569
5. 其他财政专项资金(含财政贴息)	858922	56791
四、其他	**3239527**	**179965**
其中：财政事业费	815228	—

到位情况

单位:万元

合 计	国家预算内资金			国内贷款	利用外资	自筹资金	其他资金
	其 中						
	国家预算内基建资金	国债资金	中央财政专项资金				
7829877	**1304668**	**516308**	**4171324**	**781752**	**164676**	**1847416**	**2146441**
8382439	**1215571**	**599646**	**4606649**	**741040**	**135317**	**2181424**	**2338356**
5672083	**750458**	**529147**	**3887115**	**200784**	**43344**	**1009684**	**435661**
810208	122386	68393	585040	—	—	3104	25448
3498142	156622	230222	3038848	25	185	30964	23907
271415	47521	52784	170052	—	—	366	114
370369	133616	124124	33590	20	—	101066	65428
163249	48300	84677	17824	20	—	60099	30704
73781	29616	13777	5307	—	—	13067	7063
92827	34270	20707	5497	—	—	24425	24414
20002	6500	4963	2952	—	—	3237	961
20400	14840	—	2000	—	—	228	1906
110	90	—	10	—	—	10	380
49442	12073	14509	16264	—	224	1487	9602
820	107	30	240	18113	11975	15284	1480
19380	4706	10428	3689	86000	—	2710	1733
34549	27648	241	4590	—	—	—	247
20686	9551	7095	891	—	—	209468	1249
597072	236228	21321	33911	96626	30960	645235	306453
611947	**417684**	**64004**	**—**	**36181**	**5987**	**402794**	**310082**
35402	19626	7537	—	2000	1330	22696	22491
66828	38793	8532	—	—	—	18284	18513
48010	21973	5940	—	—	695	18362	24987
11013	5260	4212	—	—	—	1219	7055
12263	8103	260	—	—	—	4253	2935
438431	323929	37523	—	34181	3962	337980	234101
1237054	**—**	**—**	**692885**	**—**	**—**	**247446**	**326002**
626756	—	—	402557	—	—	4959	85561
22424	—	—	19919	—	—	814	3422
96962	—	—	76284	—	—	292	5264
77701	—	—	57069	—	—	6513	20912
413211	—	—	137056	—	—	234868	210843
861355	**47429**	**6495**	**26649**	**504075**	**85986**	**521500**	**1266611**
506603	—	—	—	—	—	—	308625

各地区本年实际

地区	自年初累计实际到位资金额	林业生态						
		合计	天然林资源保护工程	退耕还林工程	京津风沙源工程	三北及长江		
						小计	三北防护林四期工程	长江流域防护林体系二期工程
全国合计	**13778576**	**7361556**	**838760**	**3553223**	**271895**	**536883**	**254072**	**93911**
北京	405273	239290	—	—	26298	1488	395	—
天津	30572	27873	—	1303	828	24844	9883	—
河北	541901	383064	—	284249	25669	34444	10142	—
山西	620845	512259	17166	100545	40715	33019	24664	—
内蒙古	721192	513164	161536	112554	178385	22419	22419	—
内蒙古集团	136918	135828	135828	—	—	—	—	—
辽宁	432777	233947	—	77416	—	21487	13743	—
吉林	493775	166512	62158	76741	—	12449	12449	—
吉林集团	119876	26525	26093	—	—	—	—	—
黑龙江	899998	440293	174597	209377	—	50624	50624	—
龙江集团	575633	174597	174597	—	—	—	—	—
上海	107027	50572	—	—	—	42049	—	34171
江苏	663666	537620	—	—	—	16080	—	4998
浙江	405379	22962	—	—	—	17802	—	3106
安徽	168649	116789	—	96488	—	6769	—	6759
福建	193054	30221	—	—	—	22750	—	—
江西	339813	145100	—	103949	—	6874	—	5382
山东	662342	287325	—	—	—	38112	—	16659
河南	728770	272524	4675	105411	—	11747	—	6312
湖北	262951	195690	17582	139644	—	8358	—	8358
湖南	403439	291613	—	215597	—	8067	—	6992
广东	361582	45502	—	—	—	21172	—	—
广西	443573	201671	—	86782	—	15379	—	—
海南	73312	34146	6534	17780	—	2510	—	—
重庆	532465	240044	15600	221034	—	—	—	—
四川	1679963	705256	108523	537096	—	—	—	—
贵州	341158	291563	19430	237098	—	3878	—	—
云南	467020	268327	67208	173679	—	3625	—	—
西藏	56573	26779	2713	5333	—	—	—	—
陕西	468484	359069	48696	274278	—	15556	14382	1174
甘肃	482817	275626	33492	230489	—	7744	7744	—
青海	119745	85338	16967	61591	—	4800	4800	—
宁夏	110831	96655	2962	77274	—	10416	10416	—
新疆	341161	196175	10334	107515	—	72421	72411	—
新疆兵团	79208	71127	821	36500	—	31722	31722	—
局直属单位	218469	68587	68587	—	—	—	—	—
大兴安岭	79037	68587	68587	—	—	—	—	—

到位资金额(一)

单位:万元

	体系工程									
	流域等重点防护林工程				野生动植物保护及自然保护区工程	速生丰产用材林基地建设工程	林业血防工程抑螺防病林项目	岩溶地区石漠化综合治理林业项目	湿地保护工程	其他林业生态体系建设工程
	沿海防护林体系二期工程	珠江流域防护林体系二期工程	太行山绿化二期工程	平原绿化二期工程						
	141666	**24200**	**22534**	**500**	**60755**	**47672**	**109823**	**34796**	**231403**	**1676346**
	—	—	1093	—	—	—	—	—	—	211504
	14961	—	—	—	90	—	—	—	—	808
	16206	—	8086	10	2897	190	—	—	567	35048
	—	—	8355	—	3203	—	—	—	—	317611
	—	—	—	—	3171	—	—	—	3402	31697
	—	—	—	—	—	—	—	—	—	—
	7724	—	—	20	1673	40	—	—	388	132943
	—	—	—	—	2481	357	—	—	908	11418
	—	—	—	—	—	357	—	—	—	75
	—	—	—	—	1692	595	—	—	135	3273
	—	—	—	—	—	—	—	—	—	—
	7878	—	—	—	241	—	—	—	—	8282
	11077	—	—	5	332	50	1206	—	212574	307378
	14696	—	—	—	100	—	—	—	—	5060
	—	—	—	10	949	332	3274	—	57	8920
	22750	—	—	—	2083	3123	—	—	—	2265
	—	1492	—	—	1058	4904	5475	—	—	22840
	21453	—	—	—	1620	—	—	—	3465	244128
	—	—	5000	435	900	—	86000	—	—	63791
	—	—	—	—	1883	143	7822	785	721	18752
	—	1075	—	—	8136	2264	4984	2331	268	49966
	13827	7335	—	10	2348	—	—	1070	248	20664
	8584	6795	—	—	3055	24020	—	1946	118	70371
	2510	—	—	—	670	—	—	—	—	6652
	—	—	—	—	150	—	—	2400	860	—
	—	—	—	—	1347	11654	924	2465	1930	41317
	—	3878	—	—	1446	—	—	20778	700	8233
	—	3625	—	—	3887	—	138	3021	346	16423
	—	—	—	—	6227	—	—	—	90	12416
	—	—	—	—	2327	—	—	—	1179	17033
	—	—	—	—	2102	—	—	—	1685	114
	—	—	—	—	1980	—	—	—	—	—
	—	—	—	—	1248	—	—	—	994	3761
	—	—	—	10	1459	—	—	—	768	3678
	—	—	—	—	—	—	—	—	306	1778
	—	—	—	—	—	—	—	—	—	—
	—	—	—	—	—	—	—	—	—	—

各地区本年实际

地区	林业基础设施						
	合计	种苗	森林防火	林业有害生物防治	森林公安	科技教育	其他林业基础设施
全国合计	**1366991**	**83919**	**103625**	**92054**	**19287**	**19451**	**1048655**
北　京	75149	1095	8384	3601	80	23	61966
天　津	1121	244	124	753	—	—	—
河　北	13210	1002	4270	3813	549	188	3388
山　西	35289	3513	5404	2453	306	490	23123
内蒙古	8844	1017	3201	1325	528	311	2462
内蒙古集团	1090	—	814	192	—	—	84
辽　宁	8528	1303	1995	1978	269	140	2843
吉　林	213554	895	1625	1130	221	566	209117
吉林集团	87427	332	216	58	—	—	86821
黑龙江	406476	2513	6692	1611	908	3918	390834
龙江集团	397918	725	3967	972	554	3871	387829
上　海	7827	278	101	217	—	12	7219
江　苏	21911	6599	7467	5342	309	284	1910
浙　江	28787	439	1348	2271	74	501	24154
安　徽	11199	1727	1622	1168	48	128	6506
福　建	24564	1617	2254	1800	160	540	18193
江　西	35760	12891	7297	1474	3651	221	10226
山　东	67181	9284	8640	36921	936	100	11300
河　南	5599	394	953	840	652	—	2760
湖　北	15279	4511	960	828	515	1681	6784
湖　南	19074	2013	3148	4121	379	137	9276
广　东	47917	1672	6328	2065	213	774	36865
广　西	24819	801	7291	1228	247	2250	13002
海　南	5661	975	280	430	271	100	3605
重　庆	13676	1188	786	601	156	347	10598
四　川	94321	9458	7134	1264	923	657	74885
贵　州	8865	1645	2559	2093	145	2007	416
云　南	31578	7381	5844	2424	3233	183	12513
西　藏	1712	679	908	75	50	—	—
陕　西	18200	1268	2372	1688	328	229	12315
甘　肃	14369	1024	1727	2396	178	527	8517
青　海	12555	2825	396	200	143	300	8691
宁　夏	2197	432	184	726	41	124	690
新　疆	20881	3004	2331	4621	841	533	9551
新疆兵团	2299	1523	29	402	39	17	289
局直属单位	70888	232	—	597	2933	2180	64946
大兴安岭	70888	232	—	597	2933	2180	64946

到位资金额(二)

单位:万元

林业专项补助						其他林业建设	
合　计	生态效益补偿基金	贫困林场扶贫资金	林业救灾补助资金	集体林改工作经费	其他财政专项资金(含财政贴息)	合　计	其中:财政事业费
1810502	**717276**	**26660**	**102518**	**105126**	**858922**	**3239527**	**815228**
41283	16116	—	500	1194	23473	49551	33645
248	71	—	—	177	—	1330	1330
20664	11442	700	—	40	8482	124963	55619
33432	14715	1000	200	20	17497	39865	39775
123392	58290	1205	1109	24891	37897	75792	65510
—	—	—	—	—	—	—	—
71898	25075	1128	1436	606	43653	118404	35597
32974	14028	1879	370	2745	13952	80735	27719
2962	2962	—	—	—	—	2962	2123
31941	21651	1014	337	341	8598	21288	9518
—	—	—	—	—	—	3118	—
37472	37117	—	—	—	355	11156	663
17275	2861	1762	300	179	12173	86860	21700
112978	48530	690	1220	1147	61391	240652	46698
15462	10072	851	683	553	3303	25199	12016
59479	31778	1200	500	—	26001	78790	10828
87787	51653	1531	2161	69	32373	71166	28442
57145	14406	1930	13367	1890	25552	250691	24825
321981	6674	700	200	1600	312807	128666	60710
26741	11172	683	395	4534	9957	25241	11648
71222	33205	870	2315	7295	27537	21530	7732
131966	78973	336	3156	4098	45403	136197	41816
86005	36134	223	784	25467	23397	131078	5682
13445	9802	600	—	2729	314	20060	—
17273	2115	650	300	3060	11148	261472	18730
87291	16826	1270	36514	2224	30457	793095	28149
20668	10143	1200	—	43	9282	20062	19796
74807	33088	930	808	8421	31560	92308	34937
27482	26919	70	433	—	60	600	600
29806	8044	757	1547	3568	15890	61409	23475
79455	25976	1385	33655	7180	11259	113367	94321
10097	7798	600	—	812	887	11755	10424
7687	2857	881	—	223	3726	4292	3173
61146	49745	615	228	20	10538	62959	40150
5451	5308	—	—	—	143	331	—
—	—	—	—	—	—	78994	—
—	—	—	—	—	—	39562	—

6

林业教育

LINYE JIAOYU

2009～2010学年初普通高、中等林业院校和其他高、中等院校林科基本情况

单位：人

名　　称	学校数（所、个）	毕业生数	招生数	在校学生数	毕业班学生数	教职工数	
						计	其中：专任教师
总计	**—**	**85365**	**116116**	**332459**	**90219**	**14034**	**8692**
一、研究生	**83**	**4734**	**6177**	**18162**	**6482**	**—**	**—**
1. 高等林业院校	6	3189	4374	12513	4275	10846	6790
2. 其他高等院校（林科）	63	1369	1555	4891	1935	—	—
3. 科研单位	8	176	248	758	272	—	—
二、普通本专科生	**347**	**52184**	**60983**	**211311**	**54795**	**—**	**—**
1. 高等林业院校	6	23679	24322	92362	22604	—	—
2. 森林公安高等学校	1	1433	1500	4475	1497	367	252
3. 其他高等院校（林科）	340	27072	35161	114474	30694	—	—
三、中专生	**344**	**28447**	**48956**	**102986**	**28942**	**—**	**—**
1. 中等林业（园林）职业学校	34	13044	19848	45844	12964	2821	1650
2. 其他中等职业学校（林科）	310	15403	29108	57142	15978	—	—

2009～2010学年初普通高等林业院校教职工情况(一)

单位:人

学校名称	教职工数								
	合计	校本部教职工							
		计	专任教师						行政人员
			小计	正高级	副高级	中级	初级	无职称者	
总计	**11213**	**10542**	**7042**	**1054**	**2115**	**2928**	**839**	**106**	**1663**
一、高等林业院校	**10846**	**10190**	**6790**	**1036**	**2051**	**2822**	**775**	**106**	**1600**
北京林业大学	1613	1508	1035	189	392	372	27	55	212
东北林业大学	2768	2388	1448	288	469	596	95	—	407
南京林业大学	1856	1736	1204	147	288	529	240	—	249
浙江林学院	1376	1347	906	122	302	408	74	—	237
中南林业科技大学	2245	2232	1492	185	427	612	268	—	358
西南林学院	988	979	705	105	173	305	71	51	137
二、森林公安高等学校	**367**	**352**	**252**	**18**	**64**	**106**	**64**	**—**	**63**
南京森林公安高等专科学校	367	352	252	18	64	106	64	—	63

2009～2010学年初普通高等林业院校教职工情况(二)

单位:人

学校名称	教职工数					另有其他人员			
	校本部教职工		科研机构人员	校办企业职工	其他附设机构人员	聘请校外教师	离退休人员	附属中小学幼儿园教职工	集体所有制人员
	教辅人员	工勤人员							
总计	**1068**	**769**	**80**	**203**	**388**	**906**	**4355**	**55**	**234**
一、高等林业院校	**1053**	**747**	**75**	**203**	**378**	**883**	**4184**	**55**	**234**
北京林业大学	175	86	—	70	35	221	742	37	—
东北林业大学	375	158	6	98	276	72	1077	18	179
南京林业大学	121	162	37	35	48	148	976	—	55
浙江林学院	138	66	10	—	19	54	2	—	—
中南林业科技大学	158	224	13	—	—	225	1026	—	—
西南林学院	86	51	9	—	—	163	361	—	—
二、森林公安高等学校	**15**	**22**	**5**	**—**	**10**	**23**	**171**	**—**	**—**
南京森林公安高等专科学校	15	22	5	—	10	23	171	—	—

学校名称	总　计	教学及辅助用房				
		计	教室	图书馆	实验室、实习场所	体育馆
一、学校产权建筑面积	**3726736**	**1705405**	**526760**	**194205**	**832615**	**119423**
1. 高等林业院校	3572219	1629230	507066	182567	805063	102132
北京林业大学	355116	146524	43052	22521	71731	9220
东北林业大学	890798	362821	80126	41765	190709	40845
南京林业大学	679167	305648	68360	31146	169503	26700
浙江林学院	389986	200013	127813	20785	38133	4110
中南林业科技大学	815010	373307	106954	36536	216724	9178
西南林学院	442142	240917	80761	29814	118263	12079
2. 森林公安高等学校	154517	76175	19694	11638	27552	17291
南京森林公安高等专科学校	154517	76175	19694	11638	27552	17291
二、正在施工面积	**32715**	**32715**	**—**	**—**	**—**	**32715**
1. 高等林业院校	32715	32715	—	—	—	32715
北京林业大学	—	—	—	—	—	—
东北林业大学	—	—	—	—	—	—
南京林业大学	—	—	—	—	—	—
浙江林学院	—	—	—	—	—	—
中南林业科技大学	32715	32715	—	—	—	32715
西南林学院	—	—	—	—	—	—
2. 森林公安高等学校	—	—	—	—	—	—
南京森林公安高等专科学校	—	—	—	—	—	—
三、非学校产权建筑面积	**232253**	**179234**	**79717**	**601**	**98116**	**—**
1. 高等林业院校	232253	179234	79717	601	98116	—
北京林业大学	74290	74290	—	—	74290	—
东北林业大学	—	—	—	—	—	—
南京林业大学	—	—	—	—	—	—
浙江林学院	37601	—	—	—	—	—
中南林业科技大学	120362	104944	79717	601	23826	—
西南林学院	—	—	—	—	—	—
2. 森林公安高等学校	—	—	—	—	—	—
南京森林公安高等专科学校	—	—	—	—	—	—

高等林业院校校舍情况

单位:平方米

	行政办公用房	生活用房						教工住宅
会堂		计	学生宿舍	学生食堂	教工单身宿舍	教工食堂	生活福利及其他用房	
32402	**238643**	**1346336**	**906580**	**137613**	**62951**	**12251**	**139127**	**436352**
32402	228794	1277843	866310	121037	60491	12251	129940	436352
—	19549	189043	158711	6368	7153	—	16811	—
9376	69875	207515	161719	24482	4806	—	16508	250587
9939	63425	254478	165246	22638	21622	9501	4130	55616
9172	30793	159180	133118	19774	7621	—	1059	—
3915	36973	319455	150493	28001	13186	2250	66660	85275
—	8179	148172	97023	19774	6103	500	24772	44874
—	9849	68493	40270	16576	2460	—	9187	—
—	9849	68493	40270	16576	2460	—	9187	—
—	**—**	**—**	**—**	**—**	**—**	**—**	**—**	**—**
—	—	—	—	—	—	—	—	—
—	—	—	—	—	—	—	—	—
—	—	—	—	—	—	—	—	—
—	—	—	—	—	—	—	—	—
—	—	—	—	—	—	—	—	—
—	—	—	—	—	—	—	—	—
—	—	—	—	—	—	—	—	—
—	—	—	—	—	—	—	—	—
—	—	—	—	—	—	—	—	—
800	**4800**	**48219**	**36409**	**6258**	**3192**	**1258**	**1102**	**—**
800	4800	48219	36409	6258	3192	1258	1102	—
—	—	—	—	—	—	—	—	—
—	—	—	—	—	—	—	—	—
—	—	—	—	—	—	—	—	—
—	—	37601	29809	5000	2792	—	—	—
800	4800	10618	6600	1258	400	1258	1102	—
—	—	—	—	—	—	—	—	—
—	—	—	—	—	—	—	—	—
—	—	—	—	—	—	—	—	—

2009～2010学年初普通高等林业院校资产情况

学校名称	占地面积(平方米)			图书资料		拥有教学用计算机(台)	语音实验室座位数(个)	多媒体教室座位数(个)	网上教学课程数(种)	固定资产总值(万元)	
	总面积	其中:绿化用地	其中:运动场地	一般图书(万册)	电子图书(片)					计	其中:教学、科研仪器设备资产
一、学校产权	**9791790**	**3839696**	**475461**	**970**	**135719**	**29712**	**7110**	**78535**	**1728**	**694377**	**143986**
1. 高等林业院校	9044205	3489696	390245	917	134765	28236	6790	72856	1660	645185	139638
北京林业大学	511556	190920	56505	143	20391	4699	470	11962	1350	152757	26483
东北林业大学	1359837	400000	100291	181	49500	5144	1400	13457	280	147273	40874
南京林业大学	3730262	1492104	66475	160	2073	4887	1124	14864	30	100158	28401
浙江林学院	1547074	748044	64681	149	29696	3604	730	13422	—	115688	14894
中南林业科技大学	1307246	450000	62175	178	24840	5839	2392	12181	—	93100	17643
西南林学院	588230	208628	40118	106	8265	4063	674	6970	—	36209	11343
2. 森林公安高等专科学校	747585	350000	85216	53	954	1476	320	5679	68	49192	4349
南京森林公安高等专科学校	747585	350000	85216	53	954	1476	320	5679	68	49192	4349
二、非学校产权	**202700**	**70000**	**13500**	**35**	**—**	**—**	**210**	**1585**	**—**	**14660**	**5300**
1. 高等林业院校	202700	70000	13500	35	—	—	210	1585	—	14660	5300
北京林业大学	—	—	—	—	—	—	—	—	—	—	—
东北林业大学	—	—	—	—	—	—	—	—	—	—	—
南京林业大学	—	—	—	—	—	—	—	—	—	—	—
浙江林学院	—	—	—	—	—	—	—	—	—	—	—
中南林业科技大学	202700	70000	13500	35	—	—	210	1585	—	14660	5300
西南林学院	437329	—	—	—	—	—	—	—	—	—	—
2. 森林公安高等专科学校	—	—	—	—	—	—	—	—	—	—	—
南京森林公安高等专科学校	—	—	—	—	—	—	—	—	—	—	—

2009～2010 学年初普通高等林业院校和其他高等院校、科研院所林科分单位研究生情况(一)

单位:人

学校名称	毕业生数	招生数	在校学生数	毕业班学生数
总计	**4734**	**6177**	**18162**	**6482**
一、博士生	**568**	**813**	**3177**	**1604**
1. 高等林业院校	418	592	2410	1255
北京林业大学	196	235	859	400
东北林业大学	102	190	792	425
南京林业大学	85	119	555	320
中南林业科技大学	35	48	204	110
2. 林业科研单位	75	93	321	138
中国林业科学研究院	75	93	321	138
3. 其他高等院校(林科)	75	128	446	211
二、硕士生	**4166**	**5364**	**14985**	**4878**
1. 高等林业院校	2771	3782	10103	3020
北京林业大学	739	959	2661	814
东北林业大学	734	939	2572	766
南京林业大学	546	728	1994	619
浙江林学院	274	327	808	267
中南林业科技大学	108	330	777	181
西南林学院	370	499	1291	373
2. 其他高等院校(林科专业)	1294	1427	4445	1724
中国人民大学	2	2	4	2
中国农业大学	19	28	76	19
北京农学院	—	23	70	19
北京师范大学	9	3	21	9
天津科技大学	2	5	7	1
华北水利水电学院	1	7	12	2
河北农业大学	73	59	196	70
山西大学	10	6	13	4
山西农业大学	22	20	59	25
内蒙古农业大学	105	80	268	95
辽宁工程技术大学	—	6	21	10
沈阳农业大学	79	57	215	98
吉林农业大学	11	22	82	35
东北师范大学	—	—	6	5
北华大学	15	13	49	23
东北农业大学	39	30	105	41
上海交通大学	17	14	45	15
上海财经大学	—	1	1	—
苏州大学	—	14	37	15
南京农业大学	36	31	88	29
浙江大学	—	5	21	8
安徽农业大学	48	54	167	65
福建农林大学	117	113	305	117
福建师范大学	—	1	4	3
南昌大学	—	4	11	3
江西农业大学	42	39	123	49

2009～2010 学年初普通高等林业院校和其他高等院校、科研院所林科分单位研究生情况（二）

单位：人

学校名称	毕业生数	招生数	在校学生数	毕业班学生数
江西财经大学	—	1	6	3
山东建筑大学	—	8	20	6
山东轻工业学院	—	—	3	3
山东农业大学	50	66	201	68
青岛农业大学	22	16	54	19
曲阜师范大学	—	1	10	5
聊城大学	—	4	15	10
河南农业大学	40	24	84	43
长江大学	—	4	22	14
华中农业大学	54	88	287	99
湖北民族学院	—	2	9	6
吉首大学	—	7	12	2
湖南师范大学	4	—	4	3
华南农业大学	52	52	178	67
华南师范大学	—	8	23	8
仲恺农业工程学院	—	5	22	13
广西大学	17	35	100	33
广西师范大学	9	4	14	10
海南大学	3	30	78	29
四川大学	13	6	33	17
西南交通大学	—	6	25	13
四川农业大学	85	104	314	136
西南大学	47	53	175	73
西华师范大学	12	4	21	15
贵州大学	13	32	82	23
云南农业大学	22	31	78	26
西藏大学	—	2	6	4
西安理工大学	—	3	6	1
西安理工大学	—	—	3	3
陕西科技大学	—	—	1	—
长安大学	—	1	2	1
西北农林科技大学	148	156	450	168
陕西师范大学	1	3	7	4
兰州交通大学	—	—	1	1
甘肃农业大学	24	17	48	18
青海大学	—	2	6	3
新疆农业大学	31	15	39	15
3. 科研单位	101	155	437	134
中国林业科学研究院	93	136	386	120
中科院新疆生态与地理研究所	2	8	21	5
中科院华南植物研究所	—	6	17	5
中科院武汉植物研究所	—	2	2	—
中科院南京土壤研究所	2	1	4	2
中科院沈阳应用生态所	2	1	3	1
中国社会科学院研究生院	1	—	—	—
中国农业科学院研究生院	1	1	4	1

2009～2010学年初普通高等林业院校和其他高等院校、科研院所林科分学科研究生情况(一)

单位:人

学科名称	毕业生数	招生数	在校学生数	毕业班学生数
总计	**4734**	**6177**	**18162**	**6482**
一、博士生	**568**	**813**	**3177**	**1604**
1. 林业学科小计	526	746	2896	1460
森林工程	30	61	234	119
木材科学与技术	27	48	190	108
林产化学加工工程	22	24	80	38
林木遗传育种	10	35	119	58
森林培育	73	78	355	199
森林保护学	17	39	126	57
森林经理学	27	44	149	68
野生动植物保护与利用	25	37	132	57
园林植物与观赏园艺	31	52	159	50
水土保持与荒漠化防治	30	42	156	83
林业经济管理	69	74	380	237
其他林业学科	165	212	816	386
2. 林业院校和科研单位其他学科	42	67	281	144
草业科学	8	6	21	7
发育生物学	—	6	16	7
机械设计及理论	18	16	115	71
生物化学与分子生物学	4	8	19	6
微生物学	2	16	30	6
遗传学	6	2	21	14
载运工具运用工程	2	3	24	18
制浆造纸工程	2	7	28	13
思想政治教育	—	3	7	2
二、硕士生	**4166**	**5364**	**14985**	**4878**
1. 林业学科小计	2946	3334	9892	3514
森林工程	72	125	338	101
木材科学与技术	165	190	485	131
林产化工加工工程	73	90	256	86
林木遗传育种	123	144	428	163
森林培育	379	263	931	431
森林保护学	184	167	526	226
森林经理学	248	200	653	272
野生动植物保护与利用	123	115	363	173
园林植物与观赏园艺	767	1011	3007	1038
水土保持与荒漠化防治	241	279	785	267
林业经济管理	78	107	282	85
其他林业学科	493	643	1838	541

注:“其他林业学科”指林业院校、林业科研单位设置的生态学、植物学、土壤学、城市规划与设计4个学科。

2009～2010学年初普通高等林业院校和其他高等院校、科研院所林科分学科研究生情况(二)

单位:人

学科名称	毕业生数	招生数	在校学生数	毕业班学生数
2. 林业院校和科研单位其他学科	1220	2030	5093	1364
材料加工工程	3	10	21	5
材料学	9	15	34	8
草业科学	18	18	51	19
测试计量技术及仪器	14	13	32	12
车辆工程	4	8	20	6
道路与铁道工程	42	32	83	24
地图学与地理信息系统	23	59	147	34
动物学	9	33	71	12
动物遗传育种与繁殖	—	2	10	6
发酵工程	4	7	14	3
发育生物学	17	18	56	18
法学理论	1	9	28	8
高分子化学与物理	13	13	45	14
管理科学与工程	38	63	163	46
国际贸易学	13	13	49	18
果树学	—	3	15	9
汉语言文字学	1	9	27	6
化学工艺	16	18	50	16
环境工程	18	29	70	23
环境科学	44	76	197	48
环境与资源保护法学	41	101	277	66
会计学	33	34	87	18
机械电子工程	6	8	14	2
机械工程	2	—	25	8
机械设计及理论	50	48	102	31
机械制造及其自动化	10	35	46	8
计算机软件与理论	—	8	27	9
计算机应用技术	92	58	167	54
技术经济及管理	—	5	5	—
检测技术与自动化装置	10	23	44	10
建筑与土木工程	—	5	5	—
交通信息工程及控制	1	3	13	2
交通运输工程	—	1	1	—
交通运输规划与管理	1	13	31	6
结构工程	11	33	87	23
金融学	1	7	18	5
科学技术哲学	25	19	50	13
控制理论与控制工程	30	21	59	18
旅游管理	27	31	89	29
伦理学	16	15	42	12

2009～2010学年初普通高等林业院校和其他高等院校、科研院所林科分学科研究生情况(三)

单位:人

学科名称	毕业生数	招生数	在校学生数	毕业班学生数
马克思主义基本原理	2	11	24	5
马克思主义理论新专业	11	—	1	1
马克思主义中国化研究	1	34	75	15
农产品加工及储藏工程	18	38	77	22
农村区域发展	—	72	72	—
农业电气化与自动化	15	2	13	5
农业机械化工程	1	6	21	8
农业经济管理	2	12	22	6
农业生物环境与能源工程	5	6	22	8
企业管理	66	93	216	40
桥梁与隧道工程	18	23	46	9
人口、资源与环境经济学	11	11	45	20
山地灾害防治工程	2	9	9	—
设计艺术学	81	210	573	156
生理学	6	8	21	4
生态环境工程	9	10	25	6
生物化工	14	13	39	12
生物化学与分子生物学	41	51	150	41
生物物理学	11	16	44	12
生药学	11	34	59	12
食品科学	19	25	72	21
水生生物学	7	13	23	3
思想政治教育	9	31	82	22
特种经济动物饲养	13	6	23	13
统计学	13	15	39	11
外国语言学及应用语言学	28	31	92	33
微生物学	32	44	109	30
细胞生物学	20	33	77	20
行政管理	5	52	128	30
岩土工程	1	13	23	7
药物化学	—	10	17	2
遗传学	16	24	66	22
应用化学	1	17	41	7
应用数学	—	15	38	8
应用心理学	—	15	36	9
英语语言文学	38	34	100	32
油气井工程	5	11	22	3
植物营养学	2	13	37	17
制浆造纸工程	33	45	117	35
自然地理学	10	8	25	8

2009～2010 学年初普通高等林业院校和其他高等院校林科分学校本专科学生情况(一)

单位:人

学校名称	毕业生数			招生数			在校学生数			毕业班学生数		
	计	本科生	专科生	计	本科生	专科生	计	本科生	专科生	计	本科生	专科生
总　　计	**52184**	**32405**	**19779**	**60983**	**34726**	**26257**	**211311**	**127736**	**83575**	**54795**	**32028**	**22767**
一、普通高等林业院校	**23679**	**21331**	**2348**	**24322**	**23360**	**962**	**92362**	**89166**	**3196**	**22604**	**21048**	**1556**
北京林业大学	3268	3268	—	3287	3287	—	12865	12865	—	3169	3169	—
东北林业大学	4692	4292	400	4847	4847	—	18517	18023	494	4481	4129	352
南京林业大学	3475	3475	—	3764	3764	—	15182	15182	—	3745	3745	—
浙江林学院	2672	2672	—	3087	3087	—	11194	11194	—	2620	2620	—
中南林业科技大学	6688	4740	1948	5914	4952	962	22016	19314	2702	5630	4426	1204
西南林学院	2884	2884	—	3423	3423	—	12588	12588	—	2959	2959	—
二、森林公安高等专科学校	**1433**	**—**	**1433**	**1500**	**—**	**1500**	**4475**	**—**	**4475**	**1497**	**—**	**1497**
南京森林公安高等专科学校	1433	—	1433	1500	—	1500	4475	—	4475	1497	—	1497
三、其他高等院校(林科)	**27072**	**11074**	**15998**	**35161**	**11366**	**23795**	**114474**	**38570**	**75904**	**30694**	**10980**	**19714**
北京联合大学	15	—	15	38	—	38	147	—	147	38	—	38
北京城市学院	68	—	68	36	—	36	131	—	131	41	—	41
中国农业大学	55	55	—	63	63	—	238	238	—	57	57	—
北京农业职业学院	75	—	75	150	—	150	278	—	278	48	—	48
北京农学院	120	120	—	101	101	—	264	264	—	62	62	—
天津科技大学	—	—	—	89	89	—	355	355	—	85	85	—
天津滨海职业学院	29	—	29	156	—	156	410	—	410	54	—	54
天津城市建设学院	62	62	—	50	50	—	110	110	—	16	16	—
天津农学院	219	101	118	194	44	150	546	126	420	164	75	89
河北政法职业学院	227	—	227	34	—	34	121	—	121	53	—	53
唐山职业技术学院	62	—	62	239	—	239	919	—	919	221	—	221
河北科技师范学院	120	61	59	312	68	244	768	345	423	159	107	52
中国环境管理干部学院	41	—	41	43	—	43	123	—	123	22	—	22
河北工程大学	57	57	—	139	55	84	591	334	257	197	129	68
保定职业技术学院	70	—	70	55	—	55	212	—	212	22	—	22
河北农业大学	552	358	194	391	157	234	1287	598	689	369	205	164
河北北方学院	61	—	61	—	—	—	—	—	—	—	—	—
河北旅游职业学院	141	—	141	55	—	55	313	—	313	81	—	81
沧州职业技术学院	33	—	33	433	—	433	610	—	610	81	—	81
沧州师范专科学校	33	—	33	130	—	130	345	—	345	68	—	68
廊坊东方职业技术学院	—	—	—	39	—	39	95	—	95	—	—	—
廊坊职业技术学院	—	—	—	57	57	—	156	156	—	49	49	—
廊坊职业技术学院	85	—	85	138	57	81	582	156	426	145	49	96
廊坊师范学院	57	—	57	47	—	47	79	—	79	—	—	—
衡水学院	76	—	76	67	—	67	261	46	215	102	46	56
衡水职业技术学院	20	—	20	13	—	13	23	—	23	10	—	10
山西林业职业技术学院	497	—	497	302	—	302	1036	—	1036	370	—	370
长治职业技术学院	33	—	33	122	—	122	372	—	372	108	—	108
山西农业大学信息学院	89	89	—	115	115	—	449	449	—	169	169	—
山西农业大学	411	204	207	214	138	76	861	551	310	339	239	100
山西运城农业职业技术学院	—	—	—	10	—	10	20	—	20	10	—	10
运城学院	—	—	—	—	—	—	50	—	50	—	—	—
山西师范大学	93	93	—	36	36	—	106	106	—	38	38	—
吕梁高等专科学校	—	—	—	82	—	82	333	—	333	84	—	84
内蒙古农业大学	585	505	80	587	568	19	2031	1910	121	705	636	69
内蒙古民族大学	59	59	—	—	—	—	55	55	—	55	55	—
乌兰察布职业学院	25	—	25	88	—	88	293	—	293	71	—	71
沈阳大学	66	33	33	30	—	30	121	29	92	42	12	30

2009～2010学年初普通高等林业院校和其他高等院校林科分学校本专科学生情况(二)

单位:人

学校名称	毕业生数			招生数			在校学生数			毕业班学生数		
	计	本科生	专科生	计	本科生	专科生	计	本科生	专科生	计	本科生	专科生
辽宁林业职业技术学院	566	—	566	855	—	855	2904	—	2904	707	—	707
沈阳大学科技工程学院	33	33	—	31	31	—	86	86	—	—	—	—
辽宁商贸职业学院	19	—	19	—	—	—	14	—	14	2	—	2
沈阳农业大学	309	256	53	436	65	371	2028	379	1649	481	144	337
沈阳建筑大学	83	83	—	19	19	—	41	41	—	—	—	—
辽宁科技学院	25	—	25	1	—	1	4	—	4	3	—	3
辽东学院	89	—	89	150	—	150	385	—	385	80	—	80
辽宁农业职业技术学院	81	—	81	236	—	236	643	—	643	149	—	149
辽宁工程技术大学	55	55	—	45	45	—	136	136	—	43	43	—
阜新高等专科学校	11	—	11	7	—	7	20	—	20	13	—	13
辽宁职业学院	82	—	82	204	—	204	764	—	764	128	—	128
吉林农业大学	321	269	52	160	102	58	502	300	202	159	111	48
长春大学	72	72	—	—	—	—	61	61	—	26	26	—
吉林建筑工程学院建筑装饰学院	—	—	—	—	—	—	12	12	—	12	12	—
吉林农业大学发展学院	160	160	—	184	92	92	426	81	345	164	81	83
吉林农业科技学院	131	59	72	143	30	113	463	85	378	108	33	75
北华大学	196	196	—	101	101	—	404	404	—	140	140	—
松原职业技术学院	14	—	14	—	—	—	114	—	114	34	—	34
延边大学	49	49	—	—	—	—	33	33	—	6	6	—
黑龙江大学	31	31	—	204	204	—	825	825	—	306	306	—
黑龙江林业职业技术学院	144	—	144	670	—	670	2309	—	2309	602	—	602
黑龙江农业工程职业学院	52	—	52	—	—	—	—	—	—	—	—	—
哈尔滨师范大学	21	—	21	73	—	73	371	30	341	113	13	100
东北农业大学	116	116	—	—	—	—	181	181	—	176	176	—
黑龙江生态工程职业学院	131	—	131	128	—	128	258	—	258	65	—	65
黑龙江生物科技职业学院	101	—	101	50	—	50	50	—	50	—	—	—
黑龙江农垦农业职业技术学院	—	—	—	—	—	—	5	—	5	5	—	5
黑龙江畜牧兽医职业学院	47	—	47	68	—	68	256	—	256	69	—	69
齐齐哈尔大学	23	23	—	55	55	—	121	121	—	—	—	—
大庆职业学院	—	—	—	19	—	19	46	—	46	7	—	7
黑龙江八一农垦大学	140	140	—	64	64	—	292	292	—	58	58	—
伊春职业学院	—	—	—	234	—	234	660	—	660	168	—	168
佳木斯大学	35	35	—	190	190	—	465	465	—	61	61	—
黑龙江农业职业技术学院	130	—	130	208	—	208	738	—	738	190	—	190
牡丹江师范学院	17	17	—	93	93	—	534	534	—	192	192	—
黑龙江农业经济职业学院	13	—	13	117	—	117	844	—	844	191	—	191
黑龙江农垦林业职业技术学院	105	—	105	70	—	70	281	—	281	70	—	70
大兴安岭职业学院	35	—	35	244	—	244	652	—	652	209	—	209
上海商学院	31	—	31	58	58	—	357	357	—	84	84	—
上海应用技术学院	—	—	—	45	45	—	176	176	—	51	51	—
上海海洋大学	—	—	—	17	17	—	105	105	—	30	30	—
同济大学	21	21	—	24	24	—	101	101	—	24	24	—
上海交通大学	25	25	—	36	36	—	143	143	—	37	37	—
上海农林职业技术学院	147	—	147	16	—	16	40	—	40	—	—	—
上海建桥学院	38	—	38	—	—	—	39	—	39	33	—	33
南京农业大学	61	61	—	—	—	—	21	21	—	21	21	—
江苏联合职业技术学院	—	—	—	116	—	116	331	—	331	59	—	59
三江学院	—	—	—	3	—	3	47	—	47	20	—	20
金陵科技学院	20	—	20	52	32	20	111	64	47	11	11	—

2009～2010学年初普通高等林业院校和其他高等院校林科分学校本专科学生情况（三）

单位：人

学校名称	毕业生数			招生数			在校学生数			毕业班学生数		
	计	本科生	专科生	计	本科生	专科生	计	本科生	专科生	计	本科生	专科生
金陵科技学院龙蟠学院	—	—	—	98	98	—	240	240	—	66	66	—
南京交通职业技术学院	—	—	—	—	—	—	8	—	8	—	—	—
无锡城市职业技术学院	46	—	46	—	—	—	2	—	2	—	—	—
徐州工程学院	57	57	—	107	75	32	352	304	48	65	65	—
徐州师范大学	35	35	—	57	57	—	235	235	—	57	57	—
苏州大学	25	25	—	123	123	—	337	337	—	44	44	—
苏州农业职业技术学院	85	—	85	67	—	67	153	—	153	44	—	44
苏州科技学院	61	61	—	21	21	—	94	94	—	24	24	—
苏州科技学院天平学院	—	—	—	94	94	—	292	292	—	55	55	—
硅湖职业技术学院	51	—	51	—	—	—	24	—	24	15	—	15
南通农业职业技术学院	135	—	135	38	—	38	284	—	284	39	—	39
连云港师范高等专科学校	—	—	—	30	—	30	70	—	70	16	—	16
扬州大学	53	53	—	—	—	—	—	—	—	—	—	—
扬州环境资源职业技术学院	140	—	140	191	—	191	717	—	717	264	—	264
扬州大学广陵学院	35	35	—	123	123	—	359	359	—	73	73	—
江苏农林职业技术学院	411	—	411	182	—	182	642	—	642	155	—	155
江苏畜牧兽医职业技术学院	42	—	42	77	—	77	285	—	285	120	—	120
宿迁学院	51	51	—	22	22	—	52	52	—	—	—	—
杭州职业技术学院	138	—	138	125	—	125	311	—	311	61	—	61
杭州万向职业技术学院	62	—	62	24	—	24	170	—	170	116	—	116
浙江大学	27	27	—	35	35	—	124	124	—	24	24	—
浙江教育学院	37	—	37	54	—	54	105	—	105	—	—	—
宁波城市职业技术学院	61	—	61	2	—	2	29	—	29	16	—	16
温州科技职业学院	—	—	—	82	—	82	187	—	187	35	—	35
温州职业技术学院	20	—	20	45	—	45	132	—	132	43	—	43
嘉兴职业技术学院	106	—	106	263	—	263	736	—	736	212	—	212
金华职业技术学院	147	—	147	155	—	155	581	—	581	161	—	161
台州科技职业学院	—	—	—	7	—	7	8	—	8	—	—	—
丽水学院	139	52	87	116	68	48	410	123	287	177	25	152
丽水职业技术学院	146	—	146	445	—	445	1518	—	1518	462	—	462
安徽城市管理职业学院	63	—	63	71	—	71	253	—	253	62	—	62
安徽林业职业技术学院	391	—	391	148	—	148	283	—	283	20	—	20
安徽农业大学	275	206	69	22	22	—	125	112	13	68	68	—
安徽农业大学经济技术学院	—	—	—	8	8	—	8	8	—	—	—	—
安徽建筑工业学院	62	62	—	22	22	—	39	39	—	17	17	—
芜湖职业技术学院	71	—	71	38	—	38	41	—	41	3	—	3
淮南师范学院	—	—	—	127	127	—	431	431	—	79	79	—
安庆职业技术学院	59	—	59	81	—	81	272	—	272	83	—	83
黄山学院	140	65	75	311	168	143	977	547	430	225	114	111
滁州职业技术学院	—	—	—	—	—	—	—	—	—	—	—	—
安徽科技学院	59	59	—	51	51	—	208	208	—	33	33	—
阜阳师范学院	—	—	—	49	49	—	108	108	—	—	—	—
宿州职业技术学院	43	—	43	80	—	80	351	—	351	143	—	143
巢湖职业技术学院	—	—	—	—	—	—	2	—	2	2	—	2
六安职业技术学院	51	—	51	73	—	73	332	—	332	86	—	86
皖西学院	—	—	—	19	—	19	110	—	110	47	—	47
池州职业技术学院	53	—	53	70	—	70	177	—	177	41	—	41
宣城职业技术学院	49	—	49	71	—	71	231	—	231	16	—	16
福州黎明职业技术学院	21	—	21	—	—	—	35	—	35	35	—	35

2009～2010 学年初普通高等林业院校和其他高等院校林科分学校本专科学生情况(四)

单位:人

学校名称	毕业生数			招生数			在校学生数			毕业班学生数		
	计	本科生	专科生	计	本科生	专科生	计	本科生	专科生	计	本科生	专科生
福建农林大学	429	429	—	574	574	—	1610	1610	—	374	374	—
福建农林大学金山学院	—	—	—	—	—	—	56	56	—	15	15	—
福建农林大学东方学院	11	11	—	67	67	—	141	141	—	19	19	—
福建农业职业技术学院	123	—	123	35	—	35	337	—	337	156	—	156
三明学院	—	—	—	167	—	167	476	—	476	204	—	204
漳州城市职业学院	—	—	—	—	—	—	59	—	59	29	—	29
漳州师范学院	—	—	—	—	—	—	19	19	—	5	5	—
漳州职业技术学院	52	—	52	103	—	103	494	—	494	146	—	146
福建林业职业技术学院	176	—	176	429	—	429	1546	—	1546	427	—	427
武夷山职业学院	—	—	—	—	—	—	105	—	105	105	—	105
龙岩学院	24	—	24	48	—	48	178	—	178	34	—	34
闽西职业技术学院	24	—	24	14	—	14	57	—	57	19	—	19
宁德师范高等专科学校	3	—	3	—	—	—	—	—	—	—	—	—
宁德职业技术学院	—	—	—	—	—	—	263	—	263	101	—	101
江西农业大学	244	181	63	210	154	56	673	495	178	214	150	64
江西农业大学南昌商学院	87	87	—	—	—	—	—	—	—	—	—	—
南昌工程学院	92	71	21	208	79	129	524	395	129	154	154	—
江西生物科技职业学院	38	—	38	85	—	85	170	—	170	42	—	42
江西财经大学	52	—	52	95	—	95	232	—	232	59	—	59
江西科技师范学院	41	—	41	83	—	83	83	—	83	—	—	—
景德镇高等专科学校	25	—	25	—	—	—	242	—	242	86	—	86
九江学院	—	—	—	146	146	—	528	528	—	116	116	—
江西渝州科技职业学院	1	—	1	27	—	27	27	—	27	—	—	—
江西环境工程职业学院	137	—	137	134	—	134	335	—	335	110	—	110
井冈山大学	—	—	—	107	107	—	349	349	—	58	58	—
宜春学院	99	60	39	180	180	—	702	668	34	173	153	20
山东建筑大学	70	70	—	50	50	—	212	212	—	56	56	—
山东现代职业学院	—	—	—	125	—	125	259	—	259	—	—	—
山东省农业管理干部学院	152	—	152	32	—	32	147	—	147	66	—	66
山东轻工业学院	—	—	—	25	25	—	92	92	—	—	—	—
青岛农业大学	233	186	47	246	158	88	1030	942	88	284	284	—
青岛求实职业技术学院	112	—	112	177	—	177	582	—	582	118	—	118
淄博职业学院	40	—	40	—	—	—	1	—	1	—	—	—
东营职业学院	79	—	79	246	—	246	653	—	653	226	—	226
山东大王职业学院	—	—	—	57	—	57	284	—	284	72	—	72
烟台职业学院	99	—	99	36	—	36	99	—	99	—	—	—
青岛农业大学海都学院	—	—	—	31	31	—	31	31	—	—	—	—
潍坊学院	—	—	—	42	42	—	79	79	—	18	18	—
潍坊职业学院	308	—	308	67	—	67	199	—	199	58	—	58
潍坊科技学院	65	—	65	19	—	19	82	—	82	34	—	34
济宁职业技术学院	18	—	18	106	—	106	215	—	215	64	—	64
泰山医学院	14	—	14	66	—	66	372	—	372	103	—	103
山东农业大学	462	427	35	385	315	70	1591	1318	273	466	377	89
泰山职业技术学院	—	—	—	143	—	143	272	—	272	123	—	123
莱芜职业技术学院	15	—	15	45	—	45	124	—	124	28	—	28
临沂师范学院	146	90	56	269	198	71	753	458	295	245	140	105
德州学院	10	—	10	31	—	31	141	—	141	41	—	41
聊城大学	96	66	30	29	18	11	63	18	45	8	—	8
聊城职业技术学院	—	—	—	12	—	12	87	—	87	60	—	60

2009～2010学年初普通高等林业院校和其他高等院校林科分学校本专科学生情况(五)

单位:人

学校名称	毕业生数			招生数			在校学生数			毕业班学生数		
	计	本科生	专科生	计	本科生	专科生	计	本科生	专科生	计	本科生	专科生
滨州职业学院	67	—	67	136	—	136	405	—	405	171	—	171
菏泽学院	—	—	—	49	49	—	49	49	—	—	—	—
河南农业大学	261	261	—	43	43	—	296	296	—	128	128	—
河南农业职业学院	224	—	224	74	—	74	199	—	199	59	—	59
河南科技大学林业职业学院	468	—	468	419	—	419	1299	—	1299	404	—	404
河南科技大学	54	54	—	365	121	244	1341	409	932	330	110	220
安阳工学院	75	—	75	156	—	156	505	—	505	102	—	102
河南科技学院	67	67	—	143	143	—	526	526	—	163	163	—
新乡学院	112	—	112	42	—	42	93	—	93	24	—	24
濮阳职业技术学院	23	—	23	219	—	219	681	—	681	72	—	72
许昌职业技术学院	61	—	61	22	—	22	72	—	72	18	—	18
三门峡职业技术学院	48	—	48	242	—	242	694	—	694	161	—	161
河南农业大学华豫学院	—	—	—	—	—	—	35	35	—	35	35	—
商丘职业技术学院	81	—	81	21	—	21	56	—	56	19	—	19
信阳农业高等专科学校	319	—	319	111	—	111	283	—	283	79	—	79
周口职业技术学院	—	—	—	44	—	44	86	—	86	28	—	28
黄淮学院	161	—	161	60	—	60	329	—	329	61	—	61
江汉大学	—	—	—	24	—	24	24	—	24	—	—	—
武汉软件工程职业学院	25	—	25	152	—	152	616	—	616	141	—	141
湖北生物科技职业学院	58	—	58	172	—	172	447	—	447	62	—	62
华中农业大学	194	194	—	225	225	—	531	531	—	52	52	—
武汉民政职业学院	42	—	42	103	—	103	406	—	406	95	—	95
湖北生态工程职业技术学院	275	—	275	253	—	253	929	—	929	270	—	270
华中农业大学楚天学院	—	—	—	—	—	—	—	—	—	—	—	—
武汉科技大学中南分校	25	—	25	19	—	19	92	51	41	51	51	—
武汉生物工程学院	338	37	301	117	—	117	300	4	296	56	—	56
湖北三峡职业技术学院	36	—	36	173	—	173	523	—	523	93	—	93
三峡旅游职业技术学院	—	—	—	1	—	1	1	—	1	—	—	—
荆楚理工学院	29	—	29	150	—	150	193	—	193	—	—	—
长江大学	137	137	—	157	86	71	492	355	137	160	94	66
长江大学文理学院	—	—	—	8	8	—	44	44	—	—	—	—
荆州职业技术学院	14	—	14	152	—	152	152	—	152	—	—	—
黄冈职业技术学院	61	—	61	94	—	94	486	—	486	134	—	134
咸宁职业技术学院	40	—	40	140	—	140	555	—	555	136	—	136
随州职业技术学院	33	—	33	23	—	23	83	—	83	—	—	—
恩施职业技术学院	33	—	33	68	—	68	200	—	200	17	—	17
湖北民族学院	28	28	—	35	35	—	195	195	—	104	104	—
湖北民族学院科技学院	—	—	—	—	—	—	29	29	—	29	29	—
仙桃职业学院	40	—	40	73	—	73	320	—	320	114	—	114
湖南农业大学	109	109	—	197	197	—	515	515	—	73	73	—
湖南农业大学东方科技学院	74	74	—	—	—	—	20	20	—	20	20	—
湖南生物机电职业技术学院	136	—	136	83	—	83	429	—	429	163	—	163
长沙职业技术学院	23	—	23	255	—	255	715	—	715	179	—	179
湖南科技大学	—	—	—	20	20	—	50	50	—	8	8	—
湖南环境生物职业技术学院	293	—	293	165	—	165	542	—	542	110	—	110
邵阳学院	—	—	—	—	—	—	7	7	—	6	6	—
邵阳职业技术学院	—	—	—	44	—	44	87	—	87	—	—	—
岳阳职业技术学院	59	—	59	335	—	335	662	—	662	202	—	202
吉首大学张家界学院	—	—	—	1	1	—	1	1	—	—	—	—
益阳职业技术学院	41	—	41	54	—	54	376	—	376	164	—	164
永州职业技术学院	18	—	18	32	—	32	71	—	71	—	—	—
怀化学院	—	—	—	41	41	—	137	137	—	50	50	—

2009～2010学年初普通高等林业院校和其他高等院校林科分学校本专科学生情况(六)

单位:人

学校名称	毕业生数			招生数			在校学生数			毕业班学生数		
	计	本科生	专科生	计	本科生	专科生	计	本科生	专科生	计	本科生	专科生
娄底职业技术学院	—	—	—	132	—	132	582	—	582	159	—	159
吉首大学	38	38	—	78	78	—	296	296	—	68	68	—
湘西民族职业技术学院	28	—	28	7	—	7	81	—	81	57	—	57
仲恺农业工程学院	103	103	—	2	2	—	14	14	—	8	8	—
广东农工商职业技术学院	—	—	—	119	—	119	242	—	242	75	—	75
华南农业大学	359	359	—	104	104	—	332	332	—	129	129	—
私立华联学院	39	—	39	49	—	49	237	—	237	68	—	68
韶关学院	41	—	41	254	90	164	843	285	558	294	124	170
深圳职业技术学院	109	—	109	133	—	133	301	—	301	87	—	87
佛山科学技术学院	27	27	—	80	80	—	209	209	—	60	60	—
顺德职业技术学院	137	—	137	65	—	65	189	—	189	58	—	58
湛江师范学院	48	48	—	—	—	—	72	72	—	37	37	—
广东海洋大学	93	93	—	56	56	—	201	201	—	62	62	—
广东海洋大学寸金学院	—	—	—	42	42	—	131	131	—	41	41	—
肇庆学院	26	26	—	58	58	—	292	292	—	117	117	—
惠州学院	29	29	—	—	—	—	—	—	—	—	—	—
嘉应学院	—	—	—	66	39	27	152	75	77	20	—	20
阳江职业技术学院	40	—	40	56	—	56	261	—	261	71	—	71
广西大学行健文理学院	—	—	—	—	—	—	7	7	—	7	7	—
广西职业技术学院	—	—	—	25	—	25	64	—	64	4	—	4
广西大学	277	277	—	247	247	—	786	786	—	251	251	—
广西机电职业技术学院	41	—	41	18	—	18	46	—	46	14	—	14
广西农业职业技术学院	150	—	150	43	—	43	105	—	105	37	—	37
广西生态工程职业技术学院	138	—	138	132	—	132	290	—	290	45	—	45
桂林理工大学	30	30	—	89	89	—	346	346	—	84	84	—
梧州学院	—	—	—	27	27	—	100	100	—	27	27	—
北京航空航天大学北海学院	—	—	—	—	—	—	—	—	—	—	—	—
广西英华国际职业学院	—	—	—	40	—	40	163	—	163	49	—	49
贺州学院	—	—	—	18	—	18	85	—	85	47	—	47
广西城市职业学院	57	—	57	101	—	101	370	—	370	88	—	88
海南职业技术学院	42	—	42	4	—	4	9	—	9	—	—	—
海南师范大学	—	—	—	1	1	—	1	1	—	—	—	—
琼台师范高等专科学校	—	—	—	15	—	15	97	—	97	28	—	28
海南大学	269	177	92	28	—	28	132	78	54	42	23	19
海南大学三亚学院	—	—	—	—	—	—	17	17	—	17	17	—
重庆三峡职业学院	128	—	128	75	—	75	265	—	265	55	—	55
重庆工贸职业技术学院	71	—	71	98	—	98	408	—	408	105	—	105
重庆城市管理职业学院	115	—	115	114	—	114	484	—	484	111	—	111
西南大学	181	181	—	263	263	—	659	659	—	173	173	—
西南大学育才学院	—	—	—	—	—	—	25	25	—	25	25	—
重庆文理学院	180	180	—	234	234	—	733	733	—	186	186	—
西南交通大学	54	54	—	61	61	—	252	252	—	58	58	—
四川大学	16	16	—	55	55	—	169	169	—	27	27	—
成都理工大学	42	42	—	33	33	—	141	141	—	45	45	—
成都学院	—	—	—	108	108	—	385	385	—	88	88	—
四川国际标榜职业学院	21	—	21	148	—	148	603	—	603	162	—	162
成都农业科技职业学院	134	—	134	362	—	362	1097	—	1097	358	—	358
绵阳师范学院	48	48	—	174	174	—	691	691	—	163	163	—
内江职业技术学院	45	—	45	218	—	218	539	—	539	104	—	104
南充职业技术学院	18	—	18	165	—	165	625	—	625	151	—	151
西华师范大学	36	36	—	12	—	12	224	113	111	129	50	79
眉山职业技术学院	54	—	54	50	—	50	128	—	128	46	—	46

2009～2010 学年初普通高等林业院校和其他高等院校林科分学校本专科学生情况(七)

单位:人

学校名称	毕业生数			招生数			在校学生数			毕业班学生数		
	计	本科生	专科生	计	本科生	专科生	计	本科生	专科生	计	本科生	专科生
宜宾职业技术学院	66	—	66	88	—	88	252	—	252	74	—	74
广安职业技术学院	19		19	5		5	5		5	—		—
四川农业大学	710	620	90	832	572	260	2416	1602	814	712	445	267
西昌学院	42	—	42	64	47	17	292	260	32	78	68	10
贵阳学院	—	—	—	75	75	—	221	221	—	42	42	—
贵州师范大学	131	43	88	—	—	—	59	55	4	32	32	—
贵州大学	155	155	—	244	244	—	547	547	—	98	98	—
贵州师范大学求是学院	7	7	—	—	—	—	—	—	—	—	—	—
安顺职业技术学院	—	—	—	33	—	33	43	—	43	10	—	10
铜仁学院	—	—	—	50	—	50	85	—	85	—	—	—
黔西南民族职业技术学院	—	—	—	53	—	53	127	—	127	21	—	21
黔东南民族职业技术学院	17	—	17	158	—	158	632	—	632	109	—	109
黔南民族职业技术学院	23	—	23	216	—	216	695	—	695	136	—	136
昆明理工大学	—	—	—	—	—	—	13	13	—	10	10	—
昆明冶金高等专科学校	47	—	47	104	—	104	213	—	213	—	—	—
云南民族大学	36	36	—	52	52	—	148	148	—	49	49	—
云南农业职业技术学院	179	—	179	138	—	138	348	—	348	93	—	93
云南师范大学文理学院	73	73	—	—	—	—	36	36	—	12	12	—
云南林业职业技术学院	559	—	559	869	—	869	2325	—	2325	673	—	673
云南农业大学	164	164	—	126	126	—	289	289	—	94	94	—
玉溪农业职业技术学院	—	—	—	18	—	18	75	—	75	44	—	44
思茅师范高等专科学校	25	—	25	27	—	27	27	—	27	—	—	—
云南热带作物职业学院	89	—	89	391	—	391	969	—	969	255	—	255
西双版纳职业技术学院	19	—	19	32	—	32	91	—	91	22	—	22
西藏职业技术学院	110	—	110	268	—	268	986	—	986	172	—	172
藏大农学院	153	153	—	270	134	136	657	361	296	106	89	17
西北农林科技大学	355	355	—	175	175	—	734	734	—	216	216	—
西安外事学院	—	—	—	33	33	—	33	33	—	—	—	—
西安东方亚太职业技术学院	—	—	—	16	—	16	18	—	18	2	—	2
延安大学西安创新学院	52	52	—	—	—	—	—	—	—	—	—	—
咸阳职业技术学院	41	—	41	45	—	45	179	—	179	40	—	40
杨凌职业技术学院	27	—	27	—	—	—	—	—	—	—	—	—
延安大学	49	49	—	—	—	—	148	148	—	56	56	—
汉中职业技术学院	—	—	—	75	—	75	399	—	399	99	—	99
榆林学院	24	—	24	45	—	45	232	68	164	74	37	37
安康学院	35	—	35	150	75	75	507	221	286	61	—	61
甘肃农业职业技术学院	150	—	150	132	—	132	525	—	525	151	—	151
甘肃农业大学	166	166	—	217	217	—	579	579	—	161	161	—
甘肃林业职业技术学院	532	—	532	443	—	443	1370	—	1370	359	—	359
河西学院	—	—	—	5	—	5	13	—	13	8	—	8
青海大学	44	44	—	—	—	—	—	—	—	—	—	—
青海畜牧兽医职业技术学院	26	—	26	179	—	179	605	—	605	174	—	174
宁夏大学	97	97	—	109	109	—	238	238	—	46	46	—
宁夏职业技术学院	28	—	28	71	—	71	254	—	254	63	—	63
新疆农业大学	162	162	—	184	184	—	452	452	—	87	87	—
新疆农业大学科学技术学院	59	59	—	—	—	—	28	28	—	—	—	—
巴音郭楞职业技术学院	5	—	5	28	—	28	79	—	79	22	—	22
塔里木大学	66	66	—	174	174	—	652	652	—	230	230	—
伊犁师范学院	21	—	21	151	—	151	656	—	656	142	—	142
伊犁职业技术学院	39	—	39	58	—	58	122	—	122	56	—	56
石河子大学	84	84	—	131	131	—	336	336	—	63	63	—

2009～2010学年初普通高等林业院校和其他高等院校林科分专业本专科学生情况(一)

单位:人

专业名称	毕业生数			招生数			在校学生数			毕业班学生数		
	计	本科生	专科生	计	本科生	专科生	计	本科生	专科生	计	本科生	专科生
总　　计	**52184**	**32405**	**19779**	**60983**	**34726**	**26257**	**211311**	**127736**	**83575**	**54795**	**32028**	**22767**
一、林科专业	**30630**	**14447**	**16183**	**38942**	**15206**	**23736**	**129648**	**53600**	**76048**	**34430**	**14620**	**19810**
1. 林业工程类	1996	1805	191	2751	2405	346	9887	8746	1141	2648	2342	306
森林工程	194	194	—	451	451	—	1726	1726	—	431	431	—
木材科学与工程	1483	1292	191	1714	1368	346	6117	4976	1141	1726	1420	306
林产化工	319	319	—	586	586	—	2044	2044	—	491	491	—
2. 森林资源类	19420	3428	15992	26433	3043	23390	85142	10235	74907	22577	3073	19504
林学	17280	2101	15179	23406	1889	21517	74593	6029	68564	19698	1930	17768
森林资源保护与游憩	1766	1045	721	2529	925	1604	9003	3306	5697	2449	880	1569
野生动物与自然保护区管理	374	282	92	498	229	269	1546	900	646	430	263	167
森林资源类新专业	253	—	253	580	118	462	1469	271	1198	422	71	351
3. 环境生态类	8912	8912	—	9422	9422	—	33274	33274	—	8848	8848	—
园林	7981	7981	—	8366	8366	—	29634	29634	—	7534	7534	—
水土保持与荒漠化防治	884	884	—	865	865	—	3058	3058	—	1171	1171	—
环境生态类新专业	47	47	—	191	191	—	582	582	—	143	143	—
4. 农林经济管理类	302	302	—	336	336	—	1345	1345	—	357	357	—
农林经济管理	302	302	—	336	336	—	1345	1345	—	357	357	—
二、林业院校非林科专业	**21554**	**17958**	**3596**	**22041**	**19520**	**2521**	**81663**	**74136**	**7527**	**20365**	**17408**	**2957**
安全工程	—	—	—	27	27	—	27	27	—	—	—	—
包装工程	123	123	—	184	184	—	673	673	—	167	167	—
保险	—	—	—	47	47	—	47	47	—	—	—	—
材料成型及控制工程	60	60	—	46	46	—	210	210	—	57	57	—
材料化学	47	47	—	138	138	—	343	343	—	51	51	—
财务管理	128	—	128	—	—	—	95	95	—	—	—	—
草业科学	59	59	—	58	58	—	267	267	—	90	90	—
测绘工程	112	112	—	167	167	—	542	542	—	109	109	—
测控技术与仪器	61	61	—	62	62	—	263	263	—	59	59	—
朝鲜语	—	—	—	23	23	—	73	73	—	—	—	—
车辆工程	64	64	—	108	108	—	284	284	—	48	48	—
城市管理	61	61	—	59	59	—	233	233	—	58	58	—
城市规划	406	406	—	260	260	—	1288	1288	—	384	384	—
地理信息系统	293	293	—	218	218	—	904	904	—	234	234	—
电气工程及其自动化	173	104	69	180	180	—	670	584	86	120	66	54
电子科学与技术	—	—	—	32	32	—	119	119	—	—	—	—
电子商务	272	81	191	192	56	136	680	400	280	214	116	98
电子信息工程	393	393	—	389	389	—	1742	1742	—	458	458	—
电子信息科学类	—	—	—	237	237	—	237	237	—	—	—	—
电子信息科学与技术	56	56	—	61	61	—	232	232	—	54	54	—
动画	20	20	—	111	111	—	216	216	—	34	34	—
动物科学	39	39	—	71	71	—	320	320	—	91	91	—
动物医学	52	52	—	60	60	—	228	228	—	55	55	—
俄语	161	161	—	100	100	—	241	241	—	23	23	—
法学	461	432	29	391	391	—	1538	1538	—	364	364	—

2009～2010学年初普通高等林业院校和其他高等院校林科分专业本专科学生情况(二)

单位:人

专业名称	毕业生数			招生数			在校学生数			毕业班学生数		
	计	本科生	专科生	计	本科生	专科生	计	本科生	专科生	计	本科生	专科生
法语	32	32	—	38	38	—	170	170	—	34	34	—
高分子材料与工程	194	194	—	363	363	—	1044	1044	—	211	211	—
给水排水工程	—	—	—	57	57	—	165	165	—	—	—	—
工程管理	254	254	—	281	281	—	1072	1072	—	239	239	—
工程力学	—	—	—	23	23	—	108	108	—	28	28	—
工商管理	751	617	134	487	487	—	1532	1532	—	392	392	—
工业工程	48	48	—	61	61	—	244	244	—	55	55	—
工业设计	536	536	—	503	503	—	2216	2216	—	600	600	—
公共事业管理	111	111	—	156	156	—	416	416	—	92	92	—
广播电视新闻学	—	—	—	29	29	—	29	29	—	—	—	—
广告学	231	231	—	235	235	—	1011	1011	—	216	216	—
国际经济与贸易	930	885	45	504	340	164	2406	1932	474	823	696	127
国际商务	—	—	—	51	51	—	51	51	—	—	—	—
过程装备与控制工程	56	56	—	58	58	—	248	248	—	59	59	—
汉语言	28	—	28	27	27	—	85	85	—	—	—	—
汉语言文学	114	114	—	137	137	—	545	545	—	157	157	—
化学	45	45	—	49	49	—	187	187	—	38	38	—
化学工程与工艺	267	267	—	285	285	—	1040	1040	—	234	234	—
环境工程	244	244	—	231	231	—	1034	1034	—	241	241	—
环境科学	389	389	—	302	302	—	1183	1183	—	318	318	—
会计学	1314	818	496	1264	1027	237	4252	3618	634	1060	776	284
机械电子工程	—	—	—	129	129	—	129	129	—	—	—	—
机械类	—	—	—	239	239	—	239	239	—	—	—	—
机械设计制造及其自动化	750	750	—	738	738	—	3523	3478	45	845	800	45
计算机科学与技术	862	862	—	633	633	—	2831	2831	—	728	728	—
建筑环境与设备工程	63	63	—	86	86	—	309	309	—	67	67	—
建筑学	—	—	—	115	115	—	279	279	—	—	—	—
交通工程	245	144	101	59	59	—	542	395	147	215	139	76
交通运输	247	247	—	221	221	—	944	944	—	235	235	—
交通运输类	193	193	—	205	205	—	797	797	—	222	222	—
金融学	167	146	21	239	239	—	973	973	—	168	168	—
经济学	—	—	—	48	48	—	140	140	—	—	—	—
景观建筑设计	61	—	61	66	66	—	232	131	101	62	—	62
旅游管理	780	588	192	593	454	139	2525	1892	633	958	539	419
农村区域发展	51	51	—	34	34	—	106	106	—	34	34	—
农学	39	39	—	35	35	—	179	179	—	45	45	—
农业工程类新专业	—	—	—	145	145	—	145	145	—	—	—	—
农业机械化及其自动化	—	—	—	—	—	—	77	77	—	—	—	—
农业资源与环境	49	49	—	67	67	—	251	251	—	31	31	—
汽车服务工程	—	—	—	53	53	—	110	110	—	—	—	—
轻化工程	221	221	—	191	191	—	756	756	—	186	186	—
热能与动力工程	52	52	—	152	152	—	504	504	—	117	117	—
人力资源管理	279	240	39	128	128	—	515	515	—	128	128	—
日语	193	193	—	239	239	—	997	997	—	196	196	—
软件工程	—	—	—	111	111	—	278	278	—	—	—	—

2009～2010学年初普通高等林业院校和其他高等院校林科分专业本专科学生情况(三)

单位:人

专业名称	毕业生数			招生数			在校学生数			毕业班学生数		
	计	本科生	专科生	计	本科生	专科生	计	本科生	专科生	计	本科生	专科生
社会工作	49	49	—	86	86	—	288	288	—	45	45	—
社会体育	—	—	—	30	30	—	125	125	—	30	30	—
摄影	62	62	—	—	—	—	128	128	—	41	41	—
生态学	80	80	—	72	72	—	289	289	—	62	62	—
生物工程	160	160	—	151	151	—	561	561	—	124	124	—
生物技术	350	350	—	396	396	—	1234	1234	—	304	304	—
生物科学	210	210	—	215	215	—	833	833	—	216	216	—
食品科学与工程	313	313	—	364	364	—	1532	1532	—	336	336	—
食品质量与安全	—	—	—	99	99	—	207	207	—	28	28	—
市场营销	451	325	126	241	241	—	1392	1317	75	473	398	75
数学与应用数学	105	105	—	118	118	—	401	401	—	97	97	—
数字媒体艺术	—	—	—	61	61	—	181	181	—	—	—	—
体育教育	43	43	—	55	55	—	166	166	—	36	36	—
通信工程	49	49	—	173	173	—	655	655	—	120	120	—
统计学	159	159	—	205	205	—	655	655	—	162	162	—
投资学	35	—	35	—	—	—	—	—	—	—	—	—
土地资源管理	58	58	—	24	24	—	164	164	—	57	57	—
土木工程	804	804	—	882	882	—	3580	3580	—	893	893	—
网络工程	100	—	100	—	—	—	71	—	71	71	—	71
文化产业管理	—	—	—	59	59	—	183	183	—	—	—	—
物理学	45	45	—	46	46	—	173	173	—	32	32	—
物流工程	133	133	—	199	199	—	749	749	—	169	169	—
物流管理	83	—	83	214	107	107	266	266	—	—	—	—
物业管理	—	—	—	120	120	—	484	462	22	115	115	—
消防工程	53	53	—	35	35	—	157	157	—	45	45	—
心理学	62	62	—	90	90	—	335	335	—	84	84	—
信息管理与信息系统	393	393	—	214	214	—	1177	1177	—	274	274	—
信息与计算科学	224	224	—	216	216	—	904	904	—	209	209	—
行政管理	53	53	—	48	48	—	167	167	—	37	37	—
艺术类	—	—	—	302	302	—	302	302	—	—	—	—
艺术设计	1090	1006	84	1197	1034	163	4469	4096	373	1158	1009	149
艺术设计学	189	189	—	—	—	—	581	581	—	203	203	—
音乐表演	—	—	—	41	41	—	196	196	—	49	49	—
印刷工程	44	44	—	60	60	—	190	190	—	57	57	—
应用化学	45	45	—	152	152	—	587	587	—	141	141	—
应用物理学	—	—	—	25	25	—	52	52	—	—	—	—
英语	812	611	201	715	640	75	2575	2464	111	603	603	—
园艺	242	242	—	191	191	—	844	844	—	198	198	—
侦查学	582	—	582	728	—	728	1973	—	1973	619	—	619
政治学与行政学	50	50	—	54	54	—	182	182	—	49	49	—
植物保护	97	97	—	43	43	—	292	292	—	96	96	—
治安学	851	—	851	772	—	772	2502	—	2502	878	—	878
中药学	54	54	—	—	—	—	197	197	—	80	80	—
资源环境与城乡规划管理	217	217	—	206	206	—	715	715	—	168	168	—
自动化	370	370	—	254	254	—	1058	1058	—	302	302	—

2009～2010学年初普通高等林业院校分学科专业学生情况(一)

单位:人

学校	学科专业	毕业生数	招生数	在校学生数	毕业班学生数
北京林业大学	学生总数	4203	4559	16463	4383
	其中:林业学科专业学生	1120	1254	4574	1378
	占学生总数的比例(%)	26.65	27.50	31.43	27.78
	一、研究生合计	935	1272	3598	1214
	(一)博士小计	196	235	859	400
	1. 林业学科	106	124	522	262
	森林工程	2	4	15	8
	木材科学与技术	5	9	37	22
	林产化学加工工程	2	5	12	5
	林木遗传育种	2	8	23	8
	森林培育	1	4	9	2
	森林保护学	4	5	19	7
	森林经理学	11	12	35	14
	野生动植物保护与利用	14	18	74	31
	园林植物与观赏园艺	4	8	26	8
	水土保持与荒漠化防治	9	13	50	25
	林业经济管理	40	23	149	99
	其他林业学科	12	15	73	33
	2. 其他学科	90	111	337	138
	(二)硕士小计	739	959	2661	814
	1. 林业学科	308	399	1130	405
	森林工程	6	8	21	6
	木材科学与技术	28	40	114	36
	林产化工加工工程	15	20	53	16
	林木遗传育种	18	26	72	24
	森林培育	33	36	105	35
	森林保护学	21	26	66	19
	森林经理学	8	28	64	11
	野生动植物保护与利用	10	18	47	15
	园林植物与观赏园艺	49	71	207	70
	水土保持与荒漠化防治	48	40	121	36
	林业经济管理	17	12	47	17
	其他林业学科	55	74	213	120
	2. 其他学科	431	560	1431	409
	二、本专科生合计	3268	3287	12865	3169
	(一)本科生小计	3268	3287	12865	3169
	1. 林科专业	706	731	2922	711
	木材科学与工程	120	151	557	132
	林产化工	102	87	392	99
	林学	121	91	358	84
	园林	181	192	791	192
	森林资源保护与游憩	30	26	99	30
	野生动物与自然保护区管理	—	31	118	29
	水土保持与荒漠化防治	87	89	355	85
	农林经济管理	65	64	252	60
	2. 其他专业	2562	2556	9943	2458
	(二)专科生合计	—	—	—	—

2009～2010学年初普通高等林业院校分学科专业学生情况(二)

单位:人

学校	学科专业	毕业生数	招生数	在校学生数	毕业班学生数
东北林业大学	学生总数	5528	5990	21895	5672
	其中:林业学科专业学生	1021	1136	4307	1423
	占学生总数的比例(%)	18.50	18.96	19.67	25.00
	一、研究生合计	836	1143	3378	1191
	(一)博士小计	102	190	792	425
	1. 林业学科	80	124	553	316
	森林工程	12	24	99	57
	木材科学与技术	5	15	47	21
	林产化学加工工程	2	5	22	11
	林木遗传育种	4	8	33	18
	森林培育	4	4	20	12
	森林保护学	6	9	43	21
	森林经理学	1	—	7	5
	野生动植物保护与利用	9	12	39	20
	园林植物与观赏园艺	4	1	9	6
	水土保持与荒漠化防治	3	5	21	13
	林业经济管理	8	9	31	13
	其他林业学科	22	32	182	119
	2. 其他学科	22	66	239	109
	(二)硕士小计	734	939	2572	766
	1. 林业学科	299	273	722	330
	森林工程	4	17	45	12
	木材科学与技术	5	18	42	10
	林产化学加工工程	12	5	27	11
	林木遗传育种	4	16	44	12
	森林培育	16	9	26	12
	森林保护学	37	18	65	35
	森林经理学	22	18	68	33
	野生动植物保护与利用	18	18	47	22
	园林植物与观赏园艺	25	26	85	29
	水土保持与荒漠化防治	14	4	28	13
	林业经济管理	6	6	18	4
	其他林业学科	136	118	227	137
	2. 其他学科	435	666	1750	436
	二、本专科生合计	4692	4847	18517	4481
	(一)本科生小计	4292	4847	18023	4129
	1. 林科专业	586	739	2992	737
	森林工程	49	107	349	58
	木材科学与工程	97	146	528	116
	林产化工	45	51	185	37
	林学	64	117	371	67
	园林	218	89	632	207
	森林资源保护与游憩	45	50	212	56
	野生动物与自然保护区管理	68	95	406	119
	农林经济管理	—	84	309	77
	2. 其他专业	3706	4108	15031	3392
	(二)专科生合计	400	—	494	352
	1. 林科专业(林学)	56	—	40	40
	2. 其他专业	344	—	454	312

2009～2010学年初普通高等林业院校分学科专业学生情况(三)

单位:人

学校	学科专业	毕业生数	招生数	在校学生数	毕业班学生数
南京林业大学	学生总数	4106	4688	17808	4684
	其中:林业学科专业学生	753	904	3256	1022
	占学生总数的比例(%)	18.33	19.28	18.28	21.80
	一、研究生合计	631	924	2626	939
	(一)博士小计	85	119	555	320
	1. 林业学科	65	78	400	250
	森林工程	3	7	29	16
	木材科学与技术	4	10	53	37
	林产化学加工工程	6	3	16	12
	林木遗传育种	3	5	29	18
	森林培育	4	11	45	19
	森林保护学	2	9	40	23
	森林经理学	2	2	22	17
	野生动植物保护与利用	—	2	3	1
	园林植物与观赏园艺	11	9	33	16
	水土保持与荒漠化防治	—	2	19	14
	林业经济管理	10	11	68	43
	其他林业学科	20	7	43	34
	2. 其他学科	20	41	155	70
	(二)硕士小计	546	728	1994	619
	1. 林业学科	167	276	744	208
	森林工程	8	8	19	6
	木材科学与技术	25	54	114	16
	林产化学加工工程	13	15	46	17
	林木遗传育种	19	17	42	12
	森林培育	19	22	76	31
	森林保护学	13	16	51	19
	森林经理学	16	16	51	17
	野生动植物保护与利用	1	1	4	2
	园林植物与观赏园艺	23	39	101	29
	水土保持与荒漠化防治	14	13	36	12
	林业经济管理	2	—	3	3
	其他林业学科	14	75	201	44
	2. 其他学科	379	452	1250	411
	二、本专科生合计	3475	3764	15182	3745
	(一)本科生小计	3475	3764	15182	3745
	1. 林科专业	521	550	2112	564
	森林工程	25	28	111	24
	林产化工	25	29	108	26
	木材科学与工程	172	227	774	182
	林学	134	159	611	169
	园林	115	78	352	100
	农林经济管理	50	29	156	63
	2. 其他学科	2954	3214	13070	3181
	(二)专科生合计	—	—	—	—
中南林业科技大学	学生总数	7093	6482	23532	6113
	其中:林业学科专业学生	817	827	3117	935
	占学生总数的比例(%)	11.52	12.76	13.25	15.30
	一、研究生合计	405	568	1516	483

2009～2010 学年初普通高等林业院校分学科专业学生情况(四)

单位:人

学校	学科专业	毕业生数	招生数	在校学生数	毕业班学生数
	(一)博士小计	35	48	204	110
	1. 林业学科	34	46	194	105
	森林工程	3	6	21	9
	木材科学与技术	4	5	14	9
	林产化学加工工程	3	4	8	2
	林木遗传育种	—	—	3	3
	森林培育	10	8	34	20
	森林保护学	—	3	7	3
	森林经理学	—	4	7	1
	园林植物与观赏园艺	—	7	14	—
	其他林业学科	14	9	86	58
	2. 其他学科	1	2	10	5
	(二)硕士小计	370	499	1291	373
	1. 林业学科	220	188	547	225
	森林工程	11	9	22	6
	木材科学与技术	40	13	33	8
	林产化学加工工程	5	8	21	7
	林木遗传育种	4	2	10	7
	森林保护学	10	4	18	10
	森林经理学	20	26	75	30
	森林培育	29	12	67	44
	野生动植物保护与利用	5	4	13	8
	园林植物与观赏园艺	54	56	149	42
	水土保持与荒漠化防治	12	9	24	11
	林业经济管理	5	10	22	1
	其他林业学科	25	35	93	51
	2. 其他学科	150	311	744	148
	二、本专科生合计	6688	5914	22016	5630
	(一)本科生小计	4740	4952	19314	4426
	1. 林科专业	507	545	2272	549
	森林工程	58	24	164	57
	木材科学与工程	113	82	437	113
	林产化工	—	38	186	52
	林学	118	157	498	114
	园林	164	151	656	142
	森林资源保护与游憩	—	36	156	33
	农林经济管理	54	57	175	38
	2. 其他学科	4233	4407	17042	3877
	(二)专科生合计	1948	962	2702	1204
	1. 林科专业(林学)	56	48	104	56
	2. 其他专业	1892	914	2598	1148
西南林学院	学生总数	2946	3414	12002	2887
	其中:林业学科专业学生	900	761	3046	849
	占学生总数的比例(%)	30.55	22.29	25.38	29.41
	一、研究生合计	274	327	808	267
	(一)博士小计	—	—	—	—
	(二)硕士小计	274	327	808	267
	1. 林业学科	158	115	314	150
	森林工程	3	4	12	6
	木材科学与技术	18	8	22	8
	林产化学加工工程	—	3	4	1
	林木遗传育种	13	8	16	6

2009～2010学年初普通高等林业院校分学科专业学生情况(五)

单位:人

学校	学科专业	毕业生数	招生数	在校学生数	毕业班学生数
	森林保护学	15	11	38	21
	森林经理学	28	12	34	17
	森林培育	13	14	33	13
	野生动植物保护与利用	26	10	35	28
	园林植物与观赏园艺	35	22	74	33
	水土保持与荒漠化防治	—	8	20	10
	林业经济管理	7	15	26	7
	其他林业学科	—	—	—	—
	2. 其他学科	116	212	494	117
	二、本专科生合计	2672	3087	11194	2620
	(一)本科生小计	2672	3087	11194	2620
	1. 林科专业	742	646	2732	699
	森林工程	65	56	261	71
	木材科学与工程	73	97	358	88
	林产化工	50	40	158	49
	林学	118	104	474	111
	园林	152	132	541	141
	森林资源保护与游憩	101	98	401	105
	野生动物与自然保护区管理	55	37	164	42
	森林资源保护与游憩	5	—	—	—
	水土保持与荒漠化防治	40	42	153	35
	农林经济管理	83	40	222	57
	2. 其他专业	1930	2441	8462	1921
	(二)专科生合计	—	—	—	—
浙江林学院	学生总数	2992	3782	13394	3140
	其中:林业学科专业学生	445	493	1879	510
	占学生总数的比例(%)	14.87	13.04	14.03	16.24
	一、研究生合计	108	359	806	181
	(一)博士小计	—	—	—	—
	(二)硕士小计	108	359	806	181
	1. 林业学科	92	150	356	91
	林业工程	9	17	39	11
	林木遗传育种	4	13	32	10
	森林培育	30	21	60	22
	森林保护学	7	15	35	11
	森林经理学	7	18	39	7
	园林植物与观赏园艺	26	56	124	23
	林业经济管理	9	10	27	7
	其他林业学科	—	—	—	—
	2. 其他学科	16	209	450	90
	二、本专科生合计	2884	3423	12588	2959
	(一)本科生小计	2884	3423	12588	2959
	1. 林科专业	353	343	1523	419
	木材科学与工程	106	177	684	153
	林学	55	—	261	64
	园林	93	104	297	90
	森林资源保护与游憩	49	—	50	50
	农林经济管理	50	62	231	62
	2. 其他专业	2531	3080	11065	2540
	(二)专科生合计	—	—	—	—

2009～2010学年初普通中等林业(园林)职业学校和其他中等职业学校林科分学校基本情况

单位:人

学校名称	毕业生数	招生数	在校学生数	毕业班学生数
总　　计	**28447**	**48956**	**102986**	**28942**
(一)中等林业(园林)职业学校(包含高职中专部)	**13044**	**19848**	**45844**	**12964**
北京市丰台区城市园林建设学校	160	155	547	193
涿鹿县宝峰寺林业中学	65	120	267	87
山西林业职业技术学院	116	—	75	40
辽宁园林技术学校	159	56	160	73
辽宁林业职业技术学院中专部	61	48	117	32
吉林省黄泥河林业技工学校	291	—	33	33
伊春市双丰林业局高级职业中学	34	31	101	32
朗乡林业局职业中学	48	32	90	25
黑龙江省大兴安岭漠河阿木尔林业局职业高中	15	—	30	30
黑龙江农垦林业职业技术学院	96	—	45	35
黑龙江林业职业技术学院	322	144	548	133
黑龙江省伊春林业学校	618	2046	3390	1079
黑龙江省齐齐哈尔林业学校	407	542	1492	424
黑龙江省林业卫生学校	1630	2420	5510	1519
上海市园林学校	298	201	798	225
福建省浦城县石陂林业职业中学	92	—	92	92
福建林业职业技术学院	—	103	292	82
福建三明林业学校	1476	2617	5081	908
西峡县工业中等职业学校	78	267	581	294
河南省农业经济学校	1071	1271	3448	1232
湖北省黄冈林校	1707	596	2839	1328
湖北省园林工程学校	340	332	1549	486
广东省林业职业技术学校	628	1508	3543	978
广西壮族自治区桂林林业学校	425	707	1309	515
贵州省林业学校	98	1186	2915	280
云南林业职业技术学院(中专部)	139	606	849	103
云南省普洱林业学校	191	798	1353	105
陕西省榆林林业学校	435	563	1609	475
陕西省林业广播电视学校	130	—	—	—
甘肃林业职业技术学院	—	—	161	161
甘肃省庆阳林业学校	928	1700	3460	940
甘肃省庆阳市庆城县太白梁林业中学	109	664	798	181
宁夏生态工程学校	606	712	1502	354
新疆林业学校	271	423	1260	490
(二)其他中等专业学校(林科)	**15403**	**29108**	**57142**	**15978**

2009～2010学年初普通中等林业(园林)职业学校和其他中等职业学校林科分专业基本情况(一)

单位:人

专业名称	毕业生数	招生数	在校学生数	毕业班学生数
总　　计	**28447**	**48956**	**102986**	**28942**
(一)林科专业	**18152**	**36737**	**71269**	**18721**
林产化工	—	—	62	—
林特产品加工	599	963	1444	265
林业	4874	10475	18899	4244
木材加工	799	2839	4037	447
森林采运工程	22	1	6	—
森林资源与林政管理	745	1948	3636	1243
水土保持生态环境	—	—	96	62
园林	10982	20158	42312	12251
农林类新专业	131	353	777	209
(二)非林科专业	**10295**	**12219**	**31717**	**10221**
播音与节目主持	—	—	1	—
测量工程技术	—	4	46	42
船体建造与修理	—	2	33	—
电子电器应用与维修	—	—	77	43
电子技术应用	334	254	1388	713
电子商务	366	372	921	393
电子与信息技术	129	87	443	225
法律事务	—	25	97	—
饭店服务与管理	78	75	140	29
房地产经营与管理	—	37	53	—
服装设计与工艺	14	10	179	27
工业分析与检验	148	60	60	60
工业与民用建筑	—	100	111	11
工艺美术	75	99	168	56
公路与桥梁	—	78	81	1
广播影视节目制作	1	—	—	—
国际商务	—	16	16	—
焊接	35	—	113	69
航空服务	—	13	25	—
护理	1207	2176	4811	1232
化工过程装备技术	—	—	2	—
化学工艺	116	39	268	133
会计	757	1069	2754	864
机电技术应用	958	216	1388	541
机械加工技术	49	144	263	30
计算机及应用	1707	1912	4561	1609

2009～2010学年初普通中等林业(园林)职业学校和其他中等职业学校林科分专业基本情况(二)

单位:人

专业名称	毕业生数	招生数	在校学生数	毕业班学生数
计算机网络技术	362	357	1608	421
加工制造类	24	52	185	66
建筑经济管理	5	21	25	2
建筑装饰	104	17	102	21
金融事务	—	10	10	—
口腔工艺技术	258	149	520	232
粮油饲料加工与储检	80	—	28	28
旅游服务与管理	261	99	428	197
美术设计	—	12	12	—
模具设计与制造	167	10	502	149
农业机械化	—	5	5	—
农业水利技术	7	—	2	1
汽车运用与维修	108	160	320	82
汽车制造与维修	22	—	—	—
商贸与旅游类新专业	32	6	134	93
商品储运与配送	32	—	15	2
商品经营	—	18	18	—
商务外语	45	23	139	75
生物化工	—	12	12	—
食品生物工艺	86	116	352	88
市场营销	51	83	169	57
市政工程施工	—	84	172	—
数控技术应用	844	493	1792	773
水利水电工程技术	11	—	21	16
通信技术	—	77	78	1
土木水利工程类新专业	11	—	3	3
卫生保健	67	54	141	58
文化艺术与体育类新专业	66	72	236	103
文秘	708	514	1627	471
信息技术类	57	253	516	159
畜牧兽医	28	348	442	41
医药卫生类新专业	118	92	153	43
印刷技术	—	16	16	—
幼儿教育	—	6	6	—
中药制药	26	1	225	147
中医	24	—	—	—
钟表眼镜配制与修理	45	—	46	46
种植	47	226	276	72
其他新专业	625	2045	3382	696

2009～2010学年初普通中等林业

学校名称	教职工数总计	校本部				
		合　计	专任			
			计	正高级	副高级	
合　　计	**2821**	**2807**	**1650**	**—**	**519**
北京市丰台区城市园林建设学校	140	140	88	—	20
涿鹿县宝峰寺林业中学	28	28	25	—	4
辽宁园林技术学校	41	41	36	—	6
辽宁林业职业技术学院中专部	—	—	—	—	—
吉林省黄泥河林业技工学校	38	38	18	—	—
伊春市双丰林业局高级职业中学	22	22	15	—	2
朗乡林业局职业中学	51	51	44	—	8
黑龙江省大兴安岭漠河阿木尔林业局职业高中	8	8	7	—	—
黑龙江林业职业技术学院	—	—	—	—	—
黑龙江省伊春林业学校	147	141	67	—	53
黑龙江省齐齐哈尔林业学校	207	201	111	—	52
黑龙江省林业卫生学校	159	159	91	—	36
上海市园林学校	184	184	67	—	11
福建三明林业学校	113	113	92	—	32
西峡县工业中等职业学校	20	18	12	—	—
河南省农业经济学校	158	158	81	—	15
湖北省黄冈林校	186	186	87	—	28
湖北省园林工程学校	114	114	54	—	21
广东省林业职业技术学校	226	226	147	—	61
广西壮族自治区桂林林业学校	106	106	83	—	13
贵州省林业学校	162	162	89	—	27
云南林业职业技术学院(中专部)	—	—	—	—	—
云南省普洱林业学校	58	58	42	—	16
陕西省榆林林业学校	201	201	112	—	36
甘肃省庆阳林业学校	119	119	83	—	25
甘肃省庆阳市庆城县太白梁林业中学	18	18	18	—	2
宁夏生态工程学校	106	106	70	—	17
新疆林业学校	209	209	111	—	34

（园林）职业学校教职工基本情况

单位：人

职工数						校办厂（场）职工	附设机构人员	兼任教师（不在教职工数中）
教师			教辅人员	行政人员	工勤人员			
讲师	助理讲师	教员						
611	**419**	**101**	**421**	**320**	**416**	**14**	**—**	**379**
39	29	—	31	5	16	—	—	—
21	—	—	3	—	—	—	—	—
19	11	—	4	—	1	—	—	—
—	—	—	—	—	—	—	—	—
17	1	—	6	6	8	—	—	3
4	9	—	3	3	1	—	—	—
32	1	3	4	2	1	—	—	4
5	2	—	1	—	—	—	—	—
—	—	—	—	—	—	—	—	—
10	4	—	21	26	27	6	—	—
14	32	13	25	20	45	6	—	—
25	26	4	20	30	18	—	—	107
34	22	—	31	54	32	—	—	—
25	33	2	6	3	12	—	—	129
6	4	2	2	2	2	2	—	2
24	22	20	44	5	28	—	—	38
28	20	11	53	23	23	—	—	—
11	13	9	27	8	25	—	—	—
57	24	5	15	31	33	—	—	51
49	21	—	11	9	3	—	—	6
39	23	—	34	12	27	—	—	—
—	—	—	—	—	—	—	—	—
16	6	4	4	6	6	—	—	1
50	26	—	23	36	30	—	—	20
27	31	—	8	17	11	—	—	—
4	7	5	—	—	—	—	—	—
6	34	13	16	5	15	—	—	11
49	18	10	29	17	52	—	—	7

附录一

国有林区135个木材采运企业和20个重点营林局主要统计指标

FULUYI

指标名称	单位	合 计
荒山荒(沙)地造林面积	公顷	179910
人工造林	公顷	69929
飞播造林	公顷	1200
无林地和疏林地新封	公顷	108781
有林地造林面积	公顷	67271
林冠下造林	公顷	26227
飞播营林	公顷	—
有林地和灌木林地新封	公顷	41044
更新造林	公顷	26616
低产低效林改造面积	公顷	8551
森林管护面积	公顷	39549205
幼林抚育面积	公顷	398574
幼林抚育作业面积	公顷次	581533
成林抚育面积	公顷	387910
其中:中、幼龄林抚育面积	公顷	354588
抚育改造出材量	立方米	2486444
年末实有育苗面积	公顷	1464
其中:本年新育	公顷	280

林生产情况

135个木材采运企业	20个重点营林局
164602	15308
56414	13515
1200	—
106988	1793
59821	7450
23333	2894
—	—
36488	4556
23655	2961
8524	27
34360581	5188624
344710	53864
521235	60298
356514	31396
326126	28462
2074170	412274
1292	172
245	35

国有林区分企业的

企业名称	荒山荒(沙)地造林面积				有林地造林面积			
	合计	人工造林	飞播造林	无林地和疏林地新封	合计	林冠下造林	飞播营林	有林地和灌木林地新封
全国合计	**179910**	**69929**	**1200**	**108781**	**67271**	**26227**	**—**	**41044**
135个木材采运企业小计	164602	56414	1200	106988	59821	23333	—	36488
20个重点营林局小计	15308	13515	—	1793	7450	2894	—	4556
内蒙古	**995**	**995**	**—**	**—**	**—**	**—**	**—**	**—**
内蒙古集团林管局	**60**	**60**	**—**	**—**	**—**	**—**	**—**	**—**
阿尔山	—	—	—	—	—	—	—	—
绰尔	—	—	—	—	—	—	—	—
绰源	—	—	—	—	—	—	—	—
乌尔旗汉	—	—	—	—	—	—	—	—
库都尔	60	60	—	—	—	—	—	—
图里河	—	—	—	—	—	—	—	—
伊图里河	—	—	—	—	—	—	—	—
克一河	—	—	—	—	—	—	—	—
甘河	—	—	—	—	—	—	—	—
吉文	—	—	—	—	—	—	—	—
阿里河	—	—	—	—	—	—	—	—
根河	—	—	—	—	—	—	—	—
金河	—	—	—	—	—	—	—	—
阿龙山	—	—	—	—	—	—	—	—
满归	—	—	—	—	—	—	—	—
得耳布尔	—	—	—	—	—	—	—	—
莫尔道嘎	—	—	—	—	—	—	—	—
内蒙古集团营林局	**268**	**268**	**—**	**—**	**—**	**—**	**—**	**—**
大杨树	268	268	—	—	—	—	—	—
毕拉河	—	—	—	—	—	—	—	—
内蒙古林业厅营林局	**667**	**667**	**—**	**—**	**—**	**—**	**—**	**—**
免渡河	—	—	—	—	—	—	—	—
乌奴尔	—	—	—	—	—	—	—	—
巴林	—	—	—	—	—	—	—	—
南木	—	—	—	—	—	—	—	—
红花尔基	667	667	—	—	—	—	—	—
柴河	—	—	—	—	—	—	—	—
五岔沟	—	—	—	—	—	—	—	—
白狼	—	—	—	—	—	—	—	—
吉林	**472**	**472**	**—**	**—**	**21247**	**21247**	**—**	**—**
吉林集团林管局	**—**	**—**	**—**	**—**	**18189**	**18189**	**—**	**—**
临江	—	—	—	—	1959	1959	—	—
三岔子	—	—	—	—	—	—	—	—
湾沟	—	—	—	—	—	—	—	—
松江河	—	—	—	—	4078	4078	—	—

营林生产情况(一)

单位:公顷

更新造林	低产低效林改造面积	森林管护面积	幼林抚育面积		成林抚育面积		抚育改造出材量(立方米)	年末实有育苗面积	
			实际面积	作业面积(公顷次)	合计	其中:中、幼龄林抚育面积		合计	其中:本年新育
26616	**8551**	**39549205**	**398574**	**581533**	**387910**	**354588**	**2486444**	**1464**	**280**
23655	8524	34360581	344710	521235	356514	326126	2074170	1292	245
2961	27	5188624	53864	60298	31396	28462	412274	172	35
17997	**—**	**9836760**	**24254**	**26792**	**134528**	**131805**	**815403**	**59**	**23**
15127	**—**	**6688183**	**22925**	**24810**	**122054**	**122054**	**640772**	**51**	**17**
1467	—	420656	5886	3546	5833	5833	41173	13	3
333	—	338234	404	408	10714	10714	64380	8	2
333	—	241886	—	—	6251	6251	40294	—	—
3711	—	577017	1487	2974	10674	10674	55517	1	1
373	—	375902	622	1031	5986	5986	36119	5	2
533	—	379339	133	133	7312	7312	32586	—	—
200	—	345612	53	53	4593	4593	21573	—	—
467	—	337873	107	107	6758	6758	38823	—	—
407	—	357258	—	—	11151	11151	54026	—	—
434	—	309333	174	207	10137	10137	42652	7	1
337	—	392479	673	673	10261	10261	57891	6	2
1808	—	627885	6639	7773	8975	8975	42317	7	4
1734	—	517228	4014	5014	4245	4245	26443	3	1
467	—	357427	815	867	4939	4939	22769	—	—
810	—	360976	726	832	4392	4392	17924	1	1
780	—	211220	792	792	4833	4833	17524	—	—
933	—	537858	400	400	5000	5000	28761	—	—
—	**—**	**1344884**	**480**	**747**	**331**	**121**	**3370**	**3**	**1**
—	—	793033	480	747	121	121	1573	3	1
—	—	551851	—	—	210	—	1797	—	—
2870	**—**	**1803693**	**849**	**1235**	**12143**	**9630**	**171261**	**5**	**5**
1695	—	237778	303	606	2513	—	26234	—	—
—	—	214995	315	629	3391	3391	23992	2	2
—	—	227613	—	—	922	922	9980	2	2
—	—	291984	—	—	1475	1475	8990	—	—
1175	—	498799	—	—	421	421	49241	1	1
—	—	327858	—	—	2189	2189	27900	—	—
—	—	—	—	—	1232	1232	19924	—	—
—	—	4666	231	—	—	—	5000	—	—
1903	**3019**	**3443133**	**207411**	**331453**	**79804**	**74398**	**883883**	**216**	**58**
1264	**20**	**1286883**	**101420**	**144030**	**18934**	**18934**	**209164**	**109**	**34**
279	—	171549	7416	7416	4952	4952	55033	9	4
474	—	223438	24292	36090	1752	1752	44530	32	9
29	—	89017	3679	5461	1324	1324	26564	1	1
157	—	150412	26227	42164	2722	2722	30834	18	5

国有林区分企业的

企业名称	荒山荒(沙)地造林面积				有林地造林面积			
	合计	人工造林	飞播造林	无林地和疏林地新封	合计	林冠下造林	飞播营林	有林地和灌木林地新封
泉阳	—	—	—	—	1421	1421	—	—
露水河	—	—	—	—	3349	3349	—	—
白石山	—	—	—	—	2086	2086	—	—
红石	—	—	—	—	5296	5296	—	—
延边林管局	**123**	**123**	**—**	**—**	**195**	**195**	**—**	**—**
黄泥河	—	—	—	—	—	—	—	—
敦化	—	—	—	—	—	—	—	—
大石头	—	—	—	—	—	—	—	—
八家子	—	—	—	—	—	—	—	—
和龙	—	—	—	—	49	49	—	—
汪清	—	—	—	—	32	32	—	—
大兴沟	—	—	—	—	18	18	—	—
天桥岭	—	—	—	—	—	—	—	—
白河	123	123	—	—	96	96	—	—
珲春	—	—	—	—	—	—	—	—
吉林省林业厅营林局	**349**	**349**	**—**	**—**	**2863**	**2863**	**—**	**—**
上营	—	—	—	—	2027	2027	—	—
辉南	—	—	—	—	—	—	—	—
长白	349	349	—	—	731	731	—	—
安图	—	—	—	—	105	105	—	—
长白山 *	—	—	—	—	—	—	—	—
龙江集团	**—**	**—**	**—**	**—**	**5044**	**4949**	**—**	**95**
牡丹江林业管理局	**—**	**—**	**—**	**—**	**2077**	**2077**	**—**	**—**
大海林	—	—	—	—	413	413	—	—
柴河	—	—	—	—	—	—	—	—
东京城	—	—	—	—	719	719	—	—
穆棱	—	—	—	—	242	242	—	—
绥阳	—	—	—	—	—	—	—	—
海林	—	—	—	—	262	262	—	—
林口	—	—	—	—	209	209	—	—
八面通	—	—	—	—	232	232	—	—
合江林业管理局	**—**	**—**	**—**	**—**	**1897**	**1802**	**—**	**95**
桦南	—	—	—	—	266	266	—	—
双鸭山	—	—	—	—	172	172	—	—
鹤立	—	—	—	—	127	127	—	—
鹤北	—	—	—	—	541	541	—	—
东方红	—	—	—	—	344	344	—	—
迎春	—	—	—	—	329	329	—	—
清河	—	—	—	—	118	23	—	95
伊春林业管理局	**—**	**—**	**—**	**—**	**675**	**675**	**—**	**—**
双丰	—	—	—	—	—	—	—	—

营林生产情况(二)

单位:公顷

更新造林	低产低效林改造面积	森林管护面积	幼林抚育面积		成林抚育面积		抚育改造出材量(立方米)	年末实有育苗面积	
			实际面积	作业面积(公顷次)	合计	其中:中、幼龄林抚育面积		合计	其中:本年新育
20	20	103234	10614	6162	2005	2005	17690	9	2
66	—	121227	11362	18381	1685	1685	15354	17	7
191	—	128835	7327	13891	1417	1417	15343	3	2
48	—	299171	10503	14465	3077	3077	3816	20	4
548	**2999**	**1812760**	**98481**	**175475**	**44196**	**39001**	**466428**	**90**	**22**
112	—	196504	9946	16784	5345	5345	64397	—	—
—	—	229921	12070	23506	1842	1842	21065	15	4
101	—	256974	3928	6987	6198	6198	91612	6	3
103	—	155814	7585	13383	1973	1973	15949	6	1
38	320	170143	14886	24477	4212	4212	21342	12	4
15	—	299723	6907	13421	6156	6156	105148	12	2
145	2042	127200	2101	5166	6377	6377	41937	—	—
19	—	194106	6056	10129	5894	1824	76054	11	1
8	637	182375	23078	41683	5074	5074	16225	19	4
7	—	—	11924	19939	1125	—	12699	9	3
91	**—**	**343490**	**7510**	**11948**	**16674**	**16463**	**208291**	**17**	**2**
—	—	97189	2027	4053	5813	5813	68727	8	1
28	—	56445	1787	2653	3313	3102	27712	4	—
50	—	90753	2599	3880	2932	2932	52752	1	—
13	—	99103	1097	1362	4616	4616	59100	4	1
—	—	—	—	—	—	—	—	—	—
6347	**5472**	**8695002**	**102605**	**152556**	**144331**	**119138**	**566388**	**662**	**100**
412	**—**	**2076324**	**29249**	**46978**	**18334**	**18334**	**—**	**90**	**17**
—	—	188988	4067	6800	3000	3000	—	22	3
54	—	321621	2400	3133	867	867	—	7	2
106	—	351564	5361	9907	4400	4400	—	20	4
74	—	238616	4619	8133	4400	4400	—	7	2
42	—	459771	4333	6867	1000	1000	—	9	1
2	—	146778	2813	4735	400	400	—	11	2
108	—	217943	2813	3813	2000	2000	—	4	1
26	—	151043	2843	3590	2267	2267	—	10	2
240	**965**	**1382780**	**21862**	**31318**	**9397**	**8862**	**151040**	**86**	**15**
8	—	185860	2088	2648	422	422	35576	7	2
—	—	135976	1913	2342	333	333	24409	11	1
—	965	70597	2663	4105	890	890	7358	13	2
—	—	357008	4612	5901	2667	2667	—	18	3
23	—	345167	5000	7333	2248	1713	—	13	3
—	—	158750	3095	4008	696	696	—	10	2
209	—	129422	2491	4981	2141	2141	83697	14	2
2333	**434**	**2997437**	**23459**	**32803**	**67966**	**45251**	**415348**	**405**	**56**
93	—	115429	801	1036	800	800	—	4	2

国有林区分企业的

企业名称	荒山荒(沙)地造林面积				有林地造林面积			
	合计	人工造林	飞播造林	无林地和疏林地新封	合计	林冠下造林	飞播营林	有林地和灌木林地新封
铁力	—	—	—	—	—	—	—	—
桃山	—	—	—	—	133	133	—	—
朗乡	—	—	—	—	267	267	—	—
南岔	—	—	—	—	—	—	—	—
金山屯	—	—	—	—	275	275	—	—
美溪	—	—	—	—	—	—	—	—
乌马河	—	—	—	—	—	—	—	—
翠峦	—	—	—	—	—	—	—	—
友好	—	—	—	—	—	—	—	—
上甘岭	—	—	—	—	—	—	—	—
五营	—	—	—	—	—	—	—	—
红星	—	—	—	—	—	—	—	—
新青	—	—	—	—	—	—	—	—
汤旺河	—	—	—	—	—	—	—	—
乌伊岭	—	—	—	—	—	—	—	—
松花江林业管理局	**—**	**—**	**—**	**—**	**395**	**395**	**—**	**—**
山河屯	—	—	—	—	—	—	—	—
苇河	—	—	—	—	—	—	—	—
亚布力	—	—	—	—	48	48	—	—
方正	—	—	—	—	205	205	—	—
兴隆	—	—	—	—	—	—	—	—
绥棱	—	—	—	—	—	—	—	—
通北	—	—	—	—	142	142	—	—
沾河	—	—	—	—	—	—	—	—
总局直属单位	**—**	**—**	**—**	**—**	**—**	**—**	**—**	**—**
带岭实验局	—	—	—	—	—	—	—	—
大兴安岭	**—**	**—**	**—**	**—**	**—**	**—**	**—**	**—**
大兴安岭林管局	**—**	**—**	**—**	**—**	**—**	**—**	**—**	**—**
松岭	—	—	—	—	—	—	—	—
新林	—	—	—	—	—	—	—	—
塔河	—	—	—	—	—	—	—	—
呼中	—	—	—	—	—	—	—	—
阿木尔	—	—	—	—	—	—	—	—
图强	—	—	—	—	—	—	—	—
西林吉	—	—	—	—	—	—	—	—
十八站	—	—	—	—	—	—	—	—
韩家园	—	—	—	—	—	—	—	—
大兴安岭营林局	**—**	**—**	**—**	**—**	**—**	**—**	**—**	**—**
加格达奇	—	—	—	—	—	—	—	—

营林生产情况(三)

单位:公顷

更新造林	低产低效林改造面积	森林管护面积	幼林抚育面积		成林抚育面积		抚育改造出材量(立方米)	年末实有育苗面积	
			实际面积	作业面积(公顷次)	合计	其中:中、幼龄林抚育面积		合计	其中:本年新育
68	—	175130	847	1013	5882	2000	43413	11	3
—	200	131546	627	787	1000	1000	19820	6	2
—	—	255615	2126	2730	5334	5334	—	28	4
98	—	286426	1743	1894	5714	5714	27694	11	—
34	—	176064	2477	3426	5542	3397	—	7	2
135	234	199998	1373	1746	4000	—	—	10	1
225	—	114272	1997	2330	2000	—	—	8	2
334	—	124352	2183	2984	6899	—	64600	5	1
400	—	246641	2647	4047	8680	8680	—	7	1
133	—	139478	1007	1274	3333	3333	—	4	1
168	—	119625	1289	1672	5560	5560	44687	9	4
101	—	263872	915	1249	3872	3339	47752	159	—
168	—	192903	1501	1943	1961	1961	167382	109	31
167	—	175077	1767	2400	4133	4133	—	9	1
209	—	281009	159	2272	3256	—	—	18	1
2842	**4073**	**2238461**	**27013**	**39929**	**48229**	**46691**	**—**	**74**	**10**
339	336	192185	2784	3533	3212	3008	—	8	1
175	204	180234	2473	3298	1031	1031	—	6	2
—	333	267631	2210	2610	20000	20000	—	8	3
199	2000	183679	2669	5406	5134	5134	—	11	3
707	667	277659	5735	9554	4667	3333	—	16	—
632	—	170235	3960	4996	10009	10009	—	10	1
54	—	215555	2168	2495	333	333	—	1	—
736	533	751283	5014	8037	3843	3843	—	14	—
520	**—**	**—**	**1022**	**1528**	**405**	**—**	**—**	**7**	**2**
520	—	—	1022	1528	405	—	—	7	2
—	**—**	**7149709**	**3706**	**3706**	**27999**	**27999**	**190897**	**35**	**31**
—	**—**	**6393989**	**828**	**828**	**26999**	**26999**	**190497**	**27**	**23**
—	—	675328	217	217	—	—	—	2	2
—	—	866261	226	226	6850	6850	45010	—	—
—	—	910237	—	—	2500	2500	26848	8	7
—	—	754841	—	—	3092	3092	22714	—	—
—	—	522602	—	—	2332	2332	16025	—	—
—	—	497137	—	—	2002	2002	12152	3	1
—	—	716089	—	—	2262	2262	17572	6	6
—	—	672417	360	360	4000	4000	20476	6	6
—	—	779077	25	25	3961	3961	29700	2	1
—	**—**	**755720**	**2878**	**2878**	**1000**	**1000**	**400**	**8**	**8**
—	—	755720	2878	2878	1000	1000	400	8	8

国有林区分企业的

企业名称	荒山荒(沙)地造林面积				有林地造林面积			
	合计	人工造林	飞播造林	无林地和疏林地新封	合计	林冠下造林	飞播营林	有林地和灌木林地新封
四川	**89094**	**31841**	**1200**	**56053**	**6328**	**—**	**—**	**6328**
阿坝州林管局	**29589**	**7972**	**1200**	**20417**	**—**	**—**	**—**	**—**
川西	1667	333	—	1334	—	—	—	—
黑水	3093	1220	—	1873	—	—	—	—
马尔康	6867	1200	—	5667	—	—	—	—
小金	6131	1135	780	4216	—	—	—	—
观音桥	3751	1684	—	2067	—	—	—	—
松潘	3127	1000	—	2127	—	—	—	—
南坪	2753	1000	420	1333	—	—	—	—
壤塘	2200	400	—	1800	—	—	—	—
甘孜州林管局	**24567**	**3803**	**—**	**20764**	**—**	**—**	**—**	**—**
道孚	4867	867	—	4000	—	—	—	—
新龙	3667	867	—	2800	—	—	—	—
丹巴	4067	67	—	4000	—	—	—	—
炉霍	3000	533	—	2467	—	—	—	—
白玉	3133	800	—	2333	—	—	—	—
力邱河	3166	469	—	2697	—	—	—	—
翁达	2667	200	—	2467	—	—	—	—
其他地、州林管局	**34938**	**20066**	**—**	**14872**	**6328**	**—**	**—**	**6328**
川南	6205	5333	—	872	3795	—	—	3795
雷波	7200	5000	—	2200	—	—	—	—
凉北	4600	3133	—	1467	—	—	—	—
夹金山	4134	267	—	3867	—	—	—	—
木里	10133	6000	—	4133	—	—	—	—
普威	2666	333	—	2333	—	—	—	—
盐边	—	—	—	—	2533	—	—	2533
云南	**19547**	**7212**	**—**	**12335**	**18932**	**—**	**—**	**18932**
云南省林管局	**19547**	**7212**	**—**	**12335**	**18932**	**—**	**—**	**18932**
华坪	667	667	—	—	4333	—	—	4333
碧泉	1319	667	—	652	4682	—	—	4682
黑白水	—	—	—	—	2000	—	—	2000
中甸 *	—	—	—	—	—	—	—	—
巨甸	—	—	—	—	2000	—	—	2000
红旗	2133	133	—	2000	—	—	—	—
云台山	8368	1733	—	6635	965	—	—	965
漾江	400	400	—	—	—	—	—	—
景东	193	193	—	—	—	—	—	—

营林生产情况（四）

单位：公顷

更新造林	低产低效林改造面积	森林管护面积	幼林抚育面积		成林抚育面积		抚育改造出材量（立方米）	年末实有育苗面积	
			实际面积	作业面积（公顷次）	合计	其中：中、幼龄林抚育面积		合计	其中：本年新育
—	**33**	**4614049**	**17137**	**22222**	**—**	**—**	**—**	**35**	**7**
—	**—**	**1766593**	**14784**	**15164**	**—**	**—**	**—**	**18**	**6**
—	—	102327	—	—	—	—	—	1	—
—	—	236312	869	1139	—	—	—	2	1
—	—	249570	2108	3378	—	—	—	3	1
—	—	179563	1373	2746	—	—	—	2	1
—	—	282713	3110	3110	—	—	—	2	1
—	—	354260	5066	2533	—	—	—	2	1
—	—	209120	2258	2258	—	—	—	3	1
—	—	152728	—	—	—	—	—	3	—
—	**—**	**1667450**	**—**	**—**	**—**	**—**	**—**	**12**	**1**
—	—	361200	—	—	—	—	—	3	—
—	—	367804	—	—	—	—	—	3	1
—	—	341200	—	—	—	—	—	1	—
—	—	222100	—	—	—	—	—	1	—
—	—	184146	—	—	—	—	—	1	—
—	—	131300	—	—	—	—	—	1	—
—	—	59700	—	—	—	—	—	2	—
—	**33**	**1180006**	**2353**	**7058**	**—**	**—**	**—**	**5**	**—**
—	—	102560	—	—	—	—	—	—	—
—	—	166224	—	—	—	—	—	—	—
—	—	142384	—	—	—	—	—	2	—
—	33	104860	2353	7058	—	—	—	2	—
—	—	567780	—	—	—	—	—	1	—
—	—	47507	—	—	—	—	—	—	—
—	—	48691	—	—	—	—	—	—	—
369	**—**	**2309163**	**—**	**—**	**—**	**—**	**921**	**22**	**9**
369	**—**	**2309163**	**—**	**—**	**—**	**—**	**921**	**22**	**9**
—	—	101067	—	—	—	—	—	2	2
369	—	204299	—	—	—	—	—	—	—
—	—	204758	—	—	—	—	—	—	—
—	—	—	—	—	—	—	—	—	—
—	—	128467	—	—	—	—	—	2	1
—	—	109334	—	—	—	—	—	—	—
—	—	314066	—	—	—	—	—	—	—
—	—	110553	—	—	—	—	—	2	2
—	—	251733	—	—	—	—	—	—	—

国有林区分企业的

企业名称	荒山荒(沙)地造林面积				有林地造林面积			
	合计	人工造林	飞播造林	无林地和疏林地新封	合计	林冠下造林	飞播营林	有林地和灌木林地新封
墨江	1800	1800	—	—	—	—	—	—
卫国	2219	1219	—	1000	—	—	—	—
江边 *	—	—	—	—	—	—	—	—
清水江 *	—	—	—	—	—	—	—	—
南盘江 *	—	—	—	—	—	—	—	—
新平	1867	200	—	1667	—	—	—	—
宁蒗	581	200	—	381	4952	—	—	4952
陕西	**35934**	**2133**	**—**	**33801**	**—**	**—**	**—**	**—**
陕西省林管局	**34533**	**2066**	**—**	**32467**	**—**	**—**	**—**	**—**
宁西	5133	333	—	4800	—	—	—	—
太白	6333	333	—	6000	—	—	—	—
长青	5467	267	—	5200	—	—	—	—
宁东	8267	400	—	7867	—	—	—	—
汉西	5533	400	—	5133	—	—	—	—
龙草坪	3800	333	—	3467	—	—	—	—
陕西省营林局	**1401**	**67**	**—**	**1334**	**—**	**—**	**—**	**—**
马头滩	734	67	—	667	—	—	—	—
辛家山	667	—	—	667	—	—	—	—
甘肃	**33396**	**26804**	**—**	**6592**	**2882**	**—**	**—**	**2882**
甘肃省林管局	**20933**	**14800**	**—**	**6133**	**—**	**—**	**—**	**—**
舟曲	3267	2267	—	1000	—	—	—	—
迭部	7866	5600	—	2266	—	—	—	—
洮河	7333	5200	—	2133	—	—	—	—
白水江	2467	1733	—	734	—	—	—	—
甘肃省营林局	**12463**	**12004**	**—**	**459**	**2882**	**—**	**—**	**2882**
小陇山	12463	12004	—	459	2882	—	—	2882
青海	**—**	**—**	**—**	**—**	**—**	**—**	**—**	**—**
青海省林管局	**—**	**—**	**—**	**—**	**—**	**—**	**—**	**—**
玛可河 *	—	—	—	—	—	—	—	—
新疆	**237**	**237**	**—**	**—**	**3171**	**31**	**—**	**3140**
新疆自治区林管局	**77**	**77**	**—**	**—**	**1466**	**—**	**—**	**1466**
天山西部	77	77	—	—	—	—	—	—
阿尔泰山	—	—	—	—	1466	—	—	1466
新疆自治区营林局	**160**	**160**	**—**	**—**	**1705**	**31**	**—**	**1674**
天山中东部	160	160	—	—	1705	31	—	1674

注:标 * 的单位已改为从事管护工作的事业性质单位或划归地方管理,因此没有数据。下同。

营林生产情况(五)

单位:公顷

更新造林	低产低效林改造面积	森林管护面积	幼林抚育面积		成林抚育面积		抚育改造出材量(立方米)	年末实有育苗面积	
			实际面积	作业面积(公顷次)	合计	其中:中、幼龄林抚育面积		合计	其中:本年新育
—	—	206734	—	—	—	—	—	6	3
—	—	390285	—	—	—	—	—	—	—
—	—	—	—	—	—	—	—	—	—
—	—	—	—	—	—	—	—	—	—
—	—	—	—	—	—	—	—	—	—
—	—	65067	—	—	—	—	—	—	—
—	—	222800	—	—	—	—	921	10	1
—	**—**	**487839**	**934**	**934**	**—**	**—**	**—**	**48**	**8**
—	**—**	**430066**	**934**	**934**	**—**	**—**	**—**	**32**	**1**
—	—	108093	—	—	—	—	—	4	—
—	—	134867	467	467	—	—	—	8	1
—	—	36413	—	—	—	—	—	5	—
—	—	80680	—	—	—	—	—	12	—
—	—	38967	467	467	—	—	—	—	—
—	—	31046	—	—	—	—	—	3	—
—	**—**	**57773**	**—**	**—**	**—**	**—**	**—**	**16**	**7**
—	—	32473	—	—	—	—	—	2	2
—	—	25300	—	—	—	—	—	14	5
—	**27**	**1174759**	**42513**	**43856**	**1248**	**1248**	**28952**	**271**	**28**
—	**—**	**681827**	**380**	**380**	**—**	**—**	**—**	**196**	**17**
—	—	99800	—	—	—	—	—	28	2
—	—	234200	—	—	—	—	—	73	8
—	—	283887	—	—	—	—	—	79	3
—	—	63940	380	380	—	—	—	16	4
—	**27**	**492932**	**42133**	**43476**	**1248**	**1248**	**28952**	**75**	**11**
—	27	492932	42133	43476	1248	1248	28952	75	11
—	**—**	**—**	**—**	**—**	**—**	**—**	**—**	**—**	**—**
—	**—**	**—**	**—**	**—**	**—**	**—**	**—**	**—**	**—**
—	—	—	—	—	—	—	—	—	—
—	**—**	**1665876**	**14**	**14**	**—**	**—**	**—**	**98**	**1**
—	**—**	**1275744**	**—**	**—**	**—**	**—**	**—**	**50**	**—**
—	—	421124	—	—	—	—	—	45	—
—	—	854620	—	—	—	—	—	5	—
—	**—**	**390132**	**14**	**14**	**—**	**—**	**—**	**48**	**1**
—	—	390132	14	14	—	—	—	48	1

国有林区企业总产值、

（按现行价

指标名称	合　计
企业总产值	**4416734**
第一产业	1990304
涉林产业	1260126
林木的培育和种植	161407
木、竹材采运	859766
经济林产品的种植与采集	181871
陆生野生动物繁育与利用	32482
其他	24600
非林产业	730178
第二产业	1681626
涉林产业	852850
非木质林产品加工	10072
锯材木片加工	168666
人造板制造	197473
木制品制造	326491
木质家具	52511
其他	97637
非林产业	828776
第三产业	744804
其中：非林产业	504363
企业销售产值	**2827031**
企业增加值	**1958968**

销售产值和增加值

格计算)

单位:万元

135 个木材采运企业	20 个重点营林局
4294605	**122129**
1897908	92396
1192391	67735
134200	27207
830614	29152
179022	2849
25927	6555
22628	1972
705517	24661
1674189	7437
849231	3619
10072	—
167024	1642
196100	1373
326252	239
52434	77
97349	288
824958	3818
722508	22296
490438	13925
2782306	**44725**
1901093	**57875**

国有林区分企业的企业总产值、

（按现行价

企业名称	企业总								
	总计	第一产业							
		合计	涉林产业						非林产业
			小计	林木的培育和种植	木、竹材采运	经济林产品的种植与采集	陆生野生动物繁育与利用	其他	
全国合计	**4416734**	**1990304**	**1260126**	**161407**	**859766**	**181871**	**32482**	**24600**	**730178**
135 个木材采运企业小计	4294605	1897908	1192391	134200	830614	179022	25927	22628	705517
20 个重点营林局小计	122129	92396	67735	27207	29152	2849	6555	1972	24661
内蒙古	**355997**	**236605**	**219082**	**43825**	**168847**	**1801**	**3783**	**826**	**17523**
内蒙古集团林管局	**301027**	**197008**	**191236**	**32403**	**158626**	**—**	**180**	**27**	**5772**
阿尔山	13388	7949	7614	2073	5541	—	—	—	335
绰尔	20197	10721	10710	1416	9294	—	—	—	11
绰源	10866	9730	7567	1565	6002	—	—	—	2163
乌尔旗汉	23224	11982	11544	1898	9646	—	—	—	438
库都尔	18985	10258	10178	2561	7617	—	—	—	80
图里河	10357	8053	7442	2437	5005	—	—	—	611
伊图里河	11185	4839	4687	1673	2834	—	180	—	152
克一河	11907	8254	7548	1648	5900	—	—	—	706
甘河	16236	12642	12261	2373	9888	—	—	—	381
吉文	12910	8297	8290	1666	6624	—	—	—	7
阿里河	16008	11085	10513	1867	8646	—	—	—	572
根河	26465	21213	21057	2259	18798	—	—	—	156
金河	24080	17533	17533	1559	15974	—	—	—	—
阿龙山	18728	12691	12602	2398	10204	—	—	—	89
满归	23446	12146	12099	1746	10353	—	—	—	47
得耳布尔	12945	9308	9284	1528	7756	—	—	—	24
莫尔道嘎	30100	20307	20307	1736	18544	—	—	27	—
内蒙古集团营林局	**13368**	**9533**	**7278**	**6278**	**464**	**—**	**536**	**—**	**2255**
大杨树	6990	6337	4082	3537	9	—	536	—	2255
毕拉河	6378	3196	3196	2741	455	—	—	—	—
内蒙古林业厅营林局	**41602**	**30064**	**20568**	**5144**	**9757**	**1801**	**3067**	**799**	**9496**
免渡河	6224	5056	2850	590	2134	76	—	50	2206
乌奴尔	4289	3761	2402	664	1551	152	—	35	1359
巴林	2658	2088	1471	616	735	35	—	85	617
南木	2588	1871	981	15	585	74	—	307	890
红花尔基	7062	5535	4078	1776	1090	1034	—	178	1457
柴河	4001	3440	2865	774	1991	16	—	84	575
五岔沟	11680	6428	5266	609	1496	34	3067	60	1162
白狼	3100	1885	655	100	175	380	—	—	1230
吉林	**647004**	**288563**	**286784**	**28469**	**220229**	**17245**	**11570**	**9271**	**1779**
吉林集团林管局	**274424**	**136632**	**136632**	**12593**	**99586**	**13486**	**6182**	**4785**	**—**
临江	34957	18099	18099	2322	11860	3426	491	—	—
三岔子	37844	24410	24410	2725	19182	—	—	2503	—
湾沟	22606	3938	3938	414	2797	552	175	—	—
松江河	51125	20580	20580	3302	15539	50	4	1685	—

销售产值和增加值(一)

格计算)

单位:万元

产值												
第二产业									第三产业		企业销售产值	企业增加值
合计	涉林产业							非林产业	合计	其中:非林产业		
	小计	非木质林产品加工	锯材木片加工	人造板制造	木制品制造	木质家具	其他					
1681626	**852850**	**10072**	**168666**	**197473**	**326491**	**52511**	**97637**	**828776**	**744804**	**504363**	**2827031**	**1958968**
1674189	849231	10072	167024	196100	326252	52434	97349	824958	722508	490438	2782306	1901093
7437	3619	—	1642	1373	239	77	288	3818	22296	13925	44725	57875
55205	**2495**	**—**	**461**	**213**	**125**	**77**	**1619**	**52710**	**64187**	**60822**	**176988**	**193604**
53554	**1463**	**—**	**—**	**—**	**—**	**—**	**1463**	**52091**	**50465**	**49835**	**169630**	**168518**
3224	—	—	—	—	—	—	—	3224	2215	2215	5673	7054
7463	1463	—	—	—	—	—	1463	6000	2013	2013	9254	10518
—	—	—	—	—	—	—	—	—	1136	1136	5586	7656
7526	—	—	—	—	—	—	—	7526	3716	3716	14256	12693
4881	—	—	—	—	—	—	—	4881	3846	3846	7617	6710
221	—	—	—	—	—	—	—	221	2083	2075	5740	5614
4550	—	—	—	—	—	—	—	4550	1796	1796	3084	5033
1793	—	—	—	—	—	—	—	1793	1860	1860	6605	6509
1075	—	—	—	—	—	—	—	1075	2519	2519	9588	8828
—	—	—	—	—	—	—	—	—	4613	4613	6330	8016
2069	—	—	—	—	—	—	—	2069	2854	2834	10341	8202
529	—	—	—	—	—	—	—	529	4723	4723	19509	16139
4016	—	—	—	—	—	—	—	4016	2531	2531	15838	15749
3095	—	—	—	—	—	—	—	3095	2942	2942	10731	9840
9028	—	—	—	—	—	—	—	9028	2272	2272	11868	12927
1001	—	—	—	—	—	—	—	1001	2636	2636	7774	7493
3083	—	—	—	—	—	—	—	3083	6710	6108	19836	19537
386	**—**	**—**	**—**	**—**	**—**	**—**	**—**	**386**	**3449**	**3332**	**299**	**6972**
—	—	—	—	—	—	—	—	—	653	653	9	3975
386	—	—	—	—	—	—	—	386	2796	2679	290	2997
1265	**1032**	**—**	**461**	**213**	**125**	**77**	**156**	**233**	**10273**	**7655**	**7059**	**18114**
307	206	—	9	—	—	67	130	101	861	861	1353	3866
244	244	—	98	21	125	—	—	—	284	—	2063	2667
312	312	—	120	192	—	—	—	—	258	111	735	1562
—	—	—	—	—	—	—	—	—	717	148	585	1490
145	145	—	109	—	—	10	26	—	1382	713	145	4234
—	—	—	—	—	—	—	—	—	561	72	2003	2449
132	—	—	—	—	—	—	—	132	5120	5120	—	—
125	125	—	125	—	—	—	—	—	1090	630	175	1846
248541	**98633**	**1054**	**10634**	**33603**	**20688**	**231**	**32423**	**149908**	**109900**	**89617**	**469082**	**284222**
95500	**48859**	**167**	**4133**	**13773**	**1126**	**70**	**29590**	**46641**	**42292**	**39001**	**222986**	**146101**
12502	2185	—	2185	—	—	—	—	10317	4356	4356	12081	20975
12858	—	—	—	—	—	—	—	12858	576	321	38338	20106
17978	17978	167	—	—	—	—	17811	—	690	690	12801	4539
531	—	—	—	—	—	—	—	531	30014	30014	48406	35635

国有林区分企业的企业总产值、

（按现行价

企业名称	企业总								
	总计	第一产业							
		合计	涉林产业						非林产业
			小计	林木的培育和种植	木、竹材采运	经济林产品的种植与采集	陆生野生动物繁育与利用	其他	
泉阳	19426	7072	7072	1059	6013	—	—	—	—
露水河	27548	18587	18587	1160	13200	3817	183	227	—
白石山	25720	10070	10070	—	10070	—	—	—	—
红石	55198	33876	33876	1611	20925	5641	5329	370	—
延边林管局	**339853**	**127427**	**126114**	**13052**	**103440**	**3695**	**2590**	**3337**	**1313**
黄泥河	39827	12588	12588	1956	10057	575	—	—	—
敦化	43748	17872	17872	843	17029	—	—	—	—
大石头	31002	11254	11254	1574	9650	—	30	—	—
八家子	20207	9423	9292	446	8175	—	—	671	131
和龙	29773	16072	16072	1722	14350	—	—	—	—
汪清	33313	11387	11387	775	10612	—	—	—	—
大兴沟	13335	5852	5690	1724	3966	—	—	—	162
天桥岭	21921	8080	8080	1083	6997	—	—	—	—
白河	89235	25850	24830	2512	15443	3120	2560	1195	1020
珲春	17492	9049	9049	417	7161	—	—	1471	—
吉林省林业厅营林局	**32727**	**24504**	**24038**	**2824**	**17203**	**64**	**2798**	**1149**	**466**
上营	9210	9210	9090	300	6900	—	1760	130	120
辉南	6213	3682	3336	179	1928	64	873	292	346
长白	6282	4276	4276	1169	3107	—	—	—	—
安图	11022	7336	7336	1176	5268	—	165	727	—
长白山 *	—	—	—	—	—	—	—	—	—
龙江集团	**2753272**	**1139280**	**492025**	**24512**	**336711**	**120371**	**7289**	**3142**	**647255**
牡丹江林业管理局	**450294**	**225686**	**110577**	**5703**	**81149**	**22779**	**60**	**886**	**115109**
大海林	62129	28852	14300	1400	12900	—	—	—	14552
柴河	64946	36028	18730	301	17087	1330	12	—	17298
东京城	85636	48125	21700	720	20041	939	—	—	26425
穆棱	69979	33437	24783	521	10806	12860	48	548	8654
绥阳	56698	37358	11603	467	9903	1233	—	—	25755
海林	50958	14992	6425	215	5224	648	—	338	8567
林口	32496	15655	10101	1491	3327	5283	—	—	5554
八面通	27452	11239	2935	588	1861	486	—	—	8304
合江林业管理局	**400943**	**185994**	**92712**	**2290**	**55888**	**26782**	**6564**	**1188**	**93282**
桦南	53223	27598	3581	264	3269	48	—	—	24017
双鸭山	46762	18090	3258	196	2012	921	—	129	14832
鹤立	22507	11983	2602	160	1902	540	—	—	9381
鹤北	60068	33086	17016	650	14202	1813	—	351	16070
东方红	70723	41240	34844	470	19892	7210	6564	708	6396
迎春	32901	16825	6092	228	5340	524	—	—	10733
清河	114759	37172	25319	322	9271	15726	—	—	11853
伊春林业管理局	**1354436**	**450054**	**163551**	**9211**	**106385**	**47270**	**665**	**20**	**286503**
双丰	69604	26918	9787	500	2518	6165	604	—	17131

销售产值和增加值(二)

格计算)

单位:万元

产值											企业销售产值	企业增加值
第二产业									第三产业			
合计	涉林产业							非林产业	合计	其中:非林产业		
	小计	非木质林产品加工	锯材木片加工	人造板制造	木制品制造	木质家具	其他					
11522	11502	—	—	—	—	—	11502	20	832	832	19427	8350
7110	373	—	96	—	—	—	277	6737	1851	402	21552	15224
14250	5250	—	—	5250	—	—	—	9000	1400	1400	22219	14425
18749	11571	—	1852	8523	1126	70	—	7178	2573	986	48162	26847
148009	**47941**	**887**	**5320**	**19424**	**19448**	**161**	**2701**	**100068**	**64417**	**49517**	**222738**	**124873**
12663	360	—	—	—	360	—	—	12303	14576	13742	13058	11611
22874	6811	—	837	5818	—	156	—	16063	3002	2942	42927	16104
13061	—	—	—	—	—	—	—	13061	6687	6549	30972	14748
7981	—	—	—	—	—	—	—	7981	2803	2082	8765	7815
13701	5501	—	730	—	4771	—	—	8200	—	—	30079	11314
20976	11126	—	829	4756	3416	—	2125	9850	950	950	21335	11108
6923	1122	—	92	400	604	—	26	5801	560	486	12065	5104
11305	2682	257	—	—	2425	—	—	8623	2536	—	12058	4780
31152	19502	630	2657	8450	7760	5	—	11650	32233	22603	43480	34802
7373	837	—	175	—	112	—	550	6536	1070	163	7999	7487
5032	**1833**	**—**	**1181**	**406**	**114**	**—**	**132**	**3199**	**3191**	**1099**	**23358**	**13248**
—	—	—	—	—	—	—	—	—	—	—	5456	4365
132	132	—	—	—	—	—	132	—	2399	1017	4423	1442
1924	—	—	—	—	—	—	—	1924	82	82	5015	2596
2976	1701	—	1181	406	114	—	—	1275	710	—	8464	4845
—	—	—	—	—	—	—	—	—	—	—	—	—
1165437	**584113**	**8308**	**112647**	**119250**	**247983**	**52095**	**43830**	**581324**	**448555**	**315799**	**1749745**	**1162240**
147500	**78244**	**—**	**15352**	**8425**	**53776**	**—**	**691**	**69256**	**77108**	**55484**	**285363**	**210514**
17401	11030	—	4762	—	6268	—	—	6371	15876	13231	55900	27958
15730	10020	—	2542	2890	4414	—	174	5710	13188	12184	64961	32113
26796	9773	—	1800	225	7748	—	—	17023	10715	9147	22122	36071
24447	15018	—	3274	5310	5917	—	517	9429	12095	660	58452	36778
13218	8142	—	1870	—	6272	—	—	5076	6122	3122	10687	28803
27143	18161	—	82	—	18079	—	—	8982	8823	8823	34596	20190
10848	1938	—	1022	—	916	—	—	8910	5993	4133	24370	16248
11917	4162	—	—	—	4162	—	—	7755	4296	4184	14275	12353
148801	**49277**	**7888**	**19649**	**3629**	**13208**	**311**	**4592**	**99524**	**66148**	**62508**	**243487**	**128241**
17453	2529	—	1228	1132	164	5	—	14924	8172	7867	10394	16535
20556	1598	98	980	—	520	—	—	18958	8116	7516	46500	13457
8285	7292	4135	1042	1225	240	—	650	993	2239	2039	20800	4607
15719	5651	250	2342	180	1949	—	930	10068	11263	10636	37499	14619
18231	11436	3405	6970	316	745	—	—	6795	11252	10544	70543	31447
4228	1520	—	295	120	1105	—	—	2708	11848	11648	28670	13576
64329	19251	—	6792	656	8485	306	3012	45078	13258	12258	29081	34000
697184	**372092**	**—**	**39750**	**87071**	**160280**	**46444**	**38547**	**325092**	**207198**	**116917**	**1009268**	**606148**
38686	29776	—	4160	2160	23400	—	56	8910	4000	1970	61606	28864

国有林区分企业的企业总产值、

（按现行价

企业名称	企业总								
	总计	第一产业							
		合计	涉林产业						非林产业
			小计	林木的培育和种植	木、竹材采运	经济林产品的种植与采集	陆生野生动物繁育与利用	其他	
铁力	70681	34444	7757	299	4722	2736	—	—	26687
桃山	54134	26727	2871	273	1421	1177	—	—	23856
朗乡	119189	37326	17219	979	13596	2644	—	—	20107
南岔	60621	14373	9131	283	3993	4855	—	—	5242
金山屯	103713	27405	8790	530	4880	3370	—	10	18615
美溪	88327	23027	13463	2007	6008	5448	—	—	9564
乌马河	82298	20298	7466	115	4487	2864	—	—	12832
翠峦	85390	11790	5583	358	4660	565	—	—	6207
友好	169108	70079	18529	1208	14365	2956	—	—	51550
上甘岭	39166	10571	2482	265	1393	824	—	—	8089
五营	84623	18289	7416	291	3117	3937	61	10	10873
红星	63778	26565	8892	424	7599	869	—	—	17673
新青	96215	37577	13704	689	13015	—	—	—	23873
汤旺河	120800	41810	17870	467	13035	4368	—	—	23940
乌伊岭	46789	22855	12591	523	7576	4492	—	—	10264
松花江林业管理局	**452346**	**255762**	**116636**	**6688**	**86600**	**22340**	**—**	**1008**	**139126**
山河屯	51688	22603	10338	348	7892	2024	—	74	12265
苇河	53529	34983	8959	738	7564	657	—	—	26024
亚布力	62176	42640	28206	1086	14687	12430	—	3	14434
方正	60781	31538	12612	1253	9223	1931	—	205	18926
兴隆	62325	45902	21428	1039	19797	592	—	—	24474
绥棱	66766	25037	10221	608	8976	245	—	392	14816
通北	38824	19597	3681	216	3131	—	—	334	15916
沾河	56257	33462	21191	1400	15330	4461	—	—	12271
总局直属单位	**95253**	**21784**	**8549**	**620**	**6689**	**1200**	**—**	**40**	**13235**
带岭实验局	95253	21784	8549	620	6689	1200	—	40	13235
大兴安岭	**486247**	**243518**	**185334**	**8721**	**123632**	**40583**	**9686**	**2712**	**58184**
大兴安岭林管局	**472589**	**230069**	**184027**	**8263**	**123610**	**39756**	**9686**	**2712**	**46042**
松岭	65900	27830	15954	678	9615	3486	897	1278	11876
新林	96480	54448	37117	1619	18867	15821	789	21	17331
塔河	48049	21178	17083	324	14956	1603	200	—	4095
呼中	44586	25697	22955	443	13365	8771	375	1	2742
阿木尔	20832	11106	9211	361	7807	399	196	448	1895
图强	34810	21317	19798	308	11963	3336	4191	—	1519
西林吉	83213	28301	25138	356	19468	3583	1656	75	3163
十八站	42124	18434	16886	1895	13017	1906	—	68	1548
韩家园	36595	21758	19885	2279	14552	851	1382	821	1873
大兴安岭营林局	**13658**	**13449**	**1307**	**458**	**22**	**827**	**—**	**—**	**12142**
加格达奇	13658	13449	1307	458	22	827	—	—	12142

销售产值和增加值(三)

格计算)

单位:万元

产值											企业销售产值	企业增加值
第二产业									第三产业			
合计	涉林产业							非林产业	合计	其中:非林产业		
	小计	非木质林产品加工	锯材木片加工	人造板制造	木制品制造	木质家具	其他					
22579	11008	—	1411	684	8391	522	—	11571	13658	3678	67147	34868
25078	4577	—	—	—	4577	—	—	20501	2329	1053	38842	24177
68909	35208	—	5130	18520	9558	—	2000	33701	12954	8154	106571	51992
36782	11094	—	388	460	470	9776	—	25688	9466	8796	25714	30919
52845	38080	—	5810	5830	1660	13820	10960	14765	23463	9963	71190	39627
45000	13863	—	1210	3487	7918	1248	—	31137	20300	10391	45575	40414
50867	29050	—	2745	8387	17918	—	—	21817	11133	9736	62586	37728
62236	20776	—	630	3039	16452	655	—	41460	11364	8399	59010	29522
84429	30558	—	—	11200	11436	7922	—	53871	14600	12500	135796	77596
22035	19025	—	7139	3133	6987	1766	—	3010	6560	2372	17958	20339
30854	20138	—	4314	459	7746	3289	4330	10716	35480	12450	47359	39499
27845	20011	—	—	3654	16357	—	—	7834	9368	9368	55938	30628
50839	43046	—	4383	9576	476	7410	21201	7793	7799	4342	73763	48731
60290	36464	—	450	14676	21338	—	—	23826	18700	7890	103324	47931
17910	9418	—	1980	1806	5596	36	—	8492	6024	5855	36889	23313
120326	**56360**	**—**	**21576**	**16045**	**13919**	**4820**	**—**	**63966**	**76258**	**67819**	**133084**	**174122**
19198	4000	—	1000	—	1000	2000	—	15198	9887	7887	8338	21298
9783	5047	—	2021	3015	11	—	—	4736	8763	7335	10140	19405
9470	5200	—	1010	453	3737	—	—	4270	10066	8428	22863	29172
12693	4020	—	2091	440	1489	—	—	8673	16550	15050	15523	24793
9781	8008	—	5022	78	2788	120	—	1773	6642	5642	28076	27930
24915	17066	—	5127	11939	—	—	—	7849	16814	16506	32069	19243
16594	4019	—	644	—	3375	—	—	12575	2633	2579	2994	12915
17892	9000	—	4661	120	1519	2700	—	8892	4903	4392	13081	19366
51626	**28140**	**420**	**16320**	**4080**	**6800**	**520**	**—**	**23486**	**21843**	**13071**	**78543**	**43215**
51626	28140	420	16320	4080	6800	520	—	23486	21843	13071	78543	43215
187937	**158668**	**710**	**44625**	**38073**	**57695**	**108**	**17457**	**29269**	**54792**	**33226**	**371333**	**260216**
187937	**158668**	**710**	**44625**	**38073**	**57695**	**108**	**17457**	**29269**	**54583**	**33047**	**358324**	**251939**
30824	20436	—	14725	1335	4367	—	9	10388	7246	6345	46162	36667
35946	31727	710	2816	11961	15925	—	315	4219	6086	6086	73926	51605
16953	15595	—	2573	4338	8684	—	—	1358	9918	9015	33867	28542
14617	13811	—	1952	7168	4583	108	—	806	4272	3072	32664	25339
5858	5265	—	1035	873	3156	—	201	593	3868	3868	14244	12038
12640	12158	—	2326	2739	4908	—	2185	482	853	641	28106	18174
35564	30565	—	6196	1500	9773	—	13096	4999	19348	1167	56969	37517
22186	16438	—	6824	3624	4339	—	1651	5748	1504	1381	39297	23078
13349	12673	—	6178	4535	1960	—	—	676	1488	1472	33089	18979
—	**—**	**—**	**—**	**—**	**—**	**—**	**—**	**—**	**209**	**179**	**13009**	**8277**
—	—	—	—	—	—	—	—	—	209	179	13009	8277

国有林区分企业的企业总产值、

（按现行价

企业名称	企业总								
	总计	第一产业							
		合计	涉林产业						非林产业
			小计	林木的培育和种植	木、竹材采运	经济林产品的种植与采集	陆生野生动物繁育与利用	其他	
四川	**38138**	**33784**	**30578**	**25272**	**1884**	**5**	**—**	**3417**	**3206**
阿坝州林管局	**15930**	**13309**	**10103**	**6718**	**1459**	**5**	**—**	**1921**	**3206**
川西	1363	787	787	409	—	—	—	378	—
黑水	2667	2621	1730	1064	666	—	—	—	891
马尔康	2227	2019	2019	1354	123	5	—	537	—
小金	1305	1305	888	888	—	—	—	—	417
观音桥	2580	2571	1432	528	400	—	—	504	1139
松潘	1536	1536	1226	1004	222	—	—	—	310
南坪	3060	1278	829	829	—	—	—	—	449
壤塘	1192	1192	1192	642	48	—	—	502	—
甘孜州林管局	**6145**	**5979**	**5979**	**5945**	**6**	**—**	**—**	**28**	**—**
道孚	1135	1110	1110	1110	—	—	—	—	—
新龙	1074	1060	1060	1060	—	—	—	—	—
丹巴	1045	1045	1045	1045	—	—	—	—	—
炉霍	789	774	774	774	—	—	—	—	—
白玉	840	806	806	806	—	—	—	—	—
力邱河	666	643	643	637	6	—	—	—	—
翁达	596	541	541	513	—	—	—	28	—
其他地、州林管局	**16063**	**14496**	**14496**	**12609**	**419**	**—**	**—**	**1468**	**—**
川南	5138	5023	5023	4113	419	—	—	491	—
雷波	2138	2133	2133	2133	—	—	—	—	—
凉北	1523	1523	1523	1523	—	—	—	—	—
夹金山	2402	955	955	902	—	—	—	53	—
木里	3593	3593	3593	3593	—	—	—	—	—
普威	1269	1269	1269	345	—	—	—	924	—
盐边	—	—	—	—	—	—	—	—	—
云南	**18323**	**12195**	**12195**	**5357**	**3773**	**—**	**—**	**3065**	**—**
云南省林管局	**18323**	**12195**	**12195**	**5357**	**3773**	**—**	**—**	**3065**	**—**
华坪	655	655	655	655	—	—	—	—	—
碧泉	—	—	—	—	—	—	—	—	—
黑白水	210	210	210	—	—	—	—	210	—
中甸 *	—	—	—	—	—	—	—	—	—
巨甸	180	180	180	180	—	—	—	—	—
红旗	593	593	593	32	—	—	—	561	—
云台山	1680	1680	1680	1680	—	—	—	—	—
漾江	1922	1922	1922	196	—	—	—	1726	—
景东	1930	1754	1754	821	933	—	—	—	—

销售产值和增加值(四)

格计算)

单位:万元

产值												
第二产业									第三产业		企业销售产值	企业增加值
合计	涉林产业							非林产业	合计	其中:非林产业		
	小计	非木质林产品加工	锯材木片加工	人造板制造	木制品制造	木质家具	其他					
1808	**—**	**—**	**—**	**—**	**—**	**—**	**—**	**1808**	**2546**	**2408**	**508**	**13446**
508	**—**	**—**	**—**	**—**	**—**	**—**	**—**	**508**	**2113**	**2113**	**508**	**6759**
508	—	—	—	—	—	—	—	508	68	68	508	887
—	—	—	—	—	—	—	—	—	46	46	—	1267
—	—	—	—	—	—	—	—	—	208	208	—	—
—	—	—	—	—	—	—	—	—	—	—	—	782
—	—	—	—	—	—	—	—	—	9	9	—	1382
—	—	—	—	—	—	—	—	—	—	—	—	809
—	—	—	—	—	—	—	—	—	1782	1782	—	917
—	—	—	—	—	—	—	—	—	—	—	—	715
—	**—**	**—**	**—**	**—**	**—**	**—**	**—**	**—**	**166**	**143**	**—**	**2634**
—	—	—	—	—	—	—	—	—	25	25	—	546
—	—	—	—	—	—	—	—	—	14	14	—	588
—	—	—	—	—	—	—	—	—	—	—	—	438
—	—	—	—	—	—	—	—	—	15	15	—	334
—	—	—	—	—	—	—	—	—	34	34	—	42
—	—	—	—	—	—	—	—	—	23	—	—	487
—	—	—	—	—	—	—	—	—	55	55	—	199
1300	**—**	**—**	**—**	**—**	**—**	**—**	**—**	**1300**	**267**	**152**	**—**	**4053**
—	—	—	—	—	—	—	—	—	115	115	—	—
—	—	—	—	—	—	—	—	—	5	—	—	937
—	—	—	—	—	—	—	—	—	—	—	—	457
1300	—	—	—	—	—	—	—	1300	147	37	—	—
—	—	—	—	—	—	—	—	—	—	—	—	2659
—	—	—	—	—	—	—	—	—	—	—	—	—
—	—	—	—	—	—	—	—	—	—	—	—	—
6107	**5931**	**—**	**299**	**5580**	**—**	**—**	**52**	**176**	**21**	**7**	**9772**	**5396**
6107	**5931**	**—**	**299**	**5580**	**—**	**—**	**52**	**176**	**21**	**7**	**9772**	**5396**
—	—	—	—	—	—	—	—	—	—	—	—	—
—	—	—	—	—	—	—	—	—	—	—	149	—
—	—	—	—	—	—	—	—	—	—	—	—	—
—	—	—	—	—	—	—	—	—	—	—	—	—
—	—	—	—	—	—	—	—	—	—	—	10	—
—	—	—	—	—	—	—	—	—	—	—	—	—
—	—	—	—	—	—	—	—	—	—	—	—	60
—	—	—	—	—	—	—	—	—	—	—	—	769
176	—	—	—	—	—	—	—	176	—	—	1150	856

国有林区分企业的企业总产值、

（按现行价

企业名称	企业总								
	总计	第一产业							
		合计	涉林产业						非林产业
			小计	林木的培育和种植	木、竹材采运	经济林产品的种植与采集	陆生野生动物繁育与利用	其他	
墨江	2168	1811	1811	1321	490	—	—	—	—
卫国	8198	2657	2657	332	2325	—	—	—	—
江边 *	—	—	—	—	—	—	—	—	—
清水江 *	—	—	—	—	—	—	—	—	—
南盘江 *	—	—	—	—	—	—	—	—	—
新平	570	568	568	—	—	—	—	568	—
宁蒗	217	165	165	140	25	—	—	—	—
陕西	**8043**	**3434**	**3429**	**2999**	**200**	**—**	**—**	**230**	**5**
陕西省林管局	**7312**	**3263**	**3258**	**2828**	**200**	**—**	**—**	**230**	**5**
宁西	1939	425	420	420	—	—	—	—	5
太白	1222	584	584	477	107	—	—	—	—
长青	1894	317	317	317	—	—	—	—	—
宁东	1322	1272	1272	1006	36	—	—	230	—
汉西	716	446	446	389	57	—	—	—	—
龙草坪	219	219	219	219	—	—	—	—	—
陕西省营林局	**731**	**171**	**171**	**171**	**—**	**—**	**—**	**—**	**—**
马头滩	413	143	143	143	—	—	—	—	—
辛家山	318	28	28	28	—	—	—	—	—
甘肃	**46884**	**17380**	**17340**	**14819**	**1619**	**217**	**—**	**685**	**40**
甘肃省林管局	**32531**	**7860**	**7860**	**7115**	**—**	**60**	**—**	**685**	**—**
舟曲	5500	1630	1630	885	—	60	—	685	—
迭部	10942	2587	2587	2587	—	—	—	—	—
洮河	11368	2870	2870	2870	—	—	—	—	—
白水江	4721	773	773	773	—	—	—	—	—
甘肃省营林局	**14353**	**9520**	**9480**	**7704**	**1619**	**157**	**—**	**—**	**40**
小陇山	14353	9520	9480	7704	1619	157	—	—	40
青海	**—**	**—**	**—**	**—**	**—**	**—**	**—**	**—**	**—**
青海省林管局	**—**	**—**	**—**	**—**	**—**	**—**	**—**	**—**	**—**
玛可河 *	—	—	—	—	—	—	—	—	—
新疆	**22037**	**12694**	**10508**	**7433**	**1684**	**68**	**154**	**1169**	**2186**
新疆自治区林管局	**16347**	**7539**	**5615**	**2805**	**1597**	**68**	**—**	**1145**	**1924**
天山西部	14554	5968	4418	2152	1053	68	—	1145	1550
阿尔泰山	1793	1571	1197	653	544	—	—	—	374
新疆自治区营林局	**5690**	**5155**	**4893**	**4628**	**87**	**—**	**154**	**24**	**262**
天山中东部	5690	5155	4893	4628	87	—	154	24	262

销售产值和增加值（五）

格计算）

单位：万元

产值											企业销售产值	企业增加值
第二产业									第三产业			
合计	涉林产业							非林产业	合计	其中：非林产业		
	小计	非木质林产品加工	锯材木片加工	人造板制造	木制品制造	木质家具	其他					
343	343	—	299	44	—	—	—	—	14	—	818	1377
5536	5536	—	—	5536	—	—	—	—	5	5	7645	2334
—	—	—	—	—	—	—	—	—	—	—	—	—
—	—	—	—	—	—	—	—	—	—	—	—	—
—	—	—	—	—	—	—	—	—	—	—	—	—
—	—	—	—	—	—	—	—	—	2	2	—	—
52	52	—	—	—	—	—	52	—	—	—	—	—
2525	**2185**	**—**	**—**	**—**	**—**	**—**	**2185**	**340**	**2084**	**563**	**6269**	**553**
2525	**2185**	**—**	**—**	**—**	**—**	**—**	**2185**	**340**	**1524**	**208**	**6269**	**553**
1356	1356	—	—	—	—	—	1356	—	158	158	1939	98
559	559	—	—	—	—	—	559	—	79	—	1435	111
340	—	—	—	—	—	—	—	340	1237	—	1894	116
—	—	—	—	—	—	—	—	—	50	50	—	66
270	270	—	—	—	—	—	270	—	—	—	782	151
—	—	—	—	—	—	—	—	—	—	—	219	11
—	**—**	**—**	**—**	**—**	**—**	**—**	**—**	**—**	**560**	**355**	**—**	**—**
—	—	—	—	—	—	—	—	—	270	270	—	—
—	—	—	—	—	—	—	—	—	290	85	—	—
12122	**825**	**—**	**—**	**754**	**—**	**—**	**71**	**11297**	**17382**	**925**	**—**	**20915**
11368	**71**	**—**	**—**	**—**	**—**	**—**	**71**	**11297**	**13303**	**—**	**—**	**12782**
1326	—	—	—	—	—	—	—	1326	2544	—	—	2185
3722	—	—	—	—	—	—	—	3722	4633	—	—	4471
3982	—	—	—	—	—	—	—	3982	4516	—	—	4400
2338	71	—	—	—	—	—	71	2267	1610	—	—	1726
754	**754**	**—**	**—**	**754**	**—**	**—**	**—**	**—**	**4079**	**925**	**—**	**8133**
754	754	—	—	754	—	—	—	—	4079	925	—	8133
—	**—**	**—**	**—**	**—**	**—**	**—**	**—**	**—**	**—**	**—**	**—**	**—**
—	**—**	**—**	**—**	**—**	**—**	**—**	**—**	**—**	**—**	**—**	**—**	**—**
—	—	—	—	—	—	—	—	—	—	—	—	—
—	**—**	**—**	**—**	**—**	**—**	**—**	**—**	**—**	**9343**	**996**	**2545**	**8201**
—	**—**	**—**	**—**	**—**	**—**	**—**	**—**	**—**	**8808**	**616**	**1545**	**5070**
—	—	—	—	—	—	—	—	—	8586	429	1545	3999
—	—	—	—	—	—	—	—	—	222	187	—	1071
—	**—**	**—**	**—**	**—**	**—**	**—**	**—**	**—**	**535**	**380**	**1000**	**3131**
—	—	—	—	—	—	—	—	—	535	380	1000	3131

国有林区主

指标名称	单位	合 计
木材产量	立方米	10867727
原木	立方米	10763072
薪材	立方米	104655
木材销售量	立方米	11224152
其中:胶合板材	立方米	402707
木材实际库存量	立方米	3206686
锯材产量	立方米	791249
人造板产量	立方米	1206164
其中:胶合板	立方米	96208
纤维板	立方米	489638
刨花板	立方米	302624
木片产量	实积立方米	511850
木地板	平方米	937206
卫生筷子	标准箱	3412165

要产品产量

135个木材采运企业	20个重点营林局
10439974	427753
10344916	418156
95058	9597
10853161	370991
402707	—
3001384	205302
765501	25748
1197553	8611
95196	1012
482098	7540
302624	—
498850	13000
937206	—
3402566	9599

国有林区分企业

企业名称	木材产量			木材销售量		木材实际库存量
	合　计	原　木	薪　材	合　计	其中：胶合板材	
全国合计	**10867727**	**10763072**	**104655**	**11224152**	**402707**	**3206686**
135 个木材采运企业小计	10439974	10344916	95058	10853161	402707	3001384
20 个重点营林局小计	427753	418156	9597	370991	—	205302
内蒙古	**2479322**	**2478588**	**734**	**2645500**	**—**	**809203**
内蒙古集团林管局	**2291708**	**2291708**	**—**	**2511888**	**—**	**721391**
阿尔山	80309	80309	—	82505	—	26590
绰尔	133680	133680	—	143591	—	28736
绰源	75501	75501	—	81966	—	13178
乌尔旗汉	169224	169224	—	236264	—	60953
库都尔	109473	109473	—	119787	—	27611
图里河	71397	71397	—	81921	—	17800
伊图里河	39798	39798	—	43317	—	11165
克一河	85217	85217	—	95355	—	25941
甘河	135046	135046	—	135307	—	19758
吉文	101668	101668	—	97150	—	37653
阿里河	144075	144075	—	172318	—	42538
根河	210827	210827	—	235635	—	92158
金河	234632	234632	—	230012	—	119619
阿龙山	154389	154389	—	162364	—	44831
满归	171414	171414	—	196486	—	41549
得耳布尔	104553	104553	—	108570	—	26880
莫尔道嘎	270505	270505	—	289340	—	84431
内蒙古集团营林局	**12148**	**12148**	**—**	**5871**	**—**	**10623**
大杨树	1913	1913	—	215	—	4432
毕拉河	10235	10235	—	5656	—	6191
内蒙古林业厅营林局	**175466**	**174732**	**734**	**127741**	**—**	**77189**
免渡河	26234	25500	734	23002	—	28639
乌奴尔	23992	23992	—	27931	—	8210
巴林	9980	9980	—	9995	—	3980
南木	8990	8990	—	8990	—	—
红花尔基	49241	49241	—	26264	—	22977
柴河	27900	27900	—	28059	—	13383
五岔沟	24129	24129	—	—	—	—
白狼	5000	5000	—	3500	—	—
吉林	**2128728**	**2111070**	**17658**	**2184668**	**159750**	**532933**
吉林集团林管局	**905149**	**891317**	**13832**	**907391**	**37324**	**150984**
临江	101718	101185	533	107506	23737	15587
三岔子	169196	158816	10380	174003	—	14256
湾沟	28500	28500	—	33339	—	4463
松江河	136514	133859	2655	118896	—	43949

的主要产品产量(一)

单位:立方米

锯材产量	人造板产量				木片产量（实积立方米）	木地板（平方米）	卫生筷子（标准箱）
	合　计	其　中					
		胶合板	纤维板	刨花板			
791249	**1206164**	**96208**	**489638**	**302624**	**511850**	**937206**	**3412165**
765501	1197553	95196	482098	302624	498850	937206	3402566
25748	8611	1012	7540	—	13000	—	9599
3708	**59**	**—**	**—**	**—**	**—**	**—**	**9599**
—	**—**	**—**	**—**	**—**	**—**	**—**	**—**
—	—	—	—	—	—	—	—
—	—	—	—	—	—	—	—
—	—	—	—	—	—	—	—
—	—	—	—	—	—	—	—
—	—	—	—	—	—	—	—
—	—	—	—	—	—	—	—
—	—	—	—	—	—	—	—
—	—	—	—	—	—	—	—
—	—	—	—	—	—	—	—
—	—	—	—	—	—	—	—
—	—	—	—	—	—	—	—
—	—	—	—	—	—	—	—
—	—	—	—	—	—	—	—
—	—	—	—	—	—	—	—
—	—	—	—	—	—	—	—
—	—	—	—	—	—	—	—
—	—	—	—	—	—	—	—
—	**—**	**—**	**—**	**—**	**—**	**—**	**—**
—	—	—	—	—	—	—	—
—	—	—	—	—	—	—	—
3708	**59**	**—**	**—**	**—**	**—**	**—**	**9599**
75	—	—	—	—	—	—	—
1636	59	—	—	—	—	—	9599
—	—	—	—	—	—	—	—
—	—	—	—	—	—	—	—
997	—	—	—	—	—	—	—
—	—	—	—	—	—	—	—
—	—	—	—	—	—	—	—
1000	—	—	—	—	—	—	—
65351	**219503**	**2858**	**143807**	**64982**	**54498**	**355966**	**79930**
11386	**102184**	**—**	**102184**	**—**	**18657**	**—**	**—**
—	—	—	—	—	—	—	—
—	—	—	—	—	18657	—	—
—	—	—	—	—	—	—	—
—	—	—	—	—	—	—	—

企业名称	木材产量			木材销售量		木材实际库存量
	合　计	原　木	薪　材	合　计	其中：胶合板材	
泉阳	55797	55722	75	55815	—	19497
露水河	112348	112348	—	112690	—	22978
白石山	95056	94867	189	92105	13587	8216
红石	206020	206020	—	213037	—	22038
延边林管局	**1015288**	**1013657**	**1631**	**1067756**	**122426**	**279703**
黄泥河	105988	105988	—	103166	35263	43083
敦化	146800	146800	—	140714	39449	61668
大石头	98196	98120	76	109540	—	26889
八家子	80808	80808	—	86918	—	17573
和龙	135270	135270	—	142701	34177	20120
汪清	111306	111306	—	109343	—	19944
大兴沟	43799	43799	—	55761	—	15153
天桥岭	77300	77300	—	94425	—	35649
白河	146788	145233	1555	150989	13537	9115
珲春	69033	69033	—	74199	—	30509
吉林省林业厅营林局	**208291**	**206096**	**2195**	**209521**	**—**	**102246**
上营	68727	66532	2195	72716	—	18865
辉南	27712	27712	—	18145	—	9567
长白	52752	52752	—	51524	—	40084
安图	59100	59100	—	67136	—	33730
长白山 *	—	—	—	—	—	—
龙江集团	**3943329**	**3866055**	**77274**	**4118127**	**213472**	**935980**
牡丹江林业管理局	**851296**	**811648**	**39648**	**873362**	**26214**	**161377**
大海林	154102	154102	—	150608	—	45378
柴河	137098	137098	—	138349	25252	—
东京城	183418	175205	8213	205404	—	32146
穆棱	130731	121142	9589	127394	962	25209
绥阳	117790	110488	7302	138121	—	5804
海林	54700	54700	—	56756	—	8159
林口	43929	30852	13077	41398	—	17353
八面通	29528	28061	1467	15332	—	27328
合江林业管理局	**625026**	**624922**	**104**	**589800**	**61759**	**271406**
桦南	40611	40611	—	40314	—	13102
双鸭山	25511	25407	104	22218	—	9678
鹤立	23800	23800	—	20975	—	10957
鹤北	163529	163529	—	145881	921	83941
东方红	204500	204500	—	207235	31861	54473
迎春	67600	67600	—	46381	15852	37032
清河	99475	99475	—	106796	13125	62223
伊春林业管理局	**1370767**	**1340469**	**30298**	**1523176**	**—**	**125744**
双丰	40708	40599	109	46300	—	10168

的主要产品产量(二)

单位:立方米

锯材产量	人造板产量				木片产量（实积立方米）	木地板（平方米）	卫生筷子（标准箱）
	合　计	其　中					
		胶合板	纤维板	刨花板			
—	—	—	—	—	—	—	—
576	—	—	—	—	—	—	—
—	41565	—	41565	—	—	—	—
10810	60619	—	60619	—	—	—	—
31925	**116307**	**1846**	**41623**	**64982**	**22841**	**355966**	**79930**
—	—	—	—	—	—	—	—
6843	—	—	—	—	—	—	—
—	—	—	—	—	—	—	—
—	—	—	—	—	—	—	—
6494	—	—	—	—	—	—	—
1018	43916	526	41623	—	22841	101400	26993
1000	1425	—	—	—	—	—	—
3188	—	—	—	—	—	110000	—
12581	70966	1320	—	64982	—	144566	52937
801	—	—	—	—	—	—	—
22040	**1012**	**1012**	**—**	**—**	**13000**	**—**	**—**
17500	—	—	—	—	—	—	—
—	—	—	—	—	—	—	—
—	—	—	—	—	—	—	—
4540	1012	1012	—	—	13000	—	—
—	—	—	—	—	—	—	—
472361	**702405**	**72841**	**178400**	**227820**	**318039**	**431590**	**1979365**
107137	**58360**	**4840**	**—**	**34970**	**37705**	**141713**	**1131412**
41651	—	—	—	—	20400	—	117346
16920	13700	4840	—	—	165	—	18360
6000	1500	—	—	—	—	76583	100000
24990	43160	—	—	34970	13030	39530	173010
11700	—	—	—	—	—	—	350000
—	—	—	—	—	3710	—	—
5876	—	—	—	—	400	25600	79598
—	—	—	—	—	—	—	293098
99691	**16591**	**10391**	**—**	**5000**	**60703**	**176471**	**367505**
9230	1850	1850	—	—	4000	—	13500
8000	—	—	—	—	—	—	20000
8000	10000	5000	—	5000	2000	—	—
20300	1200	—	—	—	16800	—	224000
32335	1100	1100	—	—	31236	—	80005
1200	800	800	—	—	6667	—	30000
20626	1641	1641	—	—	—	176471	—
120251	**540263**	**49328**	**108064**	**187850**	**100010**	**13406**	**175248**
32000	8500	3000	—	—	—	—	—

国有林区分企业

企业名称	木材产量			木材销售量		木材实际库存量
	合　计	原　木	薪　材	合　计	其中：胶合板材	
铁力	67119	62455	4664	61074	—	6045
桃山	20244	20191	53	23961	—	4648
朗乡	158100	150095	8005	230705	—	1185
南岔	46870	37972	8898	49350	—	13711
金山屯	67589	66382	1207	82577	—	—
美溪	69578	69578	—	77785	—	—
乌马河	50794	50246	548	51084	—	4667
翠峦	64600	64600	—	82931	—	581
友好	171188	169224	1964	193180	—	10913
上甘岭	19400	19206	194	18990	—	1759
五营	44687	44687	—	38812	—	7737
红星	89400	89253	147	102255	—	7506
新青	168091	168091	—	166817	—	14005
汤旺河	180500	175991	4509	184607	—	21301
乌伊岭	111899	111899	—	112748	—	21518
松花江林业管理局	**993833**	**991875**	**1958**	**1035331**	**116341**	**340838**
山河屯	98034	98034	—	103574	23067	707
苇河	92400	92400	—	95902	—	24532
亚布力	152258	152258	—	183212	21455	46516
方正	111690	111690	—	139303	—	29735
兴隆	220175	220175	—	222309	68030	113655
绥棱	107631	105688	1943	113914	3789	19588
通北	34794	34794	—	26216	—	18363
沾河	176851	176836	15	150901	—	87742
总局直属单位	**102407**	**97141**	**5266**	**96458**	**9158**	**36615**
带岭实验局	102407	97141	5266	96458	9158	36615
大兴安岭	**2146009**	**2146009**	**—**	**2150687**	**15059**	**866148**
大兴安岭林管局	**2145461**	**2145461**	**—**	**2149628**	**15059**	**866148**
松岭	292512	292512	—	310507	3385	64148
新林	348000	348000	—	350025	785	109792
塔河	222000	222000	—	191958	3714	104163
呼中	190846	190846	—	175149	1513	130531
阿木尔	108735	108735	—	103273	—	55247
图强	171768	171768	—	161883	—	119533
西林吉	244967	244967	—	236638	1788	76754
十八站	316639	316639	—	347751	2184	113382
韩家园	249994	249994	—	272444	1690	92598
大兴安岭营林局	**548**	**548**	**—**	**1059**	**—**	**—**
加格达奇	548	548	—	1059	—	—

的主要产品产量(三)

单位:立方米

锯材产量	人造板产量				木片产量（实积立方米）	木地板（平方米）	卫生筷子（标准箱）
	合计	其中					
		胶合板	纤维板	刨花板			
10052	4558	4188	—	—	—	3234	17100
—	—	—	—	—	—	—	—
—	150000	—	7000	80000	60000	—	35000
—	4600	4600	—	—	3000	—	—
—	5300	—	—	5300	—	—	—
7949	3340	3340	—	—	—	4218	39148
—	90000	20000	45000	25000	—	—	—
—	—	—	—	—	7010	—	—
—	45902	14200	31702	—	—	—	—
—	—	—	—	—	—	—	—
12720	4000	—	—	4000	—	—	—
—	31902	—	24362	—	—	—	—
36530	62068	—	—	11778	—	5954	—
—	121893	—	—	61772	30000	—	68000
21000	8200	—	—	—	—	—	16000
84082	**80771**	**8282**	**70336**	**—**	**119621**	**100000**	**210100**
600	—	—	—	—	6667	100000	—
6445	8648	4504	4144	—	9000	—	—
3350	2000	2000	—	—	20667	—	65000
13198	2045	1542	—	—	16681	—	25100
11600	650	—	—	—	33773	—	—
4047	66428	236	66192	—	10000	—	—
6000	—	—	—	—	5500	—	—
38842	1000	—	—	—	17333	—	120000
61200	**6420**	**—**	**—**	**—**	**—**	**—**	**95100**
61200	6420	—	—	—	—	—	95100
247319	**228101**	**9988**	**124887**	**9822**	**139313**	**149650**	**1343271**
247319	**228101**	**9988**	**124887**	**9822**	**139313**	**149650**	**1343271**
71822	5967	1760	—	—	680	125000	—
19012	103206	471	91800	3019	—	—	535645
15501	31817	2600	20000	—	27334	—	101569
6984	34551	776	13087	450	16277	—	34971
3767	3263	—	—	—	—	24650	78418
5506	13859	—	—	6353	18934	—	55711
31502	3740	1610	—	—	18932	—	89980
47087	19670	1758	—	—	47346	—	213175
46138	12028	1013	—	—	9810	—	233802
—	**—**	**—**	**—**	**—**	**—**	**—**	**—**
—	—	—	—	—	—	—	—

企业名称	木材产量			木材销售量		木材实际库存量
	合　计	原　木	薪　材	合　计	其中：胶合板材	
四川	**44313**	**44313**	**—**	**14996**	**—**	**—**
阿坝州林管局	**30825**	**30825**	**—**	**14996**	**—**	**—**
川西	—	—	—	—	—	—
黑水	14018	14018	—	14018	—	—
马尔康	2560	2560	—	—	—	—
小金	—	—	—	—	—	—
观音桥	8580	8580	—	—	—	—
松潘	4689	4689	—	—	—	—
南坪	—	—	—	—	—	—
壤塘	978	978	—	978	—	—
甘孜州林管局	**5262**	**5262**	**—**	**—**	**—**	**—**
道孚	—	—	—	—	—	—
新龙	—	—	—	—	—	—
丹巴	440	440	—	—	—	—
炉霍	2700	2700	—	—	—	—
白玉	—	—	—	—	—	—
力邱河	122	122	—	—	—	—
翁达	2000	2000	—	—	—	—
其他地、州林管局	**8226**	**8226**	**—**	**—**	**—**	**—**
川南	8226	8226	—	—	—	—
雷波	—	—	—	—	—	—
凉北	—	—	—	—	—	—
夹金山	—	—	—	—	—	—
木里	—	—	—	—	—	—
普威	—	—	—	—	—	—
盐边	—	—	—	—	—	—
云南	**74826**	**74826**	**—**	**63899**	**14426**	**45580**
云南省林管局	**74826**	**74826**	**—**	**63899**	**14426**	**45580**
华坪	—	—	—	—	—	—
碧泉	12421	12421	—	12421	—	—
黑白水	—	—	—	—	—	—
中甸 *	—	—	—	—	—	—
巨甸	—	—	—	—	—	—
红旗	—	—	—	—	—	—
云台山	—	—	—	—	—	—
漾江	—	—	—	—	—	—
景东	16962	16962	—	17814	—	10541

的主要产品产量(四)

单位:立方米

锯材产量	人造板产量				木片产量（实积立方米）	木地板（平方米）	卫生筷子（标准箱）
	合　计	其　中					
		胶合板	纤维板	刨花板			
—	—	—	—	—	—	—	—
—	—	—	—	—	—	—	—
—	—	—	—	—	—	—	—
—	—	—	—	—	—	—	—
—	—	—	—	—	—	—	—
—	—	—	—	—	—	—	—
—	—	—	—	—	—	—	—
—	—	—	—	—	—	—	—
—	—	—	—	—	—	—	—
—	—	—	—	—	—	—	—
—	—	—	—	—	—	—	—
—	—	—	—	—	—	—	—
—	—	—	—	—	—	—	—
—	—	—	—	—	—	—	—
—	—	—	—	—	—	—	—
—	—	—	—	—	—	—	—
—	—	—	—	—	—	—	—
—	—	—	—	—	—	—	—
—	—	—	—	—	—	—	—
—	—	—	—	—	—	—	—
—	—	—	—	—	—	—	—
—	—	—	—	—	—	—	—
—	—	—	—	—	—	—	—
—	—	—	—	—	—	—	—
—	—	—	—	—	—	—	—
—	—	—	—	—	—	—	—
2510	**48556**	**10521**	**35004**	—	—	—	—
2510	**48556**	**10521**	**35004**	—	—	—	—
—	—	—	—	—	—	—	—
—	—	—	—	—	—	—	—
—	—	—	—	—	—	—	—
—	—	—	—	—	—	—	—
—	—	—	—	—	—	—	—
—	—	—	—	—	—	—	—
—	—	—	—	—	—	—	—
—	—	—	—	—	—	—	—
—	—	—	—	—	—	—	—

企业名称	木材产量			木材销售量		木材实际库存量
	合　计	原　木	薪　材	合　计	其中：胶合板材	
墨江	11906	11906	—	9373	—	10214
卫国	32616	32616	—	24291	14426	24825
江边 *	—	—	—	—	—	—
清水江 *	—	—	—	—	—	—
南盘江 *	—	—	—	—	—	—
新平	—	—	—	—	—	—
宁蒗	921	921	—	—	—	—
陕西	**—**	**—**	**—**	**—**	**—**	**—**
陕西省林管局	**—**	**—**	**—**	**—**	**—**	**—**
宁西	—	—	—	—	—	—
太白	—	—	—	—	—	—
长青	—	—	—	—	—	—
宁东	—	—	—	—	—	—
汉西	—	—	—	—	—	—
龙草坪	—	—	—	—	—	—
陕西省营林局	**—**	**—**	**—**	**—**	**—**	**—**
马头滩	—	—	—	—	—	—
辛家山	—	—	—	—	—	—
甘肃	**28952**	**22284**	**6668**	**24175**	**—**	**15244**
甘肃省林管局	**—**	**—**	**—**	**—**	**—**	**—**
舟曲	—	—	—	—	—	—
迭部	—	—	—	—	—	—
洮河	—	—	—	—	—	—
白水江	—	—	—	—	—	—
甘肃省营林局	**28952**	**22284**	**6668**	**24175**	**—**	**15244**
小陇山	28952	22284	6668	24175	—	15244
青海	**—**	**—**	**—**	**—**	**—**	**—**
青海省林管局	**—**	**—**	**—**	**—**	**—**	**—**
玛可河 *	—	—	—	—	—	—
新疆	**17850**	**15529**	**2321**	**17702**	**—**	**1598**
新疆自治区林管局	**15502**	**13181**	**2321**	**15078**	**—**	**1598**
天山西部	13181	13181	—	12757	—	1598
阿尔泰山	2321	—	2321	2321	—	—
新疆自治区营林局	**2348**	**2348**	**—**	**2624**	**—**	**—**
天山中东部	2348	2348	—	2624	—	—

的主要产品产量(五)

单位:立方米

锯材产量	人造板产量				木片产量（实积立方米）	木地板（平方米）	卫生筷子（标准箱）
	合　计	其　中					
		胶合板	纤维板	刨花板			
2510	309	309	—	—	—	—	—
—	48247	10212	35004	—	—	—	—
—	—	—	—	—	—	—	—
—	—	—	—	—	—	—	—
—	—	—	—	—	—	—	—
—	—	—	—	—	—	—	—
—	—	—	—	—	—	—	—
—	—	—	—	—	—	—	—
—	—	—	—	—	—	—	—
—	—	—	—	—	—	—	—
—	—	—	—	—	—	—	—
—	—	—	—	—	—	—	—
—	—	—	—	—	—	—	—
—	—	—	—	—	—	—	—
—	—	—	—	—	—	—	—
—	—	—	—	—	—	—	—
—	—	—	—	—	—	—	—
—	—	—	—	—	—	—	—
—	**7540**	—	**7540**	—	—	—	—
—	—	—	—	—	—	—	—
—	—	—	—	—	—	—	—
—	—	—	—	—	—	—	—
—	—	—	—	—	—	—	—
—	—	—	—	—	—	—	—
—	**7540**	—	**7540**	—	—	—	—
—	7540	—	7540	—	—	—	—
—	—	—	—	—	—	—	—
—	—	—	—	—	—	—	—
—	—	—	—	—	—	—	—
—	—	—	—	—	—	—	—
—	—	—	—	—	—	—	—
—	—	—	—	—	—	—	—
—	—	—	—	—	—	—	—
—	—	—	—	—	—	—	—
—	—	—	—	—	—	—	—

国有林区非木材产品产量

指标名称	单 位	合 计	135 个木材采运企业	20 个重点营林局
各类经济林产品产量合计	吨	24056	23663	393
中药材	吨	10039	9949	90
食用菌	吨	69777	69053	724
山野菜	吨	18958	18538	420
年末大牲畜存栏头数	万只	183	30	153
年末家禽存栏头数	万只	313	305	8
森林旅游人数	人次	6088830	5689274	399556

国有林区主要经济效益指标

指标名称	单位	合 计	135 个木材采运企业	20 个重点营林局
总资产贡献率	%	3.6	3.8	1.5
资本保值增值率	%	99.1	99.2	98.0
资产负债率	%	53.9	54.9	43.7
流动资产周转率	次	0.7	0.7	0.3
成本费用利润率	%	14.5	14.6	11.0
全员劳动生产率	元/人	11187	13555	541
产品销售率	%	92.2	92.5	71.3

国有林区分企业的非木材产品产量(一)

企业名称	各类经济林产品产量合计(吨)	中药材(吨)	食用菌(吨)	山野菜(吨)	年末大牲畜存栏头数(万只)	年末家禽存栏头数(万只)	森林旅游人数(人次)
全国合计	**24056**	**10039**	**69777**	**18958**	**183**	**313**	**6088830**
135 个木材采运企业小计	23663	9949	69053	18538	30	305	5689274
20 个重点营林局小计	393	90	724	420	153	8	399556
内蒙古	**208**	**563**	**751**	**1646**	**162**	**7**	**213935**
内蒙古集团林管局	**193**	**550**	**603**	**1556**	**11**	**5**	**118945**
阿尔山	—	—	21	41	6	2	81000
绰尔	—	—	—	265	—	—	—
绰源	—	—	3	600	—	—	—
乌尔旗汉	—	2	2	55	—	—	—
库都尔	6	9	—	533	3	—	—
图里河	—	520	95	5	—	—	2000
伊图里河	—	—	—	18	—	—	—
克一河	—	3	120	10	—	—	—
甘河	—	3	5	—	—	—	—
吉文	10	—	10	—	—	1	—
阿里河	—	10	30	13	1	1	4250
根河	—	—	—	—	—	—	—
金河	—	—	300	—	—	—	—
阿龙山	—	—	—	—	—	—	—
满归	124	—	—	—	—	—	4895
得耳布尔	46	2	7	13	1	1	—
莫尔道嘎	7	1	10	3	—	—	26800
内蒙古集团营林局	**—**	**—**	**—**	**—**	**148**	**—**	**10000**
大杨树	—	—	—	—	148	—	—
毕拉河	—	—	—	—	—	—	10000
内蒙古林业厅营林局	**15**	**13**	**148**	**90**	**3**	**2**	**84990**
免渡河	—	—	2	10	—	—	—
乌奴尔	—	—	2	23	—	—	—
巴林	1	—	4	2	—	—	20000
南木	13	—	11	1	—	—	1850
红花尔基	—	5	83	8	1	—	37840
柴河	1	—	2	1	—	—	—
五岔沟	—	8	24	—	1	1	2300
白狼	—	—	20	45	1	1	23000
吉林	**6833**	**3839**	**11199**	**5372**	**6**	**45**	**495350**
吉林集团林管局	**5216**	**2582**	**3789**	**2289**	**1**	**11**	**127313**
临江	250	912	1017	442	—	1	500
三岔子	187	—	50	21	—	—	—
湾沟	—	31	3	450	—	—	—
松江河	—	15	158	175	—	—	70413

国有林区分企业的非木材产品产量(二)

企业名称	各类经济林产品产量合计(吨)	中药材(吨)	食用菌(吨)	山野菜(吨)	年末大牲畜存栏头数(万只)	年末家禽存栏头数(万只)	森林旅游人数(人次)
泉阳	73	524	10	30	—	—	—
露水河	784	780	450	300	—	—	20000
白石山	220	301	1500	200	1	10	400
红石	3702	19	601	671	—	—	36000
延边林管局	**1314**	**1195**	**6884**	**2864**	**4**	**29**	**268037**
黄泥河	310	159	15	300	1	4	—
敦化	—	15	500	640	1	5	7500
大石头	43	32	800	157	—	2	1500
八家子	253	96	668	266	1	1	—
和龙	68	163	475	230	—	1	3587
汪清	170	12	173	352	1	4	—
大兴沟	25	332	767	200	—	3	—
天桥岭	—	56	3155	300	—	2	—
白河	360	330	180	300	—	4	255450
珲春	85	—	151	119	—	3	—
吉林省林业厅营林局	**303**	**62**	**526**	**219**	**1**	**5**	**100000**
上营	—	10	350	160	1	2	—
辉南	—	5	9	—	—	—	100000
长白	—	—	—	—	—	—	—
安图	303	47	167	59	—	3	—
长白山 *	—	—	—	—	—	—	—
龙江集团	**16932**	**5446**	**50748**	**9372**	**11**	**228**	**3409537**
牡丹江林业管理局	**8273**	**1063**	**18658**	**2967**	**4**	**115**	**313906**
大海林	380	291	2767	631	—	64	80000
柴河	3443	217	1798	1050	—	8	65500
东京城	—	—	4250	404	1	12	80420
穆棱	3069	531	2650	350	1	6	66200
绥阳	—	—	5060	320	—	11	—
海林	145	24	517	86	—	1	—
林口	1236	—	1236	—	1	2	7500
八面通	—	—	380	126	1	11	14286
合江林业管理局	**7939**	**1342**	**6767**	**2600**	**—**	**13**	**265530**
桦南	—	—	200	500	—	—	16000
双鸭山	—	—	377	200	—	2	61200
鹤立	—	—	815	190	—	2	24600
鹤北	2023	36	715	100	—	3	31200
东方红	110	1150	580	800	—	3	60200
迎春	436	156	80	200	—	1	12330
清河	5370	—	4000	610	—	2	60000
伊春林业管理局	**—**	**363**	**11890**	**1050**	**—**	**—**	**2390756**
双丰	—	—	—	—	—	—	40233

国有林区分企业的非木材产品产量(三)

企业名称	各类经济林产品产量合计(吨)	中药材(吨)	食用菌(吨)	山野菜(吨)	年末大牲畜存栏头数(万只)	年末家禽存栏头数(万只)	森林旅游人数(人次)
铁力	—	—	—	—	—	—	205000
桃山	—	—	115	500	—	—	18877
朗乡	—	—	—	—	—	—	112000
南岔	—	—	—	—	—	—	112000
金山屯	—	120	2830	30	—	—	245000
美溪	—	—	—	—	—	—	240000
乌马河	—	—	—	—	—	—	520000
翠峦	—	—	13	110	—	—	54930
友好	—	—	—	—	—	—	31000
上甘岭	—	—	—	—	—	—	100000
五营	—	243	2528	395	—	—	395000
红星	—	—	—	15	—	—	—
新青	—	—	—	—	—	—	115500
汤旺河	—	—	6404	—	—	—	196216
乌伊岭	—	—	—	—	—	—	5000
松花江林业管理局	**210**	**2178**	**12574**	**2255**	**7**	**53**	**293347**
山河屯	—	—	—	—	—	—	—
苇河	—	—	4403	95	—	—	50800
亚布力	—	—	3404	420	1	1	67185
方正	—	830	525	620	1	16	70000
兴隆	—	128	1215	504	—	18	50000
绥棱	210	220	2020	155	4	11	20000
通北	—	1000	7	25	—	6	10140
沾河	—	—	1000	436	1	1	25222
总局直属单位	**510**	**500**	**859**	**500**	**—**	**47**	**145998**
带岭实验局	510	500	859	500	—	47	145998
大兴安岭	**—**	**191**	**6972**	**2523**	**2**	**33**	**554928**
大兴安岭林管局	**—**	**176**	**6922**	**2423**	**1**	**32**	**544428**
松岭	—	10	580	350	—	13	36221
新林	—	1	2831	124	—	3	—
塔河	—	17	200	8	1	6	62300
呼中	—	31	2561	281	—	4	14537
阿木尔	—	6	47	20	—	1	—
图强	—	—	250	835	—	1	—
西林吉	—	9	125	388	—	2	430570
十八站	—	102	240	100	—	1	—
韩家园	—	—	88	317	—	1	800
大兴安岭营林局	**—**	**15**	**50**	**100**	**1**	**1**	**10500**
加格达奇	—	15	50	100	1	1	10500

国有林区分企业的非木材产品产量(四)

企业名称	各类经济林产品产量合计(吨)	中药材(吨)	食用菌(吨)	山野菜(吨)	年末大牲畜存栏头数(万只)	年末家禽存栏头数(万只)	森林旅游人数(人次)
四川	**—**	**—**	**—**	**1**	**—**	**—**	**2051**
阿坝州林管局	**—**	**—**	**—**	**1**	**—**	**—**	**—**
川西	—	—	—	—	—	—	—
黑水	—	—	—	—	—	—	—
马尔康	—	—	—	1	—	—	—
小金	—	—	—	—	—	—	—
观音桥	—	—	—	—	—	—	—
松潘	—	—	—	—	—	—	—
南坪	—	—	—	—	—	—	—
壤塘	—	—	—	—	—	—	—
甘孜州林管局	**—**	**—**	**—**	**—**	**—**	**—**	**2051**
道孚	—	—	—	—	—	—	—
新龙	—	—	—	—	—	—	—
丹巴	—	—	—	—	—	—	—
炉霍	—	—	—	—	—	—	—
白玉	—	—	—	—	—	—	—
力邱河	—	—	—	—	—	—	2051
翁达	—	—	—	—	—	—	—
其他地、州林管局	**—**	**—**	**—**	**—**	**—**	**—**	**—**
川南	—	—	—	—	—	—	—
雷波	—	—	—	—	—	—	—
凉北	—	—	—	—	—	—	—
夹金山	—	—	—	—	—	—	—
木里	—	—	—	—	—	—	—
普威	—	—	—	—	—	—	—
盐边	—	—	—	—	—	—	—
云南	**—**	**—**	**—**	**—**	**—**	**—**	**—**
云南省林管局	**—**	**—**	**—**	**—**	**—**	**—**	**—**
华坪	—	—	—	—	—	—	—
碧泉	—	—	—	—	—	—	—
黑白水	—	—	—	—	—	—	—
中甸 *	—	—	—	—	—	—	—
巨甸	—	—	—	—	—	—	—
红旗	—	—	—	—	—	—	—
云台山	—	—	—	—	—	—	—
漾江	—	—	—	—	—	—	—
景东	—	—	—	—	—	—	—

国有林区分企业的非木材产品产量(五)

企业名称	各类经济林产品产量合计(吨)	中药材(吨)	食用菌(吨)	山野菜(吨)	年末大牲畜存栏头数(万只)	年末家禽存栏头数(万只)	森林旅游人数(人次)
墨江	—	—	—	—	—	—	—
卫国	—	—	—	—	—	—	—
江边 *	—	—	—	—	—	—	—
清水江 *	—	—	—	—	—	—	—
南盘江 *	—	—	—	—	—	—	—
新平	—	—	—	—	—	—	—
宁蒗	—	—	—	—	—	—	—
陕西	**—**	**—**	**—**	**—**	**—**	**—**	**103050**
陕西省林管局	**—**	**—**	**—**	**—**	**—**	**—**	**—**
宁西	—	—	—	—	—	—	—
太白	—	—	—	—	—	—	—
长青	—	—	—	—	—	—	—
宁东	—	—	—	—	—	—	—
汉西	—	—	—	—	—	—	—
龙草坪	—	—	—	—	—	—	—
陕西省营林局	**—**	**—**	**—**	**—**	**—**	**—**	**103050**
马头滩	—	—	—	—	—	—	51050
辛家山	—	—	—	—	—	—	52000
甘肃	**83**	**—**	**—**	**44**	**—**	**—**	**42233**
甘肃省林管局	**8**	**—**	**—**	**33**	**—**	**—**	**20500**
舟曲	8	—	—	33	—	—	—
迭部	—	—	—	—	—	—	500
洮河	—	—	—	—	—	—	20000
白水江	—	—	—	—	—	—	—
甘肃省营林局	**75**	**—**	**—**	**11**	**—**	**—**	**21733**
小陇山	75	—	—	11	—	—	21733
青海	**—**	**—**	**—**	**—**	**—**	**—**	**—**
青海省林管局	**—**	**—**	**—**	**—**	**—**	**—**	**—**
玛可河 *	—	—	—	—	—	—	—
新疆	**—**	**—**	**—**	**—**	**2**	**—**	**92507**
新疆自治区林管局	**—**	**—**	**—**	**—**	**2**	**—**	**23224**
天山西部	—	—	—	—	—	—	18224
阿尔泰山	—	—	—	—	2	—	5000
新疆自治区营林局	**—**	**—**	**—**	**—**	**—**	**—**	**69283**
天山中东部	—	—	—	—	—	—	69283

国有林区分企业的

企业名称	总资产贡献率			资本保值增值率			资产负债率		
	指标（%）	子项（万元）	母项（万元）	指标（%）	子项（万元）	母项（万元）	指标（%）	子项（万元）	母项（万元）
全国合计	**3.6**	**155925**	**4353773**	**99.1**	**2037669**	**2056814**	**53.9**	**2368334**	**4392915**
135 个木材采运企业小计	3.8	150868	4012662	99.2	1833360	1848410	54.9	2198403	4003660
20 个重点营林局小计	1.5	5057	341111	98.0	204309	208404	43.7	169931	389255
内蒙古	**0.8**	**7434**	**883471**	**87.2**	**264208**	**302930**	**69.5**	**659707**	**949630**
内蒙古集团林管局	**0.9**	**6670**	**705052**	**80.3**	**179861**	**224007**	**75.3**	**548758**	**728629**
阿尔山	-1.9	-816	42469	96.1	12673	13183	73.2	34635	47309
绰尔	-0.4	-141	32976	80.4	6735	8373	80.1	27133	33869
绰源	-1.6	-475	29275	58.5	1476	2521	95.1	28817	30294
乌尔旗汉	5.1	2709	52796	105.6	21073	19948	60.8	32694	53767
库都尔	-3.4	-1682	49422	76.2	9514	12487	82.1	43634	53148
图里河	-6.6	-2013	30622	73.8	8770	11882	72.4	23001	31772
伊图里河	-6.3	-1362	21727	87.6	5073	5793	76.1	16193	21266
克一河	-2.1	-542	25785	84.7	7774	9177	72.6	20614	28388
甘河	-2.7	-841	30977	103.0	7187	6979	77.6	24959	32147
吉文	1.0	213	21628	79.3	4850	6118	76.7	15980	20830
阿里河	0.5	251	46329	73.6	10929	14845	77.8	38359	49288
根河	2.9	1929	67548	69.2	24812	35849	62.4	41134	65947
金河	5.7	3647	63573	82.7	15090	18244	76.5	49099	64190
阿龙山	1.6	751	47832	85.5	12082	14129	75.5	37236	49319
满归	2.5	1282	51374	65.8	8932	13576	83.1	44042	52975
得耳布尔	0.7	226	34030	52.6	4749	9036	87.1	32118	36868
莫尔道嘎	6.2	3534	56689	83.0	18142	21867	68.3	39110	57252
内蒙古集团营林局	**0.3**	**80**	**27765**	**96.7**	**10057**	**10398**	**64.2**	**18072**	**28129**
大杨树	0.4	67	18194	95.1	5687	5979	69.2	12781	18468
毕拉河	0.1	13	9571	98.9	4370	4419	54.8	5291	9661
内蒙古林业厅营林局	**0.5**	**684**	**150654**	**108.4**	**74290**	**68525**	**48.2**	**92877**	**192872**
免渡河	-0.4	-96	26499	115.5	14134	12232	49.2	13680	27813
乌奴尔	2.0	346	17593	101.0	12751	12622	25.4	4348	17099
巴林	0.2	18	8960	88.3	4795	5431	41.5	3850	9281
南木	—	2	8720	115.0	5324	4628	40.7	3657	8983
红花尔基	2.4	1003	41189	122.0	21605	17713	52.3	43059	82378
柴河	0.2	37	16693	110.4	8468	7668	50.4	8488	16856
五岔沟	1.2	163	13410	89.1	2459	2761	27.0	3668	13580
白狼	-4.5	-789	17590	86.9	4754	5470	71.8	12127	16882
吉林	**6.2**	**48494**	**788194**	**99.1**	**319391**	**322404**	**61.1**	**484318**	**792877**
吉林集团林管局	**10.7**	**36650**	**343910**	**102.7**	**121260**	**118054**	**65.2**	**228584**	**350478**
临江	12.5	2515	20095	103.4	11069	10700	43.9	8776	19993
三岔子	16.4	5540	33788	95.9	15966	16641	51.9	17758	34199
湾沟	4.8	1139	23961	105.4	13977	13256	47.2	12501	26487
松江河	15.0	12975	86365	113.1	24355	21534	72.3	63517	87872

主要经济效益指标(一)

流动资产周转率			成本费用利润率			全员劳动生产率			产品销售率		
指标（次）	子项（万元）	母项（万元）	指标（%）	子项（万元）	母项（万元）	指标(元/人·年)	子项（元）	母项（人）	指标（%）	子项（万元）	母项（万元）
0.7	**1248760**	**1822496**	**14.5**	**141646**	**976562**	**11187**	**4805977846**	**429605**	**92.2**	**1067453**	**1158278**
0.7	1212570	1693729	14.6	138372	946788	13555	4763661157	351438	92.5	1055892	1142057
0.3	36190	128767	11.0	3274	29774	541	42316689	78167	71.3	11561	16221
0.4	**199842**	**462313**	**2.8**	**5374**	**190076**	**16214**	**1069740000**	**65977**	**104.1**	**173888**	**167055**
0.5	**188191**	**376391**	**2.8**	**5041**	**177401**	**18727**	**1062650000**	**56743**	**106.9**	**169630**	**158645**
0.3	7883	23699	-11.3	-967	8538	10646	40380000	3793	102.4	5673	5541
1.1	11128	10002	-2.3	-261	11110	17373	62230000	3582	99.6	9254	9294
0.4	6473	17248	-7.7	-482	6248	32620	45700000	1401	93.1	5586	6002
0.5	14722	27507	21.6	2676	12366	17739	73420000	4139	147.8	14256	9646
0.3	8864	31653	-17.8	-1760	9890	4766	18120000	3802	100.0	7617	7617
0.4	6938	16768	-24.6	-2061	8364	8714	28990000	3327	114.7	5740	5005
0.3	3364	10478	-30.1	-1316	4377	6620	15590000	2355	108.8	3084	2834
0.6	7489	13114	-7.5	-560	7432	17185	35160000	2046	111.9	6605	5900
0.6	9932	17765	-8.0	-882	11015	12656	58660000	4635	96.9	9588	9899
0.8	8294	9896	1.4	113	8338	14030	47420000	3380	95.6	6330	6624
0.4	11132	27437	1.4	135	9674	13657	43660000	3197	119.6	10341	8646
0.4	21185	48125	8.8	1680	19046	29846	128310000	4299	103.8	19509	18798
0.5	16794	36215	28.5	3649	12804	34495	119800000	3473	99.1	15838	15982
0.4	11201	29465	4.2	458	10822	28888	71990000	2492	105.2	10731	10204
0.6	12973	20234	11.0	1258	11433	22006	75020000	3409	114.6	11868	10353
0.6	8696	15801	-1.2	-96	8222	17893	54610000	3052	100.2	7774	7756
1.0	21123	20984	19.5	3457	17722	32926	143590000	4361	107.0	19836	18544
0.2	**1732**	**11496**	**—**	**—**	**1122**	**1730**	**2750000**	**1590**	**64.4**	**299**	**464**
0.1	909	8568	—	—	117	59	50000	849	100.0	9	9
0.3	823	2928	—	—	1005	3644	2700000	741	63.7	290	455
0.1	**9919**	**74426**	**2.9**	**333**	**11553**	**568**	**4340000**	**7644**	**49.8**	**3959**	**7946**
0.1	1389	14405	-0.4	-8	1904	1158	1350000	1166	90.0	9	10
0.3	2061	6116	0.9	20	2233	1087	850000	782	105.8	257	243
0.2	735	3112	0.8	7	914	2165	1100000	508	100.0	320	320
0.2	595	3478	—	—	722	—	—	706	—	—	—
0.1	1234	22132	61.1	1003	1641	590	540000	915	22.0	1090	4950
0.3	2003	7336	1.1	24	2160	—	—	—	100.6	2003	1991
0.3	1684	5789	0.2	2	1206	—	—	2380	—	—	132
—	218	12058	-92.5	-715	773	421	500000	1187	93.3	280	300
0.8	**365227**	**430018**	**14.0**	**40152**	**286457**	**21081**	**1135159610**	**53848**	**98.5**	**200997**	**204001**
1.0	**204780**	**204911**	**19.3**	**30991**	**160902**	**45615**	**896240000**	**19648**	**97.9**	**135435**	**138400**
1.2	15692	13129	18.3	2437	13292	96570	209750000	2172	101.9	12081	11860
1.0	23666	23423	28.7	5400	18845	34035	111260000	3269	101.3	38338	37844
0.8	13304	15973	7.4	984	13324	33672	45390000	1348	104.0	13308	12801
1.0	61199	64376	25.7	10659	41539	32082	111100000	3463	7.5	40	531

国有林区分企业的

企业名称	总资产贡献率			资本保值增值率			资产负债率		
	指标（%）	子项（万元）	母项（万元）	指标（%）	子项（万元）	母项（万元）	指标（%）	子项（万元）	母项（万元）
泉阳	5.7	1295	22530	100.8	10387	10309	50.0	10390	20778
露水河	4.4	1936	43895	91.8	19045	20739	56.7	24950	43995
白石山	9.5	2684	28201	89.9	14415	16028	53.0	16276	30691
红石	10.1	8566	85075	136.2	12046	8847	86.1	74416	86463
延边林管局	**2.2**	**7318**	**337360**	**103.0**	**120544**	**117047**	**63.8**	**211199**	**330967**
黄泥河	2.1	526	25404	101.5	9878	9728	60.6	15210	25089
敦化	2.1	1165	54288	97.5	10916	11194	78.1	38931	49847
大石头	0.8	306	39005	111.6	12061	10806	70.0	28136	40197
八家子	3.5	841	24266	97.4	10055	10323	58.9	14435	24490
和龙	1.9	898	46982	101.5	25122	24752	46.0	21377	46499
汪清	2.2	856	39419	104.8	16961	16184	55.9	20511	36695
大兴沟	1.4	174	12132	117.6	4654	3958	63.3	8014	12668
天桥岭	2.7	710	26348	101.4	8699	8581	67.0	17642	26341
白河	2.7	1141	42347	102.4	14366	14023	65.3	26996	41362
珲春	2.6	701	27169	104.5	7832	7498	71.8	19947	27779
吉林省林业厅营林局	**4.2**	**4526**	**106924**	**88.9**	**77587**	**87303**	**40.0**	**44535**	**111432**
上营	1.0	516	51160	100.8	44497	44158	14.9	7805	52302
辉南	0.8	99	12689	102.0	17668	17327	69.3	15769	22745
长白	10.3	3200	31091	46.7	9378	20100	61.6	15020	24399
安图	5.9	711	11984	105.7	6044	5718	49.6	5941	11986
长白山 *	—	—	—	—	—	—	—	—	—
龙江集团	**5.2**	**92503**	**1795142**	**104.9**	**1030839**	**982360**	**44.9**	**774205**	**1723869**
牡丹江林业管理局	**5.8**	**18174**	**312799**	**103.8**	**150308**	**144740**	**48.1**	**139212**	**289498**
大海林	10.1	3236	32145	100.9	17488	17326	46.1	14950	32438
柴河	8.6	5825	67935	113.2	44673	39447	38.2	27609	72282
东京城	9.4	5729	61118	113.5	27005	23800	57.4	36377	63382
穆棱	8.3	3154	38010	109.4	17895	16357	55.4	22232	40127
绥阳	1.3	836	63213	100.1	16756	16734	47.7	15273	32007
海林	3.4	695	20261	87.0	9578	11007	51.8	10288	19866
林口	1.7	287	17391	90.4	12597	13935	21.8	3502	16099
八面通	-12.5	-1588	12726	70.4	4316	6134	67.5	8981	13297
合江林业管理局	**4.1**	**11223**	**273813**	**101.0**	**142762**	**141417**	**49.5**	**134192**	**271169**
桦南	1.5	366	24430	91.6	20467	22334	15.4	3739	24206
双鸭山	-1.8	-374	20511	86.5	8718	10081	56.4	11409	20218
鹤立	-0.3	-45	16184	97.6	7946	8141	55.7	9981	17926
鹤北	4.7	2372	50008	110.2	23349	21191	62.8	29587	47080
东方红	6.4	4069	63493	103.9	31932	30720	49.2	30864	62778
迎春	6.4	4069	63493	103.9	31932	30720	49.1	30846	62778
清河	2.1	766	35694	101.0	18418	18230	49.1	17766	36183
伊春林业管理局	**5.7**	**51882**	**914109**	**107.5**	**557083**	**518253**	**44.3**	**383573**	**865288**
双丰	0.4	100	28505	111.6	12746	11420	57.2	17022	29768

主要经济效益指标(二)

流动资产周转率			成本费用利润率			全员劳动生产率			产品销售率		
指标（次）	子项（万元）	母项（万元）	指标（%）	子项（万元）	母项（万元）	指标(元/人·年)	子项（元）	母项（人）	指标（%）	子项（万元）	母项（万元）
0.8	10676	12774	13.4	1290	9639	—	—	—	—	—	—
0.6	18517	30917	21.0	1625	7727	48717	152240000	3125	78.2	21552	27548
1.3	20598	15617	8.5	1798	21051	38472	103990000	2703	103.2	15803	15320
1.4	41128	28702	19.2	6798	35485	45547	162510000	3568	105.6	34313	32496
0.7	**136686**	**193526**	**5.9**	**6493**	**109349**	**7355**	**212083801**	**28834**	**100.5**	**58835**	**58544**
1.0	11815	12062	5.5	509	9187	941	3020000	3210	96.2	830	863
0.9	30054	33285	3.5	1009	28730	7516	35830000	4767	99.0	11893	12008
0.4	11276	31603	4.8	500	10411	901	3280000	3640	100.0	906	906
0.7	8939	13021	6.1	624	10299	472	1150000	2439	100.0	302	302
0.6	15726	27835	5.9	900	15358	11562	20903801	1808	100.0	5501	5501
0.6	14839	25042	37.3	754	2021	10960	41100000	3750	103.4	11507	11126
1.2	5048	4247	2.0	121	5989	3517	6140000	1746	98.5	1728	1754
0.6	9314	16641	5.9	452	7680	5368	15300000	2850	96.1	3850	4005
1.0	19325	18707	9.2	1018	11086	26922	82840000	3077	101.1	21480	21242
0.9	10350	11083	7.1	606	8588	1629	2520000	1547	100.1	838	837
0.8	**23761**	**31581**	**16.5**	**2668**	**16206**	**5001**	**26835809**	**5366**	**95.3**	**6727**	**7057**
0.7	7123	10563	4.1	281	6892	11416	21450000	1879	89.4	2950	3300
0.5	4423	8452	5.2	81	1567	58	84596	1471	98.5	130	132
1.2	5961	4915	68.3	1696	2482	2	1213	739	98.6	1898	1924
0.8	6254	7651	11.6	610	5265	4150	5300000	1277	102.8	1749	1701
—	—	—	—	—	—	—	—	—	—	—	—
0.8	**538176**	**683323**	**24.7**	**91510**	**370412**	**9885**	**1852329556**	**187382**	**94.8**	**538256**	**567618**
0.8	**91780**	**120829**	**35.1**	**21235**	**60422**	**14987**	**493415165**	**32922**	**96.0**	**96045**	**100089**
1.1	12983	11581	74.0	2490	3363	10806	58080000	5375	100.0	12900	12900
0.6	18849	29074	79.1	6351	8029	19680	98260000	4993	100.9	17243	17087
0.7	20368	29392	56.6	6367	11244	19045	110230000	5788	101.6	20368	20041
0.6	11765	18803	55.6	2651	4769	16472	64160165	3895	98.8	11183	11323
0.7	11698	16497	5.3	819	15332	15518	59420000	3829	107.9	10687	9903
1.5	5859	3882	14.5	667	4610	25484	76020000	2983	82.1	19202	23385
1.0	5793	5526	4.5	289	6385	5656	17945000	3173	80.2	2880	3589
0.7	4465	6074	23.9	1601	6690	3222	9300000	2886	85.0	1582	1861
0.8	**85533**	**109717**	**17.2**	**9907**	**57731**	**3903**	**106394051**	**27261**	**97.1**	**90196**	**92905**
11.1	11087	997	-3.0	-272	8937	5848	20907000	3575	98.5	4259	4322
0.5	3827	7078	-11.8	-450	3818	1084	3670000	3385	99.9	2420	2422
0.9	4353	4635	-4.0	-95	2383	—	—	3080	—	—	—
0.5	12915	23514	29.2	2349	8042	6661	41393079	6214	76.0	12926	17008
0.7	21117	31624	29.6	3810	12884	3	12986	4470	101.4	29601	29205
0.7	21117	31624	29.6	3810	12884	3	12986	4470	101.4	29601	29205
1.1	11117	10245	8.6	755	8783	19544	40398000	2067	106.0	11389	10743
0.9	**280418**	**313658**	**26.2**	**50352**	**192079**	**11140**	**970428065**	**87115**	**92.7**	**232465**	**250672**
0.3	3543	12116	0.4	15	4072	3831	15110000	3944	113.7	2864	2518

国有林区分企业的

<table>
<tr><th rowspan="2">企业名称</th><th colspan="3">总资产贡献率</th><th colspan="3">资本保值增值率</th><th colspan="3">资产负债率</th></tr>
<tr><th>指标（%）</th><th>子项（万元）</th><th>母项（万元）</th><th>指标（%）</th><th>子项（万元）</th><th>母项（万元）</th><th>指标（%）</th><th>子项（万元）</th><th>母项（万元）</th></tr>
<tr><td>铁力</td><td>-2.8</td><td>-915</td><td>32642</td><td>106.3</td><td>24282</td><td>22852</td><td>25.6</td><td>8359</td><td>32642</td></tr>
<tr><td>桃山</td><td>-0.2</td><td>-67</td><td>27886</td><td>120.1</td><td>11802</td><td>9823</td><td>57.7</td><td>16101</td><td>27903</td></tr>
<tr><td>朗乡</td><td>10.9</td><td>50258</td><td>460280</td><td>128.9</td><td>337744</td><td>261964</td><td>32.7</td><td>133219</td><td>407963</td></tr>
<tr><td>南岔</td><td>-3.2</td><td>-736</td><td>22667</td><td>19.1</td><td>10115</td><td>53006</td><td>51.5</td><td>12131</td><td>23547</td></tr>
<tr><td>金山屯</td><td>-0.3</td><td>-86</td><td>28227</td><td>103.1</td><td>9692</td><td>9405</td><td>110.0</td><td>29576</td><td>26879</td></tr>
<tr><td>美溪</td><td>-1.2</td><td>-327</td><td>28044</td><td>102.4</td><td>14847</td><td>14503</td><td>47.5</td><td>13448</td><td>28295</td></tr>
<tr><td>乌马河</td><td>-4.9</td><td>-1238</td><td>25459</td><td>88.5</td><td>11240</td><td>12705</td><td>55.9</td><td>14219</td><td>25459</td></tr>
<tr><td>翠峦</td><td>-3.8</td><td>-974</td><td>25894</td><td>68.7</td><td>3933</td><td>5729</td><td>84.8</td><td>21962</td><td>25894</td></tr>
<tr><td>友好</td><td>8.4</td><td>3423</td><td>40721</td><td>101.6</td><td>23968</td><td>23584</td><td>40.2</td><td>16081</td><td>40048</td></tr>
<tr><td>上甘岭</td><td>-3.4</td><td>-660</td><td>19167</td><td>89.2</td><td>9949</td><td>11155</td><td>47.2</td><td>8883</td><td>18831</td></tr>
<tr><td>五营</td><td>-0.6</td><td>-174</td><td>27788</td><td>98.2</td><td>13907</td><td>14160</td><td>50.6</td><td>14219</td><td>28125</td></tr>
<tr><td>红星</td><td>-3.7</td><td>-990</td><td>26543</td><td>121.3</td><td>15533</td><td>12805</td><td>44.4</td><td>12426</td><td>27959</td></tr>
<tr><td>新青</td><td>4.2</td><td>2208</td><td>53052</td><td>105.2</td><td>25787</td><td>24511</td><td>55.0</td><td>29946</td><td>54456</td></tr>
<tr><td>汤旺河</td><td>5.1</td><td>2396</td><td>46541</td><td>98.0</td><td>23460</td><td>23948</td><td>48.8</td><td>22389</td><td>45850</td></tr>
<tr><td>乌伊岭</td><td>-1.6</td><td>-336</td><td>20693</td><td>120.9</td><td>8078</td><td>6683</td><td>62.7</td><td>13592</td><td>21669</td></tr>
<tr><td>松花江林业管理局</td><td>4.1</td><td>10943</td><td>267551</td><td>102.7</td><td>164895</td><td>160570</td><td>39.1</td><td>105947</td><td>270842</td></tr>
<tr><td>山河屯</td><td>6.8</td><td>2393</td><td>35401</td><td>105.8</td><td>19400</td><td>18334</td><td>48.4</td><td>18201</td><td>37601</td></tr>
<tr><td>苇河</td><td>-1.5</td><td>-467</td><td>30676</td><td>86.9</td><td>19624</td><td>22577</td><td>34.2</td><td>10181</td><td>29805</td></tr>
<tr><td>亚布力</td><td>—</td><td>—</td><td>—</td><td>—</td><td>—</td><td>—</td><td>—</td><td>—</td><td>—</td></tr>
<tr><td>方正</td><td>4.2</td><td>1492</td><td>35345</td><td>92.2</td><td>15531</td><td>16851</td><td>55.8</td><td>19601</td><td>35132</td></tr>
<tr><td>兴隆</td><td>6.0</td><td>4023</td><td>67117</td><td>103.6</td><td>48851</td><td>47162</td><td>29.1</td><td>20016</td><td>68867</td></tr>
<tr><td>绥棱</td><td>—</td><td>—</td><td>—</td><td>—</td><td>1</td><td>—</td><td>—</td><td>—</td><td>—</td></tr>
<tr><td>通北</td><td>-0.2</td><td>-54</td><td>22367</td><td>82.2</td><td>4101</td><td>4991</td><td>82.0</td><td>18690</td><td>22792</td></tr>
<tr><td>沾河</td><td>4.6</td><td>3556</td><td>76645</td><td>113.3</td><td>57387</td><td>50655</td><td>25.1</td><td>19258</td><td>76645</td></tr>
<tr><td>总局直属单位</td><td>1.0</td><td>281</td><td>26870</td><td>90.9</td><td>15791</td><td>17380</td><td>41.7</td><td>11281</td><td>27072</td></tr>
<tr><td>带岭实验局</td><td>1.0</td><td>281</td><td>26870</td><td>90.9</td><td>15791</td><td>17380</td><td>41.7</td><td>11281</td><td>27072</td></tr>
<tr><td>大兴安岭</td><td>1.0</td><td>8066</td><td>786255</td><td>93.6</td><td>385668</td><td>412230</td><td>45.7</td><td>368032</td><td>805596</td></tr>
<tr><td>大兴安岭林管局</td><td>1.1</td><td>8034</td><td>731533</td><td>92.7</td><td>343981</td><td>370998</td><td>47.2</td><td>354043</td><td>749920</td></tr>
<tr><td>松岭</td><td>0.4</td><td>242</td><td>60745</td><td>100.2</td><td>34531</td><td>34446</td><td>42.5</td><td>25552</td><td>60083</td></tr>
<tr><td>新林</td><td>1.7</td><td>1663</td><td>99450</td><td>89.5</td><td>40104</td><td>44798</td><td>62.1</td><td>65770</td><td>105874</td></tr>
<tr><td>塔河</td><td>0.8</td><td>702</td><td>88530</td><td>93.7</td><td>54176</td><td>57847</td><td>38.8</td><td>34354</td><td>88530</td></tr>
<tr><td>呼中</td><td>0.4</td><td>354</td><td>92623</td><td>95.7</td><td>46242</td><td>48345</td><td>51.2</td><td>48466</td><td>94708</td></tr>
<tr><td>阿木尔</td><td>0.2</td><td>165</td><td>100260</td><td>77.9</td><td>39975</td><td>51295</td><td>13.3</td><td>13667</td><td>102906</td></tr>
<tr><td>图强</td><td>0.7</td><td>523</td><td>71855</td><td>95.2</td><td>44014</td><td>46250</td><td>38.9</td><td>28052</td><td>72066</td></tr>
<tr><td>西林吉</td><td>1.8</td><td>1765</td><td>100260</td><td>94.2</td><td>48325</td><td>51295</td><td>53.0</td><td>54581</td><td>102906</td></tr>
<tr><td>十八站</td><td>2.4</td><td>1613</td><td>67850</td><td>97.8</td><td>18553</td><td>18976</td><td>74.5</td><td>54234</td><td>72787</td></tr>
<tr><td>韩家园</td><td>2.0</td><td>1007</td><td>49960</td><td>101.8</td><td>18061</td><td>17746</td><td>58.7</td><td>29367</td><td>50060</td></tr>
<tr><td>大兴安岭营林局</td><td>0.1</td><td>32</td><td>54722</td><td>101.1</td><td>41687</td><td>41232</td><td>25.1</td><td>13989</td><td>55676</td></tr>
<tr><td>加格达奇</td><td>0.1</td><td>32</td><td>54722</td><td>101.1</td><td>41687</td><td>41232</td><td>25.1</td><td>13989</td><td>55676</td></tr>
</table>

主要经济效益指标(三)

流动资产周转率			成本费用利润率			全员劳动生产率			产品销售率		
指标（次）	子项（万元）	母项（万元）	指标（%）	子项（万元）	母项（万元）	指标（元/人·年）	子项（元）	母项（人）	指标（%）	子项（万元）	母项（万元）
0.5	5836	12824	-5.8	-119	2039	14165	54040000	3815	100.0	13380	13380
0.3	4436	14916	-2.6	-92	3604	2728	9679065	3548	114.8	2026	1765
1.6	178986	108822	42.6	49520	116216	2289	14503000	6335	95.0	40657	42797
0.4	3216	7317	-95.2	-787	827	2801	25006000	8927	98.6	4984	5056
0.5	6087	12789	-3.4	-224	6655	2467	13665000	5540	79.5	30265	38080
0.6	6870	12119	-11.2	-520	4631	22065	115380000	5229	88.5	19258	21771
0.5	4120	8923	-53.1	-1269	2391	22803	133240000	5843	85.0	24693	29050
0.4	6175	14373	-76.9	-1265	1646	4333	28425000	6560	126.6	5901	4660
0.7	14103	18944	27.2	2907	10691	1685	10885000	6461	92.0	14320	15573
0.2	1363	6342	-33.5	-750	2240	2771	7480000	2699	97.8	1363	1393
0.4	3777	10169	-10.4	-253	2436	3606	22204000	6157	100.0	3408	3408
0.8	6969	8450	-42.3	-1082	2556	3300	18951000	5742	78.5	2353	2999
0.4	12551	28854	24.8	2492	10059	26568	178430000	6716	100.0	45071	45071
0.5	13559	25896	17.1	2181	12787	16664	90300000	5419	103.8	14294	13769
0.8	8827	10804	-4.4	-402	9229	55773	233130000	4180	81.3	7628	9382
0.6	**73630**	**124510**	**18.3**	**9898**	**54128**	**2866**	**99012275**	**34551**	**99.8**	**81457**	**81626**
0.6	11371	20477	24.1	2162	8976	6217	32886000	5290	105.7	8338	7892
0.9	10594	12078	-7.7	-656	8548	5715	30615900	5357	99.4	10140	10205
—	—	—	—	—	—	—	—	—	—	—	—
0.7	11503	16738	15.9	1828	11468	1	6508	6167	117.2	15523	13243
0.7	21391	29627	23.9	4034	16855	2	14555	7424	100.7	27996	27805
—	1	—	—	—	—	—	23012	—	100.0	1	1
0.6	5689	9859	-1.4	-52	3814	6921	34840000	5034	89.2	6378	7150
0.4	13081	35731	57.8	2582	4467	119	626300	5279	85.3	13081	15330
0.5	**6815**	**14609**	**1.9**	**118**	**6052**	**33089**	**183080000**	**5533**	**90.0**	**38093**	**42326**
0.5	6815	14609	1.9	118	6052	33089	183080000	5533	90.0	38093	42326
0.6	**131991**	**209626**	**3.9**	**4489**	**114246**	**14059**	**718184488**	**51082**	**68.5**	**140204**	**204553**
0.7	**131854**	**198674**	**3.9**	**4488**	**114192**	**14059**	**718184488**	**51082**	**68.5**	**140204**	**204553**
0.4	9326	24362	—	1	11306	17607	114026000	6476	81.7	25179	30826
1.0	20518	21038	16.7	1328	7950	16598	135659488	8173	59.8	21497	35947
0.9	13892	15806	1.4	82	5877	10248	71663000	6993	90.0	15267	16954
0.3	12878	43346	5.2	641	12237	9195	56815000	6179	77.6	11018	14204
0.4	8487	21106	0.9	160	16992	4087	23431000	5733	12.2	4338	35565
0.8	11373	15032	5.0	371	7348	9457	48033000	5079	65.7	8306	12641
0.8	16784	21106	5.2	877	16992	22742	130379000	5733	93.8	33343	35565
0.9	23266	25590	2.1	477	22910	22441	85882000	3827	80.2	7623	9502
1.4	15330	11288	4.4	551	12580	18102	52296000	2889	102.1	13633	13349
—	**137**	**10952**	**1.9**	**1**	**54**	**—**	**—**	**—**	**—**	**—**	**—**
—	137	10952	1.9	1	54	—	—	—	—	—	—

国有林区分企业的

企业名称	总资产贡献率			资本保值增值率			资产负债率		
	指标（%）	子项（万元）	母项（万元）	指标（%）	子项（万元）	母项（万元）	指标（%）	子项（万元）	母项（万元）
四川	**-3.4**	**-999**	**29050**	**76.1**	**2459**	**3233**	**91.4**	**26093**	**28552**
阿坝州林管局	**2.0**	**248**	**12508**	**-386.0**	**413**	**-107**	**96.8**	**12459**	**12872**
川西	-2.2	-89	3967	162.4	1010	622	75.1	3050	4060
黑水	—	—	—	—	—	—	—	—	—
马尔康	—	—	—	—	—	—	—	—	—
小金	-1.0	-30	3061	-680.0	-204	30	106.6	3274	3070
观音桥	6.7	367	5480	51.8	-393	-759	106.8	6135	5742
松潘	—	—	—	—	—	—	—	—	—
南坪	—	—	—	—	—	—	—	—	—
壤塘	—	—	—	—	—	—	—	—	—
甘孜州林管局	**—**	**—**	**—**	**—**	**—**	**—**	**—**	**—**	**—**
道孚	—	—	—	—	—	—	—	—	—
新龙	—	—	—	—	—	—	—	—	—
丹巴	—	—	—	—	—	—	—	—	—
炉霍	—	—	—	—	—	—	—	—	—
白玉	—	—	—	—	—	—	—	—	—
力邱河	—	—	—	—	—	—	—	—	—
翁达	—	—	—	—	—	—	—	—	—
其他地、州林管局	**-7.5**	**-1247**	**16542**	**61.3**	**2046**	**3340**	**87.0**	**13634**	**15680**
川南	-7.5	-1247	16542	61.3	2046	3340	87.0	13634	15680
雷波	—	—	—	—	—	—	—	—	—
凉北	—	—	—	—	—	—	—	—	—
夹金山	—	—	—	—	—	—	—	—	—
木里	—	—	—	—	—	—	—	—	—
普威	—	—	—	—	—	—	—	—	—
盐边	—	—	—	—	—	—	—	—	—
云南	**3.9**	**1564**	**40379**	**108.4**	**24719**	**22802**	**61.9**	**33096**	**53456**
云南省林管局	**3.9**	**1564**	**40379**	**108.4**	**24719**	**22802**	**61.9**	**33096**	**53456**
华坪	-2.4	-90	3731	94.9	1678	1768	55.0	2047	3725
碧泉	3.3	204	6258	104.0	4338	4173	30.5	1919	6297
黑白水	0.6	28	4346	99.9	3509	3511	19.3	838	4346
中甸 *	—	—	—	—	—	—	—	—	—
巨甸	2.3	51	2200	153.7	1260	820	42.7	940	2200
红旗	—	—	—	—	—	—	—	—	—
云台山	7.2	550	7678	116.5	1404	1205	220.1	6593	2996
漾江	-0.4	-8	2039	98.5	516	524	75.2	1568	2084
景东	4.4	133	3040	113.3	876	773	73.5	2425	3300

主要经济效益指标(四)

流动资产周转率			成本费用利润率			全员劳动生产率			产品销售率		
指标（次）	子项（万元）	母项（万元）	指标（%）	子项（万元）	母项（万元）	指标（元/人·年）	子项（元）	母项（人）	指标（%）	子项（万元）	母项（万元）
0.1	**508**	**4204**	**21.4**	**270**	**1260**	**1957**	**3740000**	**1911**	**100.0**	**508**	**508**
0.4	**508**	**1273**	**21.4**	**270**	**1260**	**16847**	**3740000**	**222**	**100.0**	**508**	**508**
0.4	508	1273	-11.5	-96	832	16847	3740000	222	100.0	508	508
—	—	—	—	—	—	—	—	—	—	—	—
—	—	—	—	—	—	—	—	—	—	—	—
—	—	—	—	—	—	—	—	—	—	—	—
—	—	—	85.5	366	428	—	—	—	—	—	—
—	—	—	—	—	—	—	—	—	—	—	—
—	—	—	—	—	—	—	—	—	—	—	—
—	—	—	—	—	—	—	—	—	—	—	—
—	**—**	**—**	**—**	**—**	**—**	**—**	**—**	**—**	**—**	**—**	**—**
—	—	—	—	—	—	—	—	—	—	—	—
—	—	—	—	—	—	—	—	—	—	—	—
—	—	—	—	—	—	—	—	—	—	—	—
—	—	—	—	—	—	—	—	—	—	—	—
—	—	—	—	—	—	—	—	—	—	—	—
—	—	—	—	—	—	—	—	—	—	—	—
—	—	—	—	—	—	—	—	—	—	—	—
—	**—**	**2931**	**—**	**—**	**—**	**—**	**—**	**1689**	**—**	**—**	**—**
—	—	2931	—	—	—	—	—	1689	—	—	—
—	—	—	—	—	—	—	—	—	—	—	—
—	—	—	—	—	—	—	—	—	—	—	—
—	—	—	—	—	—	—	—	—	—	—	—
—	—	—	—	—	—	—	—	—	—	—	—
—	—	—	—	—	—	—	—	—	—	—	—
—	—	—	—	—	—	—	—	—	—	—	—
0.4	**8966**	**21442**	**6.5**	**535**	**8260**	**1616**	**4553312**	**2817**	**97.2**	**8782**	**9033**
0.4	**8966**	**21442**	**6.5**	**535**	**8260**	**1616**	**4553312**	**2817**	**97.2**	**8782**	**9033**
—	12	2882	-103.4	-90	87	—	—	388	—	—	—
0.1	149	1206	150.0	204	136	1	149	264	100.0	149	149
—	—	1862	-1.4	-2	141	—	—	225	—	—	—
—	—	—	—	—	—	—	—	—	—	—	—
1.8	665	360	263.2	50	19	—	—	—	—	—	—
—	—	—	—	—	—	—	—	—	—	—	—
—	43	2416	28.9	189	653	—	60	187	—	—	—
—	3	849	-72.7	-8	11	3	769	298	—	—	—
0.6	1246	2213	11.9	133	1114	90	30000	335	96.6	170	176

国有林区分企业的

企业名称	总资产贡献率			资本保值增值率			资产负债率		
	指标（%）	子项（万元）	母项（万元）	指标（%）	子项（万元）	母项（万元）	指标（%）	子项（万元）	母项（万元）
墨江	0.8	33	4227	100.0	1546	1546	66.9	3032	4535
卫国	51.9	805	1550	105.8	9694	9164	43.2	7367	17064
江边 *	—	—	—	—	—	—	—	—	—
清水江 *	—	—	—	—	—	—	—	—	—
南盘江 *	—	—	—	—	—	—	—	—	—
新平	—	—	—	100.7	542	538	73.5	1504	2046
宁蒗	-2.7	-142	5310	52.8	-644	-1220	100.0	4863	4863
陕西	**-3.0**	**-894**	**29916**	**97.8**	**9575**	**9795**	**59.3**	**22230**	**37472**
陕西省林管局	**-3.0**	**-894**	**29916**	**97.8**	**9575**	**9795**	**59.3**	**22230**	**37472**
宁西	-1.8	-177	10001	104.9	4124	3930	55.3	5094	9218
太白	-2.7	-201	7362	91.8	2416	2633	65.0	4493	6909
长青	-314.0	-135	43	112.2	937	835	121.8	5252	4311
宁东	-2.6	-213	8157	105.6	1007	954	33.4	4195	12553
汉西	4.5	84	1867	87.3	569	652	61.9	1240	2003
龙草坪	-10.1	-252	2486	66.0	522	791	78.9	1956	2478
陕西省营林局	**—**	**—**	**—**	**—**	**—**	**—**	**—**	**—**	**—**
马头滩	—	—	—	—	—	—	—	—	—
辛家山	—	—	—	—	—	—	—	—	—
甘肃	**-25.3**	**-265**	**1046**	**72.7**	**688**	**946**	**40.0**	**458**	**1146**
甘肃省林管局	**—**	**—**	**—**	**—**	**—**	**—**	**—**	**—**	**—**
舟曲	—	—	—	—	—	—	—	—	—
迭部	—	—	—	—	—	—	—	—	—
洮河	—	—	—	—	—	—	—	—	—
白水江	—	—	—	—	—	—	—	—	—
甘肃省营林局	**-25.3**	**-265**	**1046**	**72.7**	**688**	**946**	**40.0**	**458**	**1146**
小陇山	-25.3	-265	1046	72.7	688	946	40.0	458	1146
青海	**—**	**—**	**—**	**—**	**—**	**—**	**—**	**—**	**—**
青海省林管局	**—**	**—**	**—**	**—**	**—**	**—**	**—**	**—**	**—**
玛可河 *	—	—	—	—	—	—	—	—	—
新疆	**—**	**—**	**—**	**—**	**—**	**—**	**—**	**—**	**—**
新疆自治区林管局	**—**	**—**	**—**	**—**	**—**	**—**	**—**	**—**	**—**
天山西部	—	—	—	—	—	—	—	—	—
阿尔泰山	—	—	—	—	—	—	—	—	—
新疆自治区营林局	**—**	**—**	**—**	**—**	**—**	**—**	**—**	**—**	**—**
天山中东部	—	—	—	—	—	—	—	—	—

主要经济效益指标(五)

流动资产周转率			成本费用利润率			全员劳动生产率			产品销售率		
指标（次）	子项（万元）	母项（万元）	指标（%）	子项（万元）	母项（万元）	指标（元/人·年）	子项（元）	母项（人）	指标（%）	子项（万元）	母项（万元）
0.2	568	2655	2.7	24	891	17937	4520000	252	96.6	818	847
1.3	6215	4890	4.3	223	5167	3	2334	868	97.3	7645	7861
—	—	—	—	—	—	—	—	—	—	—	—
—	—	—	—	—	—	—	—	—	—	—	—
—	—	—	—	—	—	—	—	—	—	—	—
—	—	—	—	—	—	—	—	—	—	—	—
—	65	2109	-458.5	-188	41	—	—	—	—	—	—
0.3	**2835**	**10997**	**-21.6**	**-959**	**4441**	**5774**	**12390000**	**2146**	**87.7**	**3668**	**4182**
0.3	**2835**	**10997**	**-21.6**	**-959**	**4441**	**5774**	**12390000**	**2146**	**87.7**	**3668**	**4182**
0.2	557	2962	-38.5	-194	504	13136	8210000	625	100.0	1356	1356
0.2	858	3973	-13.3	-217	1628	2388	2180000	913	100.0	418	418
0.6	961	1682	-12.8	-160	1248	14026	1080000	77	100.0	1894	1894
0.3	382	1120	-32.1	-203	633	1798	660000	367	—	—	—
0.1	75	550	53.9	83	154	—	—	—	—	—	—
—	2	710	-97.8	-268	274	1585	260000	164	—	—	514
—	**—**	**—**	**—**	**—**	**—**	**—**	**—**	**—**	**—**	**—**	**—**
—	—	—	—	—	—	—	—	—	—	—	—
—	—	—	—	—	—	—	—	—	—	—	—
2.1	**641**	**312**	**32.4**	**272**	**839**	**132**	**8390880**	**63567**	**76.4**	**576**	**754**
—	**—**	**—**	**—**	**—**	**—**	**—**	**—**	**—**	**—**	**—**	**—**
—	—	—	—	—	—	—	—	—	—	—	—
—	—	—	—	—	—	—	—	—	—	—	—
—	—	—	—	—	—	—	—	—	—	—	—
—	—	—	—	—	—	—	—	—	—	—	—
2.1	**641**	**312**	**32.4**	**272**	**839**	**132**	**8390880**	**63567**	**76.4**	**576**	**754**
2.1	641	312	32.4	272	839	132	8390880	63567	76.4	576	754
—	**—**	**—**	**—**	**—**	**—**	**—**	**—**	**—**	**—**	**—**	**—**
—	**—**	**—**	**—**	**—**	**—**	**—**	**—**	**—**	**—**	**—**	**—**
—	—	—	—	—	—	—	—	—	—	—	—
—	**—**	**—**	**—**	**—**	**—**	**—**	**—**	**—**	**—**	**—**	**—**
—	**—**	**—**	**—**	**—**	**—**	**—**	**—**	**—**	**—**	**—**	**—**
—	—	—	—	—	—	—	—	—	—	—	—
—	—	—	—	—	—	—	—	—	—	—	—
—	**—**	**—**	**—**	**—**	**—**	**—**	**—**	**—**	**—**	**—**	**—**
—	—	—	—	—	—	—	—	—	—	—	—

国有林区从业人员和劳动报酬情况

单位:人

指标名称	合　计	135 个木材采运企业	20 个重点营林局
年末全部在册职工人数	613133	584747	28386
其中:混岗职工人数	84845	83375	1470
1. 在岗职工人数	426066	402849	23217
其中:混岗职工人数	19967	19421	546
长期职工	400647	377842	22805
临时职工	25419	25007	412
2. 下岗待安置职工人数	63731	60802	2929
其中:领取生活费职工人数	2924	2192	732
3. 离开本单位仍保留劳动关系人员	123336	121096	2240
其他从业人员	1776	1776	—
在岗职工平均人数	402961	379307	23654
在岗职工工资总额(千元)	4835661	4508525	327136
工程实施以来累计一次性安置人数	513704	489170	24534
本年一次性安置人数	10657	10562	95
本年一次性安置费(万元)	15267	15170	97
年末参加基本养老保险人数	687441	660268	27173
年末参加基本医疗保险人数	809979	777504	32475
年末离退休人员人数	469926	454368	15558
离退休人员年生活费(千元)	6086464	5857275	229189

国有林区分企业的从业人员和劳动报酬情况(一)

单位:人

企业名称	年末全部在册职工人数								
	总计	其中:混岗职工人数	在岗职工人数				下岗待安置职工人数		离开本单位仍保留劳动关系人员
			合计	其中:混岗职工人数	长期职工	临时职工	合计	其中:领取生活费职工人数	
全国合计	**613133**	**84845**	**426066**	**19967**	**400647**	**25419**	**63731**	**2924**	**123336**
135 个木材采运企业小计	584747	83375	402849	19421	377842	25007	60802	2192	121096
20 个重点营林局小计	28386	1470	23217	546	22805	412	2929	732	2240
内蒙古	**107610**	**41705**	**66845**	**9153**	**66845**	**—**	**33048**	**—**	**7717**
内蒙古集团林管局	**95220**	**40235**	**57244**	**8607**	**57244**	**—**	**30986**	**—**	**6990**
阿尔山	6425	2914	3502	312	3502	—	2585	—	338
绰尔	5550	1640	3550	1966	3550	—	1661	—	339
绰源	3369	1626	1509	—	1509	—	1780	—	80
乌尔旗汉	6732	2638	4353	25	4353	—	1878	—	501
库都尔	6393	1864	3622	402	3622	—	2688	—	83
图里河	5186	2892	2980	176	2980	—	930	—	1276
伊图里河	3418	1542	2354	—	2354	—	985	—	79
克一河	4617	1420	2063	718	2063	—	1816	—	738
甘河	7618	3281	4630	1419	4630	—	2133	—	855
吉文	4979	2532	3263	—	3263	—	1594	—	122
阿里河	6712	2954	3587	37	3587	—	2012	—	1113
根河	6828	3256	4373	128	4373	—	1620	—	835
金河	5960	2309	3473	—	3473	—	2487	—	—
阿龙山	6197	1788	3229	1788	3229	—	2643	—	325
满归	5186	3426	3229	—	3229	—	1957	—	—
得耳布尔	4393	2573	3160	936	3160	—	1075	—	158
莫尔道嘎	5657	1580	4367	700	4367	—	1142	—	148
内蒙古集团营林局	**3006**	**288**	**1427**	**12**	**1427**	**—**	**1347**	**—**	**232**
大杨树	1714	40	742	12	742	—	892	—	80
毕拉河	1292	248	685	—	685	—	455	—	152
内蒙古林业厅营林局	**9384**	**1182**	**8174**	**534**	**8174**	**—**	**715**	**—**	**495**
免渡河	1195	—	1160	—	1160	—	—	—	35
乌奴尔	1388	496	787	—	787	—	496	—	105
巴林	550	—	505	—	505	—	—	—	45
南木	649	—	582	—	582	—	67	—	—
红花尔基	1021	—	995	—	995	—	—	—	26
柴河	1014	152	862	—	862	—	152	—	—
五岔沟	2380	534	2380	534	2380	—	—	—	—
白狼	1187	—	903	—	903	—	—	—	284
吉林	**82563**	**6059**	**57036**	**1242**	**55081**	**1955**	**6182**	**2344**	**19345**
吉林集团林管局	**28252**	**4182**	**21517**	**1217**	**21517**	**—**	**809**	**490**	**5926**
临江	3186	—	2124	—	2124	—	—	—	1062
三岔子	3836	—	3183	601	3183	—	653	490	—
湾沟	2262	—	1674	—	1674	—	—	—	588
松江河	3787	424	3095	318	3095	—	—	—	692

国有林区分企业的从业人员和劳动报酬情况（二）

单位：人

企业名称	其他从业人员	在岗职工		工程实施以来累计一次性安置人数	本年一次性安置		年末参加基本养老保险人数	年末参加基本医疗保险人数	年末离退休人员人数	离退休人员年生活费（千元）
		平均人数	工资总额（千元）		安置人数	安置费（万元）				
全国合计	**1776**	**402961**	**4835661**	**513704**	**10657**	**15267**	**687441**	**809979**	**469926**	**6086464**
135个木材采运企业小计	1776	379307	4508525	489170	10562	15170	660268	777504	454368	5857275
20个重点营林局小计	—	23654	327136	24534	95	97	27173	32475	15558	229189
内蒙古	**60**	**66739**	**924326**	**75739**	**1638**	**1712**	**68104**	**69865**	**63931**	**1025664**
内蒙古集团林管局	**60**	**56743**	**780316**	**65858**	**1637**	**1710**	**57244**	**57244**	**56274**	**896265**
阿尔山	—	3793	47023	3041	—	—	3502	3502	3744	57298
绰尔	—	3582	46695	2654	—	—	3550	3550	2042	36120
绰源	—	1401	17895	2194	246	177	1509	1509	1219	17411
乌尔旗汉	—	4139	53811	2306	68	57	4353	4353	3513	56820
库都尔	—	3802	48962	3743	7	17	3622	3622	4891	76651
图里河	60	3327	44509	6943	171	167	2980	2980	3150	53049
伊图里河	—	2355	28745	1257	93	88	2354	2354	2876	50785
克一河	—	2046	30380	4776	3	8	2063	2063	2956	46786
甘河	—	4635	58494	5135	16	46	4630	4630	5183	86614
吉文	—	3380	44284	2228	48	57	3263	3263	2995	42779
阿里河	—	3197	46106	2917	97	82	3587	3587	4146	56603
根河	—	4299	61049	7298	141	382	4373	4373	6282	100943
金河	—	3473	53398	4465	220	169	3473	3473	3574	60376
阿龙山	—	2492	35757	5603	183	143	3229	3229	2659	39655
满归	—	3409	54040	3563	—	—	3229	3229	2418	43758
得耳布尔	—	3052	42924	4294	—	—	3160	3160	1966	31015
莫尔道嘎	—	4361	66244	3441	344	317	4367	4367	2660	39602
内蒙古集团营林局	**—**	**1590**	**24084**	**1773**	**1**	**2**	**1427**	**1427**	**2136**	**30580**
大杨树	—	849	13723	1267	1	2	742	742	1731	23441
毕拉河	—	741	10361	506	—	—	685	685	405	7139
内蒙古林业厅营林局	**—**	**8406**	**119926**	**8108**	**—**	**—**	**9433**	**11194**	**5521**	**98819**
免渡河	—	1166	18871	1121	—	—	1195	1195	1094	19481
乌奴尔	—	782	15743	1049	—	—	892	1735	843	14081
巴林	—	508	8210	887	—	—	1247	1247	697	12800
南木	—	607	8030	809	—	—	649	1291	597	9840
红花尔基	—	915	17360	53	—	—	1021	1021	403	6887
柴河	—	861	12789	484	—	—	862	1138	282	4814
五岔沟	—	2380	31158	2824	—	—	2380	2380	1235	23870
白狼	—	1187	7765	881	—	—	1187	1187	370	7046
吉林	**—**	**56761**	**841237**	**112045**	**7**	**18**	**87242**	**104625**	**74292**	**930105**
吉林集团林管局	**—**	**21959**	**384763**	**49581**	**7**	**18**	**30741**	**41724**	**34903**	**468039**
临江	—	2172	32335	7268	—	—	3186	10455	7269	94407
三岔子	—	3269	65570	5694	7	18	3836	3836	7162	103771
湾沟	—	1348	31985	5998	—	—	5075	5075	2813	37132
松江河	—	3463	92873	9998	—	—	3612	3787	6197	81824

国有林区分企业的从业人员和劳动报酬情况(三)

单位:人

企业名称	年末全部在册职工人数								
	总计	其中:混岗职工人数	在岗职工人数				下岗待安置职工人数		离开本单位仍保留劳动关系人员
			合计	其中:混岗职工人数	长期职工	临时职工	合计	其中:领取生活费职工人数	
泉阳	2279	42	2059	—	2059	—	—	—	220
露水河	3716	3716	2808	298	2808	—	156	—	752
白石山	3983	—	2973	—	2973	—	—	—	1010
红石	5203	—	3601	—	3601	—	—	—	1602
延边林管局	**47326**	**1877**	**29583**	**25**	**28040**	**1543**	**5140**	**1688**	**12603**
黄泥河	4170	—	3218	—	3218	—	503	—	449
敦化	8078	1004	5099	—	5099	—	2181	798	798
大石头	4552	—	3678	—	3678	—	129	—	745
八家子	5059	548	3633	—	2107	1526	27	18	1399
和龙	2579	114	1835	6	1835	—	—	—	744
汪清	5093	—	3573	—	3573	—	708	400	812
大兴沟	3304	209	1810	19	1810	—	751	—	743
天桥岭	4607	—	2271	—	2271	—	—	—	2336
白河	7528	2	3039	—	3039	—	841	472	3648
珲春	2356	—	1427	—	1410	17	—	—	929
吉林省林业厅营林局	**6985**	**—**	**5936**	**—**	**5524**	**412**	**233**	**166**	**816**
上营	2800	—	2451	—	2451	—	176	166	173
辉南	1535	—	1471	—	1059	412	57	—	7
长白	751	—	751	—	751	—	—	—	—
安图	1899	—	1263	—	1263	—	—	—	636
长白山 *	—	—	—	—	—	—	—	—	—
龙江集团	**327266**	**26336**	**217529**	**2953**	**194468**	**23061**	**22500**	**14**	**87237**
牡丹江林业管理局	**41705**	**16**	**36529**	**—**	**34416**	**2113**	**2640**	**—**	**2536**
大海林	5818	—	5334	—	5334	—	—	—	484
柴河	4744	—	4615	—	4615	—	129	—	—
东京城	8922	—	7813	—	7164	649	826	—	283
穆棱	6014	—	4994	—	3530	1464	—	—	1020
绥阳	3232	16	3216	—	3216	—	—	—	16
海林	4509	—	3687	—	3687	—	320	—	502
林口	3460	—	3193	—	3193	—	36	—	231
八面通	5006	—	3677	—	3677	—	1329	—	—
合江林业管理局	**33545**	**403**	**28545**	**56**	**27078**	**1467**	**2021**	**14**	**2979**
桦南	5961	—	3600	—	3600	—	—	—	2361
双鸭山	4148	255	3406	2	3368	38	701	—	41
鹤立	3190	—	3080	—	2846	234	110	—	—
鹤北	6838	68	6163	—	6163	—	489	14	186
东方红	6810	80	5889	54	5207	682	721	—	200
迎春	2986	—	2901	—	2901	—	—	—	85
清河	3612	—	3506	—	2993	513	—	—	106
伊春林业管理局	**181356**	**17582**	**97829**	**—**	**94408**	**3421**	**14699**	**—**	**68828**
双丰	14483	—	3944	—	3222	722	498	—	10041

国有林区分企业的从业人员和劳动报酬情况(四)

单位:人

企业名称	其他从业人员	在岗职工		工程实施以来累计一次性安置人数	本年一次性安置		年末参加基本养老保险人数	年末参加基本医疗保险人数	年末离退休人员人数	离退休人员年生活费(千元)
		平均人数	工资总额(千元)		安置人数	安置费(万元)				
泉阳	—	2311	30562	7102	—	—	2279	2279	3529	46572
露水河	—	3125	44724	4228	—	—	3716	7255	3539	48794
白石山	—	2703	33072	5569	—	—	3834	3834	2570	31607
红石	—	3568	53642	3724	—	—	5203	5203	1824	23932
延边林管局	**—**	**28834**	**382712**	**53680**	**—**	**—**	**50051**	**54447**	**35992**	**425026**
黄泥河	—	3210	32242	7567	—	—	4170	4170	4192	53745
敦化	—	4767	67607	10265	—	—	7074	13006	6158	82554
大石头	—	3640	47395	7181	—	—	4552	4552	5516	44390
八家子	—	2439	37739	5453	—	—	2654	2825	3329	37279
和龙	—	1808	34459	5488	—	—	2579	2415	3056	38100
汪清	—	3750	44513	5978	—	—	9858	9858	4765	59640
大兴沟	—	1746	17324	1678	—	—	4957	3111	1653	18032
天桥岭	—	2850	29645	2627	—	—	4340	4643	3123	37102
白河	—	3077	51607	6068	—	—	7528	7528	3443	44119
珲春	—	1547	20181	1375	—	—	2339	2339	757	10065
吉林省林业厅营林局	**—**	**5968**	**73762**	**8784**	**—**	**—**	**6450**	**8454**	**3397**	**37040**
上营	—	2481	24464	948	—	—	2800	4050	1250	7971
辉南	—	1471	17508	2532	—	—	1000	1754	688	8017
长白	—	739	9298	3482	—	—	751	751	590	6780
安图	—	1277	22492	1822	—	—	1899	1899	869	14272
长白山 *	—	—	—	—	—	—	—	—	—	—
龙江集团	**623**	**198524**	**1898697**	**217339**	**4769**	**7279**	**392259**	**447448**	**218297**	**2806164**
牡丹江林业管理局	**—**	**32922**	**349842**	**56326**	**1772**	**2728**	**70515**	**108176**	**44065**	**558145**
大海林	—	5375	43768	11888	31	39	15071	18399	6489	80458
柴河	—	4993	66819	11683	934	1438	12484	12513	7867	98740
东京城	—	5788	66691	10287	22	35	14102	27412	9021	108837
穆棱	—	3895	55680	7838	192	285	4810	22447	5871	81137
绥阳	—	3829	41214	7446	47	78	10927	8347	4905	62483
海林	—	2983	30068	2974	178	275	3848	7908	4051	51550
林口	—	3173	24951	2346	368	578	5433	5868	3259	40313
八面通	—	2886	20651	1864	—	—	3840	5282	2602	34627
合江林业管理局	**623**	**25786**	**211049**	**24833**	**261**	**384**	**72936**	**69809**	**29741**	**356631**
桦南	253	3575	33557	3663	2	3	11726	11229	5766	64500
双鸭山	207	3402	24783	4084	—	—	9337	8175	3588	42265
鹤立	—	3100	16450	1936	—	—	6573	6346	2471	25108
鹤北	17	6214	51601	2544	—	—	11742	11269	3842	46111
东方红	—	4470	48217	7177	5	7	17987	16722	7390	99067
迎春	146	2958	16875	1703	23	10	6398	6492	2789	37238
清河	—	2067	19566	3726	231	364	9173	9576	3895	42342
伊春林业管理局	**—**	**91669**	**908841**	**90059**	**408**	**455**	**158998**	**178582**	**96038**	**1265672**
双丰	—	3466	31704	3433	—	—	4443	10040	5477	76176

国有林区分企业的从业人员和劳动报酬情况(五)

单位:人

企业名称	年末全部在册职工人数								
	总计	其中:混岗职工人数	在岗职工人数				下岗待安置职工人数		离开本单位仍保留劳动关系人员
			合计	其中:混岗职工人数	长期职工	临时职工	合计	其中:领取生活费职工人数	
铁力	8307	1477	4562	—	4562	—	1695	—	2050
桃山	19219	—	3548	—	3548	—	11753	—	3918
朗乡	9678	9678	6526	—	6526	—	—	—	3152
南岔	13184	—	9307	—	9307	—	—	—	3877
金山屯	9397	1048	5436	—	5120	316	—	—	3961
美溪	10070	1536	6843	—	6843	—	—	—	3227
乌马河	16522	—	5861	—	5861	—	—	—	10661
翠峦	12355	2331	6620	—	6620	—	—	—	5735
友好	15200	—	12513	—	10726	1787	—	—	2687
上甘岭	6381	—	4288	—	4288	—	—	—	2093
五营	10691	—	5845	—	5845	—	—	—	4846
红星	6795	423	5742	—	5742	—	753	—	300
新青	13385	—	6916	—	6916	—	—	—	6469
汤旺河	9103	1089	5698	—	5102	596	—	—	3405
乌伊岭	6586	—	4180	—	4180	—	—	—	2406
松花江林业管理局	**65889**	**8335**	**50502**	**2897**	**34442**	**16060**	**2689**	**—**	**12698**
山河屯	9149	1485	6439	1485	3941	2498	1335	—	1375
苇河	7767	1651	5380	—	5380	—	736	—	1651
亚布力	9783	1007	6479	—	3872	2607	130	—	3174
方正	8610	1192	6167	—	5266	901	—	—	2443
兴隆	9755	1588	7118	—	5817	1301	—	—	2637
绥棱	6370	1412	5770	1412	4358	1412	488	—	112
通北	5402	—	5023	—	1921	3102	—	—	379
沾河	9053	—	8126	—	3887	4239	—	—	927
总局直属单位	**4771**	**—**	**4124**	**—**	**4124**	**—**	**451**	**—**	**196**
带岭实验局	4771	—	4124	—	4124	—	451	—	196
大兴安岭	**61797**	**10683**	**53309**	**6557**	**53309**	**—**	**1072**	**—**	**7416**
大兴安岭林管局	**59829**	**10683**	**51341**	**6557**	**51341**	**—**	**1072**	**—**	**7416**
松岭	6726	648	6307	648	6307	—	—	—	419
新林	8969	2998	7897	2998	7897	—	1072	—	—
塔河	11096	4126	6970	—	6970	—	—	—	4126
呼中	8701	—	7415	—	7415	—	—	—	1286
阿木尔	4710	628	4479	628	4479	—	—	—	231
图强	5088	—	5088	—	5088	—	—	—	—
西林吉	6293	2283	6181	2283	6181	—	—	—	112
十八站	4124	—	4124	—	4124	—	—	—	—
韩家园	4122	—	2880	—	2880	—	—	—	1242
大兴安岭营林局	**1968**	**—**	**1968**	**—**	**1968**	**—**	**—**	**—**	**—**
加格达奇	1968	—	1968	—	1968	—	—	—	—

国有林区分企业的从业人员和劳动报酬情况（六）

单位：人

企业名称	其他从业人员	在岗职工		工程实施以来累计一次性安置人数	本年一次性安置		年末参加基本养老保险人数	年末参加基本医疗保险人数	年末离退休人员人数	离退休人员年生活费（千元）
		平均人数	工资总额（千元）		安置人数	安置费（万元）				
铁力	—	3815	50876	18798	—	—	20875	11748	7186	82193
桃山	—	3548	37613	3657	—	—	7216	16023	6659	77908
朗乡	—	6335	56101	9062	408	455	9304	16212	9686	122643
南岔	—	9192	90416	5870	—	—	16466	16466	7159	76548
金山屯	—	5540	60013	5519	—	—	8655	14971	7201	79310
美溪	—	6751	64143	7335	—	—	8534	10104	3261	48807
乌马河	—	5843	55885	3517	—	—	7687	7687	5439	67687
翠峦	—	6615	79802	6560	—	—	12355	11300	8866	128476
友好	—	8934	101576	5980	—	—	7484	7484	6337	87434
上甘岭	—	2963	31716	—	—	—	7923	7923	3635	57611
五营	—	6157	58041	6039	—	—	7506	7506	4591	63848
红星	—	5742	42126	3673	—	—	6434	7002	5329	74407
新青	—	6968	61365	5271	—	—	16090	16090	7379	117115
汤旺河	—	5638	58204	3235	—	—	11475	11475	4665	55484
乌伊岭	—	4162	29260	2110	—	—	6551	6551	3168	50025
松花江林业管理局	**—**	**43332**	**379780**	**41769**	**2328**	**3712**	**80991**	**90881**	**44406**	**559576**
山河屯	—	5290	31810	5203	50	77	11590	5744	5755	74498
苇河	—	5357	40203	5429	110	155	12056	13358	5884	68613
亚布力	—	4349	67218	2969	3	4	8385	6110	5501	76832
方正	—	6097	63454	3640	1	1	18830	13402	4716	63874
兴隆	—	7424	53898	4683	6	9	8817	12861	6099	78164
绥棱	—	4502	26655	9891	2148	3449	4958	4573	6409	77913
通北	—	5034	26846	6155	10	17	7972	13408	4364	56754
沾河	—	5279	69696	3799	—	—	8383	21425	5678	62928
总局直属单位	**—**	**4815**	**49185**	**4352**	**—**	**—**	**8819**	**—**	**4047**	**66140**
带岭实验局	—	4815	49185	4352	—	—	8819	—	4047	66140
大兴安岭	**—**	**51709**	**707682**	**79454**	**3951**	**6230**	**52370**	**91032**	**42990**	**545003**
大兴安岭林管局	**—**	**49759**	**688026**	**74883**	**3857**	**6135**	**50435**	**87728**	**41101**	**522391**
松岭	—	6476	69049	7380	736	1408	5396	9220	5802	60007
新林	—	8173	129794	19021	1320	2425	6622	14778	8156	107511
塔河	—	6993	110074	11690	363	420	8345	14259	6495	83364
呼中	—	6179	89958	13158	447	428	6907	14961	7833	105162
阿木尔	—	4410	49207	5199	109	185	4566	7458	2979	40693
图强	—	5079	51559	5623	381	591	5088	7462	2867	35753
西林吉	—	5733	91048	5875	153	162	6293	10505	4212	54480
十八站	—	3827	57873	4754	241	383	3682	5583	2227	29143
韩家园	—	2889	39464	2183	107	133	3536	3502	530	6278
大兴安岭营林局	**—**	**1950**	**19656**	**4571**	**94**	**95**	**1935**	**3304**	**1889**	**22612**
加格达奇	—	1950	19656	4571	94	95	1935	3304	1889	22612

国有林区分企业的从业人员和劳动报酬情况(七)

单位:人

企业名称	年末全部在册职工人数								
	总计	其中:混岗职工人数	在岗职工人数				下岗待安置职工人数		离开本单位仍保留劳动关系人员
			合计	其中:混岗职工人数	长期职工	临时职工	合计	其中:领取生活费职工人数	
四川	**7913**	**—**	**7746**	**—**	**7622**	**124**	**—**	**—**	**167**
阿坝州林管局	**2637**	**—**	**2576**	**—**	**2452**	**124**	**—**	**—**	**61**
川西	271	—	210	—	210	—	—	—	61
黑水	358	—	358	—	358	—	—	—	—
马尔康	544	—	544	—	544	—	—	—	—
小金	214	—	214	—	214	—	—	—	—
观音桥	312	—	312	—	312	—	—	—	—
松潘	295	—	295	—	295	—	—	—	—
南坪	369	—	369	—	369	—	—	—	—
壤塘	274	—	274	—	150	124	—	—	—
甘孜州林管局	**1405**	**—**	**1362**	**—**	**1362**	**—**	**—**	**—**	**43**
道孚	290	—	276	—	276	—	—	—	14
新龙	237	—	208	—	208	—	—	—	29
丹巴	312	—	312	—	312	—	—	—	—
炉霍	194	—	194	—	194	—	—	—	—
白玉	129	—	129	—	129	—	—	—	—
力邱河	154	—	154	—	154	—	—	—	—
翁达	89	—	89	—	89	—	—	—	—
其他地、州林管局	**3871**	**—**	**3808**	**—**	**3808**	**—**	**—**	**—**	**63**
川南	1679	—	1679	—	1679	—	—	—	—
雷波	242	—	192	—	192	—	—	—	50
凉北	238	—	225	—	225	—	—	—	13
夹金山	529	—	529	—	529	—	—	—	—
木里	683	—	683	—	683	—	—	—	—
普威	348	—	348	—	348	—	—	—	—
盐边	152	—	152	—	152	—	—	—	—
云南	**4406**	**13**	**4138**	**13**	**4137**	**1**	**—**	**—**	**268**
云南省林管局	**4406**	**13**	**4138**	**13**	**4137**	**1**	**—**	**—**	**268**
华坪	387	—	382	—	382	—	—	—	5
碧泉	321	—	321	—	321	—	—	—	—
黑白水	232	—	224	—	224	—	—	—	8
中甸 *	—	—	—	—	—	—	—	—	—
巨甸	196	—	142	—	142	—	—	—	54
红旗	188	—	188	—	187	1	—	—	—
云台山	606	—	591	—	591	—	—	—	15
漾江	296	—	296	—	296	—	—	—	—
景东	332	13	306	13	306	—	—	—	26

国有林区分企业的从业人员和劳动报酬情况（八）

单位：人

企业名称	其他从业人员	在岗职工		工程实施以来累计一次性安置人数	本年一次性安置		年末参加基本养老保险人数	年末参加基本医疗保险人数	年末离退休人员人数	离退休人员年生活费（千元）
		平均人数	工资总额（千元）		安置人数	安置费（万元）				
四川	**327**	**7939**	**133462**	**4344**	**5**	**14**	**51153**	**54978**	**47198**	**430694**
阿坝州林管局	**327**	**2677**	**51917**	**417**	**—**	**—**	**26851**	**26851**	**24347**	**120870**
川西	2	222	5994	84	—	—	2006	2006	1735	3050
黑水	—	358	6926	88	—	—	5404	5404	5055	7886
马尔康	—	573	10071	98	—	—	5954	5954	5410	77901
小金	—	233	4524	37	—	—	2288	2288	2074	14240
观音桥	325	326	6804	38	—	—	4677	4677	4365	6286
松潘	—	300	5750	36	—	—	1912	1912	1617	4327
南坪	—	381	8788	36	—	—	2918	2918	2549	4800
壤塘	—	284	3060	—	—	—	1692	1692	1542	2380
甘孜州林管局	**—**	**1429**	**34644**	**1408**	**—**	**—**	**10153**	**10153**	**8748**	**124945**
道孚	—	299	6380	499	—	—	2148	2148	1858	23533
新龙	—	238	6423	331	—	—	2224	2224	1987	29950
丹巴	—	326	6405	128	—	—	1967	1967	1655	21113
炉霍	—	194	5400	265	—	—	1753	1753	1559	24320
白玉	—	129	3860	97	—	—	973	973	844	13350
力邱河	—	154	4040	49	—	—	697	697	543	7820
翁达	—	89	2136	39	—	—	391	391	302	4859
其他地、州林管局	**—**	**3833**	**46901**	**2519**	**5**	**14**	**14149**	**17974**	**14103**	**184879**
川南	—	1689	17223	875	3	6	1679	5504	3825	55555
雷波	—	192	3400	203	—	—	2259	2259	2017	29380
凉北	—	225	4247	194	—	—	1757	1757	1519	21997
夹金山	—	540	5352	148	1	2	1101	1101	572	5697
木里	—	684	11568	313	—	—	4698	4698	4015	60080
普威	—	351	2481	708	—	—	1581	1581	1233	—
盐边	—	152	2630	78	1	6	1074	1074	922	12170
云南	**759**	**4311**	**69034**	**4876**	**281**	**—**	**8435**	**9614**	**6855**	**82980**
云南省林管局	**759**	**4311**	**69034**	**4876**	**281**	**—**	**8435**	**9614**	**6855**	**82980**
华坪	—	388	5399	281	281	—	914	914	527	7630
碧泉	187	312	4811	369	—	—	1016	1016	752	10773
黑白水	—	225	4952	644	—	—	232	657	425	7081
中甸 *	—	—	—	—	—	—	—	—	—	—
巨甸	87	142	2880	166	—	—	379	379	183	2490
红旗	—	188	2459	492	—	—	528	522	340	4313
云台山	105	596	8745	1504	—	—	474	956	1427	10323
漾江	151	298	3333	275	—	—	698	680	402	4212
景东	—	335	5246	132	—	—	1109	1109	777	9730

国有林区分企业的从业人员和劳动报酬情况(九)

单位:人

企业名称	年末全部在册职工人数								
	总计	其中:混岗职工人数	在岗职工人数				下岗待安置职工人数		离开本单位仍保留劳动关系人员
			合计	其中:混岗职工人数	长期职工	临时职工	合计	其中:领取生活费职工人数	
墨江	300	—	246	—	246	—	—	—	54
卫国	842	—	740	—	740	—	—	—	102
江边 *	—	—	—	—	—	—	—	—	—
清水江 *	—	—	—	—	—	—	—	—	—
南盘江 *	—	—	—	—	—	—	—	—	—
新平	109	—	105	—	105	—	—	—	4
宁蒗	597	—	597	—	597	—	—	—	—
陕西	**2888**	**49**	**2407**	**49**	**2407**	**—**	**363**	**—**	**118**
陕西省林管局	**2544**	**49**	**2195**	**49**	**2195**	**—**	**295**	**—**	**54**
宁西	639	49	616	49	616	—	—	—	23
太白	808	—	804	—	804	—	—	—	4
长青	248	—	77	—	77	—	171	—	—
宁东	469	—	354	—	354	—	115	—	—
汉西	242	—	206	—	206	—	9	—	27
龙草坪	138	—	138	—	138	—	—	—	—
陕西省营林局	**344**	**—**	**212**	**—**	**212**	**—**	**68**	**—**	**64**
马头滩	179	—	115	—	115	—	—	—	64
辛家山	165	—	97	—	97	—	68	—	—
甘肃	**14334**	**—**	**13109**	**—**	**13109**	**—**	**566**	**566**	**659**
甘肃省林管局	**8583**	**—**	**8545**	**—**	**8545**	**—**	**—**	**—**	**38**
舟曲	1732	—	1694	—	1694	—	—	—	38
迭部	2972	—	2972	—	2972	—	—	—	—
洮河	2799	—	2799	—	2799	—	—	—	—
白水江	1080	—	1080	—	1080	—	—	—	—
甘肃省营林局	**5751**	**—**	**4564**	**—**	**4564**	**—**	**566**	**566**	**621**
小陇山	5751	—	4564	—	4564	—	566	566	621
青海	**—**	**—**	**—**	**—**	**—**	**—**	**—**	**—**	**—**
青海省林管局	**—**	**—**	**—**	**—**	**—**	**—**	**—**	**—**	**—**
玛可河 *	—	—	—	—	—	—	—	—	—
新疆	**3103**	**—**	**3072**	**—**	**2982**	**90**	**—**	**—**	**31**
新疆自治区林管局	**2155**	**—**	**2136**	**—**	**2046**	**90**	**—**	**—**	**19**
天山西部	1209	—	1191	—	1183	8	—	—	18
阿尔泰山	946	—	945	—	863	82	—	—	1
新疆自治区营林局	**948**	**—**	**936**	**—**	**936**	**—**	**—**	**—**	**12**
天山中东部	948	—	936	—	936	—	—	—	12

国有林区分企业的从业人员和劳动报酬情况（十）

单位：人

企业名称	其他从业人员	在岗职工		工程实施以来累计一次性安置人数	本年一次性安置		年末参加基本养老保险人数	年末参加基本医疗保险人数	年末离退休人员人数	离退休人员年生活费（千元）
		平均人数	工资总额（千元）		安置人数	安置费（万元）				
墨江	229	252	4800	138	—	—	—	300	485	6240
卫国	—	868	13217	470	—	—	1575	1575	733	9364
江边＊	—	—	—	—	—	—	—	—	—	—
清水江＊	—	—	—	—	—	—	—	—	—	—
南盘江＊	—	—	—	—	—	—	—	—	—	—
新平	—	110	2092	112	—	—	341	337	232	2923
宁蒗	—	597	11100	293	—	—	1169	1169	572	7901
陕西	**—**	**2442**	**30619**	**4879**	**—**	**—**	**2888**	**6581**	**4629**	**63403**
陕西省林管局	**—**	**2221**	**27879**	**4879**	**—**	**—**	**2544**	**6240**	**4479**	**61279**
宁西	—	625	7316	1673	—	—	639	2034	1395	17430
太白	—	808	10644	1142	—	—	808	2194	1386	20200
长青	—	77	1072	234	—	—	248	35	570	6895
宁东	—	367	4800	564	—	—	469	945	476	7400
汉西	—	206	2151	521	—	—	242	508	266	3834
龙草坪	—	138	1896	745	—	—	138	524	386	5520
陕西省营林局	**—**	**221**	**2740**	**—**	**—**	**—**	**344**	**341**	**150**	**2124**
马头滩	—	124	1588	—	—	—	179	176	74	1114
辛家山	—	97	1152	—	—	—	165	165	76	1010
甘肃	**—**	**10571**	**137706**	**7606**	**—**	**—**	**19084**	**19084**	**7122**	**106025**
甘肃省林管局	**—**	**5995**	**73666**	**7576**	**—**	**—**	**13333**	**13333**	**5824**	**86415**
舟曲	—	1120	11677	1885	—	—	3252	3252	1520	22318
迭部	—	2002	24797	2304	—	—	5309	5309	2448	35320
洮河	—	2230	28780	2470	—	—	3129	3129	1293	20622
白水江	—	643	8412	917	—	—	1643	1643	563	8155
甘肃省营林局	**—**	**4576**	**64040**	**30**	**—**	**—**	**5751**	**5751**	**1298**	**19610**
小陇山	—	4576	64040	30	—	—	5751	5751	1298	19610
青海	**—**	**—**	**—**	**—**	**—**	**—**	**—**	**—**	**—**	**—**
青海省林管局	**—**	**—**	**—**	**—**	**—**	**—**	**—**	**—**	**—**	**—**
玛可河＊	—	—	—	—	—	—	—	—	—	—
新疆	**7**	**3090**	**79838**	**4790**	**—**	**—**	**4653**	**5499**	**2645**	**43317**
新疆自治区林管局	**7**	**2147**	**56910**	**3522**	**—**	**—**	**2820**	**3495**	**1478**	**24913**
天山西部	7	1190	31540	2637	—	—	1575	1973	816	14406
阿尔泰山	—	957	25370	885	—	—	1245	1522	662	10507
新疆自治区营林局	**—**	**943**	**22928**	**1268**	**—**	**—**	**1833**	**2004**	**1167**	**18404**
天山中东部	—	943	22928	1268	—	—	1833	2004	1167	18404

国有林区固定资产投资和资金来源情况

单位:万元

指标名称	合　计	135 个木材采运企业	20 个重点营林局
固定资产投资	1210431	1156213	54218
其中:国家投资	718024	690258	27766
营林固定资产投资	549430	496412	53018
其中:公益林建设	32816	28706	4110
森工固定资产投资	661001	659801	1200
本年新增固定资产	409649	403147	6502
本年资金来源总计	1305102	1242184	62918
上年末结余资金	35561	29330	6231
本年资金来源合计	1269541	1212854	56687
其中:地方配套资金	161068	159617	1451
1. 国家预算内资金	747753	701140	46613
其中:国债资金	32567	29585	2982
中央财政专项资金	463453	426219	37234
2. 国内贷款	—	—	—
3. 利用外资	—	—	—
4. 自筹资金	305216	302315	2901
5. 其他资金	216572	209399	7173
本年房屋竣工			
面积(平方米)	3852414	3844580	7834
价值(万元)	449438	448223	1215
本年新增公路里程(千米)	404	359	45

国有林区分企业的固定资

企业名称	固定资产投资					本年新增固定资产		
	总计	其中：国家投资	营林固定资产投资		森工固定资产投资		总计	上年末结余资金
			合计	其中:公益林建设				
全国合计	**1210431**	**718024**	**549430**	**32816**	**661001**	**409649**	**1305102**	**35561**
135 个木材采运企业小计	1156213	690258	496412	28706	659801	403147	1242184	29330
20 个重点营林局小计	54218	27766	53018	4110	1200	6502	62918	6231
内蒙古	**154241**	**133975**	**80040**	**—**	**74201**	**75777**	**95947**	**—**
内蒙古集团林管局	**138606**	**121740**	**65050**	**—**	**73556**	**73646**	**80312**	**—**
阿尔山	9955	9671	4064	—	5891	5981	4348	—
绰尔	6218	5269	1969	—	4249	4249	2918	—
绰源	5765	4272	2306	—	3459	3459	3799	—
乌尔旗汉	7442	6461	3272	—	4170	4170	4253	—
库都尔	11086	10399	4501	—	6585	6585	4968	—
图里河	7568	6596	3402	—	4166	4166	4374	—
伊图里河	4667	4132	2717	—	1950	1950	3252	—
克一河	6944	6264	3808	—	3136	3136	4448	—
甘河	8574	8152	5843	—	2731	2731	6265	—
吉文	6941	5650	3650	—	3291	3291	3055	—
阿里河	7769	7367	5143	—	2626	2626	5467	—
根河	14098	13864	7050	—	7048	7048	7284	—
金河	10327	9573	4826	—	5501	5501	5578	—
阿龙山	6179	5012	3149	—	3030	3030	4334	—
满归	6557	5400	2828	—	3729	3729	3985	—
得耳布尔	8098	6950	3199	—	4899	4899	4347	—
莫尔道嘎	10418	6708	3323	—	7095	7095	7637	—
内蒙古集团营林局	**2813**	**2168**	**2168**	**—**	**645**	**645**	**2813**	**—**
大杨树	1443	1144	1144	—	299	299	1443	—
毕拉河	1370	1024	1024	—	346	346	1370	—
内蒙古林业厅营林局	**12822**	**10067**	**12822**	**—**	**—**	**1486**	**12822**	**—**
免渡河	3128	2731	3128	—	—	—	3128	—
乌奴尔	1058	1058	1058	—	—	241	1058	—
巴林	971	971	971	—	—	—	971	—
南木	1085	1085	1085	—	—	—	1085	—
红花尔基	2962	2962	2962	—	—	707	2962	—
柴河	1915	1120	1915	—	—	538	1915	—
五岔沟	140	140	140	—	—	—	140	—
白狼	1563	—	1563	—	—	—	1563	—
吉林	**285771**	**141119**	**100797**	**—**	**184974**	**52964**	**310281**	**17934**
吉林集团林管局	**135181**	**64770**	**60652**	**—**	**74529**	**35212**	**140484**	**4604**
临江	16913	10613	7871	—	9042	982	18575	3439
三岔子	18482	7212	7759	—	10723	2775	18482	—
湾沟	11117	6911	2586	—	8531	1868	11212	95
松江河	31270	9524	13747	—	17523	5345	29656	—

产投资和资金来源情况(一)

单位:万元

本年资金来源总计									本年房屋竣工		本年新增公路里程(千米)
本年资金来源合计											
合计	其中:地方配套资金	国家预算内资金			国内贷款	利用外资	自筹资金	其他资金	面积(平方米)	价值(万元)	
		小计	其中								
			国债资金	中央财政专项资金							
1269541	**161068**	**747753**	**32567**	**463453**	**—**	**—**	**305216**	**216572**	**3852414**	**449438**	**404**
1212854	159617	701140	29585	426219	—	—	302315	209399	3844580	448223	359
56687	1451	46613	2982	37234	—	—	2901	7173	7834	1215	45
95947	**251**	**78046**	**191**	**73540**	**—**	**—**	**17901**	**—**	**408944**	**44822**	**20**
80312	**—**	**64248**	**—**	**64230**	**—**	**—**	**16064**	**—**	**405974**	**44364**	**20**
4348	—	4064	—	4046	—	—	284	—	100000	5607	—
2918	—	1969	—	1969	—	—	949	—	30000	3900	—
3799	—	2306	—	2306	—	—	1493	—	18515	1966	—
4253	—	3272	—	3272	—	—	981	—	24010	3189	—
4968	—	4391	—	4391	—	—	577	—	39873	5502	—
4374	—	3402	—	3402	—	—	972	—	27920	3194	19
3252	—	2717	—	2717	—	—	535	—	10555	1415	—
4448	—	3788	—	3788	—	—	660	—	—	—	—
6265	—	5843	—	5843	—	—	422	—	10229	1125	—
3055	—	2707	—	2707	—	—	348	—	—	—	—
5467	—	5104	—	5104	—	—	363	—	13500	2137	—
7284	—	7050	—	7050	—	—	234	—	50000	6814	—
5578	—	4825	—	4825	—	—	753	—	—	—	—
4334	—	3158	—	3158	—	—	1176	—	19472	2401	—
3985	—	2828	—	2828	—	—	1157	—	—	—	—
4347	—	3199	—	3199	—	—	1148	—	28022	4031	1
7637	—	3625	—	3625	—	—	4012	—	33878	3083	—
2813	**—**	**2168**	**—**	**2168**	**—**	**—**	**645**	**—**	**20**	**1**	**—**
1443	—	1144	—	1144	—	—	299	—	20	1	—
1370	—	1024	—	1024	—	—	346	—	—	—	—
12822	**251**	**11630**	**191**	**7142**	**—**	**—**	**1192**	**—**	**2950**	**457**	**—**
3128	44	2731	—	1017	—	—	397	—	—	—	—
1058	58	1058	—	954	—	—	—	—	—	—	—
971	26	971	—	885	—	—	—	—	—	—	—
1085	21	1085	—	932	—	—	—	—	—	—	—
2962	23	2962	—	910	—	—	—	—	—	—	—
1915	44	1120	35	957	—	—	795	—	2950	457	—
140	—	140	—	140	—	—	—	—	—	—	—
1563	35	1563	156	1347	—	—	—	—	—	—	—
292347	**35001**	**144470**	**70**	**67966**	**—**	**—**	**57697**	**90180**	**1118460**	**128144**	**310**
135880	**15789**	**69380**	**—**	**28305**	**—**	**—**	**28784**	**37716**	**525434**	**60832**	**64**
15136	1734	8996	—	4315	—	—	3130	3010	44870	5833	—
18482	1667	8879	—	4037	—	—	6056	3547	3967	644	61
11117	2013	6911	—	2016	—	—	2024	2182	51905	4412	—
29656	2720	12461	—	5946	—	—	1018	16177	186085	25121	3

国有林区分企业的固定资

企业名称	固定资产投资					本年新增固定资产		
	总计	其中：国家投资	营林固定资产投资		森工固定资产投资		总计	上年末结余资金
			合计	其中:公益林建设				
泉阳	18761	8769	2669	—	16092	8842	18761	—
露水河	13258	10432	12607	—	651	6484	15930	1010
白石山	12655	6845	6845	—	5810	3293	12655	—
红石	12725	4464	6568	—	6157	5623	15213	60
延边林管局	**142307**	**69856**	**31862**	**—**	**110445**	**16570**	**156396**	**9784**
黄泥河	20046	8391	3562	—	16484	4485	20046	120
敦化	19644	8337	4059	—	15585	3176	22553	60
大石头	16992	7636	3875	—	13117	626	18426	322
八家子	11462	6966	2740	—	8722	499	12600	1225
和龙	14484	9436	3814	—	10670	2143	17227	3095
汪清	16489	8263	3658	—	12831	2235	17682	1791
大兴沟	8116	3301	1424	—	6692	1413	8261	226
天桥岭	11878	6050	2454	—	9424	228	12902	284
白河	13231	7247	3916	—	9315	1414	14675	518
珲春	9965	4229	2360	—	7605	351	12024	2143
吉林省林业厅营林局	**8283**	**6493**	**8283**	**—**	**—**	**1182**	**13401**	**3546**
上营	—	—	—	—	—	—	3194	1139
辉南	3634	2993	3634	—	—	626	5298	2377
长白	2013	1631	2013	—	—	—	1953	—
安图	2636	1869	2636	—	—	556	2956	30
长白山 *	—	—	—	—	—	—	—	—
龙江集团	**503958**	**260287**	**168471**	**—**	**335487**	**203209**	**557761**	**310**
牡丹江林业管理局	**62927**	**40465**	**31872**	**—**	**31055**	**11849**	**76766**	**—**
大海林	5648	4505	4237	—	1411	327	5921	—
柴河	11288	8213	6528	—	4760	1265	14429	—
东京城	11576	6362	5084	—	6492	7116	20480	—
穆棱	6830	4786	4092	—	2738	588	7073	—
绥阳	9461	5343	3969	—	5492	2283	9461	—
海林	5544	4298	3111	—	2433	270	5544	—
林口	5337	3328	2650	—	2687	—	5337	—
八面通	7243	3630	2201	—	5042	—	8521	—
合江林业管理局	**66842**	**33781**	**22497**	**—**	**44345**	**26816**	**78443**	**310**
桦南	12525	5287	3462	—	9063	206	13513	—
双鸭山	6546	3713	2139	—	4407	262	8918	—
鹤立	6640	3421	2549	—	4091	3424	7420	—
鹤北	9758	5819	4013	—	5745	5946	11754	—
东方红	10879	5253	4954	—	5925	5802	11532	—
迎春	6635	4204	2697	—	3938	—	11447	—
清河	13859	6084	2683	—	11176	11176	13859	310
伊春林业管理局	**266610**	**125999**	**72920**	**—**	**193690**	**132553**	**292752**	**—**
双丰	10171	5085	3049	—	7122	32	10171	—

产投资和资金来源情况(二)

单位:万元

本年资金来源总计									本年房屋竣工		本年新增公路里程(千米)
本年资金来源合计											
合计	其中:地方配套资金	国家预算内资金			国内贷款	利用外资	自筹资金	其他资金	面积(平方米)	价值(万元)	
		小计	其中								
			国债资金	中央财政专项资金							
18761	2571	9615	—	2810	—	—	7500	1646	100655	10428	—
14920	2200	10432	—	3528	—	—	2000	2488	23461	2815	—
12655	2079	6829	—	2711	—	—	3478	2348	86680	9000	—
15153	805	5257	—	2942	—	—	3578	6318	27811	2579	—
146612	**19074**	**68046**	**70**	**33377**	**—**	**—**	**27956**	**50610**	**591300**	**66842**	**201**
19926	2290	8271	—	3761	—	—	4422	7233	110863	13620	—
22493	2290	8307	—	4442	—	—	5622	8564	82900	10966	28
18104	1818	8748	—	4965	—	—	3083	6273	113132	12390	—
11375	2066	7204	70	2766	—	—	1054	3117	36600	7676	27
14132	2240	7054	—	3064	—	—	4645	2433	13220	895	—
15891	2130	7665	—	3960	—	—	3007	5219	117234	9856	—
8035	965	3246	—	1616	—	—	1208	3581	42000	3780	—
12618	2450	6790	—	2709	—	—	3247	2581	—	—	—
14157	1770	7008	—	3943	—	—	1368	5781	75351	7659	—
9881	1055	3753	—	2151	—	—	300	5828	—	—	146
9855	**138**	**7044**	**—**	**6284**	**—**	**—**	**957**	**1854**	**1726**	**470**	**45**
2055	—	1767	—	1767	—	—	—	288	980	114	—
2921	—	1487	—	1487	—	—	—	1434	—	—	—
1953	38	1631	—	1191	—	—	322	—	—	—	—
2926	100	2159	—	1839	—	—	635	132	746	356	45
—	—	—	—	—	—	—	—	—	—	—	—
557451	**75863**	**266262**	**3830**	**152411**	**—**	**—**	**191242**	**99947**	**1994256**	**237238**	**74**
76766	**9028**	**43285**	**812**	**29075**	**—**	**—**	**17205**	**16276**	**38550**	**4556**	**25**
5921	738	4505	214	3591	—	—	445	971	9900	1188	—
14429	1789	8874	—	6172	—	—	3151	2404	—	—	25
20480	2348	8391	315	4450	—	—	7056	5033	13250	1520	—
7073	646	4786	—	3862	—	—	912	1375	—	—	—
9461	1033	5343	25	3651	—	—	2299	1819	—	—	—
5544	680	4298	198	2964	—	—	396	850	—	—	—
5337	631	3328	25	2470	—	—	916	1093	15400	1848	—
8521	1163	3760	35	1915	—	—	2030	2731	—	—	—
78133	**9128**	**36123**	**1186**	**18693**	**—**	**—**	**28081**	**13929**	**165612**	**20065**	**29**
13513	1594	5287	34	2844	—	—	5277	2949	61171	7341	2
8918	700	4096	—	2033	—	—	3624	1198	1850	262	—
7420	1025	3889	54	2271	—	—	2506	1025	7874	1096	27
11754	1159	6103	35	3503	—	—	4492	1159	—	—	—
11532	783	5462	642	3922	—	—	4861	1209	14200	1704	—
11447	1606	5512	386	1978	—	—	4329	1606	—	—	—
13549	2261	5774	35	2142	—	—	2992	4783	80517	9662	—
292752	**42593**	**127701**	**1063**	**67073**	**—**	**—**	**122458**	**42593**	**1332319**	**157339**	**—**
10171	1470	5085	—	2767	—	—	3616	1470	34944	3803	—

国有林区分企业的固定资

企业名称	固定资产投资					本年新增固定资产		
	总计	其中：国家投资	营林固定资产投资		森工固定资产投资		总计	上年末结余资金
			合计	其中:公益林建设				
铁力	14843	7555	4646	—	10197	7731	14843	—
桃山	11480	5547	3829	—	7651	7417	11480	—
朗乡	27239	11001	5777	—	21462	21462	27239	—
南岔	16205	12987	6763	—	9442	9442	26523	—
金山屯	14042	6947	4560	—	9482	9482	14042	—
美溪	27477	10300	4583	—	22894	22843	27477	—
乌马河	14476	6384	4249	—	10227	10227	14476	—
翠峦	25875	10305	5364	—	20511	20261	33058	—
友好	34892	12384	5264	—	29628	8892	34892	—
上甘岭	6575	4301	3630	—	2945	2820	6575	—
五营	8909	5634	4608	—	4301	4329	8909	—
红星	8752	4796	3667	—	5085	5085	8752	—
新青	11229	8619	5163	—	6066	298	19870	—
汤旺河	26519	9521	3990	—	22529	2232	26519	—
乌伊岭	7926	4633	3778	—	4148	—	7926	—
松花江林业管理局	**91257**	**52625**	**36638**	**—**	**54619**	**15669**	**93478**	**—**
山河屯	10198	5800	4028	—	6170	1411	11768	—
苇河	6728	6728	4608	—	2120	2270	6728	—
亚布力	8827	5362	3967	—	4860	5052	9478	—
方正	8134	5788	4322	—	3812	1014	8134	—
兴隆	10612	6107	4489	—	6123	1765	10612	—
绥棱	18085	10048	7659	—	10426	2153	18085	—
通北	19228	7052	3005	—	16223	623	19228	—
沾河	9445	5740	4560	—	4885	1381	9445	—
总局直属单位	**16322**	**7417**	**4544**	**—**	**11778**	**16322**	**16322**	**—**
带岭实验局	16322	7417	4544	—	11778	16322	16322	—
大兴安岭	**119158**	**75817**	**63465**	**—**	**55693**	**49732**	**119158**	**—**
大兴安岭林管局	**116053**	**73216**	**60360**	**—**	**55693**	**49732**	**116053**	**—**
松岭	17786	10233	7883	—	9903	9896	17786	—
新林	18692	12190	10331	—	8361	8270	18692	—
塔河	18951	11837	8818	—	10133	8987	18951	—
呼中	16887	10972	8643	—	8244	8374	16887	—
阿木尔	7471	4691	4114	—	3357	2807	7471	—
图强	6959	5659	5370	—	1589	506	6959	—
西林吉	15746	8804	7592	—	8154	4642	15746	—
十八站	8250	5251	4330	—	3920	3896	8250	—
韩家园	5311	3579	3279	—	2032	2354	5311	—
大兴安岭营林局	**3105**	**2601**	**3105**	**—**	**—**	**—**	**3105**	**—**
加格达奇	3105	2601	3105	—	—	—	3105	—

产投资和资金来源情况（三）

单位：万元

本年资金来源总计									本年房屋竣工		本年新增公路里程（千米）
本年资金来源合计											
合计	其中：地方配套资金	国家预算内资金			国内贷款	利用外资	自筹资金	其他资金	面积（平方米）	价值（万元）	
		小计	其中 国债资金	其中 中央财政专项资金							
14843	2486	7555	—	4177	—	—	4802	2486	75600	7248	—
11480	1578	5547	—	3493	—	—	4355	1578	60000	7416	—
27239	3826	11001	25	5424	—	—	12412	3826	177100	21252	—
26523	4527	12896	127	6300	—	—	9100	4527	70350	8442	—
14042	1786	6946	98	4200	—	—	5310	1786	76600	9436	—
27477	4106	10249	147	4186	—	—	13122	4106	187100	22452	—
14476	2038	6464	233	3565	—	—	5974	2038	89112	10226	—
33058	4901	12105	297	4747	—	—	16052	4901	168800	20261	—
34892	5210	12384	—	4947	—	—	17298	5210	74100	8892	—
6575	640	4265	—	3410	—	—	1670	640	23500	2820	—
8909	945	5635	66	4335	—	—	2329	945	33390	4015	—
8752	1075	4796	35	3387	—	—	2881	1075	40800	4896	—
19870	2832	8619	—	4903	—	—	8419	2832	—	—	—
26519	4146	9521	—	3813	—	—	12852	4146	183600	22032	—
7926	1027	4633	35	3419	—	—	2266	1027	37323	4148	—
93478	**12949**	**51819**	**606**	**33336**	**—**	**—**	**19522**	**22137**	**362875**	**43890**	**20**
11768	1979	6922	120	3589	—	—	1854	2992	62400	4903	—
6728	558	4947	51	4232	—	—	761	1020	15400	1848	4
9478	1334	5215	150	3567	—	—	1885	2378	34800	4176	16
8134	1506	5788	150	3785	—	—	805	1541	5575	601	—
10612	1416	6107	35	4167	—	—	2515	1990	36900	4506	—
18085	2630	10048	—	6981	—	—	3223	4814	72800	8736	—
19228	2350	7052	41	2689	—	—	6826	5350	105000	15616	—
9445	1176	5740	59	4326	—	—	1653	2052	30000	3504	—
16322	**2165**	**7334**	**163**	**4234**	**—**	**—**	**3976**	**5012**	**94900**	**11388**	**—**
16322	2165	7334	163	4234	—	—	3976	5012	94900	11388	—
119158	**32096**	**75817**	**11443**	**60956**	**—**	**—**	**32261**	**11080**	**302226**	**35864**	**—**
116053	**32096**	**73216**	**11443**	**58355**	**—**	**—**	**32261**	**10576**	**302226**	**35864**	**—**
17786	6900	10233	2230	7840	—	—	6900	653	66875	9455	—
18692	5257	12190	1750	10233	—	—	5257	1245	38000	4560	—
18951	6298	11837	2099	8628	—	—	6461	653	61524	7367	—
16887	5212	10972	1743	8393	—	—	5212	703	64000	6793	—
7471	1510	4691	480	4011	—	—	1511	1269	17212	1889	—
6959	793	5659	581	4935	—	—	794	506	6004	300	—
15746	2511	8804	756	7352	—	—	2511	4431	3320	200	—
8250	2700	5251	1100	4118	—	—	2700	299	30000	3600	—
5311	915	3579	704	2845	—	—	915	817	15291	1700	—
3105	**—**	**2601**	**—**	**2601**	**—**	**—**	**—**	**504**	**—**	**—**	**—**
3105	—	2601	—	2601	—	—	—	504	—	—	—

国有林区分企业的固定资

企业名称	固定资产投资					本年新增固定资产		
	总计	其中：国家投资	营林固定资产投资		森工固定资产投资		总计	上年末结余资金
			合计	其中:公益林建设				
四川	**44488**	**32447**	**40411**	**17595**	**4077**	**135**	**77025**	**5423**
阿坝州林管局	**13484**	**7967**	**12349**	**7244**	**1135**	**—**	**43789**	**2168**
川西	787	787	787	787	—	—	6881	1022
黑水	2105	1465	1859	1859	246	—	8742	435
马尔康	2133	—	2133	2133	—	—	2133	130
小金	2042	—	1216	—	826	—	5650	230
观音桥	2868	2868	2868	528	—	—	4390	267
松潘	1275	1232	1275	604	—	—	7537	—
南坪	1278	983	1215	352	63	—	7460	—
壤塘	996	632	996	981	—	—	996	84
甘孜州林管局	**12251**	**9465**	**10404**	**2653**	**1847**	**125**	**12921**	**1945**
道孚	2417	1834	2042	544	375	—	3382	1212
新龙	2355	1724	2105	443	250	—	2689	550
丹巴	2745	2035	1998	352	747	101	2578	—
炉霍	1796	1353	1421	335	375	24	1635	—
白玉	1109	988	1109	388	—	—	921	—
力邱河	1098	929	998	336	100	—	1125	183
翁达	731	602	731	255	—	—	591	—
其他地、州林管局	**18753**	**15015**	**17658**	**7698**	**1095**	**10**	**20315**	**1310**
川南	4686	4680	4541	2328	145	—	5078	—
雷波	2899	2420	2454	2454	445	10	3478	846
凉北	2139	1878	2139	875	—	—	2299	464
夹金山	2234	—	2174	389	60	—	2234	—
木里	4768	4768	4323	1307	445	—	5199	—
普威	1269	1269	1269	345	—	—	1269	—
盐边	758	—	758	—	—	—	758	—
云南	**15293**	**12408**	**10025**	**3336**	**5268**	**27**	**28870**	**6665**
云南省林管局	**15293**	**12408**	**10025**	**3336**	**5268**	**27**	**28870**	**6665**
华坪	2360	2213	1648	784	712	—	2360	—
碧泉	2138	2082	1505	772	633	—	2234	—
黑白水	1395	1395	1395	396	—	—	1060	54
中甸 *	—	—	—	—	—	—	—	—
巨甸	1190	705	1190	163	—	—	1932	135
红旗	639	639	—	—	639	—	1467	622
云台山	1945	1092	353	37	1592	21	3557	1214
漾江	980	980	262	262	718	6	2015	965
景东	1435	1346	1435	101	—	—	1435	—

产投资和资金来源情况(四)

单位:万元

本年资金来源总计									本年房屋竣工		本年新增公路里程(千米)
本年资金来源合计											
合计	其中:地方配套资金	国家预算内资金			国内贷款	利用外资	自筹资金	其他资金	面积(平方米)	价值(万元)	
		小计	其中								
			国债资金	中央财政专项资金							
71602	**7708**	**67480**	**2600**	**25680**	**—**	**—**	**451**	**3671**	**—**	**—**	**—**
41621	**3142**	**41621**	**—**	**11519**	**—**	**—**	**—**	**—**	**—**	**—**	**—**
5859	258	5859	—	336	—	—	—	—	—	—	—
8307	640	8307	—	8307	—	—	—	—	—	—	—
2003	741	2003	—	—	—	—	—	—	—	—	—
5420	—	5420	—	438	—	—	—	—	—	—	—
4123	907	4123	—	907	—	—	—	—	—	—	—
7537	—	7537	—	531	—	—	—	—	—	—	—
7460	232	7460	—	630	—	—	—	—	—	—	—
912	364	912	—	370	—	—	—	—	—	—	—
10976	**2786**	**8190**	**—**	**5586**	**—**	**—**	**—**	**2786**	**—**	**—**	**—**
2170	584	1586	—	1065	—	—	—	584	—	—	—
2139	631	1508	—	1109	—	—	—	631	—	—	—
2578	710	1868	—	1184	—	—	—	710	—	—	—
1635	442	1193	—	793	—	—	—	442	—	—	—
921	121	800	—	595	—	—	—	121	—	—	—
942	169	773	—	493	—	—	—	169	—	—	—
591	129	462	—	347	—	—	—	129	—	—	—
19005	**1780**	**17669**	**2600**	**8575**	**—**	**—**	**451**	**885**	**—**	**—**	**—**
5078	527	4699	1672	1755	—	—	229	150	—	—	—
2632	479	2204	928	972	—	—	222	206	—	—	—
1835	250	1682	—	949	—	—	—	153	—	—	—
2234	—	2234	—	1625	—	—	—	—	—	—	—
5199	—	4823	—	2461	—	—	—	376	—	—	—
1269	370	1269	—	433	—	—	—	—	—	—	—
758	154	758	—	380	—	—	—	—	—	—	—
22205	**1838**	**16713**	**5317**	**10337**	**—**	**—**	**4737**	**755**	**21376**	**2492**	**—**
22205	**1838**	**16713**	**5317**	**10337**	**—**	**—**	**4737**	**755**	**21376**	**2492**	**—**
2360	263	1987	784	864	—	—	147	226	—	—	—
2234	289	1995	1262	733	—	—	239	—	—	—	—
1006	—	1006	196	810	—	—	—	—	—	—	—
—	—	—	—	—	—	—	—	—	—	—	—
1797	104	930	219	711	—	—	765	102	—	—	—
845	109	799	210	589	—	—	—	46	—	—	—
2343	300	2187	983	1159	—	—	101	55	—	—	—
1050	148	1050	295	748	—	—	—	—	—	—	—
1435	262	1346	101	1007	—	—	89	—	—	—	—

国有林区分企业的固定资

企业名称	固定资产投资					本年新增固定资产		
	总计	其中：国家投资	营林固定资产投资		森工固定资产投资		总计	上年末结余资金
			合计	其中:公益林建设				
墨江	1482	1482	1482	537	—	—	4117	1897
卫国	—	—	—	—	—	—	3999	1778
江边 *	—	—	—	—	—	—	—	—
清水江 *	—	—	—	—	—	—	—	—
南盘江 *	—	—	—	—	—	—	—	—
新平	583	474	583	112	—	—	583	—
宁蒗	1146	—	172	172	974	—	4111	—
陕西	**8029**	**5878**	**7474**	**2306**	**555**	**818**	**20498**	**1983**
陕西省林管局	**7474**	**5365**	**7474**	**2306**	**—**	**263**	**19915**	**1955**
宁西	1568	969	1568	384	—	56	4741	340
太白	1940	1271	1940	418	—	—	4248	—
长青	725	725	725	337	—	—	1572	279
宁东	1469	858	1469	531	—	159	4768	866
汉西	1208	1034	1208	393	—	—	3441	470
龙草坪	564	508	564	243	—	48	1145	—
陕西省营林局	**555**	**513**	**—**	**—**	**555**	**555**	**583**	**28**
马头滩	307	307	—	—	307	307	307	—
辛家山	248	206	—	—	248	248	276	28
甘肃	**51654**	**31364**	**51654**	**5519**	**—**	**15687**	**64942**	**—**
甘肃省林管局	**31364**	**31364**	**31364**	**2979**	**—**	**13660**	**44652**	**—**
舟曲	5195	5195	5195	501	—	2715	11258	—
迭部	10556	10556	10556	1041	—	4884	12333	—
洮河	10844	10844	10844	1094	—	4521	12549	—
白水江	4769	4769	4769	343	—	1540	8512	—
甘肃省营林局	**20290**	**—**	**20290**	**2540**	**—**	**2027**	**20290**	**—**
小陇山	20290	—	20290	2540	—	2027	20290	—
青海	**—**	**—**	**—**	**—**	**—**	**—**	**—**	**—**
青海省林管局	**—**	**—**	**—**	**—**	**—**	**—**	**—**	**—**
玛可河 *	—	—	—	—	—	—	—	—
新疆	**22264**	**19154**	**21518**	**3428**	**746**	**5725**	**25045**	**3246**
新疆自治区林管局	**15914**	**13230**	**15168**	**1858**	**746**	**5118**	**15141**	**589**
天山西部	6682	5347	5936	1858	746	902	6682	589
阿尔泰山	9232	7883	9232	—	—	4216	8459	—
新疆自治区营林局	**6350**	**5924**	**6350**	**1570**	**—**	**607**	**9904**	**2657**
天山中东部	6350	5924	6350	1570	—	607	9904	2657

产投资和资金来源情况（五）

单位：万元

本年资金来源总计									本年房屋竣工		本年新增公路里程（千米）
本年资金来源合计											
合计	其中：地方配套资金	国家预算内资金 小计	其中 国债资金	其中 中央财政专项资金	国内贷款	利用外资	自筹资金	其他资金	面积（平方米）	价值（万元）	
2220	27	1340	397	943	—	—	820	60	—	—	—
2221	157	1937	233	1704	—	—	127	157	1100	120	—
—	—	—	—	—	—	—	—	—	—	—	—
—	—	—	—	—	—	—	—	—	—	—	—
—	—	—	—	—	—	—	—	—	—	—	—
583	109	474	112	362	—	—	—	109	—	—	—
4111	70	1662	525	707	—	—	2449	—	20276	2372	—
18515	**3649**	**16101**	**2441**	**5237**	**—**	**—**	**—**	**2414**	**—**	**—**	**—**
17960	**3563**	**15632**	**2305**	**4904**	**—**	**—**	**—**	**2328**	**—**	**—**	**—**
4401	800	3885	384	1285	—	—	—	516	—	—	—
4248	982	3593	418	1470	—	—	—	655	—	—	—
1293	252	1122	336	299	—	—	—	171	—	—	—
3902	943	3244	531	923	—	—	—	658	—	—	—
2971	287	2822	393	484	—	—	—	149	—	—	—
1145	299	966	243	443	—	—	—	179	—	—	—
555	**86**	**469**	**136**	**333**	**—**	**—**	**—**	**86**	**—**	**—**	**—**
307	44	263	80	183	—	—	—	44	—	—	—
248	42	206	56	150	—	—	—	42	—	—	—
64942	**3285**	**56723**	**6040**	**46975**	**—**	**—**	**—**	**8219**	**62**	**15**	**—**
44652	**3285**	**40985**	**3385**	**33892**	**—**	**—**	**—**	**3667**	**—**	**—**	**—**
11258	367	10486	605	9874	—	—	—	772	—	—	—
12333	1365	11070	1112	8196	—	—	—	1263	—	—	—
12549	1348	11367	1094	8382	—	—	—	1182	—	—	—
8512	205	8062	574	7440	—	—	—	450	—	—	—
20290	**—**	**15738**	**2655**	**13083**	**—**	**—**	**—**	**4552**	**62**	**15**	**—**
20290	—	15738	2655	13083	—	—	—	4552	62	15	—
—	**—**	**—**	**—**	**—**	**—**	**—**	**—**	**—**	**—**	**—**	**—**
—	**—**	**—**	**—**	**—**	**—**	**—**	**—**	**—**	**—**	**—**	**—**
—	—	—	—	—	—	—	—	—	—	—	—
21799	**1278**	**20566**	**—**	**15506**	**—**	**—**	**927**	**306**	**7090**	**863**	**—**
14552	**302**	**13603**	**—**	**9883**	**—**	**—**	**820**	**129**	**4014**	**591**	**—**
6093	302	5347	—	5045	—	—	617	129	3603	443	—
8459	—	8256	—	4838	—	—	203	—	411	148	—
7247	**976**	**6963**	**—**	**5623**	**—**	**—**	**107**	**177**	**3076**	**272**	**—**
7247	976	6963	—	5623	—	—	107	177	3076	272	—

附录二

林业工作站和乡村林场基本情况

FULUER

各地区基层林业

地　区	至本年底实有工作站个数					本年新建站数	已加挂野保站牌子站数	已加挂仲裁委员会牌子站数	至本年底已核定编制数(人)
	总站个数		派出机构	双重领导	乡镇管理				
	计	片站							
全国总计	**28806**	**2846**	**10081**	**8567**	**10158**	**1283**	**10550**	**1419**	**122073**
北　京	192	—	29	—	163	—	—	—	504
天　津	161	—	24	66	71	—	—	—	—
河　北	1155	431	430	222	503	87	156	22	3782
山　西	1254	22	35	1051	168	—	184	—	3466
内蒙古	669	188	414	190	65	18	90	4	2786
辽　宁	1066	—	—	544	522	—	1066	—	4328
吉　林	707	—	226	460	21	—	357	16	3881
黑龙江	862	12	341	346	175	—	115	11	2264
上　海	103	—	14	16	73	—	—	—	1648
江　苏	1122	10	7	46	1069	—	—	—	3206
浙　江	1219	105	125	170	924	—	81	40	3766
安　徽	744	147	315	218	211	5	275	30	3142
福　建	934	36	791	63	80	4	673	105	3853
江　西	945	258	868	35	42	2	758	8	4663
山　东	1574	8	49	316	1209	2	64	—	4235
河　南	1993	24	54	307	1632	—	349	8	6801
湖　北	869	178	598	234	37	—	340	—	4016
湖　南	2048	184	1146	559	343	19	1295	28	12371
广　东	1056	64	528	302	226	—	202	—	5716
广　西	1043	27	343	292	408	5	10	—	3868
海　南	185	68	92	25	68	—	—	—	710
重　庆	900	51	14	210	676	23	496	107	2670
四　川	1663	639	1401	—	262	109	1152	87	10900
贵　州	1464	19	1046	387	31	12	1147	—	6296
云　南	1353	36	672	564	117	—	678	15	8830
西　藏	137	—	—	—	137	—	—	—	—
陕　西	1071	160	160	704	207	—	662	762	3792
甘　肃	992	40	206	466	320	992	—	—	3803
青　海	262	5	19	66	177	—	69	—	763
宁　夏	109	100	54	52	3	3	39	4	697
新　疆	793	6	80	495	218	2	290	11	3423
新疆兵团	161	28	—	161	—	—	2	161	1893

注：1. 总站数中的“片站”是指管理两个以上乡镇林业工作的林业站。

2. 人、财、物三权属县林业主管部门的站为派出机构；三权属乡镇的为乡镇管理；介于二者之间的为双重领导。三者

3. 已加挂野保站牌子站数指截至本年底加挂“野生动植物保护管理站”牌子的林业站总数。

4. 已加挂仲裁委员会牌子站数指截至本年底加挂“林业承包合同仲裁委员会”牌子的林业站总数。

5. 林业站“在岗职工”是指在林业站工作并在林业站开支的人员，不包括林业站临时聘用的后勤服务人员及其所办工，以及新分配的大中专毕业生。

6. 有交通工具的站数指配备机动交通工具的站数，本栏下“本年新增”指本年新增加机动交通工具的站数。

7. 有通讯设备的站数指配备电话或无线通讯设备的站数，本栏下“本年新增”指本年新增加配备电话或无线通讯设

工作站基本情况

单位:个

年末在岗职工总数(人)		经费渠道(人)				至本年底自有办公用房站数		至本年底有交通工具站数		至本年底有通讯设备站数	
计	其中:长期职工	财政全额	财政差额	林业经费	自收自支	计	本年新建	计	本年新增	计	本年新增
141786	**134495**	**93666**	**12980**	**19246**	**11800**	**18319**	**501**	**14034**	**857**	**19543**	**831**
1138	1065	493	133	3	509	122	3	136	5	168	1
483	397	—	345	—	138	161	—	142	—	161	—
3712	3683	2465	671	6	570	870	31	520	16	673	37
2809	2752	2289	269	31	220	1254	—	249	—	208	—
2827	2827	2522	235	58	12	519	—	514	—	539	—
4803	4485	3028	636	221	918	1066	—	1066	—	1066	—
4464	4352	3019	487	217	741	362	66	324	35	409	108
2557	2538	1603	125	424	405	195	1	205	—	271	1
343	316	167	81	—	95	12	—	50	—	103	—
3890	3680	2194	897	84	715	189	11	139	16	713	30
3796	3742	2793	646	265	92	717	29	450	69	993	121
3284	3271	2213	571	146	354	566	23	411	38	564	31
3933	3916	3025	404	307	197	794	19	485	41	606	1
5408	5406	4470	81	586	271	610	34	525	34	674	113
5508	5417	4741	591	16	160	1188	2	637	14	1006	26
6703	6441	5785	191	238	489	1148	—	919	10	1720	5
5804	5540	2879	829	622	1474	300	21	543	66	675	79
15530	15165	6266	3205	4357	1702	1119	61	866	34	1256	67
7420	7043	2512	1177	3032	699	720	12	1056	10	879	5
4576	4332	2994	188	1394	—	722	23	466	34	670	35
809	809	201	44	564	—	160	—	150	—	144	—
2956	2956	2848	85	—	23	620	22	569	98	681	2
11069	10869	6538	480	3053	998	1132	58	730	124	1579	119
5668	5668	4950	48	414	256	1299	49	1006	105	1276	41
8715	8677	8617	11	36	51	948	16	778	30	1184	2
—	—	—	—	—	—	—	—	6	—	—	—
4253	4113	3583	70	518	82	475	—	274	—	500	—
3942	3904	3355	269	195	85	318	3	210	12	235	1
772	693	667	2	90	13	92	16	161	42	77	4
695	695	695	—	—	—	3	—	49	23	55	—
4096	4080	3681	68	319	28	572	—	300	—	307	—
5767	5663	3073	141	2050	503	66	1	98	1	151	2

之和为总站数。

经济实体中聘用的人员。“长期职工”是指“在岗职工”中用工期限在1年(含1年)以上的职工,包括正式职工和合同制职

备的站数。

各地区地、县林业

地区	地(市)								
	林业站个数	管理人员							
		文化程度				专业技术人员			
		合计	大专以上学历	中专学历	高中以下文化	合计	高级	中级	初级
全国总计	**300**	**2639**	**2100**	**352**	**187**	**2147**	**570**	**911**	**674**
北　京	1	35	30	—	5	31	12	15	4
天　津	1	28	20	6	2	28	11	7	10
河　北	11	107	89	12	6	92	46	21	25
山　西	11	105	84	19	2	91	21	41	31
内蒙古	14	421	220	125	76	340	66	108	166
辽　宁	14	57	32	21	4	57	17	30	10
吉　林	9	97	78	16	3	88	24	43	20
黑龙江	12	56	50	6	—	48	8	29	11
上　海	10	140	120	11	9	133	26	53	54
江　苏	13	53	52	—	1	53	21	24	8
浙　江	6	35	29	5	1	30	8	20	2
安　徽	10	53	50	2	1	47	16	24	7
福　建	5	46	38	6	2	40	20	17	6
江　西	8	46	40	4	2	22	3	14	5
山　东	16	178	169	6	3	171	72	63	36
河　南	17	228	208	10	10	188	45	75	68
湖　北	17	94	74	10	10	72	10	43	19
湖　南	3	40	38	1	1	25	7	16	2
广　东	—	54	48	6	—	49	12	9	28
广　西	13	67	54	11	2	56	10	28	18
海　南	—	—	—	—	—	—	—	—	—
重　庆	40	108	99	5	4	59	12	32	15
四　川	9	51	44	6	1	33	10	18	5
贵　州	—	45	43	2	—	20	4	13	3
云　南	1	30	28	2	—	12	6	4	2
西　藏	—	—	—	—	—	—	—	—	—
陕　西	10	76	67	4	5	53	21	19	13
甘　肃	14	103	69	24	10	71	7	42	26
青　海	8	88	62	9	17	73	11	32	30
宁　夏	5	76	60	8	8	57	18	27	12
新　疆	9	78	71	5	2	65	15	27	23
新疆兵团	13	44	34	10	—	43	11	17	15

注：1.“管理人员”指从事林业站管理工作的专兼职人员。

2. 有林业站的既统计站数又统计管理人员，无林业站的只统计管理人员。

工作站及管理人员情况

单位：个、人

县(市、区)								
林业站个数	管理人员							
	文化程度				专业技术人员			
	合计	大专以上学历	中专学历	高中以下文化	合计	高级	中级	初级
2295	**27365**	**15352**	**5824**	**6146**	**17777**	**1524**	**6946**	**9177**
13	284	230	40	14	163	13	65	85
12	254	106	119	29	254	26	113	115
149	1521	1050	360	111	1174	185	577	412
109	950	612	226	112	705	23	273	409
94	1508	693	479	336	1129	98	419	612
101	641	564	65	12	546	61	275	210
61	603	310	199	94	474	41	160	273
94	572	456	107	9	503	51	255	197
—	—	—	—	—	—	—	—	—
93	460	369	69	22	428	100	208	120
78	704	430	180	94	643	74	333	236
71	367	285	71	11	318	44	154	120
36	209	175	27	7	241	26	128	88
54	406	223	115	68	248	8	113	127
142	1357	1031	261	58	1194	255	450	489
156	2038	1240	528	270	1516	84	493	939
95	315	210	89	16	234	18	124	92
51	631	441	151	39	442	26	223	193
—	324	210	101	13	264	—	90	174
62	773	425	172	176	528	8	201	319
2	9	—	4	5	5	—	1	4
—	—	—	—	—	—	—	—	—
71	689	401	212	74	501	40	242	229
3	531	408	98	25	394	9	147	238
123	2905	1570	806	529	1784	64	463	1257
137	—	—	—	—	—	—	—	—
104	1282	809	301	172	863	64	324	475
86	1024	726	174	124	689	65	311	313
39	457	376	53	28	415	42	199	174
18	399	314	45	40	339	33	119	187
91	1201	731	280	156	782	34	205	402
150	4951	957	492	3502	1001	32	281	688

各地区基层林业工作站

地 区	林业站长期职工人数	文化程度情况				专业技术人员			林业大专班		
		大专以上学历人数	中专学历人数	高中文化人数	初中以下文化人数	高级	中级	初级	本年毕业生数	在校生人数	本年入学人数
全国总计	**134495**	**60267**	**37112**	**26593**	**11351**	**1925**	**21736**	**53950**	**1501**	**3158**	**1096**
北 京	1065	672	180	126	87	23	126	161	2	5	8
天 津	397	65	200	85	47	6	106	285	—	—	—
河 北	3683	2070	1062	487	64	144	1077	1252	25	18	2
山 西	2752	791	828	890	243	16	87	616	2	5	2
内蒙古	2827	1195	1076	469	87	97	443	1315	36	182	—
辽 宁	4485	3139	796	313	237	94	1383	1861	47	437	117
吉 林	4352	1294	1879	856	323	70	732	1616	22	12	—
黑龙江	2538	1617	705	181	35	37	739	1129	29	18	10
上 海	316	152	95	37	59	12	105	110	—	—	—
江 苏	3680	1797	890	759	234	59	1009	1857	12	19	3
浙 江	3742	1307	1120	940	375	19	1311	2280	24	99	61
安 徽	3271	1798	1039	331	103	101	1011	1480	24	42	9
福 建	3916	2007	956	750	203	88	1106	1553	168	75	3
江 西	5406	1479	1440	1836	651	59	443	1807	105	300	89
山 东	5417	2855	2497	633	183	231	1396	3358	37	43	39
河 南	6441	2839	1783	1624	195	213	929	2241	32	65	24
湖 北	5540	2115	1735	1278	412	119	1178	2289	10	84	76
湖 南	15165	5186	4832	3843	1304	116	1689	4245	300	783	349
广 东	7043	2215	1954	1962	912	28	374	3167	58	157	17
广 西	4332	2516	1053	564	199	9	617	1986	91	65	43
海 南	809	65	414	330	—	—	17	152	—	—	—
重 庆	2956	1737	650	484	117	38	269	1149	1	25	—
四 川	10869	4828	2388	2238	1415	154	1568	3864	86	143	73
贵 州	5668	3347	1365	625	331	5	468	3105	65	238	54
云 南	8677	5833	1575	632	637	64	1737	4071	204	228	79
西 藏	—	—	—	—	—	—	—	—	—	—	—
陕 西	4113	1708	1495	801	109	37	528	1714	—	—	—
甘 肃	3904	1900	801	823	375	14	481	1709	99	40	24
青 海	693	436	136	78	43	13	114	389	8	16	—
宁 夏	695	470	199	20	6	6	121	437	9	46	9
新 疆	4080	1877	1444	553	229	21	291	2064	5	13	5
新疆兵团	5663	957	525	2045	2136	32	281	688	—	—	—

注:1. 林业中专班指在林业学校学习的,不包括在农广校参加学习的林业中专人数。

2. 正在接受学历教育的人员按原学历统计。

人员素质和培训情况

单位:人

学历教育情况									岗位培训情况			
林业中专班			农广校中专班			专业证书班			截至本年底已完成培训量		其中本年完成的培训量	
本年毕业生数	在校生总数	本年入学人数	本年毕业生数	在校生总数	本年入学人数	本年毕业生数	在校生总数	本年入学人数	站长	站员	站长	站员
368	**525**	**139**	**203**	**192**	**71**	**309**	**325**	**405**	**39706**	**137787**	**12646**	**45999**
—	3	2	2	2	2	15	2	33	1524	1456	242	538
—	—	—	—	—	—	—	—	—	161	397	30	81
3	9	1	4	23	23	7	1	2	1676	2850	363	569
2	4	1	25	22	2	2	—	1	2549	5139	761	1620
30	—	—	—	—	—	—	—	—	479	1232	208	103
60	367	115	—	—	—	—	—	—	1066	4485	1066	4485
11	—	—	14	—	—	1	—	—	1865	6089	603	1212
20	—	—	—	—	—	12	4	15	642	1267	220	594
—	—	—	—	—	—	2	—	—	77	84	45	52
—	—	—	8	4	—	29	27	19	396	3126	159	288
—	5	3	15	23	2	19	20	189	1006	2496	155	409
—	—	—	—	—	—	—	—	—	1515	3489	136	373
57	1	—	11	—	—	59	6	—	573	1403	201	681
38	44	—	4	7	4	14	39	20	1799	6453	641	2792
23	—	—	14	25	11	17	23	15	1600	3807	829	1397
2	10	1	—	2	—	—	—	—	1908	4572	809	1949
29	17	3	—	—	—	9	23	17	—	—	418	1168
14	1	1	16	2	1	54	63	20	2918	16918	918	5791
—	1	—	—	—	1	1	1	1	1655	14219	429	2252
42	—	—	21	3	—	23	18	2	1315	3025	310	1198
—	—	—	—	—	—	—	—	—	238	524	—	—
16	4	—	22	36	22	—	—	10	1686	4557	855	2120
14	43	12	2	5	—	30	54	23	3065	10553	1146	2880
3	9	—	—	—	—	1	—	34	1555	5256	47	1178
2	6	—	45	5	2	7	42	1	1831	7546	922	3969
—	—	—	—	—	—	—	—	—	—	—	—	—
—	—	—	—	—	—	—	—	—	—	—	—	—
2	1	—	—	33	1	—	—	—	1766	4278	368	907
—	—	—	—	—	—	—	—	—	134	205	—	—
—	—	—	—	—	—	—	—	—	147	600	25	119
—	—	—	—	—	—	7	2	3	4402	14081	719	2567
—	—	—	—	—	—	—	—	—	158	7680	21	4707

地区	至本年底累计完成投资						
	合计	国家投资			地方投资		
		计	局投资	其他	计	省(区、市)	地(市)、县、乡
全国总计	**378730**	**69432**	**57302**	**11968**	**310149**	**49632**	**260691**
北京	11359	1913	1142	771	9446	546	8900
天津	620	310	310	—	310	310	—
河北	7377	2375	1956	419	5833	2053	3780
山西	8323	1846	1565	281	6477	2247	4230
内蒙古	1784	777	472	305	1007	10	997
辽宁	11257	2410	2194	216	8847	1558	7289
吉林	10931	3429	1015	2414	7502	2151	5351
黑龙江	3284	1242	1168	74	2042	136	1906
上海	300	146	146	—	154	154	—
江苏	9122	1442	409	1003	7680	3222	4458
浙江	18948	2785	1769	1016	16163	1614	14549
安徽	12937	1279	1279	—	11658	803	10855
福建	34640	470	466	4	34125	7446	26680
江西	27170	2715	1608	1107	24455	1612	22843
山东	31165	14093	14010	83	17171	85	17086
河南	12035	1238	1238	—	10797	1783	9040
湖北	16297	2290	2290	—	14007	1237	12770
湖南	28437	5343	5020	323	23094	2064	21030
广东	26497	1434	1434	—	25063	3002	22061
广西	21203	2472	2186	286	18741	6101	12640
海南	3244	673	673	—	2571	458	2113
重庆	4802	1560	1450	54	3204	510	2695
四川	21293	2872	2740	132	18421	529	17891
贵州	14415	2576	2540	36	11839	3068	8771
云南	17752	2288	1759	529	15464	2378	13086
西藏	806	806	806	—	—	—	—
陕西	8835	2618	1494	1124	6217	1361	5037
甘肃	3374	1506	640	755	1862	532	1298
青海	2396	978	882	96	1418	1069	349
宁夏	2537	898	736	162	1639	1348	291
新疆	5088	2397	1654	778	2691	211	2480
新疆兵团	504	252	252	—	252	36	216

站建设完成投资情况

单位:万元

本年完成投资						
合计	国家投资			地方投资		
	计	局投资	其他	计	省(区、市)	地(市)、县、乡
46379	**7517**	**6263**	**1253**	**38863**	**13960**	**24902**
330	150	150	—	180	180	—
60	30	30	—	30	30	—
1354	220	220	—	1134	557	577
610	160	160	—	450	300	150
240	240	240	—	—	—	—
490	245	245	—	245	—	245
2243	230	230	—	2013	780	1233
481	260	260	—	221	—	221
60	40	40	—	20	20	—
250	120	120	—	130	—	130
2111	171	171	—	1940	100	1840
1354	180	180	—	1174	30	1144
2094	191	187	4	1904	17	1887
2973	240	240	—	2733	200	2533
11651	867	647	220	10784	9060	1724
1123	240	240	—	883	264	619
905	180	180	—	725	21	704
3927	570	569	1	3357	131	3226
1603	184	184	—	1419	216	1203
2155	140	140	—	2015	792	1223
62	50	50	—	12	12	—
190	110	110	—	80	—	80
5178	1150	434	716	4028	324	3704
1261	229	229	—	1033	260	773
1690	200	200	—	1490	200	1290
35	35	35	—	—	—	—
794	230	230	—	564	284	280
621	467	154	313	154	52	102
90	90	90	—	—	—	—
220	90	90	—	130	130	—
180	180	180	—	—	—	—
45	30	30	—	15	—	15

各地区基层林业工作站

地　区	营林情况						森林病虫鼠害防治面积
	本年新造林面积		本年新封山育林面积	本年育苗面积	本年抚育作业面积	四旁植树株数（万株）	
	计	其中:林业重点工程造林面积					
全国总计	**4018316**	**2392730**	**1160225**	**155339**	**5913389**	**199252**	**4792798**
北　京	17380	14480	907	1244	6946	63	29110
天　津	133	66	47	20	—	111	124
河　北	270270	206270	22812	26010	445160	12542	208955
山　西	274020	214230	79530	1427	17372	6807	1181
内蒙古	375010	253500	19910	991	2017	3118	2008
辽　宁	91309	91309	38665	630	3912	10887	6113
吉　林	18064	11027	1002	186	9682	3301	8168
黑龙江	122418	108454	11689	5703	12281	100	74904
上　海	1960	1383	—	1560	82633	600	5450
江　苏	75027	33706	205	277	1861	6898	2031
浙　江	25508	15313	2782	8159	122631	1679	60871
安　徽	59657	42983	7847	8102	274463	8148	455217
福　建	31064	10576	11383	1406	139133	1689	19053
江　西	161559	96504	3363	9488	437491	1691	478608
山　东	150912	35503	257	7334	1268623	17476	1242360
河　南	318550	113740	3530	7530	1891	13491	4121
湖　北	130564	50809	14362	2208	5677	3123	1047
湖　南	92151	76152	2635	5598	618319	12487	543714
广　东	18522	13899	2758	6911	343341	28697	187196
广　西	115540	60590	20321	1671	264484	683	110215
海　南	18278	8642	—	424	3481	735	2159
重　庆	38485	38485	6585	355	948	6381	1009
四　川	323800	200900	272900	26450	353700	18337	103730
贵　州	115270	95378	138742	8687	76625	6945	221363
云　南	398711	17568	106205	1565	12377	11534	30844
西　藏	49467	19734	11834	279	—	499	3467
陕　西	309448	215092	141495	1144	4523	10670	—
甘　肃	167545	129511	92690	11167	131521	4503	141190
青　海	23715	12060	99482	774	495	728	916
宁　夏	61675	55599	18776	3550	466039	1704	159849
新　疆	139710	137607	22378	3623	494363	3288	343825
新疆兵团	22594	11660	5133	866	311400	339	344000

注:1. 本表只统计本年基层林业工作站所单独或参与完成的主要工作。
2. 林业重点工程造林面积指林业站当年所完成的各项国家级林业重点工程面积的总和。
3. 本年抚育作业面积指幼林抚育作业面积与成林抚育作业面积之和。
4. 本年推广面积指林业站当年所完成的林业科技推广面积总和,不包括站办科技推广示范基地的面积。
5. 受委托行使林业行政执法权站数指截止到本年底的总站数。

职能作用主要指标情况

单位:公顷、个

采伐设计面积	受委托行使林业行政执法权站数	受理林政案件(件)	参与调处林权纠纷(件)	受理林业承包合同纠纷(件)	科技推广	
					站办示范基地面积	本年推广面积
1791312	**14395**	**92569**	**182421**	**27934**	**1727817**	**9027109**
1860	—	84	10	—	56000	506000
—	—	—	—	—	1801	—
34080	224	903	1622	472	35770	245270
3915	—	471	898	221	10150	68970
16620	386	958	516	311	29020	103400
—	596	399	433	391	—	—
88374	658	9340	977	311	1405	3040
13164	389	534	586	402	1059	6631
—	—	14	8	4	2793	775164
13394	241	2257	2183	1225	12770	151619
231438	240	5833	766	207	14929	67521
74454	380	2394	7116	1076	63735	88858
56790	603	3515	2215	630	4247	12709
206423	853	6078	3743	331	30017	51270
10388	145	1692	417	187	4967	100259
274700	210	1658	3370	1198	523650	3141600
2119	605	6317	25804	2080	481514	3101930
295901	1753	16407	29631	6873	243041	103816
139091	344	4374	2878	432	59855	18212
78511	719	3945	6198	493	6503	30177
1574	235	176	196	29	1858	866
127	534	1605	1042	378	187	208
182700	1866	5424	10471	840	40700	127000
29834	861	3862	21478	1909	909	6004
6376	1219	10453	54545	6388	14565	9078
4	—	349	—	—	—	—
19571	520	1689	3414	855	34042	122707
427	343	520	920	287	2816	16652
1	74	234	244	80	11	56
1	70	106	42	26	5198	4991
8033	167	367	294	44	6226	159798
1441	160	611	404	254	38080	3303

各地区乡村林

地区	林场个数					经营面积		
	合计	按经营形式分				合计	其中：有林地	其中：经济林
		集体林场	联办林场	站办林场	户办林场			
全国总计	**66993**	**32388**	**11823**	**1193**	**21589**	**15763008**	**6946255**	**679250**
北京	55	14	—	1	40	3312	2851	182
天津	45	28	1	2	14	2057	1852	11
河北	3282	202	116	88	2876	265032	217139	24347
山西	1067	253	169	84	561	136999	6271	856
内蒙古	518	93	107	8	310	22151	7061	799
辽宁	1002	86	310	—	606	43021	25123	17898
吉林	34	26	1	—	7	29811	21493	3857
黑龙江	25	15	—	—	10	1567300	1613500	—
上海	1	1	—	—	—	43	43	13
江苏	612	258	75	32	247	46307	39937	7059
浙江	1016	489	117	11	399	154053	196506	22617
安徽	6532	3502	1101	156	1773	399153	306714	37928
福建	831	430	320	42	39	694676	468392	56320
江西	3387	1963	598	42	784	523271	481497	29695
山东	608	478	130	—	—	77908	74154	10816
河南	5157	1617	621	24	2895	296585	205813	53699
湖北	5141	1899	829	—	2413	7397615	—	—
湖南	15060	9570	3040	370	2080	1526197	1154052	162397
广东	3295	2225	751	146	173	1189331	1022883	85089
广西	2042	1108	393	3	538	35495	35116	2789
海南	14	10	4	—	—	548	466	82
重庆	380	311	31	11	27	28281	23119	5597
四川	2492	865	581	25	1021	231132	196502	13715
贵州	5834	2449	1702	99	1584	366670	259129	42332
云南	1413	838	468	46	61	32033	19837	1409
西藏	—	—	—	—	—	—	—	—
陕西	1297	435	235	2	625	444887	374661	70227
甘肃	3418	2859	97	1	461	163335	115590	25234
青海	265	261	1	—	3	44778	43598	188
宁夏	81	56	25	—	—	29733	25741	120
新疆	5	5	—	—	—	665	488	68
新疆兵团	2084	42	—	—	2042	10629	6725	3904

场基本情况

单位：公顷、百立方米、百根、万元

蓄积量		本年林业生产				年末实有从业人员	年经营收入
林木	毛竹	造林面积	育苗面积	木材产量	毛竹产量		
82505651	**6581510**	**950835**	**77771**	**1774789**	**1389030**	**340760**	**765483**
1917	—	—	66	68	—	62	85
—	—	81	3	—	—	77	102
7193	—	12964	2433	2680	—	9249	3709
15903	25	8850	809	106	—	6883	939
7868	—	2749	207	146	—	1151	439
11133	—	976	456	1418	—	2276	747
54148	—	1079	65	15	—	250	2710
8085	—	314	50	36	—	231	215
16	—	—	—	—	—	30	250
14433	9049	6332	1271	1081	288388	12732	4410
368296	212911	10596	2846	4799	76563	6744	19830
1674	10598	12128	801	35	300	24014	25010
5246791	1140226	26198	312	121193	583033	4925	337707
194462	1528205	71179	1983	19434	131902	21197	27169
947380	13	7479	773	8710	920	23964	20300
16382	4296	31924	2298	14537	2901	29496	8482
—	—	561586	46790	528022	165026	27714	—
46755339	2642259	81037	6506	833543	84264	79546	274148
186710	896887	32864	196	142437	7240	14902	16593
10898	61490	1640	9	1330	1933	10373	5763
41958	1200	223	375	970	800	293	44
12109	11478	1643	74	561	1639	1115	484
279141	22828	11252	277	39974	28324	6820	4889
167027	8051	6959	978	1551	9637	24569	2699
28121305	30830	1241	555	34433	6080	10734	5309
—	—	—	—	—	—	—	—
21966	1155	19656	1035	16372	70	8699	—
3488	—	26948	6210	1262	10	9717	435
—	—	1472	132	45	—	410	—
91	—	7820	141	—	—	50	—
235	9	61	40	—	—	475	—
9704	—	3585	80	32	—	2062	3016

附录三

森林主要灾害情况

FULUSAN

全国森林主要灾害情况(一)

指 标 名 称	单 位	2009 年	2008 年	2009 年比 2008 年增减%
一、森林火灾				
1. 火灾次数	次	8859	14144	-37.37
其中:重大火灾	次	35	13	169.23
特大火灾	次	1	—	—
2. 火场总面积	公顷	213636	184495	15.80
其中:受害森林面积	公顷	46156	52539	-12.15
3. 扑火经费	万元	10633.14	9184.26	15.78
4. 出动扑火人工数	工日	1344403	1464277	-8.19
5. 伤亡人数				
(1)受伤人数	人次	71	77	-7.79
(2)死亡人数	人	39	97	-59.79
二、森林病虫鼠害				
1. 发生面积	千公顷	11420	11418	0.01
2. 防治面积	千公顷	8194	7840	4.52
3. 防治率	%	71.75	68.66	3.09
(一)森林病害				
1. 发生面积	千公顷	1031	1168	-11.73
2. 防治面积	千公顷	819	905	-9.51

全国森林主要灾害情况(二)

指 标 名 称	单 位	2009 年	2008 年	2009 年比 2008 年增减%
3. 防治率	%	79.40	77.44	1.95
(二)森林虫害				
1. 发生面积	千公顷	8503	8432	0.84
其中:松毛虫	千公顷	903	902	0.15
杨树食叶害虫	千公顷	1233	1157	6.63
杨树蛀干害虫	千公顷	619	801	-22.75
2. 防治面积	千公顷	6381	5902	8.12
其中:松毛虫	千公顷	715	652	9.66
杨树食叶害虫	千公顷	1022	896	14.00
杨树蛀干害虫	千公顷	496	640	-22.46
在防治面积中:				
化学防治	千公顷	1046	1047	-0.14
生物防治	千公顷	1694	1610	5.26
3. 防治率	%	75.05	70.00	5.05
(三)森林鼠害				
1. 发生面积	千公顷	1885	1818	3.70
2. 防治面积	千公顷	994	1033	-3.76
3. 防治率	%	52.70	56.79	-4.09

各地区森林

地 区	森林火灾次数(次)					火场总面积(公顷)	受害森林面积(公顷)		
	合计	一般火灾	较大火灾	重大火灾	特大火灾		合计	其中 原始林	其中 人工林
全国合计	**8859**	**4945**	**3878**	**35**	**1**	**213636**	**46156**	**5124**	**36058**
北 京	4	3	1	—	—	13	7	—	7
天 津	6	5	1	—	—	4	2	—	2
河 北	63	53	10	—	—	443	105	—	105
山 西	37	13	24	—	—	3149	636	111	525
内蒙古	66	32	30	4	—	17764	3734	—	31
辽 宁	176	123	53	—	—	1424	481	47	410
吉 林	131	98	33	—	—	351	206	1	105
黑龙江	54	36	17	—	1	99819	1834	1743	91
上 海	—	—	—	—	—	—	—	—	—
江 苏	50	49	1	—	—	49	5	—	5
浙 江	247	51	196	—	—	3547	1580	—	1207
安 徽	100	57	43	—	—	758	311	1	310
福 建	579	38	528	13	—	16018	11011	207	10804
江 西	394	91	303	—	—	8184	3300	21	3279
山 东	17	6	11	—	—	210	69	—	69
河 南	596	436	160	—	—	1990	810	—	810
湖 北	660	575	85	—	—	2228	473	77	390
湖 南	2173	878	1289	6	—	18080	10110	60	10050
广 东	188	53	135	—	—	2631	1269	79	1190
广 西	569	333	236	—	—	7167	1190	40	1150
海 南	46	28	18	—	—	222	163	3	160
重 庆	87	78	9	—	—	247	66	7	53
四 川	310	247	57	6	—	5731	2578	2094	484
贵 州	1626	1199	421	6	—	12661	3702	383	3315
云 南	510	320	190	—	—	10235	2222	238	1332
西 藏	11	10	1	—	—	47	5	—	—
陕 西	55	47	8	—	—	282	108	4	104
甘 肃	29	29	—	—	—	78	2	—	2
青 海	16	14	2	—	—	154	103	—	16
宁 夏	8	8	—	—	—	69	—	—	—
新 疆	51	35	16	—	—	84	73	8	50

火灾情况(一)

损失林木		人员伤亡(人)				其他损失	出动扑	出动车辆(台)		出动	扑火
成林蓄积（立方米）	幼林株数（万株）	计	轻伤	重伤	死亡	折款（万元）	火人工（工日）	计	其中：汽车	飞机（架次）	经费（万元）
1125075	**9454**	**110**	**46**	**25**	**39**	**14511.45**	**1344403**	**106420**	**75780**	**1266**	**10633.14**
—	1	—	—	—	—	—	1320	115	113	—	30.89
5	—	—	—	—	—	—	460	28	28	—	3.70
323	1	1	—	—	1	17.56	16863	852	825	—	81.00
29023	31	9	6	1	2	1340.19	60082	2477	1823	—	559.61
16	1689	—	—	—	—	7.96	23493	1322	1230	16	767.47
378	18	—	—	—	—	12.88	35769	7189	6917	—	109.05
1975	13	—	—	—	—	240.21	11454	1050	1050	6	95.59
—	—	5	—	4	1	—	74429	3420	3420	1123	971.01
—	—	—	—	—	—	—	—	—	—	—	—
4	—	—	—	—	—	—	4640	364	336	—	20.92
48085	122	5	1	1	3	39.30	37552	3496	2478	—	351.33
6205	12	—	—	—	—	55.35	11164	1510	647	—	78.31
420721	578	6	2	—	4	1776.91	105886	12053	5203	—	842.65
55022	432	21	19	1	1	1275.17	91578	11282	4645	19	687.03
—	11	—	—	—	—	10.00	9065	852	784	—	45.00
827	39	—	—	—	—	82.63	29345	2176	2175	4	148.04
3046	39	—	—	—	—	5.77	28847	1847	1680	—	116.92
248925	658	20	2	10	8	2321.67	225875	11965	10276	—	850.32
22715	3475	6	1	3	2	301.91	31351	3063	2381	—	521.66
34182	509	16	6	—	10	274.13	52225	4119	2389	15	656.24
286	2	—	—	—	—	5.27	2062	227	95	—	2.75
921	5	—	—	—	—	23.83	19736	980	811	—	49.35
57783	24	1	—	—	1	712.75	171009	12124	6544	54	1015.34
117204	1331	9	3	2	4	1216.01	124349	7781	6911	—	455.82
77348	430	6	2	2	2	4711.93	150223	14255	11205	29	2034.12
—	—	—	—	—	—	8.43	12114	783	783	—	35.09
22	23	3	2	1	—	—	5367	359	359	—	33.24
—	—	—	—	—	—	1.30	1871	132	95	—	2.50
—	2	—	—	—	—	14.90	1840	177	169	—	5.45
—	2	—	—	—	—	3.10	1171	103	103	—	6.00
60	8	2	2	—	—	52.29	3263	319	305	—	56.76

地区	合计	已查明火												
		生产性火源												
		计	烧荒烧炭	炼山造林	烧牧场	烧窑	烧隔离带	火车喷漏	火车甩瓦	机车喷火	其他	计	野外吸烟	取暖做饭
全国合计	**7410**	**4070**	**3097**	**387**	**21**	**7**	**8**	**1**	**1**	**1**	**547**	**3131**	**628**	**107**
北京	1	—	—	—	—	—	—	—	—	—	—	1	1	—
天津	6	—	—	—	—	—	—	—	—	—	—	6	—	—
河北	55	13	7	—	—	—	—	—	—	—	6	40	9	1
山西	27	6	1	1	—	—	—	—	—	—	4	19	2	3
内蒙古	54	15	4	—	—	—	1	1	—	—	9	21	3	3
辽宁	160	52	37	2	—	—	—	—	—	—	13	105	11	1
吉林	120	58	58	—	—	—	—	—	—	—	—	56	22	3
黑龙江	42	6	6	—	—	—	—	—	—	—	—	16	10	—
上海	—	—	—	—	—	—	—	—	—	—	—	—	—	—
江苏	50	2	2	—	—	—	—	—	—	—	—	45	18	—
浙江	217	125	112	13	—	—	—	—	—	—	—	88	19	2
安徽	94	24	13	8	—	—	—	—	—	—	3	68	3	1
福建	444	267	196	18	—	3	—	—	—	1	49	170	45	2
江西	380	235	190	20	—	3	—	—	1	—	21	135	45	2
山东	15	7	7	—	—	—	—	—	—	—	—	8	3	—
河南	432	131	125	—	1	—	2	—	—	—	3	295	58	—
湖北	561	154	83	45	—	—	—	—	—	—	26	403	55	12
湖南	2047	1378	1039	153	2	1	—	—	—	—	183	638	105	7
广东	170	73	26	20	—	—	—	—	—	—	27	92	13	1
广西	505	350	249	62	4	—	3	—	—	—	32	122	23	2
海南	31	16	7	6	—	—	—	—	—	—	3	13	4	—
重庆	83	33	15	2	1	—	—	—	—	—	15	44	11	1
四川	236	96	59	16	4	—	—	—	—	—	17	134	36	8
贵州	1106	803	670	18	5	—	1	—	—	—	109	287	58	20
云南	421	201	170	3	4	—	—	—	—	—	24	201	37	31
西藏	5	—	—	—	—	—	—	—	—	—	—	3	2	1
陕西	51	9	9	—	—	—	—	—	—	—	—	42	4	1
甘肃	26	9	9	—	—	—	—	—	—	—	—	17	6	2
青海	16	—	—	—	—	—	—	—	—	—	—	16	2	2
宁夏	7	1	1	—	—	—	—	—	—	—	—	6	3	—
新疆	48	6	2	—	—	—	1	—	—	—	3	40	20	1

火灾情况(二)

源	次	数	（次）									未查明火源次数（次）	火案处理情况（人）		
非生产性用火							故意放火	外省（区）烧入	外国烧入	雷击火	其他自然火		已处理起数（起）	已处理人数	其中刑事处罚人数
上坟烧纸	烧山驱兽	小孩玩火	痴呆弄火	家火上山	电线引起	其他									
964	**33**	**373**	**226**	**19**	**133**	**648**	**69**	**78**	**9**	**46**	**7**	**1449**	**5416**	**5735**	**1340**
—	—	—	—	—	—	—	—	—	—	—	—	3	—	—	—
1	—	1	—	—	—	4	—	—	—	—	—	—	1	1	1
1	—	1	2	—	2	24	2	—	—	—	—	8	34	51	7
3	1	1	—	—	—	9	2	—	—	—	—	10	26	28	25
14	—	—	—	—	—	1	—	—	1	17	—	12	10	14	7
76	—	2	4	2	—	9	3	—	—	—	—	16	125	99	34
23	—	1	3	3	—	1	6	—	—	—	—	11	131	422	11
3	—	—	—	—	—	3	1	—	—	19	—	12	8	29	—
—	—	—	—	—	—	—	—	—	—	—	—	—	—	—	—
11	—	4	—	—	1	11	1	2	—	—	—	—	39	33	—
21	2	17	15	1	3	8	2	1	—	1	—	30	163	144	50
48	—	2	1	—	3	10	1	1	—	—	—	6	50	42	5
54	3	7	15	4	16	24	6	—	—	1	—	135	327	317	257
23	2	20	18	1	5	19	—	10	—	—	—	14	363	356	102
5	—	—	—	—	—	—	—	—	—	—	—	2	10	9	2
88	3	77	11	—	3	55	—	6	—	—	—	164	264	308	15
247	—	37	6	—	5	41	—	1	—	—	3	99	268	337	12
171	3	41	49	4	31	227	3	26	—	1	1	126	1836	1760	475
9	—	1	9	—	5	54	1	3	—	—	1	18	116	110	11
34	7	4	20	2	7	23	19	13	1	—	—	64	363	337	56
2	2	1	2	—	—	2	2	—	—	—	—	15	10	10	2
9	1	7	5	—	2	8	2	—	—	4	—	4	58	69	18
30	—	17	9	1	15	18	3	1	—	—	2	74	218	222	10
47	1	80	17	1	16	47	4	12	—	—	—	520	512	460	132
17	8	30	37	—	18	23	11	2	5	1	—	89	415	500	100
—	—	—	—	—	—	—	—	—	2	—	—	6	—	—	—
17	—	12	2	—	1	5	—	—	—	—	—	4	36	51	2
—	—	5	—	—	—	4	—	—	—	—	—	3	14	6	—
8	—	3	1	—	—	—	—	—	—	—	—	—	10	10	6
1	—	1	—	—	—	1	—	—	—	—	—	1	7	8	—
1	—	1	—	—	—	17	—	—	—	2	—	3	2	2	—

各地区森林病虫鼠害

地区	森林病虫害防治检疫机构								
	省级		地级		县级		检疫员		
	站数	人数	站数	人数	站数	人数	合计	专职人员	兼职人员
全国合计	**34**	**661**	**376**	**2906**	**2638**	**16265**	**31108**	**13609**	**17499**
北京	1	30	—	—	16	173	507	168	339
天津	1	10	—	—	12	136	164	96	68
河北	1	18	15	135	154	958	2152	894	1258
山西	1	17	21	144	115	586	775	576	199
内蒙古	1	12	13	242	122	1094	1398	676	722
辽宁	1	27	14	110	71	490	1120	460	660
吉林	1	15	9	84	77	459	1271	327	944
黑龙江	2	16	19	140	110	453	1696	459	1237
上海	1	14	—	—	10	151	164	98	66
江苏	1	7	13	128	81	756	428	306	122
浙江	1	18	11	71	80	419	1672	655	1017
安徽	1	35	17	109	83	481	1166	454	712
福建	1	21	9	40	75	328	1163	690	473
江西	1	50	11	84	98	434	1034	702	332
山东	1	21	18	136	142	920	1639	669	970
河南	1	19	18	166	139	1001	1357	688	669
湖北	1	21	18	131	79	698	824	353	471
湖南	1	10	14	57	113	722	1546	439	1107
广东	1	25	21	96	91	433	769	337	432
广西	1	15	14	111	106	550	784	529	255
海南	1	33	5	12	16	52	170	81	89
重庆	1	57	—	—	34	248	1131	518	613
四川	1	17	21	108	172	826	1533	609	924
贵州	1	9	9	53	88	379	1959	453	1506
云南	1	20	16	141	130	634	1887	676	1211
西藏	1	6	6	36	72	144	—	—	—
陕西	1	18	12	122	114	1214	939	669	270
甘肃	1	40	24	229	86	640	696	397	299
青海	1	7	6	61	29	181	364	166	198
宁夏	1	16	5	53	15	123	86	79	7
新疆	2	18	17	107	96	499	631	337	294
大兴安岭	1	19	—	—	12	83	83	48	35

防治检疫机构情况

单位:个、人

森林病虫害基层测报机构						
基层测报站、点				测 报 员		
合计	国家级	省级	一般	合计	专职人员	兼职人员
25833	**1000**	**1901**	**22932**	**72339**	**9719**	**62620**
2326	11	965	1350	2243	234	2009
116	9	3	104	232	73	159
2739	37	41	2661	3974	543	3431
490	34	22	434	859	171	688
470	44	28	398	2461	439	2022
391	44	17	330	3183	241	2942
118	33	10	75	875	161	714
1092	48	173	871	1798	392	1406
115	7	13	95	207	149	58
387	31	20	336	652	192	460
1071	42	21	1008	3964	238	3726
583	37	10	536	1424	359	1065
91	40	48	3	1475	318	1157
2843	36	67	2740	2683	481	2202
1179	43	50	1086	3920	737	3183
1261	38	120	1103	2496	618	1878
1675	36	33	1606	1922	226	1696
136	40	—	96	2180	326	1854
749	43	21	685	2307	508	1799
584	39	11	534	4317	536	3781
114	10	10	94	185	62	123
1195	24	16	1155	9931	294	9637
1943	40	21	1882	7624	506	7118
387	35	53	299	1611	253	1358
1814	35	80	1699	5951	519	5432
78	3	—	75	—	—	—
874	35	29	810	1456	415	1041
110	35	—	75	792	227	565
250	29	—	221	399	97	302
87	16	8	63	295	85	210
544	38	11	495	815	271	544
21	8	—	13	108	48	60

各地区森林病虫

地　区	发生面积				寄主树种面积	发生率（%）
	总计	轻度	中度	重度		
全国合计	**11419714**	**7323784**	**2994807**	**1101123**	**263004264**	**4.34**
北　京	39233	37007	1760	467	688160	5.70
天　津	36527	28627	4627	3273	201387	18.14
河　北	508760	362587	97153	49020	4341333	11.72
山　西	280147	209733	63680	6733	4618473	6.07
内蒙古	1062700	544553	342367	175780	24775547	4.29
辽　宁	703747	403280	205467	95000	4365905	16.12
吉　林	294267	177907	69380	46980	8257000	3.56
黑龙江	369051	125422	212590	31038	16544502	2.23
上　海	11475	9849	1583	43	89868	12.77
江　苏	83457	52590	12353	18514	1596853	5.23
浙　江	70534	61248	7027	2259	5785300	1.22
安　徽	336606	250416	62397	23794	4309460	7.81
福　建	207682	155215	42960	9507	9148100	2.27
江　西	387333	287100	73467	26767	9794500	3.95
山　东	598663	478536	91723	28403	3852333	15.54
河　南	479713	377253	82567	19893	4311387	11.13
湖　北	334670	238883	71234	24553	5788200	5.78
湖　南	393380	232833	94573	65973	9903640	3.97
广　东	442097	332984	103183	5930	9760734	4.53
广　西	359400	290642	53308	15451	13730800	2.62
海　南	7189	3541	2451	1197	25935294	0.03
重　庆	277695	205812	46037	25847	3227840	8.60
四　川	775873	471907	206013	97953	16324880	4.75
贵　州	291787	246780	36633	8373	5606000	5.20
云　南	331127	182920	100533	47673	15816300	2.09
西　藏	139733	—	139733	—	14626500	0.96
陕　西	405293	272573	91260	41460	9840313	4.12
甘　肃	243247	140473	76540	26233	5496833	4.43
青　海	265514	140117	99488	25909	4440733	5.98
宁　夏	366633	256384	93898	16351	1340853	27.34
新　疆	1188633	702313	327680	158640	12051240	9.86
大兴安岭	127547	44300	81140	2107	6433993	1.98

鼠害防治情况

单位:公顷

防治面积						防治率（%）
总计	化学防治	仿生制剂	人工防治	生物防治	其他	
8193837	**1483253**	**1879246**	**2028586**	**1939413**	**863339**	**71.75**
39000	—	24747	3200	10247	807	99.41
38293	2373	25367	347	4187	6020	100.00
574580	111827	387647	37033	20273	17800	100.00
203380	104233	21953	46647	23373	7173	72.60
435127	68867	147360	93213	54200	71487	40.95
611307	31913	68320	124247	297640	89187	86.86
113080	38820	15133	44220	11707	3200	38.43
335357	61512	69199	72659	73301	58685	90.87
11207	2457	7704	686	300	60	97.66
78031	10403	32173	34987	—	467	93.50
64289	10807	13026	27947	9937	2572	91.15
260229	50724	33212	78474	61305	36514	77.31
116334	2135	1322	40423	62921	9532	56.02
332167	13787	42180	89100	159020	28080	85.76
732816	151996	131385	99457	179244	170734	100.00
427873	102233	216260	61307	5120	42953	89.19
300924	40083	97433	40407	111623	11378	89.92
191387	48973	16433	53787	33733	38460	48.65
149761	722	56340	28057	41987	22656	33.88
85528	1865	4668	14574	60893	3528	23.80
5356	655	—	—	4511	190	74.50
262929	3307	61410	35532	114800	47881	94.68
615747	44020	62620	259367	197673	52067	79.36
234427	4853	50620	139153	22620	17180	80.34
306620	117953	29200	80173	72613	6680	92.60
—	—	—	—	—	—	—
262140	54207	40627	146567	10447	10293	64.68
207240	108420	18707	55607	8173	16333	85.20
195031	5992	38480	109589	10965	30005	73.45
206313	81007	2773	116940	2960	2633	56.27
744367	202340	115780	94673	272787	58787	62.62
53000	4767	47167	213	853	—	41.55

各地区森林病害防治情况

单位:公顷

地区	发生面积				防治面积						防治率(%)
	总计	轻度	中度	重度	总计	化学防治	仿生制剂	人工防治	生物防治	其他	
全国合计	**1031236**	**679357**	**267170**	**84709**	**818753**	**265207**	**94157**	**258630**	**88744**	**112015**	**79.40**
北京	740	740	—	—	740	—	7	—	733	—	100.00
天津	4240	2627	960	653	4667	1993	1627	—	1047	—	100.00
河北	34353	28807	4900	647	29847	10073	8260	7280	1673	2560	86.88
山西	2587	2173	393	20	2127	980	240	633	53	220	82.22
内蒙古	18487	14440	2907	1140	9167	1467	2433	3133	1333	800	49.59
辽宁	60340	35347	17860	7133	42427	5280	2860	15393	8747	10147	70.31
吉林	25267	18533	4773	1960	19047	10980	1060	4507	2413	87	75.38
黑龙江	24475	8195	13680	2600	19395	5773	3140	8968	440	1073	79.24
上海	712	687	25	—	732	429	303	—	—	—	100.00
江苏	17227	2540	453	14234	17121	—	—	17121	—	—	99.38
浙江	20362	17963	1353	1047	17997	673	1294	15465	137	428	88.38
安徽	59401	44679	10008	4714	49480	7193	1000	26619	5083	9585	83.30
福建	14048	10322	2686	1039	13509	886	—	9008	3386	228	96.16
江西	62653	53613	5940	3100	53580	4320	10120	22060	12053	5027	85.52
山东	122384	99528	19015	3841	112365	83783	2503	11275	2456	12349	91.81
河南	86333	66180	16413	3740	97047	47740	2160	26787	340	20020	100.00
湖北	20971	17471	2152	1348	19881	4513	4674	6232	3023	1439	94.80
湖南	5527	4193	607	727	4993	167	500	680	7	3640	90.35
广东	49839	34734	11972	3134	36861	57	583	17997	—	18224	73.96
广西	23129	14549	6507	2073	2638	160	—	977	1093	408	11.41
海南	1199	519	680	—	—	—	—	—	—	—	—
重庆	12527	9287	2360	880	11241	—	680	—	3653	6907	89.73
四川	92013	58580	25180	8253	60133	4867	1580	27773	21547	4367	65.35
贵州	11507	8447	2780	280	10520	140	407	9160	140	673	91.43
云南	34820	22960	9133	2727	31427	13673	1533	9840	5313	1067	90.25
西藏	36667	—	36667	—	—	—	—	—	—	—	—
陕西	12933	8560	2967	1407	8167	1307	67	4613	600	1580	63.14
甘肃	21020	12840	6407	1773	23533	21113	1113	307	53	947	100.00
青海	18681	8683	7332	2667	13806	3133	1000	8160	673	840	73.90
宁夏	—	—	—	—	—	—	—	—	—	—	—
新疆	111747	65493	32813	13440	100480	32427	41480	4427	12747	9400	89.92
大兴安岭	25047	6667	18247	133	5827	2080	3533	213	—	—	23.26

各地区森林虫害防治情况

单位:公顷

地区	发生面积				防治面积						防治率 (%)
	总计	轻度	中度	重度	总计	化学防治	仿生制剂	人工防治	生物防治	其他	
全国合计	**8502993**	**5611607**	**2094570**	**796816**	**6381447**	**1045825**	**1696464**	**1293769**	**1694448**	**650942**	**75.05**
北　京	38493	36267	1760	467	38260	—	24740	3200	9513	807	99.39
天　津	32287	26000	3667	2620	33627	380	23740	347	3140	6020	100.00
河　北	465960	327880	90373	47707	536813	101453	377060	24693	18600	15007	100.00
山　西	238340	176793	55567	5980	169267	100700	17547	26633	19173	5213	71.02
内蒙古	703833	368120	226073	109640	307067	46400	131760	53573	30580	44753	43.63
辽　宁	641540	366407	187267	87867	567033	26553	65460	107453	288527	79040	88.39
吉　林	249767	142633	63347	43787	83227	19980	13187	38807	8227	3027	33.32
黑龙江	202400	74722	115124	12555	189786	26592	38920	30858	41417	52000	93.77
上　海	10763	9162	1558	43	10475	2028	7401	686	300	60	97.32
江　苏	66230	50050	11900	4280	60910	10403	32173	17867	—	467	91.97
浙　江	50172	43285	5674	1212	46292	10135	11733	12481	9800	2144	92.27
安　徽	277139	205670	52388	19080	210682	43530	32212	51821	56221	26896	76.02
福　建	193635	144892	40274	8468	102825	1249	1322	31415	59535	9303	53.10
江　西	324680	233487	67527	23667	278587	9467	32060	67040	146967	23053	85.80
山　东	476279	379008	72708	24563	620451	68213	128882	88182	176788	158385	100.00
河　南	393380	311073	66153	16153	330827	54493	214100	34520	4780	22933	84.10
湖　北	302872	211678	67989	23206	276989	35570	92759	32708	108601	7352	91.45
湖　南	387553	228340	93967	65247	186393	48807	15933	53107	33727	34820	48.09
广　东	392257	298250	91212	2795	112900	665	55756	10060	41987	4432	28.78
广　西	336271	276093	46800	13378	82890	1705	4668	13598	59799	3120	24.65
海　南	5990	3021	1771	1197	5356	655	—	—	4511	190	89.42
重　庆	157498	95568	38717	23213	153933	3307	59830	5460	75597	9740	97.74
四　川	652960	395373	170120	87467	529713	37467	61040	212580	175527	43100	81.12
贵　州	265387	226220	31487	7680	214327	4687	50213	120673	22413	16340	80.76
云　南	295153	159127	91180	44847	274087	103753	27280	70167	67287	5600	92.86
西　藏	79733	—	79733	—	—	—	—	—	—	—	—
陕　西	261047	177873	58560	24613	184793	47033	38973	82420	9767	6600	70.79
甘　肃	130180	76973	41347	11860	104887	62547	13467	14740	5987	8147	80.57
青　海	103967	61836	31923	10208	74018	2393	36120	12660	7992	14853	71.19
宁　夏	142113	109397	27745	4971	73600	63880	2773	6147	347	453	51.79
新　疆	579453	368720	143573	67160	508173	111780	72947	69873	206487	47087	87.70
大兴安岭	45660	27687	17087	887	13260	—	12407	—	853	—	29.04

各地区森林鼠害防治情况

单位:公顷

地区	发生面积				防治面积						防治率(%)
	总计	轻度	中度	重度	总计	化学防治	仿生制剂	人工防治	生物防治	其他	
全国合计	**1885485**	**1032820**	**633067**	**219598**	**993637**	**172221**	**88626**	**476187**	**156221**	**100383**	**52.70**
北京	—	—	—	—	—	—	—	—	—	—	—
天津	—	—	—	—	—	—	—	—	—	—	—
河北	8447	5900	1880	667	7920	300	2327	5060	—	233	93.76
山西	39220	30767	7720	733	31987	2553	4167	19380	4147	1740	81.56
内蒙古	340380	161993	113387	65000	118893	21000	13167	36507	22287	25933	34.93
辽宁	1867	1527	340	—	1847	80	—	1400	367	—	98.93
吉林	19233	16740	1260	1233	10807	7860	887	907	1067	87	56.19
黑龙江	142176	42506	83787	15883	126175	29147	27139	32833	31444	5612	88.75
上海	—	—	—	—	—	—	—	—	—	—	—
江苏	—	—	—	—	—	—	—	—	—	—	—
浙江	—	—	—	—	—	—	—	—	—	—	—
安徽	67	67	—	—	67	—	—	33	—	33	99.99
福建	—	—	—	—	—	—	—	—	—	—	—
江西	—	—	—	—	—	—	—	—	—	—	—
山东	—	—	—	—	—	—	—	—	—	—	—
河南	—	—	—	—	—	—	—	—	—	—	—
湖北	10827	9733	1093	—	4053	—	—	1467	—	2587	37.44
湖南	300	300	—	—	—	—	—	—	—	—	—
广东	—	—	—	—	—	—	—	—	—	—	—
广西	—	—	—	—	—	—	—	—	—	—	—
海南	—	—	—	—	—	—	—	—	—	—	—
重庆	107670	100957	4960	1753	97755	—	900	30072	35550	31233	90.79
四川	30900	17953	10713	2233	25900	1687	—	19013	600	4600	83.82
贵州	14893	12113	2367	413	9580	27	—	9320	67	167	64.32
云南	1153	833	220	100	1107	527	387	167	13	13	95.95
西藏	23333	—	23333	—	—	—	—	—	—	—	—
陕西	131313	86140	29733	15440	69180	5867	1587	59533	80	2113	52.68
甘肃	92047	50660	28787	12600	78820	24760	4127	40560	2133	7240	85.63
青海	142866	69598	60234	13035	107207	467	1360	88769	2300	14311	75.04
宁夏	224520	146987	66153	11380	132713	17127	—	110793	2613	2180	59.11
新疆	497433	268100	151293	78040	135713	58133	1353	20373	53553	2300	27.28
大兴安岭	56840	9947	45807	1087	33913	2687	31227	—	—	—	59.66

各地区松毛虫防治情况

单位:公顷

地区	发生面积				防治面积						防治率(%)
	总计	轻度	中度	重度	总计	化学防治	仿生制剂	人工防治	生物防治	其他	
全国合计	**902991**	**609330**	**211842**	**81820**	**715281**	**42484**	**162493**	**67698**	**360787**	**81820**	**79.21**
北　京	667	667	—	—	667	—	333	333	—	—	100.00
天　津	—	—	—	—	—	—	—	—	—	—	—
河　北	46973	22953	14793	9227	32893	340	27193	2373	—	2987	70.03
山　西	9080	7060	1940	80	5340	620	647	553	3180	340	58.81
内蒙古	67520	34320	25707	7493	48953	3580	16220	7620	1267	20267	72.50
辽　宁	111487	62640	30927	17920	85980	4947	2920	7027	46600	24487	77.12
吉　林	1333	1333	—	—	1266	180	213	260	613	—	94.95
黑龙江	27459	12220	14213	1027	29553	—	4833	7333	14127	3260	100.00
上　海	—	—	—	—	—	—	—	—	—	—	—
江　苏	173	173	—	—	—	—	—	—	—	—	—
浙　江	8622	6741	1803	77	8221	113	3094	—	4694	319	95.35
安　徽	49650	40040	6546	3064	27523	2489	1773	3586	17085	2590	55.43
福　建	30377	28807	1444	126	29822	40	—	67	29716	—	98.17
江　西	44527	34953	8180	1393	49180	1180	12180	1793	30927	3100	100.00
山　东	19577	18427	1043	107	16411	667	2435	1485	8477	3347	83.83
河　南	9207	4653	4047	507	3373	20	2393	93	67	800	36.64
湖　北	61639	43668	12237	5733	63208	1933	9921	3393	47760	200	100.00
湖　南	70060	57373	10760	1927	17820	933	2207	1413	9627	3640	25.44
广　东	23651	22129	1449	73	20976	—	11181	7	8740	1049	88.69
广　西	41561	37795	3046	719	39458	428	2828	—	35386	816	94.94
海　南	—	—	—	—	—	—	—	—	—	—	—
重　庆	61337	32783	19193	9360	59590	33	20180	200	33763	5413	97.15
四　川	69913	46027	17307	6580	57820	5980	12673	19333	15707	4127	82.70
贵　州	42147	38687	2813	647	24727	260	11167	7433	3520	2347	58.67
云　南	88127	43893	29460	14773	81413	16740	11207	2880	47853	2733	92.38
西　藏	—	—	—	—	—	—	—	—	—	—	—
陕　西	7053	6467	520	67	3060	793	73	513	1680	—	43.38
甘　肃	1207	673	333	200	1207	1207	—	—	—	—	100.00
青　海	—	—	—	—	—	—	—	—	—	—	—
宁　夏	—	—	—	—	—	—	—	—	—	—	—
新　疆	—	—	—	—	—	—	—	—	—	—	—
大兴安岭	9647	4847	4080	720	6820	—	6820	—	—	—	70.70

各地区杨树食叶害虫防治情况

单位:公顷

地　　区	发生面积				防治面积						防治率（%）
	总计	轻度	中度	重度	总计	化学防治	仿生制剂	人工防治	生物防治	其他	
全国合计	**1233465**	**814043**	**319300**	**100121**	**1021649**	**166555**	**436109**	**78773**	**241596**	**98616**	**82.83**
北　京	21633	20833	667	133	21500	—	17307	1367	2360	467	99.38
天　津	10953	6300	2213	2440	12367	87	6367	—	2313	3600	100.00
河　北	116453	86627	17427	12400	130047	22320	97240	3433	3827	3227	100.00
山　西	1660	1433	180	47	2193	720	100	40	333	1000	100.00
内蒙古	92393	39040	36387	16967	57293	3667	45720	2740	33	5133	62.01
辽　宁	29173	18840	8133	2200	24353	—	3793	1213	14340	5007	83.48
吉　林	6787	4780	1580	427	3187	787	1573	827	—	—	46.95
黑龙江	35693	11120	23660	913	31853	7827	2707	653	920	19747	89.24
上　海	241	199	37	5	270	21	247	—	1	—	100.00
江　苏	—	—	—	—	—	—	—	—	—	—	—
浙　江	364	363	—	—	341	34	299	—	9	—	93.73
安　徽	97222	70340	19222	7659	74384	15733	20534	7525	20525	10067	76.51
福　建	—	—	—	—	—	—	—	—	—	—	—
江　西	18487	16347	2067	73	15573	400	1533	87	12233	1320	84.24
山　东	129312	109395	16414	3503	127980	19527	27716	5181	43047	32509	98.97
河　南	163853	130933	24640	8280	137893	9040	115740	4560	2573	5980	84.16
湖　北	134242	91165	37230	5847	123345	10993	58724	2040	50514	1073	91.88
湖　南	27547	17820	6580	3147	19400	6553	3140	2533	7133	40	70.43
广　东	—	—	—	—	—	—	—	—	—	—	—
广　西	—	—	—	—	—	—	—	—	—	—	—
海　南	—	—	—	—	—	—	—	—	—	—	—
重　庆	1500	1067	100	333	1500	—	—	—	1167	333	100.00
四　川	12500	8607	2787	1107	9013	1627	840	120	4787	1640	72.11
贵　州	—	—	—	—	—	—	—	—	—	—	—
云　南	333	—	—	333	333	333	—	—	—	—	100.00
西　藏	52000	—	52000	—	—	—	—	—	—	—	—
陕　西	4100	2387	1340	373	2647	573	1133	233	473	233	64.55
甘　肃	21427	13380	6493	1553	19387	8373	1000	7013	—	3000	90.48
青　海	15857	10824	4354	680	11623	—	7469	2720	133	1300	73.30
宁　夏	62693	54610	7037	1047	42780	42767	—	—	13	—	68.24
新　疆	177040	97633	48753	30653	152387	15173	22927	36487	74860	2940	86.07
大兴安岭	—	—	—	—	—	—	—	—	—	—	—

各地区杨树蛀干害虫防治情况

单位:公顷

地 区	发生面积				防治面积						防治率（%）
	总计	轻度	中度	重度	总计	化学防治	仿生制剂	人工防治	生物防治	其他	
全国合计	**619085**	**417235**	**157656**	**44195**	**496198**	**147273**	**52393**	**168678**	**59153**	**68700**	**80.15**
北 京	—	—	—	—	—	—	—	—	—	—	—
天 津	2747	2107	460	180	2673	173	—	80	—	2420	97.33
河 北	14713	11607	2847	260	14167	5627	3433	4333	7	767	96.28
山 西	12640	8533	3773	333	9967	5833	1267	1100	1567	200	78.85
内蒙古	72553	52500	16667	3387	48553	16433	2433	20993	5947	2747	66.92
辽 宁	82413	47260	23953	11200	71993	11707	4927	20613	18407	16340	87.36
吉 林	49087	27473	15553	6060	19007	2247	1427	15207	—	127	38.72
黑龙江	47720	29393	16147	2180	46806	2006	17120	10547	1160	15973	98.09
上 海	214	100	104	10	212	47	—	133	2	30	99.28
江 苏	6020	4800	887	333	5820	2487	—	3333	—	—	96.68
浙 江	—	—	—	—	—	—	—	—	—	—	—
安 徽	79141	52323	19934	6884	65465	14387	4149	22994	12338	11598	82.72
福 建	—	—	—	—	—	—	—	—	—	—	—
江 西	2367	2027	273	67	2493	353	327	600	1133	80	100.00
山 东	36346	33499	2521	326	29508	14767	833	4901	4220	4787	81.19
河 南	39733	30267	8080	1387	32993	16820	6420	6693	60	3000	83.04
湖 北	33748	25952	6919	877	39175	16120	3927	13665	2133	3331	100.00
湖 南	32807	23080	7553	2173	26140	2400	807	22727	207	—	79.68
广 东	—	—	—	—	—	—	—	—	—	—	—
广 西	—	—	—	—	—	—	—	—	—	—	—
海 南	—	—	—	—	—	—	—	—	—	—	—
重 庆	4343	3137	873	333	4420	3067	133	67	1153	—	100.00
四 川	9960	7393	1740	827	7000	1120	200	1487	2060	2133	70.28
贵 州	8213	4827	1987	1400	5973	3000	—	1860	67	1047	72.73
云 南	200	100	87	13	200	200	—	—	—	—	100.00
西 藏	2733	—	2733	—	—	—	—	—	—	—	—
陕 西	13487	8540	4100	847	9200	1213	427	5633	1147	780	68.22
甘 肃	23067	14127	7207	1733	22100	16400	380	4740	107	473	95.81
青 海	10775	6603	3618	553	11057	1140	2531	1753	4413	1220	100.00
宁 夏	26847	17709	7433	1705	13207	9540	53	3280	200	133	49.19
新 疆	7213	3880	2207	1127	8067	187	1600	1940	2827	1513	100.00
大兴安岭	—	—	—	—	—	—	—	—	—	—	—

附录四

全国分县造林情况

FULUSI

分县造林完成情况

单位:公顷

地　区	本年度检查验收合格荒山荒(沙)地造林面积				更新造林
	合计	人工造林	飞播造林	无林地和疏林地新封山(沙)育林	
全国合计	**6262330**	**4156293**	**226337**	**1879700**	**344254**
北京	**17566**	**10153**	**—**	**7413**	**413**
朝阳区	118	118	—	—	—
丰台区	133	133	—	—	—
海淀区	344	344	—	—	59
门头沟区	2775	2775	—	—	—
昌平区	600	600	—	—	—
顺义区	247	247	—	—	—
通州区	160	160	—	—	34
大兴区	221	221	—	—	229
房山区	2000	2000	—	—	—
平谷区	403	403	—	—	67
平谷区果办	100	100	—	—	—
怀柔区	721	721	—	—	—
密云县	1320	573	—	747	—
延庆县	7900	1234	—	6666	14
延庆县果品服务中心	524	524	—	—	—
市直单位	—	—	—	—	10
共青林场	—	—	—	—	10
天津	**15654**	**14987**	**667**	**—**	**—**
汉沽区	165	165	—	—	—
大港区	300	300	—	—	—
东丽区	194	194	—	—	—
西青区	302	302	—	—	—
津南区	161	161	—	—	—
北辰区	245	245	—	—	—
武清区	860	860	—	—	—
宝坻区	1084	1084	—	—	—
宁河县	2098	2098	—	—	—
静海县	9118	9118	—	—	—
蓟县	1127	460	667	—	—
河北	**306373**	**197724**	**35002**	**73647**	**4781**
石家庄市	**28871**	**16272**	**—**	**12599**	**135**
长安区	133	133	—	—	—
井陉矿区	267	267	—	—	—
井陉县	3533	2400	—	1133	25
正定县	67	67	—	—	—
栾城县	133	133	—	—	—
行唐县	2400	1800	—	600	—
灵寿县	4533	2533	—	2000	—
高邑县	200	200	—	—	—
深泽县	133	133	—	—	—
赞皇县	5867	2000	—	3867	—
无极县	366	366	—	—	—
平山县	6600	4267	—	2333	110
元氏县	2133	800	—	1333	—
辛集市	133	133	—	—	—

分县造林完成情况

单位:公顷

地区	本年度检查验收合格荒山荒(沙)地造林面积				更新造林
	合计	人工造林	飞播造林	无林地和疏林地新封山(沙)育林	
藁城市	167	167	—	—	—
鹿泉市	2206	873	—	1333	—
唐山市	**37651**	**34032**	**—**	**3619**	**234**
路南区	24	24	—	—	—
路北区	800	800	—	—	—
古冶区	878	878	—	—	—
开平区	3333	3333	—	—	—
丰润区	4000	4000	—	—	34
滦县	4333	3000	—	1333	—
滦南县	2713	2713	—	—	—
乐亭县	2667	2667	—	—	—
迁西县	4666	3333	—	1333	—
玉田县	2000	2000	—	—	—
唐海县	1933	1933	—	—	67
芦台农场	158	158	—	—	—
汉沽农场	246	246	—	—	8
遵化市	3620	2667	—	953	—
丰南区	3613	3613	—	—	125
迁安市	2667	2667	—	—	—
秦皇岛市	**9999**	**9999**	**—**	**—**	**333**
海港区	467	467	—	—	—
山海关区	733	733	—	—	—
北戴河区	133	133	—	—	—
青龙满族自治县	2333	2333	—	—	—
昌黎县	2000	2000	—	—	333
抚宁县	333	333	—	—	—
卢龙县	4000	4000	—	—	—
邯郸市	**15933**	**10733**	**—**	**5200**	**—**
邯山区	133	133	—	—	—
复兴区	27	27	—	—	—
峰峰矿区	1266	933	—	333	—
邯郸县	1060	727	—	333	—
临漳县	245	245	—	—	—
成安县	134	134	—	—	—
大名县	133	133	—	—	—
涉县	3800	2133	—	1667	—
磁县	3067	1467	—	1600	—
肥乡县	500	500	—	—	—
永年县	333	333	—	—	—
丘县	667	667	—	—	—
鸡泽县	334	334	—	—	—
广平县	333	333	—	—	—
馆陶县	400	400	—	—	—
魏县	334	334	—	—	—
曲周县	267	267	—	—	—
武安市	2867	1600	—	1267	—
漳河林场	33	33	—	—	—

分县造林完成情况

单位:公顷

地　区	本年度检查验收合格荒山荒(沙)地造林面积				更新造林
	合计	人工造林	飞播造林	无林地和疏林地新封山(沙)育林	
邢台市	**18974**	**13040**	**—**	**5934**	**—**
桥西区	50	50	—	—	—
邢台县	4842	3175	—	1667	—
临城县	5266	2333	—	2933	—
内丘县	1800	1133	—	667	—
柏乡县	225	225	—	—	—
隆尧县	714	714	—	—	—
任县	687	687	—	—	—
南和县	230	230	—	—	—
宁晋县	541	541	—	—	—
巨鹿县	200	200	—	—	—
新河县	280	280	—	—	—
广宗县	267	267	—	—	—
平乡县	400	400	—	—	—
威县	747	747	—	—	—
清河县	325	325	—	—	—
临西县	233	233	—	—	—
南宫市	167	167	—	—	—
沙河市	2000	1333	—	667	—
保定市	**39576**	**27976**	**—**	**11600**	**55**
北市区	60	60	—	—	—
南市区	13	13	—	—	—
满城县	2200	1200	—	1000	—
清苑县	200	200	—	—	—
涞水县	7333	6000	—	1333	—
阜平县	3134	1467	—	1667	—
徐水县	800	133	—	667	—
定兴县	200	200	—	—	—
唐县	1867	1200	—	667	—
高阳县	191	191	—	—	—
容城县	80	80	—	—	—
涞源县	7133	5800	—	1333	—
望都县	167	167	—	—	—
安新县	133	133	—	—	—
易县	7466	5466	—	2000	20
曲阳县	1533	533	—	1000	—
蠡县	240	240	—	—	—
顺平县	4133	2200	—	1933	—
博野县	133	133	—	—	—
雄县	134	134	—	—	—
涿州市	1467	1467	—	—	35
定州市	673	673	—	—	—
安国市	153	153	—	—	—
高碑店市	133	133	—	—	—
张家口市	**56885**	**23188**	**16668**	**17029**	**126**
下花园区	167	167	—	—	—
宣化县	3214	1214	2000	—	—

分县造林完成情况

单位:公顷

地　区	本年度检查验收合格荒山荒(沙)地造林面积				更新造林
	合计	人工造林	飞播造林	无林地和疏林地新封山(沙)育林	
张北县	2267	1467	—	800	—
康保县	2399	1066	—	1333	—
沽源县	3079	1413	—	1666	—
尚义县	4279	2613	1333	333	—
蔚县	5093	426	667	4000	—
阳原县	2629	629	667	1333	—
怀安县	3223	890	1333	1000	—
万全县	4907	1973	2667	267	—
怀来县	7000	2666	2667	1667	—
涿鹿县	5334	1334	2000	2000	73
赤城县	7364	2830	2667	1867	53
崇礼县	5930	4500	667	763	—
承德市	**63351**	**30018**	**18334**	**14999**	**2587**
双桥区	4800	3467	—	1333	—
双滦区	1467	1467	—	—	—
营子区	667	667	—	—	—
承德县	7333	3333	2000	2000	89
兴隆县	4667	1333	2667	667	558
平泉县	6333	2667	2333	1333	533
滦平县	6389	3056	2000	1333	—
隆化县	6724	2724	2667	1333	573
丰宁满族自治县	10470	5470	2000	3000	301
宽城满族自治县	5667	2334	2000	1333	—
围场满族蒙古族自治县	8834	3500	2667	2667	533
沧州市	**13572**	**13572**	**—**	**—**	**—**
沧县	1340	1340	—	—	—
青县	1000	1000	—	—	—
东光县	200	200	—	—	—
海兴县	3000	3000	—	—	—
盐山县	1665	1665	—	—	—
肃宁县	134	134	—	—	—
南皮县	1367	1367	—	—	—
吴桥县	400	400	—	—	—
献县	300	300	—	—	—
孟村回族自治县	800	800	—	—	—
中捷农场	133	133	—	—	—
南大港农场	400	400	—	—	—
泊头市	133	133	—	—	—
任丘市	133	133	—	—	—
黄骅市	2000	2000	—	—	—
河间市	567	567	—	—	—
廊坊市	**14744**	**14744**	**—**	**—**	**—**
广阳区	667	667	—	—	—
安次区	1000	1000	—	—	—
固安县	1334	1334	—	—	—
永清县	2000	2000	—	—	—
香河县	2333	2333	—	—	—

分县造林完成情况

单位:公顷

地区	本年度检查验收合格荒山荒(沙)地造林面积				更新造林
	合计	人工造林	飞播造林	无林地和疏林地新封山(沙)育林	
大成县	2000	2000	—	—	—
文安县	2411	2411	—	—	—
大厂回族自治县	666	666	—	—	—
霸州市	1000	1000	—	—	—
三河市	1333	1333	—	—	—
衡水市	**3753**	**3753**	**—**	**—**	**—**
桃城区	69	69	—	—	—
枣强县	255	255	—	—	—
武邑县	644	644	—	—	—
武强县	133	133	—	—	—
饶阳县	429	429	—	—	—
安平县	267	267	—	—	—
故城县	400	400	—	—	—
阜城县	440	440	—	—	—
冀州市	983	983	—	—	—
深州市	133	133	—	—	—
木兰围场国有林场	**864**	**197**	**—**	**667**	**610**
塞罕坝机械林场	**867**	**200**	**—**	**667**	**701**
雾灵山自然保护区	**667**	**—**	**—**	**667**	**—**
小五台自然保护区	**666**	**—**	**—**	**666**	**—**
山西	**326602**	**196900**	**8000**	**121702**	**—**
太原市	**16966**	**9593**	**—**	**7373**	**—**
古交市	4522	2683	—	1839	—
清徐县	827	827	—	—	—
阳曲县	2043	910	—	1133	—
娄烦县	5436	2802	—	2634	—
小店区	200	200	—	—	—
晋源区	974	641	—	333	—
迎泽区	77	77	—	—	—
尖草坪区	887	687	—	200	—
杏花岭区	53	53	—	—	—
万柏林区	1080	713	—	367	—
市直单位	867	—	—	867	—
大同市	**16340**	**6940**	**2866**	**6534**	**—**
南郊区	1693	360	200	1133	—
新荣区	870	403	133	334	—
阳高县	967	767	200	—	—
天镇县	2437	771	333	1333	—
广灵县	1907	1207	—	700	—
灵邱县	2253	1553	—	700	—
浑源县	4303	636	1667	2000	—
左云县	653	520	133	—	—
大同县	1257	723	200	334	—
阳泉市	**6614**	**5814**	**—**	**800**	**—**
市郊区	1280	1280	—	—	—
平定县	2087	1554	—	533	—
盂县	3180	2913	—	267	—

分县造林完成情况

单位:公顷

地　区	本年度检查验收合格荒山荒(沙)地造林面积				更新造林
	合计	人工造林	飞播造林	无林地和疏林地新封山(沙)育林	
市直单位	67	67	—	—	—
长治市	**19968**	**12741**	**—**	**7227**	**—**
市郊区	40	40	—	—	—
长治县	113	113	—	—	—
潞城县	577	377	—	200	—
屯留县	2240	1307	—	933	—
长子县	2520	1520	—	1000	—
壶关县	2654	1654	—	1000	—
平顺县	4094	2600	—	1494	—
黎城县	1800	1467	—	333	—
武乡县	1867	1267	—	600	—
襄垣县	1040	773	—	267	—
沁县	2636	1436	—	1200	—
沁源县	387	187	—	200	—
晋城市	**5951**	**2750**	**—**	**3201**	**—**
泽州县	1650	783	—	867	—
沁水县	987	387	—	600	—
阳城县	817	350	—	467	—
高平市	337	337	—	—	—
陵川县	2160	893	—	1267	—
朔州市	**17413**	**10213**	**2000**	**5200**	**—**
朔城区	840	507	333	—	—
平鲁区	5020	3620	—	1400	—
山阴县	1646	646	1000	—	—
怀仁县	907	240	—	667	—
应县	2926	926	667	1333	—
右玉县	6074	4274	—	1800	—
晋中市	**22159**	**12878**	**—**	**9281**	**—**
榆次区	1387	453	—	934	—
榆社县	2067	1800	—	267	—
左权县	2600	1533	—	1067	—
和顺县	1700	900	—	800	—
昔阳县	3866	2799	—	1067	—
寿阳县	1593	526	—	1067	—
太谷县	1640	907	—	733	—
祁县	1353	753	—	600	—
平遥县	1260	660	—	600	—
介休市	373	227	—	146	—
灵石县	4320	2320	—	2000	—
运城市	**17333**	**12058**	**—**	**5275**	**—**
盐湖区	400	67	—	333	—
永济市	933	533	—	400	—
芮城县	1684	950	—	734	—
临猗县	334	134	—	200	—
万荣县	2414	2280	—	134	—
新绛县	2407	2407	—	—	—
稷山县	1633	1494	—	139	—

分县造林完成情况

单位:公顷

地　区	本年度检查验收合格荒山荒(沙)地造林面积				更新造林
	合计	人工造林	飞播造林	无林地和疏林地新封山(沙)育林	
河津市	1227	1227	—	—	—
闻喜县	1067	533	—	534	—
夏县	967	433	—	534	—
绛县	1600	800	—	800	—
平陆县	967	433	—	534	—
垣曲县	1700	767	—	933	—
忻州市	**52480**	**34847**	**1134**	**16499**	**—**
忻府区	3867	2734	—	1133	—
定襄县	3267	2133	—	1134	—
五台县	3200	2600	—	600	—
原平市	1200	1000	—	200	—
代县	2166	366	467	1333	—
繁峙县	2366	366	667	1333	—
宁武县	3254	1934	—	1320	—
静乐县	4087	2667	—	1420	—
神池县	5120	3800	—	1320	—
五寨县	4294	2734	—	1560	—
岢岚县	3700	2433	—	1267	—
河曲县	3933	2800	—	1133	—
保德县	7126	5633	—	1493	—
偏关县	4900	3647	—	1253	—
临汾市	**52554**	**37446**	**—**	**15108**	**—**
尧都区	1533	1200	—	333	—
侯马市	253	53	—	200	—
霍州市	2007	1807	—	200	—
曲沃县	435	435	—	—	—
翼城县	340	140	—	200	—
襄汾县	2197	2197	—	—	—
洪洞县	894	787	—	107	—
古县	1667	667	—	1000	—
安泽县	2227	1360	—	867	—
浮山县	1133	1133	—	—	—
吉县	6037	3770	—	2267	—
乡宁县	5563	3296	—	2267	—
蒲县	4622	3488	—	1134	—
大宁县	4796	3530	—	1266	—
永和县	8244	5777	—	2467	—
隰县	7607	5140	—	2467	—
汾西县	2999	2666	—	333	—
吕梁市	**49922**	**36119**	**—**	**13803**	**—**
汾阳市	1967	1400	—	567	—
文水县	2066	1200	—	866	—
交城县	3446	1800	—	1646	—
孝义市	2447	1746	—	701	—
兴县	3027	2167	—	860	—
临县	5997	4351	—	1646	—
柳林县	4516	3516	—	1000	—

分县造林完成情况

单位:公顷

地　区	本年度检查验收合格荒山荒(沙)地造林面积				更新造林
	合计	人工造林	飞播造林	无林地和疏林地新封山(沙)育林	
石楼县	5833	4300	—	1533	—
岚县	1966	1399	—	567	—
方山县	5433	3933	—	1500	—
离石县	4233	3633	—	600	—
中阳县	4738	3734	—	1004	—
交口县	4253	2940	—	1313	—
省直单位	**47602**	**15468**	**2000**	**30134**	**—**
管涔山林局	7010	2166	—	4844	—
五台山林局	8100	4034	667	3399	—
关帝山林局	6264	1701	—	4563	—
太行山林局	5200	2800	—	2400	—
太岳山林局	1696	100	—	1596	—
吕梁山林局	4196	1700	—	2496	—
中条山林局	2209	533	—	1676	—
黑茶山林局	9433	1767	—	7666	—
杨树局	3494	667	1333	1494	—
省直其他单位	**1300**	**33**	**—**	**1267**	**—**
林校林场	1300	33	—	1267	—
内蒙古	**861933**	**353096**	**96000**	**412837**	**28512**
呼和浩特市	**61883**	**15883**	**—**	**46000**	**—**
市直单位	5665	333	—	5332	—
新城区	2953	287	—	2666	—
回民区	1133	467	—	666	—
玉泉区	394	394	—	—	—
赛罕区	1467	800	—	667	—
土默特左旗	8051	1384	—	6667	—
托克托县	1771	1104	—	667	—
和林格尔县	10978	1644	—	9334	—
武川县	15634	4300	—	11334	—
清水河县	13837	5170	—	8667	—
包头市	**47321**	**11986**	**—**	**35335**	**—**
东河区	1409	742	—	667	—
青山区	1727	727	—	1000	—
昆都仑区	1757	757	—	1000	—
石拐区	5394	727	—	4667	—
九原区	1803	136	—	1667	—
土默特右旗	12837	1503	—	11334	—
固阳县	8818	4485	—	4333	—
达尔罕茂明安联合旗	13424	2757	—	10667	—
稀土高新技术开发区	152	152	—	—	—
乌海市	**10399**	**2065**	**—**	**8334**	**—**
市直单位	2620	333	—	2287	—
海勃湾区	5095	1335	—	3760	—
海南区	2616	329	—	2287	—
乌达区	68	68	—	—	—
赤峰市	**130194**	**47526**	**2667**	**80001**	**5538**
红山区	413	413	—	—	—

分县造林完成情况

单位:公顷

地区	本年度检查验收合格荒山荒(沙)地造林面积				更新造林
	合计	人工造林	飞播造林	无林地和疏林地新封山(沙)育林	
元宝山区	1935	602	—	1333	119
松山区	9117	3117	—	6000	23
阿鲁科尔沁旗	15241	6574	—	8667	551
巴林左旗	9355	1355	—	8000	202
巴林右旗	17953	7286	—	10667	60
林西县	8103	2103	—	6000	108
克什克腾旗	19593	6260	—	13333	391
翁牛特旗	22316	9649	2667	10000	1469
宁城县	11667	5000	—	6667	650
敖汉旗	10207	4207	—	6000	1838
喀拉沁旗	4294	960	—	3334	127
呼伦贝尔市	**58483**	**38483**	**—**	**20000**	**2984**
满洲里市	2000	2000	—	—	—
海拉尔区	2120	2120	—	—	—
扎兰屯市	1907	1907	—	—	—
牙克石市	3222	2555	—	667	—
额尔古纳	760	760	—	—	—
根河市	33	33	—	—	—
阿荣旗	680	680	—	—	—
莫力达瓦达斡尔族自治	1386	1053	—	333	—
鄂伦春自治旗	974	974	—	—	—
鄂温克自治旗	4066	2733	—	1333	114
新巴尔虎左旗	16987	10320	—	6667	—
新巴尔虎右旗	5854	1854	—	4000	—
陈巴尔虎旗	17520	10520	—	7000	—
免渡河林业局	—	—	—	—	1695
红花尔基林业局	667	667	—	—	1175
大杨树农场局	120	120	—	—	—
海拉尔农场局	187	187	—	—	—
兴安盟	**40200**	**30867**	**—**	**9333**	**—**
乌兰浩特市	2400	1733	—	667	—
阿尔山市	3027	694	—	2333	—
科尔沁右翼前旗	9974	8307	—	1667	—
科尔沁右翼中旗	10000	8667	—	1333	—
扎赉特旗	9600	7267	—	2333	—
突泉县	3533	2533	—	1000	—
农牧场管理局	1666	1666	—	—	—
通辽市	**93974**	**76833**	**—**	**17141**	**4538**
科尔沁区	6204	6204	—	—	—
霍林郭勒市	1090	423	—	667	—
科尔沁左翼中旗	16295	12961	—	3334	1123
科尔沁左翼后旗	15673	12340	—	3333	356
开鲁县	11316	10649	—	667	1203
库伦旗	14608	12135	—	2473	—
奈曼旗	14101	10768	—	3333	1627
扎鲁特旗	14687	11353	—	3334	229
锡林郭勒盟	**86346**	**9679**	**26667**	**50000**	**—**

分县造林完成情况

单位:公顷

地　区	本年度检查验收合格荒山荒(沙)地造林面积				更新造林
	合计	人工造林	飞播造林	无林地和疏林地新封山(沙)育林	
锡林浩特市	7667	1000	—	6667	—
阿巴嘎旗	9301	634	4000	4667	—
苏尼特左旗	8667	—	6667	2000	—
苏尼特右旗	6222	222	4667	1333	—
东乌珠慕沁旗	5899	566	—	5333	—
西乌珠慕沁旗	4757	90	—	4667	—
太仆寺旗	6778	4111	—	2667	—
镶黄旗	5433	100	1333	4000	—
正镶白旗	10000	—	5333	4667	—
正兰旗	10667	667	4667	5333	—
多伦县	7555	2222	—	5333	—
二连浩特市	3400	67	—	3333	—
乌兰察布市	**93191**	**42524**	**—**	**50667**	**—**
集宁区	2885	885	—	2000	—
丰镇市	8399	3733	—	4666	—
卓资县	9037	3037	—	6000	—
化德县	9194	3861	—	5333	—
商都县	10339	5672	—	4667	—
兴和县	10612	5945	—	4667	—
凉城县	10006	3339	—	6667	—
察哈尔右翼前旗	8012	5345	—	2667	—
察哈尔右翼中旗	9829	2496	—	7333	—
察哈尔右翼后旗	4582	4582	—	—	—
四子王旗	10296	3629	—	6667	—
鄂尔多斯市	**91139**	**42472**	**4000**	**44667**	**—**
东胜区	4661	3327	—	1334	—
达拉特旗	5667	4334	—	1333	—
准格尔旗	9986	3319	—	6667	—
鄂托克前旗	17333	8000	4000	5333	—
鄂托克旗	15467	5467	—	10000	—
杭锦旗	14042	7375	—	6667	—
乌审旗	16507	7840	—	8667	—
伊金霍洛旗	3466	2133	—	1333	—
造林总场	4010	677	—	3333	—
巴彦淖尔市	**95205**	**25205**	**29333**	**40667**	**322**
市直单位	7399	1066	—	6333	—
临河区	6036	4703	—	1333	68
五原县	8485	3818	2667	2000	89
磴口县	20212	4212	9333	6667	26
乌拉特前旗	18243	4576	8000	5667	18
乌拉特中旗	9636	2303	—	7333	60
乌拉特后旗	19792	792	9333	9667	18
杭锦后旗	3976	2976	—	1000	21
农垦管理局	1426	759	—	667	22
阿拉善盟	**53270**	**9245**	**33333**	**10692**	**2**
阿拉善左旗	44092	3400	33333	7359	2
阿拉善右旗	4800	4133	—	667	—

分县造林完成情况

单位:公顷

地 区	本年度检查验收合格荒山荒(沙)地造林面积				更新造林
	合计	人工造林	飞播造林	无林地和疏林地新封山(沙)育林	
额济纳旗	1667	1000	—	667	—
经济开发区	2378	712	—	1666	—
生态示范区	333	—	—	333	—
内蒙古集团	**328**	**328**	**—**	**—**	**15128**
辽宁	**129974**	**91309**	**—**	**38665**	**—**
沈阳市	**12397**	**12397**	**—**	**—**	**—**
辽中县	2664	2664	—	—	—
康平县	3560	3560	—	—	—
法库县	2457	2457	—	—	—
新民市	3716	3716	—	—	—
大连市	**15066**	**13733**	**—**	**1333**	**—**
甘井子区	153	153	—	—	—
旅顺口区	153	153	—	—	—
金州区	1333	1333	—	—	—
开发区	380	380	—	—	—
长海县	147	147	—	—	—
瓦房店市	5100	3767	—	1333	—
普兰店市	3334	3334	—	—	—
庄河市	3433	3433	—	—	—
长兴岛	746	746	—	—	—
花园口	234	234	—	—	—
高新园区	53	53	—	—	—
鞍山市	**3331**	**3331**	**—**	**—**	**—**
台安县	1333	1333	—	—	—
岫岩县	1333	1333	—	—	—
海城市	665	665	—	—	—
抚顺市	**3666**	**3666**	**—**	**—**	**—**
抚顺县	1000	1000	—	—	—
新宾满族自治县	1333	1333	—	—	—
清原满族自治县	1333	1333	—	—	—
本溪市	**6581**	**4915**	**—**	**1666**	**—**
市直单位	66	66	—	—	—
平山区	165	32	—	133	—
溪湖区	179	46	—	133	—
明山区	252	52	—	200	—
本溪市南芬区	331	131	—	200	—
本溪满族自治县	3296	2296	—	1000	—
桓仁满族自治县	2292	2292	—	—	—
丹东市	**2657**	**2657**	**—**	**—**	**—**
振兴区	37	37	—	—	—
振安区	282	282	—	—	—
宽甸满族自治县	843	843	—	—	—
东港市	600	600	—	—	—
凤城市	895	895	—	—	—
锦州市	**6622**	**956**	**—**	**5666**	**—**
黑山县	562	562	—	—	—
义县	2049	49	—	2000	—

分县造林完成情况

单位：公顷

地　区	本年度检查验收合格荒山荒（沙）地造林面积				更新造林
	合计	人工造林	飞播造林	无林地和疏林地新封山（沙）育林	
凌海市	2333	—	—	2333	—
北镇市	1678	345	—	1333	—
营口市	**998**	**998**	**—**	**—**	**—**
鲅鱼圈区	340	340	—	—	—
老边区	155	155	—	—	—
盖州市	257	257	—	—	—
大石桥市	246	246	—	—	—
阜新市	**16696**	**11697**	**—**	**4999**	**—**
海州区	7	7	—	—	—
新邱区	13	13	—	—	—
太平区	13	13	—	—	—
清河门区	13	13	—	—	—
阜新矿业公司	2273	1940	—	333	—
细河区	13	13	—	—	—
阜新蒙古族自治县	6288	3288	—	3000	—
彰武县	8076	6410	—	1666	—
辽阳市	**3001**	**1334**	**—**	**1667**	**—**
弓长岭区	1001	—	—	1001	—
辽阳县	1000	667	—	333	—
灯塔市	1000	667	—	333	—
盘锦市	**267**	**267**	**—**	**—**	**—**
大洼县	67	67	—	—	—
盘山县	200	200	—	—	—
铁岭市	**13309**	**8642**	**—**	**4667**	**—**
清河区	400	67	—	333	—
铁岭县	3334	1667	—	1667	—
西丰县	3001	2001	—	1000	—
昌图县	3467	2800	—	667	—
开原市	3107	2107	—	1000	—
朝阳市	**41015**	**24681**	**—**	**16334**	**—**
双塔区	862	195	—	667	—
龙城区	2866	1533	—	1333	—
朝阳县	5687	1687	—	4000	—
建平县	14000	11000	—	3000	—
喀喇沁左翼蒙古族自治县	5667	3333	—	2334	—
北票市	5466	2466	—	3000	—
凌源市	6467	4467	—	2000	—
葫芦岛市	**4368**	**2035**	**—**	**2333**	**—**
连山区	807	140	—	667	—
龙港区	76	76	—	—	—
绥中县	586	586	—	—	—
建昌县	1000	1000	—	—	—
兴城市	1899	233	—	1666	—
吉林	**30228**	**27421**	**—**	**2807**	**7585**
长春市	**1018**	**1018**	**—**	**—**	**351**
榆树市	—	—	—	—	79
德惠市	—	—	—	—	100

分县造林完成情况

单位:公顷

地区	本年度检查验收合格荒山荒(沙)地造林面积				更新造林
	合计	人工造林	飞播造林	无林地和疏林地新封山(沙)育林	
九台市	—	—	—	—	163
双阳区	274	274	—	—	—
朝阳区	—	—	—	—	9
净月开发区	744	744	—	—	—
吉林市	**550**	**550**	**—**	**—**	**824**
桦甸市	253	253	—	—	—
蛟河市	297	297	—	—	101
磐石市	—	—	—	—	169
永吉县	—	—	—	—	339
龙潭区	—	—	—	—	48
船营区	—	—	—	—	110
丰满区	—	—	—	—	57
四平市	**4727**	**2394**	**—**	**2333**	**494**
公主岭市	277	277	—	—	—
双辽市	3605	1272	—	2333	187
梨树县	839	839	—	—	139
伊通满族自治县	—	—	—	—	88
铁东区	—	—	—	—	28
铁西区	6	6	—	—	—
辽河农垦区	—	—	—	—	17
实验林场	—	—	—	—	13
叶赫林场	—	—	—	—	22
辽源市	**303**	**303**	**—**	**—**	**789**
东辽县	303	303	—	—	371
东丰县	—	—	—	—	367
西安区	—	—	—	—	4
龙山区	—	—	—	—	4
西站林场	—	—	—	—	43
通化市	**1566**	**1566**	**—**	**—**	**925**
梅河口市	—	—	—	—	180
集安市	899	899	—	—	296
通化县	—	—	—	—	389
柳河县	667	667	—	—	—
东昌区	—	—	—	—	36
二道江区	—	—	—	—	18
直属林场	—	—	—	—	6
白山市	**1280**	**1139**	**—**	**141**	**534**
长白朝鲜族自治县	289	148	—	141	305
抚松县	375	375	—	—	90
临江市	267	267	—	—	86
长白森林经营局	349	349	—	—	50
其他单位	—	—	—	—	3
松原市	**3055**	**3055**	**—**	**—**	**120**
长岭县	646	646	—	—	—
前郭县	854	854	—	—	81
乾安县	1555	1555	—	—	39
白城市	**16437**	**16104**	**—**	**333**	**1166**

分县造林完成情况

单位:公顷

地区	本年度检查验收合格荒山荒(沙)地造林面积				更新造林
	合计	人工造林	飞播造林	无林地和疏林地新封山(沙)育林	
大安市	3334	3334	—	—	270
洮南市	3039	2706	—	333	158
通榆县	3715	3715	—	—	660
镇赉县	1994	1994	—	—	—
洮北区	970	970	—	—	56
查干浩特开发区	2718	2718	—	—	22
其他单位	667	667	—	—	—
延边朝鲜族自治州	**1169**	**1169**	**—**	**—**	**529**
龙井市	550	550	—	—	163
和龙市	—	—	—	—	130
图们市	31	31	—	—	20
敦化市	—	—	—	—	52
安图县	—	—	—	—	33
汪清县	588	588	—	—	131
延边林业集团	**123**	**123**	**—**	**—**	**561**
黄泥河	—	—	—	—	112
大石头	—	—	—	—	101
八家子	—	—	—	—	103
和龙	—	—	—	—	38
汪清	—	—	—	—	15
大兴沟	—	—	—	—	145
天桥岭	—	—	—	—	19
白河	123	123	—	—	8
珲春	—	—	—	—	7
安图森林经营局	—	—	—	—	13
吉林森工集团	**—**	**—**	**—**	**—**	**1264**
临江	—	—	—	—	279
三岔子	—	—	—	—	474
湾沟	—	—	—	—	29
松江河	—	—	—	—	157
泉阳	—	—	—	—	20
露水河	—	—	—	—	66
白石山	—	—	—	—	191
红石	—	—	—	—	48
省直单位	**—**	**—**	**—**	**—**	**28**
辉南森林经营局	—	—	—	—	28
黑龙江	**213124**	**187126**	**—**	**25998**	**6380**
哈尔滨市	**27647**	**25580**	**—**	**2067**	**—**
市直单位	6734	6400	—	334	—
五常市	2800	2467	—	333	—
双城市	1000	1000	—	—	—
尚志市	600	600	—	—	—
巴彦县	3733	3333	—	400	—
宾县	4112	3779	—	333	—
依兰县	2000	2000	—	—	—
延寿县	2334	1667	—	667	—
木兰县	2000	2000	—	—	—

分县造林完成情况

单位:公顷

地　区	本年度检查验收合格荒山荒(沙)地造林面积				更新造林
	合计	人工造林	飞播造林	无林地和疏林地新封山(沙)育林	
通河县	1334	1334	—	—	—
方正县	1000	1000	—	—	—
齐齐哈尔市	**22468**	**20402**	**—**	**2066**	**—**
市直单位	3799	3266	—	533	—
龙江县	2874	2874	—	—	—
依安县	2673	2673	—	—	—
泰来县	2240	1907	—	333	—
甘南县	1880	1213	—	667	—
富裕县	1066	1066	—	—	—
克山县	1220	1220	—	—	—
克东县	1581	1048	—	533	—
拜泉县	2407	2407	—	—	—
讷河市	2728	2728	—	—	—
牡丹江市	**15036**	**11102**	**—**	**3934**	**—**
市直单位	2218	2218	—	—	—
东宁县	2134	1667	—	467	—
林口县	4017	2683	—	1334	—
绥芬河市	333	—	—	333	—
海林市	3001	1534	—	1467	—
宁安市	1333	1000	—	333	—
穆棱市	2000	2000	—	—	—
佳木斯市	**17424**	**14159**	**—**	**3265**	**—**
市直单位	2465	1799	—	666	—
市郊区	2472	2139	—	333	—
桦南县	3788	3255	—	533	—
桦川县	2533	2000	—	533	—
汤原县	2266	1733	—	533	—
抚远县	1434	767	—	667	—
同江市	1266	1266	—	—	—
富锦市	1200	1200	—	—	—
鸡西市	**6593**	**6260**	**—**	**333**	**—**
市直单位	2000	2000	—	—	—
鸡东县	1160	827	—	333	—
虎林市	1433	1433	—	—	—
密山市	2000	2000	—	—	—
鹤岗市	4350	4017	—	333	—
市直单位	2867	2534	—	333	—
萝北县	483	483	—	—	—
绥滨县	1000	1000	—	—	—
双鸭山市	**11983**	**9316**	**—**	**2667**	**—**
市直单位	3333	2333	—	1000	—
集贤县	2683	2350	—	333	—
饶河县	2767	1767	—	1000	—
宝清县	3200	2866	—	334	—
伊春市	**8334**	**8334**	**—**	**—**	**—**
市直单位	4667	4667	—	—	—
嘉荫县	2667	2667	—	—	—

分县造林完成情况

单位:公顷

地区	本年度检查验收合格荒山荒(沙)地造林面积				更新造林
	合计	人工造林	飞播造林	无林地和疏林地新封山(沙)育林	
铁力市	1000	1000	—	—	—
七台河市	**4090**	**3424**	**—**	**666**	**—**
市直单位	1757	1424	—	333	—
勃利县	2333	2000	—	333	—
大庆市	**12466**	**12466**	**—**	**—**	**—**
市直单位	3067	3067	—	—	—
肇州县	1800	1800	—	—	—
肇源县	2533	2533	—	—	—
林甸县	1733	1733	—	—	—
杜尔伯特蒙古族自治县	3333	3333	—	—	—
绥化市	**29732**	**28732**	**—**	**1000**	**—**
海伦市	4000	4000	—	—	—
海伦市国有林场管理局	2467	1800	—	667	—
绥棱县	466	466	—	—	—
绥棱国有林场管理局	533	200	—	333	—
庆安县	4000	4000	—	—	—
北林区	2200	2200	—	—	—
望奎县	2200	2200	—	—	—
兰西县	1933	1933	—	—	—
青岗县	2800	2800	—	—	—
明水县	3467	3467	—	—	—
安达市	3666	3666	—	—	—
肇东市	2000	2000	—	—	—
黑河市	**20067**	**13400**	**—**	**6667**	**—**
市直单位	3334	1667	—	1667	—
爱辉区	5333	4000	—	1333	—
嫩江县	1533	866	—	667	—
逊克县	333	333	—	—	—
孙吴县	3667	2334	—	1333	—
北安市	2067	1733	—	334	—
五大连池市	3800	2467	—	1333	—
大兴安岭	**2667**	**2667**	**—**	**—**	**—**
省直单位	**9267**	**6267**	**—**	**3000**	**—**
宾西林场	2134	467	—	1667	—
尚志国有林场管理局	800	800	—	—	—
庆安国有林场管理局	4333	3000	—	1333	—
其他单位	2000	2000	—	—	—
省农垦总局	**21000**	**21000**	**—**	**—**	**—**
龙江集团	**—**	**—**	**—**	**—**	**6380**
上海	**2051**	**2051**	**—**	**—**	**—**
宝山区	**33**	**33**	**—**	**—**	**—**
闵行区	**29**	**29**	**—**	**—**	**—**
嘉定区	**167**	**167**	**—**	**—**	**—**
金山区	**81**	**81**	**—**	**—**	**—**
青浦区	**20**	**20**	**—**	**—**	**—**
松江区	**93**	**93**	**—**	**—**	**—**
南汇区	**115**	**115**	**—**	**—**	**—**

分县造林完成情况

单位:公顷

地区	本年度检查验收合格荒山荒(沙)地造林面积				更新造林
	合计	人工造林	飞播造林	无林地和疏林地新封山(沙)育林	
奉贤区	**271**	**271**	**—**	**—**	**—**
崇明县	**649**	**649**	**—**	**—**	**—**
其他单位	**593**	**593**	**—**	**—**	**—**
江苏	**83713**	**82851**	**—**	**862**	**1119**
南京市	**5870**	**5870**	**—**	**—**	**—**
浦口区	560	560	—	—	—
栖霞区	410	410	—	—	—
雨花台区	152	152	—	—	—
江宁区	1299	1299	—	—	—
六合区	1069	1069	—	—	—
溧水县	1046	1046	—	—	—
高淳县	1334	1334	—	—	—
无锡市	**2778**	**2778**	**—**	**—**	**93**
市直单位	226	226	—	—	—
锡山区	232	232	—	—	—
惠山区	223	223	—	—	—
滨湖区	139	139	—	—	—
江阴市	1401	1401	—	—	63
宜兴市	557	557	—	—	30
徐州市	**7466**	**7466**	**—**	**—**	**303**
贾汪区	386	386	—	—	9
丰县	801	801	—	—	—
沛县	840	840	—	—	—
铜山县	2463	2463	—	—	10
睢宁县	973	973	—	—	4
新沂市	548	548	—	—	49
邳州市	1455	1455	—	—	231
常州市	**2836**	**2836**	**—**	**—**	**5**
新北区	276	276	—	—	—
武进区	674	674	—	—	—
溧阳市	1617	1617	—	—	5
金坛市	269	269	—	—	—
苏州市	**4320**	**4320**	**—**	**—**	**—**
市直单位	407	407	—	—	—
虎丘区	200	200	—	—	—
吴中区	275	275	—	—	—
相城区	467	467	—	—	—
常熟市	500	500	—	—	—
张家港市	620	620	—	—	—
昆山市	691	691	—	—	—
吴江市	677	677	—	—	—
太仓市	483	483	—	—	—
南通市	**13170**	**13170**	**—**	**—**	**—**
市直单位	416	416	—	—	—
崇川区	61	61	—	—	—
港闸区	193	193	—	—	—
海安县	870	870	—	—	—

分县造林完成情况

单位:公顷

地　区	本年度检查验收合格荒山荒(沙)地造林面积				更新造林
	合计	人工造林	飞播造林	无林地和疏林地新封山(沙)育林	
如东县	4431	4431	—	—	—
启东市	2016	2016	—	—	—
如皋市	2848	2848	—	—	—
通州市	1147	1147	—	—	—
海门市	1188	1188	—	—	—
连云港市	**9684**	**8822**	**—**	**862**	**14**
市直单位	122	122	—	—	13
连云区	462	113	—	349	—
新浦区	726	379	—	347	—
海州区	117	117	—	—	—
赣榆县	1992	1992	—	—	—
东海县	2440	2440	—	—	—
灌云县	3235	3069	—	166	—
灌南县	590	590	—	—	1
淮安市	**4004**	**4004**	**—**	**—**	**296**
楚州区	476	476	—	—	—
淮阴区	375	375	—	—	34
清浦区	220	220	—	—	—
涟水县	924	924	—	—	—
洪泽县	185	185	—	—	178
盱眙县	1625	1625	—	—	9
金湖县	199	199	—	—	75
盐城市	**12742**	**12742**	**—**	**—**	**109**
亭湖区	944	944	—	—	—
响水县	930	930	—	—	—
滨海县	775	775	—	—	—
阜宁县	963	963	—	—	1
射阳县	2620	2620	—	—	66
建湖县	1136	1136	—	—	—
盐都区	1626	1626	—	—	—
东台市	1838	1838	—	—	42
大丰市	1910	1910	—	—	—
扬州市	**4582**	**4582**	**—**	**—**	**133**
市直单位	70	70	—	—	—
广陵区	63	63	—	—	—
邗江区	476	476	—	—	—
郊区	162	162	—	—	—
宝应县	787	787	—	—	62
仪征市	1470	1470	—	—	—
高邮市	694	694	—	—	59
江都市	860	860	—	—	12
镇江市	**5070**	**5070**	**—**	**—**	**81**
市直单位	279	279	—	—	—
京口区	167	167	—	—	—
润州区	184	184	—	—	—
丹徒区	838	838	—	—	33
丹阳市	1577	1577	—	—	—

分县造林完成情况

单位：公顷

地　区	本年度检查验收合格荒山荒（沙）地造林面积				更新造林
	合计	人工造林	飞播造林	无林地和疏林地新封山（沙）育林	
扬中市	216	216	—	—	—
句容市	1809	1809	—	—	48
泰州市	**7043**	**7043**	**—**	**—**	**22**
海陵区	625	625	—	—	—
高港区	350	350	—	—	—
兴化市	2591	2591	—	—	—
靖江市	823	823	—	—	—
泰兴市	640	640	—	—	—
姜堰市	2014	2014	—	—	22
宿迁市	**4148**	**4148**	**—**	**—**	**63**
宿城区	468	468	—	—	—
宿豫区	299	299	—	—	43
沭阳县	1843	1843	—	—	—
泗阳县	538	538	—	—	—
泗洪县	1000	1000	—	—	20
浙江	**27422**	**19378**	**—**	**8044**	**15742**
杭州市	**2158**	**1156**	**—**	**1002**	**2710**
江干区	20	20	—	—	—
萧山区	54	54	—	—	12
余杭区	532	532	—	—	47
桐庐县	142	142	—	—	907
淳安县	346	77	—	269	374
建德市	—	—	—	—	451
富阳市	1064	331	—	733	433
临安市	—	—	—	—	486
宁波市	**924**	**882**	**—**	**42**	**373**
江北区	—	—	—	—	—
北仑区	58	58	—	—	27
镇海区	26	26	—	—	1
鄞州区	114	114	—	—	71
钱湖区	—	—	—	—	21
象山县	220	220	—	—	50
宁海县	250	250	—	—	15
余姚市	65	65	—	—	72
慈溪市	69	69	—	—	—
奉化市	122	80	—	42	116
温州市	**7851**	**5803**	**—**	**2048**	**469**
鹿城区	232	165	—	67	12
龙湾区	330	167	—	163	—
瓯海区	582	382	—	200	13
永嘉县	1121	1121	—	—	—
平阳县	903	552	—	351	40
苍南县	2214	947	—	1267	249
文成县	765	765	—	—	—
泰顺县	754	754	—	—	—
瑞安市	533	533	—	—	67
乐清市	417	417	—	—	88

分县造林完成情况

单位:公顷

地区	本年度检查验收合格荒山荒(沙)地造林面积				更新造林
	合计	人工造林	飞播造林	无林地和疏林地新封山(沙)育林	
嘉兴市	**1118**	**1118**	**—**	**—**	**1**
秀城区	200	200	—	—	—
秀洲区	206	206	—	—	—
嘉善县	22	22	—	—	—
海盐县	152	152	—	—	—
海宁市	243	243	—	—	—
平湖市	94	94	—	—	—
桐乡市	201	201	—	—	1
湖州市	**937**	**937**	**—**	**—**	**392**
吴兴区	200	200	—	—	71
南浔区	234	234	—	—	—
德清县	202	202	—	—	34
长兴县	167	167	—	—	206
安吉县	134	134	—	—	81
绍兴市	**2543**	**2143**	**—**	**400**	**182**
越城区	41	41	—	—	—
绍兴县	100	67	—	33	—
新昌县	340	340	—	—	34
诸暨市	1022	1022	—	—	27
上虞市	336	336	—	—	10
嵊州市	704	337	—	367	111
金华市	**1099**	**697**	**—**	**402**	**1485**
婺城区	23	23	—	—	172
金东区	—	—	—	—	242
武义县	319	209	—	110	467
浦江县	—	—	—	—	80
磐安县	278	141	—	137	193
兰溪市	122	122	—	—	85
义乌市	53	53	—	—	33
东阳市	304	149	—	155	128
永康市	—	—	—	—	85
衢州市	**848**	**681**	**—**	**167**	**2808**
柯城区	132	132	—	—	48
衢江区	302	135	—	167	367
常山县	133	133	—	—	272
开化县	138	138	—	—	1400
龙游县	—	—	—	—	294
江山市	143	143	—	—	427
舟山市	**1389**	**1389**	**—**	**—**	**—**
定海区	334	334	—	—	—
普陀区	375	375	—	—	—
岱山县	333	333	—	—	—
嵊泗县	347	347	—	—	—
台州市	**6352**	**3567**	**—**	**2785**	**317**
椒江区	132	132	—	—	—
黄岩区	347	347	—	—	—
路桥区	192	192	—	—	—

分县造林完成情况

单位:公顷

地　区	本年度检查验收合格荒山荒(沙)地造林面积				更新造林
	合计	人工造林	飞播造林	无林地和疏林地新封山(沙)育林	
玉环县	1080	399	—	681	—
三门县	1129	462	—	667	—
天台县	855	412	—	443	72
仙居县	686	473	—	213	—
温岭市	305	305	—	—	3
临海市	1626	845	—	781	242
丽水市	**2203**	**1005**	**—**	**1198**	**7005**
市直单位	—	—	—	—	21
莲都区	591	—	—	591	683
青田县	365	365	—	—	201
缙云县	278	118	—	160	607
遂昌县	296	149	—	147	1767
松阳县	—	—	—	—	909
云和县	12	12	—	—	273
庆元县	300	—	—	300	463
景宁畲族自治县	183	183	—	—	1103
龙泉市	178	178	—	—	978
安徽	**68952**	**53336**	**—**	**15616**	**421**
合肥市	**644**	**644**	**—**	**—**	**—**
包河区	43	43	—	—	—
蜀山区	3	3	—	—	—
肥东县	499	499	—	—	—
肥西县	99	99	—	—	—
淮北市	**775**	**442**	**—**	**333**	**—**
烈山区	298	165	—	133	—
濉溪县	277	277	—	—	—
市直单位	200	—	—	200	—
亳州市	**3228**	**3228**	**—**	**—**	**—**
谯城区	425	425	—	—	—
涡阳县	971	971	—	—	—
蒙城县	200	200	—	—	—
利辛县	1632	1632	—	—	—
宿州市	**2765**	**2632**	**—**	**133**	**—**
埇桥区	70	70	—	—	—
砀山县	61	61	—	—	—
萧县	833	700	—	133	—
灵璧县	916	916	—	—	—
泗县	885	885	—	—	—
蚌埠市	**693**	**426**	**—**	**267**	**—**
龙子湖区	66	66	—	—	—
蚌山区	58	58	—	—	—
禹会区	41	41	—	—	—
淮上区	67	67	—	—	—
怀远县	461	194	—	267	—
阜阳市	**5159**	**5159**	**—**	**—**	**—**
颍东区	266	266	—	—	—
颍泉区	210	210	—	—	—

分县造林完成情况

单位:公顷

地　区	本年度检查验收合格荒山荒(沙)地造林面积				更新造林
	合计	人工造林	飞播造林	无林地和疏林地新封山(沙)育林	
界首市	631	631	—	—	—
临泉县	808	808	—	—	—
太和县	2053	2053	—	—	—
阜南县	987	987	—	—	—
颍上县	204	204	—	—	—
淮南市	**340**	**273**	**—**	**67**	**—**
田家庵区	13	13	—	—	—
潘集区	119	119	—	—	—
毛集区	47	47	—	—	—
凤台县	161	94	—	67	—
滁州市	**8208**	**7010**	**—**	**1198**	**—**
南谯区	1602	1469	—	133	—
天长市	694	694	—	—	—
明光市	1210	1210	—	—	—
来安县	1011	878	—	133	—
全椒县	1013	880	—	133	—
定远县	1031	631	—	400	—
凤阳县	981	848	—	133	—
管店林业总场	333	200	—	133	—
沙河集林业总场	333	200	—	133	—
六安市	**7468**	**5201**	**—**	**2267**	**—**
金安区	1033	766	—	267	—
裕安区	795	462	—	333	—
叶集区	81	81	—	—	—
寿县	500	233	—	267	—
霍邱县	759	559	—	200	—
舒城县	558	158	—	400	—
金寨县	2240	1840	—	400	—
霍山县	1502	1102	—	400	—
马鞍山市	**437**	**437**	**—**	**—**	**43**
雨山区	120	120	—	—	—
当涂县	317	317	—	—	43
巢湖市	**3220**	**2353**	**—**	**867**	**94**
庐江县	782	515	—	267	—
无为县	727	527	—	200	—
含山县	1114	914	—	200	94
和县	597	397	—	200	—
芜湖市	**2412**	**2212**	**—**	**200**	**—**
三山区	248	248	—	—	—
芜湖县	547	547	—	—	—
繁昌县	1084	884	—	200	—
南陵县	533	533	—	—	—
宣城市	**6998**	**5133**	**—**	**1865**	**127**
宣州区	1519	1186	—	333	—
宁国市	857	524	—	333	127
郎溪县	253	253	—	—	—
广德县	2263	1930	—	333	—

分县造林完成情况

单位：公顷

地区	本年度检查验收合格荒山荒(沙)地造林面积				更新造林
	合计	人工造林	飞播造林	无林地和疏林地新封山(沙)育林	
泾县	633	433	—	200	—
绩溪县	848	515	—	333	—
旌德县	625	292	—	333	—
铜陵市	**633**	**633**	**—**	**—**	**67**
市直单位	456	456	—	—	—
铜陵县	177	177	—	—	67
池州市	**4753**	**2820**	**—**	**1933**	**90**
贵池区	664	397	—	267	63
东至县	1852	1519	—	333	27
石台县	1497	497	—	1000	—
青阳县	740	407	—	333	—
安庆市	**15962**	**11941**	**—**	**4021**	**—**
迎江区	344	344	—	—	—
大观区	282	149	—	133	—
宜秀区	871	337	—	534	—
桐城市	1189	802	—	387	—
怀宁县	1670	1403	—	267	—
枞阳县	1760	593	—	1167	—
潜山县	1980	1647	—	333	—
太湖县	2480	2147	—	333	—
宿松县	2546	2279	—	267	—
望江县	1675	1408	—	267	—
岳西县	1098	765	—	333	—
市直单位	67	67	—	—	—
黄山市	**5257**	**2792**	**—**	**2465**	**—**
屯溪区	208	8	—	200	—
徽州区	278	11	—	267	—
黄山区	950	617	—	333	—
歙县	1082	749	—	333	—
休宁县	557	224	—	333	—
黟县	482	149	—	333	—
祁门县	1700	1034	—	666	—
福建	**33261**	**33261**	**—**	**—**	**91109**
福州市	**7469**	**7469**	**—**	**—**	**4551**
马尾区	41	41	—	—	132
晋安区	101	101	—	—	175
闽侯县	1444	1444	—	—	258
连江县	947	947	—	—	439
罗源县	755	755	—	—	435
闽清县	1591	1591	—	—	913
永泰县	1371	1371	—	—	1378
平潭县	113	113	—	—	123
福清市	660	660	—	—	598
长乐市	446	446	—	—	100
莆田市	**2013**	**2013**	**—**	**—**	**2820**
湄洲岛	27	27	—	—	—
城厢区	304	304	—	—	98

分县造林完成情况

单位:公顷

地区	本年度检查验收合格荒山荒(沙)地造林面积				更新造林
	合计	人工造林	飞播造林	无林地和疏林地新封山(沙)育林	
涵江区	36	36	—	—	568
荔城区	287	287	—	—	—
秀屿区	355	355	—	—	—
仙游县	1004	1004	—	—	2154
三明市	**1442**	**1442**	**—**	**—**	**28909**
梅列区	—	—	—	—	194
三元区	—	—	—	—	602
明溪县	—	—	—	—	1605
清流县	69	69	—	—	1889
宁化县	44	44	—	—	2187
大田县	601	601	—	—	1146
尤溪县	475	475	—	—	3449
沙县	172	172	—	—	1625
将乐县	5	5	—	—	1764
泰宁县	47	47	—	—	2241
建宁县	—	—	—	—	8311
永安市	29	29	—	—	3896
泉州市	**2850**	**2850**	**—**	**—**	**3590**
洛江区	82	82	—	—	44
泉港区	—	—	—	—	105
惠安县	99	99	—	—	177
安溪县	883	883	—	—	368
永春县	588	588	—	—	858
德化县	69	69	—	—	1194
晋江市	125	125	—	—	—
南安市	1004	1004	—	—	844
漳州市	**5304**	**5304**	**—**	**—**	**8535**
芗城区	58	58	—	—	38
龙文区	45	45	—	—	8
云霄县	950	950	—	—	1337
漳浦县	695	695	—	—	644
诏安县	358	358	—	—	1579
长泰县	553	553	—	—	1298
东山县	—	—	—	—	187
南靖县	425	425	—	—	1274
平和县	1145	1145	—	—	758
华安县	275	275	—	—	1154
龙海市	800	800	—	—	258
南平市	**2742**	**2742**	**—**	**—**	**24088**
延平区	303	303	—	—	2380
顺昌县	133	133	—	—	1941
浦城县	601	601	—	—	2465
光泽县	590	590	—	—	3792
松溪县	106	106	—	—	509
政和县	198	198	—	—	680
邵武市	126	126	—	—	4311
武夷山市	442	442	—	—	1138

分县造林完成情况

单位:公顷

地　区	本年度检查验收合格荒山荒(沙)地造林面积				更新造林
	合计	人工造林	飞播造林	无林地和疏林地新封山(沙)育林	
建瓯市	69	69	—	—	3277
建阳市	174	174	—	—	3595
龙岩市	**4617**	**4617**	**—**	**—**	**11969**
新罗区	472	472	—	—	624
长汀县	509	509	—	—	2637
永定县	643	643	—	—	786
上杭县	977	977	—	—	876
武平县	362	362	—	—	2557
连城县	115	115	—	—	2370
漳平市	1539	1539	—	—	2119
宁德市	**6824**	**6824**	**—**	**—**	**6647**
蕉城区	561	561	—	—	631
霞浦县	1308	1308	—	—	1105
古田县	1622	1622	—	—	590
屏南县	161	161	—	—	686
寿宁县	313	313	—	—	1296
周宁县	36	36	—	—	453
柘荣县	664	664	—	—	114
福安市	1222	1222	—	—	827
福鼎市	937	937	—	—	945
江西	**228630**	**209019**	**—**	**19611**	**24349**
南昌市	**6879**	**6119**	**—**	**760**	**20**
市直单位	263	73	—	190	—
湾里区	703	133	—	570	—
南昌县	1500	1500	—	—	—
新建县	2050	2050	—	—	—
安义县	713	713	—	—	20
进贤县	1650	1650	—	—	—
景德镇市	**6368**	**6025**	**—**	**343**	**549**
市直单位	542	542	—	—	394
昌江区	333	333	—	—	155
浮梁县	1327	984	—	343	—
乐平市	4166	4166	—	—	—
萍乡市	**14749**	**12872**	**—**	**1877**	**—**
安源区	1527	1260	—	267	—
安源经济开发区	150	150	—	—	—
湘东区	2672	2339	—	333	—
莲花县	4675	4085	—	590	—
上栗县	2497	2400	—	97	—
芦溪县	3228	2638	—	590	—
九江市	**29333**	**28867**	**—**	**466**	**1423**
庐山区	373	373	—	—	—
九江县	1509	1509	—	—	—
武宁县	6147	6014	—	133	333
修水县	2963	2630	—	333	—
永修县	5466	5466	—	—	—
德安县	2026	2026	—	—	200

分县造林完成情况

单位：公顷

地　区	本年度检查验收合格荒山荒(沙)地造林面积				更新造林
	合计	人工造林	飞播造林	无林地和疏林地新封山(沙)育林	
星子县	1909	1909	—	—	890
都昌县	2906	2906	—	—	—
湖口县	1246	1246	—	—	—
彭泽县	1667	1667	—	—	—
瑞昌市	2934	2934	—	—	—
共青城	187	187	—	—	—
新余市	**9008**	**8458**	**—**	**550**	**1492**
仰天岗管理会	484	301	—	183	—
渝水区	3958	3838	—	120	321
仙女湖	693	693	—	—	120
高新开发区	400	400	—	—	100
分宜县	3473	3226	—	247	951
鹰潭市	**7510**	**6867**	**—**	**643**	**—**
月湖区	287	287	—	—	—
龙虎山	700	400	—	300	—
余江县	3000	3000	—	—	—
贵溪市	3523	3180	—	343	—
赣州市	**36711**	**32889**	**—**	**3822**	**7582**
章贡区	170	170	—	—	—
黄金区	—	—	—	—	—
赣县	1734	1734	—	—	1784
信丰县	1022	768	—	254	1397
大余县	1383	793	—	590	1711
上犹县	1226	620	—	606	820
崇义县	723	380	—	343	—
安远县	1200	1200	—	—	—
龙南县	1333	1333	—	—	—
定南县	1881	1881	—	—	690
全南县	1200	1200	—	—	—
宁都县	10196	10063	—	133	—
于都县	5482	4863	—	619	—
兴国县	333	333	—	—	—
会昌县	1923	1333	—	590	—
寻乌县	667	667	—	—	—
石城县	4300	4053	—	247	160
瑞金市	1313	873	—	440	1020
南康市	625	625	—	—	—
吉安市	**23454**	**20563**	**—**	**2891**	**7689**
吉州区	914	814	—	100	—
青原区	—	—	—	—	270
吉安县	4673	4673	—	—	685
吉水县	4000	3753	—	247	400
峡江县	1527	1280	—	247	130
新干县	1816	1816	—	—	643
永丰县	1187	567	—	620	400
泰和县	2647	2647	—	—	300
遂川县	91	91	—	—	3492

分县造林完成情况

单位:公顷

地　区	本年度检查验收合格荒山荒(沙)地造林面积				更新造林
	合计	人工造林	飞播造林	无林地和疏林地新封山(沙)育林	
万安县	2150	1570	—	580	120
安福县	1807	1217	—	590	—
永新县	1667	1160	—	507	1005
井冈山市	975	975	—	—	244
宜春市	**30720**	**27290**	**—**	**3430**	**4999**
市直单位	437	247	—	190	33
袁州区	4267	4020	—	247	—
奉新县	1887	1447	—	440	613
万载县	3310	2720	—	590	—
上高县	4937	4347	—	590	1950
宜丰县	1539	1196	—	343	—
靖安县	2230	1790	—	440	671
铜鼓县	1467	1124	—	343	1252
丰城市	3174	2927	—	247	—
樟树市	4800	4800	—	—	—
高安市	2672	2672	—	—	480
抚州市	**22756**	**20137**	**—**	**2619**	**133**
临川区	2000	2000	—	—	133
南城县	2251	2004	—	247	—
黎川县	2026	1780	—	246	—
南丰县	3050	2763	—	287	—
崇仁县	2400	2303	—	97	—
乐安县	1385	1212	—	173	—
宜黄县	2199	2046	—	153	—
金溪县	985	985	—	—	—
资溪县	2746	2166	—	580	—
东乡县	1850	1260	—	590	—
广昌县	1864	1618	—	246	—
上饶市	**41142**	**38932**	**—**	**2210**	**462**
市直单位	233	80	—	153	—
信州区	1490	1300	—	190	—
上饶县	1404	1307	—	97	—
广丰县	2501	2254	—	247	—
玉山县	4194	3947	—	247	—
铅山县	3733	3390	—	343	—
横峰县	3221	2974	—	247	62
弋阳县	5446	5103	—	343	—
余干县	4767	4767	—	—	—
鄱阳县	8180	8180	—	—	—
万年县	1183	1183	—	—	—
婺源县	3847	3504	—	343	400
德兴市	943	943	—	—	—
山东	**182171**	**180529**	**—**	**1642**	**7307**
济南市	**9534**	**9534**	**—**	**—**	**167**
历下区	110	110	—	—	—
市中区	700	700	—	—	67
槐荫区	67	67	—	—	—

分县造林完成情况

单位:公顷

地 区	本年度检查验收合格荒山荒(沙)地造林面积				更新造林
	合计	人工造林	飞播造林	无林地和疏林地新封山(沙)育林	
天桥区	67	67	—	—	34
历城区	1750	1750	—	—	—
长清区	1305	1305	—	—	66
开发区	79	79	—	—	—
平阴县	923	923	—	—	—
济阳县	733	733	—	—	—
商河县	2000	2000	—	—	—
章丘市	1800	1800	—	—	—
青岛市	**7774**	**7774**	**—**	**—**	**518**
黄岛区	133	133	—	—	—
崂山区	133	133	—	—	—
李沧区	173	173	—	—	—
城阳区	335	335	—	—	—
胶州市	1365	1365	—	—	169
即墨市	547	547	—	—	13
平度市	2804	2804	—	—	—
胶南市	633	633	—	—	216
莱西市	1651	1651	—	—	120
淄博市	**8689**	**8689**	**—**	**—**	**—**
市直单位	533	533	—	—	—
淄川区	2000	2000	—	—	—
张店区	273	273	—	—	—
博山区	1268	1268	—	—	—
临淄区	400	400	—	—	—
周村区	226	226	—	—	—
桓台县	402	402	—	—	—
高青县	720	720	—	—	—
沂源县	2867	2867	—	—	—
枣庄市	**6040**	**6040**	**—**	**—**	**102**
高新区	86	86	—	—	—
市中区	506	506	—	—	10
薛城区	353	353	—	—	—
峄城区	881	881	—	—	—
台儿庄区	908	908	—	—	—
山亭区	1850	1850	—	—	12
滕州市	1456	1456	—	—	80
东营市	**5012**	**4479**	**—**	**533**	**10**
东营区	807	807	—	—	—
河口区	207	207	—	—	10
垦利县	1647	1114	—	533	—
利津县	1183	1183	—	—	—
广饶县	1168	1168	—	—	—
烟台市	**14326**	**14326**	**—**	**—**	**60**
开发区	309	309	—	—	—
芝罘区	205	205	—	—	—
福山区	948	948	—	—	—
牟平区	1544	1544	—	—	—

分县造林完成情况

单位:公顷

地　区	本年度检查验收合格荒山荒(沙)地造林面积				更新造林
	合计	人工造林	飞播造林	无林地和疏林地新封山(沙)育林	
莱山区	334	334	—	—	—
长岛县	133	133	—	—	—
龙口市	1091	1091	—	—	—
莱阳市	2424	2424	—	—	—
莱州市	1417	1417	—	—	—
蓬莱市	1467	1467	—	—	—
招远市	1803	1803	—	—	60
栖霞市	1598	1598	—	—	—
海阳市	1053	1053	—	—	—
潍坊市	**33556**	**33556**	**—**	**—**	**409**
潍城区	1186	1186	—	—	—
寒亭区	2549	2549	—	—	—
坊子区	2206	2206	—	—	—
奎文区	486	486	—	—	—
临朐县	5186	5186	—	—	—
昌乐县	3235	3235	—	—	—
青州市	2065	2065	—	—	—
诸城市	4655	4655	—	—	384
寿光市	2400	2400	—	—	25
安丘市	4439	4439	—	—	—
高密市	3400	3400	—	—	—
昌邑市	1749	1749	—	—	—
济宁市	**14457**	**13348**	**—**	**1109**	**556**
市中区	63	63	—	—	28
任城区	261	261	—	—	7
微山县	690	690	—	—	164
鱼台县	533	533	—	—	—
金乡县	580	580	—	—	—
嘉祥县	2087	1020	—	1067	—
汶上县	1735	1735	—	—	30
泗水县	2852	2810	—	42	13
梁山县	840	840	—	—	—
曲阜市	1540	1540	—	—	—
兖州市	135	135	—	—	314
邹城市	3141	3141	—	—	—
泰安市	**11512**	**11512**	**—**	**—**	**592**
泰山区	700	700	—	—	—
岱岳区	1296	1296	—	—	129
宁阳县	1248	1248	—	—	60
东平县	1796	1796	—	—	130
新泰市	3338	3338	—	—	97
肥城市	3134	3134	—	—	176
威海市	**7393**	**7393**	**—**	**—**	**—**
市直单位	712	712	—	—	—
环翠区	767	767	—	—	—
文登市	1548	1548	—	—	—
荣成市	1533	1533	—	—	—

分县造林完成情况

单位:公顷

地　区	本年度检查验收合格荒山荒(沙)地造林面积				更新造林
	合计	人工造林	飞播造林	无林地和疏林地新封山(沙)育林	
乳山市	2833	2833	—	—	—
日照市	**6365**	**6365**	**—**	**—**	**409**
市直单位	153	153	—	—	130
东港区	1847	1847	—	—	40
岚山区	1298	1298	—	—	36
五莲县	1010	1010	—	—	—
莒县	2057	2057	—	—	203
莱芜市	**2128**	**2128**	**—**	**—**	**—**
市直单位	499	499	—	—	—
莱城区	1101	1101	—	—	—
钢城区	528	528	—	—	—
临沂市	**19669**	**19669**	**—**	**—**	**3573**
兰山区	1396	1396	—	—	975
罗庄区	383	383	—	—	30
河东区	860	860	—	—	—
沂南县	1930	1930	—	—	461
郯城县	1379	1379	—	—	27
沂水县	3958	3958	—	—	1042
苍山县	1119	1119	—	—	28
费县	1528	1528	—	—	387
平邑县	2422	2422	—	—	162
莒南县	1150	1150	—	—	25
蒙阴县	2571	2571	—	—	52
临沭县	973	973	—	—	384
德州市	**9920**	**9920**	**—**	**—**	**33**
市直单位	240	240	—	—	—
德城区	25	25	—	—	—
陵县	176	176	—	—	—
宁津县	133	133	—	—	33
庆云县	333	333	—	—	—
临邑县	220	220	—	—	—
齐河县	2000	2000	—	—	—
平原县	414	414	—	—	—
夏津县	266	266	—	—	—
武城县	733	733	—	—	—
乐陵市	2034	2034	—	—	—
禹城市	3346	3346	—	—	—
聊城市	**6830**	**6830**	**—**	**—**	**756**
东昌府区	375	375	—	—	—
阳谷县	553	553	—	—	—
莘县	254	254	—	—	21
茌平县	1547	1547	—	—	—
东阿县	1374	1374	—	—	735
冠县	1461	1461	—	—	—
高唐县	333	333	—	—	—
临清市	933	933	—	—	—
滨州市	**8679**	**8679**	**—**	**—**	**104**

分县造林完成情况

单位:公顷

地区	本年度检查验收合格荒山荒(沙)地造林面积				更新造林
	合计	人工造林	飞播造林	无林地和疏林地新封山(沙)育林	
滨城区	851	851	—	—	10
惠民县	971	971	—	—	—
阳信县	1658	1658	—	—	—
无棣县	1499	1499	—	—	—
沾化县	1000	1000	—	—	—
博兴县	1494	1494	—	—	—
邹平县	1206	1206	—	—	94
菏泽市	**10287**	**10287**	**—**	**—**	**18**
市直单位	50	50	—	—	—
牡丹区	1213	1213	—	—	—
曹县	1467	1467	—	—	—
单县	1740	1740	—	—	18
成武县	871	871	—	—	—
巨野县	677	677	—	—	—
郓城县	1800	1800	—	—	—
鄄城县	647	647	—	—	—
定陶县	769	769	—	—	—
东明县	1053	1053	—	—	—
河南	**416131**	**382129**	**—**	**34002**	**900**
郑州市	**21172**	**21172**	**—**	**—**	**—**
中原区	12	12	—	—	—
二七区	20	20	—	—	—
管城回族区	13	13	—	—	—
金水区	27	27	—	—	—
上街区	146	146	—	—	—
惠济区	129	129	—	—	—
中牟县	4481	4481	—	—	—
巩义市	3034	3034	—	—	—
荥阳市	3462	3462	—	—	—
新密市	4658	4658	—	—	—
新郑市	2104	2104	—	—	—
登封市	3086	3086	—	—	—
开封市	**12231**	**12231**	**—**	**—**	**—**
龙亭区	143	143	—	—	—
顺河回族区	86	86	—	—	—
鼓楼区	123	123	—	—	—
禹王台区	174	174	—	—	—
金明区	129	129	—	—	—
杞县	3121	3121	—	—	—
通许县	1987	1987	—	—	—
尉氏县	1593	1593	—	—	—
开封县	2240	2240	—	—	—
兰考县	2635	2635	—	—	—
洛阳市	**41648**	**32447**	**—**	**9201**	**—**
老城区	4	4	—	—	—
西工区	45	45	—	—	—
廛河回族区	1	1	—	—	—

分县造林完成情况

单位:公顷

地　区	本年度检查验收合格荒山荒(沙)地造林面积				更新造林
	合计	人工造林	飞播造林	无林地和疏林地新封山(沙)育林	
涧西区	2	2	—	—	—
吉利区	11	11	—	—	—
洛龙区	64	64	—	—	—
高新区	19	19	—	—	—
孟津县	1800	1467	—	333	—
新安县	2857	2190	—	667	—
栾川县	1227	560	—	667	—
嵩县	6903	4236	—	2667	—
汝阳县	5472	3672	—	1800	—
宜阳县	3324	2657	—	667	—
洛宁县	14996	12996	—	2000	—
伊川县	2657	2657	—	—	—
偃师市	2266	1866	—	400	—
平顶山市	**17159**	**16826**	**—**	**333**	**800**
新华区	87	87	—	—	—
卫东区	250	250	—	—	—
石龙区	113	113	—	—	—
湛河区	198	198	—	—	—
宝丰县	2212	2212	—	—	—
叶县	2992	2992	—	—	—
鲁山县	3921	3921	—	—	—
郏县	1436	1436	—	—	—
舞钢市	767	767	—	—	—
汝州市	5183	4850	—	333	800
安阳市	**17360**	**16426**	**—**	**934**	**—**
文峰区	142	142	—	—	—
北关区	30	30	—	—	—
殷都区	100	100	—	—	—
龙安区	692	692	—	—	—
安阳县	4500	4233	—	267	—
汤阴县	1467	1467	—	—	—
滑县	2133	2133	—	—	—
内黄县	1920	1920	—	—	—
林州市	6376	5709	—	667	—
鹤壁市	**18235**	**16968**	**—**	**1267**	**—**
鹤山区	2512	2512	—	—	—
山城区	2304	2304	—	—	—
淇滨区	4427	4427	—	—	—
浚县	3655	3655	—	—	—
淇县	5337	4070	—	1267	—
新乡市	**20286**	**19152**	**—**	**1134**	**—**
红旗区	62	62	—	—	—
卫滨区	79	79	—	—	—
凤泉区	852	852	—	—	—
牧野区	51	51	—	—	—
新乡县	1261	1261	—	—	—
获嘉县	604	604	—	—	—

分县造林完成情况

单位:公顷

地区	本年度检查验收合格荒山荒(沙)地造林面积				更新造林
	合计	人工造林	飞播造林	无林地和疏林地新封山(沙)育林	
原阳县	2085	2085	—	—	—
延津县	1496	1496	—	—	—
封丘县	1552	1552	—	—	—
长垣县	1642	1642	—	—	—
卫辉市	3564	2897	—	667	—
辉县市	7038	6571	—	467	—
焦作市	**13565**	**12765**	**—**	**800**	**—**
解放区	140	140	—	—	—
中站区	600	467	—	133	—
马村区	538	405	—	133	—
高新区	91	91	—	—	—
山阳区	473	473	—	—	—
修武县	2469	2202	—	267	—
博爱县	2302	2035	—	267	—
武陟县	1586	1586	—	—	—
温县	865	865	—	—	—
沁阳市	2901	2901	—	—	—
孟州市	1600	1600	—	—	—
濮阳市	**13056**	**13056**	**—**	**—**	**—**
市直单位	347	347	—	—	—
华龙区	232	232	—	—	—
高新区	937	937	—	—	—
清丰县	2500	2500	—	—	—
南乐县	2305	2305	—	—	—
范县	2428	2428	—	—	—
台前县	1210	1210	—	—	—
濮阳县	3097	3097	—	—	—
许昌市	**19578**	**18911**	**—**	**667**	**—**
魏都区	101	101	—	—	—
东城区	302	302	—	—	—
开发区	34	34	—	—	—
许昌县	1079	1079	—	—	—
鄢陵县	4542	4542	—	—	—
襄城县	3190	3190	—	—	—
禹州市	8636	7969	—	667	—
长葛市	1694	1694	—	—	—
漯河市	**5405**	**5405**	**—**	**—**	**—**
市直单位	401	401	—	—	—
源汇区	349	349	—	—	—
郾城区	1233	1233	—	—	—
召陵区	811	811	—	—	—
舞阳县	1296	1296	—	—	—
临颍县	1315	1315	—	—	—
三门峡市	**45327**	**40527**	**—**	**4800**	**—**
湖滨区	2104	1771	—	333	—
渑池县	6985	6318	—	667	—
陕县	6242	5575	—	667	—

分县造林完成情况

单位:公顷

地区	本年度检查验收合格荒山荒(沙)地造林面积				更新造林
	合计	人工造林	飞播造林	无林地和疏林地新封山(沙)育林	
卢氏县	17660	14660	—	3000	—
义马市	1070	937	—	133	—
灵宝市	11266	11266	—	—	—
南阳市	**60974**	**53174**	**—**	**7800**	**—**
宛城区	1794	1794	—	—	—
卧龙区	3406	3406	—	—	—
南召县	6281	5748	—	533	—
方城县	6174	6174	—	—	—
西峡县	6851	5184	—	1667	—
镇平县	2585	2585	—	—	—
内乡县	3960	2627	—	1333	—
淅川县	11931	9931	—	2000	—
社旗县	2483	2483	—	—	—
唐河县	2955	2421	—	534	—
新野县	2205	2205	—	—	—
桐柏县	6886	5153	—	1733	—
邓州市	3463	3463	—	—	—
商丘市	**19560**	**19560**	**—**	**—**	**100**
市直单位	—	—	—	—	100
梁园区	1461	1461	—	—	—
睢阳区	1517	1517	—	—	—
民权县	3217	3217	—	—	—
睢县	2738	2738	—	—	—
宁陵县	933	933	—	—	—
柘城县	1992	1992	—	—	—
虞城县	2675	2675	—	—	—
夏邑县	1639	1639	—	—	—
永城市	3388	3388	—	—	—
信阳市	**39228**	**35495**	**—**	**3733**	**—**
市直单位	284	284	—	—	—
浉河区	3407	2074	—	1333	—
平桥区	5166	5166	—	—	—
罗山县	4113	4113	—	—	—
光山县	5252	3919	—	1333	—
新县	5117	4050	—	1067	—
商城县	3745	3745	—	—	—
固始县	5375	5375	—	—	—
潢川县	2200	2200	—	—	—
淮滨县	1056	1056	—	—	—
息县	3513	3513	—	—	—
周口市	**18914**	**18914**	**—**	**—**	**—**
川汇区	699	699	—	—	—
扶沟县	1554	1554	—	—	—
西华县	878	878	—	—	—
商水县	3184	3184	—	—	—
沈丘县	2316	2316	—	—	—
郸城县	1956	1956	—	—	—

分县造林完成情况

单位:公顷

地 区	本年度检查验收合格荒山荒(沙)地造林面积				更新造林
	合计	人工造林	飞播造林	无林地和疏林地新封山(沙)育林	
淮阳县	2626	2626	—	—	—
太康县	2037	2037	—	—	—
鹿邑县	2038	2038	—	—	—
项城市	1626	1626	—	—	—
驻马店市	**25919**	**25252**	**—**	**667**	**—**
驿城区	1440	1440	—	—	—
西平县	938	605	—	333	—
上蔡县	2890	2890	—	—	—
平舆县	1388	1388	—	—	—
正阳县	2681	2681	—	—	—
确山县	3596	3596	—	—	—
泌阳县	7554	7554	—	—	—
汝南县	2465	2465	—	—	—
遂平县	2130	1796	—	334	—
新蔡县	837	837	—	—	—
济源市	**6514**	**3848**	**—**	**2666**	**—**
湖北	**149174**	**129969**	**—**	**19205**	**2707**
武汉市	**9945**	**8612**	**—**	**1333**	**1475**
洪山区	733	733	—	—	—
东西湖区	607	607	—	—	—
汉南区	980	980	—	—	—
蔡甸区	1733	1733	—	—	333
江夏区	1416	1416	—	—	75
黄陂区	3113	1780	—	1333	667
新洲区	1333	1333	—	—	400
市直单位	30	30	—	—	—
黄石市	**2909**	**2909**	**—**	**—**	**—**
阳新县	2042	2042	—	—	—
大冶市	867	867	—	—	—
十堰市	**9601**	**8867**	**—**	**734**	**—**
武当山经济特区	634	167	—	467	—
茅箭区	700	700	—	—	—
张湾区	800	800	—	—	—
牛头山林场	167	167	—	—	—
郧县	800	800	—	—	—
郧西县	1267	1267	—	—	—
竹山县	900	633	—	267	—
竹溪县	767	767	—	—	—
房县	833	833	—	—	—
丹江口市	2733	2733	—	—	—
宜昌市	**14533**	**10941**	**—**	**3592**	**—**
夷陵区	1960	1035	—	925	—
远安县	466	466	—	—	—
兴山县	3067	400	—	2667	—
秭归县	1599	1599	—	—	—
长阳土家族自治县	267	267	—	—	—
五峰土家族自治县	2150	2150	—	—	—

分县造林完成情况

单位:公顷

地　区	本年度检查验收合格荒山荒(沙)地造林面积				更新造林
	合计	人工造林	飞播造林	无林地和疏林地新封山(沙)育林	
宜都市	624	624	—	—	—
当阳市	2333	2333	—	—	—
枝江市	2067	2067	—	—	—
襄樊市	**19500**	**16167**	**—**	**3333**	**13**
襄城区	340	340	—	—	—
樊城区	333	333	—	—	—
襄阳区	1081	1081	—	—	—
市直单位	20	20	—	—	—
南漳县	5353	5353	—	—	—
谷城县	1633	1633	—	—	—
保康县	5733	2400	—	3333	—
老河口市	933	933	—	—	—
枣阳市	2007	2007	—	—	—
宜城市	2067	2067	—	—	13
鄂州市	**2533**	**2533**	**—**	**—**	**467**
荆门市	**5571**	**5571**	**—**	**—**	**189**
十里牌林场	—	—	—	—	30
彭场林场	—	—	—	—	26
东宝区	1307	1307	—	—	—
掇刀区	720	720	—	—	—
京山县	1144	1144	—	—	—
沙洋县	1133	1133	—	—	133
钟祥市	800	800	—	—	—
屈家岭管理局	467	467	—	—	—
孝感市	**9470**	**9470**	**—**	**—**	**—**
市直单位	166	166	—	—	—
孝南区	1066	1066	—	—	—
孝昌县	800	800	—	—	—
大悟县	1792	1792	—	—	—
云梦县	1020	1020	—	—	—
应城市	1000	1000	—	—	—
安陆市	1733	1733	—	—	—
汉川市	1893	1893	—	—	—
荆州市	**18307**	**18307**	**—**	**—**	**220**
沙市区	1133	1133	—	—	—
荆州区	807	807	—	—	—
公安县	1600	1600	—	—	220
监利县	3267	3267	—	—	—
江陵县	1420	1420	—	—	—
石首市	1867	1867	—	—	—
洪湖市	4080	4080	—	—	—
松滋市	4133	4133	—	—	—
黄冈市	**12299**	**12299**	**—**	**—**	**27**
黄州区	1200	1200	—	—	—
团风县	1339	1339	—	—	—
红安县	843	843	—	—	27
罗田县	866	866	—	—	—

分县造林完成情况

单位：公顷

地　区	本年度检查验收合格荒山荒（沙）地造林面积				更新造林
	合计	人工造林	飞播造林	无林地和疏林地新封山（沙）育林	
英山县	2133	2133	—	—	—
浠水县	1513	1513	—	—	—
蕲春县	533	533	—	—	—
黄梅县	1000	1000	—	—	—
麻城市	1964	1964	—	—	—
武穴市	741	741	—	—	—
龙感湖	167	167	—	—	—
咸宁市	**15500**	**15500**	**—**	**—**	**266**
市直单位	200	200	—	—	—
咸安区	2647	2647	—	—	133
嘉鱼县	2000	2000	—	—	—
通城县	1607	1607	—	—	—
崇阳县	3280	3280	—	—	—
通山县	3133	3133	—	—	—
赤壁市	2633	2633	—	—	133
随州市	**4105**	**4105**	**—**	**—**	**—**
市直单位	267	267	—	—	—
曾都区	670	670	—	—	—
广水市	1000	1000	—	—	—
随县	2168	2168	—	—	—
恩施土家族苗族自治州	**19363**	**9470**	**—**	**9893**	**—**
恩施市	1555	1175	—	380	—
利川市	4570	3333	—	1237	—
建始县	806	806	—	—	—
巴东县	4554	1887	—	2667	—
宣恩县	2142	533	—	1609	—
咸丰县	2334	334	—	2000	—
来凤县	2200	200	—	2000	—
鹤峰县	1202	1202	—	—	—
太子山林管局	**167**	**167**	**—**	**—**	**—**
仙桃市	**1900**	**1900**	**—**	**—**	**—**
潜江市	**933**	**933**	**—**	**—**	**—**
天门市	**1983**	**1983**	**—**	**—**	**50**
神农架林区	**235**	**235**	**—**	**—**	**—**
后河国家级自然保护区	**320**	**—**	**—**	**320**	**—**
湖南	**125031**	**99039**	**—**	**25992**	**1604**
长沙市	**4613**	**3613**	**—**	**1000**	**—**
长沙县	867	667	—	200	—
望城县	613	613	—	—	—
宁乡县	1600	1000	—	600	—
浏阳市	1533	1333	—	200	—
株洲市	**7421**	**5534**	**—**	**1887**	**—**
株洲县	1687	1200	—	487	—
攸县	1667	1200	—	467	—
茶陵县	1600	1200	—	400	—
炎陵县	1333	1000	—	333	—
醴陵市	1134	934	—	200	—

分县造林完成情况

单位：公顷

地　区	本年度检查验收合格荒山荒(沙)地造林面积				更新造林
	合计	人工造林	飞播造林	无林地和疏林地新封山(沙)育林	
湘潭市	**2334**	**1493**	**—**	**841**	**—**
岳塘区	67	27	—	40	—
湘潭县	1367	1033	—	334	—
湘乡市	766	366	—	400	—
韶山市	134	67	—	67	—
衡阳市	**10104**	**7770**	**—**	**2334**	**—**
珠珲区	33	33	—	—	—
雁峰区	33	33	—	—	—
石鼓区	87	87	—	—	—
蒸湘区	33	33	—	—	—
南岳区	1002	669	—	333	—
衡阳县	667	667	—	—	—
衡南县	1467	1100	—	367	—
衡山县	1314	1034	—	280	—
衡东县	933	566	—	367	—
祁东县	1334	1034	—	300	—
耒阳县	1721	1334	—	387	—
常宁市	1480	1180	—	300	—
邵阳市	**11705**	**8934**	**—**	**2771**	**—**
双清区	67	67	—	—	—
大祥区	67	67	—	—	—
北塔区	67	67	—	—	—
邵东县	1267	934	—	333	—
新邵县	1627	1094	—	533	—
邵阳县	739	366	—	373	—
隆回县	1334	1001	—	333	—
洞口县	1400	1067	—	333	—
绥宁县	1337	1337	—	—	—
新宁县	1400	1067	—	333	—
城步苗族自治县	1067	1067	—	—	—
武冈市	1333	800	—	533	—
岳阳市	**9222**	**7589**	**—**	**1633**	**—**
岳阳楼区	667	667	—	—	—
云溪区	40	13	—	27	—
君山区	813	780	—	33	—
岳阳县	2018	1771	—	247	—
华容县	866	833	—	33	—
湘阴县	1167	1120	—	47	—
平江县	1505	559	—	946	—
汨罗市	1227	1160	—	67	—
临湘市	919	686	—	233	—
常德市	**9653**	**7966**	**—**	**1687**	**—**
武陵区	460	193	—	267	—
鼎城区	800	667	—	133	—
安乡区	647	647	—	—	—
汉寿县	1839	1839	—	—	—
澧县	1486	1333	—	153	—

分县造林完成情况

单位:公顷

地　区	本年度检查验收合格荒山荒(沙)地造林面积				更新造林
	合计	人工造林	飞播造林	无林地和疏林地新封山(沙)育林	
临澧县	1000	800	—	200	—
桃源县	1633	1033	—	600	—
石门县	1134	867	—	267	—
津市市	654	587	—	67	—
张家界市	**4311**	**3401**	**—**	**910**	**—**
永定区	1516	1206	—	310	—
武陵源区	167	167	—	—	—
慈利县	2028	1761	—	267	—
桑植县	600	267	—	333	—
益阳市	**7013**	**6326**	**—**	**687**	**—**
资阳区	445	445	—	—	—
赫山区	840	800	—	40	—
南县	1340	1340	—	—	—
桃江县	1247	867	—	380	—
安化县	1094	894	—	200	—
沅江市	2014	1947	—	67	—
大通湖区	33	33	—	—	—
郴州市	**14004**	**11090**	**—**	**2914**	**—**
北湖区	1034	867	—	167	—
苏仙区	1267	1000	—	267	—
桂阳县	1467	1167	—	300	—
宜章县	1601	1234	—	367	—
永兴县	1247	1000	—	247	—
嘉禾县	467	267	—	200	—
临武县	1134	934	—	200	—
汝城县	1933	1600	—	333	—
桂东县	1267	967	—	300	—
安仁县	1187	987	—	200	—
资兴市	1400	1067	—	333	—
永洲市	**14005**	**11230**	**—**	**2775**	**1604**
芝山区	1134	934	—	200	—
冷水滩区	1267	1000	—	267	—
祁阳县	1800	1533	—	267	—
东安县	1167	967	—	200	—
双牌县	600	267	—	333	1604
道县	1267	1000	—	267	—
江永县	1134	867	—	267	—
宁远县	1267	1000	—	267	—
蓝山县	1933	1666	—	267	—
新田县	1169	996	—	173	—
江华瑶族自治县	1267	1000	—	267	—
怀化市	**14003**	**11097**	**—**	**2906**	**—**
鹤城区	1200	967	—	233	—
中方县	1267	1134	—	133	—
沅陵县	1333	1100	—	233	—
辰溪县	1200	967	—	233	—
溆浦县	1600	1267	—	333	—

分县造林完成情况

单位:公顷

地 区	本年度检查验收合格荒山荒(沙)地造林面积				更新造林
	合计	人工造林	飞播造林	无林地和疏林地新封山(沙)育林	
会同县	534	267	—	267	—
麻阳苗族自治县	1267	1067	—	200	—
新晃侗族自治县	1067	860	—	207	—
芷江侗族自治县	1200	900	—	300	—
靖州苗族侗族自治县	400	167	—	233	—
通道侗族自治县	1000	800	—	200	—
洪江市	1201	934	—	267	—
洪江区	734	667	—	67	—
娄底市	**5001**	**3688**	**—**	**1313**	**—**
娄星区	200	80	—	120	—
双峰县	1233	1020	—	213	—
新化县	1747	1267	—	480	—
冷水江市	287	187	—	100	—
涟源市	1534	1134	—	400	—
湘西土家族苗族自治州	**11642**	**9308**	**—**	**2334**	**—**
吉首市	1067	867	—	200	—
泸溪县	1333	1000	—	333	—
凤凰县	533	533	—	—	—
花垣县	1467	1067	—	400	—
保靖县	1467	1000	—	467	—
古丈县	344	344	—	—	—
永顺县	1667	1000	—	667	—
龙山县	3764	3497	—	267	—
广东	**19952**	**16045**	**—**	**3907**	**55930**
广州市	**—**	**—**	**—**	**—**	**653**
花都区	—	—	—	—	133
增城市	—	—	—	—	147
从化市	—	—	—	—	333
梳脑林场	—	—	—	—	40
深圳市	**—**	**—**	**—**	**—**	**4**
盐田区	—	—	—	—	4
珠海市	**102**	**102**	**—**	**—**	**242**
香洲区	—	—	—	—	102
斗门区	—	—	—	—	106
高新技术产业开发区	—	—	—	—	34
高栏港经济区	2	2	—	—	—
淇澳－担杆岛自然保护	100	100	—	—	—
汕头市	**400**	**200**	**—**	**200**	**—**
金平区	333	133	—	200	—
濠江区	—	—	—	—	—
澄海区	67	67	—	—	—
佛山市	**—**	**—**	**—**	**—**	**533**
高明区	—	—	—	—	533
韶关市	**839**	**839**	**—**	**—**	**2363**
浈江区	36	36	—	—	593
曲江区	—	—	—	—	41
始兴县	—	—	—	—	400

分县造林完成情况

单位:公顷

地区	本年度检查验收合格荒山荒(沙)地造林面积				更新造林
	合计	人工造林	飞播造林	无林地和疏林地新封山(沙)育林	
仁化县	—	—	—	—	45
翁源县	412	412	—	—	—
乳源瑶族自治县	100	100	—	—	—
新丰县	91	91	—	—	109
乐昌市	200	200	—	—	50
南雄市	—	—	—	—	286
韶关林场	—	—	—	—	44
曲江林场	—	—	—	—	462
仁化林场	—	—	—	—	124
河口林场	—	—	—	—	133
九曲水林场	—	—	—	—	53
华溪林场	—	—	—	—	23
河源市	**3268**	**2152**	**—**	**1116**	**1961**
源城区	133	133	—	—	—
紫金县	1985	1145	—	840	610
龙川县	267	267	—	—	—
连平县	184	184	—	—	871
和平县	67	67	—	—	—
东源县	532	256	—	276	—
新丰江国家森林公园	47	47	—	—	30
牛岭水林场	—	—	—	—	20
下石林场	—	—	—	—	400
桂山林场	53	53	—	—	—
坪山林场	—	—	—	—	30
梅州市	**1311**	**681**	**—**	**630**	**205**
丰顺县	1311	681	—	630	139
平远县	—	—	—	—	66
惠州市	**945**	**945**	**—**	**—**	**781**
惠城区	—	—	—	—	107
惠阳区	—	—	—	—	133
大亚湾区	120	120	—	—	—
博罗县	146	146	—	—	96
惠东县	579	579	—	—	175
龙门县	100	100	—	—	27
梁化林场	—	—	—	—	50
象头山林场	—	—	—	—	62
白芒林场	—	—	—	—	33
鸡笼山林场	—	—	—	—	16
水东陂	—	—	—	—	45
油田林场	—	—	—	—	37
汕尾市	**3649**	**2108**	**—**	**1541**	**284**
城区	1211	611	—	600	—
红海湾开发区	63	63	—	—	30
海丰县	1157	337	—	820	122
陆河县	380	259	—	121	86
陆丰市	838	838	—	—	19
吉溪林场	—	—	—	—	27

分县造林完成情况

单位:公顷

地　区	本年度检查验收合格荒山荒(沙)地造林面积				更新造林
	合计	人工造林	飞播造林	无林地和疏林地新封山(沙)育林	
江门市	**288**	**288**	**—**	**—**	**10716**
蓬江区	—	—	—	—	320
新会区	—	—	—	—	1927
台山市	133	133	—	—	1520
开平市	—	—	—	—	2567
鹤山市	—	—	—	—	2000
恩平市	155	155	—	—	803
大沙林场	—	—	—	—	400
狮山林场	—	—	—	—	129
河排林场	—	—	—	—	463
西坑林场	—	—	—	—	304
古斗林场	—	—	—	—	82
四堡林场	—	—	—	—	201
阳江市	**1531**	**1531**	**—**	**—**	**1883**
江城区	47	47	—	—	—
阳西县	492	492	—	—	293
阳东县	284	284	—	—	240
阳春市	708	708	—	—	757
阳江林场	—	—	—	—	490
花滩林场	—	—	—	—	103
湛江市	**272**	**272**	**—**	**—**	**3892**
坡头区	17	17	—	—	364
麻章区	—	—	—	—	38
东海岛实验区	—	—	—	—	149
遂溪县	—	—	—	—	611
徐闻县	—	—	—	—	92
廉江市	133	133	—	—	1435
雷州市	122	122	—	—	674
吴川市	—	—	—	—	309
防护林场	—	—	—	—	173
吴川林场	—	—	—	—	47
茂名市	**1555**	**1135**	**—**	**420**	**3829**
茂港区	—	—	—	—	140
电白县	767	767	—	—	96
高州市	—	—	—	—	546
化州市	721	301	—	420	47
信宜市	—	—	—	—	1613
八一林场	—	—	—	—	88
厚元林场	—	—	—	—	56
新田林场	—	—	—	—	420
荷塘林场	—	—	—	—	93
文楼林场	—	—	—	—	136
播扬林场	—	—	—	—	141
平定林场	—	—	—	—	104
丽岗林场	—	—	—	—	55
电白林场	67	67	—	—	294
河尾山林场	—	—	—	—	—

分县造林完成情况

单位:公顷

地 区	本年度检查验收合格荒山荒(沙)地造林面积				更新造林
	合计	人工造林	飞播造林	无林地和疏林地新封山(沙)育林	
肇庆市	**360**	**360**	**—**	**—**	**12714**
端州区	—	—	—	—	133
鼎湖区	—	—	—	—	200
大旺综合经济开发区	—	—	—	—	18
广宁县	—	—	—	—	1425
怀集县	333	333	—	—	2333
封开县	—	—	—	—	4440
德庆县	—	—	—	—	1450
高要市	—	—	—	—	949
四会市	—	—	—	—	630
北岭山林场	—	—	—	—	282
清桂林场	—	—	—	—	176
葵洞林场	—	—	—	—	32
大南山林场	—	—	—	—	340
大水口林场	—	—	—	—	140
大坑山林场	—	—	—	—	49
新岗林场	—	—	—	—	117
市林科所	27	27	—	—	—
清远市	**200**	**200**	**—**	**—**	**6495**
清城区	133	133	—	—	87
佛冈县	—	—	—	—	470
阳山县	—	—	—	—	200
连山壮族瑶族自治县	67	67	—	—	409
连南瑶族自治县	—	—	—	—	766
清新县	—	—	—	—	961
英德市	—	—	—	—	867
连州市	—	—	—	—	1173
银盏林场	—	—	—	—	87
笔架林场	—	—	—	—	107
天堂山林场	—	—	—	—	153
英德林场	—	—	—	—	47
长江坝林场	—	—	—	—	58
金鸡林场	—	—	—	—	76
铁溪林场	—	—	—	—	90
小龙林场	—	—	—	—	361
龙坪林场	—	—	—	—	77
杨梅林场	—	—	—	—	506
潮州市	**1173**	**1173**	**—**	**—**	**280**
湘桥区	300	300	—	—	27
潮安县	373	373	—	—	13
饶平县	413	413	—	—	240
市直单位	87	87	—	—	—
揭阳市	**3481**	**3481**	**—**	**—**	**120**
榕城区	131	131	—	—	5
揭东县	851	851	—	—	11
揭西县	443	443	—	—	31
惠来县	883	883	—	—	1

分县造林完成情况

单位:公顷

地区	本年度检查验收合格荒山荒(沙)地造林面积				更新造林
	合计	人工造林	飞播造林	无林地和疏林地新封山(沙)育林	
普宁市	545	545	—	—	72
后溪林场	190	190	—	—	—
青坑林场	438	438	—	—	—
云浮市	**578**	**578**	**—**	**—**	**2536**
云城区	—	—	—	—	417
新兴县	133	133	—	—	146
郁南县	140	140	—	—	379
云安县	188	188	—	—	1100
罗定市	117	117	—	—	45
龙埇林场	—	—	—	—	294
飞马林场	—	—	—	—	82
同乐林场	—	—	—	—	32
水台林场	—	—	—	—	41
雷州林业局	—	—	—	—	2656
省直林场	—	—	—	—	3783
西江林业局	—	—	—	—	1266
龙眼洞林场	—	—	—	—	93
天井山林场	—	—	—	—	386
樟木头林场	—	—	—	—	412
乐昌林场	—	—	—	—	530
连山林场	—	—	—	—	339
东江林场	—	—	—	—	173
九连山林场	—	—	—	—	584
广西	**139409**	**118973**	**—**	**20436**	**73996**
南宁市	**8053**	**8053**	**—**	**—**	**3926**
青秀区	644	644	—	—	229
兴宁区	147	147	—	—	460
江南区	213	213	—	—	220
西乡塘区	77	77	—	—	195
邕宁区	260	260	—	—	—
良庆区	677	677	—	—	240
武鸣县	913	913	—	—	708
横县	1151	1151	—	—	617
宾阳县	1400	1400	—	—	154
上林县	1211	1211	—	—	501
马山县	866	866	—	—	445
隆安县	494	494	—	—	157
柳州市	**12365**	**12365**	**—**	**—**	**6088**
柳北区	60	60	—	—	80
柳南区	154	154	—	—	46
城中区	33	33	—	—	—
鱼峰区	200	200	—	—	—
柳江县	681	681	—	—	403
柳城县	2218	2218	—	—	333
鹿寨县	2593	2593	—	—	593
融安县	2383	2383	—	—	1388
融水苗族自治县	3177	3177	—	—	2086

分县造林完成情况

单位:公顷

地　区	本年度检查验收合格荒山荒(沙)地造林面积				更新造林
	合计	人工造林	飞播造林	无林地和疏林地新封山(沙)育林	
三江侗族自治县	866	866	—	—	1159
桂林市	**17205**	**13085**	**—**	**4120**	**7443**
雁山区	220	220	—	—	131
阳朔县	333	333	—	—	—
临桂县	2934	2267	—	667	791
灵川县	453	—	—	453	687
全州县	3005	3005	—	—	567
兴安县	511	511	—	—	1137
永福县	2485	2485	—	—	846
灌阳县	1861	1194	—	667	1176
龙胜县	479	479	—	—	1233
资源县	3102	1769	—	1333	345
平乐县	251	251	—	—	378
荔浦县	666	333	—	333	25
恭城瑶族自治县	905	238	—	667	127
梧州市	**7858**	**7858**	**—**	**—**	**1944**
长州区	241	241	—	—	88
万秀区	534	534	—	—	80
蝶山区	282	282	—	—	68
苍梧县	2071	2071	—	—	771
岑溪市	923	923	—	—	308
藤县	2901	2901	—	—	276
蒙山县	906	906	—	—	353
北海市	**4031**	**4031**	**—**	**—**	**—**
海城区	333	333	—	—	—
银海区	400	400	—	—	—
铁山港区	631	631	—	—	—
合浦县	2667	2667	—	—	—
防城港市	**8133**	**8133**	**—**	**—**	**1477**
港口区	820	820	—	—	9
防城区	2335	2335	—	—	113
东兴市	657	657	—	—	9
上思县	4321	4321	—	—	1346
钦州市	**7101**	**7101**	**—**	**—**	**1195**
钦南区	1970	1970	—	—	87
钦北区	1335	1335	—	—	811
灵山县	1383	1383	—	—	211
浦北县	2413	2413	—	—	86
贵港市	**3428**	**3428**	**—**	**—**	**3515**
港南区	264	264	—	—	430
港北区	257	257	—	—	480
覃塘区	1017	1017	—	—	165
桂平市	—	—	—	—	1887
平南县	1890	1890	—	—	553
玉林市	**4405**	**4405**	**—**	**—**	**7239**
玉州区	81	81	—	—	23
福绵区	—	—	—	—	280

分县造林完成情况

单位:公顷

地　区	本年度检查验收合格荒山荒(沙)地造林面积				更新造林
	合计	人工造林	飞播造林	无林地和疏林地新封山(沙)育林	
兴业县	443	443	—	—	771
容县	216	216	—	—	1679
北流市	369	369	—	—	859
陆川县	628	628	—	—	3078
博白县	2668	2668	—	—	549
百色市	**30615**	**19667**	**—**	**10948**	**4274**
右江区	2638	2638	—	—	765
田阳县	507	507	—	—	300
田东县	5278	2065	—	3213	64
平果县	1346	178	—	1168	898
德保县	793	793	—	—	129
靖西县	2945	945	—	2000	25
那坡县	2792	1392	—	1400	99
凌云县	2533	533	—	2000	387
乐业县	1934	1267	—	667	636
田林县	4177	4177	—	—	448
隆林各族自治县	3588	3088	—	500	180
西林县	2084	2084	—	—	343
贺州市	**9285**	**6618**	**—**	**2667**	**3391**
八步区	3516	3516	—	—	600
昭平县	1453	1453	—	—	1126
钟山县	1946	612	—	1334	377
富川瑶族自治县	1625	292	—	1333	267
平桂区	745	745	—	—	1021
河池市	**10019**	**10019**	**—**	**—**	**7526**
金城江区	673	673	—	—	293
宜州市	2617	2617	—	—	958
罗城仫佬族自治县	333	333	—	—	2084
环江毛南族自治县	1062	1062	—	—	1548
南丹县	2227	2227	—	—	492
天峨县	137	137	—	—	703
凤山县	716	716	—	—	411
东兰县	1025	1025	—	—	280
巴马瑶族自治县	1008	1008	—	—	534
都安瑶族自治县	70	70	—	—	53
大化瑶族自治县	151	151	—	—	170
来宾市	**6345**	**5678**	**—**	**667**	**4465**
兴宾区	2751	2084	—	667	636
合山市	218	218	—	—	140
象州县	667	667	—	—	2128
武宣县	935	935	—	—	754
金秀瑶族自治县	763	763	—	—	670
忻城县	1011	1011	—	—	137
崇左市	**7133**	**5099**	**—**	**2034**	**2737**
江州区	564	564	—	—	87
扶绥县	1001	1001	—	—	1401
大新县	117	117	—	—	53

分县造林完成情况

单位：公顷

地 区	本年度检查验收合格荒山荒(沙)地造林面积				更新造林
	合计	人工造林	飞播造林	无林地和疏林地新封山(沙)育林	
天等县	2567	533	—	2034	240
宁明县	1236	1236	—	—	956
龙州县	1055	1055	—	—	—
凭祥市	593	593	—	—	—
高峰林场	—	—	—	—	2378
七坡林场	234	234	—	—	855
东门林场	29	29	—	—	812
派阳山林场	15	15	—	—	1008
钦廉林场	1591	1591	—	—	4479
六万林场	809	809	—	—	1822
博白林场	—	—	—	—	1690
维都林场	405	405	—	—	855
三门江林场	—	—	—	—	902
黄冕林场	—	—	—	—	1897
大桂山林场	—	—	—	—	1111
雅长林场	334	334	—	—	—
良凤江森林公园	16	16	—	—	369
热林中心	—	—	—	—	552
沙塘林场	—	—	—	—	40
广西林科院	—	—	—	—	6
海南	19377	19377	—	—	6281
海口市	394	394	—	—	611
三亚市	146	146	—	—	4
五指山市	156	156	—	—	163
文昌市	2492	2492	—	—	780
琼海市	542	542	—	—	42
万宁市	1592	1592	—	—	7
定安县	953	953	—	—	184
屯昌县	711	711	—	—	1001
澄迈县	516	516	—	—	967
临高县	960	960	—	—	203
儋州市	2154	2154	—	—	1229
白沙黎族自治县	1577	1577	—	—	245
昌江黎族自治县	1841	1841	—	—	19
东方市	1549	1549	—	—	—
乐东黎族自治县	2275	2275	—	—	311
陵水黎族自治县	580	580	—	—	—
保亭黎族苗族自治县	185	185	—	—	—
琼中黎族苗族自治县	754	754	—	—	515
重庆	95726	32350	—	63376	—
万州区	4600	2000	—	2600	—
黔江区	2000	2000	—	—	—
涪陵区	2333	2333	—	—	—
沙坪坝区	133	—	—	133	—
北碚区	2667	1333	—	1334	—
渝北区	2668	668	—	2000	—
巴南区	2134	667	—	1467	—

分县造林完成情况

单位:公顷

地　区	本年度检查验收合格荒山荒(沙)地造林面积				更新造林
	合计	人工造林	飞播造林	无林地和疏林地新封山(沙)育林	
长寿区	**667**	**667**	**—**	**—**	**—**
南川区	**3800**	**1333**	**—**	**2467**	**—**
江津区	**4000**	**—**	**—**	**4000**	**—**
合川区	**1333**	**—**	**—**	**1333**	**—**
永川区	**2000**	**—**	**—**	**2000**	**—**
綦江县	**667**	**—**	**—**	**667**	**—**
潼南县	**1200**	**1200**	**—**	**—**	**—**
铜梁县	**667**	**—**	**—**	**667**	**—**
大足县	**1800**	**467**	**—**	**1333**	**—**
荣昌县	**1800**	**667**	**—**	**1133**	**—**
璧山县	**667**	**—**	**—**	**667**	**—**
梁平县	**2000**	**1333**	**—**	**667**	**—**
城口县	**667**	**667**	**—**	**—**	**—**
丰都县	**2333**	**1000**	**—**	**1333**	**—**
垫江县	**2000**	**1333**	**—**	**667**	**—**
武隆县	**1000**	**1000**	**—**	**—**	**—**
忠县	**2466**	**1333**	**—**	**1133**	**—**
开县	**1666**	**1000**	**—**	**666**	**—**
云阳县	**3666**	**333**	**—**	**3333**	**—**
奉节县	**8806**	**1633**	**—**	**7173**	**—**
巫山县	**3557**	**807**	**—**	**2750**	**—**
巫溪县	**8707**	**1434**	**—**	**7273**	**—**
石柱土家族自治县	**3667**	**1000**	**—**	**2667**	**—**
秀山土家族苗族自治县	**7201**	**1734**	**—**	**5467**	**—**
酉阳土家族苗族自治县	**7634**	**2334**	**—**	**5300**	**—**
彭水苗族土家族自治县	**5220**	**2074**	**—**	**3146**	**—**
四川	**487782**	**204753**	**—**	**283029**	**1978**
成都市	**4316**	**1316**	**—**	**3000**	**—**
金堂县	200	—	—	200	—
双流县	267	267	—	—	—
大邑县	817	150	—	667	—
蒲江县	233	100	—	133	—
新津县	866	333	—	533	—
都江堰市	534	67	—	467	—
彭州市	1266	266	—	1000	—
邛崃市	133	133	—	—	—
自贡市	**9032**	**6280**	**—**	**2752**	**—**
自流井区	967	300	—	667	—
贡井区	413	280	—	133	—
大安区	933	933	—	—	—
沿滩区	773	440	—	333	—
荣县	3966	3000	—	966	—
富顺县	1980	1327	—	653	—
攀枝花市	**11398**	**2666**	**—**	**8732**	**—**
普威林业局	2666	333	—	2333	—
国营林场总场	2000	—	—	2000	—
盐边林业局	2533	—	—	2533	—

分县造林完成情况

单位:公顷

地区	本年度检查验收合格荒山荒(沙)地造林面积				更新造林
	合计	人工造林	飞播造林	无林地和疏林地新封山(沙)育林	
仁和区	1933	1400	—	533	—
米易县	866	533	—	333	—
盐边县	1400	400	—	1000	—
泸州市	**22560**	**17360**	**—**	**5200**	**400**
江阳区	540	406	—	134	—
纳溪区	3413	2880	—	533	67
龙马潭区	367	367	—	—	—
泸县	2333	1933	—	400	—
合江县	6240	5440	—	800	—
叙永县	6934	5267	—	1667	333
古蔺县	2733	1067	—	1666	—
德阳市	**867**	**334**	**—**	**533**	**—**
旌阳区	134	67	—	67	—
中江县	333	—	—	333	—
罗江县	67	67	—	—	—
广汉市	67	67	—	—	—
什邡市	133	—	—	133	—
绵竹市	133	133	—	—	—
绵阳市	**14615**	**6162**	**—**	**8453**	**—**
涪城区	523	523	—	—	—
游仙区	753	553	—	200	—
三台县	2566	2004	—	562	—
盐亭县	266	133	—	133	—
安县	666	666	—	—	—
梓潼县	974	507	—	467	—
北川羌族自治县	4666	1333	—	3333	—
平武县	2453	120	—	2333	—
江油市	1748	323	—	1425	—
广元市	**6333**	**1667**	**—**	**4666**	**—**
市直单位	1234	134	—	1100	—
利州区	866	333	—	533	—
元坝区	200	200	—	—	—
朝天区	500	67	—	433	—
旺苍县	666	133	—	533	—
青川县	1667	467	—	1200	—
剑阁县	333	133	—	200	—
苍溪县	867	200	—	667	—
遂宁市	**11066**	**7600**	**—**	**3466**	**—**
船山区	1667	1000	—	667	—
安居区	3333	2067	—	1266	—
蓬溪县	2266	1400	—	866	—
射洪县	1400	1000	—	400	—
大英县	2400	2133	—	267	—
内江市	4908	4041	—	867	—
市中区	534	534	—	—	—
东兴区	1000	800	—	200	—
威远县	1707	1707	—	—	—

分县造林完成情况

单位:公顷

地区	本年度检查验收合格荒山荒(沙)地造林面积				更新造林
	合计	人工造林	飞播造林	无林地和疏林地新封山(沙)育林	
资中县	1000	333	—	667	—
隆昌县	667	667	—	—	—
乐山市	**11870**	**8332**	**—**	**3538**	**—**
市中区	267	267	—	—	—
沙湾区	67	67	—	—	—
五通桥区	333	—	—	333	—
金口河区	266	266	—	—	—
犍为	800	533	—	267	—
井研县	133	133	—	—	—
夹江县	200	200	—	—	—
沐川县	2133	1066	—	1067	—
峨边彝族自治县	400	267	—	133	—
川南林业局	6205	5333	—	872	—
马边彝族自治县	866	—	—	866	—
峨眉山市	200	200	—	—	—
南充市	**9867**	**4000**	**—**	**5867**	**—**
顺庆区	267	267	—	—	—
高坪区	1200	667	—	533	—
嘉陵区	1200	867	—	333	—
南部县	1333	666	—	667	—
营山县	800	133	—	667	—
蓬安县	733	533	—	200	—
仪陇县	1400	400	—	1000	—
西充县	2067	267	—	1800	—
阆中市	867	200	—	667	—
眉山市	**15861**	**13394**	**—**	**2467**	**—**
东坡区	1317	1317	—	—	—
仁寿县	3517	3050	—	467	—
彭山县	1756	1356	—	400	—
洪雅县	6266	4933	—	1333	—
丹棱县	684	617	—	67	—
青神县	2321	2121	—	200	—
宜宾市	**22702**	**19104**	**—**	**3598**	**1508**
翠屏区	1066	933	—	133	300
宜宾县	3200	2867	—	333	—
南溪县	1867	1467	—	400	—
江安县	2399	2133	—	266	200
长宁县	3899	3299	—	600	74
高县	1540	1407	—	133	—
珙县	2466	2000	—	466	667
筠连县	2096	1630	—	466	267
兴文县	1102	1035	—	67	—
屏山县	3067	2333	—	734	—
广安市	**13385**	**7718**	**—**	**5667**	**—**
广安区	1000	333	—	667	—
岳池县	3399	2066	—	1333	—
武胜县	5507	3840	—	1667	—

分县造林完成情况

单位:公顷

地区	本年度检查验收合格荒山荒(沙)地造林面积				更新造林
	合计	人工造林	飞播造林	无林地和疏林地新封山(沙)育林	
邻水县	1946	946	—	1000	—
华蓥市	1533	533	—	1000	—
达州市	**14999**	**5467**	**—**	**9532**	**—**
通川区	600	334	—	266	—
达县	2800	534	—	2266	—
宣汉县	5000	2733	—	2267	—
开江县	1000	200	—	800	—
大竹县	1533	533	—	1000	—
渠县	1133	1000	—	133	—
万源市	2933	133	—	2800	—
雅安市	**14934**	**2201**	**—**	**12733**	**70**
夹金山林业局	4134	267	—	3867	—
雨城区	867	734	—	133	—
名山县	800	467	—	333	70
荥经县	2266	533	—	1733	—
汉源县	1334	—	—	1334	—
石棉县	3333	—	—	3333	—
天全县	2000	—	—	2000	—
芦山县	—	—	—	—	—
宝兴县	200	200	—	—	—
巴中市	**12069**	**6534**	**—**	**5535**	**—**
巴州区	2334	1400	—	934	—
通江县	3734	1734	—	2000	—
南江县	2934	1667	—	1267	—
平昌县	3067	1733	—	1334	—
资阳市	**7333**	**5333**	**—**	**2000**	**—**
雁江区	1200	533	—	667	—
安岳县	1667	1667	—	—	—
乐至县	1267	1267	—	—	—
简阳市	3199	1866	—	1333	—
阿坝藏族羌族自治州	**55264**	**15178**	**—**	**40086**	**—**
汶川县	1267	—	—	1267	—
理县	400	133	—	267	—
茂县	2642	2508	—	134	—
松潘县	1600	200	—	1400	—
九寨沟县	2099	433	—	1666	—
金川县	1199	533	—	666	—
小金县	966	166	—	800	—
黑水县	1267	333	—	934	—
马尔康县	2267	200	—	2067	—
壤塘县	2203	401	—	1802	—
阿坝县	1833	633	—	1200	—
若尔盖县	3000	1000	—	2000	—
红原县	2999	533	—	2466	—
观音桥林业局	3751	1684	—	2067	—
马尔康林业局	6867	1200	—	5667	—
阿坝州林业筑路处	1800	133	—	1667	—

分县造林完成情况

单位:公顷

地　区	本年度检查验收合格荒山荒(沙)地造林面积				更新造林
	合计	人工造林	飞播造林	无林地和疏林地新封山(沙)育林	
黑水林业局	3093	1220	—	1873	—
小金林业局	5351	1135	—	4216	—
川西林业局	1667	333	—	1334	—
壤塘林业局	2200	400	—	1800	—
松潘林业局	3127	1000	—	2127	—
南坪林业局	2333	1000	—	1333	—
岷江造林局	1333	—	—	1333	—
甘孜藏族自治州	**82730**	**16567**	**—**	**66163**	**—**
康定县	2981	514	—	2467	—
泸定县	4020	953	—	3067	—
丹巴县	3520	720	—	2800	—
九龙县	2266	533	—	1733	—
雅江县	3832	898	—	2934	—
道孚县	3822	1022	—	2800	—
炉霍县	4266	1466	—	2800	—
甘孜县	2400	467	—	1933	—
新龙县	2596	263	—	2333	—
德格县	3200	533	—	2667	—
白玉县	2866	733	—	2133	—
石渠县	1200	67	—	1133	—
色达县	2666	333	—	2333	—
理塘县	3400	333	—	3067	—
巴塘县	3616	1016	—	2600	—
乡城县	2546	1080	—	1466	—
稻城县	2412	746	—	1666	—
得荣县	2754	1087	—	1667	—
白玉林业局	3133	800	—	2333	—
力邱林业局	3166	469	—	2697	—
丹巴林业局	4067	67	—	4000	—
道孚林业局	4867	867	—	4000	—
炉霍林业局	3000	533	—	2467	—
翁达林场	2667	200	—	2467	—
新龙林业局	3667	867	—	2800	—
甘孜州林业工程处	3800	—	—	3800	—
凉山彝族自治州	**63806**	**42032**	**—**	**21774**	**—**
西昌市	3414	2693	—	721	—
木里藏族自治县	1290	23	—	1267	—
盐源县	3993	2993	—	1000	—
德昌县	793	793	—	—	—
会理县	1774	907	—	867	—
会东县	2066	1533	—	533	—
宁南县	2296	1076	—	1220	—
普格县	1999	732	—	1267	—
布拖县	1333	666	—	667	—
金阳县	3668	3201	—	467	—
昭觉县	3401	1745	—	1656	—
喜德县	2422	2047	—	375	—

分县造林完成情况

单位:公顷

地　区	本年度检查验收合格荒山荒(沙)地造林面积				更新造林
	合计	人工造林	飞播造林	无林地和疏林地新封山(沙)育林	
冕宁县	1334	1067	—	267	—
越西县	933	666	—	267	—
甘洛县	3534	1667	—	1867	—
美姑县	1933	1800	—	133	—
雷波县	2157	1290	—	867	—
木里林业局	10133	6000	—	4133	—
雷波林业局	7200	5000	—	2200	—
凉北林业局	4600	3133	—	1467	—
凉山州林业第五筑路工程处	3533	3000	—	533	—
长江造林局	**46800**	**5867**	**—**	**40933**	**—**
大渡河造林局	**31067**	**5600**	**—**	**25467**	**—**
贵州	**236120**	**90494**	**—**	**145626**	**68**
贵阳市	**6925**	**2010**	**—**	**4915**	**28**
南明区	173	60	—	113	—
云岩区	114	27	—	87	—
花溪区	720	147	—	573	—
乌当区	87	87	—	—	—
白云区	113	40	—	73	—
开阳县	2227	770	—	1457	—
息烽县	1177	44	—	1133	—
修文县	733	67	—	666	—
清镇县	1481	768	—	713	—
长坡岭林场	100	—	—	100	28
六盘水市	**6704**	**3298**	**—**	**3406**	**—**
钟山区	428	428	—	—	—
盘县	3346	1705	—	1641	—
六枝特区	1712	161	—	1551	—
水城县	777	563	—	214	—
市直单位	441	441	—	—	—
遵义市	**25165**	**5257**	**—**	**19908**	**—**
遵义县	6700	723	—	5977	—
赤水市	333	333	—	—	—
桐梓县	1683	233	—	1450	—
绥阳县	2200	400	—	1800	—
正安县	389	389	—	—	—
道真仡佬族苗族自治县	2801	134	—	2667	—
务川仡佬族苗族自治县	4247	800	—	3447	—
凤冈县	1507	1040	—	467	—
湄潭县	1140	273	—	867	—
余庆县	729	129	—	600	—
仁怀市	663	30	—	633	—
习水县	1667	333	—	1334	—
红花岗区	93	93	—	—	—
汇川区	333	—	—	333	—
市直单位	680	347	—	333	—
铜仁地区	**40332**	**9613**	**—**	**30719**	**—**
铜仁市	3000	133	—	2867	—

分县造林完成情况

单位:公顷

地　区	本年度检查验收合格荒山荒(沙)地造林面积				更新造林
	合计	人工造林	飞播造林	无林地和疏林地新封山(沙)育林	
江口县	3468	134	—	3334	—
玉屏侗族自治县	648	314	—	334	—
石阡县	6694	2907	—	3787	—
思南县	4285	894	—	3391	—
印江土家族苗族自治县	3804	629	—	3175	—
德江县	5225	1249	—	3976	—
沿河土家族自治县	4923	888	—	4035	—
松桃苗族自治县	5499	1419	—	4080	—
万山特区	1299	759	—	540	—
区直单位	1487	287	—	1200	—
黔西南布依族苗族自治州	**39857**	**27203**	**—**	**12654**	**—**
兴义市	4192	1885	—	2307	—
兴仁县	4920	3007	—	1913	—
普安县	4254	2820	—	1434	—
晴隆县	5515	4231	—	1284	—
贞丰县	3795	3010	—	785	—
望谟县	4678	3646	—	1032	—
册亨县	5702	4369	—	1333	—
安龙县	6334	4101	—	2233	—
顶效开发区	200	67	—	133	—
州直单位	267	67	—	200	—
毕节地区	**37014**	**9198**	**—**	**27816**	**40**
毕节县	3864	1298	—	2566	—
大方县	3574	887	—	2687	—
黔西县	4701	1824	—	2877	—
金沙县	3893	1393	—	2500	—
织金县	4620	787	—	3833	—
纳雍县	4080	1020	—	3060	40
威宁彝族回族苗族自治县	6496	636	—	5860	—
赫章县	4986	1220	—	3766	—
百里杜鹃保护处	800	133	—	667	—
安顺市	**16229**	**7541**	**—**	**8688**	**—**
西秀区	1517	214	—	1303	—
平坝县	745	219	—	526	—
普定县	2170	651	—	1519	—
关岭布依族苗族自治县	4518	2504	—	2014	—
镇宁布依族苗族自治县	2571	945	—	1626	—
紫云苗族布依族自治县	4708	3008	—	1700	—
黔东南苗族侗族自治州	**31974**	**13243**	**—**	**18731**	**—**
州直单位	263	263	—	—	—
凯里市	154	154	—	—	—
黄平县	3003	1499	—	1504	—
施秉县	1688	248	—	1440	—
三穗县	608	415	—	193	—
镇远县	1793	407	—	1386	—
岑巩县	2902	344	—	2558	—
天柱县	4506	2160	—	2346	—

分县造林完成情况

单位:公顷

地　区	本年度检查验收合格荒山荒(沙)地造林面积				更新造林
	合计	人工造林	飞播造林	无林地和疏林地新封山(沙)育林	
锦屏县	180	180	—	—	—
剑河县	2814	214	—	2600	—
台江县	1934	567	—	1367	—
黎平县	3573	2512	—	1061	—
榕江县	2069	602	—	1467	—
从江县	2934	2600	—	334	—
雷山县	196	127	—	69	—
麻江县	1427	767	—	660	—
丹寨县	1263	184	—	1079	—
雷公山自然保护区	667	—	—	667	—
黔南布依族苗族自治州	**30654**	**12798**	**—**	**17856**	**—**
州直单位	1747	547	—	1200	—
都匀市	2041	685	—	1356	—
荔波县	2106	1439	—	667	—
贵定县	1447	313	—	1134	—
福泉县	3484	210	—	3274	—
瓮安县	473	180	—	293	—
独山县	1467	800	—	667	—
平塘县	2705	758	—	1947	—
罗甸县	4887	2813	—	2074	—
长顺县	2043	791	—	1252	—
龙里县	2063	530	—	1533	—
惠水县	4632	2285	—	2347	—
三都水族自治县	1559	1447	—	112	—
省直单位	**1266**	**333**	**—**	**933**	**—**
扎佐林场	333	333	—	—	—
大沙河自然保护区	667	—	—	667	—
宽阔水自然保护区	266	—	—	266	—
云南	**713478**	**605993**	**—**	**107485**	**5020**
昆明市	**14333**	**9000**	**—**	**5333**	**—**
五华区	40	40	—	—	—
盘龙区	220	220	—	—	—
东川区	1880	1880	—	—	—
官渡区	13	13	—	—	—
西山区	400	67	—	333	—
呈贡县	20	20	—	—	—
晋宁县	447	114	—	333	—
安宁市	13	13	—	—	—
富民县	907	240	—	667	—
宜良县	926	926	—	—	—
石林彝族自治县	2974	2307	—	667	—
嵩明县	2667	1334	—	1333	—
禄劝彝族苗族自治县	860	193	—	667	—
寻甸回族自治县	2966	1633	—	1333	—
昭通市	**72315**	**63347**	**—**	**8968**	**—**
昭阳区	8393	8393	—	—	—
鲁甸县	16801	10611	—	6190	—

分县造林完成情况

单位:公顷

地区	本年度检查验收合格荒山荒(沙)地造林面积				更新造林
	合计	人工造林	飞播造林	无林地和疏林地新封山(沙)育林	
巧家县	12888	10110	—	2778	—
盐津县	3427	3427	—	—	—
大关县	4253	4253	—	—	—
永善县	5334	5334	—	—	—
绥江县	4593	4593	—	—	—
镇雄县	7266	7266	—	—	—
彝良县	3887	3887	—	—	—
威信县	3320	3320	—	—	—
水富县	2153	2153	—	—	—
曲靖市	**118174**	**94420**	**—**	**23754**	**70**
麒麟区	6993	5660	—	1333	—
马龙县	8154	6487	—	1667	—
宣威市	18240	14240	—	4000	—
富源县	10333	10000	—	333	—
罗平县	15333	13333	—	2000	70
师宗县	21680	15013	—	6667	—
陆良县	7207	6207	—	1000	—
会泽县	20167	16080	—	4087	—
沾益县	10067	7400	—	2667	—
楚雄彝族自治州	**60199**	**39533**	**—**	**20666**	**—**
楚雄市	11633	8300	—	3333	—
双柏县	2994	2327	—	667	—
牟定县	2907	2240	—	667	—
南华县	13247	7247	—	6000	—
姚安县	6060	2727	—	3333	—
大姚县	5934	5267	—	667	—
永仁县	2597	2264	—	333	—
元谋县	4133	1800	—	2333	—
武定县	5514	4847	—	667	—
禄丰县	5180	2514	—	2666	—
玉溪市	**20759**	**18426**	**—**	**2333**	**—**
红塔区	27	27	—	—	—
江川县	1413	1413	—	—	—
澂江县	1633	1633	—	—	—
通海县	407	407	—	—	—
华宁县	2240	2240	—	—	—
易门县	1867	1867	—	—	—
峨山彝族自治县	3533	3533	—	—	—
新平彝族傣族自治县	7773	5440	—	2333	—
元江哈尼族彝族傣族自治县	1866	1866	—	—	—
红河哈尼族彝族自治州	**65789**	**60132**	**—**	**5657**	**—**
个旧市	2920	2920	—	—	—
开远市	7266	3933	—	3333	—
蒙自县	4065	4065	—	—	—
屏边苗族自治县	5093	5093	—	—	—
建水县	4553	4553	—	—	—
石屏县	7281	6958	—	323	—

分县造林完成情况

单位:公顷

地 区	本年度检查验收合格荒山荒(沙)地造林面积				更新造林
	合计	人工造林	飞播造林	无林地和疏林地新封山(沙)育林	
弥勒县	10181	8847	—	1334	—
泸西县	6553	6553	—	—	—
元阳县	3970	3303	—	667	—
红河县	3420	3420	—	—	—
金平县	1800	1800	—	—	—
绿春县	7940	7940	—	—	—
河口瑶族自治县	747	747	—	—	—
文山壮族苗族自治州	**19015**	**13742**	**—**	**5273**	**—**
文山县	1240	1240	—	—	—
砚山县	1509	1509	—	—	—
西畴县	2580	2580	—	—	—
麻栗坡县	1547	1547	—	—	—
马关县	68	68	—	—	—
丘北县	3733	1733	—	2000	—
广南县	6338	3065	—	3273	—
富宁县	2000	2000	—	—	—
普洱市	**24637**	**23637**	**—**	**1000**	**4950**
思茅区	3136	2541	—	595	580
宁洱哈尼族彝族自治县	2079	1765	—	314	1873
墨江哈尼族自治县	9014	9014	—	—	—
景东彝族自治县	2013	2013	—	—	—
景谷彝族傣族自治县	2357	2266	—	91	1647
镇沅彝族哈尼族拉祜族自治县	1248	1248	—	—	367
江城哈尼族彝族自治县	1375	1375	—	—	—
孟连傣族拉祜族佤族自治县	369	369	—	—	—
澜沧拉祜族自治县	1774	1774	—	—	483
西盟佤族自治县	605	605	—	—	—
卫国林业局	667	667	—	—	—
墨江林业局	—	—	—	—	—
西双版纳傣族自治州	**6634**	**6634**	**—**	**—**	**—**
景洪市	1994	1994	—	—	—
勐海县	2400	2400	—	—	—
勐腊县	2240	2240	—	—	—
大理白族自治州	**103931**	**88287**	**—**	**15644**	**—**
大理市	7834	7167	—	667	—
漾濞彝族自治县	10333	6333	—	4000	—
祥云县	3749	3540	—	209	—
宾川县	5346	2679	—	2667	—
弥渡县	4354	4222	—	132	—
南涧彝族自治县	5572	4905	—	667	—
巍山彝族回族自治县	9450	9450	—	—	—
永平县	10173	9173	—	1000	—
云龙县	9262	7960	—	1302	—
洱源县	7231	6564	—	667	—
剑川县	18127	14127	—	4000	—
鹤庆县	12500	12167	—	333	—
保山市	**33695**	**33695**	**—**	**—**	**—**

分县造林完成情况

单位:公顷

地　区	本年度检查验收合格荒山荒(沙)地造林面积				更新造林
	合计	人工造林	飞播造林	无林地和疏林地新封山(沙)育林	
隆阳区	9775	9775	—	—	—
施甸县	3587	3587	—	—	—
腾冲县	6233	6233	—	—	—
龙陵县	4800	4800	—	—	—
昌宁县	9300	9300	—	—	—
德宏傣族景颇族自治州	**31187**	**31187**	**—**	**—**	**—**
潞西县	11924	11924	—	—	—
梁河县	5629	5629	—	—	—
盈江县	5508	5508	—	—	—
陇川县	6756	6756	—	—	—
瑞丽市	1347	1347	—	—	—
畹町市	23	23	—	—	—
丽江市	**55763**	**53573**	**—**	**2190**	**—**
玉龙纳西族自治县	11007	11007	—	—	—
古城区	3086	3086	—	—	—
永胜县	7549	6811	—	738	—
华坪县	9430	8935	—	495	—
宁蒗彝族自治县	24691	23734	—	957	—
怒江傈僳族自治州	**21887**	**18553**	**—**	**3334**	**—**
泸水县	11853	9186	—	2667	—
福贡县	4800	4800	—	—	—
贡山独龙族怒族自治县	2787	2120	—	667	—
兰坪白族普米族自治县	2447	2447	—	—	—
迪庆藏族自治州	**23000**	**9667**	**—**	**13333**	**—**
中甸县	9333	2667	—	6666	—
德钦县	5000	2333	—	2667	—
维西傈僳族自治县	8667	4667	—	4000	—
临沧市	**42160**	**42160**	**—**	**—**	**—**
临翔区	6906	6906	—	—	—
凤庆县	2793	2793	—	—	—
云县	5967	5967	—	—	—
永德县	3927	3927	—	—	—
镇康县	2947	2947	—	—	—
双江拉祜族佤族布朗族傣族自治县	4407	4407	—	—	—
耿马傣族佤族治县	9833	9833	—	—	—
沧源佤族自治县	5380	5380	—	—	—
卫国林业局	667	667	—	—	—
墨江林业局	—	—	—	—	—
景东林业局	—	—	—	—	—
西藏	**70299**	**51795**	**—**	**18504**	**3890**
陕西	**449453**	**206014**	**86668**	**156771**	**1333**
西安市	**13783**	**7583**	**—**	**6200**	**—**
灞桥区	1120	453	—	667	—
未央区	11	11	—	—	—
雁塔区	40	40	—	—	—
阎良区	300	300	—	—	—
临潼区	2007	1540	—	467	—

分县造林完成情况

单位:公顷

地 区	本年度检查验收合格荒山荒(沙)地造林面积				更新造林
	合计	人工造林	飞播造林	无林地和疏林地新封山(沙)育林	
长安区	1621	621	—	1000	—
蓝田县	4077	2344	—	1733	—
周至县	2778	1778	—	1000	—
户县	1283	283	—	1000	—
高陵县	213	213	—	—	—
陕西周至国家级自然保护区	333	—	—	333	—
铜川市	**23168**	**14636**	**—**	**8532**	**—**
市直单位	100	100	—	—	—
王益区	817	351	—	466	—
印台区	5153	1953	—	3200	—
耀州区	10858	7458	—	3400	—
宜君县	6240	4774	—	1466	—
宝鸡市	**40996**	**12932**	**10667**	**17397**	**—**
渭滨区	3200	1200	1333	667	—
金台区	466	466	—	—	—
陈仓区	6532	933	2000	3599	—
凤翔县	1799	933	—	866	—
岐山县	4800	1334	2667	799	—
扶风县	2733	1533	—	1200	—
眉县	3266	1133	—	2133	—
陇县	3467	1200	—	2267	—
千阳县	4267	1867	667	1733	—
麟游县	2867	867	2000	—	—
凤县	4931	1132	2000	1799	—
太白县	1267	267	—	1000	—
辛家山林业局	667	—	—	667	—
马头滩林业局	734	67	—	667	—
咸阳市	**37200**	**17067**	**5333**	**14800**	**—**
秦都区	67	67	—	—	—
渭城区	133	133	—	—	—
三原县	1733	1067	—	666	—
泾阳县	1400	400	—	1000	—
乾县	4400	1734	333	2333	—
礼泉县	4400	2200	667	1533	—
永寿县	4200	2067	—	2133	—
彬县	3267	2200	—	1067	—
长武县	5201	2533	—	2668	—
旬邑县	6667	2000	3000	1667	—
淳化县	4732	1666	1333	1733	—
武功县	267	267	—	—	—
兴平市	733	733	—	—	—
渭南市	**37086**	**15487**	**4000**	**17599**	**—**
临渭区	4000	2267	—	1733	—
华县	1000	—	—	1000	—
潼关县	3800	3466	—	334	—
大荔县	1533	867	—	666	—
合阳县	3733	1200	—	2533	—

分县造林完成情况

单位:公顷

地区	本年度检查验收合格荒山荒(沙)地造林面积				更新造林
	合计	人工造林	飞播造林	无林地和疏林地新封山(沙)育林	
澄城县	5600	1667	1333	2600	—
蒲城县	2354	1487	—	867	—
白水县	5000	1133	1334	2533	—
富平县	5000	1400	1333	2267	—
韩城市	2333	1000	—	1333	—
华阴市	2733	1000	—	1733	—
延安市	**64895**	**37628**	**10000**	**17267**	**—**
宝塔区	4400	3734	—	666	—
延长县	6867	3333	667	2867	—
延川县	4447	4247	—	200	—
子长县	4066	3066	—	1000	—
安塞县	5460	4127	—	1333	—
志丹县	4734	3734	—	1000	—
吴起县	6040	6040	—	—	—
甘泉县	1374	707	—	667	—
富县	4800	1933	2000	867	—
洛川县	4300	833	2000	1467	—
宜川县	6520	1520	3333	1667	—
黄龙县	5600	2600	2000	1000	—
黄陵县	1153	820	—	333	—
劳山林业局	1600	267	—	1333	—
桥北林业局	1067	200	—	867	—
桥山林业局	1267	267	—	1000	—
黄龙山林业局	1200	200	—	1000	—
汉中市	**30201**	**8266**	**9334**	**12601**	**—**
汉台区	2266	733	—	1533	—
南郑县	4667	1134	2000	1533	—
城固县	4000	1200	667	2133	—
洋县	4400	1267	2000	1133	—
西乡县	2733	600	1333	800	—
勉县	666	133	—	533	—
宁强县	3467	133	2667	667	—
略阳县	467	—	—	467	—
镇巴县	2267	1200	—	1067	—
留坝县	2267	866	—	1401	—
佛坪县	3001	1000	667	1334	—
榆林市	**69183**	**53718**	**13333**	**2132**	**—**
榆阳区	14666	10000	3333	1333	—
神木县	7466	4133	3333	—	—
府谷县	5200	5000	—	200	—
横山县	14333	11000	3333	—	—
靖边县	9600	6933	2667	—	—
定边县	6710	6577	—	133	—
绥德县	1267	1267	—	—	—
米脂县	1400	1400	—	—	—
佳县	2133	1333	667	133	—
吴堡县	1015	1015	—	—	—

分县造林完成情况

单位:公顷

地　区	本年度检查验收合格荒山荒(沙)地造林面积				更新造林
	合计	人工造林	飞播造林	无林地和疏林地新封山(沙)育林	
清涧县	3727	3394	—	333	—
子洲县	1666	1666	—	—	—
安康市	**61893**	**28229**	**18000**	**15664**	**1333**
汉滨区	11072	6206	3333	1533	—
汉阴县	5520	2053	2667	800	—
石泉县	5022	2556	1333	1133	—
宁陕县	4880	2547	—	2333	—
紫阳县	7613	2480	4000	1133	—
岚皋县	6406	2006	3333	1067	—
平利县	3740	1740	—	2000	—
镇坪县	3199	1200	—	1999	—
旬阳县	8294	3227	3334	1733	—
白河县	6147	4214	—	1933	1333
商洛市	**34182**	**7402**	**16001**	**10779**	**—**
商州区	5200	1200	2667	1333	—
洛南县	5200	933	2667	1600	—
丹凤县	3067	200	2000	867	—
商南县	5047	1167	2000	1880	—
山阳县	5287	1467	2000	1820	—
镇安县	6181	1568	2667	1946	—
柞水县	4200	867	2000	1333	—
杨凌区	400	400	—	—	—
省森林资源管理局	**34533**	**2066**	**—**	**32467**	**—**
宁西林业局	5133	333	—	4800	—
太白林业局	6333	333	—	6000	—
宁东林业局	8267	400	—	7867	—
汉西林业局	5533	400	—	5133	—
龙草坪林业局	3800	333	—	3467	—
长青林业局	5467	267	—	5200	—
省直单位	**1933**	**600**	**—**	**1333**	**—**
楼观台实验林场	1933	600	—	1333	—
甘肃	**212373**	**111851**	**—**	**100522**	**—**
兰州市	**7000**	**3333**	**—**	**3667**	**—**
市直单位	2801	1667	—	1134	—
七里河区	200	—	—	200	—
红古区	200	—	—	200	—
永登县	1566	600	—	966	—
皋兰县	1066	533	—	533	—
榆中县	1167	533	—	634	—
嘉峪关市	**466**	**133**	**—**	**333**	**—**
白银市	**13388**	**5520**	**—**	**7868**	**—**
白银区	3567	233	—	3334	—
平川区	1120	653	—	467	—
靖远县	3333	1800	—	1533	—
会宁县	2334	1467	—	867	—
景泰县	3034	1367	—	1667	—
天水市	**15712**	**10012**	**—**	**5700**	**—**

分县造林完成情况

单位:公顷

地　区	本年度检查验收合格荒山荒(沙)地造林面积				更新造林
	合计	人工造林	飞播造林	无林地和疏林地新封山(沙)育林	
秦州区	2967	1767	—	1200	—
麦积区	2233	1633	—	600	—
清水县	2693	1993	—	700	—
秦安县	1333	933	—	400	—
甘谷县	2360	1260	—	1100	—
武山县	2092	1426	—	666	—
张家川回族自治县	2034	1000	—	1034	—
武威市	**19247**	**10667**	**—**	**8580**	**—**
濒危动物研究中心	667	—	—	667	—
凉州区	3800	2000	—	1800	—
民勤县	6914	4667	—	2247	—
古浪县	3800	2000	—	1800	—
天祝藏族自治县	2333	1000	—	1333	—
石羊河林业总场	1733	1000	—	733	—
张掖市	**12757**	**8399**	**—**	**4358**	**—**
市直单位	1800	1027	—	773	—
甘州区	3299	2653	—	646	—
肃南裕固族自治县	934	667	—	267	—
民乐县	1893	1133	—	760	—
临泽县	1566	920	—	646	—
高台县	1732	1066	—	666	—
山丹县	1533	933	—	600	—
平凉市	**19388**	**10867**	**—**	**8521**	**—**
市直单位	600	600	—	—	—
崆峒区	1967	1467	—	500	—
泾川县	2667	1533	—	1134	—
灵台县	1933	1200	—	733	—
崇信县	1900	1000	—	900	—
华亭县	2087	1067	—	1020	—
庄浪县	2266	1366	—	900	—
静宁县	2467	1467	—	1000	—
关山林管局	3501	1167	—	2334	—
酒泉市	**11951**	**4426**	**—**	**7525**	**—**
肃州区	1934	667	—	1267	—
金塔县	2433	1033	—	1400	—
瓜州县	3698	1040	—	2658	—
肃北蒙古族自治县	500	233	—	267	—
阿克塞哈萨克族自治县	733	400	—	333	—
玉门市	1786	786	—	1000	—
敦煌市	867	267	—	600	—
庆阳市	**13920**	**6053**	**—**	**7867**	**—**
西峰区	1034	467	—	567	—
庆城县	1153	486	—	667	—
环县	2400	600	—	1800	—
华池县	1400	1267	—	133	—
合水县	1067	667	—	400	—
正宁县	600	400	—	200	—

分县造林完成情况

单位:公顷

地　区	本年度检查验收合格荒山荒(沙)地造林面积				更新造林
	合计	人工造林	飞播造林	无林地和疏林地新封山(沙)育林	
宁县	1666	766	—	900	—
镇原县	666	533	—	133	—
华池林业总场	1253	253	—	1000	—
合水林业总场	1227	227	—	1000	—
正宁林业总场	587	187	—	400	—
湘乐林业总场	867	200	—	667	—
巴家咀林场	—	—	—	—	—
定西市	**14813**	**9973**	**—**	**4840**	**—**
市直单位	467	—	—	467	—
安定区	1333	1133	—	200	—
通渭县	2320	1453	—	867	—
陇西县	1867	1500	—	367	—
渭源县	2307	1500	—	807	—
临洮县	3033	1634	—	1399	—
漳县	2133	1533	—	600	—
岷县	1353	1220	—	133	—
陇南市	**13717**	**4532**	**—**	**9185**	**—**
市直单位	366	366	—	—	—
武都区	899	420	—	479	—
成县	1965	573	—	1392	—
文县	1159	493	—	666	—
宕昌县	766	420	—	346	—
康县	1252	493	—	759	—
西和县	1094	427	—	667	—
礼县	1166	420	—	746	—
徽县	1292	413	—	879	—
两当县	1086	487	—	599	—
岷江林业总场	1373	20	—	1353	—
康南林业总场	1299	—	—	1299	—
临夏回族自治州	**9840**	**6934**	**—**	**2906**	**—**
临夏县	1168	668	—	500	—
康乐县	967	600	—	367	—
永靖县	2333	1400	—	933	—
广河县	933	733	—	200	—
和政县	1400	1067	—	333	—
东乡族自治县	1533	1333	—	200	—
积石山保安族东乡族撒拉族自治县	973	600	—	373	—
州直单位	533	533	—	—	—
甘南藏族自治州	**11600**	**1933**	**—**	**9667**	**—**
合作市	1866	533	—	1333	—
卓尼县	1533	333	—	1200	—
舟曲县	1600	200	—	1400	—
迭部县	3067	400	—	2667	—
碌曲县	1600	200	—	1400	—
夏河县	1934	267	—	1667	—
甘肃矿区	267	—	—	267	—

分县造林完成情况

单位:公顷

地　区	本年度检查验收合格荒山荒(沙)地造林面积				更新造林
	合计	人工造林	飞播造林	无林地和疏林地新封山(沙)育林	
省直单位	**48574**	**29069**	**—**	**19505**	**—**
省三北防护林建设局	1180	—	—	1180	—
林业技术推广总站	133	133	—	—	—
林业科学研究所	133	133	—	—	—
白龙江林业管理局	21400	14800	—	6600	—
小陇山林业实验局	12463	12004	—	459	—
祁连山国家自然保护区	5666	333	—	5333	—
兴隆山国家自然保护区	1200	200	—	1000	—
莲花山自然保护区	1133	—	—	1133	—
白水江国家级自然保护区	800	133	—	667	—
敦煌西湖国家级自然保护区	1000	400	—	600	—
连古城国家级自然保护区	800	400	—	400	—
尕海－则岔国家级自然保护区	1000	—	—	1000	—
盐池湾保护区	333	—	—	333	—
太子山自然保护区	933	400	—	533	—
治沙所	133	133	—	—	—
青海	**140659**	**32450**	**—**	**108209**	**—**
西宁市	**21783**	**7330**	**—**	**14453**	**—**
市直单位	4721	1701	—	3020	—
城东区	771	771	—	—	—
城西区	563	563	—	—	—
城北区	447	447	—	—	—
大通回族土族自治县	5858	1111	—	4747	—
湟中县	6946	1893	—	5053	—
湟源县	2477	844	—	1633	—
海东地区	**24699**	**13134**	**—**	**11565**	**—**
平安县	2415	1482	—	933	—
民和回族土族自治县	4782	1583	—	3199	—
乐都县	3108	1641	—	1467	—
互助土族自治县	5808	3342	—	2466	—
化隆回族自治县	4562	2696	—	1866	—
循化撒拉族自治县	3924	2357	—	1567	—
孟达自然保护区	100	33	—	67	—
海北藏族自治州	**11672**	**900**	**—**	**10772**	**—**
门源回族自治县	3768	448	—	3320	—
祁连县	1739	67	—	1672	—
海晏县	4651	318	—	4333	—
刚察县	1514	67	—	1447	—
黄南藏族自治州	**8893**	**393**	**—**	**8500**	**—**
同仁县	1427	210	—	1217	—
尖扎县	2066	183	—	1883	—
泽库县	3200	—	—	3200	—
河南蒙古族自治县	667	—	—	667	—
麦秀林场	1533	—	—	1533	—
海南藏族自治州	**27914**	**6011**	**—**	**21903**	**—**
共和县	7159	1079	—	6080	—
同德县	669	2	—	667	—

分县造林完成情况

单位：公顷

地　区	本年度检查验收合格荒山荒(沙)地造林面积				更新造林
	合计	人工造林	飞播造林	无林地和疏林地新封山(沙)育林	
贵德县	5964	2488	—	3476	—
兴海县	3100	100	—	3000	—
贵南县	11022	2342	—	8680	—
果洛藏族自治州	**4779**	**—**	**—**	**4779**	**—**
玛沁县	2046	—	—	2046	—
班玛县	333	—	—	333	—
甘德县	1067	—	—	1067	—
久治县	1333	—	—	1333	—
玉树藏族自治州	**3534**	**67**	**—**	**3467**	**—**
玉树县	1200	—	—	1200	—
治多县	1267	—	—	1267	—
囊谦县	1067	67	—	1000	—
海西蒙古族藏族自治州	**37318**	**4548**	**—**	**32770**	**—**
德令哈市	16524	2167	—	14357	—
格尔木市	4787	—	—	4787	—
乌兰县	7774	1374	—	6400	—
都兰县	6274	1007	—	5267	—
天峻县	600	—	—	600	—
大柴旦	693	—	—	693	—
芒崖	333	—	—	333	—
冷湖	333	—	—	333	—
省直单位	**67**	**67**	**—**	**—**	**—**
玛可河林业局	67	67	—	—	—
宁夏	**89480**	**65958**	**—**	**23522**	**—**
银川市	**14547**	**9546**	**—**	**5001**	**—**
兴庆区	2071	1071	—	1000	—
金凤区	175	175	—	—	—
西夏区	1132	465	—	667	—
灵武市	7168	4834	—	2334	—
永宁县	2191	1524	—	667	—
贺兰县	1511	1178	—	333	—
市直单位	299	299	—	—	—
石嘴山市	**6817**	**4817**	**—**	**2000**	**—**
市直单位	1840	1507	—	333	—
惠农县	2000	1667	—	333	—
平罗县	2977	1643	—	1334	—
吴忠市	**28979**	**21645**	**—**	**7334**	**—**
红寺堡区	5547	4547	—	1000	—
利通区	2942	2609	—	333	—
青铜峡市	2335	1668	—	667	—
盐池县	8780	5780	—	3000	—
同心县	9375	7041	—	2334	—
固原市	**17027**	**12361**	**—**	**4666**	**—**
原洲区	5246	4246	—	1000	—
彭阳县	2533	1866	—	667	—
西吉县	2486	1820	—	666	—
隆德县	2675	2342	—	333	—

分县造林完成情况

单位:公顷

地区	本年度检查验收合格荒山荒(沙)地造林面积				更新造林
	合计	人工造林	飞播造林	无林地和疏林地新封山(沙)育林	
泾源县	1466	800	—	666	—
六盘山	2621	1287	—	1334	—
中卫市	**19562**	**16375**	**—**	**3187**	**—**
沙坡头区	7640	5787	—	1853	—
中宁县	8442	7775	—	667	—
海原县	3480	2813	—	667	—
省直单位	**2101**	**767**	**—**	**1334**	**—**
贺兰山林管局	667	—	—	667	—
罗山管理局	1000	333	—	667	—
金沙林场	167	167	—	—	—
其他单位	267	267	—	—	—
农垦管理局	**447**	**447**	**—**	**—**	**—**
新疆	**301438**	**266301**	**—**	**35137**	**2254**
乌鲁木齐市	**2299**	**1966**	**—**	**333**	**3**
沙依巴克区	333	333	—	—	—
头屯河区	67	67	—	—	—
达坂城区	333	333	—	—	—
米东区	233	233	—	—	3
乌鲁木齐县	1333	1000	—	333	—
克拉玛依市	**10746**	**3413**	**—**	**7333**	**—**
吐鲁番地区	**6937**	**6204**	**—**	**733**	**37**
吐鲁番市	2533	2000	—	533	20
鄯善县	1724	1524	—	200	13
托克逊县	2680	2680	—	—	4
哈密地区	**11724**	**10191**	**—**	**1533**	**—**
哈密市	7000	6667	—	333	—
巴里坤哈萨克自治县	2683	2150	—	533	—
伊吾县	2041	1374	—	667	—
昌吉回族自治州	**32197**	**25465**	**—**	**6732**	**16**
昌吉市	3267	3267	—	—	—
阜康市	4747	4347	—	400	—
昌吉国家高新农业园区	315	315	—	—	—
呼图壁县	3533	2200	—	1333	—
玛纳斯县	4400	3067	—	1333	16
奇台县	3702	3702	—	—	—
吉木萨尔县	7966	6300	—	1666	—
木垒哈萨克自治县	4267	2267	—	2000	—
博尔塔拉蒙古自治州	**9533**	**9000**	**—**	**533**	**43**
博乐市	2000	2000	—	—	—
三台林场	333	333	—	—	—
精河林场	333	333	—	—	—
艾比湖湿地保护区	2000	2000	—	—	—
精河县	2000	2000	—	—	34
温泉县	2200	1667	—	533	9
阿拉山口	667	667	—	—	—
巴音郭楞蒙古自治州	**13815**	**10283**	**—**	**3532**	**87**
库尔勒市	1874	1741	—	133	12
轮台县	484	484	—	—	—
尉犁县	860	527	—	333	—

分县造林完成情况

单位:公顷

地　区	本年度检查验收合格荒山荒(沙)地造林面积				更新造林
	合计	人工造林	飞播造林	无林地和疏林地新封山(沙)育林	
若羌县	4925	1859	—	3066	11
且末县	1333	1333	—	—	—
焉耆回族自治县	1949	1949	—	—	31
和静县	950	950	—	—	—
和硕县	736	736	—	—	15
博湖县	237	237	—	—	18
沙依东园艺场	467	467	—	—	—
阿克苏地区	**50693**	**49627**	**—**	**1066**	**106**
阿克苏市	7000	7000	—	—	—
地区实验林场	133	133	—	—	—
温宿县	6667	6667	—	—	—
库车县	7533	7000	—	533	72
沙雅县	7666	7666	—	—	3
新和县	3467	3467	—	—	—
拜城县	2800	2800	—	—	—
乌什县	6894	6361	—	533	—
阿瓦提县	7333	7333	—	—	31
柯坪县	800	800	—	—	—
地区红旗坡农场	400	400	—	—	—
克孜勒苏柯尔克孜自治州	**10258**	**9925**	**—**	**333**	**—**
阿图什市	4238	3905	—	333	—
阿克陶县	2667	2667	—	—	—
阿合奇县	2000	2000	—	—	—
乌恰县	1353	1353	—	—	—
喀什地区	**63017**	**61483**	**—**	**1534**	**567**
喀什市	560	560	—	—	4
疏附县	8672	8672	—	—	26
疏勒县	7207	7207	—	—	—
英吉沙县	3615	3615	—	—	11
泽普县	3151	3151	—	—	103
莎车县	16200	15533	—	667	218
叶城县	2209	2209	—	—	28
麦盖提县	2371	2371	—	—	177
岳普湖县	5270	5270	—	—	—
伽师县	7020	7020	—	—	—
巴楚县	6645	5778	—	867	—
塔什库尔干塔吉克自治县	97	97	—	—	—
和田地区	**21777**	**18711**	**—**	**3066**	**492**
和田市	1207	674	—	533	10
和田县	2411	1878	—	533	37
墨玉县	3910	3377	—	533	108
皮山县	2763	2096	—	667	20
洛浦县	3887	3887	—	—	108
策勒县	4735	4468	—	267	73
于田县	2406	1873	—	533	135
民丰县	458	458	—	—	1
伊犁哈萨克自治州	**32664**	**29798**	**—**	**2866**	**711**
察布查尔平原林场	—	—	—	—	10
伊宁市	1884	1884	—	—	54

分县造林完成情况

单位:公顷

地区	本年度检查验收合格荒山荒(沙)地造林面积				更新造林
	合计	人工造林	飞播造林	无林地和疏林地新封山(沙)育林	
奎屯市	400	133	—	267	—
伊宁县	3667	3667	—	—	306
察布查尔锡伯自治县	7413	6880	—	533	92
霍城县	3707	3707	—	—	14
巩留县	3669	3669	—	—	100
新源县	3406	2873	—	533	100
昭苏县	1333	1333	—	—	—
特克斯县	3985	2985	—	1000	8
尼勒克县	3200	2667	—	533	27
塔城地区	**12435**	**11369**	**—**	**1066**	**118**
塔城市	1544	1544	—	—	—
乌苏市	1673	1673	—	—	38
额敏县	1214	1214	—	—	—
沙湾县	4807	4274	—	533	80
托里县	797	797	—	—	—
裕民县	200	200	—	—	—
和布克赛尔蒙古自治县	2200	1667	—	533	—
阿勒泰地区	**20924**	**16447**	**—**	**4477**	**—**
阿勒泰市	4671	4671	—	—	—
布尔津县	1467	1467	—	—	—
富蕴县	4027	2667	—	1360	—
福海县	3896	2029	—	1867	—
哈巴河县	3464	2747	—	717	—
青河县	3066	2533	—	533	—
吉木乃县	333	333	—	—	—
区直单位	**2255**	**2255**	**—**	**—**	**—**
天山西部国有林管理局	77	77	—	—	—
阿尔泰山国有林管理局	—	—	—	—	—
玛纳斯平原林场	85	85	—	—	—
天山东部国有林管理局	160	160	—	—	—
野马繁殖研究中心	1933	1933	—	—	—
石河子市	**164**	**164**	**—**	**—**	**74**
新疆兵团	**42127**	**36994**	**—**	**5133**	**575**
农一师	**1964**	**1964**	**—**	**—**	**57**
一团	125	125	—	—	40
二团	110	110	—	—	—
三团	143	143	—	—	2
四团	34	34	—	—	—
五团	185	185	—	—	11
六团	121	121	—	—	—
七团	64	64	—	—	2
八团	140	140	—	—	—
阿拉尔农场	94	94	—	—	—
10 团	123	123	—	—	—
11 团	102	102	—	—	—
12 团	117	117	—	—	—
13 团	108	108	—	—	—
14 团	81	81	—	—	—
16 团	117	117	—	—	—

分县造林完成情况

单位:公顷

地区	本年度检查验收合格荒山荒(沙)地造林面积				更新造林
	合计	人工造林	飞播造林	无林地和疏林地新封山(沙)育林	
塔水处	111	111	—	—	—
水工处	79	79	—	—	—
沙水处	—	—	—	—	—
南口农场	47	47	—	—	2
幸福城农场	63	63	—	—	—
农二师	**6841**	**3508**	**—**	**3333**	**—**
21 团	3	3	—	—	—
22 团	98	98	—	—	—
24 团	14	14	—	—	—
25 团	—	—	—	—	—
27 团	13	13	—	—	—
29 团	153	153	—	—	—
30 团	17	17	—	—	—
31 团	236	236	—	—	—
33 团	1067	1067	—	—	—
34 团	2813	1480	—	1333	—
36 团	427	427	—	—	—
223 团	2000	—	—	2000	—
且末支队	—	—	—	—	—
农三师	**13052**	**13052**	**—**	**—**	**—**
41 团	525	525	—	—	—
42 团	88	88	—	—	—
44 团	2414	2414	—	—	—
45 团	2046	2046	—	—	—
46 团	1272	1272	—	—	—
48 团	1362	1362	—	—	—
49 团	1177	1177	—	—	—
50 团	799	799	—	—	—
51 团	1040	1040	—	—	—
53 团	1404	1404	—	—	—
伽师总场	377	377	—	—	—
东风农场	464	464	—	—	—
红旗农场	73	73	—	—	—
叶城二牧场	11	11	—	—	—
农四师	**2940**	**2940**	**—**	**—**	**441**
61 团	595	595	—	—	13
62 团	182	182	—	—	1
63 团	369	369	—	—	2
64 团	135	135	—	—	53
66 团	92	92	—	—	109
67 团	302	302	—	—	—
68 团	128	128	—	—	17
69 团	100	100	—	—	115
70 团	53	53	—	—	6
71 团	53	53	—	—	13
72 团	102	102	—	—	—
73 团	101	101	—	—	5
74 团	21	21	—	—	—
75 团	13	13	—	—	—

分县造林完成情况

单位:公顷

地 区	本年度检查验收合格荒山荒(沙)地造林面积				更新造林
	合计	人工造林	飞播造林	无林地和疏林地新封山(沙)育林	
76 团	9	9	—	—	—
77 团	16	16	—	—	—
78 团	513	513	—	—	107
79 团	156	156	—	—	—
农五师	**499**	**499**	**—**	**—**	**3**
81 团	110	110	—	—	—
83 团	38	38	—	—	—
84 团	27	27	—	—	—
85 团	47	47	—	—	—
87 团	120	120	—	—	3
88 团	27	27	—	—	—
89 团	35	35	—	—	—
90 团	28	28	—	—	—
91 团	67	67	—	—	—
农六师	**4668**	**4668**	**—**	**—**	**—**
101 团	47	47	—	—	—
102 团	60	60	—	—	—
103 团	14	14	—	—	—
105 团	85	85	—	—	—
106 团	340	340	—	—	—
新湖	1153	1153	—	—	—
芳草湖	826	826	—	—	—
红旗	1953	1953	—	—	—
军户	3	3	—	—	—
共青团	133	133	—	—	—
六运湖	7	7	—	—	—
土墩子	13	13	—	—	—
奇台	34	34	—	—	—
农七师	**2442**	**2442**	**—**	**—**	**—**
123 团	120	120	—	—	—
124 团	147	147	—	—	—
125 团	147	147	—	—	—
126 团	147	147	—	—	—
127 团	147	147	—	—	—
128 团	413	413	—	—	—
129 团	413	413	—	—	—
130 团	367	367	—	—	—
131 团	467	467	—	—	—
137 团	67	67	—	—	—
九建	7	7	—	—	—
农八师	**1780**	**1780**	**—**	**—**	**74**
121 团	157	157	—	—	—
133 团	147	147	—	—	—
134 团	145	145	—	—	—
136 团	60	60	—	—	—
140 团	164	164	—	—	74
141 团	30	30	—	—	—
142 团	157	157	—	—	—
143 团	47	47	—	—	—

分县造林完成情况

单位:公顷

地　区	本年度检查验收合格荒山荒(沙)地造林面积				更新造林
	合计	人工造林	飞播造林	无林地和疏林地新封山(沙)育林	
144 团	153	153	—	—	—
石河子总场	112	112	—	—	—
147 团	177	177	—	—	—
148 团	119	119	—	—	—
149 团	71	71	—	—	—
150 团	167	167	—	—	—
152 团	68	68	—	—	—
玛管处	6	6	—	—	—
农九师	**1413**	**280**	**—**	**1133**	**—**
161 团	7	7	—	—	—
163 团	12	12	—	—	—
164 团	54	54	—	—	—
165 团	29	29	—	—	—
166 团	35	35	—	—	—
167 团	34	34	—	—	—
168 团	27	27	—	—	—
169 团	7	7	—	—	—
170 团	1201	68	—	1133	—
团结农场	7	7	—	—	—
农十师	**1404**	**737**	**—**	**667**	**—**
181 团	50	50	—	—	—
182 团	64	64	—	—	—
183 团	715	48	—	667	—
184 团	103	103	—	—	—
185 团	60	60	—	—	—
186 团	7	7	—	—	—
187 团	41	41	—	—	—
188 团	364	364	—	—	—
农十二师	**599**	**599**	**—**	**—**	**—**
头屯河农场	173	173	—	—	—
三坪农场	93	93	—	—	—
104 团	72	72	—	—	—
五一农场	35	35	—	—	—
西山农场	126	126	—	—	—
二二一团	100	100	—	—	—
农十三师	**1403**	**1403**	**—**	**—**	**—**
红星 1 场	196	196	—	—	—
红星 2 场	106	106	—	—	—
红星 4 场	231	231	—	—	—
黄田农场	205	205	—	—	—
火箭农场	204	204	—	—	—
柳树泉农场	292	292	—	—	—
红山农场	167	167	—	—	—
淖毛湖农场	2	2	—	—	—
农十四师	**3122**	**3122**	**—**	**—**	**—**
47 团	407	407	—	—	—
皮山农场	757	757	—	—	—
224 团	1958	1958	—	—	—
大兴安岭	**—**	**—**	**—**	**—**	**—**
军事管理区	**26667**	**26667**	**—**	**—**	**—**

附录五

全国历年主要统计指标完成情况

FULUWU

全国历年造林面积

单位:千公顷

年份	造林面积			
	合计	人工造林	飞播造林	新封山育林
1949 ~ 1952	1707.33	1707.33		
1953	1112.93	1112.93		
1954	1166.20	1166.20		
1955	1710.53	1710.53		
1956	5723.27	5723.27		
1957	4355.07	4355.07		
1958	6098.67	6098.67		
1959	5449.67	5442.67	7.00	
1960	4143.93	4136.93	7.00	
1961	1441.33	1432.33	9.00	
1962	1198.73	1188.73	10.00	
1963	1530.13	1516.03	14.10	
1964	2911.33	2893.23	18.10	
1965	3425.33	3403.23	22.10	
1966	4533.33	4351.83	181.50	
1967	3904.00	3540.99	363.01	
1968	3413.33	2858.81	554.52	
1969	3479.33	2753.31	726.02	
1970	3884.00	2976.48	907.52	
1971	4525.13	3404.40	1120.73	
1972	4635.73	3473.33	1162.40	
1973	4982.87	3925.47	1057.40	
1974	5002.47	4114.74	887.73	
1975	4973.73	4437.66	536.07	
1976	4925.73	4323.06	602.67	
1977	4793.27	4218.54	574.73	
1978	4496.33	4125.73	370.60	
1979	4489.27	3910.27	579.00	
1980	4552.00	3940.00	612.00	
1981	4110.07	3681.00	429.07	
1982	4495.60	4115.80	379.80	
1983	6324.40	5603.13	721.27	
1984	8253.67	7290.74	962.93	
1985	8336.80	6948.80	1388.00	
1986	5274.00	4158.20	1115.80	
1987	5414.20	4207.27	1206.93	
1988	5533.27	4574.80	958.47	
1989	5023.33	4109.53	913.80	
1990	5208.47	4353.34	855.13	
1991	5594.47	4751.80	842.67	
1992	6030.40	5083.70	946.70	
1993	5903.40	5044.40	859.00	
1994	5992.66	5190.24	802.42	
1995	5214.61	4629.35	585.26	
1996	4919.38	4314.96	604.42	
1997	4354.93	3737.75	617.18	
1998	4811.05	4086.00	725.05	
1999	4900.71	4276.85	623.86	
2000	5105.14	4345.01	760.13	
2001	4953.04	3977.32	975.72	
2002	7770.97	6896.04	874.93	
2003	9118.89	8432.48	686.41	
2004	5598.08	5018.89	579.19	
2005	3637.68	3221.29	416.39	
2006	3838.79	2446.12	271.80	1120.87
2007	3907.71	2738.52	118.67	1050.52
2008	5353.74	3684.26	154.07	1515.41
2009	6262.33	4156.29	226.34	1879.70
1949 ~ 1952	1707.33	1707.33		
1953 ~ 1957	14068.00	14068.00		
1958 ~ 1962	18332.33	18299.33	33.00	
1963 ~ 1965	7866.79	7812.49	54.30	
1966 ~ 1970	19213.99	16481.42	2732.57	
1971 ~ 1975	24119.93	19355.60	4764.33	
1976 ~ 1980	23256.60	20517.60	2739.00	
1981 ~ 1985	31520.54	27639.47	3881.07	
1986 ~ 1990	26453.27	21403.14	5050.13	
1991 ~ 1995	28735.54	24699.49	4036.05	
1996 ~ 2000	24091.21	20760.57	3330.64	
2001 ~ 2005	31078.66	27546.03	3532.64	
2006 ~ 2009	19362.57	13025.20	770.88	5566.50
1949 ~ 2009	269806.76	233315.66	30924.60	5566.50

注:1. 1985 年以前,造林成活率达到 40% 即统计造林面积,以后为达到 85% 以上统计。

2. 根据造林技术规程(GB/T 15776 - 2006),本表自 2006 年起将无林地和疏林地新封山育林面积计入造林总面积。

全国历年新封山育林和迹地更新面积

单位:千公顷

年份	新封山育林面积	迹地更新面积	年份	新封山育林面积	迹地更新面积
1949 ~ 1952		22.53	1988	4646.00	636.90
1953		16.53	1989	4535.33	719.10
1954		38.80	1990	4910.47	671.50
1955		39.20	1991	6220.47	664.10
1956		94.13	1992	5874.10	673.60
1957		55.80	1993	4795.60	739.20
1958		391.13	1994	4844.44	722.70
1959		560.33	1995	4538.49	750.96
1960		483.73	1996	3659.83	794.75
1961		157.07	1997	3865.81	798.38
1962		106.33	1998	9699.10	806.30
1963		183.00	1999	6704.50	1042.83
1964		206.53	2000	6130.00	919.80
1965		238.93	2001	5821.90	515.29
1966		321.00	2002	2561.36	379.00
1967		303.00	2003	1817.34	285.99
1968		240.00	2004	1196.55	319.31
1969		233.00	2005	1763.00	407.55
1970		325.00	2006	1120.87	408.24
1971		307.53	2007	1050.52	390.91
1972		319.00	2008	1515.41	424.00
1973		356.73	2009	1879.70	344.25
1974		362.00	1949 ~ 1952		22.53
1975		422.00	1953 ~ 1957		244.46
1976		420.80	1958 ~ 1962		1698.59
1977		416.40	1963 ~ 1965		628.46
1978		458.40	1966 ~ 1970		1422.00
1979		409.33	1971 ~ 1975		1767.26
1980		421.93	1976 ~ 1980		2126.86
1981	3652.33	442.60	1981 ~ 1985	26889.87	2580.47
1982	5732.00	438.80	1986 ~ 1990	25277.07	3308.40
1983	5678.07	508.80	1991 ~ 1995	26273.10	3550.56
1984	6780.67	552.00	1996 ~ 2000	30059.24	4362.06
1985	5046.80	638.27	2001 ~ 2005	13160.15	1907.14
1986	5736.13	577.40	2006 ~ 2009	5566.50	1567.41
1987	5449.13	703.50	1949 ~ 2009	127225.92	25186.19

注:2004 年后新封山育林面积指无林地和疏林地新封山育林面积。

全国历年林业重点工程

年 份	合 计	天然林资源保护工程	退耕还林工程		京津风沙源治理工程	
			退耕还林工程合计	其中：退耕地造林		小 计
1979～1985 年	**10109.80**					**10109.80**
1986 年	1106.73					1106.73
1987 年	1064.80					1064.80
1988 年	1063.93					1063.93
1989 年	1001.80					1001.80
1990 年	1662.06					1662.06
七五小计	**5899.32**					**5899.32**
1991 年	2082.20					2082.20
1992 年	2308.00					2308.00
1993 年	2602.10				132.80	2211.80
1994 年	2729.59				139.79	2366.48
1995 年	2862.17				168.59	2450.71
八五小计	**12584.06**				**441.18**	**11419.19**
1996 年	2669.49				164.95	2316.73
1997 年	2642.61				215.95	2233.46
1998 年	2856.00	290.35			231.58	2196.02
1999 年	3275.63	477.56	447.93	381.47	211.58	2032.46
2000 年	3345.92	426.37	683.60	328.42	280.27	1708.80
九五小计	**14789.65**	**1194.28**	**1131.53**	**709.89**	**1104.33**	**10487.47**
2001 年	3160.18	948.08	870.99	386.14	217.32	1034.92
2002 年	6777.38	856.08	4423.61	2039.77	676.38	775.63
2003 年	8262.78	688.26	6196.13	3085.93	824.43	533.54
2004 年	4802.85	641.45	3217.54	824.90	473.27	448.32
2005 年	3109.10	424.81	1898.36	667.39	408.25	368.20
十五小计	**26112.30**	**3558.68**	**16606.63**	**7004.13**	**2599.64**	**3160.62**
2006 年	2810.80	774.82	1050.53	218.49	409.54	566.82
2007 年	2681.65	732.88	1056.02	59.46	315.13	574.22
2008 年	3437.50	1009.02	1189.70	2.16	469.04	765.77
2009 年	4596.24	1360.91	886.67	0.74	434.82	1893.08
1979～2009 年	**83021.32**	**8630.58**	**21921.07**	**7994.87**	**5773.69**	**44876.28**

注：太行山绿化工程 1990 年造林面积 354.60 千公顷系指 1984～1990 年的造林面积，其中 1990 年造林面积为 109.73 千
数据为原利用世界银行贷款营造速生丰产用材林建设工程数据。
本表数据从 2001 年开始，将原有的 16 个工程整合形成 10 个重点林业工程。
根据造林技术规程（GB/T 15776－2006），本表自 2006 年起将无林地和疏林地新封山育林面积计入造林总面积。

完成造林面积

单位:千公顷

三北及长江流域等防护林建设工程						
三北防护林体系工程	长江流域防护林体系工程	沿海防护林体系工程	珠江流域防护林体系工程	太行山绿化工程	平原绿化工程	速生丰产用材林基地建设工程
10109.80						
1106.73						
1064.80						
1063.93						
956.07	45.73					
983.33	324.13			354.60		
5174.86	**369.86**			**354.60**		
1170.47	462.40	223.60		225.73		
1255.20	584.60	235.80		232.40		
1160.00	573.00	131.20		275.20	72.40	257.50
1255.49	546.00	152.78		358.22	53.99	223.32
1333.26	535.71	103.27		427.04	51.43	242.87
6174.42	**2701.71**	**846.65**		**1518.59**	**177.82**	**723.69**
1342.28	463.96	72.17		402.46	35.86	187.81
1266.12	447.75	63.48	56.72	366.32	33.07	193.20
1243.96	448.60	60.29	39.85	343.74	59.58	138.05
1245.41	369.84	44.48	32.09	293.36	47.28	106.10
1053.16	206.94	56.91	30.68	298.51	62.60	246.88
6150.93	**1937.09**	**297.33**	**159.34**	**1704.39**	**238.39**	**872.04**
541.71	162.72	90.90	27.05	141.29	71.25	88.87
453.76	110.29	55.71	46.55	76.15	33.16	45.68
275.30	108.75	38.56	44.71	50.05	16.18	20.43
232.34	113.28	30.18	31.76	30.92	9.85	22.27
217.89	65.94	22.68	30.67	28.52	2.50	9.49
1721.00	**560.98**	**238.03**	**180.74**	**326.93**	**132.94**	**186.73**
326.83	78.67	16.96	28.82	114.67	0.87	9.10
381.53	76.40	23.85	17.42	73.93	1.10	3.39
497.95	72.25	74.25	36.97	80.28	4.07	3.98
1255.87	222.13	212.18	82.06	119.16	1.67	20.77
31793.19	**6019.08**	**1709.25**	**505.35**	**4292.55**	**556.86**	**1819.70**

公顷。京津风沙源治理工程 1993～2000 年数据为原全国防沙治沙工程数据。速生丰产用材林基地建设工程 1993～2000 年

全国历年林业重点工程实际

指标名称		合计	天然林资源保护工程	退耕还林工程	京津风沙源治理工程	
						小　计
1979～1989 年	**实际完成投资**	**62295**				**62295**
	其中:国家投资	**35443**				**35443**
1990 年	实际完成投资	25537				25537
	其中:国家投资	13469				13469
1991 年	实际完成投资	34949				34949
	其中:国家投资	20247				20247
1992 年	实际完成投资	44640				44640
	其中:国家投资	22888				22888
1993 年	实际完成投资	118913			3351	66925
	其中:国家投资	32351			1914	27613
1994 年	实际完成投资	144563			6822	79326
	其中:国家投资	36779			3064	32187
1995 年	实际完成投资	162611			7259	86411
	其中:国家投资	43062			3523	36285
"八五"小计	**实际完成投资**	**505676**			**17432**	**312251**
	其中:国家投资	**155327**			**8501**	**139220**
1996 年	实际完成投资	203110			15741	124720
	其中:国家投资	54772			4506	47433
1997 年	实际完成投资	244737			33782	152324
	其中:国家投资	68989			12247	52494
1998 年	实际完成投资	495760	227761		37741	176215
	其中:国家投资	285611	206365		10176	63797
1999 年	实际完成投资	761756	409225	33595	35477	235521
	其中:国家投资	506707	351309	33595	8198	108432
2000 年	实际完成投资	1106412	608414	154075	43102	300821
	其中:国家投资	881704	582886	146623	15655	136540
"九五"小计	**实际完成投资**	**2811775**	**1245400**	**187670**	**165843**	**989601**
	其中:国家投资	**1797783**	**1140560**	**180218**	**50782**	**408696**
2001 年	实际完成投资	1795799	949319	314547	183275	303066
	其中:国家投资	1355797	887717	248459	59283	145743
2002 年	实际完成投资	2558004	933712	1106096	123238	316711
	其中:国家投资	2250647	881617	1061504	120022	157582
2003 年	实际完成投资	3339160	679020	2085573	258781	232083
	其中:国家投资	2978139	650304	1926019	239513	136239
2004 年	实际完成投资	3510242	681985	2142905	267666	352661
	其中:国家投资	2983123	640983	1920609	261857	135782
2005 年	实际完成投资	3616302	620148	2404111	332625	192556
	其中:国家投资	3212387	584777	2185928	325408	91292
"十五"小计	**实际完成投资**	**14819507**	**3864184**	**8053232**	**1165585**	**1397077**
	其中:国家投资	**12780093**	**3645398**	**7342519**	**1006083**	**666638**
2006 年	实际完成投资	3533372	643750	2321449	327666	179501
	其中:国家投资	3255411	604120	2224633	310029	85398
2007 年	实际完成投资	3480379	820496	2084085	320929	165879
	其中:国家投资	3029091	666496	1915544	298768	91273
2008 年	实际完成投资	4202355	973000	2489727	323871	337349
	其中:国家投资	3626077	923500	2210195	310795	139275
2009 年	实际完成投资	5087347	817253	3217569	403175	557076
	其中:国家投资	4179556	688199	2886310	355377	209602
1979～2009 年	**实际完成投资**	**34502706**	**8364083**	**18353732**	**2724501**	**4001029**
	其中:国家投资	**28858781**	**7668273**	**16759419**	**2340335**	**1775545**

完成投资及国家投资情况

单位:万元

三北及长江流域等防护林建设工程						野生动物植物保护及自然保护区建设工程	速生丰产用材林基地建设工程
三北防护林体系工程	长江流域防护林体系工程	沿海防护林体系工程	珠江流域防护林体系工程	太行山绿化工程	平原绿化工程		
53781	**1167**			**7347**			
33076	**427**			**1940**			
16733	6676			2128			
10291	2616			562			
19750	7747	5214		2238			
14315	3205	1983		744			
24921	10342	7250		2127			
15978	3608	2613		689			
35080	15112	9773		4436	2524		48637
18076	5283	2346		949	959		2824
38928	18587	9485		6903	5423		58415
19589	6535	1899		1643	2521		1528
42459	18308	10268		7443	7933		68941
21454	5474	2089		2253	5015		3254
161138	**70096**	**41990**		**23147**	**15880**		**175993**
89412	**24105**	**10930**		**6278**	**8495**		**7606**
71169	23114	16548		7371	6518		62649
30802	7455	2531		2085	4560		2833
80567	21095	12653	16430	12247	9332		58631
34704	7196	2198	502	2853	5041		4248
90289	27774	21029	12060	11970	13093		54043
37206	11154	3340	1557	5411	5129		5273
118754	31384	22897	16463	24232	21791		47938
57383	16345	5717	2775	14195	12017		5173
143682	31273	31551	14392	23781	56142		
71602	18427	13768	6831	13327	12585		
504461	**134640**	**104678**	**59345**	**79601**	**106876**		**223261**
231697	**60577**	**27554**	**11665**	**37871**	**39332**		**17527**
102468	53406	40026	10678	16169	80319	20917	24675
56163	22736	14425	6499	8832	37088	12109	2486
139272	45837	41164	17657	17151	55630	39261	38986
66512	27942	13839	15481	10920	22888	28460	1462
85437	41442	29155	13136	10436	52477	52406	31297
49105	27758	20127	11083	8097	20069	25609	455
86645	109028	51946	11922	13048	80072	44465	20560
44014	26017	29705	9797	11268	14981	22133	1759
85231	53607	23029	9134	14620	6936	51452	15410
41252	12808	19704	7039	10095	394	24450	532
499053	**303320**	**185320**	**62527**	**71423**	**275434**	**208501**	**130928**
257046	**117261**	**97800**	**49899**	**49212**	**95420**	**112761**	**6694**
84328	24386	42553	6509	13949	7776	54718	6288
38539	8262	20637	4647	13108	205	30750	481
94026	13912	37819	3994	13213	2915	79580	9410
48202	9964	23290	2811	6541	465	55464	1546
184078	34916	94009	7142	16804	400	69800	8608
99184	13119	18429	4043	4275	225	41963	349
270310	101057	140019	23828	21663	199	80097	12177
133198	27000	35953	8979	4422	50	39948	120
1851175	**683494**	**646388**	**163345**	**247148**	**409480**	**492696**	**566665**
930354	**260715**	**234593**	**82044**	**123647**	**144192**	**280886**	**34323**

全国历年木材、竹材及木材加工、林产化学主要产品产量(一)

时期	木材(万立方米)	竹材(万根)	锯材(万立方米)	人造板(万立方米)					松香(吨)	栲胶(吨)	紫胶(吨)
				总计	其中:三板产量						
					合计	胶合板	纤维板	刨花板			
1949 年	567.00										
1950 年	664.40										
1951 年	764.40										
1952 年	1233.20	*2710	*1151.40	*4.5	*4.5	*4.5			*78056	*88	*180
三年恢复时期	**3229.00**	***2710**	***1151.40**	***4.5**	***4.5**	***4.5**			***78056**	***88**	***180**
1953 年	1753.90	2643	664.00	3.54	3.54	3.54			22267	120	15
1954 年	2220.60	5021	759.90	4.65	4.65	4.65			45905	157	105
1955 年	2093.30	5902	678.20	5.18	5.18	5.18			80091	568	142
1956 年	2104.80	12490	890.80	5.64	5.64	5.64			109992	1275	154
1957 年	2786.90	9348	824.10	6.98	6.98	6.98			116799	1633	143
“一五”时期	**10959.50**	**35404**	**3817.00**	**25.99**	**25.99**	**25.99**			**375054**	**3753**	**559**
1958 年	3579.40	14873	1187.60	12.57	12.57	12.57			98373	3679	245
1959 年	4517.70	15547	1454.70	16.47	16.47	15.31	1.16		79387	11266	201
1960 年	4129.30	8869	1622.90	20.71	20.71	14.76	5.96		78429	13650	245
1961 年	2193.50	4993	778.70	9.58	9.58	7.43	2.15		39227	6661	332
1962 年	2374.60	6076	672.80	9.52	9.52	7.42	1.55	0.54	33595	4800	241
“二五”时期	**16794.50**	**50358**	**5716.70**	**68.86**	**68.86**	**57.49**	**10.83**	**0.54**	**329011**	**40056**	**1264**
1963 年	3250.20	6853	826.40	13.60	13.60	10.43	1.86	1.30	97982	6078	180
1964 年	3800.00	6726	1063.90	16.89	16.89	11.95	2.80	2.14	162914	9276	220
1965 年	3978.00	7031	1160.10	22.06	22.06	13.90	5.02	3.14	167172	13064	440
三年调整时期	**11028.20**	**20610**	**3050.40**	**52.55**	**52.55**	**36.28**	**9.68**	**6.59**	**428068**	**28418**	**840**
1966 年	4192.40	6991	1117.80	23.13	23.13	15.04	6.24	1.85	178943	15789	640
1967 年	3249.60	7223	1157.40	16.78	16.78	12.23	3.46	1.09	166119	14320	800
1968 年	2791.20	6603	909.10	14.07	14.07	10.59	2.59	0.90	181911	13100	1400
1969 年	3283.30	6619	1004.80	20.06	20.06	14.67	4.18	1.21	204158	18969	1100
1970 年	3781.80	6958	1100.30	24.04	24.04	17.07	5.47	1.50	189288	22098	1800
“三五”时期	**17298.30**	**34394**	**5289.40**	**98.08**	**98.08**	**69.60**	**21.94**	**6.55**	**920419**	**84276**	**5740**
1971 年	4067.30	7542	1104.90	27.81	27.81	17.21	8.73	1.87	200411	23209	1873
1972 年	4253.50	7629	957.80	31.74	31.74	18.24	10.82	2.68	240074	21850	1076
1973 年	4466.90	11493	993.10	35.20	35.20	18.84	13.14	3.22	261467	17581	1302
1974 年	4607.10	9954	1009.00	33.99	33.99	17.62	13.34	3.03	289287	18085	1562
1975 年	4702.70	9073	1069.10	37.37	37.37	19.21	15.49	2.67	266224	20861	915
“四五”时期	**22097.50**	**45691**	**5133.90**	**166.10**	**166.10**	**91.13**	**61.51**	**13.46**	**1257463**	**101586**	**6728**
1976 年	4572.80	10439	1001.10	38.11	38.11	18.44	17.02	2.65	237773	19066	807
1977 年	4967.20	10799	1125.20	45.87	45.87	20.85	22.13	2.89	259150	23959	783
1978 年	5162.30	11181	1105.50	62.45	62.45	25.22	32.88	4.36	282027	30130	1384
1979 年	5438.93	10507	1271.40	77.46	77.46	29.24	42.93	5.29	297034	33831	2234
1980 年	5359.31	9621	1368.70	91.43	91.43	32.99	50.62	7.82	327283	36314	2134

注:标有*号的产品产量数据为1949~1952年合计数。

全国历年木材、竹材及木材加工、林产化学主要产品产量(二)

时期	木材(万立方米)	竹材(万根)	锯材(万立方米)	人造板(万立方米)					松香(吨)	栲胶(吨)	紫胶(吨)
				总计	其中:三板产量						
					合计	胶合板	纤维板	刨花板			
“五五”时期	**25500.54**	**52547**	**5871.90**	**315.32**	**315.32**	**126.74**	**165.58**	**23.00**	**1403267**	**143300**	**7342**
1981 年	4942.31	8656	1301.06	99.61	99.61	35.11	56.83	7.67	406214	40159	1095
1982 年	5041.25	10183	1360.85	116.67	116.67	39.41	66.99	10.27	400784	36000	1397
1983 年	5232.32	9601	1394.48	138.95	131.67	45.48	73.45	12.74	246916	34131	1045
1984 年	6384.81	9117	1508.59	151.38	139.04	48.97	73.59	16.48	307993	36523	1489
1985 年	6323.44	5641	1590.76	165.93	161.58	53.87	89.50	18.21	255736	36875	2102
“六五”时期	**27924.13**	**43198**	**7155.74**	**672.54**	**648.57**	**222.84**	**360.36**	**65.37**	**1617643**	**183688**	**7128**
1986 年	6502.42	7716	1505.20	189.44	184.81	61.08	102.70	21.03	293500	42059	1661
1987 年	6407.86	11855	1471.91	247.66	236.06	77.63	120.65	37.78	395692	50306	1909
1988 年	6217.60	26211	1468.40	289.88	279.41	82.69	148.41	48.31	376482	41862	1482
1989 年	5801.80	15238	1393.30	270.56	261.25	72.78	144.27	44.20	409463	26411	833
1990 年	5571.00	18714	1284.90	244.60	235.91	75.87	117.24	42.80	344003	20402	829
“七五”时期	**30500.68**	**79734**	**7123.71**	**1242.14**	**1197.44**	**370.05**	**633.27**	**194.12**	**1819140**	**181040**	**6714**
1991 年	5807.30	29173	1141.50	296.01	284.21	105.40	117.43	61.38	343300	19516	876
1992 年	6173.60	40430	1118.70	428.90	416.77	156.47	144.45	115.85	419503	26141	732
1993 年	6392.20	43356	1401.30	579.79	550.55	212.45	180.97	157.13	503681	26176	931
1994 年	6615.10	50430	1294.30	664.72	621.85	260.62	193.03	168.20	437269	18177	1001
1995 年	6766.90	44792	4183.80	1684.60	1410.76	759.26	216.40	435.10	481264	19662	1393
“八五”时期	**31755.10**	**208181**	**9139.60**	**3654.02**	**3284.14**	**1494.20**	**852.28**	**937.66**	**2185017**	**109672**	**4933**
1996 年	6710.27	42175	2442.40	1203.26	1034.10	490.32	205.50	338.28	501221	23766	1450
1997 年	6394.79	44921	2012.40	1648.48	1394.81	758.45	275.92	360.44	675758	19814	579
1998 年	5966.20	69253	1787.60	1056.33	932.33	446.52	219.51	266.30	416016	14081	255
1999 年	5236.80	53921	1585.94	1503.05	1359.19	727.64	390.59	240.96	434528	10972	294
2000 年	4723.97	56183	634.44	2001.66	1793.74	992.54	514.43	286.77	386760	7510	778
“九五”时期	**29032.03**	**266453**	**8462.78**	**7412.78**	**6514.17**	**3415.47**	**1605.95**	**1492.75**	**2414283**	**76143**	**3356**
2001 年	4552.03	58146	763.83	2111.27	1819.15	904.51	570.11	344.53	377793	9446	431
2002 年	4436.07	66811	851.61	2930.18	2271.94	1135.21	767.42	369.31	395273	9132	561
2003 年	4758.87	96867	1126.87	4553.36	3778.09	2102.35	1128.33	547.41	443306	11970	1078
2004 年	5197.33	109846	1532.54	5446.49	4302.00	2098.62	1560.46	642.92	485863	12113	1117
2005 年	5560.31	115174	1790.29	6392.89	5151.61	2514.97	2060.56	576.08	606594	7668	779
“十五”时期	**24504.61**	**446844**	**6065.13**	**21434.19**	**17322.79**	**8755.66**	**6086.88**	**2480.25**	**2308829**	**50329**	**3966**
2006 年	6611.78	131176	2486.46	7428.56	6038.65	2728.78	2466.60	843.26	845959	10564	3569
2007 年	6976.65	139761	2829.10	8838.58	7120.49	3561.56	2729.85	829.07	1061658	13733	3430
2008 年	8108.34	126220	2840.95	9409.95	7589.66	3540.86	2906.56	1142.23	945590	9337	2891
2009 年	7068.29	135650	3229.77	11546.65	9370.80	4451.24	3488.56	1431.00	1001574	11000	1992
总 计	**279389.15**	**1816220**	**78212.55**	**72366.31**	**59813.61**	**28947.90**	**21399.85**	**9465.85**	**18912975**	**1046895**	**60452**

全国历年林业固定资产投资完成额(一)

单位:万元

年份	固定资产投资完成总额	营林固定资产投资			森工固定资产投资			
		合计	基本建设	更新改造	合计	基本建设	更新改造	其他
1950 年	1010				1010	1010		
1951 年	1666				1666	1666		
1952 年	5524				5524	5524		
三年恢复时期	**8199**				**8199**	**8199**		
1953 年	13874	512	512		13361	13361		
1954 年	12415	423	423		11992	11992		
1955 年	11483	725	725		10758	10758		
1956 年	17733	7507	7507		10226	10226		
1957 年	21393	3332	3332		18061	18061		
“一五”时期	**76897**	**12500**	**12500**		**64398**	**64398**		
1958 年	32666	3787	3787		28879	28879		
1959 年	61240	9290	9290		51949	51949		
1960 年	84021	15516	15516		68505	68505		
1961 年	34396	7051	7051		27345	27345		
1962 年	39329	12065	12065		27265	27265		
“二五”时期	**251652**	**47709**	**47709**		**203943**	**203943**		
1963 年	63498	18144	18144		45353	45353		
1964 年	81209	23770	23770		57439	57439		
1965 年	80974	19366	19366		61608	61608		
三年调整时期	**225680**	**61280**	**61280**		**164401**	**164401**		
1966 年	79469	18654	18654		60815	60815		
1967 年	60233	17789	17789		42445	42445		
1968 年	47492	15175	15175		32317	32317		
1969 年	56252	16373	16373		39878	39878		
1970 年	62235	15588	15588		46647	46647		
“三五”时期	**305681**	**83579**	**83579**		**222101**	**222101**		
1971 年	76123	20034	20034		56089	56089		
1972 年	89978	25348	25348		64630	64630		
1973 年	93597	27733	27733		65864	65864		
1974 年	99317	29139	29139		70178	70178		
1975 年	98806	30738	30738		68069	68069		
“四五”时期	**457821**	**132991**	**132991**		**324830**	**324830**		
1976 年	68669	30723	30723		37946	37946		
1977 年	58757	24984	24984		33774	33774		
1978 年	108360	31249	31249		77111	53926	23185	
1979 年	141326	57404	57404		83922	59249	24673	
1980 年	144954	57303	57303		87651	81271	6381	

全国历年林业固定资产投资完成额(二)

单位:万元

年份	固定资产投资完成总额	营林固定资产投资			森工固定资产投资			
		合计	基本建设	更新改造	合计	基本建设	更新改造	其他
“五五”时期	**522066**	**201662**	**201662**		**320404**	**266165**	**54239**	
1981 年	140752	51231	51231		89521	81959	7563	
1982 年	168725	54403	54403		114321	64442	10166	39713
1983 年	164399	46578	46578		117822	73066	15414	29341
1984 年	180111	53300	53300		126811	78863	14059	33889
1985 年	183303	61898	61898		121405	76700	12771	31934
“六五”时期	**837291**	**267411**	**267411**		**569880**	**375031**	**59972**	**134877**
1986 年	231994	60296	59191	1105	171698	78862	16095	76741
1987 年	247834	69691	68157	1534	178143	87292	26561	64290
1988 年	261413	83782	81559	2223	177631	79603	37930	60098
1989 年	237553	93261	92160	1101	144292	75567	33100	35625
1990 年	246131	100957	100024	933	145174	84966	28508	31700
“七五”时期	**1224925**	**407987**	**401091**	**6896**	**816938**	**406290**	**142194**	**268454**
1991 年	272236	109462	107639	1823	162774	104359	27322	31093
1992 年	329800	140826	137411	3415	188974	120749	34706	33519
1993 年	409238	162777	158849	3928	246461	145700	54853	45908
1994 年	476997	194633	189541	5092	282364	173920	56376	52068
1995 年	563972	212546	208531	4015	351426	206932	112608	31886
“八五”时期	**2052243**	**820244**	**801971**	**18273**	**1231999**	**751660**	**285865**	**194474**
1996 年	638626	295283	278722	16561	343343	203809	96678	42856
1997 年	741802	392904	384653	8251	348898	215739	80701	52458
1998 年	874648	610303	606051	4252	264345	164192	61143	39010
1999 年	1084077	917812	915591	2221	166265	79703	50288	36274
2000 年	1677712	1510541	1506583	3958	167171	62672	65347	39152
“九五”时期	**5016865**	**3726843**	**3691600**	**35243**	**1290022**	**726115**	**354157**	**209750**
2001 年	2095636	1919835	1916182	3653	175801	61071	63968	50762
2002 年	3152374	2976388	2961367	15021	175986	101037	39574	35375
2003 年	4072782	3892793	3884708	8085	179989	67196	59867	52926
2004 年	4118669	3989023	3984506	4517	129646	55980	35139	38527
2005 年	4593443	4419596	4397842	21754	173847	69678	72280	31889
“十五”时期	**18032904**	**17197635**	**17144605**	**53030**	**835269**	**354962**	**270828**	**209479**
2006 年	4957918	4784890	4707672	77218	173028	82257	62164	28607
2007 年	6457517	6217121	6151056	66065	240396	146186	46343	47867
2008 年	9872422	8366173	8277170	89003	1506249	1245733	197183	63333
2009 年	13513349	11161861	11095168	66693	2351488	1786595	453854	111039
1950 ~ 2009 年	**63813430**	**53489885**	**53077464**	**412421**	**10323545**	**7128866**	**1926799**	**1267880**

注:本书编辑过程中对历史数据进行整理,将 1978、1979 年森工更新改造完成额和 1987 年森工其他固定资产完成额数据修正。

全国历年林业基本建设投资完成额(一)

单位:万元

年份	林业系统基本建设投资完成额					
	合计	其中:国投	营林基本建设投资		森工基本建设投资	
			合计	其中:国投	合计	其中:国投
1950 年	1010	1010			1010	1010
1951 年	1666	1666			1666	1666
1952 年	5524	5524			5524	5524
三年恢复时期	**8199**	**8199**			**8199**	**8199**
1953 年	13874	13874	512	512	13361	13361
1954 年	12415	12415	423	423	11992	11992
1955 年	11483	11483	725	725	10758	10758
1956 年	17733	17733	7507	7507	10226	10226
1957 年	21393	21393	3332	3332	18061	18061
“一五”时期	**76897**	**76897**	**12500**	**12500**	**64398**	**64398**
1958 年	32666	32666	3787	3787	28879	28879
1959 年	61240	51648	9290	7765	51949	43882
1960 年	84021	74052	15516	13796	68505	60257
1961 年	34396	31284	7051	6460	27345	24824
1962 年	39329	29085	12065	6990	27265	22095
“二五”时期	**251652**	**218735**	**47709**	**38798**	**203943**	**179937**
1963 年	63498	52506	18144	13892	45353	38613
1964 年	81209	68759	23770	19278	57439	49481
1965 年	80974	69974	19366	16568	61608	53407
三年调整时期	**225680**	**191239**	**61280**	**49738**	**164401**	**141501**
1966 年	79469	62657	18654	13558	60815	49100
1967 年	60233	44232	17789	13881	42445	30352
1968 年	47492	34054	15175	11742	32317	22312
1969 年	56252	39680	16373	11179	39878	28501
1970 年	62235	42977	15588	9713	46647	33264
“三五”时期	**305681**	**223601**	**83579**	**60073**	**222101**	**163529**
1971 年	76123	50339	20034	9973	56089	40367
1972 年	89978	58055	25348	12983	64630	45072
1973 年	93597	64052	27733	16089	65864	47963
1974 年	99317	63436	29139	16325	70178	47111
1975 年	98806	55519	30738	15491	68069	40028
“四五”时期	**457821**	**291402**	**132991**	**70861**	**324830**	**220541**
1976 年	68669	49659	30723	15087	37946	34572
1977 年	58757	46008	24984	15143	33774	30866
1978 年	85175	65369	31249	15692	53926	49677
1979 年	116653	90758	57404	34416	59249	56342
1980 年	138573	68481	57303	28797	81271	39684

全国历年林业基本建设投资完成额(二)

单位:万元

年份	林业系统基本建设投资完成额					
	合计	其中:国投	营林基本建设投资		森工基本建设投资	
			合计	其中:国投	合计	其中:国投
“五五”时期	**467828**	**320274**	**201662**	**109134**	**266165**	**211140**
1981 年	133190	61025	51231	21747	81959	39277
1982 年	118846	68432	54403	22529	64442	45904
1983 年	119644	73557	46578	26435	73066	47121
1984 年	132163	81782	53300	30891	78863	50891
1985 年	138598	78732	61898	31375	76700	47357
“六五”时期	**642441**	**363528**	**267411**	**132977**	**375031**	**230550**
1986 年	138053	81753	59191	29510	78862	52243
1987 年	155449	97348	68157	32720	87292	64628
1988 年	161162	91504	81559	36758	79603	54746
1989 年	167727	90604	92160	36305	75567	54299
1990 年	184990	107246	100024	46327	84966	60919
“七五”时期	**807381**	**468455**	**401091**	**181620**	**406290**	**286835**
1991 年	211998	134816	107639	53691	104359	81125
1992 年	258160	138679	137411	55936	120749	82743
1993 年	304549	142025	158849	54300	145700	87725
1994 年	363461	141198	189541	59283	173920	81915
1995 年	415463	179222	208531	73435	206932	105787
“八五”时期	**1553631**	**735940**	**801971**	**296645**	**751660**	**439295**
1996 年	482531	176439	278722	90844	203809	85595
1997 年	600392	187715	384653	121998	215739	65717
1998 年	770243	369898	606051	305910	164192	63988
1999 年	995294	593752	915591	575578	79703	18174
2000 年	1569255	1124523	1506583	1101385	62672	23138
“九五”时期	**4417715**	**2452327**	**3691600**	**2195715**	**726115**	**256612**
2001 年	1977253	1538650	1916182	1514627	61071	24023
2002 年	3062404	2511947	2961367	2487550	101037	24397
2003 年	3951904	3123465	3884708	3092898	67196	30567
2004 年	4040486	3220609	3984506	3198943	55980	21666
2005 年	4467520	3505284	4397842	3483792	69678	21492
“十五”时期	**17499567**	**13899955**	**17144605**	**13777810**	**354962**	**122145**
2006 年	4789929	3648702	4707672	3628972	82257	19730
2007 年	6297242	4401896	6151056	4371272	146186	30624
2008 年	9522903	5058608	8277170	5008011	1245733	50597
2009 年	12881763	7070314	11095168	6822495	1786595	247819
总　计	**60206330**	**39430072**	**53077464**	**36756620**	**7128866**	**2673452**

附录六

2000～2009年主要林产品进出口情况

FULULIU

2000～2009 年主要林产品

产品			2000	2001	2002	2003
总计		出口	7295125	7855079	9579666	12235984
		进口	11449462	10982586	12897294	16641987
原木	针叶原木	出口	231	178	—	57
		进口	378859	541914	997164	945157
	阔叶原木	出口	7706	5375	3174	2830
		进口	1276781	1152063	1141095	1501992
	合计	出口	7937	5553	3174	2887
		进口	1655641	1693977	2138260	2447149
锯材		出口	179143	196860	192332	236790
		进口	982031	988518	1167462	1198789
单板		出口	55669	69746	89297	110806
		进口	192257	95889	89383	95536
特形材		出口	99777	94361	122967	187866
		进口	7723	9236	16018	21359
刨花板		出口	8879	6063	21940	20022
		进口	65595	83714	104455	113224
纤维板		出口	10213	9280	20536	20662
		进口	282882	279101	302642	320892
胶合板		出口	188958	242272	427048	495433
		进口	436784	254445	258957	355124
木制品		出口	1456873	1578047	1864973	2299221
		进口	46957	28190	26834	35366
家具		出口	1668491	1852066	2706327	3815513
		进口	23078	28567	38628	60661
木片		出口	120365	105358	90730	95223
		进口	1466	3873	6184	31878
木浆		出口	6081	2704	2373	2041
		进口	2093664	2061438	2154478	2643336
废纸		出口	406	20	15	37
		进口	556938	658612	732240	1231243
纸和纸制品		出口	309266	415259	444050	599608
		进口	3963171	3649500	4136723	4393027
木炭		出口	42570	54710	56191	63494
		进口	1553	2731	1283	2051
松香		出口	138772	141747	159505	139805
		进口	2296	1377	1901	3574

进出口金额(一)

单位:千美元

2004	2005	2006	2007	2008	2009
16300854	20574172	26377042	31930993	33488310	36316317
19939912	22102107	25798689	32360169	38439466	33902486
—	91	94	17	21	274
1168493	1387979	1713618	2404879	2414186	2234430
1959	1950	1275	1194	965	4306
1635825	1855561	2215648	2950955	2769073	1852088
1959	2040	1368	1211	986	4580
2804318	3243540	3929266	5355834	5183259	4086518
219843	281431	356490	392669	412265	346344
1387144	1516885	1697715	1774871	2039427	2327863
120710	128529	171508	200086	243925	172678
109913	121181	118163	135718	98504	63736
278238	557133	731094	519003	448662	371345
15043	25099	27429	21636	19774	15547
21394	18396	25183	34758	45873	32712
123197	115461	101730	106352	91859	88913
125121	396067	635782	1085801	1094538	884401
272725	229268	195714	168916	140415	119570
1249941	1879039	2910501	3577941	3400530	2523949
384280	276681	197174	170383	167469	89042
2934699	3139195	3791812	3828644	3522246	3324597
52953	49605	61572	70251	75033	84081
5229343	6843165	8783827	10683050	11017339	12035202
72706	87217	117585	220383	311952	297671
102486	92893	64321	25249	9034	887
39929	122141	119140	158338	182490	353802
925	10728	16480	27487	6916	22351
3526709	3694780	4354322	5498741	6660933	6795615
24	8	5	18	1	48
1726999	2457178	2748047	4041970	5556926	3796054
768335	1060777	1457284	1844016	2070567	6129326
4637510	4387339	4215202	4287379	4363240	3879784
39067	22501	26111	20114	22979	26065
2809	6070	5922	9914	14663	17552
163850	254515	365260	274265	271944	181729
4392	4849	5815	6686	4739	6104

产品			2000	2001	2002	2003
水果	柑橘属	出口	47102	40367	55673	75574
		进口	28802	30868	27969	47922
	鲜苹果	出口	96560	100648	149425	209773
		进口	11679	17074	22441	23708
	鲜梨	出口	35799	40826	59415	79968
		进口	336	287	258	239
	鲜葡萄	出口	—	—	—	5827
		进口	—	—	—	41608
	山竹果	出口	—	—	—	—
		进口	—	—	—	—
	鲜榴莲	出口	—	—	—	—
		进口	—	—	—	—
	鲜龙眼	出口	—	—	—	—
		进口	—	—	—	—
坚果	核桃	出口	23278	27693	21927	25842
		进口	352	372	1131	1081
	板栗	出口	61311	52196	47236	49989
		进口	2848	3625	9096	22454
	松子仁	出口	18660	30468	46420	51334
		进口	607	636	205	36
	开心果	出口	—	—	—	3233
		进口	—	—	—	15295
干果	梅干及李干	出口	5141	5240	2332	1488
		进口	1410	1745	2573	883
	龙眼干、肉	出口	1012	731	1013	858
		进口	22639	13930	14789	19544
	柿饼	出口	10980	10389	10838	12911
		进口	—	23	7	—
	红枣	出口	6356	6276	7939	9838
		进口	—	7	17	1
	葡萄干	出口	—	—	—	10831
		进口	—	—	—	9572
果汁	柑橘属果汁	出口	3066	3916	3657	3680
		进口	10132	16986	46090	65640
	苹果汁	出口	116385	147671	173066	254178
		进口	283	459	372	348
	其他	出口	2576164	2614608	2799266	3351253
		进口	1058338	1057406	1596900	3440447

注：1. 资料来源：海关总署信息中心；

2. 木浆中未包括从回收纸与纸板中提取的木浆；

3. 纸和纸制品中未包括回收纸和纸板及印刷品等；

4. 将从回收的纸与纸板中提取的纤维浆、回收纸与纸板出口额折算为木制林产品价值的系数为：2000 年取 0.18，
浆和废纸中的木浆）价值比例折算，取 0.81；

5. 将纸和纸制品出口额折算为木制林产品价值的系数为：2000 年取 0.22，2001 年取 0.28，2002～2003 年取 0.26，

6. 将印刷品、手稿、打字稿等的进（出）口额＝进（出）口折算量×纸和纸制品的平均价格。

进出口金额(二)

单位:千美元

2004	2005	2006	2007	2008	2009
105020	143383	161510	257633	437373	592697
48433	44859	54642	54670	67312	74224
274407	306313	372552	512645	698398	713518
29417	25428	25277	34674	45188	54108
90665	122078	147713	161765	215087	220716
234	52	23	16	27	23
7382	9982	19234	32944	47437	85926
67482	82385	69654	63180	95018	172077
10	1	1	—	—	—
29764	39547	25217	62230	69565	144383
1	—	—	—	—	—
52501	47863	53929	71250	92850	124373
1131	1348	2160	2718	2770	857
69286	73265	85219	98239	124192	157334
31043	46112	56691	53887	60224	19849
2648	3767	6324	6218	12624	28502
58461	49803	57404	62244	62981	68208
21813	21993	20264	18304	18531	18108
68896	76324	103081	81610	47675	142974
100	154	63	1091	6955	7875
4800	6403	5488	5906	13098	5622
17432	19252	14664	43178	76554	77461
1568	1073	970	2136	1942	2311
972	591	1071	1500	1783	2865
1041	883	1079	1018	1005	1249
28730	26933	32991	52849	53530	88737
13210	16314	12105	15983	10630	9098
11	43	37	18	—	—
10942	11561	10717	10709	12187	17399
25	1	5	3	14	20
18397	21762	30880	36329	47225	65311
14666	15747	15695	17917	19686	18340
3347	3974	7402	10525	14424	14218
50443	62562	85830	122646	97790	106311
325345	458169	594846	1243994	1130079	655526
1042	412	297	1224	4634	718
4029252	4612272	5456183	6924636	8116983	7640042
4344283	5299957	7412689	9683594	7559270	6718656

2001 年取 0.23,2002 ~ 2003 年取 0.21,2004 ~ 2006 年取 0.22,2007 年取 0.214,2008 年取 0.221;2009 年按木纤维浆(原生木

2004 ~ 2006 年取 0.27,2007 年取 0.26, 2008 年取 0.26; 2009 年按木纤维浆(原生木浆和废纸中的木浆)价值比例折算,取 0.81;

2000～2009 年主要林产品

产品			单位	2000	2001	2002	2003
原木	针叶原木	出口	立方米	1135	646	—	417
		进口	立方米	6400661	9142210	15782950	15019747
	阔叶原木	出口	立方米	25576	17093	10957	8980
		进口	立方米	7211085	7721541	8550093	10435720
	合计	出口	立方米	26711	17739	10957	9397
		进口	立方米	13611746	16863751	24333043	25455467
锯材		出口	立方米	414336	449748	448337	543013
		进口	立方米	3613693	4034120	5483706	5598051
单板		出口	立方米	53430	62324	93120	106626
		进口	立方米	649488	335736	286652	223395
特形材		出口	吨	80277	78006	99850	146197
		进口	吨	11548	13000	23384	22566
刨花板		出口	立方米	26273	24958	51183	67463
		进口	立方米	343773	447559	589686	623999
纤维板		出口	立方米	35308	26815	80338	63556
		进口	立方米	1014513	1070243	1251646	1394223
胶合板		出口	立方米	686991	965361	1792423	2040470
		进口	立方米	1001808	650859	636130	797810
木制品		出口	吨	—	—	1300712	1593213
		进口	吨	—	—	27195	31660
家具		出口	件	91340898	93611649	117969289	142179765
		进口	件	624847	576391	571981	876469
木片		出口	吨	1854972	1771351	1559915	1137770
		进口	吨	1202	3596	52271	279741
木浆		出口	吨	12829	5776	4639	3763
		进口	吨	3294418	4873085	5232622	5988591
废纸		出口	吨	820	201	143	228
		进口	吨	3713597	6419109	6872609	9381794
纸和纸制品		出口	吨	263340	352519	364822	502386
		进口	吨	6311911	5867244	6606778	6626430
木炭		出口	吨	81540	97690	103759	106615
		进口	吨	24852	31279	21839	26654
松香		出口	吨	281420	302279	356308	301173
		进口	吨	1556	836	1136	1924

进出口数量(一)

2004	2005	2006	2007	2008	2009
—	742	113	66	100	851
16003654	18270100	19717608	23270909	18577008	20302606
6137	6185	4169	3655	2725	11885
10304868	11097886	12435326	13861696	10992626	7756655
6137	6927	4282	3721	2825	12736
26308522	29367986	32152934	37132605	29569634	28059261
489331	682072	829990	763544	717475	561106
6051670	6054178	6153148	6557793	7181828	9935167
110498	104091	143893	152746	146283	114327
154142	151800	134002	130215	91894	72327
221247	424922	518926	363790	310052	251560
11962	13127	16523	13755	12333	7953
130751	95035	141658	179824	193171	124944
652594	633972	541102	524918	374137	446543
509945	1376697	1968316	3056768	2382562	2031141
1377045	1137113	924481	702512	504505	452979
4305484	5583972	8303695	8715903	7185060	5634800
799298	589120	413429	304098	293937	179178
1983984	2009708	2304919	2207534	1750049	1563994
37844	39018	47047	52585	60187	39734
175777874	211601212	248149710	280364654	242633034	247470421
851909	863112	1290094	2468740	3147981	3298999
1094162	880655	596242	214540	73014	7247
302680	871274	895437	1139607	1056387	2766012
1504	20456	32007	50781	10628	35045
7214995	7520149	7881293	8383914	9460349	13578483
163	30	24	108	4	220
12306851	17036170	19623353	22562110	24205826	27501707
576634	790907	1145650	1457278	1356450	4802753
6376108	5465318	4604689	4208691	3735959	3495948
68141	37497	46652	42643	50976	54922
31066	43013	39406	75003	136266	156678
342888	347455	367148	329214	276517	193291
2152	2345	2872	3122	1076	2927

2000～2009年主要林产品

产品			单位	2000	2001	2002	2003
水果	柑橘属	出口	吨	200271	171240	216847	292034
		进口	吨	61861	67860	58195	76637
	鲜苹果	出口	吨	297651	303558	438738	609052
		进口	吨	25475	39371	56014	41524
	鲜梨	出口	吨	146425	182270	243438	296962
		进口	吨	633	622	746	689
	鲜葡萄	出口	吨	—	—	—	13433
		进口	吨	—	—	—	53412
	山竹果	出口	吨	—	—	—	—
		进口	吨	—	—	—	—
	鲜榴莲	出口	吨	—	—	—	—
		进口	吨	—	—	—	—
	鲜龙眼	出口	吨	—	—	—	—
		进口	吨	—	—	—	—
坚果	核桃	出口	吨	21399	24560	18614	22411
		进口	吨	789	583	1270	1468
	板栗	出口	吨	30768	27884	29660	32369
		进口	吨	2132	3041	5755	9902
	松子仁	出口	吨	3528	6497	7015	6080
		进口	吨	604	668	216	33
	开心果	出口	吨	—	—	—	2177
		进口	吨	—	—	—	11435
干果	梅干及李干	出口	吨	4364	5296	3561	2041
		进口	吨	1629	2647	3834	785
	龙眼干、肉	出口	吨	261	280	347	292
		进口	吨	45260	32652	35582	38361
	柿饼	出口	吨	7777	6549	8809	11535
		进口	吨	—	16	3	—
	红枣	出口	吨	11241	9024	12277	17483
		进口	吨	—	16	45	1
	葡萄干	出口	吨	—	—	—	7778
		进口	吨	—	—	—	7931
果汁	柑橘属果汁	出口	吨	2920	3686	3716	4214
		进口	吨	9554	18635	37956	53057
	苹果汁	出口	吨	142315	228394	296568	418235
		进口	吨	531	802	570	478

注：1. 资料来源：海关总署信息中心；

2. 表中数据体积与重量按刨花板650千克/立方米，单板750千克/立方米的标准换算；2000～2003年按纤维板700千立方米的标准折算；2007～2009年纤维板折算标准：密度>800千克/立方米的取950千克/立方米、500千克/立方米<千克/立方米的取250千克/立方米；

3. 木浆中未包括从回收纸和纸板中提取的木浆；

4. 纸和纸制品中未包括回收的废纸和纸板、印刷品、手稿等；

5. 纸和纸制品出口量按纸和纸产品中的木浆比例折算，出口量的折算系数：2000年为0.18，2001年为0.23，2002～折算，为0.80；

6. 核桃进（出）口量包括未去壳核桃和核桃仁的折算量，其中核桃仁的折算量是以40%的出仁率将核桃仁数量折算

7. 柑橘属水果中包括橙、葡萄柚、柚、蕉柑、其他柑橘、柠檬酸橙、其他柑橘属水果。

进出口数量(二)

2004	2005	2006	2007	2008	2009
361385	465623	435127	564471	862105	1113002
66889	61530	78931	74421	79946	91652
774131	824050	804226	1019840	1153326	1174191
37281	33204	31075	36396	42395	54116
318218	368298	375298	405189	446656	463159
500	81	16	14	9	13
17800	21257	34293	55790	63303	100225
58887	57490	46021	42775	51613	89775
2	3	1	—	—	—
30811	35200	17161	40404	41084	91719
1	—	—	—	—	—
85500	75371	85220	105667	138929	196147
1547	3251	3150	3560	2221	945
109418	143375	168482	174625	196451	256037
25805	32267	33617	28081	26179	10582
2687	3717	6290	7813	9033	21102
37581	37065	43379	45409	40920	46640
13503	13763	13343	11151	11890	10820
9542	11655	9948	7882	4178	7862
70	27	8	196	882	935
3572	4992	3931	3953	7691	2469
9473	11965	9129	19290	29605	21545
1697	663	484	736	475	551
1010	503	1095	1372	1552	3034
311	250	287	254	222	232
55461	44385	58895	80996	76117	133616
11067	11603	7122	8546	5660	5001
21	59	123	7	—	—
15796	13080	9539	9496	7884	8668
26	1	1	—	17	5
12122	13392	23392	25680	30620	41345
10772	11274	11109	12338	12570	11743
3266	3848	8984	11941	16895	20220
48255	60814	64454	65324	47566	65108
487139	648463	673047	1042326	692574	799505
1344	461	348	1028	2270	467

克/立方米折算，2004～2006年纤维板分别按硬质纤维板950千克/立方米、中密度纤维板650千克/立方米、绝缘板250千克/
密度<800千克/立方米的取650千克/立方米、350千克/立方米<密度<500千克/立方米的取425千克/立方米、密度<350

2003年为0.21,2004～2006年为0.22,2007年为0.214，2008年为0.221；2009年按木纤维浆(原生木浆和废纸中的木浆)比例

为未去壳的核桃数量；

附录七

野生动植物进出口情况

FULUQI

全国野生动植物进出口情况（一）

指标名称				单位	2009 年
一、进出口证明书核发数量				**份**	**25567**
1. 进口	小计			份	5979
	动物			份	5156
	植物			份	823
2. 出口	小计			份	16402
	动物			份	2368
	植物			份	14034
3. 再出口	小计			份	3186
	动物			份	2995
	植物			份	191
二、物种证明核发数量				**份**	**19544**
1. 进口	小计			份	9798
	动物			份	3574
	植物			份	6224
2. 出口	小计			份	9746
	动物			份	2028
	植物			份	7718
三、进出口管理费收取总额				**万元**	**2638**
1. 进口	小计			万元	636
	动物			万元	531
	植物			万元	104
2. 出口	小计			万元	2002
	动物			万元	698
	植物			万元	1305
四、进出口贸易额				**万元**	**3604667**
（一）进出口证明书	合计			万元	271846
	进口	小计		万元	48399
		动物	计	万元	36191
			观赏活体类	万元	5069
			实验类	万元	6392
			毛皮类	万元	17916
			食用类	万元	110
			药用或中成药类	万元	904
			其他	万元	5801
		植物	计	万元	12208
			观赏类	万元	1489
			食用类	万元	4580
			用材类	万元	207
			药用或中成药类	万元	5614
			其他	万元	318

全国野生动植物进出口情况(二)

指标名称				单位	2009 年
(一)进出口证明书	出口	小计		万元	117423
		动物	计	万元	46741
			观赏活体类	万元	1565
			实验类	万元	27499
			毛皮类	万元	85
			食用类	万元	1336
			药用或中成药类	万元	16135
			其他	万元	122
		植物	计	万元	70682
			观赏类	万元	5571
			食用类	万元	52141
			用材类	万元	—
			药用或中成药类	万元	12945
			其他	万元	24
	再出口	小计		万元	106024
		动物	计	万元	100947
			观赏活体类	万元	—
			实验类	万元	—
			毛皮类	万元	3366
			食用类	万元	96997
			药用或中成药类	万元	140
			其他	万元	444
		植物	计	万元	5077
			观赏类	万元	—
			食用类	万元	766
			用材类	万元	—
			药用或中成药类	万元	4251
			其他	万元	61
(二)物种证明	合计			万元	3332821
	进口	小计		万元	2651540
		动物		万元	135986
		植物		万元	2515555
	出口	小计		万元	681280
		动物		万元	195600
		植物		万元	485680

各办事处野生动植物

<table>
<tr><th rowspan="3">单 位</th><th colspan="10">进出口证明书核发数量(份)</th></tr>
<tr><th rowspan="2">合计</th><th colspan="3">进口</th><th colspan="3">出口</th><th colspan="3">再出口</th></tr>
<tr><th>小计</th><th>动物</th><th>植物</th><th>小计</th><th>动物</th><th>植物</th><th>小计</th><th>动物</th><th>植物</th></tr>
<tr><td>总计</td><td>25567</td><td>5979</td><td>5156</td><td>823</td><td>16402</td><td>2368</td><td>14034</td><td>3186</td><td>2995</td><td>191</td></tr>
<tr><td>濒管办北京办事处</td><td>1101</td><td>389</td><td>352</td><td>37</td><td>657</td><td>428</td><td>229</td><td>55</td><td>48</td><td>7</td></tr>
<tr><td>濒管办天津办事处</td><td>194</td><td>26</td><td>25</td><td>1</td><td>161</td><td>76</td><td>85</td><td>7</td><td>4</td><td>3</td></tr>
<tr><td>濒管办石家庄办事处</td><td>77</td><td>19</td><td>19</td><td>—</td><td>34</td><td>14</td><td>20</td><td>24</td><td>24</td><td>—</td></tr>
<tr><td>濒管办呼和浩特办事处</td><td>—</td><td>—</td><td>—</td><td>—</td><td>—</td><td>—</td><td>—</td><td>—</td><td>—</td><td>—</td></tr>
<tr><td>濒管办沈阳办事处</td><td>2219</td><td>35</td><td>26</td><td>9</td><td>2178</td><td>59</td><td>2119</td><td>6</td><td>5</td><td>1</td></tr>
<tr><td>濒管办哈尔滨办事处</td><td>31</td><td>19</td><td>18</td><td>1</td><td>12</td><td>11</td><td>1</td><td>—</td><td>—</td><td>—</td></tr>
<tr><td>濒管办上海办事处</td><td>4473</td><td>3472</td><td>3396</td><td>76</td><td>732</td><td>468</td><td>264</td><td>269</td><td>240</td><td>29</td></tr>
<tr><td>濒管办杭州办事处</td><td>128</td><td>45</td><td>33</td><td>12</td><td>81</td><td>66</td><td>15</td><td>2</td><td>2</td><td>—</td></tr>
<tr><td>濒管办福州办事处</td><td>1370</td><td>77</td><td>35</td><td>42</td><td>709</td><td>37</td><td>672</td><td>584</td><td>567</td><td>17</td></tr>
<tr><td>濒管办济南办事处</td><td>1222</td><td>435</td><td>165</td><td>270</td><td>641</td><td>362</td><td>279</td><td>146</td><td>146</td><td>—</td></tr>
<tr><td>濒管办郑州办事处</td><td>7</td><td>6</td><td>—</td><td>6</td><td>1</td><td>1</td><td>—</td><td>—</td><td>—</td><td>—</td></tr>
<tr><td>濒管办广州办事处</td><td>4185</td><td>1084</td><td>808</td><td>276</td><td>1607</td><td>595</td><td>1012</td><td>1494</td><td>1372</td><td>122</td></tr>
<tr><td>濒管办南宁办事处</td><td>1025</td><td>238</td><td>220</td><td>18</td><td>189</td><td>159</td><td>30</td><td>598</td><td>587</td><td>11</td></tr>
<tr><td>濒管办海口办事处</td><td>105</td><td>67</td><td>44</td><td>23</td><td>38</td><td>38</td><td>—</td><td>—</td><td>—</td><td>—</td></tr>
<tr><td>濒管办成都办事处</td><td>1905</td><td>17</td><td>5</td><td>12</td><td>1888</td><td>8</td><td>1880</td><td>—</td><td>—</td><td>—</td></tr>
<tr><td>濒管办昆明办事处</td><td>6909</td><td>36</td><td>10</td><td>26</td><td>6872</td><td>33</td><td>6839</td><td>1</td><td>—</td><td>1</td></tr>
<tr><td>濒管办拉萨办事处</td><td>533</td><td>13</td><td>—</td><td>13</td><td>520</td><td>—</td><td>520</td><td>—</td><td>—</td><td>—</td></tr>
<tr><td>濒管办西安办事处</td><td>81</td><td>1</td><td>—</td><td>1</td><td>80</td><td>11</td><td>69</td><td>—</td><td>—</td><td>—</td></tr>
<tr><td>濒管办乌鲁木齐办事处</td><td>2</td><td>—</td><td>—</td><td>—</td><td>2</td><td>2</td><td>—</td><td>—</td><td>—</td><td>—</td></tr>
</table>

进出口情况(一)

物种证明核发数量(份)							进出口管理费收取总额(万元)						
合计	进口			出口			合计	进口			出口		
	小计	动物	植物	小计	动物	植物		小计	动物	植物	小计	动物	植物
19544	**9798**	**3574**	**6224**	**9746**	**2028**	**7718**	**2638**	**636**	**531**	**104**	**2002**	**698**	**1305**
858	749	526	223	109	11	98	312	201	194	8	111	102	9
835	733	19	714	102	84	18	117	4	4	—	113	19	94
72	22	13	9	50	50	—	7	2	2	—	5	1	4
469	59	—	59	410	—	410	—	—	—	—	—	—	—
4914	748	201	547	4166	309	3857	130	11	11	—	119	4	116
903	192	5	187	711	1	710	4	1	1	—	3	2	1
3075	2488	994	1494	587	151	436	292	220	188	32	72	40	32
1294	816	334	482	478	183	295	22	4	2	2	18	16	2
584	409	213	196	175	27	148	74	11	2	9	64	31	33
776	483	50	433	293	55	238	17	7	2	6	10	—	10
10	10	—	10	—	—	—	1	1	—	1	—	—	—
3994	1998	1129	869	1996	889	1107	258	73	42	32	185	162	23
482	329	3	326	153	69	84	273	18	16	2	255	254	1
90	68	21	47	22	13	9	101	62	57	5	39	39	—
321	27	11	16	294	161	133	406	2	—	1	404	1	403
721	606	10	596	115	1	114	603	19	13	6	585	26	558
—	—	—	—	—	—	—	16	1	—	1	15	—	15
78	3	—	3	75	17	58	5	—	—	—	5	—	5
68	58	45	13	10	7	3	1	—	—	—	1	1	—

各办事处野生动植物

单位	进出口									
	总计	进出口证明书								
		合计	进口							
			小计	动物						
				计	观赏活体类	实验类	毛皮类	食用类	药用或中成药类	其他
总计	**3604667**	**271846**	**48399**	**36191**	**5069**	**6392**	**17916**	**110**	**904**	**5801**
濒管办北京办事处	74718	19801	9020	8581	353	1245	1997	—	869	4117
濒管办天津办事处	22372	4074	153	141	70	—	19	—	27	26
濒管办石家庄办事处	2632	441	198	198	112	—	58	—	—	29
濒管办呼和浩特办事处	36667	—	—	—	—	—	—	—	—	—
濒管办沈阳办事处	225466	5393	827	818	792	—	14	—	—	12
濒管办哈尔滨办事处	208259	154	78	53	46	—	7	—	—	—
濒管办上海办事处	408247	43415	16893	13983	931	1	11680	—	—	1371
濒管办杭州办事处	41102	1248	226	110	55	—	34	18	4	—
濒管办福州办事处	114237	88988	725	107	85	—	17	—	—	5
濒管办济南办事处	471536	3289	2538	1755	247	—	1508	—	—	—
濒管办郑州办事处	217	42	42	—	—	—	—	—	—	—
濒管办广州办事处	1451766	22680	8462	2913	333	329	2132	—	5	114
濒管办南宁办事处	116959	14521	1148	1065	—	537	436	92	—	—
濒管办海口办事处	23150	6015	3943	3620	—	3493	—	—	—	127
濒管办成都办事处	89171	38610	2893	2061	2046	—	15	—	—	—
濒管办昆明办事处	300980	22455	1235	786	—	786	—	—	—	—
濒管办拉萨办事处	504	504	18	—	—	—	—	—	—	—
濒管办西安办事处	2663	210	—	—	—	—	—	—	—	—
濒管办乌鲁木齐办事处	14019	6	—	—	—	—	—	—	—	—

进出口情况(二)

贸　易　额													
贸易额(万元)													
						出　口							
植物						小计	动物						
计	观赏类	食用类	用材类	药用或中成药类	其他		计	观赏活体类	实验类	毛皮类	食用类	药用或中成药类	其他
12208	**1489**	**4580**	**207**	**5614**	**318**	**117423**	**46741**	**1565**	**27499**	**85**	**1336**	**16135**	**122**
439	—	—	—	422	18	9460	8497	292	3751	2	—	4452	—
12	—	—	—	12	—	3742	1217	154	23	14	—	1027	—
—	—	—	—	—	—	216	56	—	—	—	—	55	2
—	—	—	—	—	—	—	—	—	—	—	—	—	—
9	9	—	—	—	—	4518	86	—	—	42	—	23	21
25	—	—	—	25	—	76	38	—	—	1	37	1	—
2909	21	2	17	2869	1	3670	1587	883	165	—	471	—	69
116	77	—	—	39	—	962	725	5	—	19	625	76	—
618	7	—	190	420	—	12396	10172	—	—	—	—	10172	—
783	783	—	—	—	—	700	434	180	—	1	—	254	—
42	—	—	—	42	—	—	—	—	—	—	—	—	—
5549	164	4578	—	796	11	9680	8111	—	7991	2	102	1	15
83	—	—	—	83	—	12306	12177	—	12121	—	—	54	2
323	323	—	—	—	—	2072	2072	—	2072	—	—	—	—
832	8	—	—	824	—	35716	69	51	—	6	—	—	13
449	97	—	—	63	289	21207	1432	—	1376	—	56	—	—
18	—	—	—	18	—	486	45	—	—	—	45	—	—
—	—	—	—	—	—	210	16	—	—	—	—	16	—
—	—	—	—	—	—	6	6	—	—	—	—	6	—

各办事处野生动植物

单位	进出口								
	进出口证明书								
	出口								
	植物						小计		
	计	观赏类	食用类	用材类	药用或中成药类	其他		计	观赏活体类
总计	**70682**	**5571**	**52141**	**—**	**12945**	**24**	**106024**	**100947**	**—**
濒管办北京办事处	963	72	—	—	891	—	1321	1134	—
濒管办天津办事处	2525	23	2192	—	310	—	179	91	—
濒管办石家庄办事处	160	—	107	—	53	—	27	27	—
濒管办呼和浩特办事处	—	—	—	—	—	—	—	—	—
濒管办沈阳办事处	4432	843	3581	—	8	—	48	48	—
濒管办哈尔滨办事处	38	—	38	—	—	—	—	—	—
濒管办上海办事处	2083	1736	27	—	318	1	22853	21801	—
濒管办杭州办事处	237	121	—	—	116	—	60	60	—
濒管办福州办事处	2224	1030	—	—	1194	—	75867	75254	—
濒管办济南办事处	265	254	—	—	11	—	52	52	—
濒管办郑州办事处	—	—	—	—	—	—	—	—	—
濒管办广州办事处	1569	980	27	—	539	23	4538	1808	—
濒管办南宁办事处	129	—	—	—	129	—	1067	671	—
濒管办海口办事处	—	—	—	—	—	—	—	—	—
濒管办成都办事处	35647	—	28241	—	7406	—	—	—	—
濒管办昆明办事处	19775	512	17486	—	1777	—	12	—	—
濒管办拉萨办事处	442	—	442	—	—	—	—	—	—
濒管办西安办事处	193	—	—	—	193	—	—	—	—
濒管办乌鲁木齐办事处	—	—	—	—	—	—	—	—	—

进出口情况(三)

贸易额										
贸易额(万元)										
再出口										
动物					植物					
实验类	毛皮类	食用类	药用或中成药类	其他	计	观赏类	食用类	用材类	药用或中成药类	其他
—	**3366**	**96997**	**140**	**444**	**5077**	**—**	**766**	**—**	**4251**	**61**
—	897	—	—	236	187	—	—	—	187	—
—	—	—	91	—	88	—	—	—	88	—
—	—	—	—	27	—	—	—	—	—	—
—	—	—	—	—	—	—	—	—	—	—
—	48	—	—	—	—	—	—	—	—	—
—	—	—	—	—	—	—	—	—	—	—
—	508	21125	—	168	1052	—	—	—	991	61
—	11	—	49	—	—	—	—	—	—	—
—	16	75238	—	—	613	—	—	—	613	—
—	52	—	—	—	—	—	—	—	—	—
—	—	—	—	—	—	—	—	—	—	—
—	1162	634	—	12	2730	—	766	—	1964	—
—	671	—	—	—	395	—	—	—	395	—
—	—	—	—	—	—	—	—	—	—	—
—	—	—	—	—	—	—	—	—	—	—
—	—	—	—	—	12	—	—	—	12	—
—	—	—	—	—	—	—	—	—	—	—
—	—	—	—	—	—	—	—	—	—	—
—	—	—	—	—	—	—	—	—	—	—

各办事处野生动植物进出口情况(四)

单位	进出口贸易额						
	物种证明贸易额(万元)						
	合计	进口			出口		
		小计	动物	植物	小计	动物	植物
总计	**3332821**	**2651540**	**135986**	**2515555**	**681280**	**195600**	**485680**
濒管办北京办事处	54917	51048	4466	46582	3869	21	3848
濒管办天津办事处	18298	18039	21	18018	258	44	215
濒管办石家庄办事处	2191	1104	361	743	1087	1087	—
濒管办呼和浩特办事处	36667	17198	—	17198	19469	—	19469
濒管办沈阳办事处	220072	36587	10719	25868	183485	12815	170671
濒管办哈尔滨办事处	208105	198293	58	198235	9812	2	9810
濒管办上海办事处	364832	346988	43105	303883	17844	2085	15759
濒管办杭州办事处	39854	34337	2644	31693	5517	3272	2245
濒管办福州办事处	25250	22501	653	21848	2749	2578	171
濒管办济南办事处	468247	113536	619	112917	354711	143782	210929
濒管办郑州办事处	175	175	—	175	—	—	—
濒管办广州办事处	1429086	1405972	64423	1341549	23115	18338	4777
濒管办南宁办事处	102438	100792	34	100759	1646	125	1521
濒管办海口办事处	17135	7593	136	7457	9542	9517	25
濒管办成都办事处	50561	8523	28	8495	42038	54	41985
濒管办昆明办事处	278526	276770	132	276638	1756	18	1738
濒管办拉萨办事处	—	—	—	—	—	—	—
濒管办西安办事处	2454	8	—	8	2445	579	1866
濒管办乌鲁木齐办事处	14013	12076	8587	3489	1937	1284	653

附录八

世界主要国家林业情况

FULUBA

2005 年世界主要国家森林面积及变化

国家(地区)	土地面积(千公顷)	2005 年森林面积				2005 年森林蓄积		2000～2005 年森林覆盖率变化	
		森林总面积(千公顷)	占土地面积的百分比(%)	人均面积(公顷)	人工林(千公顷)	森林蓄积总量(百万立方米)	森林单位面积蓄积量(立方米/公顷)	年变化量(千公顷)	年变化率(%)
世界合计	**13067421**	**3952025**	**30.3**	**0.6**	**—**	**384004**	**110.7**	**-7317**	**-0.18**
非洲合计	**2962656**	**635412**	**21.4**	**0.7**	**—**	**63857**	**101.7**	**-4040**	**-0.62**
中非共和国	62298	22755	36.5	5.8	—	3801	167.0	-30	-0.1
刚果民主共和国	226705	133610	58.9	2.4	—	30833	230.8	-319	-0.2
加蓬	25767	21775	84.5	15.8	—	4845	222.5	-10	—
苏丹	237600	67546	28.4	2.0	5403	939	13.9	-589	-0.8
亚洲合计	**3097913**	**571577**	**18.5**	**0.1**	**—**	**46943**	**82.4**	**1003**	**0.18**
印度尼西亚	181157	88495	48.8	0.4	—	5216	58.9	-1871	-2
日本	36450	24868	68.2	0.2	—	4249	170.9	-2	—
老挝人民民主共和国	23080	16142	69.9	2.8	224	957	59.3	-78	-0.5
马来西亚	32855	20890	63.6	0.8	—	5242	250.9	-140	-0.7
蒙古	156650	10252	6.5	4.1	—	1342	130.9	-83	-0.8
缅甸	65755	32222	49	0.6	849	2740	85.0	-466	-1.4
大韩民国	9873	6265	63.5	0.1	—	502	80.1	-7	-0.1
泰国	51089	14520	28.4	0.2	3099	599	41.3	-59	-0.4
越南	32549	12931	39.7	0.2	2695	850	65.7	241	2
欧洲合计	**2260180**	**1001394**	**44.3**	**1.4**	**—**	**106276**	**107.3**	**661**	**0.07**
芬兰	30459	22500	73.9	4.3	—	2158	95.9	5	—
法国	55010	15554	28.3	0.3	—	2465	158.5	41	0.3
德国	34895	11076	31.7	0.1	—	—	—	—	—
意大利	29411	9979	33.9	0.2	—	1447	145.0	106	1.1
俄罗斯联邦	1688850	808790	47.9	5.7	16963	80479	99.5	-96	—
西班牙	49944	17915	35.9	0.4	1471	888	49.6	296	1.7
瑞典	41162	27528	66.9	3.1	667	3155	114.6	11	—
拉丁美洲和加勒比海地区合计	**1827626**	**859925**	**47.3**	**1.9**	**—**	**97750**	**153.3**	**-4483**	**-0.51**
巴西	845942	477698	57.2	2.7	—	81239	170.1	-3103	-0.6
智利	74880	16121	21.5	1.0	2661	1882	116.7	57	0.4
哥伦比亚	103870	60728	58.5	1.3	328	—	—	-47	-0.1
苏里南	15600	14776	94.7	33.4	7	2216	150.0	—	—
委内瑞拉共和国	88205	47713	54.1	1.8	—	—	—	-288	-0.6
北美洲合计	**2069930**	**677464**	**32.7**	**1.6**	**—**	**68101**	**111.1**	**-101**	**-0.01**
加拿大	922097	310134	33.6	9.7	—	32983	106.4	—	—
墨西哥	190869	64238	33.7	0.6	1058	—	—	-260	-0.4
美国	915896	303089	33.1	1.0	—	35118	115.9	159	0.1
大洋洲合计	**849116**	**206254**	**24.3**	**6.3**	**—**	**1077**	**35.7**	**-356**	**-0.17**
澳大利亚	768230	163678	21.3	8.1	—	—	—	-193	-0.1
新西兰	26799	8309	31	2.0	1852	—	—	17	0.2
巴布亚新几内亚	45286	29437	65	5.2	—	1035	35.2	-139	-0.5

注：资料来源为联合国粮农组织《世界森林状况 2009》。

2006年世界主要国家林产品产量、贸易量和消费量(一)

国家(地区)	工业原木(千立方米)				锯　材(千立方米)			
	产　量	进口量	出口量	消费量	产　量	进口量	出口量	消费量
世界总计	**1635069**	**131336**	**130549**	**1635857**	**424568**	**130890**	**137094**	**418364**
非洲合计	**69309**	**847**	**4009**	**66147**	**8332**	**5233**	**1885**	**11679**
喀麦隆	1800	—	29	1771	702	—	514	188
加蓬	3500	—	1787	1713	235	—	199	36
南非	18063	51	191	17922	2091	487	63	2516
尼日利亚	9418	1	42	9377	2000	1	22	1980
亚洲和太平洋地区合计	**281761**	**59069**	**18318**	**322513**	**76235**	**30432**	**10343**	**96324**
日本	16609	10582	32	27159	12554	8505	17	21042
蒙古	40	7	1	46	30	2	3	29
大韩民国	2444	6366	—	8810	4366	804	15	5155
印度尼西亚	28099	120	685	27534	3853	311	1853	2311
马来西亚	22506	138	4909	17735	5129	1004	2608	3525
缅甸	4262	—	1476	2786	1530	—	275	1256
菲律宾	2927	138	7	3058	468	264	184	548
泰国	8700	398	—	9098	288	1890	1314	864
越南	4678	203	8	4873	3414	531	81	3864
澳大利亚	26904	2	1065	25841	4784	570	344	5010
新西兰	19254	3	5571	13687	4269	50	1960	2359
巴布亚新几内亚	2908	—	2638	270	60	—	51	9
欧洲合计	**515845**	**62349**	**91204**	**486991**	**145496**	**48088**	**73554**	**120030**
俄罗斯联邦	144600	516	50900	94216	22127	15	15900	6242
芬兰	45521	14655	709	59468	12227	578	7728	5077
法国	28592	2601	3695	27498	9992	3922	1493	12421
德国	54000	3669	7557	50113	24420	5307	8789	20938
意大利	3013	4486	15	7484	1748	7862	169	9441
瑞典	58700	6664	3004	62360	18300	384	13217	5467
拉丁美洲和加勒比海地区合计	**164631**	**187**	**2732**	**162087**	**40065**	**1280**	**7658**	**33687**
巴西	100767	34	121	100680	23557	134	3167	20524
智利	33217	—	111	33106	8718	31	3391	5358
北美洲合计	**603523**	**8883**	**14287**	**598120**	**154442**	**45857**	**43655**	**156644**
加拿大	185196	5787	4640	186343	58709	1546	38984	21271
墨西哥	6193	174	9	6358	2829	4193	64	6958
美利坚合众国	412134	2922	9638	405418	92903	40109	4607	128406

2006 年世界主要国家林产品产量、贸易量和消费量(二)

国家(地区)	木质人造板(千立方米)				纸　浆(千吨)				纸张与纸板(千吨)			
	产　量	进口量	出口量	消费量	产　量	进口量	出口量	消费量	产　量	进口量	出口量	消费量
世界总计	**262092**	**81929**	**84107**	**259914**	**194668**	**44715**	**45343**	**194040**	**364579**	**116468**	**118283**	**362764**
非洲合计	**2517**	**1300**	**943**	**2874**	**3591**	**801**	**1276**	**3116**	**2951**	**2658**	**369**	**5240**
喀麦隆	88	—	51	37	—	—	—	—	—	39	—	39
加蓬	292	—	277	15	—	—	—	—	—	5	—	5
南非	726	355	75	1007	2915	515	972	2457	1793	59	210	1642
尼日利亚	95	42	—	136	23	17	—	40	19	297	2	315
亚洲和太平洋地区合计	**104031**	**21715**	**26016**	**99730**	**46179**	**16467**	**4124**	**58522**	**125234**	**26728**	**17620**	**134341**
日本	5514	5646	33	11127	10847	2211	210	12848	29473	1959	1456	29976
蒙古	2	4	1	5	—	—	—	—	—	5	—	5
大韩民国	3760	2962	47	6675	516	2422	—	2938	11040	768	3165	8643
印度尼西亚	5376	244	3600	2020	5587	681	2761	3507	7223	327	3510	4040
马来西亚	7767	370	7208	929	124	272	14	382	941	2469	243	3167
缅甸	113	4	53	64	40	1	—	41	45	39	—	84
菲律宾	418	272	59	631	212	77	23	266	1097	618	145	1571
泰国	3000	247	2758	488	1146	375	179	1343	3796	656	1088	3363
越南	460	575	28	1007	710	163	—	873	888	597	30	1454
澳大利亚	1989	394	422	1961	1153	344	10	1487	3221	1551	808	3964
新西兰	2223	46	1043	1226	1562	5	699	868	944	470	593	821
巴布亚新几内亚	88	1	68	21	—	—	—	—	—	16	—	16
欧洲合计	**78792**	**32359**	**36488**	**74663**	**51732**	**18729**	**14171**	**56289**	**114859**	**59468**	**73214**	**101112**
俄罗斯联邦	8962	1512	2359	8115	6882	60	1780	5162	7434	1221	2701	5954
芬兰	2074	362	1623	813	13615	267	2762	11120	14140	458	12906	1693
法国	6657	2085	3926	4816	2331	2217	556	3992	10006	6230	5269	10967
德国	17400	4153	7565	13988	2938	4978	1035	6881	22656	11176	13909	19923
意大利	5740	2000	1128	6612	683	3672	29	4326	10011	5175	3492	11694
瑞典	842	1093	905	1029	12066	445	3163	9348	12066	1008	10849	2225
拉丁美洲和加勒比海地区合计	**14501**	**1649**	**5218**	**10933**	**16298**	**914**	**9254**	**7958**	**14186**	**5198**	**2943**	**16441**
巴西	9121	432	2812	6741	11271	379	6217	5433	8518	931	1820	7629
智利	2285	144	1369	1059	3484	14	2822	676	1231	401	563	1069
北美洲合计	**62251**	**24906**	**15442**	**71714**	**76869**	**7804**	**16518**	**68155**	**107350**	**22416**	**24137**	**105629**
加拿大	17633	2534	13017	7150	23481	313	10727	13067	18189	2895	14200	6884
墨西哥	259	1965	237	1988	314	1206	20	1500	4844	2997	292	7548
美利坚合众国	44359	20401	2189	62571	53074	6285	5771	53588	84317	16524	9644	91196